U0940779

2016

江西统计年鉴

Jiangxi Statistical Yearbook

江西省统计局　国家统计局江西调查总队・编

总第34期

图书在版编目（CIP）数据

江西统计年鉴. 2016：汉英对照 / 江西省统计局，国家统计局江西调查总队编. -- 北京：中国统计出版社，2016.7
ISBN 978-7-5037-7817-9

Ⅰ. ①江… Ⅱ. ①江… ②国… Ⅲ. ①统计资料－江西省－2016－年鉴－汉、英 Ⅳ. ①C832.56-54

中国版本图书馆 CIP 数据核字(2016)第 145277 号

江西统计年鉴-2016

作　　者/ 江西省统计局　国家统计局江西调查总队
责任编辑/ 佘竞雄　洪安
装帧设计/ 黄正坤　史屹伟
出版发行/ 中国统计出版社
地　　址/ 北京市丰台区西三环南路甲 6 号　邮政编码/100073
电　　话/ 邮购（010）63376909　书店（010）68783171
网　　址/ http://www.zgtjcbs.com
印　　刷/ 江西昌和特种票证有限公司
经　　销/ 新华书店
开　　本/ 890mm×1240mm　1/16
字　　数/ 1200 千字
印　　张/ 34.25　0.75 彩页
版　　别/ 2016 年 7 月第 1 版
版　　次/ 2016 年 7 月第 1 次印刷
定　　价/ 400.00 元

本书附同版本 CD-ROM 一张，光盘内容以书面文字为准。
如有印装差错，由本社发行部调换。

《江西统计年鉴2016》编辑部

Jiangxi Statistical Yearbook 2016 Editorial

经济总量
Economic Aggregate

▶地区生产总值(亿元)
Gross Domestic Product(100 million yuan)

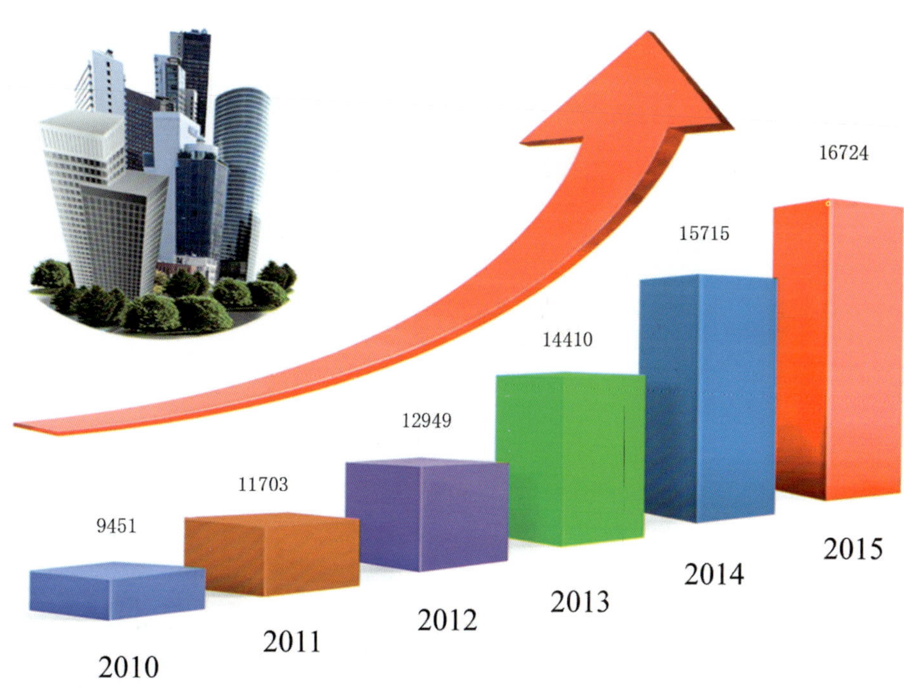

▶财政总收入(亿元)
Government Revenue(100 million yuan)

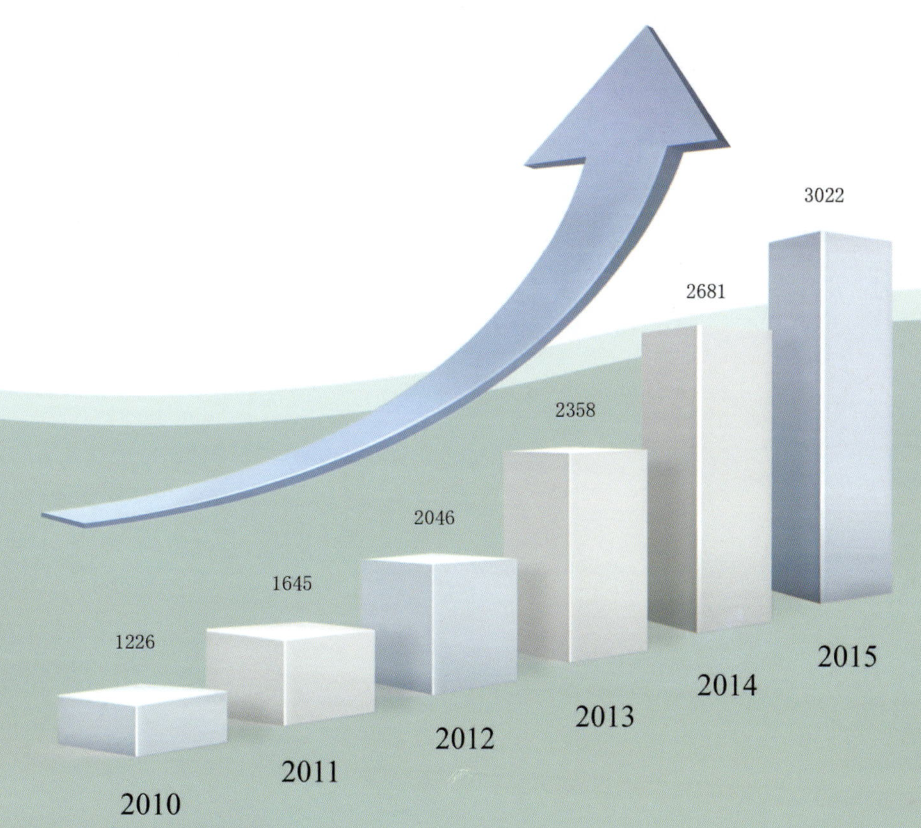

产业结构
Industrial Structure

▶三次产业结构
Three Industrial Structure

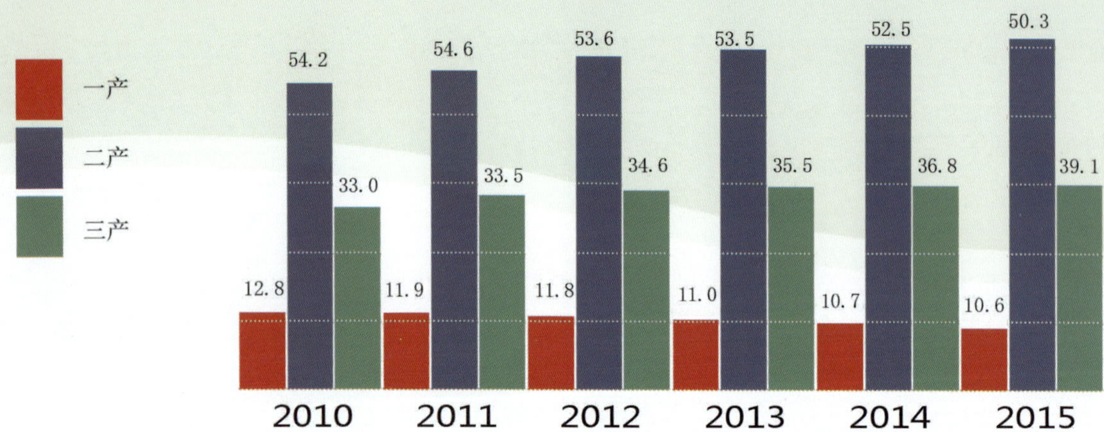

▶农业总产值及工业增加值(亿元)
Agricultural Output and Value-added of Industrial(100 million yuan)

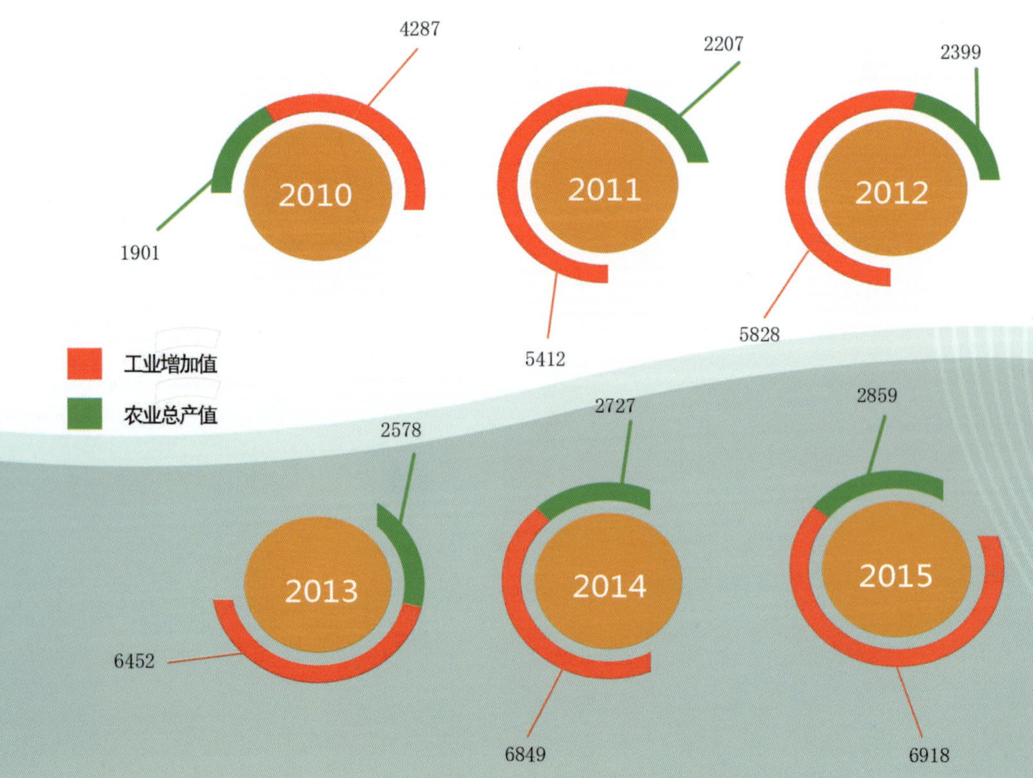

基础设施

Infrastructure Construction

▶固定资产投资(亿元)

Investment in Fixed Assets(100 million yuan)

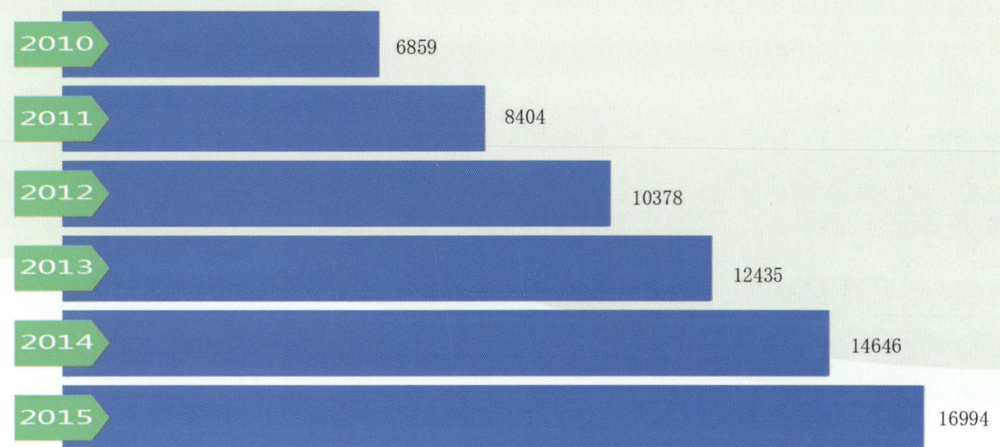

▶高速公路(公里)

Expressway(kilometer)

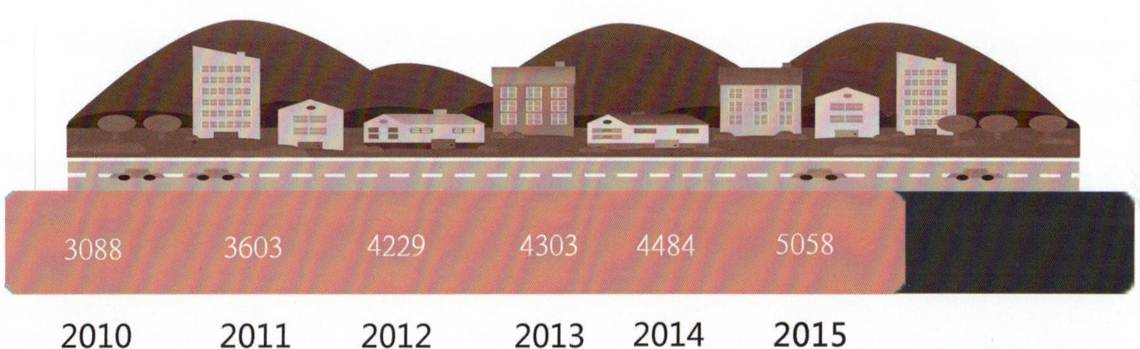

▶城镇化率(%)

Urbanization Rate(%)

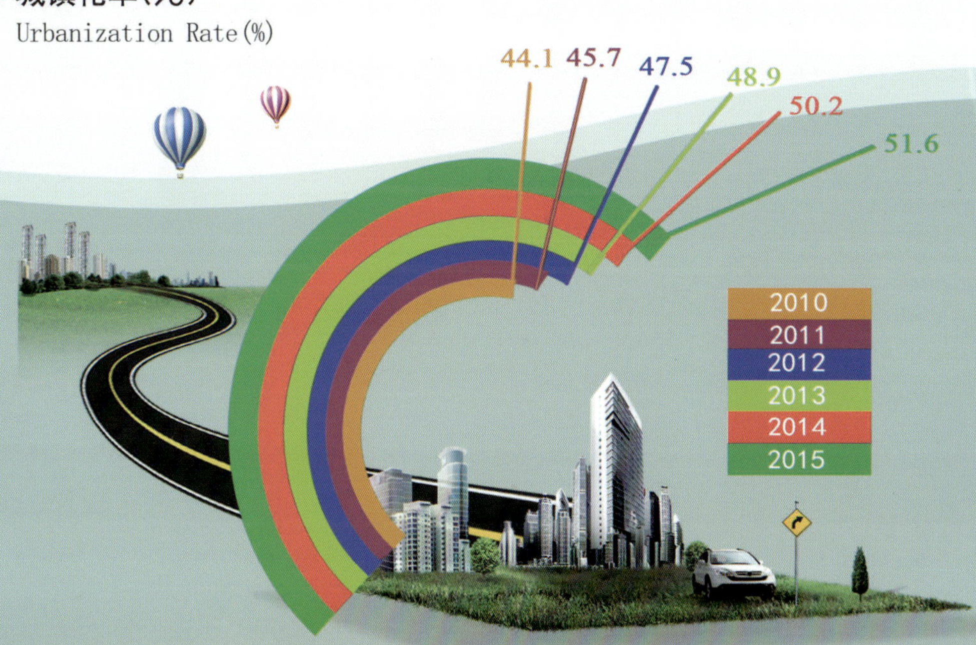

对外开放
Opening to the outside world

▶进出口总额(亿元)
Total Value of Imports and Exports(100 million yuan)

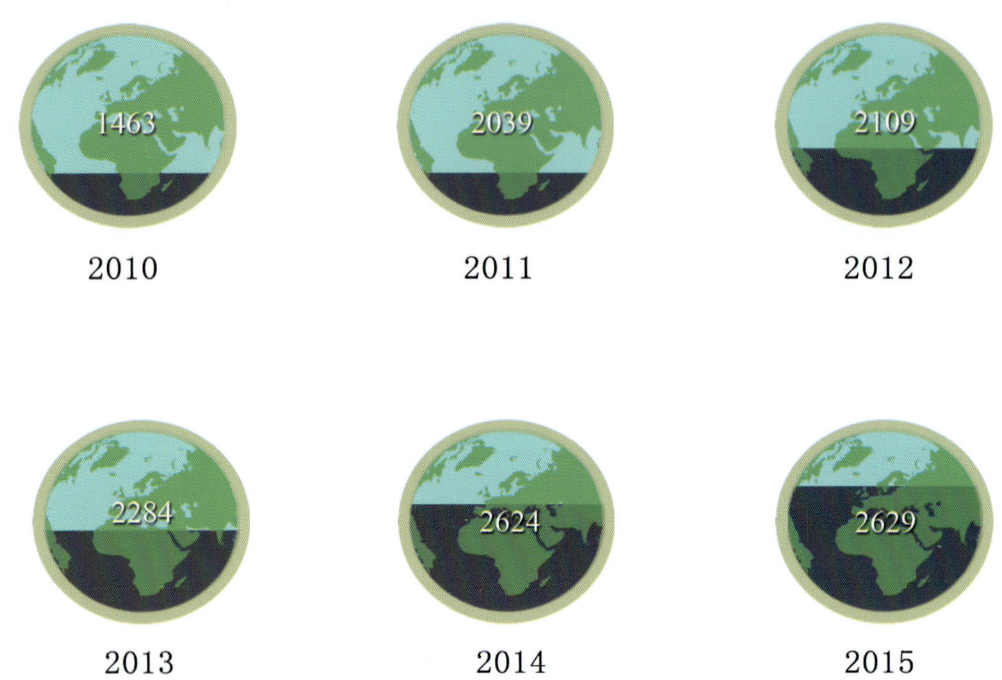

▶实际利用外商直接投资(亿美元)
Direct Foreign Investments(USD 100 million)

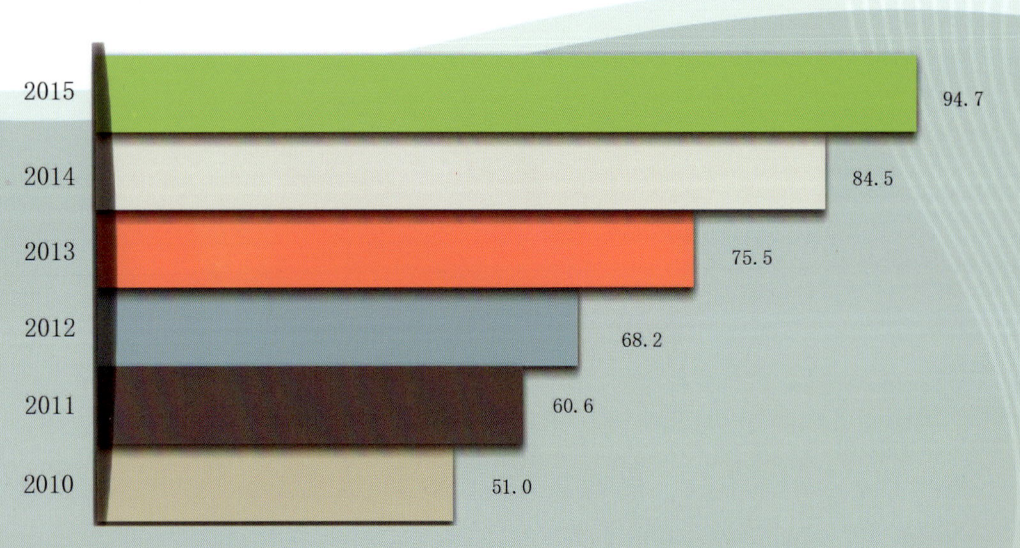

贸易、旅游

Trade and Tourism

▶入境旅游人数(万人次)

Number of Overseas Visitor Arrivals(10000 person-times)

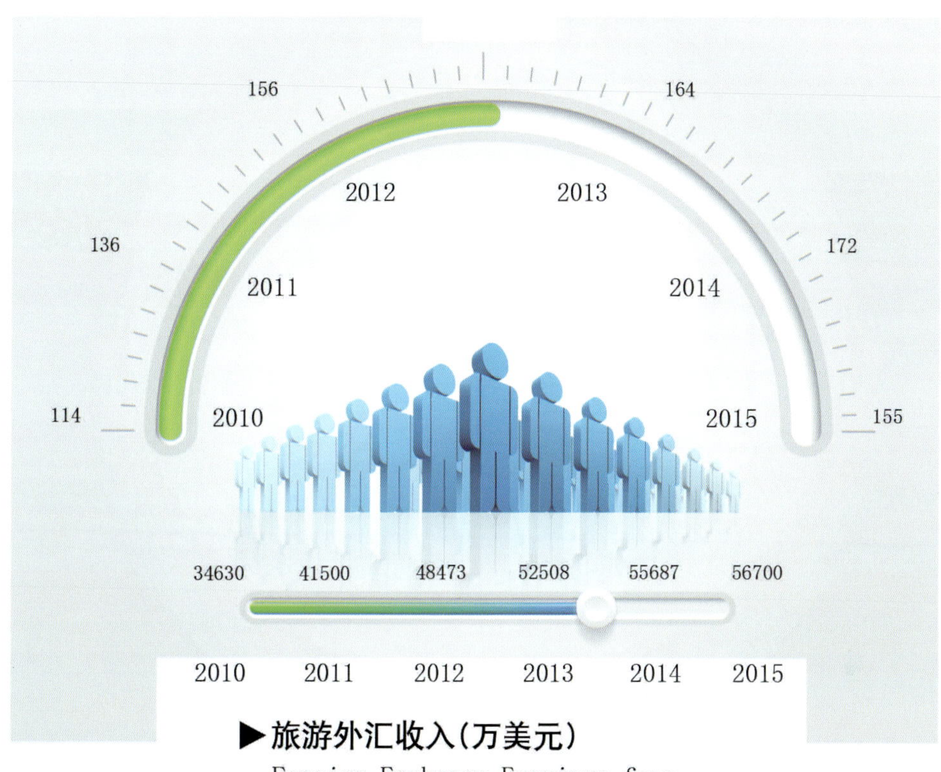

▶旅游外汇收入(万美元)

Foreign Exchange Earnings from International Tourism(USD 10000)

▶社会消费品零售总额(亿元)

Total Retail Sales of Consumer Goods(100 million yuan)

人民生活
People's Livelihood

▶城乡居民人均可支配收入(元)
Per-capita Disposable Income of Urban and Rural Households(yuan)

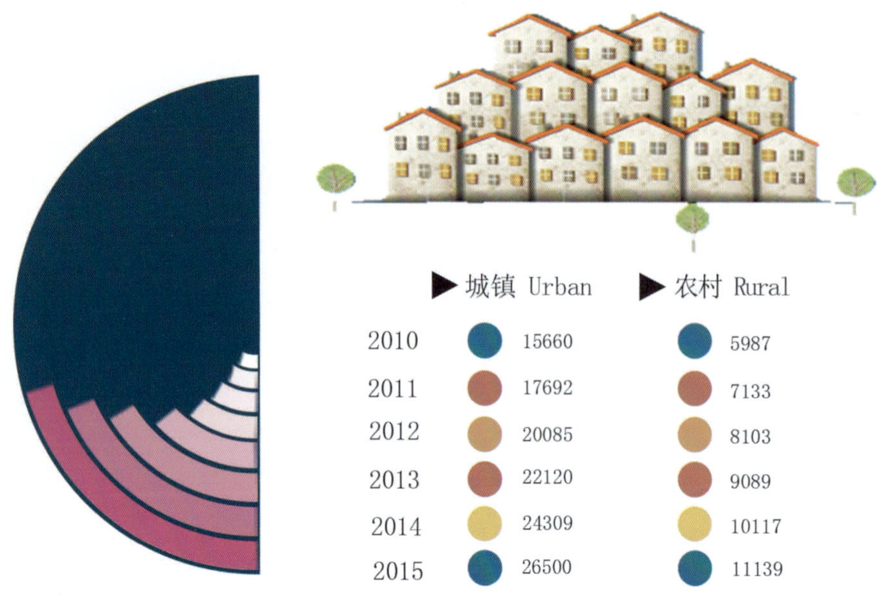

▶人民币住户存款(亿元)
RMB Savings Deposit(100 million yuan)

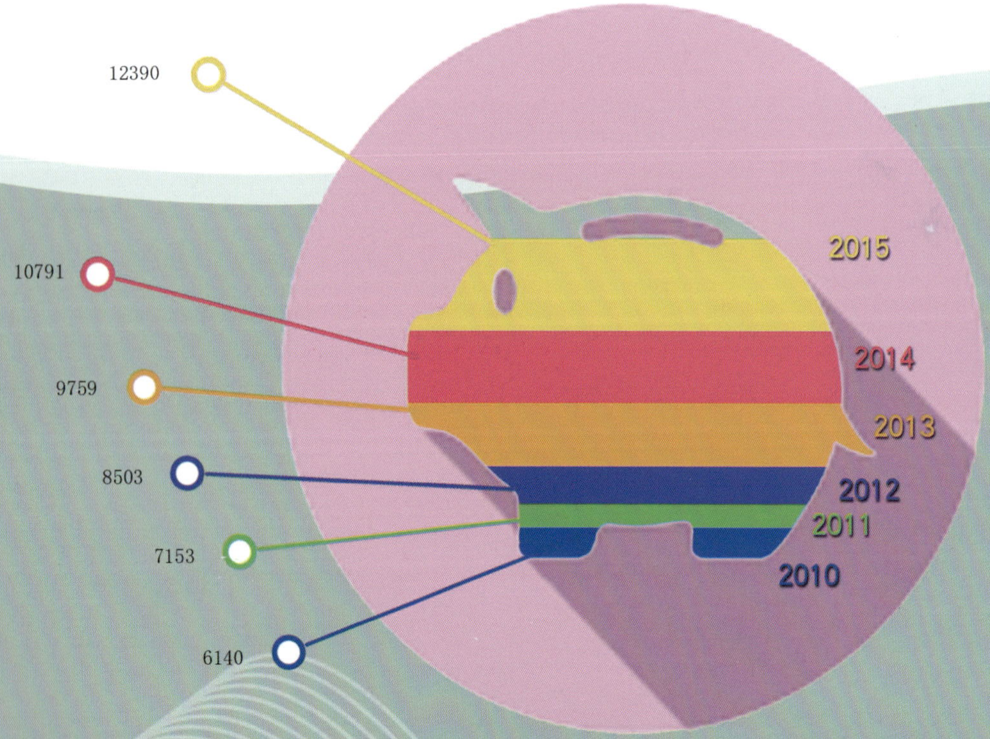

12390
2015
10791
2014
9759
2013
8503
2012
7153
2011
6140
2010

社会事业

Social Undertakings

▶高等学校在校学生数(万人)

Total Enrollment of Regular Institutions of Higher Eduction(10000 persons)

▶卫生技术人员(万人)

Medical Technical Personnel(10000 persons)

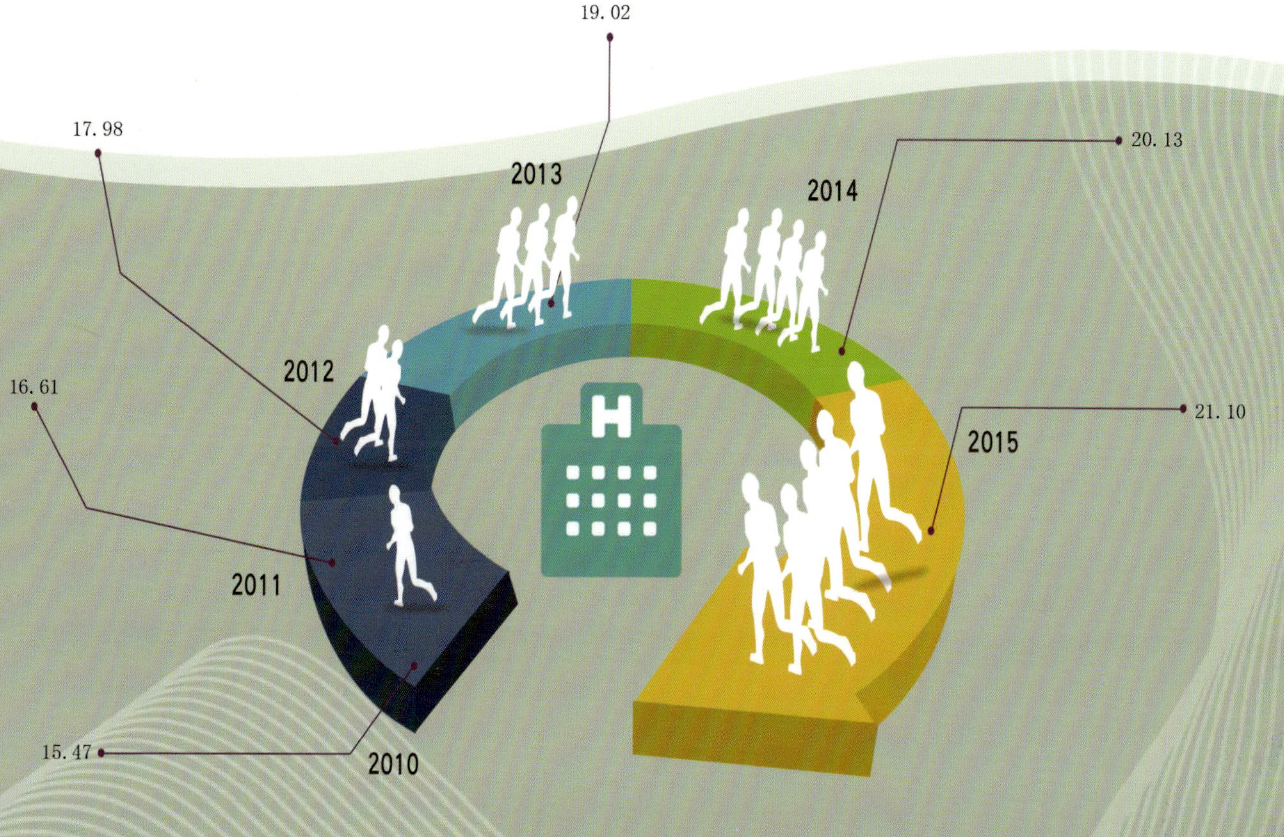

2010 15.47
2011 16.61
2012 17.98
2013 19.02
2014 20.13
2015 21.10

生态建设
Ecological Construction

▶森林覆盖率(%)
Forest Coverage(%)

▶万元生产总值能耗(吨标准煤)
Energy Consumed for Each 10,000 yuan of GDP(ton of SCE)

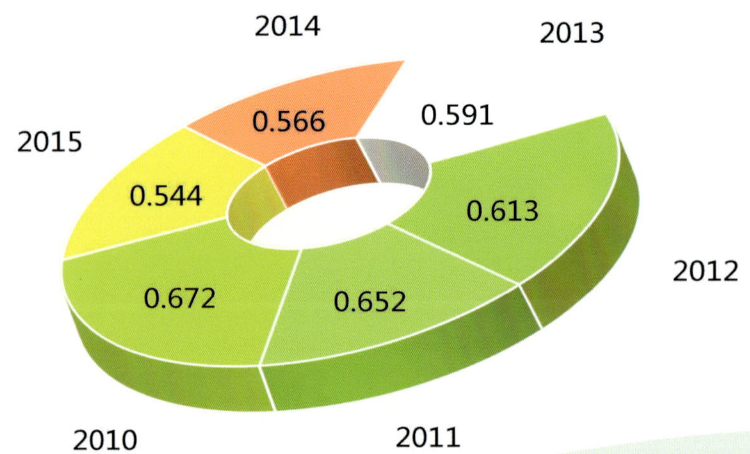

▶城镇污水集中处理率及生活垃圾无害化处理率(%)
Treatment Rate of Urban Sewage And Treatment Rate of Urban Garbage(%)

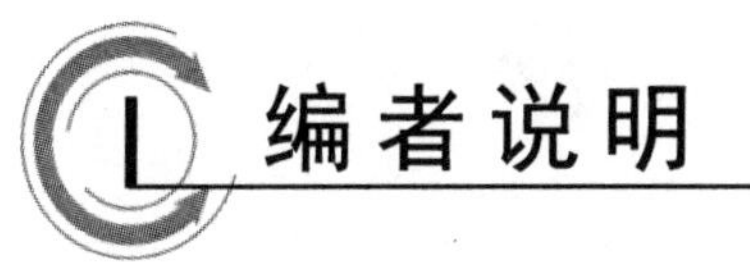

编者说明

一、《江西统计年鉴-2016》系统收录了全省和11个设区市2015年经济、社会各方面的统计数据，改革开放以来和其他历史重要年份的全省主要统计数据，以及全国各省市部分主要指标数据。是一部全面反映江西省经济和社会发展情况的资料性年刊。

二、本年鉴正文内容分为21个篇章，即：综合，人口，就业人员和职工工资，固定资产投资，对外经济贸易，能源，财政，价格指数，人民生活，城市建设，林业建设和生态环境，农业，工业，建筑业，交通运输、邮电通讯业，国内贸易和旅游，金融业，房地产开发，科技、教育、文化，卫生、体育、社会福利及其他，各省、市、自治区主要经济指标及2015年江西统计调查工作大事记。为方便读者使用，各篇章前设有《简要说明》，对本篇章的主要内容、资料来源、统计范围、统计方法等予以简要概述，篇末附有《主要统计指标解释》。

三、本《年鉴》对以前发表的统计资料重新予以审核，凡与本《年鉴》资料有出入的，均以本年鉴为准。

四、本年鉴所使用的度量衡单位，均采用国际统一标准计量单位。

五、本年鉴中部分数据合计数或相对数由于单位取舍不同而产生的计算误差，均未作机械调整。

六、符号使用说明:年鉴各表中的“空格”表示该项统计指标数据不足本表最小单位数、数据不详或无该项数据；“#”表示其中的主要项。

I Editor's Notes

I. *Jiangxi Statistical Yearbook 2016* is an annual statistics publication, which covers very comprehensive data in 2015 and some selected data series in historically important years and the most recent thirty years at level of province and other provinces and municipalities. Therefore, reflects various aspects of Jiangxi's social and economic development.

II. The yearbook contains the following twenty-two chapters, General Survey; Population; Employment and Wages; Investment in Fixed Assets; Energy; Price Indices; People's Livelihood; General Survey of Cities; Environment Protection; Water Resources and Meterology; Agriculture; Industry; Construction; Transport, Post and Telecommunication Services; Domestic Trade; Foreign Trade and Economic Cooperation; Tourism; Financial Intermediation; Insurance; Real Estate; Education, Science and Technology; Culture, Sports and Public Health; Social Welfare and Other Social Activities; Main Statistical Indictors on provinces, autonomous regions and municipalities and Notes of Jiangxi Statistical Events in 2015. For readers' convenience, in Brief Introduction at the beginning of each chapter, main coverage of this chapter, data sources, statistical coverage, statistical methods and historical changes are concerned. In addition, Explanatory Notes on Main Statistical Indicators are provided at the end of each chapter.

III. This Yearbook re-audited statistic data published previously, any data different from this yearbook, take this yearbook's as standard data.

IV. The units of measurement used in this yearbook are internationally standard measurement units.

V. Statistical discrepancies due to rounding are not adjusted in the yearbook.

VI. Notations used in the yearbook: blank space indicates that the figure is not large enough to be measured with the smallest unit in the table, or data are unknown or are not available; "#" indicates a major breakdown of the total.

目 录 Contents

一、综 合
CHAPTER 1 GENERAL SURVEY

二、人 口 CHAPTER 2 POPULATION

三、就业人员和职工工资 CHAPTER 3 EMPLOYMENT AND WAGE

五、对外经济贸易
CHAPTER 5 FOREIAN ECONOMIC RELATIONS AND TRADE

六、能　源 CHAPTER 6 ENERGY

七、财　政 CHAPTER 7 GOVERNMENT FINANCE

八、价格指数 CHAPTER 8 PRICE INDICES

九、人民生活 CHAPTER 9 PEOPLE'S LIVELIHOOD

十、城市建设

CHAPTER 10 MUNICIPAL CONSTRUCTION

十一、林业建设和生态环境

CHAPTER 11 FORESTRY CONSTRUCTION AND ECOLOGY

十二、农 业
CHAPTER 12 AGRICULTURE

十三、工 业
CHAPTER 13 INDUSTRY

十四、建筑业
CHAPTER 14 CONSTRUCTION

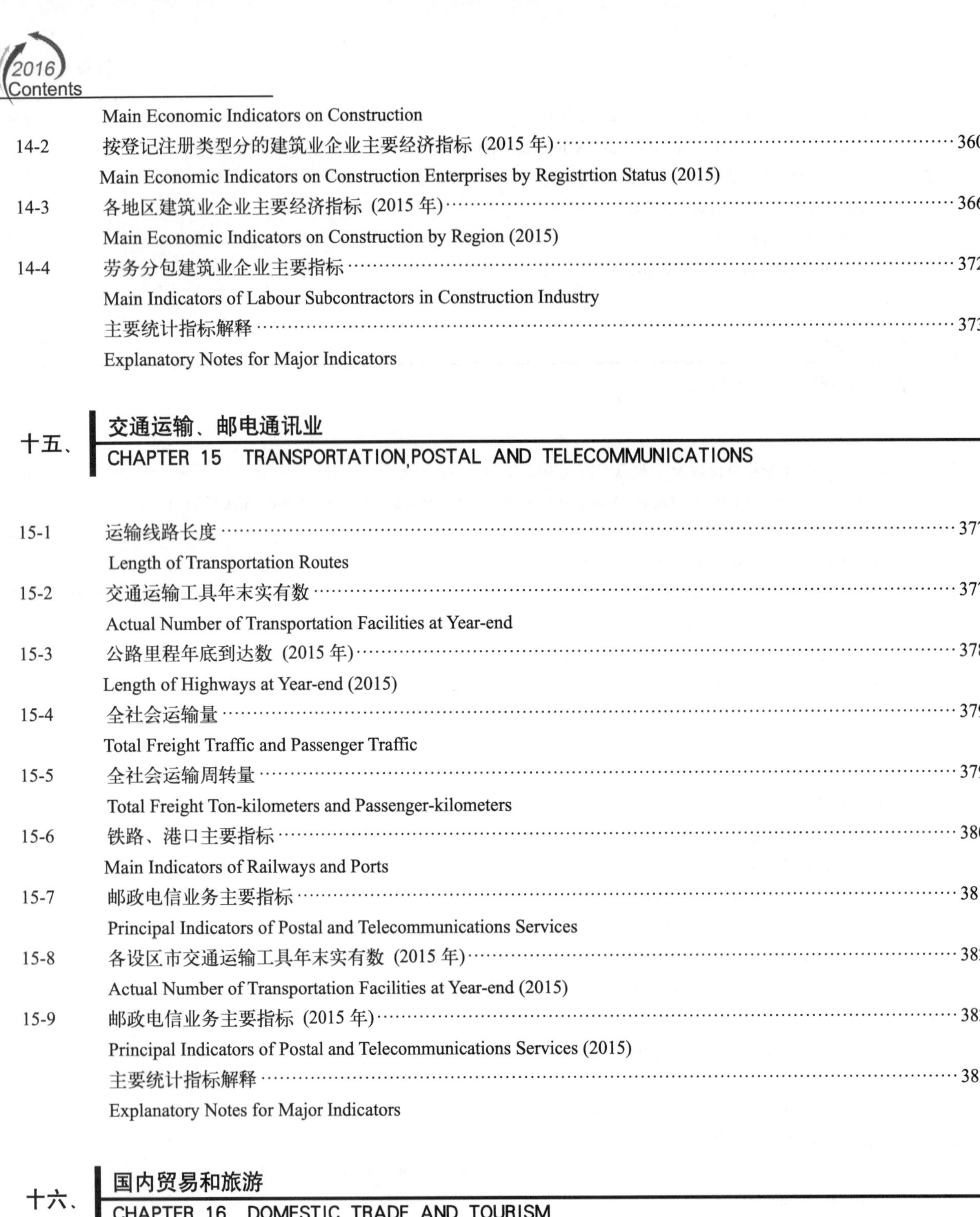

十五、交通运输、邮电通讯业
CHAPTER 15 TRANSPORTATION,POSTAL AND TELECOMMUNICATIONS

十六、国内贸易和旅游
CHAPTER 16 DOMESTIC TRADE AND TOURISM

十七、金融业
CHAPTER 17 FINANCIAL INDUSTRY

十八、房地产开发 CHAPTER 18 REAL ESTATE DEVELOPMENT

十九、科技、教育、文化 CHAPTER 19 SCI-TECH,EDUCATION AND CULTURE

二十、卫生、体育、社会福利和其他
CHAPTER 20 PUBLIC HEALTH,SPORTS,SOCIAL WELFARE AND OTHERS

二十一、各省、市、自治区主要经济指标

CHAPTER 21 MAIN ECONOMIC INDICATORS OF PROVICES,AUTONOMOUS REGIONS AND MUNICIPALITIES DIRECTLY UNDER THE CENTRAL GOVERNMENT

1

综 合

GENERAL SURVEY

◆1/30

资料整理及英文翻译：洪 安、兰 园、徐荣开
王 倩、邓新欣

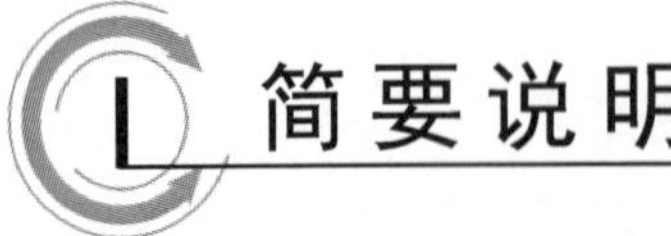

简要说明

本篇章由综合资料及国民经济核算资料两个部分组成。

综合资料主要包括我省行政区划、全省基本单位数、国民经济和社会发展综合资料，通过对各篇章主要统计指标及其速度、结构、比例和效益等的加工计算，来反映国民经济和社会发展的总体情况。

国民经济核算资料主要包括地区生产总值及其有关资料。地区生产总值是根据不同产业部门、不同支出构成的特点和资料来源情况而分别采取不同方法计算的。

分设区市的国民经济核算数据由各设区市统计局提供，由于采取分级核算，各设区市数据相加不等于全省总计。

根据第一次第三产业普查结果，对1992年以前全省地区生产总值的历史数据做了调整；2005年根据第一次全国经济普查结果，对1993-2004年的全省地区生产总值历史数据做了调整，本年鉴的数据为调整后数据。

Brief Introduction

This chapter consists of two parts: The summary data and the data on national accounts.

The summary data on the national economy reflect the overall situation of the economic and social development, including administrative divisions, number of basic units, by presenting further processed statistics including growth, structure, ratio and efficiency data derived from other chapters.

The data on national accounts mainly include Gross Domestic Product (GDP) and related data. Data on GDP are calculated with various approaches in accordance with the features of various sectors, various expenditure structures and the data resources.

The data on national accounts by region are provided by the statistical bureaus of various region. The sum of the city data is not equal to the provincial total due to the decentralized accounting approach.

The GDP figures of years up to 1992 been revised in accordance with the result of the First Tertiary Industry Census. In 2005, the GDP figures from the year 1993 to 2004 had in accordance with the result of the First National Economic Census. Data published in this yearbook have been revised.

自然地理资源

位　　置

江西省，简称赣。位于长江中下游交接处的南岸。地处北纬 24° 29′ ~30° 04′、东经 113° 34′ ~118° 28′ 之间，东邻浙江、福建，南连广东，西接湖南，北毗湖北、安徽。北控长江，上接武汉三镇，下通南京、上海，东南与沿海开放城市相邻近。京九铁路和浙赣铁路纵横贯通全境，交通便利，地理位置优越。

地势、面积

全省东南西三面群山环绕，内侧丘陵广亘，中北部平原坦荡，整个地势，由外及里，自南而北，渐次向鄱阳湖倾斜，构成一个向北开口的巨大盆地。全省面积 16.69 万平方公里。全境以山地、丘陵为主，山地占全省总面积的 36%，丘陵占 42%，岗地、平原、水面占 22%。

山脉、河流、湖泊

主要山脉分布于省境边陲，山峰一般海拔 1000 米左右，少数海拔 2000 余米。省境东和东北有蜿蜒于赣闽、赣浙之间的武夷山和怀玉山；南有逶迤于赣粤之间的大庾岭和九连山；西有耸峙于赣湘之间的罗霄山脉，雄伟的井冈山就在罗霄山脉的中段；西北有盘亘于赣鄂之间的幕阜山，庐山即是它向东延伸的余脉。

全省有大小河流 2400 多条，总长约 18400 公里，大部分河流汇向鄱阳湖，再注入长江。主要河流有 5 条，即赣江、抚河、信江、修河、饶河。赣江全长 751 公里，为本省第一大川，水量为长江第二大支流，它自南而北流贯全省，从赣州至湖口而入长江，通航里程 5000 余公里。

鄱阳湖是全国最大的淡水湖，它是江西最大的聚水盆，长江水量的巨大调节器，也是沟通省内外各地航道的中转站。

气　　候

江西气候四季变化分明。春季温暖多雨，夏季炎热温润，秋季凉爽少雨，冬季寒冷干燥。2015 年全省平均气温为 18.5℃，降水量为 2115 毫米，日照为 1395 小时。全年气候温暖，光照充足,雨量充沛,无霜期长，具有亚热带湿润气候特色。

资　　源

2015 年末，全省林业用地面积 1072.02 万公顷，活木蓄积量 4.45 亿立方米，森林覆盖率 63.1%。

2015 年，全省淡水面已养殖面积 43.75 万公顷。已查明鱼类 155 种，产量较多的有鲤、鲫、青、鲢等 30 余种，名贵鱼类有荷包红鲤鱼、玻璃鲤鱼、银鱼、石鱼、鲥鱼、鳜鱼等。省内还有众多的水禽和珍禽，其中不少是受到世界性保护的珍禽。

江西地下矿藏丰富，是我国矿产资源配套程度较高的省份之一。储量居全国前三位的有铜、钨、银、钽、钪、铀、铷、铯、金、伴生硫、滑石、粉石英、硅灰石等。铜、钨、铀、钽、稀土、金、银被誉为江西的“七朵金花”。

Nature, Geography and Resourcesrief

Position

Jiangxi Province, called Gan for short, lies in the southern bank of the middle and lower reaches of the Yangtze River. It is located at latitude 24° 29′ ～30° 04′ north, longitude 113° 34′ ～118° 28′ east. It borders Zhejiang and Fujian provinces to the east, Guangdong to the south, Hunan to the west, and Hubei and Anhui to the north. Jiangxi dominates the Yangtze River on the north, and connects the Wuhan in the upper stream, Nanjing and Shanghai in the downstream. And it closes to the coastal opening cities in the southeast. Both Beijing-Kowloon and Zhejiang¬-Jiangxi railways run through the whole province, which provided with the convenient transportation and superior location.

Topography and area

Mountains surround Jiangxi province on three sides. The southern half of the province is hilly with ranges and valleys interspersed; while the middle and northern half is flatter and lower in altitude. Stretching from south to north, the whole land is generally sloping towards Poyang Lake, which has formed a huge basin opening to the north. The total area of the province is 166,900 square kilometers. Within it are various land forms, with mountains and hills dominating. Mountains account for 36% of the province's total area, hills account for 42%, and mounds, plains, and water surface area for 22%.

Mountain ranges, rivers and lakes

The main mountain ranges are distributed by the border of the province, which generally have the altitude of about 1000m, and minority over 2000m. On the east and northeast of Jiangxi have Wuyi and iHuaiyu Mountains winding between Jiangxi and Fujian, Jiangxi and Zhejiang provinces. On the south have Dayu and Jiulian Mountains wriggling between Jiangxi and Guangdong provinces. In the west have Luoxiao Ranges standing between Jiangxi and Hunan provinces, where the magnificent Mt. Jinggang is situated at the middle. In the northwest have Mufu Mountains circling between Jiangxi and Hubei provinces. And its extending part on the east is namely the famous mountain—Mt. Lushan.

There are more than 2,400 rivers of various sizes in Jiangxi province, which have a combined total length of about 18,400 kilometers. Most of them enter Poyang Lake, which in turn empties into the Yangtze River. The five major rivers are Gan River, Fu River, Xin River, Xiu River, and Rao River. The Gan River winds along 751 kilometers, which is the biggest river of the province, and the second tributary of the Yangtze River in water volume. Flowing through the entire length of the province from south to north, it enters Ganzhou to Hukou, and then pours into the Yangtze River, with navigation mileage of over 5000 kilometers.

Poyang Lake is the largest fresh lake in China, and the biggest water assembling basin of Jiangxi province. It is the huge volume moderator of the Yangtze River, and also the intersection of linking up with all shipping lines in-and-out of the province.

Climate

The climate of Jiangxi province is four seasons alternating distinctively: warm with abundant rainfall in spring, hot and humid in summer, cool with little rainfall in autumn, chilly and dry in winter. In 2015, The average temperature of the whole province is about 18.5℃, with the annual precipitation of 2115mm and sunshine hours of 1395h. The whole year of Jiangxi has mild climate, with sufficient sunshine, plentiful rainfall and long frost-free period, which belongs to humid subtropical climate.

Resources

At the end of the year 2015, the total area of afforested land in Jiangxi is 10,720,220 hectares. The total standing forest stock is 445 million cubic meters, and the forest coverage rate of 63.1%.

In 2015, the total cultivated freshwater area of the whole province is 43.32 hectares. The identified species of the fishes are 155 and more than 30 types of them occupied the main production, such as carp, crucian carp, black carp, and silver carp etc. The valuable types are including lotus red carp, transparent carp, whitebait, reeves shad, and mandarin fish etc. There are also numerous birds and cherished ones in province, most of which belonged to world-protected species.

Jiangxi province has a rich reserve of underground minerals, which is one of the provinces with higher matching degree of mineral resources in China. The reserves of Copper, Tungsten, Silver, Tantalum, Scandium, Uranium, Rubidium, Caesium, Gold, and Associated Pyrite etc. rank the top three of the nation. Among all these minerals, Copper, Tungsten, Uranium, Tantalum, Rare Earths, Gold and Silver are called “the seven gold flowers of jiangxi”.

1-1 行 政 区 划 (2015年末)

Administratives Divisions (end of 2015)

地 区	Region	设区市 Cities at Prefecture Level	县级市 Cities at County Level	县 Countries	市辖区 Districts Under the Jurisdiction of Cities	市、县、区名称	Name of Cities at County Level, Countries and Districts Under the Jurisdication of Cities
全 省	**Total**	**11**	**10**	**68**	**22**		
南昌市	Nanchang	1		3	6	东湖区、西湖区、青云谱区、湾里区、青山湖区、南昌县、新建区、安义县、进贤县	Donghu,Xihu,Qingyunpu, Wanli,Qingshanhu,Nanchang, Xinjian,Anyi,Jinxian
景德镇市	Jingdezhen	1	1	1	2	昌江区、珠山区、浮梁县、乐平市	Changjiang,Zhushan,Fuliang, Leping
萍乡市	Pingxiang	1		3	2	安源区、湘东区、莲花县、上栗县、芦溪县	Anyuan,Xiangdong,Lianhua, Shangli,Luxi
九江市	Jiujiang	1	2	9	2	庐山区、浔阳区、九江县、武宁县、修水县、永修县、德安县、星子县、都昌县、湖口县、彭泽县、瑞昌市、共青城市	Lushan,Xunyang,Jiujiang, Wuning,Xiushui,Yongxiu, De'an,Xingzi,Duchang, Hukou,Pengze,Ruichang, Gongqingcheng
新余市	Xinyu	1		1	1	渝水区、分宜县	Yushui,Fenyi
鹰潭市	Yingtan	1	1	1	1	月湖区、余江县、贵溪市	Yuehu,Yujian,Guixi
赣州市	Ganzhou	1	1	15	2	章贡区、南康区、赣 县、信丰县、大余县、上犹县、崇义县、安远县、龙南县、定南县、全南县、宁都县、于都县、兴国县、会昌县、寻乌县、石城县、瑞金市、	Zhanggong,Nankang,Ganxian, Xinfeng,Dayu,Shangyou, Chongyi,Anyuan,Longnan, Dingnan,Quannan,Ningdu, Yudu,Xingguo,Huichang, Xunwu,Shicheng,Ruijin,
吉安市	Ji'an	1	1	10	2	吉州区、青原区、吉安县、吉水县、峡江县、新干县、永丰县、泰和县、遂川县、万安县、安福县、永新县、井冈山市	Jizhou,Qingyuan,Ji'an, Jishui,Xiajiang,Xingan, Yongfeng,Taihe,Suichuan, Wan'an,Anfu,Yongxin, Jinggangshan
宜春市	Yichun	1	3	6	1	袁州区、奉新县、万载县、上高县、宜丰县、靖安县、铜鼓县、丰城市、樟树市、高安市	Yuanzhou,Fengxin,Wanzai, Shanggao,Yifeng,Jing'an, Tonggu,Fengcheng,Zhangshu, Gao'an
抚州市	Fuzhou	1		10	1	临川区、南城县、黎川县、南丰县、崇仁县、乐安县、宜黄县、金溪县、资溪县、东乡县、广昌县	Linchuan,Nancheng,Lichuan, Nanfeng,Chongren,Le'an, Yihuang,Jinxi,Zixi, Dongxiang,Guangchang
上饶市	Shangrao	1	1	9	2	信州区、上饶县、广丰区、玉山县、铅山县、横峰县、弋阳县、余干县、鄱阳县、万年县、婺源县、德兴市	Xinzhou,Shangrao,Guangfeng, Yushan,Yanshan,Hengfeng, Yiyang,Yugan,Poyang, Wannian,Wuyuan,Dexing

1-2 按行业门类和地区分组的法人单位数(2015年)

Number of Legal Entities by Region and Sector(2015)

单位：个 (unit)

项　　目	Item	法人单位数 Number of Legal Entities		
		合　计 Total	单产业法人 Single Industry	多产业法人 Multi-Industry
总　　计	**Total**	**384079**	**373806**	**10273**
按行业分	**By sector**			
农、林、牧、渔业	Farming, Forestry, Animal Husbandy and Fishery	40916	40786	130
采矿业	Mining	4161	4115	46
制造业	Manufacturing	60109	59662	447
电力、热力、燃气及水生产和供应业	Production and Supply of Electricity Heating Gas and Water	4524	4353	171
建筑业	Construction	14320	13865	455
批发和零售业	Wholesale and Retail Trade	79998	78790	1208
交通运输、仓储和邮政业	Transport, Storage and Post Services	12511	12140	371
住宿和餐饮业	Hotel and Catering Services	4888	4792	96
信息传输、软件和信息技术服务业	Information Transmission,Software and Information Technology Services	6868	6752	116
金融业	Financial Intermediation	3471	3017	454
房地产业	Real Estate	10759	10341	418
租赁和商务服务业	Leasing and Business Services	33410	32987	423
科学研究和技术服务业	Scientific Reseach and Ploytechnic Services	9550	9335	215
水利、环境和公共设施管理业	Management of Water Conservancy, Public Facilities and Environment	3005	2934	71
居民服务、修理和其他服务业	Services to Households Repair and Other Services	7067	6983	84
教育	Education	14745	13441	1304
卫生和社会工作	Health Care and Social Services	10160	9805	355
文化、体育和娱乐业	Culture,Sports and Entertainment	6572	6505	67
公共管理、社会保障和社会组织	Public Management Social Security and Social Organizations	57045	53203	3842
按地区分	**By Region**			
南昌市	Nanchang	55626	54126	1500
景德镇市	Jingdezhen	12728	12534	194
萍乡市	Pingxiang	21934	21322	612
九江市	Jiujiang	47541	46380	1161
新余市	Xinyu	18956	18637	319
鹰潭市	Yingtan	13851	13593	258
赣州市	Ganzhou	57840	56066	1774
吉安市	Ji'an	36651	35431	1220
宜春市	Yichun	35212	33871	1341
抚州市	Fuzhou	33874	32886	988
上饶市	Shangrao	49866	48960	906

1-3 各设区市按专业分组一套表法人单位数（2015年）

Number of Qualified Legal Entities by Region and Profession in (2015)

单位：个 (unit)

地 区	Region	合 计 Total	工 业 Industry	建筑业 Construction	批发和零售业 Wholesale and Retail Trade
全 省	**Provincial Total**	**21861**	**9941**	**1817**	**2594**
南 昌 市	Nanchang	3900	1300	522	690
景德镇市	Jingdezhen	707	328	35	68
萍 乡 市	Pingxiang	1023	655	70	81
九 江 市	Jiujiang	2697	1400	157	262
新 余 市	Xinyu	782	387	85	70
鹰 潭 市	Yingtan	688	260	39	131
赣 州 市	Ganzhou	2734	1288	252	284
吉 安 市	Ji'an	2581	1168	138	258
宜 春 市	Yichun	2523	1254	205	255
抚 州 市	Fuzhou	1851	930	115	164
上 饶 市	Shangrao	2375	971	199	331

1-3 续表 continued

单位：个 (unit)

地 区	Region	住宿和餐饮业 Hotel and Catering Services	房地产业 Real Estate	服务业 Service	其他投资 Other Investment
全 省	**Provincial Total**	**732**	**2187**	**2843**	**1747**
南 昌 市	Nanchang	166	528	501	193
景德镇市	Jingdezhen	32	76	141	27
萍 乡 市	Pingxiang	22	78	77	40
九 江 市	Jiujiang	75	226	306	271
新 余 市	Xinyu	27	93	102	18
鹰 潭 市	Yingtan	35	65	119	39
赣 州 市	Ganzhou	89	358	278	185
吉 安 市	Ji'an	109	153	436	319
宜 春 市	Yichun	51	215	292	251
抚 州 市	Fuzhou	32	172	255	183
上 饶 市	Shangrao	94	223	336	221

注：其他投资是指未纳入规模以上工业、有资质的建筑业、限额以上批发和零售业、限额以上住宿和餐饮业、全部房地产开发经营业、规模以上服务业，且在报告期内有计划总投资5000万元及以上在建投资项目的法人单位。

a) Other investment refers to legal entities including 50 million yuan and above construction project in the reporting period,while the entities are not included in above scale industry、qualified construction industry、above-norm wholesale and retail trade、all real estate development business、above scale service industry.

1-4 国民经济和社会发展主要指标与发展速度

指 标	Item	1978
人口(万人)	**Population (10000 persons)**	
年末总人口	Population at Year-end	3182.82
#男性人口	Male	1642.78
女性人口	Female	1540.04
#城镇人口	Urban	533.12
乡村人口	Rural	2649.70
就业(万人)	**Employment (10000 persons)**	
年末社会就业人数	Employment at Year-end	1254.3
#职工人数	Staff and Workers	267.4
年末城镇登记失业人数	Registration Unemployment in Urban Areas at Year-end	21.38
地区生产总值(亿元)	**Gross Domestic Product (100 million yuan)**	**87.00**
第一产业	Primary Industry	36.18
第二产业	Secondary Industry	33.08
第三产业	Tertiary Industry	17.74
人均生产总值(元)	Per Capita GDP (yuan)	276
固定资产投资(亿元)	**Investment in Fixed Assets (100 million yuan)**	
全社会固定资产投资总额	Total Investment in Fixed Assets	8.13
#房地产开发投资	Investment in Real Estate Development	
新增固定资产	Newly Increased Fixed Assets	
财政(亿元)	**Government Finance (100 million yuan)**	
财政总收入	Government Revenue	12.22
一般公共预算收入	Public Financial Revenue of the Local Government	
一般公共预算支出	Government Expenditures	16.27
能源生产与消费(万吨标准煤)	**Production and Consumption of Energy (10 000 tons of SCE)**	
能源生产总量	Total Energy Production	
能源消费总量	Total Energy Consumption	
价格指数(上年=100)	**Price Indices (preceding year=100)**	
居民消费价格指数	Consumer Price Index	
商品零售价格指数	Retail Price Index	100.1
工业生产者出厂价格指数	Producer Price Index for Industrial Products	
工业生产者购进价格指数	Producer Price Indices for Purchasing Goods	
固定资产投资价格指数	Investment in Fixed Assets Price Indices	
人民生活	**People's Livelihood**	
城镇非私营单位职工平均工资(元)	Average Wage of Staff and Workers in Urban Non-Private Units(yuan)	552
城镇住户人均年可支配收入(元)	Per Capita Annual Disposable Income of Urban Households(yuan)	305.36
农村住户人均年可支配收入(元)	Per Capita Net Income of Rural Residents (yuan)	140.70
人民币住户存款年末余额(亿元)	Outstanding Amount of Saving Deposits in Urban and Rural Areas (100 million yuan)	4.16
城镇住户人均住宅建筑面积(平方米)	Per Capita Gross Living Space in Cities (sq.m)	
农村居民人均住房面积(平方米)	Per Capita Net Floor Space of Rural Residents (sq.m)	
城市建设、环境保护	**City Construction ,Environmental Protection**	
人工煤气供气量(万立方米)	Coal Gas Supply(10000 cu.m)	
液化石油气供气量(吨)	Total Liquefied Petroleum Gas Supply (ton)	
道路长度(公里)	Length of Roads (km)	
排水管道长度(公里)	Length of Drainpipes (km)	
公共车辆(汽、电车)运营数(辆)	Operating Public Buses (Buses and Trolley Buses) (unit)	
绿化覆盖面积(公顷)	Coverage Area of Afforestation (hectare)	
工业用水重复利用率(%)	Re-use Rate of Industrial WasteWater (%)	

注：1.地区生产总值、农业总产值、工业增加值的发展速度均按可比价格计算。
2.自1998年起,职工人数为在岗职工人数。自2012年起，职工人数含劳务派遣人员。
3.从2011年起，固定资产投资项目统计起点由过去的计划投资50万元及以上提高到计划投资500万元及以上。
4.2013年起城乡居民调查指标为新口径调查数据，统一为可支配收入指标。

Major Indicators and Growth Rates on National Economic and Social Development

总量指标	Aggregate Data				速度指标 (%)	Indices and Growth Rates (%)					
					指数 Index (2015为以下各年) (2015 as Percentage of the Following Years)				平均增长速度 Average Annual Growth Rate		
1990	2000	2010	2014	2015	1978	1990	2000	2014	1979–2015	1991–2015	2001–2015
3810.64	4148.54	4462.25	4542.16	4565.63	143.4	119.8	110.1	100.5	1.0	0.7	0.6
1972.77	2157.02	2303.16	2334.66	2343.70	142.7	118.8	108.7	100.4	1.0	0.7	0.6
1837.87	1991.52	2159.08	2207.50	2221.93	144.3	120.9	111.6	100.7	1.0	0.8	0.7
775.47	1148.73	1966.07	2281.07	2356.78	442.1	303.9	205.2	103.3	4.1	4.5	4.9
3035.18	2999.81	2496.18	2261.09	2208.85	83.4	72.8	73.6	97.7	-0.5	-1.3	-2.0
1816.5	2060.9	2498.8	2603.3	2615.8	208.5	144.0	126.9	100.5	2.0	1.5	1.6
386.2	291.6	279.6	426.0	440.1	164.6	114.0	150.9	103.3	1.4	0.5	2.8
10.26	16.68	26.26	29.41	29.95	140.1	291.9	179.6	101.8	0.9	4.4	4.0
428.62	**2003.07**	**9451.26**	**15714.63**	**16723.78**	**3508.8**	**1246.4**	**485.5**	**109.1**	**10.1**	**10.6**	**11.1**
175.96	485.14	1206.98	1683.72	1772.98	639.4	301.9	193.7	103.9	5.1	4.5	4.5
133.56	700.76	5122.88	8247.93	8411.57	8312.7	2657.5	823.5	109.4	12.7	14.0	15.1
119.10	817.17	3121.40	5782.98	6539.23	4888.3	1276.7	367.7	110.1	11.1	10.7	9.1
1134	4851	21253	34674	36724	2440.0	1039.2	442.4	108.5	9.0	9.8	10.4
70.65	548.20	7164.62	15079.26	17388.13	213876.1	24611.6	3171.9	115.3	23.3	25.3	27.5
2.88	42.37	706.82	1322.49	1520.10		52814.2	3587.6	114.9		31.2	31.4
32.5	453.31	4739.38	10127.12	12304.33		37821.2	2714.3	121.5		26.8	24.6
40.62	171.69	1226.24	2680.96	3021.83	24728.6	7439.3	1760.1	112.7	16.1	18.8	21.1
	111.55	778.09	1881.83	2165.74			1941.4	115.1			21.9
50.76	223.47	1923.26	3882.70	4412.55	27120.8	8693.0	1974.6	113.6	16.3	19.6	22.0
1282.42	1293.23	2312.80	2451.90	2356.86		183.8	182.2	96.1		2.5	4.1
1732.29	2505.00	6280.55	8055.40	8440.34		487.2	336.9	104.8		6.5	8.4
102.1	100.3	103.0	102.3	101.5		285.0	139.7	101.5		4.3	2.3
101.3	98.5	102.7	101.2	100.5	468.4	222.1	128.8	100.5	4.3	3.2	1.7
	101.0	115.3	97.8	93.7			154.6	93.7			2.9
	101.2	111.8	98.4	93.6			178.5	93.6			3.9
	101.4	104.8	100.1	96.8			143.6	96.8			2.4
1729	7014	29092	47299	50932	9226.8	2945.7	726.1	107.7	13.0	14.5	14.1
1187.88	5103.60	15660.00	24309.20	26500.12	8678.3	2230.9	519.2	109.0	12.8	13.2	11.6
669.90	2135.30	5987.00	10116.60	11139.08	7916.9	1662.8	521.7	110.1	12.5	11.9	11.6
142.79	1243.15	6113.24	10790.70	12389.73	297830.1	8676.9	996.6	114.8	24.1	19.5	16.6
	32.4	38.88	41.00	41.50			128.1	101.2			1.7
20.58	27.79	40.26	50.20	51.80		251.7	186.4	103.2		3.8	4.2
1203	39463	58208	30991	25097		2086.2	63.6	81.0		12.9	-3.0
12182	164698	188847	237316	228912		1879.1	139.0	96.5		12.4	2.2
1108	3033	5742	7250	8185		738.7	269.9	112.9		8.3	6.8
878	2074	7340	10814	11983		1364.8	577.8	110.8		11.0	12.4
1091.0	4031	7048	9200	10385		951.9	257.6	112.9		9.4	6.5
7044	20044	48924	55327	58510		830.6	291.9	105.8		8.8	7.4
	55.05	76.83	81.47	80.49							

a) Growth rates of Gross Domestic Product, gross output value of agriculture and gross industrial value-added are calculated at constant prices.

b) Since 1998,number of staff and workers refers to number of employed staff and workers.Since 2012,number of staff and workers includes dispatched laborers.

c) The statistical starting point of the fixed assets investment projects from the previous plan to invest 500,000yuan and above to plans to invest 5,000,000 million and above since 2011.

d) Indicators of urban and rural residents survey are adjusted to disposable income since 2013.

1-4 续表1

指 标	Item	1978
一般工业固体废物综合利用量(万吨)	General Industrial Solid Wastes Utilized (10000 tons)	
一般工业固体废物综合利用率(%)	Ratio of General Industrial Solid Wastes Utilized (%)	
农业	**Agriculture**	
农业总产值(亿元)	Gross Output Value of Agriculture (100 million yuan)	49.29
主要农产品产量	Output of Major Farm Products	
粮食(万吨)	Grain(10000 tons)	1125.74
棉花(万吨)	Cotton(10000 tons)	3.48
油料折油(万吨)	Oil-bearing Crops Converted Into Oil(10000 tons)	6.63
油料(万吨)	Oil-bearing Crops(10000 tons)	13.49
黄红麻(万吨)	Jute and Ambary Hemp(10000 tons)	0.48
烟叶(万吨)	Tobacco(10000 tons)	0.61
茶叶(吨)	Tea(ton)	8878
蚕茧(吨)	Silkworm Cocoons(ton)	143
甘蔗(万吨)	Sugar Cane(10000 tons)	68.29
水果(万吨)	Fruits(10000 tons)	2.92
肉类总产量(万吨)	Total Output of Meat(10000 tons)	26.27
水产品(万吨)	Aquatic Products(10000 tons)	5.93
生猪年末存栏(万头)	Number of Slaughtered Fattened Hogs at Year-end(10000 heads)	944.27
生猪当年出栏(万头)	Number of Slaughtered Fattened Hogs of the Year(10000 heads)	574.00
工业	**Industry**	
主要工业产品产量	Output of Major Industrial Products	
化学纤维(万吨)	Chemical Fiber (10000 tons)	0.42
布(混合数)(万米)	Cloth(10000 m)	20173
机制纸及纸板(万吨)	Machine-made Paper and Paperboard (10000 tons)	9.26
卷烟(万箱)	Cigarettes(10000 boxs)	19.14
原煤产量(万吨)	Coal(10000 tons)	1435.50
原油加工量(万吨)	Processed Crude Oil(10000 tons)	
发电量(亿千瓦时)	Electricity(100 million kwh)	45.31
粗钢 (万吨)	Crude Steel (10000 tons)	25.64
钢材 (万吨)	Rolled Steel (10000 tons)	24.50
水泥(万吨)	Cement(10000 tons)	155.56
汽车(万辆)	Vehicles(10000 unit)	0.10
照相机(万架)	Cameras(10000 sets)	1.00
化学肥料(折合100%)(万吨)	Chemical Fertilezers(pure)(10000 tons)	15.97
化学农药(原药)(吨)	Chemical Pesticide(ton)	13539
规模以上工业企业主要指标(亿元)	Main Indicators of Industrial Enterprises above Designated Size (100 million yuan)	
工业增加值	Gross Industrial Value-added	
资产总计	Total Assets	
主营业务收入	Revenue from Principal Business	
利税总额	Total Profits	
建筑业(资级企业)	**Construction With Grade**	
建筑业企业人数(万人)	Number of Employed Persons(10000 persons)	
建筑业总产值(亿元)	Gross Output Value(100 million yuan)	
施工房屋面积(万平方米)	Floor Space of Buildings Under Construction(10000 sq.m)	
竣工房屋面积(万平方米)	Floor Space of Buildings Completed(10000 sq.m)	
交通运输业	**Transportation**	
铁路营业里程(公里)	Length of Railways in Operation(km)	1184
公路通车里程(公里)	Length of Highways(km)	30245

注：1.2000年及以后工业产品产量为规模以上产量。
2.公路通车里程从2006年开始包括村道。

continued

总量指标		Aggregate Data			速度指标 (%)			Indices and Growth Rates (%)			
					指数 Index (2015为以下各年) (2015 as Percentage of the Following Years)				平均增长速度 Average Annual Growth Rate		
1990	2000	2010	2014	2015	1978	1990	2000	2014	1979–2015	1991–2015	2001–2015
	702.24	4379.14	6120.56	5748.81			818.6	93.9			15.0
	14.64	46.54	56.51	57.02							
255.24	741.35	1900.58	2726.54	2859.10	664.1	335.4	198.5	104.0	5.3	5.0	4.7
1658.20	1614.60	1954.70	2143.5	2148.7	190.9	129.6	133.1	100.2	1.8	1.0	1.9
5.70	6.80	13.08	13.37	11.52	331.1	202.1	169.4	86.2	3.3	2.9	3.6
19.61	32.52	36.47	47.17	47.57	717.5	242.6	146.3	100.8	5.5	3.6	2.6
54.89	96.73	107.57	121.71	123.96	918.9	225.8	128.2	101.9	6.2	3.3	1.7
1.88	0.44	0.11	0.06	0.06	12.7	3.2	13.9	97.1	-5.4	-12.8	-12.3
2.31	1.82	3.76	5.89	5.46	894.9	236.3	299.9	92.7	6.1	3.5	7.6
19415	15703	29808	44339	51868	584.2	267.2	330.3	117.0	4.9	4.0	8.3
2639	3266	7550	6962	7134	4988.8	270.3	218.4	102.5	11.1	4.1	5.3
194.29	136.81	59.10	64.52	65.82	96.4	33.9	48.1	102.0	-0.1	-4.2	-4.8
23.30	42.34	297.13	413.75	450.32	15421.9	1932.7	1063.6	108.8	14.6	12.6	17.1
111.74	192.31	308.20	355.24	355.08	1351.7	317.8	184.6	100.0	7.3	4.7	4.2
30.68	127.12	215.34	253.76	264.25	4456.2	861.3	207.9	104.1	10.8	9.0	5.0
1547.26	1473.50	1756.33	1942.97	1892.83	200.5	122.3	128.5	97.4	1.9	0.8	1.7
1313.18	1992.27	2897.54	3325.66	3242.55	564.9	246.9	162.8	97.5	4.8	3.7	3.3
2.00	7.08	17.92	45.94	46.88	11162.2	2344.1	662.2	102.0	13.6	13.4	13.4
30566	21710	80517	96761	114447	567.3	374.4	527.2	107.0	4.8	5.4	11.7
25.59	24.02	186.59	154.52	173.60	1874.7	678.4	722.7	107.9	8.2	8.0	14.1
47.02	50.99	111.80	135.30	135.60	708.5	288.4	265.9	100.2	5.4	4.3	6.7
2027.11	1813.76	2830.21	2261.40	2090.22	145.6	103.1	115.2	92.4	1.0	0.1	1.0
155.10	327.62	468.43	471.26	555.50		358.2	169.6	117.9		5.2	3.6
121.41	201.06	617.03	781.25	843.41	1861.4	694.7	419.5	107.0	8.2	8.1	10.0
112.09	319.86	1834.03	2235.28	2210.95	8623.1	1972.5	691.2	98.9	12.8	12.7	13.8
92.32	282.90	1951.55	2611.06	2577.57	10520.7	2792.0	911.1	98.5	13.4	14.2	15.9
469.13	1382.00	6220.54	9803.57	9438.01	6067.1	2011.8	682.9	95.8	11.7	12.8	13.7
0.97	13.36	37.28	46.15	42.15	42529.8	4340.1	315.6	91.3	17.8	16.3	8.0
9.00	17.84	0.58	244.50	337.40	33740.0	3748.9	1891.3	138.0	17.0	15.6	21.7
31.07	43.43	113.42	134.72	140.81	881.7	453.2	324.2	105.2	6.1	6.2	8.2
5146	13796	21213	46452	50881	375.8	988.8	368.8	109.5	3.6	9.6	9.1
	269.81	3101.89	6833.72	7268.86			1240.4	109.2			18.3
	1835.86	8424.86	15535.66	18971.56			1033.4	122.1			16.8
	897.00	14196.68	30597.12	32459.41			3618.7	106.1			27.0
	80.54	1445.95	3358.71	3543.76			4399.9	105.5			28.7
12.58	29.80	86.10	130.30	142.31		1131.2	477.6	109.2		10.2	11.0
13.76	116.41	1691.47	4124.45	4602.49		33448.3	3953.7	111.6		26.2	27.8
487.50	2572.30	13669.67	27732.04	28895.36		5927.3	1123.3	104.2		17.7	17.5
192.50	1359.80	6488.09	12725.69	14255.60		7405.5	1048.4	112.0		18.8	17.0
1581	2197	2734.10	3602	3909	330.2	247.2	177.9	108.5	3.3	3.7	3.9
33203	60292	140597	155515	156625	517.9	471.7	259.8	100.7	4.5	6.4	6.6

a) Output of industrial products are above designated size since 2000.
b) The total length of highways have included the village road since 2006.

1-4 续表2

指　　标	Item	1978
货物周转量(亿吨公里)	Freight Ton-kilometers (100 million ton-km)	128.63
铁　　路(亿吨公里)	Railways (100 million ton-km)	108.48
公　　路(亿吨公里)	Highways (100 million ton-km)	5.14
水　　运(亿吨公里)	Waterways (100 million ton-km)	15.01
旅客周转量(亿人公里)	Passenger-kilometers (100 million person-km)	44.67
铁　　路(亿人公里)	Railways (100 million person-km)	26.73
公　　路(亿人公里)	Highways (100 million person-km)	16.83
水　　运(亿人公里)	Waterways (100 million person-km)	1.13
邮电通信业	**Postal and Telecommunication Services**	
邮电业务总量(亿元)	Business Volume of Postal and Telecommunication Services (100 million yuan)	0.92
函　件(万件)	Number of Letters (10000 pcs)	7372
移动电话用户(万户)	Number of Mobile Telephone Subscribers (10000 subscribers)	
固定电话用户(万户)	Fixed Telephone Subscribers (10000 Subscribers)	5.59
城市	Urban	3.01
农村	Rural	2.58
计算机互联网用户(万户)	Number of Internet Services Subscribers (10000 subscribers)	
内外贸易和旅游	**Domestic Trade , Foreign Trade and Tourism**	
社会消费品零售总额(亿元)	Total Retail Sales of Consumer Goods(100 million yuan)	33.93
海关进出口总额(万美元)	Total Value of Imports and Exports (USD 10000)	
出口额	Exports	
进口额	Imports	
外商直接投资合同金额(万美元)	Contracted Foreign Direct Investments (USD 10000)	
外商直接投资实际使用金额(万美元)	Actually Utilized Foreign Direct Investments (USD 10000)	
旅游总收入(亿元)	Total Tourism Earnings (100 million yuan)	
涉外旅游人数(人次)	Number of International Tourists (person-times)	
涉外旅游收汇(万美元)	Foreign Exchange Earnings from International Tourism (USD 10000)	
金融业(亿元)	**Financial Intermediation (100 million yuan)**	
金融机构人民币存款余额	Deposits of National Banking System	
金融机构人民币贷款余额	Loans of National Banking System	
教育、文化、卫生	**Education,Culture and Health Care**	
高等学校在校学生数(人)	Students Enrollment of Higher Education(person)	21847
中等专业学校在校学生数(人)	Students Enrollment of Specialized Secondary Schools(persons)	28926
普通中学在校学生数(万人)	Students Enrollment of Secondary Schools(10000 persons)	169.20
小学在校学生数(万人)	Students Enrollment of Primary Schools(10000 persons)	513.77
学龄儿童入学率(%)	Rate of School-age Children Enrollment (%)	94.15
报纸出版数量(万份)	Number of Newspapers Published(10000 copies)	14453
期刊出版数量(万册)	Number of Magazines Published(10000 copies)	378
图书出版数量(万册)	Number of Books Published (10000 copies)	8495
卫生机构数(个)	Number of Hospitals(unit)	5178
卫生技术人员(人)	Number of Medical Technical Personnels(person)	70247
#医　生	Number of Doctors	30430
病 床 数(张)	Number of Hospital Beds(bed)	72289

注：1.邮电业务总量2000年以前按1990年不变价格计算，2001年以后按2000年不变价格计算,2011年以后按2010年不变价格计算。
2.卫生机构数1996年开始包括个体机构。
3.2007年卫生年报统计口径变动。
4.交通运输数据2008年开始按新口径计算
5.2009年互联网用户口径变化为宽带用户数。

continued

总量指标		Aggregate Data			速度指标 (%)			Indices and Growth Rates (%)			
					指数 Index (2015为以下各年) (2015 as Percentage of the Following Years)				平均增长速度 Average Annual Growth Rate		
1990	2000	2010	2014	2015	1978	1990	2000	2014	1979–2015	1991–2015	2001–2015
299.06	746.93	2738.70	3829.97	3753.24	2917.9	1255.0	502.5	98.0	9.5	10.6	11.4
204.27	563.82	705.90	541.29	496.96	458.1	243.3	88.1	91.8	4.2	3.6	-0.8
62.83	147.19	1850.20	3073.31	3022.72	58807.7	4810.9	2053.6	98.4	18.8	16.8	22.3
31.96	35.81	182.41	215.37	233.56	1556.0	730.8	652.2	108.4	7.7	8.3	13.3
170.37	453.07	912.76	971.33	953.81	2135.2	559.8	210.5	98.2	8.6	7.1	5.1
74.65	271.91	564.80	654.50	668.72	2501.8	895.8	245.9	102.2	9.1	9.2	6.2
93.88	171.33	330.48	316.46	284.74	1691.9	303.3	166.2	90.0	7.9	4.5	3.4
1.11	1.20	0.32	0.37	0.35	30.7	31.2	28.8	93.6	-3.1	-4.5	-8.0
2.85	81.31	698.05	446.00	619.12	67171.5	21723.5	761.4	138.8	19.2	24.0	14.5
17162	14010	17971	4771	3632	49.3	21.2	25.9	76.1	-1.9	-6.0	-8.6
	140.29	1811.26	2938.5	3056.2			2178.5	104.0			22.8
12.61	354.09	709.60	577.3	568.4	10168.1	4507.5	160.5	98.5	13.3	16.5	3.2
10.11	234.34	439.74	354.1	363.8	12086.4	3598.4	155.2	102.7	13.8	15.4	3.0
2.49	119.75	269.84	223.3	204.6	7930.2	8216.9	170.9	91.6	12.5	19.3	3.6
	26.95	253.40	434.2	442.0			1640.1	101.8			20.5
151.94	704.87	2956.21	5292.60	5925.50	17463.9	3899.9	840.7	112.0	15.0	15.8	15.3
71934	162399	2160007	4273082	4239960		5894.2	2610.8	99.2		17.7	24.3
58023	119736	1341606	3202532	3311674		5707.5	2765.8	103.4		17.6	24.8
13911	42663	818400	1070550	928287		6673.0	2175.9	86.7		18.3	22.8
2855	26478	749447	1072711	736757		25805.8	2782.5	68.7		24.9	24.8
621	22724	510084	845074	947321		152547.7	4168.8	112.1		34.1	28.2
	134.6	818.32	2649.70	3637.65			2702.6	137.3			24.6
52875	163057	1140792	1716759	1552833		2936.8	952.3	90.5		14.5	16.2
418	6234	34630	55687	56700		13564.6	909.5	101.8		21.7	15.9
	1966.78	11846.18	21537.74	24785.15			1260.2	115.1			18.4
	1739.87	7757.12	15466.11	18348.00			1054.6	118.6			17.0
56608	144293	816484	916415	984489	4506.3	1739.1	682.3	107.4	10.8	12.1	13.7
61675	160022	238744	258644	249810	863.6	405.0	156.1	96.6	6.0	5.8	3.0
181.06	259.22	273.96	265.48	269.31	159.2	148.7	103.9	101.4	1.3	1.6	0.3
450.44	422.68	426.02	412.98	422.31	82.2	93.8	99.9	102.3	-0.5	-0.3	0.0
98.24	99.58	99.93	99.83	99.92	106.1	101.7	100.3	100.1	0.2	0.1	0.0
58930	39929	70449	113590	114169	789.9	193.7	285.9	100.5	5.7	2.7	7.3
2714	9060	7060	7616	7476	1977.8	275.5	82.5	98.2	8.4	4.1	-1.3
19216	20300	16039	19662	19175	225.7	99.8	94.5	97.5	2.2	0.0	-0.4
5632	8048	7172	7856	7860	151.8	139.6	97.7	100.1	1.1	1.3	-0.2
116786	123192	154733	201327	210946	300.3	180.6	171.2	104.8	3.0	2.4	3.7
51994	54437	59264	74605	76814	252.4	147.7	141.1	103.0	2.5	1.6	2.3
92274	90930	127915	186857	197873	273.7	214.4	217.6	105.9	2.8	3.1	5.3

a) Business volume of post and telecommunication services before 2000 are calculated at constant prices of 1990 and at 2000 constant prices since 2000, and at 2011 constant prices since2010.
b) Number of hospitals include individual since 1996.
c) Statistical standards in health report have changed since 2007.
d) The datas of transportation are calculated according to new statistical scope since 2008.
e) Internet subscriber is adjusted to DSL subscriber in 2009.

1-5 国民经济主要比例关系

Principal Relations of Major Indicators on National Economic

单位：% (%)

指 标	Item	1978	1980	1990	2000	2010	2014	2015
地区生产总值	**Gross Domestic Product**							
第一产业	Primary Industry	41.6	43.5	41.0	24.2	12.8	10.7	10.6
第二产业	Secondary Industry	38.0	36.9	31.2	35.0	54.2	52.5	50.3
工 业	Industry	26.6	27.8	27.2	27.2	45.4	43.6	41.4
建筑业	Construction	11.4	9.1	4.0	7.8	8.8	8.9	8.9
第三产业	Tertiary Industry	20.4	19.6	27.8	40.8	33.0	36.8	39.1
#交通运输邮电业	Transport,Postal and Telecommunication Services	2.9	3.5	5.9	9.7	4.7	4.5	4.4
批零贸易和住宿餐饮业	Wholesaleand Retaill Trades,Hotel and Catering Services	5.6	5.2	4.6	9.1	9.2	9.3	9.4
金融业	Financial Intermediation	1.4	1.3	6.4	4.6	2.6	4.7	5.4
全省总人口	**Province Total Population**							
城镇人口	Urban				27.7	44.1	50.2	51.3
乡村人口	Rural				72.3	55.9	49.8	48.7
社会就业人员	**Total Employed Persons**							
第一产业	Primary Industry	77.2	77.7	65.7	46.6	35.6	30.8	30.0
第二产业	Secondary Industry	13.0	12.3	20.3	24.4	29.6	32.2	32.5
第三产业	Tertiary Industry	9.8	10.0	14.0	29.0	34.8	37.0	37.5
农业总产值	**Gross Agricultural Output Value**							
农 业	Farming	74.0	70.7	60.1	46.5	42.2	42.0	46.4
林 业	Forestry	11.9	14.1	9.4	7.8	9.8	10.0	10.3
牧 业	Animal Husbandry	12.8	14.0	26.4	29.9	30.7	29.9	25.2
渔 业	Fishery	1.3	1.2	4.1	13.5	13.5	14.7	14.7
服务业	Service in Support of Agriculture				2.3	3.8	3.4	3.5
规模以上工业增加值	**Gross Industrial Value-added Above Designated Size**							
轻工业	Light Industry				37.7	34.6	36.2	37.6
重工业	Heavy Industry				62.3	65.4	63.8	62.4
全社会固定资产投资	**Total Investment in Fixed Assets**							
第一产业	Primary Industry					2.9	2.4	2.7
第二产业	Secondary Industry					57.5	52.9	52.0
第三产业	Tertiary Industry					39.6	44.7	45.3
财政支出	**Government Expenditures**							
文教科学卫生	Expenditures on Culture, Education, Science and Health Care	18.0	25.4	27.4	24.7	25.7	30.1	30.3
#科 学	Science	0.2	0.4	0.8	0.5	0.9	1.5	1.7
教 育	Education	10.6	15.6	16.4	17.1	15.5	18.3	18.0

1-6 主要指标每人年平均水平

Per Capita Average Annual Level of Major Indicators

指 标	Item	1978	1980	1990	2000	2010	2014	2015
地区生产总值(元)	**Gross Domestic Product(yuan)**	**276**	**342**	**1134**	**4851**	**21253**	**34674**	**36724**
第一产业	Primary Industry	115	149	466	1175	2714	3715	3893
第二产业	Secondary Industry	105	126	353	1697	11519	18199	18471
第三产业	Tertiary Industry	56	67	315	1979	7019	12760	14360
财政总收入(元)	**Government Revenue (yuan)**	**39**	**38**	**107**	**416**	**2757**	**5915**	**6635**
年末居民住户存款余额(元)	**Balance of Savings Deposit of Risidents at Year-end(yuan)**	**13**	**24**	**375**	**2997**	**13746**	**23809**	**27207**
主要农产品产量(公斤)	**Output of Major Farm Products(kg)**							
粮 食	Grain	357.33	381.60	438.86	391.04	439.53	472.95	471.84
棉 花	Cotton	1.10	1.32	1.51	1.65	2.94	2.95	2.53
油料折油	Oil-bearing Crops Converted into oil	2.10	2.09	5.19	7.88	8.20	10.41	10.45
甘 蔗	Sugar Cane	21.68	26.38	51.42	33.13	13.29	14.24	14.45
水 果	Fruits	0.93	1.73	6.17	10.25	66.81	91.29	98.89
肉类总产量	Total output of Meat	8.34	11.71	29.57	46.58	69.30	78.38	77.97
牛 奶	Milk	0.16	0.28	0.59	1.36	2.67	2.83	2.53
水 产 品	Aquatic Products	1.88	2.32	8.12	30.79	48.42	55.99	58.03
主要工业产品产量	**Output of Major Industrial Products**							
化学纤维(公斤)	Chemical Fiber(kg)	0.13	0.41	0.53	1.71	4.03	10.14	10.29
布(混合数)(米)	Cloth(m)	6.40	9.24	8.09	5.26	18.10	21.35	25.13
机制纸及纸板(公斤)	Machine-made Paper and Paperboard(kg)	2.94	3.91	6.77	5.82	41.96	34.09	38.12
原 煤(公斤)	Coal(kg)	455.65	458.62	536.50	439.28	636.40	498.97	459.00
原油加工量(公斤)	Processed Crude Oil(kg)					1053.31	1039.81	1219.83
发 电 量(千瓦小时)	Electricity(kwh)	143.82	176.05	321.32	486.95	1387.46	1723.79	1852.06
粗钢(公斤)	Crude Steel (kg)	8.14	11.93	29.67	77.47	412.40	493.20	485.51
钢材(公斤)	Rolled Steel(kg)	7.78	14.36	24.43	68.52	438.83	576.12	566.01
水 泥(公斤)	Cement(kg)	49.38	61.85	124.16	334.71	1398.75	2163.12	2072.51
化学肥料(公斤)	Chemical Fertilezers(kg)	5.07	7.92	8.22	10.52	25.50	29.72	30.92
化学农药(公斤)	Chemical Pesticide(kg)	0.43	0.54	0.14	0.33	0.48	1.02	1.12
主要消费品消费量	**Consumption of Major Consumer Good**							
农村居民食品消费量(公斤)	Living Consumption of Rural Households(kg)							
粮 食	Grain		314.55	340.85	303.61	213.52	161.90	181.53
植 物 油	Vegetable Oils		2.03	4.76	8.73	6.57	12.90	13.28
猪牛羊肉	Pork, Beef and Mutton		6.60	11.99	12.64	12.71	18.19	18.43
蛋 类	Eggs		1.04	1.95	3.26	3.28	5.49	6.32
水 产 品	Aquatic Products		1.54	2.02	3.73	5.23	7.33	7.91
城镇居民购买量(公斤)	Purchase of Urban Households(kg)							
粮 食	Grain						113.59	117.10
油脂类	Vegetable Oils						14.09	14.48
肉禽及其制品类	Pork, Beef and Mutton						38.16	41.09
蛋 类	Eggs						7.49	8.70
水 产 品	Aquatic Products						15.39	16.94

注：2013年起城乡居民消费品为新口径调查数据。

a) New statistical caliber is applied in living consumption of urban and rural households since 2013.

1-7 江 西 的 一 天

One Day of Jiangxi

指 标	Item	1978	2000	2010	2014	2015
全省每天创造的财富	**Province Daily Production**					
地区生产总值(万元)	Gross Domestic Product(10000 yuan)	2384	54879	258939	430538	458186
第一产业	Primary Industry	991	13292	33068	46129	48575
第二产业	Secondary Industry	907	19199	140353	225971	230454
工业	Industry	635	14788	117445	187634	189534
建筑业	Construction	272	4410	22907	38345	40925
第三产业	Tertiary Industry	486	22388	85518	158438	179157
#交通运输邮电业	Transport,Postal and Telecommunication Services	70	5342	12225	19454	20168
批零贸易和住宿餐饮业	Wholesaleand Retaill Trades,Hotel and Catering Services	135	4985	23770	40204	43227
金融业	Financial Intermediation	32	2708	6616	20266	24593
财政总收入(万元)	Government Revenue(10000 yuan)	335	4704	33596	73451	82782
财政支出(万元)	Government Expenditures(10000 yuan)	446	6123	52692	106375	120892
布产量(万米)	Cloth(10000 meters)	55	59	221	265	314
机制纸及纸板(吨)	Machine-made Paper and Paperboard(ton)	254	658	5112	4233	4756
原煤产量(吨)	Coal(ton)	39329	49692	77540	61956	57266
原油加工量(吨)	Processed Crude Oil(ton)			12834	12911	15219
发电量(万千瓦小时)	Electricity(10000 kwh)	1241	5508	16905	21404	23107
粗钢(吨)	Crude Steel (ton)	702	8763	50247	61240	60574
钢材(吨)	Rolled Steel (ton)	671	7751	53467	71536	70618
水泥(吨)	Cement(ton)	4262	37863	170426	268591	258576
汽车(辆)	Vehicles(unit)	3	366	1021	1264	1155
照相机(架)	Cameras(set)	27	489	16	6699	9244
全省每天消费	**Province Daily Consumption**					
能源消费(万吨标准煤)	Energy Consumption(10000 tons of SCE)		6.86	17.41	22.07	23.12
社会消费品零售总额(万元)	Total Retail Sales of Consumer Goods (10000 yuan)	930	19312	80992	145003	162342
全省每天其他活动	**Province Other Daily Economic Activities**					
货物运输量(万吨)	Freight Traffic(10000 tons)	12.89	64.66	274.90	415.82	356.93
旅客运输量(万人)	Passenger Traffic(10000 persons)	17.69	98.14	209.95	188.30	173.71
出版报纸(万份)	Newspapers Published(10000 copies)	39.60	109.39	193.01	311.21	312.79
出版期刊(万册)	Number of Magazines Published(10000 copies)	1.03	28.70	19.34	20.87	20.48
出版图书(万册)	Books Published(10000 copies)	23.27	55.62	43.94	53.87	52.53
邮电业务总量(万元)	Business Volume of Postal and Telecommunication Services(10000 yuan)	21	2228	19125	12219	16962
邮寄函件(万件)	Letters Delivered(10000 pieces)	20.20	38.38	49.24	13.07	9.95
邮寄包裹(件)	Packages Delivered(piece)		6767	3321	2849	2274
结婚人数(对)	Number of Marriages(couple)	437	810	989	1017	839
离婚人数(对)	Number of Divorces(couple)	28	66	134	200	217

1-8 地区生产总值

Gross Domestic Product

本表按当年价格计算。

Data in this table are calculated at current prices.

单位：亿元 (100 million yuan)

年份 地区 Year Region	地区生产总值 Gross Domestic Product	第一产业 Primary Industry	第二产业 Secondary Industry			第三产业 Tertiary Industry				人均地区生产总值（元） Per Capita GDP (yuan)
				工业 Industry	建筑业 Construction		交通运输仓储和邮政业 Transport, Storage and Post	批发零售和住宿餐饮业 Whlesale and Retail Trades,Hotel and Catering Services	金融业 Financial Intermediation	
1978	87.00	36.18	33.08	23.16	9.92	17.74	2.54	4.91	1.18	276
1980	111.15	48.31	41.00	30.84	10.16	21.84	3.92	5.78	1.39	342
1985	207.89	84.06	76.05	63.13	12.92	47.78	12.27	11.57	5.60	597
1990	428.62	175.96	133.56	116.50	17.06	119.10	25.18	19.74	27.33	1134
1991	479.37	183.27	154.77	135.82	18.95	141.33	26.73	27.86	31.17	1249
1992	572.55	200.81	199.40	168.14	31.26	172.34	31.61	35.80	38.83	1472
1993	723.04	225.58	282.46	233.76	48.70	215.00	39.43	44.68	48.44	1835
1994	948.16	314.35	338.23	269.16	69.07	295.58	55.93	57.76	61.71	2376
1995	1169.73	374.64	403.74	314.49	89.25	391.35	78.32	82.39	71.84	2896
1996	1409.74	440.00	481.30	375.83	105.47	488.44	101.64	108.31	86.32	3452
1997	1605.77	475.18	548.84	438.98	109.86	581.75	115.41	124.66	97.40	3890
1998	1719.87	450.44	608.22	477.15	131.07	661.21	145.40	143.54	100.50	4124
1999	1853.65	464.40	648.82	503.79	145.03	740.43	167.74	161.63	101.15	4402
2000	2003.07	485.14	700.76	543.88	156.88	817.17	194.98	181.96	92.97	4851
2001	2175.68	506.00	786.12	603.23	182.89	883.56	217.94	192.06	82.02	5221
2002	2450.48	535.98	941.77	702.42	239.35	972.73	248.61	214.19	76.51	5829
2003	2807.41	560.00	1204.33	863.31	341.02	1043.08	266.11	243.06	64.31	6624
2004	3456.70	664.50	1566.40	1140.00	426.40	1225.80	320.50	296.37	65.10	8097
2005	4056.76	727.37	1917.47	1455.50	461.97	1411.92	300.60	355.63	69.55	9440
2006	4820.53	786.14	2419.74	1905.15	514.59	1614.65	339.08	406.55	79.75	11145
2007	5800.25	905.77	2975.53	2412.30	563.23	1918.95	371.60	473.70	101.34	13322
2008	6971.05	1060.38	3554.81	2906.86	647.95	2355.86	388.42	596.97	130.57	15900
2009	7655.18	1098.66	3919.45	3196.56	722.89	2637.07	394.90	721.48	165.10	17335
2010	9451.26	1206.98	5122.88	4286.76	836.12	3121.40	446.22	867.60	241.49	21253
2011	11702.82	1391.07	6390.55	5411.86	978.69	3921.20	507.44	1102.26	357.44	26150
2012	12948.88	1520.23	6942.59	5828.20	1114.39	4486.06	630.56	1246.78	413.07	28800
2013	14410.19	1588.51	7713.02	6452.41	1260.61	5108.60	678.62	1354.75	542.83	31930
2014	15714.63	1683.72	8247.93	6848.63	1399.59	5782.98	710.08	1467.43	739.70	34674
2015	16723.78	1772.98	8411.57	6918.00	1493.77	6539.23	736.15	1577.80	897.65	36724
南昌市 Nanchang	4000.01	171.26	2179.96	1619.50	560.46	1648.79	161.93	343.68	298.34	75879
景德镇市 Jingdezhen	772.06	57.22	437.58	383.59	53.99	277.25	41.26	84.56	18.06	47216
萍乡市 Pingxiang	912.39	62.83	517.29	464.21	53.08	332.27	47.55	94.03	25.79	48133
九江市 Jiujiang	1902.68	140.75	1014.59	854.28	160.30	747.34	96.63	212.48	53.19	39505
新余市 Xinyu	946.80	55.95	527.93	460.13	67.80	362.92	56.59	112.32	38.86	81354
鹰潭市 Yingtan	639.26	49.40	379.57	347.49	32.09	210.29	36.17	53.96	31.83	55568
赣州市 Ganzhou	1973.87	295.56	870.46	735.99	134.47	807.85	96.45	150.37	103.21	23148
吉安市 Ji'an	1328.52	217.40	657.23	555.52	101.71	453.89	57.01	109.07	48.82	27168
宜春市 Yichun	1621.02	236.04	838.60	743.62	94.99	546.38	62.42	144.06	67.97	29457
抚州市 Fuzhou	1105.14	181.81	549.30	449.90	99.40	374.02	67.25	81.11	17.55	27735
上饶市 Shangrao	1650.81	222.80	803.38	661.10	142.28	624.62	68.71	180.35	46.33	24633

注:1.自2005年起，交通运输仓储和邮政业不含信息传输计算机服务和软件业。

2.自2013年起，行业分类执行国民经济新行业分类标准(2011)。

a) Since 2005, transportation,storage and post has not included information transmission, computer service and software.

b) New industrial classification for national economic activities (2011) is adopted since 2013.

1-9 地区生产总值构成

Composition of Gross Domestic Product

本表按当年价格计算。

Data in this table are calculated at current prices.

单位：% (%)

年份 地区 Year Region	地区生产总值 Gross Domestic Product	第一产业 Primary Industry	第二产业 Secondary Industry	工业 Industry	建筑业 Construction	第三产业 Tertiary Industry	交通运输仓储和邮政业 Transport, Storage and Post	批发零售和住宿餐饮业 Whlesale and Retail Trades,Hotel and Catering Services	金融业 Financial Intermediation
1978	100.0	41.6	38.0	26.6	11.4	20.4	2.9	5.6	1.4
1980	100.0	43.5	36.9	27.8	9.1	19.6	3.5	5.2	1.3
1985	100.0	40.4	36.6	30.4	6.2	23.0	5.9	5.6	2.7
1990	100.0	41.0	31.2	27.2	4.0	27.8	5.9	4.6	6.4
1995	100.0	32.0	34.5	26.9	7.6	33.5	6.7	7.0	6.1
1996	100.0	31.2	34.1	26.6	7.5	34.7	7.2	7.7	6.1
1997	100.0	29.6	34.2	27.3	6.9	36.2	7.2	7.8	6.1
1998	100.0	26.2	35.4	27.8	7.6	38.4	8.5	8.3	5.8
1999	100.0	25.1	35.0	27.2	7.8	39.9	9.0	8.7	5.5
2000	100.0	24.2	35.0	27.2	7.8	40.8	9.7	9.1	4.6
2001	100.0	23.3	36.1	27.7	8.4	40.6	10.0	8.8	3.8
2002	100.0	21.9	38.5	28.7	9.8	39.6	10.1	8.7	3.1
2003	100.0	19.9	42.9	30.8	12.1	37.2	9.5	8.7	2.3
2004	100.0	19.2	45.3	33.0	12.3	35.5	9.3	8.2	1.9
2005	100.0	17.9	47.3	35.9	11.4	34.8	7.4	8.4	1.7
2006	100.0	16.3	50.2	39.5	10.7	33.5	7.0	8.4	1.7
2007	100.0	15.6	51.3	41.6	9.7	33.1	6.4	8.2	1.7
2008	100.0	15.2	51.0	41.7	9.3	33.8	5.6	8.6	1.9
2009	100.0	14.4	51.2	41.8	9.4	34.4	5.2	9.4	2.2
2010	100.0	12.8	54.2	45.4	8.8	33.0	4.7	9.2	2.6
2011	100.0	11.9	54.6	46.2	8.4	33.5	4.3	9.4	3.1
2012	100.0	11.8	53.6	45.0	8.6	34.6	4.9	9.6	3.2
2013	100.0	11.0	53.5	44.8	8.7	35.5	4.7	9.4	3.8
2014	100.0	10.7	52.5	43.6	8.9	36.8	4.5	9.3	4.7
2015	100.0	10.6	50.3	41.4	8.9	39.1	4.4	9.4	5.4
南昌市 Nanchang	100.0	4.3	54.5	40.5	14.0	41.2	4.0	8.6	7.5
景德镇市 Jingdezhen	100.0	7.4	56.7	49.7	7.0	35.9	5.3	11.0	2.3
萍乡市 Pingxiang	100.0	6.9	56.7	50.9	5.8	36.4	5.2	10.3	2.8
九江市 Jiujiang	100.0	7.4	53.3	44.9	8.4	39.3	5.1	11.2	2.8
新余市 Xinyu	100.0	5.9	55.8	48.6	7.2	38.3	6.0	11.9	4.1
鹰潭市 Yingtan	100.0	7.7	59.4	54.4	5.0	32.9	5.7	8.4	5.0
赣州市 Ganzhou	100.0	15.0	44.1	37.3	6.8	40.9	4.9	7.6	5.2
吉安市 Ji'an	100.0	16.4	49.5	41.8	7.7	34.2	4.3	8.2	3.7
宜春市 Yichun	100.0	14.6	51.7	45.9	5.9	33.7	3.9	8.9	4.2
抚州市 Fuzhou	100.0	16.5	49.7	40.7	9.0	33.8	6.1	7.3	1.6
上饶市 Shangrao	100.0	13.5	48.7	40.0	8.6	37.8	4.2	10.9	2.8

1-10 地区生产总值指数

Indices of Gross Domestic Product

本表按可比价格计算。

Data in this table are calculated at constant pieces.

(1978年=100) (year of 1978=100)

年 份 Year	地区生产总值 Gross Domestic Product	第一产业 Primary Industry	第二产业 Secondary Industry			第三产业 Tertiary Industry				人均地区生产总值 Per Capita GDP
				工 业 Industry	建筑业 Construc-tion		交通运输仓储和邮政业 Transport, Storage and Post	批发零售和住宿餐饮业 Whlesale and Retail Trades,Hotel and Cate-ring Services	金融业 Financial Interme-diation	
1978	100.0	100.0	100.0	100.0	100.0	100.0	100.0	100.0	100.0	100.0
1979	115.8	115.4	115.9	120.9	104.2	116.6	141.6	108.2	83.3	113.8
1980	120.7	116.4	129.7	138.9	108.1	114.4	147.1	106.1	98.1	117.0
1981	127.5	128.3	127.8	142.2	93.6	125.0	152.0	120.4	107.2	122.2
1982	139.4	144.1	131.5	146.5	96.4	141.4	202.3	131.1	141.6	132.0
1983	148.9	144.2	150.6	165.5	115.4	154.8	221.7	149.1	155.1	139.1
1984	171.8	157.9	182.5	211.0	115.4	183.0	235.9	156.6	314.1	157.9
1985	197.2	169.1	218.3	258.7	123.5	222.9	303.1	182.8	382.9	178.3
1986	210.4	171.0	234.2	286.9	117.0	256.8	312.5	210.6	514.6	187.0
1987	227.9	186.6	250.4	310.4	115.5	280.2	320.9	199.9	761.6	199.2
1988	253.9	191.6	291.5	361.3	134.4	327.6	375.1	233.7	1077.7	218.7
1989	269.4	199.1	305.2	373.9	150.8	364.0	390.9	207.8	1353.6	228.5
1990	281.5	211.8	312.8	392.2	133.9	382.9	439.0	136.5	1368.5	234.8
1991	304.6	219.2	349.7	434.6	138.5	429.2	407.4	177.7	1467.0	250.1
1992	349.7	231.9	430.1	511.5	222.7	511.6	449.0	275.3	1665.0	283.4
1993	397.6	235.6	554.4	650.1	315.3	573.0	489.4	277.5	1981.4	318.0
1994	432.6	249.0	593.2	678.1	392.5	659.0	580.4	301.6	2211.2	341.5
1995	462.0	261.5	611.0	684.2	449.0	749.3	705.2	348.6	2339.4	360.4
1996	516.1	283.7	692.3	778.6	499.3	848.2	777.8	425.3	2470.4	398.2
1997	579.6	303.0	799.6	917.2	520.8	966.9	912.4	482.7	2670.5	442.4
1998	620.8	291.5	888.4	1013.5	597.4	1087.8	1121.3	562.3	2729.3	468.9
1999	669.2	309.0	946.1	1068.2	670.3	1204.2	1320.9	634.3	2786.6	500.5
2000	722.7	330.0	1009.5	1143.0	705.2	1329.4	1550.7	726.9	2549.7	551.5
2001	786.3	343.9	1139.7	1266.4	844.8	1434.4	1713.5	780.0	2412.0	594.8
2002	868.9	359.0	1350.5	1495.6	1012.9	1533.4	1895.1	862.7	2151.5	651.3
2003	981.9	368.7	1678.7	1787.2	1408.9	1646.9	2052.4	975.7	1912.7	730.1
2004	1111.5	398.2	1990.9	2114.3	1682.2	1808.3	2309.0	1097.7	1579.9	820.6
2005	1253.8	424.1	2331.3	2545.6	1826.9	2003.6	2593.0	1238.2	1668.4	919.9
2006	1408.0	451.7	2711.3	3029.3	1965.7	2202.0	2917.1	1386.8	1786.9	1026.6
2007	1593.9	470.2	3180.4	3683.6	2012.9	2459.6	3281.7	1547.7	1954.9	1154.9
2008	1804.3	492.8	3721.1	4427.7	2087.4	2742.5	3445.8	1767.5	2166.0	1298.1
2009	2040.7	515.0	4357.4	5242.4	2308.7	3035.9	3483.7	2068.0	2577.5	1457.8
2010	2326.4	535.6	5150.4	6285.6	2525.7	3375.9	3919.2	2336.8	2959.0	1650.2
2011	2617.2	558.1	5933.3	7373.0	2639.4	3750.6	4166.1	2612.5	3281.5	1844.9
2012	2905.1	583.8	6710.6	8361.0	2950.8	4106.9	4524.4	2873.8	3632.6	2036.8
2013	3198.5	610.7	7495.7	9356.0	3254.7	4480.6	4823.0	3109.5	4202.9	2234.4
2014	3508.8	639.4	8312.7	10375.8	3616.0	4888.3	4977.3	3311.6	5072.9	2440.0
2015	3828.1	664.3	9094.1	11309.6	4046.3	5382.0	5091.8	3537.3	6194.0	2647.4

1-11 地区生产总值指数
Indices of Gross Domestic Product

本表按可比价格计算。
Data in this table are calculated at constant prices.

(上年=100) (preceding year =100)

年份 地区 Year Region	地区生产总值 Gross Domestic Product	第一产业 Primary Industry	第二产业 Secondary Industry	工业 Industry	建筑业 Construction	第三产业 Tertiary Industry	交通运输仓储和邮政业 Transport, Storage and Post	批发零售和住宿餐饮业 Whlesale and Retail Trades,Hotel and Catering Services	金融业 Financial Intermediation	人均地区生产总值 Per Capita GDP
1978	113.3	99.8	126.1			128.6				
1980	104.2	100.9	111.9	114.9	103.7	98.1	103.9	98.1	117.8	102.8
1985	114.8	107.1	119.6	122.6	107.0	121.8	128.5	116.7	121.9	112.9
1990	104.5	106.4	102.5	104.9	88.8	105.2	112.3	65.7	101.1	102.7
1991	108.2	103.5	111.8	110.8	103.4	112.1	92.8	130.2	107.2	106.5
1992	114.8	105.8	123.0	117.7	160.8	119.2	110.2	154.9	113.5	113.3
1993	113.7	101.6	128.9	127.1	141.6	112.0	109.0	100.8	119.0	112.2
1994	108.8	105.7	107.0	104.3	124.5	115.0	118.6	108.7	111.6	107.4
1995	106.8	105.0	103.0	100.9	114.4	113.7	121.5	115.6	105.8	105.5
1996	111.7	108.5	113.3	113.8	111.2	113.2	110.3	122.0	105.6	110.5
1997	112.3	106.8	115.5	117.8	104.3	114.0	117.3	113.5	108.1	111.1
1998	107.1	96.2	111.1	110.5	114.7	112.5	122.9	116.5	102.2	106.0
1999	107.8	106.0	106.5	105.4	112.2	110.7	117.8	112.8	102.1	106.7
2000	108.0	106.8	106.7	107.0	105.2	110.4	117.4	114.6	91.5	110.2
2001	108.8	104.2	112.9	110.8	119.8	107.9	110.5	107.3	94.6	107.8
2002	110.5	104.4	118.5	118.1	119.9	106.9	110.6	110.6	89.2	109.5
2003	113.0	102.7	124.3	119.5	139.1	107.4	108.3	113.1	88.9	112.1
2004	113.2	108.0	118.6	118.3	119.4	109.8	112.5	112.5	82.6	112.4
2005	112.8	106.5	117.1	120.4	108.6	110.8	112.3	112.8	105.6	112.1
2006	112.3	106.5	116.3	119.0	107.6	109.9	112.5	112.0	107.1	111.6
2007	113.2	104.1	117.3	121.6	102.4	111.7	112.5	111.6	109.4	112.5
2008	113.2	104.8	117.0	120.2	103.7	111.5	105.0	114.2	110.8	112.4
2009	113.1	104.5	117.1	118.4	110.6	110.7	101.1	117.0	119.0	112.3
2010	114.0	104.0	118.2	119.9	109.4	111.2	112.5	113.0	114.8	113.2
2011	112.5	104.2	115.2	117.3	104.5	111.1	106.3	111.8	110.9	111.8
2012	111.0	104.6	113.1	113.4	111.8	109.5	108.6	110.0	110.7	110.4
2013	110.1	104.5	112.0	112.3	110.8	108.4	106.6	104.9	126.2	109.6
2014	109.7	104.7	110.9	110.9	111.1	109.1	103.2	106.5	120.7	109.2
2015	109.1	103.9	109.4	109.0	111.9	110.1	102.3	106.8	122.1	108.5
南昌市 Nanchang	109.6	103.9	109.8	109.0	112.5	109.8	103.7	106.0	121.8	108.3
景德镇市 Jingdezhen	108.6	103.6	108.9	109.1	107.5	108.8	102.7	106.9	113.9	107.9
萍乡市 Pingxiang	108.9	104.0	108.4	108.3	110.4	111.0	102.4	106.6	120.7	108.3
九江市 Jiujiang	109.7	104.0	109.3	109.3	109.2	111.5	101.8	107.9	123.0	109.2
新余市 Xinyu	108.5	103.6	108.3	108.2	109.1	109.6	102.3	106.6	123.2	107.9
鹰潭市 Yingtan	109.0	104.0	109.2	108.6	118.2	109.8	102.4	107.4	115.6	108.4
赣州市 Ganzhou	109.6	104.1	109.8	109.0	114.8	111.4	103.4	107.4	121.4	109.1
吉安市 Ji'an	109.6	104.2	110.0	109.2	115.0	111.6	106.6	109.2	119.3	109.2
宜春市 Yichun	109.5	104.0	110.0	109.6	113.9	111.6	102.7	107.7	121.6	109.1
抚州市 Fuzhou	109.2	104.2	109.2	108.3	113.8	111.4	105.7	107.6	124.7	108.7
上饶市 Shangrao	109.5	103.7	109.7	109.1	112.7	111.3	104.6	107.8	123.0	109.1

1-12 收入法地区生产总值

Income Approach of Gross Domestic Product

本表按当年价格计算。

Data in this table are calculated at current prices.

单位：亿元 (100 million yuan)

年 份 地 区 Year Region	地区生产总值 Gross Domestic Product	劳动者报酬 Compensation of Employees	固定资产折旧 Depreciation of Fixed Assets	生产税净额 Net Taxes on Production	营业盈余 Operating Surplus
1978	87.00	57.36	8.19	7.62	13.83
1980	111.15	73.40	9.06	9.05	19.64
1985	207.89	134.11	17.82	19.79	36.17
1990	428.62	265.24	33.85	42.61	86.92
1991	479.37	277.58	44.06	45.52	112.21
1992	572.55	358.84	55.87	50.56	107.28
1993	723.04	462.89	61.49	80.65	118.01
1994	948.16	613.87	97.04	106.10	131.15
1995	1169.73	718.54	123.45	100.37	227.37
1996	1409.74	898.92	140.02	120.04	250.76
1997	1605.77	1044.68	192.38	160.07	208.64
1998	1719.87	1081.83	229.54	166.88	241.62
1999	1853.65	1151.31	282.15	180.32	239.87
2000	2003.07	1218.70	351.87	210.86	221.64
2001	2175.68	1274.14	419.36	280.09	202.09
2002	2450.48	1399.72	497.42	316.47	236.87
2003	2807.41	1555.45	567.25	374.23	310.48
2004	3456.70	1932.98	684.25	475.52	363.95
2005	4056.76	1845.67	488.88	502.26	1219.95
2006	4820.53	2140.24	568.14	624.30	1487.85
2007	5800.25	2544.29	677.27	778.30	1800.39
2008	6971.05	3006.32	1159.71	1300.32	1504.70
2009	7655.18	3118.08	1364.35	1488.80	1683.95
2010	9451.26	4258.71	1183.45	1616.83	2392.27
2011	11702.82	5143.98	1607.25	1965.45	2986.14
2012	12948.88	5529.01	2114.79	1986.72	3318.36
2013	14410.19	6211.10	1927.85	2240.86	4030.38
2014	15714.63	6384.22	2239.00	2572.53	4518.88
2015	16723.78	7067.88	2214.17	2734.90	4706.83
南昌市 Nanchang	4000.01	1688.92	563.41	611.33	1136.35
景德镇市 Jingdezhen	772.06	349.05	114.50	117.06	191.45
萍乡市 Pingxiang	912.39	286.60	132.43	107.61	385.76
九江市 Jiujiang	1902.68	712.30	260.80	294.47	635.11
新余市 Xinyu	946.80	330.37	102.98	268.11	245.34
鹰潭市 Yingtan	639.26	204.48	102.71	177.29	154.79
赣州市 Ganzhou	1973.87	953.18	290.64	149.42	580.63
吉安市 Ji'an	1328.52	659.14	152.54	210.24	306.60
宜春市 Yichun	1621.02	792.50	295.99	245.81	286.72
抚州市 Fuzhou	1105.14	539.63	181.25	206.89	177.36
上饶市 Shangrao	1650.81	936.53	205.95	180.76	327.57

注：2013年收入法、支出法地区生产总值未出快报数。

a) The preliminary data of Gross Domestic Product of 2013 by income approach and expenditure approach can not be obtained.

1-13 支出法地区生产总值
Gross Domestic Product by Expenditure Approach

本表按当年价格计算

Data in this table are calculated at current prices

单位：亿元 (100 million yuan)

年份 地区 Year Region	支出法地区生产总值 Gross Domestic Product by Expenditure Approach	最终消费支出 Final Consumption Expenditures	居民消费支出 Household Consumption Expenditures	农村居民 Rural Household	城镇居民 Urban Household	政府消费支出 Government Consumption Expenditures	资本形成总额 Gross Capital Formation	固定资本形成总额 Gross Fixed Capital Formation	存货增加 Change in Inventories	货物和服务净出口 Net Exports of Goods and Services
1978	87.00	56.88					34.52	29.71	4.81	-4.40
1980	111.15	81.02	68.45	49.22	19.23	12.57	36.34	31.28	5.06	-6.21
1985	207.89	151.31	126.30	90.76	35.54	25.01	68.83	52.05	16.78	-12.25
1990	428.62	310.12	250.02	172.83	77.19	60.10	126.99	78.87	48.12	-8.88
1991	479.37	341.79	270.89	185.27	85.62	70.90	147.60	86.56	61.04	-10.02
1992	572.55	381.98	299.37	196.36	103.01	82.61	219.50	136.93	82.57	-28.93
1993	723.04	460.22	349.29	222.92	126.37	110.93	298.34	222.47	75.87	-35.52
1994	944.75	597.07	471.91	291.17	180.74	125.16	368.62	282.84	85.78	-20.94
1995	1177.26	769.98	629.78	401.86	227.92	140.20	425.44	325.55	99.89	-18.16
1996	1413.70	919.59	758.36	495.80	262.56	161.23	507.63	395.85	111.78	-13.52
1997	1596.56	989.60	796.77	504.29	292.48	192.83	617.03	477.30	139.73	-10.07
1998	1719.01	1053.66	823.03	516.98	306.05	230.63	672.85	520.82	152.03	-7.50
1999	1831.25	1122.56	865.87	532.56	333.31	256.69	715.49	552.67	162.82	-6.80
2000	1982.17	1269.58	989.20	574.63	414.57	280.38	718.29	605.54	112.75	-5.70
2001	2161.75	1357.47	1041.96	578.29	463.67	315.51	800.83	696.70	104.13	3.45
2002	2460.49	1459.65	1114.58	602.72	511.86	345.07	999.28	931.80	67.48	1.56
2003	2815.35	1525.90	1171.27	628.50	542.77	354.63	1321.68	1269.92	51.76	-32.23
2004	3464.59	1822.14	1431.42	744.46	686.96	390.72	1697.01	1633.53	63.48	-54.56
2005	4061.76	2117.30	1642.20	816.84	825.36	475.10	1981.98	1922.10	59.88	-37.52
2006	4790.28	2348.66	1780.54	893.04	887.50	568.12	2494.67	2422.06	72.61	-53.05
2007	5783.14	2782.34	2036.02	976.65	1059.37	746.32	3060.96	2982.33	78.63	-60.16
2008	6993.94	3302.78	2545.08	829.47	1715.61	757.70	3760.50	3675.71	84.79	-69.34
2009	7647.76	3538.42	2743.30	907.65	1835.65	795.12	4163.37	4082.63	80.74	-54.03
2010	9458.73	4496.69	3552.93	1156.53	2396.40	943.76	4854.65	4740.28	114.37	107.39
2011	11702.82	5593.93	4261.66	1443.74	2817.92	1332.27	5989.05	5785.75	203.30	119.84
2012	12948.88	6314.31	4753.79	1541.90	3211.89	1560.52	6513.67	6301.13	212.54	120.90
2013	14410.19	7082.56	5415.58	1737.05	3678.53	1666.98	7262.75	6876.92	385.83	64.88
2014	15714.63	7800.74	6006.78	1943.50	4063.28	1793.96	7923.54	7262.15	661.39	-9.65
2015	16723.78	8418.28	6598.11	2108.12	4489.99	1820.17	8322.77	7706.00	616.77	-17.27
南昌市 Nanchang	4000.01	2112.25	1924.34	617.73	1306.60	187.91	1987.97	1789.34	198.63	-100.20
景德镇市 Jingdezhen	772.06	396.84	297.63	78.67	218.95	99.21	375.63	349.34	26.29	-0.41
萍乡市 Pingxiang	912.39	359.93	244.70	93.02	151.68	115.23	539.14	505.96	33.19	13.31
九江市 Jiujiang	1902.68	917.53	710.24	240.02	470.22	207.29	971.25	856.42	114.83	13.89
新余市 Xinyu	946.80	412.86	260.71	46.43	214.28	152.15	489.56	473.00	16.57	44.38
鹰潭市 Yingtan	639.26	258.85	187.63	57.19	130.45	71.22	459.46	426.37	33.09	-79.04
赣州市 Ganzhou	1973.87	1459.23	1191.24	425.73	765.50	268.00	1615.37	1575.61	39.76	-1100.74
吉安市 Ji'an	1328.52	683.66	518.30	162.51	355.79	165.36	656.44	628.45	27.98	-11.57
宜春市 Yichun	1621.02	805.65	625.18	296.96	328.22	180.47	732.70	677.75	54.95	82.67
抚州市 Fuzhou	1105.14	413.71	324.58	154.45	170.13	89.14	661.56	476.08	185.47	29.87
上饶市 Shangrao	1650.81	844.96	765.96	480.61	285.35	79.00	1005.71	974.99	30.72	-199.87

注：支出法生产总值不等于前表生产总值是由于计算误差的影响。

a) The gorss regional production by expenditure approach is not equal to Gross Domestic Product due to statistical discrepancies.

1-14 支出法地区生产总值结构

Components of Gross Domestic Product by Expenditure Approach

本表按当年价格计算

Data in this table are calculated at current prices

单位：% (%)

年份 地区 Year Region	最终消费率（消费率） Final Consumption Rate	资本形成率（投资率） Capital Formation Rate	最终消费支出=100 Final Consumption Expenditures=100		资本形成总额=100 Gross Capital Formation=100		居民消费支出=100 Household Consumption Expenditures=100	
			居民消费支出 Household Consumption Expenditures	政府消费支出 Government Consumption Expenditures	固定资本形成总额 Gross Fixed Capital Formation	存货增加 Change in Inventories	农村居民 Rural Household	城镇居民 Urban Household
1978	65.38	39.68			86.1	13.9		
1980	72.89	32.69	84.5	15.5	86.1	13.9	71.9	28.1
1985	72.78	33.11	83.5	16.5	75.6	24.4	71.9	28.1
1990	72.35	29.63	80.6	19.4	62.1	37.9	69.1	30.9
1991	71.30	30.79	79.3	20.7	58.6	41.4	68.4	31.6
1992	66.72	38.34	78.4	21.6	62.4	37.6	65.6	34.4
1993	63.65	41.26	75.9	24.1	74.6	25.4	63.8	36.2
1994	63.20	39.02	79.0	21.0	76.7	23.3	61.7	38.3
1995	65.40	36.14	81.8	18.2	76.5	23.5	63.8	36.2
1996	65.05	35.91	82.5	17.5	78.0	22.0	65.4	34.6
1997	61.98	38.65	80.5	19.5	77.4	22.6	63.3	36.7
1998	61.29	39.14	78.1	21.9	77.4	22.6	62.8	37.2
1999	61.30	39.07	77.1	22.9	77.2	22.8	61.5	38.5
2000	64.05	36.24	77.9	22.1	84.3	15.7	58.1	41.9
2001	62.79	37.05	76.8	23.2	87.0	13.0	55.5	44.5
2002	59.32	40.61	76.4	23.6	93.2	6.8	54.1	45.9
2003	54.20	46.95	76.8	23.2	96.1	3.9	53.7	46.3
2004	52.59	48.98	78.6	21.4	96.3	3.7	52.0	48.0
2005	52.12	48.80	77.6	22.4	97.0	3.0	49.7	50.3
2006	49.03	52.08	75.8	24.2	97.1	2.9	50.2	49.8
2007	48.11	52.93	73.2	26.8	97.4	2.6	48.0	52.0
2008	47.22	53.77	77.1	22.9	97.7	2.3	32.6	67.4
2009	46.27	54.44	77.5	22.5	98.1	1.9	33.1	66.9
2010	47.54	51.32	79.0	21.0	97.6	2.4	32.6	67.4
2011	47.80	51.18	76.2	23.8	96.6	3.4	33.9	66.1
2012	48.80	50.30	75.3	24.7	96.7	3.3	32.4	67.6
2013	49.15	50.40	76.5	23.5	94.7	5.3	32.1	67.9
2014	49.64	50.42	77.0	23.0	91.7	8.3	32.4	67.6
2015	50.30	49.80	78.4	21.6	92.6	7.4	32.0	68.0
南昌市 Nanchang	52.81	49.70	91.1	8.9	90.0	10.0	32.1	67.9
景德镇市 Jingdezhen	51.40	48.65	75.0	25.0	93.0	7.0	26.4	73.6
萍乡市 Pingxiang	39.45	59.09	68.0	32.0	93.8	6.2	38.0	62.0
九江市 Jiujiang	48.22	51.05	77.4	22.6	88.2	11.8	33.8	66.2
新余市 Xinyu	43.61	51.71	63.1	36.9	96.6	3.4	17.8	82.2
鹰潭市 Yingtan	40.49	71.87	72.5	27.5	92.8	7.2	30.5	69.5
赣州市 Ganzhou	73.93	81.84	81.6	18.4	97.5	2.5	35.7	64.3
吉安市 Ji'an	51.46	49.41	75.8	24.2	95.7	4.3	31.4	68.6
宜春市 Yichun	49.70	45.20	77.6	22.4	92.5	7.5	47.5	52.5
抚州市 Fuzhou	37.44	59.86	78.5	21.5	72.0	28.0	47.6	52.4
上饶市 Shangrao	51.18	60.92	90.7	9.3	96.9	3.1	62.7	37.3

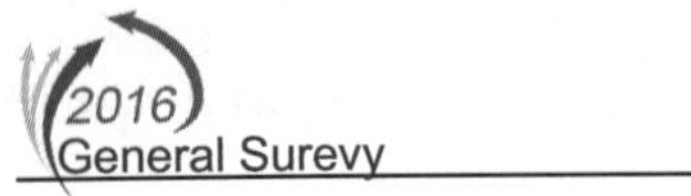

1-15 支出法地区生产总值指数

Indices of Gross Domestic Product by Expenditure Approach

本表按可比价格计算.
Data in this table are calculated at constant prices.

(1980=100) (year of 1980=100)

年 份 Year	支出法地区生产总值 Gross Domestic Product by Expenditure Approach	最终消费支出 Final Consumption Expenditures	居民消费支出 Household Consumption Expenditures	农村居民 Rural Household	城镇居民 Urban Household	政府消费支出 Government Consumption Expenditures	资本形成总额 Gross Capital Formation	固定资本形成总额 Gross Fixed Capital Formation	存货增加 Change in Inventories
1980	100.0	100.0	100.0	100.0	100.0	100.0	100.0	100.0	100.0
1981	105.6	106.4	107.1	102.6	118.6	104.3	87.8	80.0	105.2
1982	115.4	122.8	121.9	121.8	122.2	129.2	113.0	105.2	145.7
1983	123.2	130.0	129.5	131.3	124.9	133.9	125.1	128.0	77.7
1984	142.2	146.6	141.5	143.5	136.6	180.0	149.0	140.9	163.0
1985	163.2	159.1	154.1	154.0	154.4	192.8	198.5	161.9	315.2
1986	174.1	168.3	158.6	156.0	165.5	233.9	216.4	212.4	204.6
1987	188.6	176.4	166.7	161.1	182.2	240.7	221.2	182.0	324.1
1988	210.1	187.5	177.5	166.4	208.4	252.7	291.8	145.6	815.8
1989	222.9	205.7	181.6	172.4	195.9	362.4	397.7	211.3	904.7
1990	232.9	219.5	193.9	184.8	207.5	385.6	371.8	205.8	811.5
1991	253.6	234.9	205.3	194.8	222.0	430.7	414.6	212.2	1018.4
1992	291.1	257.5	221.9	207.3	248.6	498.3	589.1	313.8	1367.7
1993	331.0	282.0	238.1	220.1	273.0	588.0	705.7	453.8	1131.1
1994	358.8	298.1	255.2	233.3	300.0	588.6	767.1	516.4	1079.1
1995	386.8	318.4	275.6	252.0	324.3	601.0	825.4	568.0	1081.3
1996	430.1	360.7	312.8	293.3	348.6	676.7	884.0	607.2	1164.6
1997	480.4	389.2	330.0	304.4	381.0	793.8	1035.2	700.7	1431.3
1998	516.9	412.6	338.9	310.5	397.0	935.1	1129.4	756.8	1610.2
1999	554.7	441.1	357.2	324.5	426.0	1042.6	1217.5	814.3	1742.2
2000	599.6	498.4	408.3	360.5	514.2	1137.5	1226.0	903.1	1210.8
2001	654.8	534.8	432.0	365.5	575.4	1280.8	1368.2	1040.4	1120.0
2002	726.8	566.9	455.3	375.4	626.0	1385.8	1637.7	1333.8	698.9
2003	821.3	592.4	478.5	389.3	641.7	1420.4	2088.1	1751.3	520.7
2004	929.7	645.7	530.7	424.7	724.5	1458.8	2516.2	2122.6	547.3
2005	1050.6	703.8	585.4	458.3	819.4	1518.6	2926.3	2485.6	507.3
2006	1180.9	777.7	635.7	492.7	898.9	1775.2	3353.5	2851.0	561.6
2007	1336.8	871.0	693.5	523.7	1005.9	2153.3	3829.7	3261.5	595.9
2008	1513.3	971.2	801.7	450.9	1437.4	2144.7	4385.0	3734.4	668.0
2009	1711.5	1080.0	906.7	500.0	1642.9	2249.8	5020.8	4279.6	748.8
2010	1951.1	1212.8	1021.9	565.0	1848.3	2497.3	5763.9	4913.0	852.1
2011	2195.0	1364.4	1147.6	640.7	2066.4	2856.9	6507.4	5532.0	959.5
2012	2436.5	1515.8	1273.8	707.3	2302.0	3179.7	7223.2	6140.5	1064.1
2013	2682.6	1671.9	1407.5	783.0	2541.4	3488.1	7952.7	6760.7	1175.8
2014	2942.8	1839.1	1555.3	869.1	2803.2	3770.7	8724.2	7382.7	1532.1
2015	3210.6	2015.7	1707.7	952.5	3086.3	4098.8	9518.1	8076.7	1496.9

1-16 支出法地区生产总值指数

Indices of Gross Domestic Product by Expenditure Approach

本表按可比价格计算.

Data in this table are calculated at constant prices.

(上年=100) (preceding year=100)

年份 地区 Year Region	支出法地区生产总值 Gross Domestic Product by Expenditure Approach	最终消费支出 Final Consumption Expenditures	居民消费支出 Household Consumption Expenditures	农村居民 Rural Household	城镇居民 Urban Household	政府消费支出 Government Consumption Expenditures	资本形成总额 Gross Capital Formation	固定资本形成总额 Gross Fixed Capital Formation	存货增加 Change in Inventories
1980	104.2	100.2	99.8	97.9	105.3	100.3	93.7	99.3	57.5
1985	114.8	108.5	108.9	107.3	113.0	107.1	133.2	114.9	193.4
1990	104.5	106.7	106.8	107.2	105.9	106.4	93.5	97.4	89.7
1991	108.9	107.0	105.9	105.4	107.0	111.7	111.5	103.1	125.5
1992	114.8	109.6	108.1	106.4	112.0	115.7	142.1	147.9	134.3
1993	113.7	109.5	107.3	106.2	109.8	118.0	119.8	144.6	82.7
1994	108.4	105.7	107.2	106.0	109.9	100.1	108.7	113.8	95.4
1995	107.8	106.8	108.0	108.0	108.1	102.1	107.6	110.0	100.2
1996	111.2	113.3	113.5	116.4	107.5	112.6	107.1	106.9	107.7
1997	111.7	107.9	105.5	103.8	109.3	117.3	117.1	115.4	122.9
1998	107.6	106.0	102.7	102.0	104.2	117.8	109.1	108.0	112.5
1999	107.3	106.9	105.4	104.5	107.3	111.5	107.8	107.6	108.2
2000	108.1	113.0	114.3	111.1	120.7	109.1	100.7	110.9	69.5
2001	109.2	107.3	105.8	101.4	111.9	112.6	111.6	115.2	92.5
2002	111.0	106.0	105.4	102.7	108.8	108.2	119.7	128.2	62.4
2003	113.0	104.5	105.1	103.7	106.9	102.5	127.5	131.3	74.5
2004	113.2	109.0	110.9	109.1	112.9	102.7	120.5	121.2	105.1
2005	113.0	109.0	110.3	107.9	113.1	104.1	116.3	117.1	92.7
2006	112.4	110.5	108.6	107.5	109.7	116.9	114.6	114.7	110.7
2007	113.2	112.0	109.1	106.3	111.9	121.3	114.2	114.4	106.1
2008	113.2	111.5	115.6	86.1	142.9	99.6	114.5	114.5	112.1
2009	113.1	111.2	113.1	110.9	114.3	104.9	114.5	114.6	112.1
2010	114.0	112.3	112.7	113.0	112.5	111.0	114.8	114.8	113.8
2011	112.5	112.5	112.3	113.4	111.8	114.4	112.9	112.6	112.6
2012	111.0	111.1	111.0	110.4	111.4	111.3	111.0	111.0	110.9
2013	110.1	110.3	110.5	110.7	110.4	109.7	110.1	110.1	110.5
2014	109.7	110.0	110.5	111.0	110.3	108.1	109.7	109.2	130.3
2015	109.1	109.6	109.8	109.6	110.1	108.7	109.1	109.4	97.7
南昌市 Nanchang	110.0	109.1	108.9	109.3	108.7	111.8	111.5	112.0	107.3
景德镇市 Jingdezhen	108.6	110.3	111.4	111.7	111.3	106.0	106.7	108.7	86.0
萍乡市 Pingxiang	108.9	108.0	109.6	109.2	109.8	105.0	109.7	108.5	130.0
九江市 Jiujiang	109.7	111.3	112.3	118.6	109.5	108.3	108.4	108.9	104.8
新余市 Xinyu	108.5	113.4	112.8	111.4	113.1	114.5	103.3	104.8	70.4
鹰潭市 Yingtan	109.0	111.9	115.6	112.3	117.2	103.1	105.8	106.0	102.8
赣州市 Ganzhou	109.6	108.7	107.4	108.0	107.0	115.0	118.0	118.5	102.7
吉安市 Ji'an	109.6	109.7	109.3	103.2	112.8	110.8	109.4	109.6	105.8
宜春市 Yichun	109.5	97.5	91.1	70.3	124.6	129.0	109.6	105.5	214.8
抚州市 Fuzhou	109.2	105.5	106.5	106.7	106.3	102.0	110.6	110.0	112.3
上饶市 Shangrao	109.5	113.2	112.7	114.2	110.4	117.2	108.3	108.3	110.1

1-17 各县(市、区)地区生产总值(2015年)

Gross Domestic Product by County(County-level City) (2015)

地 区	Region	绝对值(万元) Value (10000 yuan)				比上年增长(%) Rate of Increase over Preceding Year(%)			
		地区生产总值 Gross Domestic Product	第一产业 Primary Industry	第二产业 Secondary Industry	第三产业 Tertiary Industry	地区生产总值 Gross Domestic Product	第一产业 Primary Industry	第二产业 Secondary Industry	第三产业 Tertiary Industry
东湖区	Donghu	3845677	11998	345895	3487784	9.1	-1.2	10.8	9.0
西湖区	Xihu	4300523		975780	3324743	10.1	-	12.3	9.5
青云谱区	Qingyunpu	2902010	641	1789044	1112325	9.8	-51.6	9.6	10.4
湾里区	Wanli	492239	25569	214765	251905	9.2	2.9	9.6	9.6
青山湖区	Qingshanhu	5010977	6019	3300316	1704642	9.9	-19.7	9.2	11.4
新建区	Xinjian	3538552	482031	1969575	1086946	9.7	4.6	10.6	10.1
南昌县	Nanchang	6090643	497686	3985691	1607266	10.0	4.5	10.5	10.4
安义县	Anyi	905503	105445	456164	343894	9.6	4.1	9.5	11.6
进贤县	Jinxian	2745398	491948	1381457	871993	9.7	4.6	8.9	13.8
昌江区	Changjiang	2068731	62535	1493956	512240	8.8	3.7	9.0	9.0
珠山区	Zhujiang	2000040	5151	854918	1139971	8.4	-7.1	8.7	8.2
浮梁县	Fuliang	1001002	161351	538741	300910	8.9	4.2	9.9	8.8
乐平市	Leping	2650783	343131	1488225	819427	8.5	3.4	8.8	8.9
安源区	Anyuan	2474395	43129	1163766	1267500	8.0	1.7	7.5	9.0
湘东区	Xiangdong	1784540	170912	1075434	538194	9.0	4.1	8.6	12.5
莲花县	Lianhua	544436	84180	248511	211745	7.7	3.6	7.6	9.8
上栗县	Shangli	1701900	161768	1020838	519294	9.5	4.6	8.6	14.2
芦溪县	Luxi	1256319	156168	701971	398180	10.1	4.3	10.0	13.7
庐山区	Lushan	2533946	49393	1297585	1186968	9.3	3.4	8.4	10.5
浔阳区	Xunyang	3730722	3368	1381767	2345587	8.9	-6.8	6.7	10.1
九江县	Jiujiang	972242	125820	555802	290620	9.7	4.1	10.1	11.6
武宁县	Wuning	970055	144675	485059	340321	10.0	4.4	9.8	13.2
修水县	Xiushui	1301678	173896	636599	491183	9.7	3.7	10.3	11.5
永修县	Yongxiu	1212530	143417	780682	288431	9.2	2.0	10.0	11.1
德安县	De'an	835400	55183	574660	205557	9.9	3.4	10.2	11.0
星子县	Xingzi	675629	62790	295804	317035	9.8	4.1	9.0	11.7
都昌县	Duchang	951197	190187	454179	306831	9.5	4.0	11.3	10.7
湖口县	Hukou	1089997	112961	776021	201015	10.4	4.1	10.8	12.5
彭泽县	Pengze	845009	163364	465088	216557	9.8	4.1	10.6	12.2
瑞昌市	Ruichang	1500359	136888	1015416	348055	10.2	3.9	10.7	10.9
共青城市	Gongqingcheng	788681	24691	602001	161989	9.9	4.2	9.8	11.6
渝水区	Yushui	7397643	373291	4172614	2851738	9.2	1.9	9.1	10.2
分宜县	Fenyi	2070321	186190	1106691	777440	6.1	3.9	6.1	7.0
月湖区	Yuehu	1881573	12360	869810	999403	9.4	-0.6	10.3	8.8
余江县	Yujiang	1040816	295384	519595	225837	11.9	8.0	13.2	13.9
贵溪市	Guixi	3470225	186254	2412317	871654	8.0	2.3	7.7	11.0
章贡区	Zhanggong	2913958	43993	1020455	1849510	11.0	3.8	10.7	11.5
南康区	Nankang	1701626	233547	866349	601730	10.6	4.2	10.3	13.5
赣 县	Ganxian	1325697	198334	752269	375094	9.2	4.3	8.5	13.7
信丰县	Xinfeng	1531806	272778	634261	624767	10.3	4.3	11.2	11.9
大余县	Dayu	909769	109530	458274	341965	9.2	3.8	8.8	11.6
上犹县	Shangyou	508401	101025	199193	208183	10.0	4.2	9.2	13.7
崇义县	Chongyi	649050	96565	375142	177343	7.2	4.1	7.1	8.7
安远县	Anyuan	523982	148977	120792	254213	9.0	3.9	8.1	12.6
龙南县	Longnan	1227979	117607	682757	427615	9.8	4.1	9.1	12.5
定南县	Dingnan	617584	90997	274564	252023	9.4	4.1	9.8	10.6
全南县	Quannan	531388	81358	271316	178714	9.3	4.1	9.3	11.8
宁都县	Ningdu	1294342	286268	521112	486962	9.0	4.1	11.8	8.3
于都县	Yudu	1661507	233995	830989	596523	10.5	4.2	10.6	13.2
兴国县	Xingguo	1289074	285336	603561	400177	9.4	4.2	9.3	13.6
会昌县	Huichang	799429	157922	322084	319423	10.7	4.3	10.4	14.8
寻乌县	Xunwu	558144	164485	169776	223883	9.0	4.1	9.7	11.3
石城县	Shicheng	415250	120136	126372	168742	9.0	4.2	9.9	12.0
瑞金市	Ruijin	1221244	189475	409933	621836	10.0	3.8	10.7	11.1

注：本表增长速度按可比价格计算。

a)Data in this table are calculated at constant pieces.

1-17 续表 continued

地 区	Region	绝对值(万元) Value (10000 yuan)				比上年增长(%) Rate of Increase over Preceding Year(%)			
		地区生产总值 Gross Domestic Product	第一产业 Primary Industry	第二产业 Secondary Industry	第三产业 Tertiary Industry	地区生产总值 Gross Domestic Product	第一产业 Primary Industry	第二产业 Secondary Industry	第三产业 Tertiary Industry
吉州区	Jizhou	1274290	98512	489090	686688	10.0	4.0	9.5	11.2
青原区	Qingyuan	825089	81023	491863	252203	9.8	4.1	9.8	11.8
吉安县	Ji'an	1429542	265778	778850	384914	10.1	4.5	10.7	12.6
吉水县	Jishui	1201584	227956	561106	412522	10.3	4.5	10.9	12.8
峡江县	Xiajiang	595404	119966	295868	179570	9.1	4.3	10.6	10.1
新干县	Xingan	1034954	194128	539826	301000	9.6	3.8	10.5	11.4
永丰县	Yongfeng	1252990	206252	624025	422713	10.4	4.5	10.7	12.9
泰和县	Taihe	1330101	265386	700527	364188	9.1	4.5	10.1	10.3
遂川县	Suichuan	1028574	154509	493704	380361	9.6	3.8	10.2	11.6
万安县	Wan'an	616750	126066	288230	202454	9.4	4.2	10.5	11.6
安福县	Anfu	1191553	215722	633855	341976	9.3	4.3	10.0	10.9
永新县	Yongxin	845293	169688	383579	292026	9.2	4.0	9.3	11.9
井冈山市	Jinggangshan	575711	49046	190978	335687	9.0	4.2	8.7	10.0
袁州区	Yuanzhou	2258110	285272	868988	1103850	9.5	4.0	9.0	11.6
奉新县	Fengxin	1125122	170965	613936	340221	9.8	4.0	9.5	13.6
万载县	Wanzai	1102284	142145	626858	333281	9.3	4.0	9.2	12.3
上高县	Shanggao	1313801	195837	703991	413973	9.6	4.0	10.1	11.2
宜丰县	Yifeng	956502	196370	478043	282089	8.9	4.0	9.5	11.1
靖安县	Jing'an	363216	61796	177840	123580	9.5	3.9	9.4	12.4
铜鼓县	Tonggu	360544	56179	153838	150527	9.0	3.7	10.1	9.9
丰城市	Fengcheng	3914471	603510	2058518	1252443	8.9	3.9	9.5	10.3
樟树市	Zhangshu	3092753	310048	1771620	1011085	9.7	4.1	10.4	10.4
高安市	Gaoan	1901545	337913	966200	597432	9.6	4.0	9.7	12.6
临川区	Linchuan	3416246	393501	1897094	1125651	9.1	3.0	10.1	9.2
南城县	Nancheng	1058014	157649	492919	407446	9.4	3.5	9.1	12.5
黎川县	Lichuan	604478	94964	308241	201273	9.0	3.4	9.5	11.7
南丰县	Nanfeng	1054487	301649	328228	424610	9.1	4.6	8.4	13.8
崇仁县	Chongren	968097	230929	464180	272988	9.2	4.4	9.7	12.7
乐安县	Le'an	501458	92247	195410	213801	8.7	3.9	7.0	12.6
宜黄县	Yihuang	580324	85763	326330	168231	9.1	4.4	8.9	12.4
金溪县	Jinxi	722026	115980	330611	275435	9.5	4.3	9.1	12.5
资溪县	Zixi	308700	35399	137914	135387	8.0	2.7	3.8	15.8
东乡县	Dongxiang	1335714	202426	794422	338866	9.6	3.4	9.8	12.3
广昌县	Guangchang	501347	88494	232000	180853	8.8	3.8	9.1	10.8
信州区	Xinzhou	1913000	66356	432764	1413880	9.5	5.2	6.1	12.0
广丰区	Guangfeng	2901842	208915	1630518	1062409	10.9	4.0	11.1	12.2
上饶县	Shangrao	1729188	160255	1309463	259470	9.7	3.4	10.1	10.6
玉山县	Yushan	1345901	148331	690376	507194	10.8	2.8	9.9	14.7
铅山县	Qianshan	972633	164624	450452	357557	11.0	4.9	11.2	13.8
横峰县	Hengfeng	700012	67446	421953	210613	2.0	3.2	-0.1	7.8
弋阳县	Yiyang	849937	141969	400898	307070	8.6	4.1	9.6	9.1
余干县	Yugan	1200505	360239	429481	410785	10.1	3.9	10.7	15.4
鄱阳县	Poyang	1802827	564430	770242	468155	8.4	4.0	10.3	9.4
万年县	Wannian	1115220	129586	632962	352672	10.8	5.1	10.3	14.8
婺源县	Wuyaun	830253	113351	269828	447074	8.0	3.4	8.6	8.7
德兴市	Dexing	1150296	102514	471610	576172	9.8	3.5	11.0	8.7

主要统计指标解释

国内（地区）生产总值 指按市场价格计算的一个国家（或地区）所有常住单位在一定时期内生产活动的最终成果。地区生产总值有三种表现形态，价值形态、收入形态和产品形态。从价值形态看，它是所有常住单位在一定时期内所生产的全部货物和服务价值超过同期投入的全部非固定资产货物和服务价值的差额，即所有常住单位的增加值之和；从产品形态看，它是最终使用的货物和服务减去进口货物和服务。在实际核算中，国内（或地区）生产总值的有三种计算方法，即生产法，收入法和支出法。三种方法分别从不同的方面反映国内（或地区）生产总值及其构成。

地区收入总值 即国民生产总值，指一个国家（或地区）所有常住单位在一定时期内收入初次分配的最终成果，它等于地区生产总值加上来自国外的劳动者报酬和财产收入减去支付给国外的劳动者报酬和财产收入，与地区生产总值不同，地区生产总值是一个生产概念，而地区收入总值是一个收入概念。

支出法地区生产总值 是从最终使用的角度反映一个国家（或地区）一定时期内生产活动最终成果的一种方法，包括最终消费支出、资本形成总额及货物和服务净出口三部分。计算公式为:

支出法地区生产总值=最终消费支出+资本形成总额+货物和服务净出口

最终消费支出 指常住单位为满足物质、文化和精神生活的需要，从本国经济领土和国外购买的货物和服务的支出。它不包括非常住单位在本国经济领土内的消费支出。最终消费支出分为居民消费支出和政府消费支出。

居民消费支出 指常住住户在一定时期内对于货物和服务的全部最终消费支出。居民消费支出除了直接以货币形式购买的货物和服务的消费支出外，还包括以其他方式获得的货物和服务的消费支出，即所谓的虚拟消费支出。居民虚拟消费支出包括如下几种类型: 单位以实物报酬及实物转移的形式提供给劳动者的货物和服务；住户生产并由本住户消费了的货物和服务，其中的服务仅指住户的自有住房服务；金融机构提供的金融媒介服务；保险公司提供的保险服务。

政府消费支出 指政府部门为全社会提供的公共服务的消费支出和免费或以较低的价格向居民住户提供的货物和服务的净支出，前者等于政府服务的产出价值减去政府单位所获得的经营收入的价值；后者等于政府部门免费或以较低价格向居民住户提供的货物和服务的市场价值减去向居民住户收取的价值。

资本形成总额 指常住单位在一定时期内获得减去处置的固定资本和存货的净额，包括固定资本形成总额和存货增加两部分。

固定资本形成总额 指常住单位在一定时期内获得的固定资产减处置的固定资产的价值总额。固定资产是通过生产活动生产出来的，且其使用年限在一年以上，单位价值在规定标准以上的资产，不包括自然资产。可分为有形固定资本形成总额和无形固定资本形成总额。有形固定资本形成总额包括一定时期内完成的建筑工程、安装工程和设备器具购置（减处置）价值，以及土地改良、新增役、种、奶、毛、娱乐用牲畜和新增经济林木价值。无形固定资本形成总额包括矿藏的勘探、计算机软件等获得减处置。

存货增加 指常住单位在一定时期内存货实物量变动的市场价值，即期末价值减期初价值的差额，再扣除当期由于价格变动而产生的持有收益。存货增加可以是正值，也可以是负值，正值表示存货上升，负值表示存货下降。包括生产单位购进的原材料、燃料和储备物资等存货，以及生产单位生产的产成品、在制品和半产品等存货。

货物和服务净出口 指货物和服务出口减货物和服务进口的差额。出口包括常住单位向非常住单位出售或无偿转让的各种货物和服务的价值；进口包括常住单位从非常住单位购买或无偿得到的各种货物和服务的价值。由于服务活动的提供与使用同时发生，一般把常住单位从非常住单位得到的服务作为进口，非常住单位从常住单位得到的服务作为出口。货物的出口和进口都按离岸价格计算。

三次产业 三产业的划分是世界上较为常用的产业结构分类，但各国的划分不尽一致。我国的三次产业划分是:

第一产业是指农业、林业、畜牧业、渔业和农林牧渔服务业。

第二产业是指采矿业、制造业、电力、煤气及水的生产和供应业，建筑业。

第三产业是指除第一、二产业以外的其他行业。

固定资产折旧 指一定时期内为弥补固定资产损耗按照规定的固定资产折旧率提取的固定资产折旧，或按国民经济核算统一规定的折旧率虚拟计算的固定资产折旧。它反映了固定资产在当期生产中的转移价值。各类企业和企业化管理的事业单位的固定资产折旧是指实际计提的折旧费。不计提折旧的政府机关、非企业化管理的事业单位和居民住房是按照统一规定的折旧率和固定资产原值计算的虚拟折旧。原则上，固定资产折旧应按固定资产当期的重置价值计算，但是目前我国尚不具备对全社会固定资产进行重估价的基础，所以暂时只能采用上述办法。

劳动者报酬 指劳动者因从事生产活动而获得的全部报酬。包括劳动者获得的各种形式的工资、奖金和津贴，既包括货币形式的，也包括实物形式的，还包括劳动者所享受的公费医疗和医药卫生费、上下班交通补贴、单位支付的社会保险费、住房公积金等。对于个体经济来说，其所有者所获得的劳动报酬和经营利润不易区分，这两部分统一作为劳动者报酬处理。

生产税净额 指生产税减生产补贴后的余额，生产税是指政府对生产单位从事生产、销售和经营活动以及因从事生产活动使用某些生产要素（如固定资产、土地、劳动力）所征收的各种税、附加费和规费。生产补贴与生产税相反，指政府对生产单位的单方面转移支出，因此视为负生产税，包括政策亏损补贴、价格补贴等。

营业盈余 指常住单位创造的增加值扣除固定资产折旧、劳动者报酬和生产税净额后的余额，它相当于企业的营业利润加上生产补贴，但要扣除利润中开支的工资、福利等。

Explanatory Notes on Main Statistical Indicators

Gross Domestic Product (GDP) refers to the final products at market prices produced by all resident units in a country (or a region) during a certain period of time. Gross domestic product is expressed in three different perspectives, namely value, income, and products respectively. GDP in its value perspective refers to the total value of all goods and services produced by all resident units during a certain period of time, minus the total value of input of goods and services of the nature of non-fixed assets; in other words, it is the sum of the value-added of all resident units. GDP from the perspective of income includes the primary income created by all resident units and distributed to resident and non-resident units. GDP from the perspective of products refers to the value of all goods and services for final consumption by all resident units minus the net exports of goods and services during a given period of time. In the practice of national accounting, gross domestic product is calculated from three approaches, namely production approach, income approach and expenditure approach, which reflect gross domestic product and its composition from different angles.

Gross National Income (GNI) also known as Gross National Product, refers to the final result of the primary distribution of the income created by all the resident units of a country (or a region) during a certain period of time. The value-added created by the resident units of a country engaged in production activities is distributed, during the primary distribution, mainly to the resident units of that country, while part of it is distributed to the non-resident units in the form of production tax and import duties (minus subsidies to production and import), labourers remuneration and property income. In the meantime, a part of the value-added created abroad is distributed to the resident units of the country in the form of production tax and import duties (minus subsidies to production and import), labourers remuneration and property income. The concept of Gross National Income is thus developed, which equals to Gross Domestic Product plus the net factor income from abroad. Unlike GDP which is a concept of production, GNP is a concept of income.

GDP by Expenditure Approach refers to the method of measuring the final results of production activities of a country (region) during a given period from the perspective of final uses. It includes final consumption expenditure, gross capital formation and net export of goods and services. The formula for computation is.:

GDP by expenditure approach = final consumption expenditure + gross capital formation + net export of goods and services

Final Consumption Expenditure refers to the total expenditure of resident units for purchases of goods and services from both the domestic economic territory and abroad to meet the needs of material, cultural and spiritual life. It does not include the expenditure of non-resident units on consumption in the economic territory of the country. The final consumption expenditure is broken down into household consumption expenditure and government consumption expenditure.

Household Consumption Expenditure refers to the total expenditure of resident households on the final consumption of goods and services. In addition to the consumption of goods and services bought by the households directly with money, the household consumption expenditure also includes expenditure on goods and services obtained by the households in other ways, i.e. the so-called imputed consumption expenditure, which includes the following: (a) the goods and services provided to households by employers in the form of payment in kind and transfer in kind; (b) goods and services produced and consumed by the households themselves, in which the services refer only to the owner-occupied housing; (c) financial intermediate services provided by financial institutions; (d) insurance services provided by insurance companies.

Government Consumption Expenditure refers to the consumption expenditure spent for the provision of public services provided by the government to the whole country and the net expenditure on the goods and services provided by the government to households free of charge or at reduced prices. The former equals to the output value of the government services minus the value of operating income obtained by the government departments. The latter equals to the market value of the goods and services provided by the government free of charge or at reduced prices to the households minus the value received by the government from the households.

Gross Capital Formation refers to the fixed assets acquired less disposals and the net value of inventory, thus including gross fixed capital formation and changes in inventories.

Gross Fixed Capital Formation refers to the value of acquisitions less those disposals of fixed assets during a given period. Fixed assets are the assets produced through production activities with unit value above a specified amount and which could be used for over one year. Natural assets are not included.Gross fixed capital formation can be categorized into total tangible fixed capital formation and total intangible fixed capital formation. Total tangible fixed capital formation includes the value of the construction projects and installation projects completed and the equipment, apparatus and instruments purchased (less those disposed) as well as the value of land improved, the value of draught animals, breeding stock and animals for milk, for wool and for recreational purposes and the newly increased forest with economic value. Total intangible fixed capital formation includes the prospecting of minerals and the acquisition of computer software minus the disposal of them.

Changes in Inventories refers to the market value of the change in the physical volume of inventory of resident units during a given period, i.e. the difference between the values at the beginning and at the end of the period minus the gains due to the change in prices. The changes in inventories can have a positive or a negative value. A positive value indicates an increase in inventory while a negative value indicates a decrease in inventory. The inventory includes raw materials, fuels and reserve materials purchased by the production units as well as the inventory of finished products, semi-finished products and work-in-progress.

Net Export of Goods and Services refers to the exports of goods and services subtracting the imports of goods and services. Exports include the value of various goods and services sold or gratuitously transferred by resident units to non-resident units. Imports include the value of various goods and services purchased or gratuitously acquired resident units from non-resident units. Because the provision of services and the use of them happen simultaneously, the acquisition of services by resident units from abroad is usually treated as import while the acquisition of services by non-resident units in this country is usually treated as export. The exports and imports of goods are calculated at FOB.

Three Strata of Industry Classification of economic activities into three strata of industry is a common practice in the world, although the grouping varies to some extent form country to country. In China economic activities are categorized into the following three strata of industry:

Primary industry refers to agriculture, forestry, animal husbandry and fishery and services in support of these industries.

Secondary industry refers to mining and quarrying, manufacturing, production and supply of electricity, water and gas, and construction.

Tertiary industry refers to all other economic activities not included in the primary or secondary industries.

Labourers Remuneration refers to the total payment of various forms to labourers for the productive activities they are engaged in. It includes wages, bonuses and allowances, which the labourers earn in cash and in kind. It also includes the free medical services provided to the labourers and the medicine expenses, transport subsidies and social insurance, and housing fund paid by the employers. As regards the individual economy, since labourers remuneration is not easily distinguishable from the operating profit, both parts are treated as labourer remuneration.

Net Taxes on Production refers to taxes on production less subsidies on production. The taxes on production refers to the various taxes, extra charges and fees levied on the production units on their production, sale and business activities as well as on the use of some factors of production, such as fixed assets, land and labour in the production activities they are engaged in. In contrast to taxes on production, subsidies on production refer to the unilateral government transfer to the production units and are therefore regarded as negative taxes on production. They include subsidies on the loss due to implementation of government policies, price subsidies, etc.

Depreciation of Fixed Assets refers to the depreciation of fixed assets in a given period, drawn in accordance with the stipulated depreciation rate for the purpose of compensating the wear-and-tear loss of the fixed assets or the depreciation of fixed assets imputed in accordance with the stipulated unified depreciation rate in the national economic accounting system. It reflects the value of transfer of the fixed assets in the production of the current period. The depreciation of fixed assets in various enterprises and institutions managed as enterprises refers to the depreciation expenses actually drawn. In government agencies and institutions not managed as enterprises which do not draw the depreciation expenses, as well as for the houses of residents, the depreciation of fixed assets is the imputed depreciation, which is calculated in accordance with the stipulated unified depreciation rate. In principle, the depreciation of fixed assets should be calculated on the basis of the re-purchased value of the fixed assets. However, currently the conditions in China do not facilitate the revaluation of all the fixed assets. Therefore, only the above-mentioned methods can be adopted at present.

Operating Surplus refers to the balance of the value added created by the resident units after deducting the labourers remuneration, net taxes on production and the depreciation of fixed assets. It is equivalent to the business profit of the enterprises plus subsidies to production, but the wages and welfare expenses paid from the profits should be deducted.

2

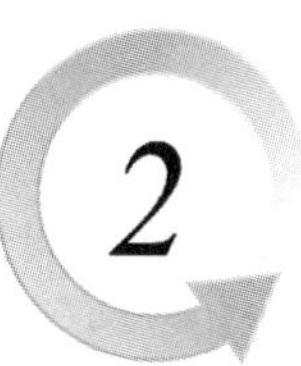

人 口

POPULATION

◆31/40

资料整理及英文翻译：冷　晴

简要说明

一、本篇资料的主要内容

本篇资料反映全省2015年及历年人口方面的基本情况，包括全省及11个设区市的主要人口统计数据，如：全省历年人口数、城镇人口、乡村人口、农业人口、非农业人口、男性人口、女性人口、分年龄人口、人口密度、人口受教育程度、婚姻状况；2015年各设区市人口数、出生率、死亡率、自然增长率、家庭户规模等。

二、本篇的资料来源

本篇资料由省统计局人口和就业统计处整理。资料来源为人口普查和年度人口变动情况抽样调查数据。

三、本篇的统计调查方法

2015年全省1%人口抽样调查是以全省为总体，各设区市为次总体，采用分层、二阶段、整群概率比例抽样方法，在全省11个设区市抽取了100个县（市、区）、1285个乡（镇、街道）、2267个村（居）委会、2267个调查小区的约65万人，调查样本占全省总人口的1.41%。经加权后汇总，2015年全省人口出生率为13.20‰、死亡率为6.24‰、自然增长率为6.96‰。按此推算，2015年全省总人口为4565.63万人，出生人口为60.11万人，死亡人口为28.42万人，考虑迁移流动情况，全省净增人口23.47万人。

Brief Introduction

Ⅰ. Main Contents

Data in this chapter show the basic condition of population in 2015 as well as previous years for the whole province and 11 municipalities. They include the sizes of the provincial population, urban population and rural population ,agricultural population and non-agricultural population, male population and female population ,Population density over the years, as well as age population, education attainment of the population and Marriage; birth rates, death rates, natural growth rate, dependency ratio, household size by region in 2015.

Ⅱ. Sources of Data

Data in this chapter are prepared by the Division of Population and occupation, Jiangxi Provincial Bureau of Statistics. The data sources from statistics of Population Census and Annual Sample Survey on Population Changes.

Ⅲ. Methodology of Survey

2015 the province's 1% population sampling survey adopted a Stratified multi-stage systematic PPS cluster sampling scheme. A total of 650 000 people were selected from 2267survey district in 2267 village committees in 1285 townships(towns and street committees) in 100 counties (cities and districts of 11 municipalities). The size of the sample was thus 1.41% of the provincial population. The weighted estimation procedure suggested that the birth rate was 13.20 per thousand, the death rate was 6.24per thousand and the natural growth rate was 6.96 per thousand for the whole Province in 2015. Based on these rates, it was further estimated that the whole Province had a total population of 45.6563 million, with 0.6011 million births, 0.2842 million deaths and a net increase of 0.2347 million people during the year.

2-1 人口自然变动情况
Population Natural Change

年 份 地 区 Year Region	年平均人口(人) Average Population (person)	人口出生率 (‰) Birth Rate (‰)	人口死亡率 (‰) Death Rate (‰)	人口自然增长率 (‰) Natural Growth Rate(‰)	人口密度 (人/平方公里) Population Density (person/sq.km)
1978	31504121	27.01	7.39	19.62	191
1980	32495869	18.57	6.38	12.19	196
1985	34838425	20.29	5.39	14.90	210
1990	37784307	24.59	7.54	17.05	228
1991	38376396	21.20	7.13	14.07	231
1992	38888651	19.53	7.07	12.46	234
1993	39395666	20.33	6.89	13.44	238
1994	39907432	19.38	7.00	12.38	241
1995	40389933	18.94	7.28	11.66	243
1996	40840020	17.53	7.02	10.51	246
1997	41278987	17.43	6.56	10.87	249
1998	41707706	16.85	7.05	9.80	251
1999	42111908	16.51	7.02	9.49	253
2000	41289734	15.55	6.07	9.48	249
2001	41671562	15.44	6.06	9.38	251
2002	42040975	14.74	6.02	8.72	253
2003	42383264	14.07	5.98	8.09	255
2004	42688961	13.61	5.99	7.62	257
2005	42974053	13.79	5.96	7.83	258
2006	43251863	13.80	6.01	7.79	260
2007	43537706	13.86	5.99	7.87	262
2008	43842582	13.92	6.01	7.91	264
2009	44161310	13.87	5.98	7.89	266
2010	44472035	13.72	6.06	7.66	267
2011	44753428	13.48	5.98	7.50	269
2012	44961844	13.46	6.14	7.32	270
2013	45130395	13.19	6.28	6.91	271
2014	45321538	13.24	6.26	6.98	272
2015	45538962	13.20	6.24	6.96	273
南 昌 市 Nanchang	5271547	12.99	6.24	6.75	737
景德镇市 Jingdezhen	1635134	13.08	6.25	6.83	312
萍 乡 市 Pingxiang	1895543	13.12	6.14	6.98	496
九 江 市 Jiujiang	4816348	13.10	6.17	6.93	253
新 余 市 Xinyu	1163750	12.95	6.09	6.86	369
鹰 潭 市 Yingtan	1150449	13.14	6.33	6.81	324
赣 州 市 Ganzhou	8527260	13.30	6.31	6.99	217
吉 安 市 Ji'an	4890070	13.26	6.24	7.02	194
宜 春 市 Yichun	5502622	13.23	6.21	7.02	296
抚 州 市 Fuzhou	3984687	13.31	6.23	7.08	212
上 饶 市 Shangrao	6701553	13.28	6.27	7.01	295

2-2 户数和人口数（年末数）

Households and Population (year-end)

年 份 地 区 Year Region	总户数 (户) Total Number of Households (household)	总人口 (人) Total Population (person)	按性别分 By Sex		以年末总人口为100 Total Population at year-end=100	
			男 Male	女 Female	男 Male	女 Female
1978	6153908	31828203	16427779	15400424	51.61	48.39
1980	6364176	32701960	16866769	15835191	51.58	48.42
1985	6986097	35097971	18155525	16942446	51.73	48.27
1990	8524926	38106418	19727708	18378710	51.77	48.23
1991	8748781	38646374	19978326	18668148	51.69	48.31
1992	8877008	39130927	20259917	18871010	51.77	48.23
1993	8987115	39660405	20500789	19159616	51.69	48.31
1994	9165092	40154459	20586009	19568450	51.27	48.73
1995	9422399	40625406	20837093	19788313	51.29	48.71
1996	9611344	41054635	21184192	19870443	51.60	48.40
1997	9784924	41503338	21345274	20158064	51.43	48.57
1998	10040894	41912074	21364925	20547149	50.98	49.02
1999	10318396	42311742	21810874	20500868	51.55	48.45
2000	10645841	41485447	21570202	19915245	51.99	48.01
2001	10934368	41857676	21840587	20017089	52.18	47.82
2002	11226475	42224273	21813059	20411214	51.66	48.34
2003	11524786	42542255	21807160	20735095	51.26	48.74
2004	11808762	42835667	22064652	20771015	51.51	48.49
2005	12084036	43112439	21935609	21176830	50.88	49.12
2006	12375753	43391287	22194643	21196644	51.15	48.85
2007	12664544	43684125	22388114	21296011	51.25	48.75
2008	12794161	44001038	22584130	21416908	51.33	48.67
2009	12925542	44321581	22717106	21604475	51.26	48.74
2010	11887821	44622489	23031644	21590845	51.61	48.39
2011	12097969	44884367	23133750	21750617	51.54	48.46
2012	12316056	45039321	23186034	21853287	51.48	48.52
2013	12530776	45221468	23265848	21955620	51.45	48.55
2014	12681522	45421607	23346565	22075042	51.40	48.60
2015	12668476	45656316	23436968	22219348	51.33	48.67

2-3 按城乡分的人口数（年末数）

According to The Urban and Rural Population(year-end)

年 份 地 区 Year Region	总人口 （人） Total Population (person)	按城乡分 By Residence		以年末总人口为100 Total Population at year-end=100	
		城镇人口 Urban Population	乡村人口 Rural Population	城镇人口 Urban Population	乡村人口 Rural Population
1978	31828203	5331228	26496975	16.75	83.25
1980	32701960	6145928	26556032	18.79	81.21
1985	35097971	6942379	28155592	19.78	80.22
1990	38106418	7754656	30351762	20.35	79.65
1991	38646374	8148201	30498173	21.08	78.92
1992	39130927	8537586	30593341	21.82	78.18
1993	39660405	8944215	30716190	22.55	77.45
1994	40154459	9350367	30804092	23.29	76.71
1995	40625406	9689159	30936247	23.85	76.15
1996	41054635	10092871	30961764	24.58	75.42
1997	41503338	10507815	30995523	25.32	74.68
1998	41912074	10918934	30993140	26.05	73.95
1999	42311742	11333623	30978119	26.79	73.21
2000	41485447	11487320	29998127	27.69	72.31
2001	41857676	12728919	29128757	30.41	69.59
2002	42224273	13596216	28628057	32.20	67.80
2003	42542255	14472875	28069380	34.02	65.98
2004	42835667	15240930	27594737	35.58	64.42
2005	43112439	15994715	27117724	37.10	62.90
2006	43391287	16783750	26607537	38.68	61.32
2007	43684125	17386282	26297843	39.80	60.20
2008	44001038	18198829	25802209	41.36	58.64
2009	44321581	19138059	25183522	43.18	56.82
2010	44622489	19660669	24961820	44.06	55.94
2011	44884367	20512156	24372211	45.70	54.30
2012	45039321	21398181	23641140	47.51	52.49
2013	45221468	22099731	23121737	48.87	51.13
2014	45421607	22810731	22610876	50.22	49.78
2015	45656316	23567790	22088526	51.62	48.38

2-4 各地区户数和人口数（2015年末）

Households and Population by Region(end of 2015)

地　区	Region	总户数（户）Total Number of Households (household)	总人口（人）Total Population (person)	按性别分 By Sex		以年末总人口为100 Total Population at year-end=100	
				男 Male	女 Female	男 Male	女 Female
全　省	**Provincial Total**	**12668476**	**45656316**	**23436968**	**22219348**	**51.33**	**48.67**
南昌市	Nanchang	1543252	5302914	2746307	2556607	51.79	48.21
景德镇市	Jingdezhen	474814	1640515	845071	795444	51.51	48.49
萍乡市	Pingxiang	522125	1901081	960464	940617	50.52	49.48
九江市	Jiujiang	1332114	4825811	2453822	2371989	50.85	49.15
新余市	Xinyu	379605	1166706	604682	562024	51.83	48.17
鹰潭市	Yingtan	322895	1153311	598888	554423	51.93	48.07
赣州市	Ganzhou	2283343	8547062	4362175	4184887	51.04	48.96
吉安市	Ji'an	1351648	4898988	2511995	2386993	51.28	48.72
宜春市	Yichun	1539491	5511984	2840544	2671440	51.53	48.47
抚州市	Fuzhou	1122202	3992806	2061302	1931504	51.63	48.37
上饶市	Shangrao	1796987	6715138	3451718	3263419	51.40	48.60

2-5 各地区按城乡分的人口数（2015年末）

According to The Urban and Rural Population by Region(end of 2015)

地　区	Region	总人口（人）Total Population (person)	按城乡分 By Residence		以年末总人口为100 Total Population at year-end=100	
			城镇人口 Urban Population	乡村人口 Rural Population	城镇人口 Urban Population	乡村人口 Rural Population
全　省	**Provincial Total**	**45656316**	**23567790**	**22088526**	**51.62**	**48.38**
南昌市	Nanchang	5302914	3794765	1508149	71.56	28.44
景德镇市	Jingdezhen	1640515	1042219	598296	63.53	36.47
萍乡市	Pingxiang	1901081	1252432	648649	65.88	34.12
九江市	Jiujiang	4825811	2439930	2385881	50.56	49.44
新余市	Xinyu	1166706	798610	368096	68.45	31.55
鹰潭市	Yingtan	1153311	643317	509994	55.78	44.22
赣州市	Ganzhou	8547062	3889671	4657391	45.51	54.49
吉安市	Ji'an	4898988	2261863	2637125	46.17	53.83
宜春市	Yichun	5511984	2470471	3041513	44.82	55.18
抚州市	Fuzhou	3992806	1795565	2197241	44.97	55.03
上饶市	Shangrao	6715138	3178946	3536192	47.34	52.66

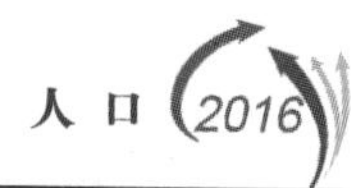

2-6 各地区家庭户数和家庭户规模（2015年末）

Family Households Number and Family Households Size by Region(end of 2015)

地 区	Region	户 数 (户) Number of Households (household)	#家庭户 Number of Family Households	人口数 (人) Population (person)	#家庭户人口数 Population Family Households	家庭户规模 (人/户) Average Family Household Size (person/household)
全 省	**Provincial Total**	**12668476**	**12239951**	**45656316**	**43329427**	**3.54**
南 昌 市	Nanchang	1543252	1414092	5302914	4609941	3.26
景德镇市	Jingdezhen	474814	462421	1640515	1572232	3.40
萍 乡 市	Pingxiang	522125	508038	1901081	1823857	3.59
九 江 市	Jiujiang	1332114	1290561	4825811	4607303	3.57
新 余 市	Xinyu	379605	362704	1166706	1077230	2.97
鹰 潭 市	Yingtan	322895	317070	1153311	1122429	3.54
赣 州 市	Ganzhou	2283343	2205827	8547062	8118375	3.68
吉 安 市	Ji'an	1351648	1318672	4898988	4720847	3.58
宜 春 市	Yichun	1539491	1493637	5511984	5257603	3.52
抚 州 市	Fuzhou	1122202	1106003	3992806	3904192	3.53
上 饶 市	Shangrao	1796987	1760924	6715138	6515417	3.70

2-7 各地区人口抚养比（2015年末）

Dependency Ratio of Population by Region (end of 2015)

单位：% (%)

地 区	Region	少儿抚养比 Children Dependency Ratio	老年抚养比 Old Dependency Ratio	总抚养比 Gross Dependency Ratio
全 省	**Provincial Total**	**28.95**	**13.44**	**42.39**
南 昌 市	Nanchang	23.57	12.69	36.26
景德镇市	Jingdezhen	31.66	17.06	48.72
萍 乡 市	Pingxiang	25.89	13.51	39.39
九 江 市	Jiujiang	27.21	13.24	40.45
新 余 市	Xinyu	24.40	13.07	37.48
鹰 潭 市	Yingtan	28.49	13.19	41.68
赣 州 市	Ganzhou	32.84	14.22	47.06
吉 安 市	Ji'an	28.37	13.04	41.40
宜 春 市	Yichun	28.90	13.20	42.11
抚 州 市	Fuzhou	29.57	12.52	42.09
上 饶 市	Shangrao	31.13	13.54	44.68

2-8 分年龄、性别的人口构成（2015年末）

Population Composition by Age and Sex (end of 2015)

单位：%　　(%)

年　龄(岁) Age(year old)	人口构成合计 Population Composition Total	男 Male	女 Female	性别比 (女=100) Sex Ratio (Female=100)
总　计 Total	**100.00**	**51.33**	**48.67**	**105.48**
0—4	6.70	3.59	3.11	115.43
5—9	7.45	4.13	3.32	124.40
10—14	6.18	3.44	2.74	125.55
15—19	7.00	3.79	3.21	118.07
20—24	8.94	4.49	4.45	100.90
25—29	6.95	3.42	3.53	96.88
30—34	7.34	3.64	3.70	98.38
35—39	8.71	4.52	4.19	107.88
40—44	8.57	4.44	4.13	107.51
45—49	7.25	3.67	3.58	102.51
50—54	5.50	2.71	2.79	97.13
55—59	5.53	2.75	2.78	98.92
60—64	4.44	2.28	2.16	105.56
65—69	3.34	1.65	1.69	97.63
70—74	2.62	1.28	1.34	95.52
75—79	1.77	0.82	0.95	86.32
80—84	1.02	0.46	0.56	82.14
85—89	0.46	0.17	0.29	58.62
90—94	0.17	0.06	0.11	54.55
95+	0.06	0.02	0.04	50.00

2-9 6岁及以上人口的文化构成（2015年末）

Educational Attainment Composition of Population Aged 6 and above (end of 2015)

单位：%　　(%)

年　龄(岁) Age(year old)	不识字或识字很少 Illiterate	小　学 Primary School	初　中 Junior Secondary School	高　中 Senior Secondary School	大专以上 Junior College and Above
总　计 Total	**3.39**	**29.89**	**42.07**	**15.77**	**8.88**
6-9	0.19	5.86	0.08	0.00	0.00
10-14	0.02	3.23	3.34	0.20	0.01
15-19	0.01	0.20	3.46	3.55	1.01
20-24	0.02	0.41	4.52	2.11	2.92
25-29	0.01	0.51	4.35	1.45	1.43
30-34	0.02	0.92	4.96	1.39	0.88
35-39	0.03	1.85	5.37	1.49	0.76
40-44	0.04	2.29	4.99	1.28	0.62
45-49	0.07	2.20	3.73	1.49	0.42
50-54	0.15	2.22	2.37	1.01	0.25
55-59	0.29	2.89	1.87	0.68	0.24
60-64	0.38	2.53	1.33	0.36	0.14
65+	2.16	4.78	1.70	0.76	0.20

2-10 15岁及以上人口的婚姻构成（2015年末）
Marital Composition of Population Aged 15 and above (end of 2015)

单位：% (%)

年 龄(岁) Age(year old)	未 婚 Never Married		有配偶 married		离 婚 Divorced		丧 偶 Widowed	
	男 Male	女 Female	男 Male	女 Female	男 Male	女 Female	男 Male	女 Female
总 计 Total	**10.86**	**7.38**	**36.81**	**38.12**	**0.82**	**0.50**	**1.46**	**4.03**
15-19	4.19	3.43	0.03	0.06	0.00	0.00	0.00	0.00
20-24	3.75	2.76	0.53	1.64	0.01	0.01	0.00	0.00
25-29	1.58	0.86	2.78	4.03	0.07	0.04	0.00	0.01
30-34	0.47	0.20	3.30	4.26	0.10	0.06	0.01	0.01
35-39	0.28	0.07	4.73	4.92	0.15	0.08	0.01	0.04
40-44	0.21	0.03	5.36	5.46	0.16	0.08	0.04	0.07
45-49	0.12	0.02	5.23	5.01	0.11	0.08	0.06	0.14
50-54	0.07	0.01	4.20	4.07	0.08	0.06	0.08	0.23
55-59	0.06	0.00	3.36	3.13	0.06	0.04	0.11	0.30
60-64	0.05	0.01	2.90	2.60	0.04	0.02	0.18	0.47
65+	0.07	0.00	4.40	2.94	0.04	0.04	0.97	2.76

2-11 育龄妇女分年龄的生育状况（2015年末）
Age-specific Fertility Rate of Childbearing Women by Age of Mother (end of 2015)

年 龄(岁) Age(year old)	平均育龄妇女比重(%) Average Proportion of Childbearing Women (%)	出生人口比重(%) Births Proportion (%)	育龄妇女生育率(‰) Fertility Rate of Childbearing Women (‰)	一 孩 1st Birth	二 孩 2nd Birth	三孩及以上 3rd Birth and Above
总 计 Total	**100.00**	**100.00**	**49.27**	**29.67**	**16.57**	**3.03**
15-19	12.01	1.98	8.12	7.87	0.25	0.00
20-24	16.39	36.03	108.30	89.46	18.04	0.80
25-29	13.21	32.09	119.69	68.33	44.87	6.49
30-34	13.85	17.35	61.74	24.54	30.28	6.93
35-39	15.68	8.45	26.55	7.99	14.72	3.84
40-44	15.46	2.72	8.67	3.13	4.11	1.43
45-49	13.40	1.38	5.08	2.75	1.96	0.37

主要统计指标解释

人口数 指一定时点，一定地区范围内有生命的个人总和。

城镇人口和乡村人口 城镇人口是指居住在城镇范围内的全部常住人口；乡村人口是除上述人口以外的全部人口。

出生率（又称粗出生率） 指在一定时期内（通常为一年）一定地区的出生人数与同期内平均人数（或期中人数）之比，用千分率表示。本资料中的出生率指年出生率，其计算公式为：

$$出生率=\frac{年出生人数}{年平均人数}\times 1000‰$$

式中：出生人数指活产婴儿，即胎儿脱离母体时（不管怀孕月数），有过呼吸或其他生命现象。年平均人数指年初、年底人口数的平均数，也可用年中人口数代替。

死亡率（又称粗死亡率） 指在一定时期内（通常为一年）一定地区的死亡人数与同期平均人数（或期中人数）之比，用千分率表示。本资料中的死亡率指年死亡率，其计算公式为：

$$死亡率=\frac{年死亡人数}{年平均人数}\times 1000‰$$

人口自然增长率 指在一定时期内（通常为一年）人口自然增加数（出生人数减死亡人数）与该时期内平均人数（或期中人数）之比，用千分率表示。计算公式为：

$$人口自然增长率=\frac{本年出生人数-本年死亡人数}{年平均人数}\times 1000‰$$
$$=人口出生率-人口死亡率$$

Explanatory Notes on Main Statistical Indicators

Total Population refers to the total number of people alive at a certain point of time within a given area.

Urban Population and Rural Population Urban population refers to all people residing in cities and towns, while rural population refers to population other than urban population.

Birth Rate (or Crude Birth Rate) refers to the ratio of the number of births to the average population (or mid-period population) during a certain period of time (usually a year), expressed in ‰. Birth rate in the chapter refers to annual birth rate. The following formula is used:

$$\text{Birth Rate}=\frac{\text{Number of Births}}{\text{Annual Average Population}}\times 1000‰$$

Number of births in the formula refers to live births, i.e. when a baby has breathed or showed any vital phenomena regardless of the length of pregnancy. Annual average population is the average of the number of population at the beginning of the year and that at the end of the year. Sometimes it is substituted by the mid-year population.

Death Rate (or Crude Death Rate) refers to the ratio of the number of deaths to the average population (or mid-period population) during a certain period of time (usually a year), expressed in ‰. Death rate in the chapter refers to annual death rate.The following formula is used:

$$\text{Death Rate}=\frac{\text{Number of Deaths}}{\text{Annual Average Population}}\times 1000‰$$

Natural Growth Rate of Population refers to the ratio of natural increase in population (number of births minus number of deaths) in a certain period of time (usually a year) to the average population (or mid-period population) of the same period, expressed in ‰. The following formula is applied:

$$\text{Natural Growth Rate of Population}=\frac{\text{Number of Births - Number of Deaths}}{\text{Annual Average Popultion}}\times 1000‰$$

Natural Growth Rate of Population = Birth Rate-Death Rate.

3

就业人员和职工工资

EMPLOYMENT AND WAGE

◆41/61

资料整理及英文翻译：　黄韶华、黄　瑛

简要说明

一、本篇资料的主要内容

本篇资料反映全省劳动经济方面的基本情况，包括11个设区市的主要劳动统计数据。如：就业人员、职工工资总额、职工平均工资等情况。

二、本篇资料的统计范围

《劳动统计报表制度》的调查范围为城镇辖区内独立核算法人单位（不包括乡镇企业和个体工商户），自1998年起部分指标有所变动，职工人数为在岗职工；劳动力资源、全社会就业人员统计范围为城镇和乡村16岁以上人口，2002年及以后全社会就业人员、城镇和乡村就业人员的总计资料根据人口和劳动力调查资料推算，因此分地区、分类型、分行业的资料相加不等于总计；私营和个体工商户统计范围为全社会；《培训就业统计报表制度》的填报范围为全省就业服务和职业介绍机构。

三、本篇资料来源

1. 就业基本情况及分组资料、职工工资总额等资料，是省统计局人口和就业处根据《劳动统计报表制度》、《人口变动情况抽样调查制度》、《劳动力调查制度》等资料，加工整理。

2. 职业介绍服务机构、城镇登记失业人数是根据省人力资源和社会保障厅《培训就业统计报表制度》整理。

3. 个体劳动者根据省工商行政管理局报表整理。

四、本篇的统计调查方法

劳动统计采用全面调查方法，由各级统计部门和各直报单位逐级上报；劳动力调查采用抽样调查方法；培训、就业统计及个体工商统计利用行政登记资料加工汇总。

Brief Introduction

I. Main Contents

Data in this chapter show the basic conditions of labour economy for the whole province, including main labour statistics on the 11 municipalities, such as number of employed persons, total wage bills and average wages of staff.

II. Scope of Statistics

The Reporting Form System on Labour Statistics covers independent corporate units within the urban areas (not including township enterprise or self-employed individuals). Since 1998, some indicators varied, number of staff refers to working staff. Scope of statistics on labour force and whole society employment is refers to population above age 16 in urban and rural areas. Since 2002, statistics on whole society employment、urban and rural areas employment are complied according to Population and labour force survey data, thus the sum of region or category or sector does not necessarily equal the total number. Scope of Statistics on private and individual industrial and commercial households is the whole society. Scope of Training and Employment Statistics System is employment services and employment agencies in the whole province.

III. Sources of Data

1. Data on basic conditions of employment, data by groups, total wage bills of staff and workers are collected and compiled through The Reporting Form System on Labour System, The Sample Survey System on Demographic changes and The System of Labour Survey by Division of Population, and Employment Jiangxi Provincial Bureau of Statistics.

2. Data on the employment services and the exchanges of labour force and on the number of registered The Reporting Form System on Training and Employment Statistics, which provided by jiangxi Labour and Social Security Department.

3. Data on the number of employed persons in self-employed individuals are provided by the Provincial Administration for Industry and Commerce.

IV. Methodology of Survey

A complete reporting form from lower-level statistical bureaus to higher level statistical bureaus is used in the labour statistics. The Sampling Survey on Labour Force are conducted by using sampling methods. Statistics on training, employment,and self-employed individuals are collected and complied on basis of administrative registering records.

3-1 劳动力资源

Labor Force Resources

单位：万人 (10000 persons)

年份 Year	劳动力资源总数 Total Number of Labor Force Resources	社会就业人数 Number of Employed Persons in Society	#职工人数 Number of Staff and Workers	国有经济单位 State-owned Units	城镇集体经济单位 Urban Collective-owned Units	其他各种经济单位 Units of Other Types of Ownership	劳动力资源总数占人口数的比重(%) Percentage of Total Number of Labor Force Resources to Population(%)	劳动力资源利用率(%) Utilization Ratio of Labor Force Resources (%)
1978	1448.1	1254.3	267.4	221.0	46.4		45.5	86.6
1979	1503.5	1307.0	269.6	219.6	50.0		46.6	86.9
1980	1559.6	1356.3	286.7	233.0	53.7		47.7	87.0
1981	1610.2	1409.8	301.9	242.2	59.7		48.7	87.6
1982	1638.9	1434.0	311.9	249.3	62.6		49.0	87.5
1983	1731.4	1498.2	311.1	245.6	65.5		51.2	86.5
1984	1824.8	1537.3	324.9	247.0	77.9		53.4	84.3
1985	1887.1	1584.8	341.6	261.4	80.1	0.1	54.5	84.0
1986	1934.6	1622.6	351.9	269.4	82.3	0.2	55.1	83.9
1987	1981.4	1668.4	365.3	281.4	83.7	0.2	55.7	84.2
1988	2055.3	1723.0	379.2	293.8	85.0	0.4	56.6	83.8
1989	2107.2	1760.4	380.1	298.3	81.3	0.5	57.0	83.5
1990	2175.3	1816.5	386.2	304.0	81.6	0.6	57.1	83.5
1991	2248.8	1874.5	398.9	313.9	83.9	1.1	58.2	83.4
1992	2354.0	1870.4	408.4	322.0	84.4	2.0	60.2	79.5
1993	2418.7	1903.7	412.0	326.9	80.4	4.7	61.0	78.7
1994	2636.1	2007.7	413.5	328.6	79.2	5.7	65.6	76.2
1995	2653.3	2100.5	411.3	332.7	71.4	7.2	63.3	79.2
1996	2735.4	2107.2	412.0	336.0	68.8	7.2	66.6	77.0
1997	2768.8	2120.6	409.4	334.0	67.6	7.8	66.7	76.6
1998	2809.1	2094.3	322.5	254.9	41.0	26.6	67.0	74.6
1999	2830.2	2089.0	305.9	242.8	36.3	26.8	66.9	73.8
2000	2898.2	2060.9	291.6	231.8	33.0	26.8	69.8	71.1
2001	2898.5	2054.8	279.3	222.2	27.9	29.2	69.2	70.9
2002	2911.6	2130.6	261.9	206.8	22.8	32.3	69.0	73.2
2003	3016.6	2168.2	256.7	196.1	20.0	40.6	70.9	71.9
2004	3073.5	2214.0	258.4	192.4	17.5	48.5	71.8	72.0
2005	3130.0	2276.7	264.8	191.3	17.6	55.9	72.6	72.7
2006	3210.4	2321.1	271.9	191.9	16.0	64.0	74.0	72.3
2007	3290.6	2369.6	275.0	190.5	16.3	68.2	75.3	72.0
2008	3353.0	2404.5	275.2	186.6	13.9	74.7	76.2	71.7
2009	3413.8	2445.2	273.8	187.4	12.6	73.8	77.0	71.6
2010	3417.6	2498.8	279.6	187.8	12.5	79.3	76.6	73.1
2011	3480.5	2532.6	311.3	185.3	15.7	110.2	77.5	72.8
2012	3495.5	2556.0	360.9	195.2	15.6	150.1	77.6	73.1
2013	3524.7	2588.7	410.0	173.0	12.6	224.4	77.9	73.4
2014	3551.6	2603.3	426.0	175.7	12.4	238.0	78.2	73.3
2015	3577.6	2615.8	440.1	180.8	11.8	247.5	78.1	73.1

注：自1998年起，职工人数为在岗职工人数。自2012年起，职工人数含劳务派遣人员。

a) Since 1998,number of staff and workers refers to number of employed staff and workers.Since 2012,number of staff and workers includes dispatched laborers.

3-2 三次产业社会就业人员数(年末数)

Number of Employed Persons by Three Strata of Industry (year-end)

年 份 地 区 Year Region	合 计 (万人) Total (10000 persons)	第一产业 Primary Industry	第二产业 Secondary Industry	第三产业 Tertiary Industry	构成(以合计数为100) Composition (Total=100) 第一产业 Primary Industry	第二产业 Secondary Industry	第三产业 Tertiary Industry
1978	1254.3	968.7	163.4	122.2	77.2	13.0	9.8
1980	1356.3	1053.8	166.9	135.6	77.7	12.3	10.0
1985	1584.8	1057.2	320.5	207.1	66.7	20.2	13.1
1990	1816.5	1193.1	368.6	254.8	65.7	20.3	14.0
1991	1874.5	1224.2	388.7	261.6	65.3	20.7	14.0
1992	1870.4	1186.2	412.9	271.3	63.4	22.0	14.6
1993	1903.7	1085.9	462.5	355.3	57.3	24.3	18.4
1994	2007.7	1127.2	493.3	387.2	56.1	24.6	19.3
1995	2100.5	1071.7	525.1	503.7	51.0	25.0	24.0
1996	2107.2	1049.7	539.7	517.8	49.8	25.6	24.6
1997	2120.6	1000.9	549.8	569.9	47.2	25.9	26.9
1998	2094.3	975.5	548.8	570.0	46.6	26.2	27.2
1999	2089.0	969.3	530.7	589.0	46.4	25.4	28.2
2000	2060.9	960.9	502.8	597.2	46.6	24.4	29.0
2001	2054.8	949.6	482.6	622.6	46.2	23.5	30.3
2002	2130.6	964.5	483.8	682.3	45.3	22.7	32.0
2003	2168.2	910.7	568.0	689.5	42.0	26.2	31.8
2004	2214.0	907.7	598.4	707.9	41.0	27.0	32.0
2005	2276.7	907.5	619.5	749.7	39.9	27.2	32.9
2006	2321.1	907.4	639.5	774.2	39.1	27.5	33.4
2007	2369.6	900.8	663.3	805.5	38.0	28.0	34.0
2008	2404.5	900.1	675.0	829.4	37.4	28.1	34.5
2009	2445.2	892.6	710.1	842.5	36.5	29.0	34.5
2010	2498.8	888.6	741.1	869.1	35.6	29.6	34.8
2011	2532.6	870.5	763.3	898.8	34.4	30.1	35.5
2012	2556.0	841.0	792.3	922.7	32.9	31.0	36.1
2013	2588.7	820.9	824.1	943.8	31.7	31.8	36.5
2014	2603.3	801.4	837.6	964.3	30.8	32.2	37.0
2015	2615.8	786.0	849.3	980.5	30.0	32.5	37.5
南昌市 Nanchang	331.7	63.1	123.4	145.1	19.0	37.2	43.8
景德镇市 Jingdezhen	103.5	27.7	35.8	39.9	26.8	34.6	38.6
萍乡市 Pingxiang	118.4	25.7	51.8	40.9	21.7	43.8	34.5
九江市 Jiujiang	310.8	94.3	108.2	108.4	30.3	34.8	34.9
新余市 Xinyu	66.6	23.8	23.3	19.5	35.7	35.0	29.3
鹰潭市 Yingtan	78.6	25.4	21.4	31.8	32.3	27.3	40.4
赣州市 Ganzhou	547.8	171.2	177.4	199.1	31.3	32.4	36.4
吉安市 Ji'an	286.5	125.9	73.4	87.2	43.9	25.6	30.4
宜春市 Yichun	335.1	112.1	102.0	121.0	33.4	30.4	36.1
抚州市 Fuzhou	224.6	90.5	46.5	87.6	40.3	20.7	39.0
上饶市 Shangrao	432.3	125.1	146.6	160.5	28.9	33.9	37.1

注：就业人员总计是根据人口变动抽样调查资料推算，因此，分地区、分经济类型、分行业资料相加不等于总计。下表同。

a) The total mumber of employed persons have been estimated in accordance with the data from the national sample survey on population changes. As a result,the sum of the data by region,by ownership and by sector is not equal to the total.The same applies to the following tables.

3-3 社会就业人员数（年末数）

Number of Employed Persons in Society (year-end)

单位：万人 (10000 persons)

类别	Type	2014	2015
总计	**Total**	**2603.30**	**2615.78**
按经济类型分	**Classifed by Types of Ownership**		
城镇	Urban	985.41	1030.62
#国有	State-owned	189.70	196.00
集体	Collective-owned	15.79	14.64
股份合作	Cooperative	2.31	2.21
联营	Joint Ownership	0.22	0.22
有限责任公司	Limited Liability Corporations	165.24	175.48
股份有限公司	Share-holding Corporations Ltd.	34.25	35.52
港澳台投资	Funds from Hong Kong,Macao&Taiwan	36.16	34.21
外商投资	Foreign Funded	19.23	19.70
私营和个体	Private Enterprises and Self-employed Individuals	450.54	517.14
乡村	Rural	1617.89	1585.16
私营和个体	Private Enterprises and Self-employed Individuals	325.97	347.67
按国民经济行业分	**Classified by Sector**		
农、林、牧、渔业	Agriculture, Forestry, Animal Husbandry and Fishery	801.37	786.01
采矿业、制造业	Mining, Manufacturing	584.17	595.11
电力、热力、燃气及水生产和供应业	Production and Distribution of Electricity,Heat,Gas and Water	15.98	15.64
建筑业	Construction	237.50	238.51
批发和零售业	Wholesale and Retail Trades	372.46	369.01
交通运输、仓储和邮政业	Traffic, Transport, Storage and Post	122.01	120.91
住宿和餐饮业	Hotels and Catering Services	70.49	73.28
信息传输、软件和信息技术服务业	Information Transmission,Software and Information Technical Services	37.38	39.54
金融业	Financial Intermediation	19.94	16.29
房地产业	Real Estate	13.65	21.01
租赁和商务服务业	Leasing and Business Services	26.20	40.21
科学研究和技术服务业	Scientific Research and Technical Service	10.99	11.94
水利、环境和公共设施管理业	Management of Water Conservancy, Environment and Public Facilities	9.88	11.52
居民服务、修理和其他服务业	Services to Households,Repair and Other Services	116.87	104.54
教育	Education	68.36	68.59
卫生和社会工作	Health and Social Work	36.26	36.4
文化、体育和娱乐业	Culture, Sports and Entertainment	9.03	14.47
公共管理、社会保障和社会组织	Public Management,Social Security and Social Organization	50.76	52.8

3-4 各地区城镇就业人员数(年末数)

Number of Employed Persons in Urban Areas by Region (year-end)

单位: 万人 (10000 persons)

地 区	Region	2010	2011	2012	2013	2014	2015
全 省	**Provincial Total**	**802.02**	**845.69**	**885.85**	**934.94**	**985.41**	**1030.62**
南 昌 市	Nanchang	161.68	169.29	177.95	188.38	194.45	200.14
景德镇市	Jingdezhen	41.61	44.09	45.11	46.19	48.99	49.13
萍 乡 市	Pingxiang	39.84	41.86	44.15	45.72	47.86	51.20
九 江 市	Jiujiang	93.13	99.07	104.35	110.04	116.07	122.40
新 余 市	Xinyu	30.72	31.96	33.68	35.39	37.52	38.74
鹰 潭 市	Yingtan	26.93	28.02	30.08	31.17	33.45	34.40
赣 州 市	Ganzhou	97.2	103.82	108.69	118.72	127.22	134.11
吉 安 市	Ji'an	75.27	79.70	82.92	87.42	92.87	97.91
宜 春 市	Yichun	84.73	88.81	92.38	97.36	103.05	108.84
抚 州 市	Fuzhou	64.38	68.35	71.80	75.71	80.25	84.30
上 饶 市	Shangrao	86.53	90.72	94.74	98.84	103.68	109.45

3-5 各地区城镇个体劳动者数(年末数)

Number of Self-employed Workers in Urban Areas by Region (year-end)

单位: 万人 (10000 persons)

地 区	Region	2010	2011	2012	2013	2014	2015
全 省	**Provincial Total**	**160.01**	**196.83**	**195.94**	**203.48**	**232.48**	**255.62**
南 昌 市	Nanchang	26.42	28.28	33.74	33.64	38.65	43.62
景德镇市	Jingdezhen	10.20	10.81	9.55	9.45	10.60	11.16
萍 乡 市	Pingxiang	12.91	13.95	14.53	11.45	12.82	14.29
九 江 市	Jiujiang	14.69	31.77	30.29	24.98	28.38	25.16
新 余 市	Xinyu	5.92	6.79	8.79	9.71	10.57	11.32
鹰 潭 市	Yingtan	4.85	5.48	6.17	5.17	6.10	7.11
赣 州 市	Ganzhou	33.38	33.27	34.88	35.82	41.23	48.36
吉 安 市	Ji'an	12.73	13.41	14.26	15.86	19.06	21.37
宜 春 市	Yichun	13.74	20.10	16.87	24.50	27.27	30.04
抚 州 市	Fuzhou	9.13	11.46	12.65	18.64	20.70	23.71
上 饶 市	Shangrao	16.04	21.51	14.21	14.26	17.10	19.48

3-6 城镇登记失业人数及登记失业率

Unemployed Persons and Unemployment Rate in Urban Areas

年 份 地 区 Year Region	城镇登记失业人数 (万人) Unemployed Persons in Urban Areas (10000 persons)	#失业青年 Unemployed-Youth	占城镇登记失业人数(%) Percentage to Unemployed Persons in Urban Areas(%)	登记失业率 (%) Unemployment Rate (%)
1978	21.38			7.39
1979	15.17	13.35	88.0	5.31
1980	17.03	14.43	84.7	5.59
1981	14.58	11.61	79.6	4.57
1982	14.81	11.63	78.5	4.47
1983	13.26	10.60	79.9	3.98
1984	7.57	6.10	80.6	2.21
1985	5.21	4.74	91.0	1.45
1986	5.42	4.98	91.9	1.46
1987	5.56	4.83	86.9	1.45
1988	6.17	5.57	90.3	1.53
1989	6.95	6.60	95.0	1.69
1990	10.26	9.60	93.6	2.44
1991	10.56	10.14	96.0	2.40
1992	8.65	7.92	91.6	1.92
1993	8.65	8.29	95.8	1.82
1994	8.85	7.13	80.6	1.79
1995	8.66	7.48	86.3	1.57
1996	10.10	6.36	63.1	2.20
1997	14.22	8.52	60.0	2.32
1998	14.45	8.26	57.2	2.47
1999	15.50	5.95	38.4	2.60
2000	16.68	5.45	32.7	2.90
2001	17.28	3.39	19.6	3.30
2002	17.76	3.86	21.7	3.40
2003	21.62	4.21	19.5	3.80
2004	22.42	4.39	19.5	3.56
2005	22.84	3.87	16.90	3.48
2006	25.27	3.83	15.20	3.64
2007	24.34	2.41	9.90	3.37
2008	25.99	2.12	8.15	3.42
2009	27.30	1.36	4.98	3.44
2010	26.26	0.94	3.58	3.31
2011	24.64	1.44	5.84	3.20
2012	25.72	1.03	4.00	3.00
2013	27.42	1.19	4.34	3.17
2014	29.41	1.25	4.25	3.27
2015	29.95	1.35	4.51	3.35

注：自1999年起失业青年为长期失业者。

a) Unemployed youth are the long-term umemployed since 1999.

3-7 城镇非私营单位就业人员年末人数、工资（2015年）

Number and Wage of Employed Persons in Urban Non-Private Units at Year-end (2015)

类别	Type	就业人员人数（人） Number of Employed Persons (person)	就业人员平均工资（元） Average Wage of Employed Persons (yuan)
总　计	**Total**	**4804947**	**50932**
按经济类型分	**Classified by Types of Ownership**		
国有单位	State-owned	1961553	56292
城镇集体单位	Collective-owned	146448	46175
其他单位	Others	2696946	47316
#股份合作	Cooperative	22083	46601
联营	Joint Ownership	2202	44786
有限责任公司	Limited Liability Corporations	1754784	47423
股份有限公司	Share-holding Corporations Ltd.	355232	53131
其他	Others	23538	42825
港澳台商投资	Funds from Hong Kong,Macao&Taiwan	342099	42309
外商投资	Foreign Funded	197008	45393
按国民经济行业分	**Classified by Sector**		
农、林、牧、渔业	Agriculture, Forestry, Animal Husbandry and Fishery	49010	32076
采矿业	Mining	72117	41120
制造业	Manufacturing	1382370	46020
电力、热力、燃气及水生产和供应业	Production and Supply of Electricity, Heat, Gas and Water	141223	62064
建筑业	Construction	919151	46146
批发和零售业	Wholesale and Retail Trades	181054	45992
交通运输、仓储和邮政业	Transport, Storage and Post	211666	62546
住宿和餐饮业	Hotels and Catering Services	44210	33402
信息传输、软件和信息技术服务业	Information Transmission, Software and Information Technology	67028	60353
金融业	Financial Intermediation	125759	76035
房地产业	Real Estate	63593	49714
租赁和商务服务业	Leasing and Business Services	52008	41535
科学研究和技术服务业	Scientific Research and Technical Services	57064	66749
水利、环境和公共设施管理业	Management of Water Conservancy, Environment and Public Facilities	76877	37900
居民服务、修理和其他服务业	Services to Households, Repair and Other Services	9795	44908
教育	Education	557972	55995
卫生和社会工作	Health and Social Services	245125	61728
文化、体育和娱乐业	Culture, Sports and Entertainment	37789	53649
公共管理、社会保障和社会组织	Public Management, Social Security and Social Organization	511136	54577
按地区分	**By Region**		
南昌市	Nanchang	1306094	57324
景德镇市	Jingdezhen	198850	44672
萍乡市	Pingxiang	206191	47121
九江市	Jiujiang	468092	49560
新余市	Xinyu	142720	50949
鹰潭市	Yingtan	155403	56481
赣州市	Ganzhou	578549	49484
吉安市	Ji'an	379946	46891
宜春市	Yichun	459122	44671
抚州市	Fuzhou	389875	48403
上饶市	Shangrao	445629	49481

3-8 城镇非私营单位在岗职工年末人数、工资（2015年）

Number and Wage of Employed Staff and Workers in Urban Non-Private Units at Year-end (2015)

类别	Type	在岗职工人数（人） Number of Employed Staff and Workers (person)	在岗职工平均工资（元） Average Wage of Employed Staff and Workers(yuan)
总计	**Total**	**4401395**	**52137**
按经济类型分	**Classified by Types of Ownership**		
国有单位	State-owned	1808685	58565
城镇集体单位	Collective-owned	117737	46734
其他单位	Others	2474973	47734
#股份合作	Cooperative	20682	47938
联营	Joint Ownership	2000	48442
有限责任公司	Limited Liability Corporations	1568181	47779
股份有限公司	Share-holding Corporations Ltd.	327809	54891
其他	Others	22502	43333
港澳台商投资	Funds from Hong Kong,Macao&Taiwan	338601	42305
外商投资	Foreign Funded	195198	45420
按国民经济行业分	**Classified by Sector**		
农、林、牧、渔业	Agriculture, Forestry, Animal Husbandry and Fishery	42836	32849
采矿业	Mining	70706	41500
制造业	Manufacturing	1361173	46214
电力、热力、燃气及水生产和供应业	Production and Supply of Electricity, Heat, Gas and Water	120991	65463
建筑业	Construction	713171	46645
批发和零售业	Wholesale and Retail Trades	173069	46688
交通运输、仓储和邮政业	Transport, Storage and Post	201982	63789
住宿和餐饮业	Hotels and Catering Services	42776	33839
信息传输、软件和信息技术服务业	Information Transmission, Software and Information Technology	63652	61504
金融业	Financial Intermediation	108634	83416
房地产业	Real Estate	60356	50835
租赁和商务服务业	Leasing and Business Services	47049	41984
科学研究和技术服务业	Scientific Research and Technical Services	53148	68058
水利、环境和公共设施管理业	Management of Water Conservancy, Environment and Public Facilities	57967	42850
居民服务、修理和其他服务业	Services to Households, Repair and Other Services	9549	44868
教育	Education	536185	57281
卫生和社会工作	Health and Social Services	226789	64034
文化、体育和娱乐业	Culture, Sports and Entertainment	34110	56347
公共管理、社会保障和社会组织	Public Management, Social Security and Social Organization	477252	56598
按地区分	**By Region**		
南 昌 市	Nanchang	1113153	59509
景德镇市	Jingdezhen	191172	45372
萍 乡 市	Pingxiang	196467	48100
九 江 市	Jiujiang	433811	51065
新 余 市	Xinyu	138576	51639
鹰 潭 市	Yingtan	148061	57623
赣 州 市	Ganzhou	552567	50313
吉 安 市	Ji'an	350482	48201
宜 春 市	Yichun	437656	45330
抚 州 市	Fuzhou	364665	49522
上 饶 市	Shangrao	415445	50414

注：在岗职工含劳务派遣人员。
a)Number of employed staff and workers includes dispatched laborers.

3-9 城镇非私营单位各种分组的就业人员人数（2015年末）
Number of Employed Persons in Urban Non-Private Units by Types of Groups (end of 2015)

单位：人 (person)

类 别	Type	合 计 Total	国有单位 State-owned Units	城镇集体单位 Urban Collective-owned Units	其他单位 Units of Other Types of Ownership
总 计	**Total**	**4804947**	**1961553**	**146448**	**2696946**
按国民经济行业分	**Grouped by Sector**				
农、林、牧、渔业	Agriculture, Forestry, Animal Husbandry and Fishery	49010	47707	253	1050
采矿业	Mining	72117	26520	2305	43292
制造业	Manufacturing	1382370	101134	8077	1273159
电力、热力、燃气及水生产和供应业	Production and Supply of Electricity, Heat, Gas and Water	141223	23967	104	117152
建筑业	Construction	919151	76235	95876	747040
批发和零售业	Wholesale and Retail Trades	181054	29500	3657	147897
交通运输、仓储和邮政业	Transport, Storage and Post	211666	125726	3938	82002
住宿和餐饮业	Hotels and Catering Services	44210	8945	168	35097
信息传输、软件和信息技术服务业	Information Transmission, Software and Information Technology	67028	10383	264	56381
金融业	Financial Intermediation	125759	55990	17688	52081
房地产业	Real Estate	63593	9274	858	53461
租赁和商务服务业	Leasing and Business Services	52008	26402	3298	22308
科学研究和技术服务业	Scientific Research and Technical Services	57064	44121	70	12873
水利、环境和公共设施管理业	Management of Water Conservancy, Environment and Public Facilities	76877	64732	3161	8984
居民服务、修理和其他服务业	Services to Households, Repair and Other Services	9795	2513	332	6950
教育	Education	557972	544735	391	12846
卫生和社会工作	Health and Social Services	245125	226683	5931	12511
文化、体育和娱乐业	Culture, Sports and Entertainment	37789	26249		11540
公共管理、社会保障和社会组织	Public Management, Social Security and Social Organization	511136	510737	77	322

3-10 城镇非私营单位各种分组的在岗职工人数（2015年末）

Number of Employed Staff and Workers in Urban Non-Private Units by Types of Groups (end of 2015)

单位：人 (person)

类别	Type	合计 Total	国有单位 State-owned Units	城镇集体单位 Urban Collective-owned Units	其他单位 Units of Other Types of Ownership
总计	**Total**	**4401395**	**1808685**	**117737**	**2474973**
按国民经济行业分	**Grouped by Sector**				
农、林、牧、渔业	Agriculture, Forestry, Animal Husbandry and Fishery	42836	41545	241	1050
采矿业	Mining	70706	26048	2300	42358
制造业	Manufacturing	1361173	94005	7514	1259654
电力、热力、燃气及水生产和供应业	Production and Supply of Electricity, Heat, Gas and Water	120991	22915	104	97972
建筑业	Construction	713171	49454	70923	592794
批发和零售业	Wholesale and Retail Trades	173069	27829	3589	141651
交通运输、仓储和邮政业	Transport, Storage and Post	201982	121635	3627	76720
住宿和餐饮业	Hotels and Catering Services	42776	8004	135	34637
信息传输、软件和信息技术服务业	Information Transmission, Software and Information Technology	63652	9521	210	53921
金融业	Financial Intermediation	108634	50243	16894	41497
房地产业	Real Estate	60356	8246	843	51267
租赁和商务服务业	Leasing and Business Services	47049	24252	3125	19672
科学研究和技术服务业	Scientific Research and Technical Services	53148	41674	56	11418
水利、环境和公共设施管理业	Management of Water Conservancy, Environment and Public Facilities	57967	47492	1767	8708
居民服务、修理和其他服务业	Services to Households, Repair and Other Services	9549	2404	311	6834
教育	Education	536185	523157	391	12637
卫生和社会工作	Health and Social Services	226789	208872	5630	12287
文化、体育和娱乐业	Culture, Sports and Entertainment	34110	24515		9595
公共管理、社会保障和社会组织	Public Management, Social Security and Social Organization	477252	476874	77	301

3-11 城镇非私营单位职工工资总额和平均工资

Total Wages Bill and Average Wage of Staff and Workers in Urban Non-Private Units

年 份 Year	工资总额 (万元) Total Wages Bill (10000 yuan)	国有经济单位 State-owned Units	城镇集体经济单位 Urban Collective-owned Units	其他各种经济单位 Units of Other Types of Ownership	平均工资 (元) Average Wage (yuan)	国有经济单位 State-owned Units	城镇集体经济单位 Urban Collective-owned Units	其他各种经济单位 Units of Other Types of Ownership
1978	145123	122929	22194		552	562	500	
1979	161102	135538	25564		603	624	512	
1980	199674	167220	32454		713	733	625	
1981	210974	175632	35342		719	745	613	
1982	223632	185973	37659		732	758	625	
1983	230035	190050	39985		747	774	640	
1984	284282	230178	54067	37	894	949	716	949
1985	329858	266560	63213	86	997	1052	817	1132
1986	394647	321560	72890	197	1147	1215	919	1190
1987	431756	352660	78895	202	1215	1286	974	1312
1988	533074	440107	92403	564	1446	1539	1121	1675
1989	583499	486785	95917	798	1562	1658	1205	1809
1990	656975	551602	104213	1160	1729	1843	1300	2079
1991	719291	598920	118234	2137	1842	1946	1446	2329
1992	860275	724646	131368	4261	2154	2295	1606	2414
1993	1042007	883776	144510	13720	2580	2753	1842	3114
1994	1407031	1207665	176282	23084	3450	3720	2268	4214
1995	1621603	1393677	189980	37946	4211	4427	2990	5623
1996	1858269	1588203	218857	51209	4852	5050	3562	7275
1997	1944011	1666516	219199	58297	5089	5303	3636	7843
1998	1739295	1400368	152032	186895	5384	5473	3720	7104
1999	2057811	1675969	170518	211325	6749	6930	4692	7913
2000	2047372	1681669	151720	213983	7014	7249	4676	7798
2001	2255433	1864519	144576	246339	8026	8346	5149	8349
2002	2437527	2001095	133577	302855	9262	9607	5859	9444
2003	2710865	2161536	137779	411551	10521	10918	6905	10359
2004	3054546	2367213	136642	550691	11860	12291	7873	11569
2005	3583091	2726459	157004	699628	13688	14276	8952	13140
2006	4170749	3136396	160449	873904	15590	16491	10102	14220
2007	4994197	3703412	203353	1087433	18400	19624	12574	16344
2008	5732519	4204570	192028	1335921	21000	22608	13934	18247
2009	6713864	4900030	205362	1608472	24696	26247	16624	22088
2010	8071398	5796975	223793	2050630	29092	30985	18194	26272
2011	9970075	6256416	378133	3335526	34055	36939	24265	30939
2012	12823272	7891818	455102	4476352	39651	40712	30608	39030
2013	17789724	8248934	435385	9105405	43582	47238	36185	41101
2014	19882093	8981797	491409	10408887	47299	51406	41022	44550
2015	22796952	10470884	529037	11797031	52137	58565	46734	47734

注:自1998年起,职工工资为在岗职工工资。自2012年起，平均工资含劳务派遣人员工资。

a) Since 1998,wage of staff and workers refers to wage of employed staff and workers.Since 2012,average wage includes dispatched laborers' wage.

3-12 城镇非私营单位职工平均工资指数

Average Wage Indices of Staff and Workers in Urban Non-Private Units

(以上年为100) (preceding year=100)

年 份 Year	货币工资指数 Currency Wages Indices	国有经济单位 State-owned Units	城镇集体经济单位 Urban Collective-owned Units	其他各种经济单位 Units of Other Types of Ownership	实际工资指数 Actual Wages Indices	国有经济单位 State-owned Units	城镇集体经济单位 Urban Coll-ectiv-owned Units	其他各种经济单位 Units of Other Types of Ownership
1978	106.8	105.4	102.0		106.6	105.2	101.8	
1979	109.2	111.0	102.4		107.0	108.7	100.3	
1980	118.2	117.5	122.1		112.0	111.4	115.7	
1981	100.8	101.6	98.1		97.1	97.9	94.5	
1982	101.8	101.7	102.0		98.7	98.6	98.9	
1983	102.0	102.1	102.4		100.1	100.2	100.5	
1984	119.7	122.6	111.9		116.7	119.5	109.1	
1985	111.5	110.9	114.1	119.3	102.5	101.9	104.9	109.7
1986	115.0	115.5	112.5	105.1	108.5	108.7	106.1	99.2
1987	105.9	105.8	106.0	108.0	98.1	98.1	98.2	100.1
1988	119.0	119.7	115.1	127.7	96.2	96.8	93.0	103.2
1989	108.0	107.7	107.5	108.0	92.2	91.9	91.7	92.2
1990	110.7	111.2	107.9	114.9	109.1	109.6	106.3	113.2
1991	106.5	105.6	111.2	112.0	102.0	101.1	106.5	107.3
1992	116.9	117.9	111.1	103.6	108.7	109.7	103.3	96.4
1993	115.9	115.9	111.5	127.8	100.1	100.1	96.3	110.4
1994	138.2	139.8	126.1	136.6	108.9	110.2	99.4	107.6
1995	122.1	119.0	131.8	133.4	104.4	101.8	112.7	114.1
1996	115.2	114.1	105.8	129.4	106.6	105.5	97.9	119.7
1997	104.9	105.0	102.1	107.8	101.8	101.9	99.1	104.7
1998	105.8	103.2	102.3	90.6	104.8	102.2	101.3	89.7
1999	125.4	126.6	126.1	111.4	127.2	128.4	127.9	112.9
2000	103.9	104.6	99.7	98.5	103.5	104.2	99.4	98.2
2001	114.4	115.1	110.1	107.0	114.9	115.7	110.7	107.5
2002	115.4	115.1	113.8	113.1	115.3	114.9	113.7	112.9
2003	113.6	113.6	117.9	109.7	112.7	112.7	117.0	108.8
2004	112.7	112.6	114.0	111.7	108.9	108.8	110.1	107.9
2005	115.4	116.2	113.7	113.6	113.5	114.3	111.8	111.7
2006	113.9	115.5	112.8	108.2	112.5	114.1	111.5	106.9
2007	118.0	119.0	124.5	114.9	112.6	113.5	118.8	109.6
2008	114.1	115.2	110.8	111.6	107.5	108.7	104.5	105.3
2009	117.6	116.1	119.3	121.1	118.4	116.9	120.1	122.0
2010	117.8	118.1	109.4	118.9	114.4	114.7	106.2	115.4
2011	117.1	119.2	133.4	117.8	111.3	113.3	126.8	112.0
2012	116.3	110.7	125.7	124.1	113.2	107.8	122.4	120.8
2013	109.9	116.0	118.2	105.3	107.2	113.2	115.3	102.7
2014	108.5	108.8	113.4	108.4	106.1	106.4	110.9	106.0
2015	110.2	113.9	113.9	107.1	108.6	112.2	112.2	105.5

3-13 城镇非私营单位各种分组的就业人员工资总额（2015年）

Total Wages Bill of Employed Persons by Types of Groups in Urban Non-Private Units (2015)

单位：万元 (10000 yuan)

类别	Type	工资总额 Total Wages Bill	国有单位 State-owned Units	城镇集体单位 Urban Collective-owned Units	其他单位 Units of Other Types of Ownership
总计	**Total**	**24251690**	**10896054**	**645774**	**12709861**
按国民经济行业分	**Grouped by Sector**				
农、林、牧、渔业	Agriculture, Forestry, Animal Husbandry and Fishery	156494	151633	870	3991
采矿业	Mining	303451	104869	7969	190612
制造业	Manufacturing	6326096	604105	29710	5692281
电力、热力、燃气及水生产和供应业	Production and Supply of Electricity, Heat, Gas and Water	883779	139953	420	743406
建筑业	Construction	4180092	285310	399564	3495217
批发和零售业	Wholesale and Retail Trades	829572	193275	12408	623889
交通运输、仓储和邮政业	Transport, Storage and Post	1317713	901965	14690	401059
住宿和餐饮业	Hotels and Catering Services	145379	30535	328	114516
信息传输、软件和信息技术服务业	Information Transmission, Software and Information Technology	404139	48828	1321	353989
金融业	Financial Intermediation	940623	446872	122106	371646
房地产业	Real Estate	313024	41819	3231	267975
租赁和商务服务业	Leasing and Business Services	214682	104416	13844	96422
科学研究和技术服务业	Scientific Research and Technical Services	379441	278800	694	99947
水利、环境和公共设施管理业	Management of Water Conservancy, Environment and Public Facilities	285711	236678	8470	40563
居民服务、修理和其他服务业	Services to Households, Repair and Other Services	44023	11677	985	31361
教育	Education	3079583	3023831	1855	53897
卫生和社会工作	Health and Social Services	1478240	1386763	27074	64403
文化、体育和娱乐业	Culture, Sports and Entertainment	200873	137785		63089
公共管理、社会保障和社会组织	Public Management, Social Security and Social Organization	2768775	2766941	236	1599

3-14 城镇非私营单位各种分组的在岗职工工资总额（2015年）
Total Wages Bill of Employed Staff and Workers by Types of Groups in Urban Non-Private Units (2015)

单位：万元 (10000 yuan)

类别	Type	工资总额 Total Wages Bill	国有单位 State-owned Units	城镇集体单位 Urban Collective-owned Units	其他单位 Units of Other Types of Ownership
总计	**Total**	**22796952**	**10470884**	**529037**	**11797031**
按国民经济行业分	**Grouped by Sector**				
农、林、牧、渔业	Agriculture, Forestry, Animal Husbandry and Fishery	140155	135310	854	3991
采矿业	Mining	299085	103444	7957	187685
制造业	Manufacturing	6247945	584946	28022	5634977
电力、热力、燃气及水生产和供应业	Production and Supply of Electricity, Heat, Gas and Water	798111	136275	420	661416
建筑业	Construction	3328640	208378	292932	2827330
批发和零售业	Wholesale and Retail Trades	805176	187518	12304	605354
交通运输、仓储和邮政业	Transport, Storage and Post	1282241	883119	13948	385174
住宿和餐饮业	Hotels and Catering Services	142136	28635	270	113230
信息传输、软件和信息技术服务业	Information Transmission, Software and Information Technology	388490	43584	1209	343697
金融业	Financial Intermediation	897033	430848	119169	347015
房地产业	Real Estate	303071	39143	3186	260741
租赁和商务服务业	Leasing and Business Services	195942	95800	13291	86851
科学研究和技术服务业	Scientific Research and Technical Services	359675	268009	515	91151
水利、环境和公共设施管理业	Management of Water Conservancy, Environment and Public Facilities	244872	199175	5741	39956
居民服务、修理和其他服务业	Services to Households, Repair and Other Services	42822	11153	937	30733
教育	Education	3029260	2974289	1855	53116
卫生和社会工作	Health and Social Services	1416512	1326754	26191	63566
文化、体育和娱乐业	Culture, Sports and Entertainment	192702	133252		59450
公共管理、社会保障和社会组织	Public Management, Social Security and Social Organization	2683086	2681252	236	1599

3-15 城镇非私营单位各种分组的就业人员平均工资（2015年）
Average Wage of Employed Persons by Types of Groups in Urban Non-Private Units (2015)

单位：元 (yuan)

类　别	Type	平均工资 Average Wage	国有单位 State-owned Units	城镇集体单位 Urban Collective-owned Units	其他单位 Units of Other Types of Ownership
总　计	**Total**	**50932**	**56292**	**46175**	**47316**
按国民经济行业分	**Grouped by Sector**				
农、林、牧、渔业	Agriculture, Forestry, Animal Husbandry and Fishery	32076	31924	34657	38376
采矿业	Mining	41120	37905	35014	43465
制造业	Manufacturing	46020	60556	36404	44937
电力、热力、燃气及水生产和供应业	Production and Supply of Electricity, Heat, Gas and Water	62064	58178	40404	62874
建筑业	Construction	46146	41008	44574	46813
批发和零售业	Wholesale and Retail Trades	45992	65996	34872	42289
交通运输、仓储和邮政业	Transport, Storage and Post	62546	71616	36208	49711
住宿和餐饮业	Hotels and Catering Services	33402	33508	19512	33442
信息传输、软件和信息技术服务业	Information Transmission, Software and Information Technology	60353	47772	50625	62675
金融业	Financial Intermediation	76035	80324	70176	73339
房地产业	Real Estate	49714	45073	36921	50741
租赁和商务服务业	Leasing and Business Services	41535	39790	41574	43600
科学研究和技术服务业	Scientific Research and Technical Services	66749	63241	99200	78754
水利、环境和公共设施管理业	Management of Water Conservancy, Environment and Public Facilities	37900	37293	28122	45526
居民服务、修理和其他服务业	Services to Households, Repair and Other Services	44908	46991	28798	44956
教育	Education	55995	56322	45246	42516
卫生和社会工作	Health and Social Services	61728	62685	46186	52000
文化、体育和娱乐业	Culture, Sports and Entertainment	53649	52477		56400
公共管理、社会保障和社会组织	Public Management, Social Security and Social Organization	54577	54582	30584	53644

3-16 城镇非私营单位各种分组的在岗职工平均工资（2015年）
Average Wage of Employed Staff and Workers by Types of Groups in Urban Non-Private Units (2015)

单位：元 (yuan)

类别	Type	平均工资 Average Wage	国有单位 State-owned Units	城镇集体单位 Urban Collective-owned Units	其他单位 Units of Other Types of Ownership
总计	**Total**	**52137**	**58565**	**46734**	**47734**
按国民经济行业分	**Grouped by Sector**				
农、林、牧、渔业	Agriculture, Forestry, Animal Husbandry and Fishery	32849	32694	35741	38376
采矿业	Mining	41500	38097	35036	44012
制造业	Manufacturing	46214	63176	36712	45017
电力、热力、燃气及水生产和供应业	Production and Supply of Electricity, Heat, Gas and Water	65463	59214	40404	66946
建筑业	Construction	46645	45144	43950	47059
批发和零售业	Wholesale and Retail Trades	46688	67931	35255	42822
交通运输、仓储和邮政业	Transport, Storage and Post	63789	72443	37273	51108
住宿和餐饮业	Hotels and Catering Services	33839	35387	20030	33524
信息传输、软件和信息技术服务业	Information Transmission, Software and Information Technology	61504	48747	58406	63628
金融业	Financial Intermediation	83416	85989	71629	85063
房地产业	Real Estate	50835	47470	37348	51612
租赁和商务服务业	Leasing and Business Services	41984	39598	41914	44984
科学研究和技术服务业	Scientific Research and Technical Services	68058	64430	92036	81421
水利、环境和公共设施管理业	Management of Water Conservancy, Environment and Public Facilities	42850	42507	34920	46218
居民服务、修理和其他服务业	Services to Households, Repair and Other Services	44868	46939	29178	44885
教育	Education	57281	57640	45246	42753
卫生和社会工作	Health and Social Services	64034	65197	47106	52301
文化、体育和娱乐业	Culture, Sports and Entertainment	56347	54364	30584	61365
公共管理、社会保障和社会组织	Public Management, Social Security and Social Organization	56598	56604	56604	53644

3-17 城镇私营单位就业人员年末人数、工资（2015年）

Number and Wage of Employed Persons in Urban Private Units at Year-end (2015)

类　　别	Type	就业人员人数（人）Number of Employed Persons (person)	就业人员平均工资（元）Average Wage of Employed Persons (yuan)
总　计	**Total**	**3140653**	**33329**
按国民经济行业分	**Classified by Sector**		
农、林、牧、渔业	Agriculture, Forestry, Animal Husbandry and Fishery	61868	24648
采矿业	Mining	118434	37184
制造业	Manufacturing	1655976	33646
电力、热力、燃气及水生产和供应业	Production and Supply of Electricity, Heat, Gas and Water	14793	31757
建筑业	Construction	502502	35466
批发和零售业	Wholesale and Retail Trades	297578	29100
交通运输、仓储和邮政业	Transport, Storage and Post	102166	36495
住宿和餐饮业	Hotels and Catering Services	61717	26427
信息传输、软件和信息技术服务业	Information Transmission, Software and Information Technology	23016	29601
金融业	Financial Intermediation	7666	35344
房地产业	Real Estate	62227	39270
租赁和商务服务业	Leasing and Business Services	83498	32755
科学研究和技术服务业	Scientific Research and Technical Services	16082	33972
水利、环境和公共设施管理业	Management of Water Conservancy, Environment and Public Facilities	8500	36658
居民服务、修理和其他服务业	Services to Households, Repair and Other Services	39696	27975
教育	Education	46388	29544
卫生和社会工作	Health and Social Services	16424	39099
文化、体育和娱乐业	Culture, Sports and Entertainment	21891	28038
公共管理、社会保障和社会组织	Public Management, Social Security and Social Organization	231	18736
按地区分	**By Region**		
南 昌 市	Nanchang	455964	37297
景德镇市	Jingdezhen	105202	35035
萍 乡 市	Pingxiang	356789	31462
九 江 市	Jiujiang	300013	35208
新 余 市	Xinyu	92169	33248
鹰 潭 市	Yingtan	63301	34666
赣 州 市	Ganzhou	700332	34019
吉 安 市	Ji'an	307304	26755
宜 春 市	Yichun	354412	31468
抚 州 市	Fuzhou	66547	31152
上 饶 市	Shangrao	338620	34547

注：本表为城镇私营抽样调查资料整理。

a)Data on the table are estimated in accordance with the data from sample survey on urban private employment.

3-18 公共就业服务工作情况（2015年）

Operating Conditions of Public Employment Service (2015)

单位：万人 (person)

指 标	Item	本期办理就业登记人数 Registered Employed this Year	本期单位登记招聘人数 Registered Job Vacancies this year	本期登记求职人数 Registered Job-seekers this year	本期职业指导人数 Person Times Vocational Guidance this year	本期创业服务人数 Providing Imbark Service this year	本期介绍成功人数 Placed Job-seekers this year
合 计	**Total**	**61.63**	**227.99**	**102.88**	**48.14**	**9.17**	**63.44**
市及以上公共就业(人才)服务机构	Public Employment Service Organization at City and Above	3.72	39.27	26.07	10.26	2.27	14.23
区(县)公共就业(人才)服务机构	Public Employment Service Organization at District(County)	45.45	174.86	60.78	26.57	6.13	35.74
街道公共就业服务机构	Public Employment Service Organization at Street Communities	2.37	3.58	3.14	1.02	0.16	1.62
乡镇公共就业服务机构	Public Employment Service Organization at Township	9.18	8.56	10.68	9.15	0.5	10.59
社区公共就业服务窗口	Public Employment Service Organization at Community	0.29	1.00	1.07	0.62	0.09	0.57
行政村公共就业服务窗口	Public Employment Service Organization at Administrative Village	0.62	0.72	1.14	0.51	0.02	0.69

3-19 城镇新增净增就业情况（2015年末）

Situations of Newly Increased and Net Increased Employment in Urban Areas (end of 2015)

地 区	Region	新增就业人员（万人） Newly Increased Employed Persons (10000 persons)	净增就业人员（万人） Net Increased Employed Persons (10000 persons)
全 省	**Provincial Total**	**55.26**	**45.21**
南 昌 市	Nanchang	8.32	5.69
景德镇市	Jingdezhen	2.96	0.14
萍 乡 市	Pingxiang	3.36	3.34
九 江 市	Jiujiang	6.34	6.36
新 余 市	Xinyu	2.52	1.22
鹰 潭 市	Yingtan	2.48	0.95
赣 州 市	Ganzhou	7.32	6.89
吉 安 市	Ji'an	5.60	5.04
宜 春 市	Yichun	5.92	5.79
抚 州 市	Fuzhou	4.39	4.05
上 饶 市	Shangrao	6.05	5.74

主要统计指标解释

就业人员 指从事一定社会劳动并取得劳动报酬或经营收入的人员。包括(1)在岗职工; (2)再就业的离退休人员;(3)私营业主;(4)个体户主;(5)私营企业和个体就业人员; (6)乡镇企业就业人员;(7)农村就业人员;(8)其他就业人员。

单位就业人员 各单位的就业人员是指在各级国家机关、政党机关、社会团体及企业、事业单位中工作，取得工资或其他形式的劳动报酬的全部人员。包括在岗职工、再就业的离退休人员、民办教师以及在各单位中工作的外方人员和港澳台方人员、兼职人员、借用的外单位人员和第二职业者。不包括离开本单位仍保留劳动关系的职工。

在岗职工 指在本单位工作并由单位支付工资的人员，以及有工作岗位，但由于学习、病伤产假等原因暂未工作，仍由单位支付工资的人员。

私营企业就业人员 指在工商管理部门注册登记的私营企业就业人员，包括私营企业投资者和雇工。

个体就业人员 指在工商管理部门注册登记，经批准从事个体工商经营的就业人员，包括个体户主和在个体工商户劳动的家庭帮工和雇工。

单位就业人员劳动报酬 指各单位在一定时期内直接支付给本单位全部就业人员的劳动报酬总额。包括在岗职工工资总额和本单位其他从业人员劳动报酬两部分。

在岗职工工资总额 指各单位在一定时期内直接支付给本单位全部在岗职工的劳动报酬总额。包括：计时工资(含计时标准工资)、计件工资、计件超额工资、奖金、津贴和补贴、加班加点工资、特殊情况下支付的工资等。

津贴和补贴 包括:(1)补偿职工特殊额外劳动消耗的津贴及岗位性津贴; (2)保健性津贴; (3)技术性津贴; (4)年功性津贴; (5)地区津贴;(6)其他津贴包括伙食补贴、上下班交通补贴、洗理卫生费、书报费等。以及为保证职工工资不受物价上涨或变动影响而支付的各种补贴，如副食价格补贴(含肉类等价格补贴)、粮、油、蔬菜等价格补贴，煤价补贴、房贴、水电贴、房改补贴等。

在岗职工平均工资 指在企业、事业、机关单位的在岗职工在一定时期内平均每人所得的货币工资额。

$$\text{在岗职工平均工资}=\frac{\text{报告期实际支付的全部在岗职工工资总额}}{\text{报告期全部在岗职工平均人数}}$$

货币工资指数 指报告期在岗职工平均工资与基期在岗职工平均工资的比率。

$$\text{货币工资指数}=\frac{\text{报告期在岗职工平均工资}}{\text{基期在岗职工平均工资}}\times 100\%$$

实际工资指数 指扣除物价变动因素后的在岗职工平均工资。

$$\text{实际工资指数}=\frac{\text{报告期在岗职工货币工资指数}}{\text{报告期居民消费价格指数}}\times 100\%$$

城镇新增就业人员 指报告期内城镇累计新就业人员数减去自然减员人数。

城镇净增就业人员 指报告期城镇净增加的就业人员总数，等于报告期末城镇就业人数减去期初城镇就业人数。

Explanatory Notes on Main Statistical Indicators

Employed Persons refer to persons who are engaged in gainful employment and thus receive remuneration payment or earn business income. They include 1)employed staff and workers, 2) re-employed retirees, 3) owners of private enterprises,4)owners of self-employed individuals, 5)persons employed in private enterprises and self-employed individuals, 6) persons employed in township enterprises,7)employed persons in rural areas, 8)other employed persons.

Persons Employed in Various Units refer to all the persons working in government agencies of various levels, political and party organizations, social organizations, enterprises and institutions, and receiving wages or other forms of payment. They include fully-employed staff and workers, re-employed retirees, teachers in the schools run by the local people, foreigners and Chinese compatriots from Hong Kong, Macao, and Taiwan working in various units, part-time employees, employees of other units working temporarily at current posts, and employees holding the second job, but do not include persons who have left their working units while keeping their labour contract (employment relation) unchanged.

Employed Staff and Workers refer to persons who work in, and receive wages from their working units, including persons who have their work posts but are temporarily absent from work for reasons of study or on sick, injury or maternal leave and still receive wages from their working units.

Persons Employed in Private Enterprises refer to the persons employed in the private enterprises which have been registered at the departments of industrial and commercial administration, including investors of private enterprises and hired labourers.

Persons Employed in Self-Employed Individuals refer to persons employed in the self-employed individuals which have been registered at the departments of industrial and commercial administration and approved to be engaged in individual industrial or commercial business, including self-employed persons as well as helpers and hired labourers who work in individual households.

Earning of Persons Employed in Various Units refers to the total remuneration payment to all employees in various units during a certain period of time, including employed staff and workers and other employees.

Total Wage Bill of Employed Staff and workers refers to the total remuneration payment to all employed staff and workers in various units during a certain period of time. Including wage paid on a time basis (including standard wage paid on a time basis),wage paid on a piece basis, extra wage on a piece basis, bonus, allowance and subsidy, wage paid for working extra hours, wage paid in particular circumstance.

Allowance and Subsidy

Including1) allowance compensated for particular extra labour consume and position allowance to staff and workers,2)health care allowance,3)technical allowance,4)seniority allowance, 5)region allowance,6) other allowance including meals subsidy, traffic subsidy, hygiene subsidy, book and newspaper allowance, as well as all sorts of allowance which ensure the price rises or changes not affect the wage of staff and workers, i.e. non-staple food price subsidy(including meat and other foodstuffs price subsidy),grain, edible oil, vegetables and other food price subsidy, gas price subsidy, housing subsidy, water and electricity subsidy, housing reform subsidy.

Average Wage of Employed Staff and workers refer to average earning level in money terms per employee in the enterprise, institution and government organ during a certain period of time. Total Wage Bill of Employed Staff and Workers

$$\text{Staff and Workers} = \frac{\text{Total Wage Bill of Employed Staff and Workers at Reference Time}}{\text{Average Number of Employed Staff and Workers at Reference Time}}$$

Currency Wage Indices refers to the ratio of average wage of employed staff and workers at the reference period to that at the base period.

$$\text{Average Wage Indices} = \frac{\text{Average Wage of Employed Staff and Workers at Reference Time}}{\text{Average Wage of Employed Staff and Workers at Base Time}}$$

Average Real Wage Indices refers to the average wage of employed staff and workers after removing the effects of the price changes.

$$\text{Average Real Wage Indices} = \frac{\text{Average Wage Indices of Employed Staff and Workers at Reference Time}}{\text{Consumer Price Indices at Reference Time}}$$

Newly Increased Employed Persons in Urban Areas refer to the number of accumulated newly employed persons in urban areas minus natural wastages during the reporting period.

Net Increased Employed Persons in Urban Areas refer to the total number of net increased employed persons in urban areas during the reporting period, equal the number of employed persons in urban areas at the beginning of the period minus the number of employed persons in urban areas at the end of the period.

固定资产投资

INVESTMENT IN FIXED ASSETS

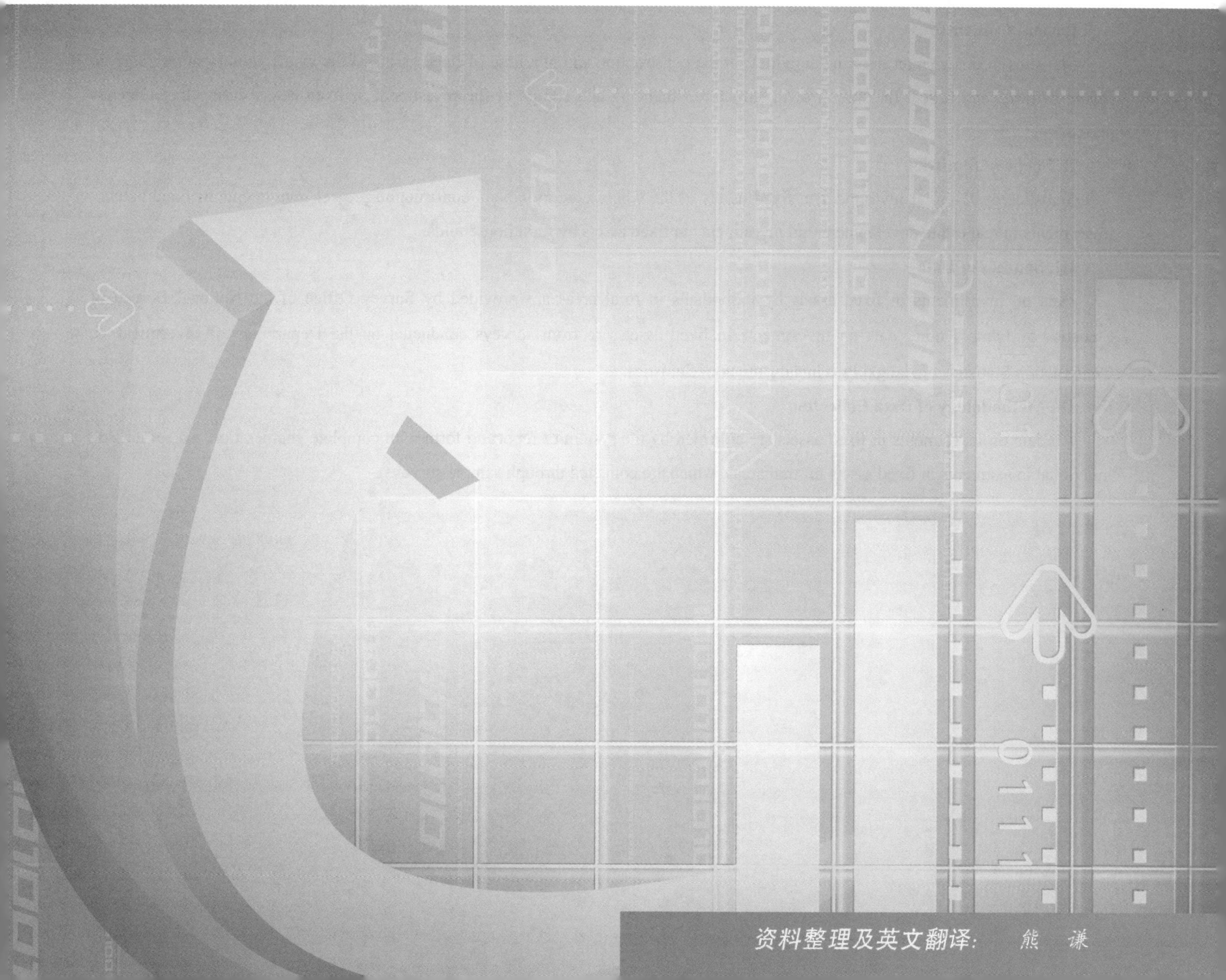

资料整理及英文翻译：熊 谦

简要说明

一、本篇资料的主要内容

本篇资料通过对一定时期全社会建造和购置固定资产活动的数量描述，反映报告期内固定资产投资的规模和速度、固定资产投资的结构和比例关系、固定资产投资的资金来源及固定资产投资的效果等。

二、本篇资料的统计范围

全社会固定资产投资统计的范围包括：建设项目固定资产投资、房地产开发投资、农村农户固定资产投资。

三、本篇的资料来源

农户固定资产投资资料来自国家统计局江西调查总队；除此以外的固定资产投资统计资料均来自省统计局固定资产投资统计处统计调查。

四、本篇的统计调查方法

除农户固定资产投资统计采用抽样调查方法外，其他均为全面统计报表。

Brief Introduction

I. Main Contents

Statistics in this chapter describe activities on the construction and purchase of fixed assets of the whole country during a given period of time, and reflect the size, growth, structure, financing and results of the investment in fixed assets during the reference period.

II. Scope of Statistics

Statistics on the total investment in fixed assets in the whole country covers construction project investments in fixed assets , investments in real estate development and investments in fixed assets by rural households.

III. Sources of Data

Data on investments in fixed assets by individuals in rural areas are provided by Survey Office of the National Bureau of Statistics of Jiangxi, other data on investments in fixed assets are from surveys conducted by the Department of Investment & Construction Statistics of Jiangxi Provincial Bureau of Statistics.

IV. Methodology of Data Collection

All data on investments in fixed assets are collected by the system of reporting form with complete enumeration, except data on individual investments in fixed assets in rural areas, which are collected through sample surveys.

4-1 全社会固定资产投资
Total Investment in Fixed Assets in the Whole Country

年 份 Year	全社会固定资产投资 Total Investment in Fixed Assets in the Whole Country				发展速度(上年=100) Development Speed(preceding year=100)			
	合 计 (万元) Total (10000 yuan)	固定资产投资 Investment in Fixed Assets	#房地产开发投资 Investment in Real Estate Development	农村农户投资 Farm Households Investment in Fixed Assets	合 计 (%) Absolute Figures (%)	固定资产投资 Investment in Fixed Assets	#房地产开发投资 Investment in Real Estate Development	农村农户投资 Farm Households Investment in Fixed Assets
1978	81316	81316			157.7	157.7		
1979	83995	83995			103.3	103.3		
1980	188219	163219		25000	224.1	194.3		
1981	170858	134858		36000	90.8	82.6		144.0
1982	244972	199695		45277	143.4	148.1		125.8
1983	280948	205037		75911	114.7	102.7		167.7
1984	352080	261500		90580	125.3	127.5		119.3
1985	440279	318179		122100	125.1	121.7		134.8
1986	533527	368962	9600	164565	121.2	116.0		134.8
1987	587729	407083	9300	180646	110.2	110.3	96.9	109.8
1988	781751	520755	20000	260996	133.0	127.9	215.1	144.5
1989	732849	501940	23000	230909	93.7	96.4	115.0	88.5
1990	706532	561167	28782	145365	96.4	111.8	125.1	63.0
1991	910773	711283	47957	199490	128.9	126.8	166.6	137.2
1992	1253607	995379	76487	258228	137.6	139.9	159.5	129.4
1993	1855038	1511952	137036	343086	148.0	151.9	179.2	132.9
1994	2374548	2018725	187480	355823	128.0	133.5	136.8	103.7
1995	2841825	2224678	258631	617147	119.7	110.2	138.0	173.4
1996	3558519	2673333	263962	885186	125.2	120.2	102.1	143.4
1997	3843045	2957798	251323	885247	108.0	110.6	95.2	100.0
1998	4547650	3557650	271234	990000	118.3	120.3	107.9	111.8
1999	4914811	3806414	335876	1108397	108.1	107.0	123.8	112.0
2000	5482004	4581858	423705	900146	111.5	120.4	126.1	81.2
2001	6604942	5648215	635195	956727	120.5	123.3	149.9	106.3
2002	9246027	8263879	1036441	982148	140.0	146.3	163.2	102.7
2003	13799696	12797615	1774707	1002081	149.3	154.9	171.2	102.0
2004	18196590	17100349	2660196	1096241	131.9	133.6	149.9	109.4
2005	21689712	20468652	3010982	1221060	119.2	119.7	113.2	111.4
2006	26835744	25425744	3459564	1410000	123.7	124.2	114.9	115.5
2007	33019427	31464114	4354573	1555313	123.0	123.7	125.9	110.3
2008	43454333	41532409	5476570	1921924	131.6	132.0	125.8	123.6
2009	56931422	54421272	6345238	2510150	131.0	131.0	115.9	130.6
2010	71646250	68593453	7068222	3052797	125.8	126.0	111.4	121.6
2011	87375985	84039281	8670285	3336704	122.0	122.5	122.7	109.3
2012	107741579	103783697	9696176	3957882	123.3	123.5	111.8	118.6
2013	128502527	124349494	11745768	4153033	119.3	119.8	121.1	104.9
2014	150792554	146463081	13224909	4329473	117.3	117.8	112.6	104.2
2015	173881278	169938969	15200985	3942309	115.3	116.0	114.9	91.1

注：1.本篇章各表均不含跨省中央项目投资。
2.全社会固定资产投资=固定资产投资+农村农户投资。固定资产投资包括建设项目投资和房地产开发投资，后同。
3.2008-2014年为对投资项目复查后的核定数。

a) Central project transprovincially project don't add up to the total.
b)Total Investment in Fixed Assets in the Whole Country= Investment in Fixed Assets+Farm Households Investment in Fixed Assets. Investment in fixed assets including construction project investments in fixed assets、investments in real estate development.
c)Form 2008 to 2014 years,the data is approved investment projects to review the number.

4-2 全社会固定资产投资

Total Investment in Fixed Assets in the Whole Country

指　　标	Item	2014	2015
全社会固定资产投资（万元）	**Total Investment in Fixed Assets in the Whole Country(10000 yuan)**	**150792554**	**173881278**
#工　业	Industry	79075030	89198056
固定资产投资	Total Investment	146463081	169938969
农户投资	Farm Households	4329473	3942309
按登记注册类型分	Grouped by Status of Registration		
内　资	Domestic Funds	141441167	166146493
国　有	State-owned	30550981	34717829
集　体	Collective-owned	985609	859501
股份合作	Share Holding Cooperative	507229	313245
联　营	Joint-owned	713766	660304
有限责任公司	Limited Liability Corporations	39581973	48740695
股份有限公司	Share Holding Enterprises	5497125	4594229
私　营	Private	58211181	68913296
其他内资	Others	5393303	7347394
港、澳、台投资	Funds from Hong Kong，Macao and Taiwan	2707054	1817153
外商投资	Foreign Funded	1299938	1186379
个体经营	Individuals	5344395	4731253
按构成分	Grouped by Use of Funds		
建筑工程	Construction	94854563	114073678
安装工程	Installation	13677993	16870213
设备、工器具购置	Purchase of Equipment and Instruments	26678044	27571634
其他费用	Others	15581954	15365753
按建设性质分	Grouped by Type of Construction		
#新　建	New Construction	110641617	126616546
扩　建	Expansion	13255795	14017246
改建和技术改造	Reconstruction and Technical Rennovation	22865337	29581834
按产业分	Grouped by Industry		
第一产业	Primary Industry	3593633	4749711
第二产业	Secondary Industry	79762380	90404719
第三产业	Tertiary Industry	67436541	78726848

注：全社会固定资产投资=固定资产投资+农户投资。固定资产投资=计划投资500万元及以上项目固定资产投资+房地产开发投资，后同。

a)Investment in fixed assets added investment in farm households equals total investment.Investment in fixed assets in 5million yuan project investmen added investment in real estate development equals investment in fixed assets. The same applies to the tables following.

4-2 续表 continued

指 标	Item	2014	2015
按行业分	Grouped by Sector		
农、林、牧、渔业	Farming, Forestry, Animal Husbandy and Fishery	3946512	5152182
采矿业	Mining	2893892	2455044
制造业	Manufacturing	72306421	81010671
电力、热力、燃气及水生产和供应业	Production and Supply of Electricity, Heat Power, Gas and Water	3874717	5732341
建筑业	Construction	852138	1343750
批发和零售业	Wholesale and Retail Trade	6804860	9731038
交通运输、仓储和邮政业	Transport, Storage and Post Services	7136382	8229130
住宿和餐饮业	Hotel and Catering Services	2567313	2932676
信息传输、软件和信息技术服务业	Information Transmission,Software and Information Technology Services	736940	1254320
金融业	Financial Intermediation	336654	410675
房地产业	Real Estate	23094582	24282745
租赁和商务服务业	Leasing and Business Services	2707499	3300849
科学研究和技术服务业	Scientific Reseach and Ploytechnic Services	543953	959924
水利、环境和公共设施管理业	Management of Water Conservancy, Public Facilities and Environment	14779901	16910715
居民服务、修理和其他服务业	Services to Households, Repair and Other Services	701817	1260997
教 育	Education	1824439	2435646
卫生和社会工作	Health Care and Social Services	1052597	1597145
文化、体育和娱乐业	Culture, Sports and Entertainment	2516966	2613260
公共管理、社会保障和社会组织	Public Management,Social Security and Social Organizations	2114971	2268171
资金来源合计（万元）	**Total Source of Funds(10000 yuan)**	**178444173**	**198160854**
上年末结余资金	Balance at last Year-end	10541260	11811709
本年资金来源小计	Subtotal Sources of Funds This Year	167902913	186349145
国家预算内资金	State Budget	5748049	6780221
国内贷款	Domestic Loans	11827594	8351973
债券	Bonds	509595	22196
利用外资	Foreign Investment	858071	402845
自筹资金	Self-raising Funds	130796850	151521501
其他资金	Others	18162754	19270409
新增固定资产（万元）	**Newly Increased Fixed Assets(10000 yuan)**	**101271199**	**123554839**
施工房屋建筑面积（万平方米）	**Floor Space of Buildings under Construction(10000 sq.m)**	**39119.57**	**36391.87**
#住宅	Residential Buildings	19738.16	17976.85
竣工房屋建筑面积（万平方米）	**Floor Space of Buildings Completed(10000 sq.m)**	**13745.36**	**11349.61**
#住宅	Residential Buildings	8393.81	6491.78

4-3 全社会固定资产投资构成

Composition of Total Investments in Fixed Assets

单位：% (%)

指　　标	Item	2014	2015
全社会固定资产投资	**Total Investment in Fixed Assets in the Whole Country**	**100.0**	**100.0**
#工　业	Industry	52.4	51.3
固定资产投资	Total Investment	97.1	97.7
农户投资	Farm Households	2.9	2.3
按登记注册类型分	Grouped by Status of Registration		
内　资	Domestic Funds	93.8	95.6
国　有	State-owned	20.3	20.0
集　体	Collective-owned	0.7	0.5
股份合作	Share Holding Cooperative	0.3	0.2
联　营	Joint-owned	0.5	0.4
有限责任公司	Limited Liability Corporations	26.2	28.0
股份有限公司	Share Holding Enterprises	3.6	2.7
私　营	Private	38.6	39.6
其他内资	Others	3.6	4.2
港、澳、台投资	Funds from Hong Kong，Macao and Taiwan	1.8	1.0
外商投资	Foreign Funded	0.9	0.7
个体经营	Individuals	3.5	2.7
按构成分	Grouped by Use of Funds		
建筑工程	Construction	62.9	65.6
安装工程	Installation	9.1	9.7
设备、工器具购置	Purchase of Equipment and Instruments	17.7	15.9
其他费用	Others	10.3	8.8
按建设性质分	Grouped by Type of Construction		
#新　建	New Construction	73.4	72.8
扩　建	Expansion	8.8	8.1
改建和技术改造	Reconstruction and Technical Rennovation	15.2	17.0
按产业分	Grouped by Industry		
第一产业	Primary Industry	2.4	2.7
第二产业	Secondary Industry	52.9	52.0
第三产业	Tertiary Industry	44.7	45.3
按行业分	Grouped by Sector		
农、林、牧、渔业	Farming, Forestry, Animal Husbandry and Fishery	2.6	3.0
采矿业	Mining	1.9	1.4
制造业	Manufacturing	47.9	46.6
电力、热力、燃气及水生产和供应业	Production and Supply of Electricity,Heat Power, Gas and Water	2.6	3.3
建筑业	Construction	0.6	0.8
批发和零售业	Wholesale and Retail Trade	4.5	5.6
交通运输、仓储和邮政业	Transport, Storage and Post Services	4.7	4.7
住宿和餐饮业	Hotel and Catering Services	1.7	1.7
信息传输、软件和信息技术服务业	Information Transmission, Software and Information Technology Services	0.5	0.7
金融业	Financial Intermediation	0.2	0.2
房地产业	Real Estate	15.3	14.0
租赁和商务服务业	Leasing and Business Services	1.8	1.9
科学研究和技术服务	Scientific Reseach and Ploytechnic Services	0.4	0.6
水利、环境和公共设施管理业	Management of Water Conservancy, Environment and Public Facilities	9.8	9.7
居民服务、修理和其他服务业	Services to Households,Repair and Other Services	0.5	0.7
教　育	Education	1.2	1.4
卫生和社会工作	Health Care and Social Services	0.7	0.9
文化、体育和娱乐业	Culture, Sports and Entertainment	1.7	1.5
公共管理、社会保障和社会组织	Public Management, Social Security and Social Organizations	1.4	1.3

4-4 固定资产投资

Investment in Fixed Assets

指　　标	Item	2014	2015
固定资产投资(万元)	**Total Investment(10000 yuan)**	**146463081**	**169938969**
#工　业	Industry	79069109	89183132
按登记注册类型分	Grouped by Status of Registration		
内　资	Domestic Funds	141441167	166146493
国　有	State-owned	30550981	34717829
集　体	Collective-owned	985609	859501
股份合作	Share Holding Cooperative	507229	313245
联　营	Joint-owned	713766	660304
有限责任公司	Limited Liability Corporations	39581973	48740695
股份有限公司	Share Holding Enterprises	5497125	4594229
私　营	Private	58211181	68913296
其他内资	Others	5393303	7347394
港、澳、台投资	Funds from Hong Kong，Macao and Taiwan	2707054	1817153
外商投资	Foreign Funded	1299938	1186379
个体经营	Individuals	1014922	788944
按构成分	Grouped by Use of Funds		
建筑工程	Construction	91024667	110531511
安装工程	Installation	13677993	16870213
设备、工器具购置	Purchase of Equipment and Instruments	26369294	27268329
其他费用	Others	15391127	15268916
按建设性质分	Grouped by Type of Construction		
#新　建	New Construction	106312144	122674237
扩　建	Expansion	13255795	14017246
改建和技术改造	Reconstruction and Technical Rennovation	22865337	29581834
按产业分	Grouped by Industry		
第一产业	Primary Industry	3159883	4288109
第二产业	Secondary Industry	79717994	90353290
第三产业	Tertiary Industry	63585204	75297570
资金来源合计(万元)	**Total Source of Funds(10000 yuan)**	**174114691**	**194218545**
上年末结余资金	Balance at last Year-end	10541260	11811709
本年资金来源小计	Subtotal Sources of Funds This Year	163573431	182406836
国家预算内资金	State Budget	5506552	6780221
国内贷款	Domestic Loans	11827594	8160629
债券	Bonds	509595	22196
利用外资	Foreign Investment	858071	402845
自筹资金	Self-raising Funds	126727871	147789470
其他资金	Others	18143748	19251475
新增固定资产(万元)	**Newly Increased Fixed Assets(10000 yuan)**	**96941726**	**119612530**
施工房屋建筑面积(万平方米)	**Floor Space of Buildings under Construction(10000 sq.m)**	**33301.04**	**31171.71**
#住宅	Residential Buildings	14095.87	13150.81
竣工房屋建筑面积(万平方米)	**Floor Space of Buildings Completed(10000 sq.m)**	**8962.16**	**6996.54**
#住宅	Residential Buildings	3751.71	2313.00

注：固定资产投资统计范围为计划投资500万元及以上建设项目固定资产投资和房地产开发投资。后同。

Note: Statistics on the investment in fixed assets covers construction project investments in fixed assets plans to invest 5 miliion yuan and above and investments in real estate development. The same applies to the tables following.

4-5 固定资产投资构成

Composition of Investment in Fixed Assets

单位：% (%)

指标	Item	2014	2015
固定资产投资	**Total Investment**	**100.0**	**100.0**
#工业	Industry	54.0	52.5
按登记注册类型分	Grouped by Status of Registration		
内资	Domestic Funds	96.6	97.8
国有	State-owned	20.9	20.4
集体	Collective-owned	0.7	0.5
股份合作	Share Holding Cooperative	0.3	0.2
联营	Joint-owned	0.5	0.4
有限责任公司	Limited Liability Corporations	27.0	28.7
股份有限公司	Share Holding Enterprises	3.8	2.7
私营	Private	39.7	40.6
其他内资	Others	3.7	4.3
港、澳、台投资	Funds from Hong Kong，Macao and Taiwan	1.8	1.1
外商投资	Foreign Funded	0.9	0.7
个体经营	Individuals	0.7	0.4
按构成分	Grouped by Use of Funds		
建筑工程	Construction	62.2	65.0
安装工程	Installation	9.3	9.9
设备、工器具购置	Purchase of Equipment and Instruments	18.0	16.1
其他费用	Others	10.5	9.0
按建设性质分	Grouped by Type of Construction		
#新建	New Construction	72.6	72.2
扩建	Expansion	9.1	8.2
改建和技术改造	Reconstruction and Technical Rennovation	15.6	17.4
按产业分	Grouped by Industry		
第一产业	Primary Industry	2.2	2.5
第二产业	Secondary Industry	54.4	53.2
第三产业	Tertiary Industry	43.4	44.3

4-6 分行业固定资产投资和构成

Investment and Expenditure in Fixed Assets by Sector

行 业	Sector	投资额(万元) Investment (10000 yuan)		构成(%) Percentage (%)	
		2014	2015	2014	2015
总 计	**Total**	**146463081**	**169938969**	**100.0**	**100.0**
农、林、牧、渔业	**Agriculture, Forestry, Animal Husbandry and Fishery**	**3512762**	**4690580**	**2.4**	**2.8**
采矿业	**Mining**	**2893892**	**2455044**	**2.0**	**1.5**
#煤炭开采和洗选业	Mining and Washing of Coal	477327	292099	0.3	0.2
黑色金属矿采选业	Mining and Processing of Ferrous Metal Ores	396298	426487	0.3	0.3
有色金属矿采选业	Mining and Processing of Non-Ferrous Metal Ores	455112	478761	0.3	0.3
非金属矿采选业	Mining and Processing of Nonmetal Ores	1461342	1184667	1.0	0.7
制造业	**Manufacturing**	**72300500**	**80995747**	**49.4**	**47.7**
#石油加工、炼焦加工业	Processing of Petroleum, Coking	417545	168002	0.3	0.1
非金属矿物制品业	Manufacture of Non-metallic Mineral Products	8167788	9378825	5.6	5.5
黑色金属冶炼及压延加工业	Smelting and Pressing of Ferrous Metals	976444	555648	0.7	0.3
有色金属冶炼及压延加工业	Smelting and Pressing of Non-ferrous Metals	4080573	4054707	2.8	2.4
计算机、通信和其他电子设备制造业	Manufacture of Communication Equipment, Computers and Other Electronic Equipment	4774868	4379004	3.3	2.6
电力、热力、燃气及水生产和供应业	**Production and Supply of Electricity, Heat Power, Gas and Water**	**3874717**	**5732341**	**2.6**	**3.4**
#电力、热力的生产和供应业	Production and Supply of Electric Power and Heat Power	2521172	3700965	1.7	2.2
水的生产和供应业	Production and Supply of Water	1087702	1551068	0.7	0.9
建筑业	**Construction**	**813674**	**1307245**	**0.6**	**0.8**
批发和零售业	**Wholesale and Retail Trades**	**6790014**	**9715767**	**4.6**	**5.7**
交通运输、仓储和邮政业	**Transport, Storage and Post**	**7034040**	**8179541**	**4.8**	**4.8**
#铁路运输业	Railway Transport	231077	47197	0.2	0.0
道路运输业	Road Transport	5021859	6160467	3.4	3.6
邮政业	Post	56244	116672	0.0	0.1
住宿和餐饮业	**Hotels and Catering Services**	**2565722**	**2931070**	**1.8**	**1.7**
信息传输、软件和信息技术服务业	**Information Transmission, Software and Information Technology Services**	**736940**	**1254320**	**0.5**	**0.7**
#电信、广播电视和卫星传输服务	Telecommunications, Broadcasting Television and Satellite Transmission Services	78717	82299	0.1	0.0
金融业	**Financial Intermediation**	**336654**	**410675**	**0.2**	**0.2**
房地产业	**Real Estate**	**19377351**	**20965192**	**13.2**	**12.3**
租赁和商务服务业	**Leasing and Business Services**	**2707006**	**3300198**	**1.9**	**2.0**
科学研究和技术服务业	**Scientific Reseach and Ploytechnic Services**	**543953**	**959924**	**0.4**	**0.6**
水利、环境和公共设施管理业	**Management of Water Conservancy, Public Facilities and Environment**	**14779901**	**16910715**	**10.1**	**10.0**
水利管理业	Management of Water Conservancy	1086643	1245427	0.7	0.7
生态保护和环境治理业	Ecological Protection and Environmental Management	421312	582368	0.3	0.3
公共设施管理业	Management of Public Facilities	13271946	15082920	9.1	8.9
居民服务、修理和其他服务业	**Services to Households Repair and Other Services**	**687046**	**1216388**	**0.5**	**0.7**
教育	**Education**	**1824439**	**2435646**	**1.2**	**1.4**
卫生和社会工作	**Health Care and Social Services**	**1052597**	**1597145**	**0.7**	**0.9**
#卫生	Health	852158	1009050	0.6	0.6
文化、体育和娱乐业	**Culture, Sports and Entertainment**	**2516902**	**2613260**	**1.7**	**1.5**
公共管理、社会保障和社会组织	**Public Management Social Security and Social Organizations**	**2114971**	**2268171**	**1.4**	**1.3**

4-7 按行业和登记注册类型分固定资产投资（2015年）

单位：万元

行业	Sector	合计 Total	内资 Domestic Funds	国有 State-owned
总　计	**Total**	**169938969**	**166146493**	**34717829**
农、林、牧、渔业	**Agriculture, Forestry, Animal Husbandry and Fishery**	**4690580**	**4503081**	**801818**
农业	Farming	2491689	2420762	425790
林业	Forestry	655706	619713	185437
畜牧业	Animal Husbandry	1015431	937502	13720
渔业	Fishery	125283	122633	11394
农、林、牧、渔服务业	Services in Support of Agriculture	402471	402471	165477
采矿业	**Mining**	**2455044**	**2310690**	**181044**
#煤炭开采和洗选业	Mining and Washing of Coal	292099	292099	1236
黑色金属矿采选业	Mining and Processing of Ferrous Metal Ores	426487	381217	
有色金属矿采选业	Mining and Processing of Non-Ferrous Metal Ores	478761	478761	167872
非金属矿采选业	Mining and Processing of Nonmetal Ores	1184667	1085583	9800
制造业	**Manufacturing**	**80995747**	**79105941**	**2197192**
农副食品加工业	Processing of Food from Agricultural Products	4097580	4069531	41445
食品制造业	Manufacture of Foods	1909701	1895821	9130
酒、饮料和精制茶制造业	Manufacture of Wine,Beverages and Refined Tea	1118907	1112582	
烟草制品业	Manufacture of Tobacco	66875	66875	1980
纺织业	Manufacture of Textile	2734027	2700167	26000
纺织服装、服饰业	Manufacture of Textile Wearing Apparel	4531244	4459853	16836
皮革、毛皮、羽毛及其制品和制鞋业	Manufacture of Leather, Fur, Feather and Related Products Footwear	2212728	2137715	8818
木材加工及木、竹、藤、棕、草制品业	Processing of Timber, Manufacture of Wood, Bamboo, Rattan,Palm and Straw Products	1553247	1508563	30524
家具制造业	Manufacture of Furniture	1430745	1406020	104917
造纸及纸制品业	Manufacture of Paper and Paper Products	1748168	1683730	
印刷和记录媒介复制业	Printing, Reproduction of Recording Media	1454395	1389897	19607
文教、美工、体育和娱乐用品制造业	Manufacture of Articles For Culture, Art,Education Sport Activities and Entertainmetn Products	1196320	1105887	7000
石油加工、炼焦加工业	Processing of Petroleum, Coking	168002	168002	34817
化学原料及化学制品制造业	Manufacture of Raw Chemical Materials and Chemical Products	7064435	6872940	180208
医药制造业	Manufacture of Medicines	3372283	3352148	30867
化学纤维制造业	Manufacture of Chemical Fibers	493388	493388	
橡胶和塑料制品业	Manufacture of Rubber and Plastics	2432046	2406396	
非金属矿物制品业	Manufacture of Non-metallic Mineral Products	9378825	9173821	47740
黑色金属冶炼及压延加工业	Smelting and Pressing of Ferrous Metals	555648	540444	
有色金属冶炼及压延加工业	Smelting and Pressing of Non-ferrous Metals	4054707	4039883	187693
金属制品业	Manufacture of Metal Products	3499602	3437574	31140
通用设备制造业	Manufacture of General Purpose Machinery	4139287	4090735	122001
专用设备制造业	Manufacture of Special Purpose Machinery	3554959	3512375	120437
汽车制造业	Manufacture of Transport Carmaking.	3525310	3444687	375410
铁路、船舶、航空航天和其他运输设备制造业	Manufacture of Railroads,Ships,Aerospace and Other Transportation Equipment	1415138	1373942	591188
电气机械和器材制造业	Manufacture of Electrical Machinery and Equipment	6352869	5882401	57582
计算机、通信和其他电子设备制造业	Manufacture of Computers, Communication Equipment and Other Electronic Equipment	4379004	4226215	125037
仪器仪表及制造业	Manufacture of Measuring Instruments	908241	907141	6000
其他制造业	Manufacture of Others	787525	787525	6300
废弃资源综合利用业	Comperhensive Utilization of Waste	785264	784406	14515
金属制品、机械和设备修理业	Repair of Metal Products, Machinery and Equipment	75277	75277	
电力、热力、燃气及水生产和供应业	**Production and Supply of Electricity Heating Gas and Water**	**5732341**	**5624569**	**2571629**
电力、热力的生产和供应业	Production and Supply of Electric Power and Heat Power	3700965	3612465	1487000
燃气生产和供应业	Production and Supply of Gas	480308	461036	115947
水的生产和供应业	Production and Supply of Water	1551068	1551068	968682
建筑业	**Construction**	**1307245**	**1304245**	**303289**
房屋建筑业	Construction of Buildings	347944	347944	49265
土木工程建筑业	Construction of Civil Engineering	508455	505455	233663
建筑安装业	Building Installation	102549	102549	
建筑装饰业和其他建筑业	Building Decoration and Other	348297	348297	20361
批发和零售业	**Wholesale and Retail Trades**	**9715767**	**9612792**	**637142**

Investment in Fixed Assets by Sector and Registration Status (2015)

(10000 yuan)

集 体 Collective-owned	股份合作 Share Holding Cooperative	联 营 Joint-owned	有限责任公司 Limited Liability Corporations	股份有限公司 Share Holding Enterprises	私 营 Private	其 他 Others	港澳台商投资 Funds from Hong Kong, Macao and Taiwan	外商投资 Foreign Funded	个体经营 Individuals
859501	**313245**	**660304**	**48740695**	**4594229**	**68913296**	**7347394**	**1817153**	**1186379**	**788944**
41537	**47805**	**6250**	**398436**	**111851**	**2408366**	**687018**	**61865**	**17100**	**108534**
25842	19800		183528	63738	1217172	484892	22586	17100	31241
8651	2360	1900	4507	14101	380138	22619	9800		26193
5494	23845		151099	25992	633362	83990	29479		48450
		2150	28828	5820	51367	23074			2650
1550	1800	2200	30474	2200	126327	72443			
42893		**5643**	**341158**	**71471**	**1581171**	**87310**			**144354**
15213			12875	8800	221275	32700			
			147026	35511	198680				45270
27680			57560	1100	224549				
		5643	107328	23980	903952	34880			99084
162197	**103106**	**139834**	**24648289**	**2047940**	**46364330**	**3443053**	**868989**	**620230**	**400587**
100			1213053	76363	2533018	205552	13657	14392	
			786377	16161	1009951	74202	5900	5300	2680
4100		134200	261006	26036	657063	30177	2111	4114	100
48000			5970		9625	1300			
			859680	60436	1671684	82367		33860	
4750			1943101	102086	2279349	113731	41620	16271	13500
2950			785330	7160	1260043	73414	56513		18500
			590567	13568	809060	64844		5803	38881
			375540	15202	770629	139732		20538	4187
	1771		645542	70291	941615	24511	16648		47790
20794	9800	3546	547613	8000	672468	108069	31170	7168	26160
			408441	4300	634626	51520	67688	5945	16800
			41618	3000	88567				
9900			1201958	113770	5149400	217704	31991	67736	91768
4680			975670	93617	2141722	105592	20135		
			145095	2740	345553				
5595	4300		774806	54367	1412354	154974		16170	9480
10190	42996		2797782	231925	5376350	666838	79600	28388	97016
			256811	2345	270386	10902	13022	2182	
			723806	141187	2836549	150648		14824	
2920	3116		1143154	120061	2001033	136150		43828	18200
10410	14840		1344233	182409	2274516	142326	35691	12861	
31954	4933		1352632	46838	1753307	202274	5163	36896	525
	21350		1074249	193180	1644692	135806	63563	17060	
			348705	100800	314404	18845		41196	
2897			1685888	144605	3705200	286229	348254	122214	
			1445858	177316	2322187	155817	35405	102384	15000
			362690	9965	517568	10918		1100	
		2088	215150	13542	477234	73211			
2957			309559	16670	439705	1000	858		
			26405		44472	4400			
56306	**19598**	**48534**	**1663960**	**65726**	**983930**	**214886**	**98610**	**9162**	
3326	19598	48534	1252019	3700	660320	137968	88500		
			160581	32522	145486	6500	10110	9162	
52980			251360	29504	178124	70418			
3420	**3860**	**28853**	**409729**	**25734**	**421161**	**108199**	**3000**		
		4890	68075	22493	183531	19690			
3420		11586	163622	3240	71719	18205	3000		
			49615		22395	30539			
	3860	12377	128417	1	143516	39765			
49746		**6801**	**3538245**	**722276**	**4026358**	**632224**	**81765**	**7130**	**14080**

4-7 续表

单位：万元

行　业	Sector	合　计 Total	内　资 Domestic Funds	国　有 State-owned
批发业	Wholesale Trade	5882937	5798512	433181
零售业	Retail Trade	3832830	3814280	203961
交通运输、仓储和邮政业	**Transport, Storage and Post**	**8179541**	**7710962**	**4510278**
铁路运输业	Railway Transport	47197	47197	38059
道路运输业	Road Transport	6160467	6152688	4160079
水上运输业	Water Transport	179304	179304	61469
航空运输业	Air Transport	16973	16973	16973
管道运输业	Transport Via Pipelines	190	190	
装卸搬运和其他运输服务业	Loading, Unloading and Other Transport Services	734879	343032	30299
仓储业	Storage	923859	854906	200469
邮政业	Post	116672	116672	2930
住宿和餐饮业	**Hotels and Catering Services**	**2931070**	**2869512**	**432491**
住宿业	Hotels	1900195	1870502	429561
餐饮业	Catering Services	1030875	999010	2930
信息传输、软件和信息技术服务业	**Information Transmission,Software and Information Technology Services**	**1254320**	**1254320**	**78881**
电信、广播电视和卫星传输服务	Telecommunications, Broadcasting Television and Satellite Transmission Services	82299	82299	45533
互联网和相关服务	Internet and Related Services	175259	175259	23000
软件和信息技术服务业	Software and Information Technology Services	996762	996762	10348
金融业	**Financial Intermediation**	**410675**	**410675**	**123902**
货币金融服务	Monetary and Financial Services	163543	163543	48027
资本市场服务	Capital Market Services	120595	120595	
保险业	Insurance	15045	15045	
其他金融活动	Other Financial Activities	111492	111492	75875
房地产业	**Real Estate**	**20965192**	**20277859**	**3940281**
租赁和商务服务业	**Leasing and Business Services**	**3300198**	**3246436**	**377686**
租赁业	Leasing	270256	270256	1382
商务服务业	Business Services	3029942	2976180	376304
科学研究和技术服务业	**Scientific Reseach and Ploytechnic Services**	**959924**	**956974**	**179676**
研究与试验发展	Research and Experimental Development	184298	184298	104756
专业技术服务业	Professional Technical Services	438478	435528	23576
科技推广和应用服务业	Services of Science and Technology Promotion and Application	337148	337148	51344
水利、环境和公共设施管理业	**Management of Water Conservancy, Environment and Public Facilities**	**16910715**	**16883645**	**12949165**
水利管理业	Management of Water Conservancy	1245427	1245427	1138086
生态保护和环境治理业	Ecological Protection and Environmental Management	582368	582368	444483
公共设施管理业	Management of Public Facilities	15082920	15055850	11366596
居民服务、修理和其他服务业	**Services to Households Repair and Other Services**	**1216388**	**1206275**	**124758**
居民服务业	Services to Households	395316	391853	60943
机动车、电子产品和日用产品修理业	Repair to Motor,Electronic Products and Househole Products	582224	575574	41365
其他服务业	Other Services	238848	238848	22450
教　育	**Education**	**2435646**	**2434790**	**1702776**
卫生和社会工作	**Health Care and Social Services**	**1597145**	**1594930**	**1066211**
卫　生	Health	1009050	1006835	746818
社会工作	Social Services	588095	588095	319393
文化、体育和娱乐业	**Culture, Sports and Entertainment**	**2613260**	**2570626**	**513061**
新闻和出版业	Journalism and Publishing Activities	14495	14495	
广播、电视、电影和影视录音制作业	Broadcasting, Movies, Television and Video Reccording	108245	87511	11090
文化艺术业	Cultural and Art Activities	1210582	1193282	254971
体　育	Sports Activities	284061	282561	119472
娱乐业	Entertainment	995877	992777	127528
公共管理、社会保障和社会组织	**Public Management,Social Security and Social Organizations**	**2268171**	**2268171**	**2026549**
#中国共产党机关	Organs of Communist Party of China			
国家机构	Government Agencies	2068819	2068819	1883429
社会保障	Social Security	46722	46722	36650
群众团体、社会团体和其他成员组织	Non-Governmental Organizations, Social Organizations and Other Organizations	86304	86304	46595
基层群众自治组织	Grass Roots Self-governing Organizations	66326	66326	59875

continued

(10000 yuan)

集 体 Collective-owned	股份合作 Share Holding Cooperative	联 营 Joint-owned	有限责任公司 Limited Liability Corporations	股份有限公司 Share Holding Enterprises	私 营 Private	其 他 Others	港澳台商投资 Funds from Hong Kong, Macao and Taiwan	外商投资 Foreign Funded	个体经营 Individuals
23169		2800	2765089	129675	1956092	488506	81765	2660	
26577		4001	773156	592601	2070266	143718		4470	14080
29677	**4278**	**90088**	**1758481**	**87971**	**1097528**	**132661**	**56210**	**405416**	**6953**
					9138				
26901	4278	81288	1422675	9992	409822	37653	6210	1569	
			107080	3905	6850				
			190						
			73970	10200	163465	65098		391847	
2776		8800	152096	63874	397591	29300	50000	12000	6953
			2470		110662	610			
9900	**2800**		**463859**	**163172**	**1733880**	**63410**	**9400**	**450**	**51708**
9900			376084	150702	871015	33240	9400	450	19843
	2800		87775	12470	862865	30170			31865
	8000		**691481**	**21772**	**349370**	**104816**			
			14844		19012	2910			
			59243	18552	44964	29500			
	8000		617394	3220	285394	72406			
17508	**21365**		**65318**	**23707**	**150375**	**8500**			
17508	21365		17868	15997	38278	4500			
			25648	7710	83237	4000			
			7525		7520				
			14277		21340				
128845	**22163**	**205804**	**9314254**	**633190**	**5375508**	**657814**	**565608**	**89287**	**32438**
14712		**33771**	**1540644**	**91277**	**1010215**	**178131**	**43743**		**10019**
			87520	14286	136297	30771			
14712		33771	1453124	76991	873918	147360	43743		10019
			309855	**42285**	**334816**	**90342**			**2950**
			16873		54069	8600			
			195838	31285	135767	49062			2950
			97144	11000	144980	32680			
214061	**67784**	**80975**	**2191635**	**255734**	**770992**	**353299**		**20070**	**7000**
16490			3598		57567	29686			
			66707	20946	48149	2083			
197571	67784	80975	2121330	234788	665276	321530		20070	7000
9313			**382118**	**12393**	**595734**	**81959**	**2963**	**4500**	**2650**
			122681	4013	193416	10800	2963		500
2654			233023	7380	263893	27259		4500	2150
6659			26414	1000	138425	43900			
27931	**1200**	**1000**	**150597**	**4007**	**405562**	**141717**			**856**
996	**9860**	**100**	**211312**	**49668**	**143242**	**113541**			**2215**
996		100	66669	7700	93172	91380			2215
	9860		144643	41968	50070	22161			
25017	**700**	**4251**	**655208**	**145805**	**1118978**	**107606**	**25000**	**13034**	**4600**
					14495				
			23894		36467	16060	7700	13034	
24617	700		210953	50921	628370	22750	17300		
400			100084		62605				1500
		4251	320277	94884	377041	68796			3100
25442	**726**	**8400**	**6116**	**18250**	**41780**	**140908**			
14591	726	3100	1180	18250	41780	105763			
						10072			
4400		5300	4936			25073			
6451									

4-8 固定资产投资资金来源（2015年）

单位：万元

行业	Sector	资金来源合计 Total Source of Funds	上年末结余资金 Balance of Funds Forward Brought from the Previous Year	本年资金来源小计 Subtotal Sources of Funds This Year
总计	**Total**	**194218545**	**11811709**	**182406836**
按行业分	**By sector**			
农、林、牧、渔业	Farming, Forestry, Animal Husbandy and Fishery	6338027	21425	6316602
采矿业	Mining	2508235	22973	2485262
制造业	Manufacturing	84212233	1334623	82877610
电力、热力、燃气及水生产和供应业	Production and Supply of Electricity Heating Gas and Water	6090795	31437	6059358
建筑业	Construction	1361707		1361707
批发和零售业	Wholesale and Retail Trade	9973796	54699	9919097
交通运输、仓储和邮政业	Transport, Storage and Post Services	10107884	1657771	8450113
住宿和餐饮业	Hotel and Catering Services	3028391	54729	2973662
信息传输、软件和信息技术服务业	Information Transmission,Software and Information Technology Services	1256774	3370	1253404
金融业	Financial Intermediation	470852	30448	440404
房地产业	Real Estate	34988195	7930285	27057910
租赁和商务服务业	Leasing and Business Services	3433645	38685	3394960
科学研究和技术服务业	Scientific Reseach and Ploytechnic Services	982076	800	981276
水利、环境和公共设施管理业	Management of Water Conservancy, Public Facilities and Environment	19159338	418599	18740739
居民服务、修理和其他服务业	Services to Households Repair and Other Services	1247570	18538	1229032
教育	Education	2487104	101783	2385321
卫生和社会工作	Health Care and Social Services	1666162	14547	1651615
文化、体育和娱乐业	Culture,Sports and Entertainment	2560606	52874	2507732
公共管理、社会保障和社会组织	Public Management Social Security and Social Organizations	2345155	24123	2321032
按地区分	**By Region**			
南昌市	Nanchang	49403073	5101164	44301909
景德镇市	Jingdezhen	8034033	272933	7761100
萍乡市	Pingxiang	11142759	185196	10957563
九江市	Jiujiang	22115903	607884	21508019
新余市	Xinyu	8600375	130582	8469793
鹰潭市	Yingtan	5623054	88321	5534733
赣州市	Ganzhou	22986047	2542955	20443092
吉安市	Ji'an	15995480	329038	15666442
宜春市	Yichun	19090437	813394	18277043
抚州市	Fuzhou	12170403	435961	11734442
上饶市	Shangrao	16944981	1304281	15640700
不分地区	Not Classified by Region	2112000		2112000

Investment in Fixed Assets by Sources of Funds (2015)

(10000 yuan)

国家预算内资金 State Budget	国内贷款 Domestic Loans	债券 Bonds	利用外资 Foreign Investment	#外商直接投资 Foreign Direct Investment	自筹资金 Self-raising Funds	#企事业单位自有资金 Fund of Enterprises	其他资金 Others
6780221	**8160629**	**22196**	**402845**	**172487**	**147789470**	**26250049**	**19251475**
174731	224653	920	7289		5565548	2322181	343461
18000	55160				2288536	475110	123566
64167	2551520	14260	284901	108395	77692814	11254383	2269948
736420	503430	3026			4509619	776175	306863
20019	31740	3000			1288648	347226	18300
71742	417373				9200647	1821671	229335
875178	787932		14263		6237748	449559	534992
400	48305		20500		2392358	726880	512099
2800	2020				1236320	278203	12264
27525	8000				402079	114508	2800
891549	2515055		61412	61412	11782186	3193301	11807708
26523	111514		12680	2680	3089984	715976	154259
14884	2100				958433	185859	5859
2630372	754853	990	500		13000442	1770633	2353582
21102	2489		1200		1188379	381397	15862
483092	30658		100		1635289	403967	236182
216870	74334				1232629	381745	127782
165353	30393				2221065	525748	90921
339494	9100				1866746	125527	105692
383788	2042396		124890	110289	37112943	6685825	4637892
6541	155013		11125	11125	6921406	196522	667015
332930	774972		43773	43673	9236637	2938699	569251
608607	320436				19635189	5393316	943787
192364	182671				7748633	2085784	346125
50786	27003				4705389	74916	751555
2664070	1258254	1500	190689	1500	13477426	1131371	2851153
1554158	875565		5000		11839993	2473548	1391726
227353	744742	2000	5900	5900	15648019	3797339	1649029
352737	421658		1200		8198287	244180	2760560
356887	1357919	18696	20268		11203548	1228549	2683382
50000					2062000		

4-9 固定资产投资建设项目和新增固定资产（2015年）

Projects Investment Construction and Newly Increased Fixed Assets (2015)

行业	Sector	施工项目（个）Number of Projects under Construction (unit)	全部建成投产（个）Number of Projects Completed and Put into Use (unit)	新增固定资产(万元) Newly Increased Fixed Assets (10000 yuan)
总计	**Total**	**20789**	**15375**	**119612530**
农、林、牧、渔业	**Agriculture, Forestry, Animal Husbandry and Fishery**	**871**	**634**	**3673022**
农业	Farming	405	280	1731952
林业	Forestry	115	86	638215
畜牧业	Animal Husbandry	211	154	810902
渔业	Fishery	38	34	122489
农、林、牧、渔服务业	Services in Support of Agriculture	102	80	369464
采矿业	**Mining**	**357**	**258**	**2117036**
#煤炭开采和洗选业	Mining and Washing of Coal	47	33	251683
黑色金属矿采选业	Mining and Processing of Ferrous Metal Ores	58	54	410934
有色金属矿采选业	Mining and Processing of Non-Ferrous Metal Ores	45	27	353575
非金属矿采选业	Mining and Processing of Nonmetal Ores	187	129	1021560
制造业	**Manufacturing**	**9723**	**7049**	**59911072**
农副食品加工业	Processing of Food from Agricultural Products	610	488	3077084
食品制造业	Manufacture of Foods	279	239	1813449
酒、饮料和精制茶制造业	Manufacture of Wine,Beverages and Refined Tea	121	84	678731
烟草制品业	Manufacture of Tobacco	5	3	28700
纺织业	Manufacture of Textile	338	235	2023292
纺织服装、服饰业	Manufacture of Textile Wearing Apparel	812	624	3825355
皮革、毛皮、羽毛及其制品和制鞋业	Manufacture of Leather, Fur, Feather and Related Products Footwear	261	188	1660706
木材加工及木、竹、藤、棕、草制品业	Processing of Timber, Manufacture of Wood, Bamboo, Rattan, Palm and Straw Products	198	136	1387008
家具制造业	Manufacture of Furniture	211	141	808241
造纸及纸制品业	Manufacture of Paper and Paper Products	189	152	1586078
印刷和记录媒介复制业	Printing, Reproduction of Recording Media	225	186	1041765
文教、美工、体育和娱乐用品制造业	Manufacture of Articles For Culture, Art,Education Sport Activities and Entertainmetn Products	180	125	952869
石油加工、炼焦加工业	Processing of Petroleum, Coking	25	14	107392
化学原料及化学制品制造业	Manufacture of Raw Chemical Materials and Chemical Products	788	539	5357698
医药制造业	Manufacture of Medicines	310	210	1585573
化学纤维制造业	Manufacture of Chemical Fibers	18	14	384602
橡胶和塑料制品业	Manufacture of Rubber and Plastics	362	281	1672397
非金属矿物制品业	Manufacture of Non-metallic Mineral Products	1204	849	6947712
黑色金属冶炼及压延加工业	Smelting and Pressing of Ferrous Metals	103	70	340053
有色金属冶炼及压延加工业	Smelting and Pressing of Non-ferrous Metals	344	283	4252962
金属制品业	Manufacture of Metal Products	450	312	2494287
通用设备制造业	Manufacture of General Purpose Machinery	483	350	2662906

4-9 续表1 continued

行 业	Sector	施工项目(个) Number of Projects under Construction (unit)	全部建成投产(个) Number of Projects Completed and Put into Use (unit)	新增固定资产(万元) Newly Increased Fixed Assets (10000 yuan)
专用设备制造业	Manufacture of Special Purpose Machinery	494	372	2597485
汽车制造业	Manufacture of Transport Carmaking.	335	232	2536027
铁路、船舶、航空航天和其他运输设备制造业	Manufacture of Railroads,Ships,Aerospace and Other Transportation Equipment	77	42	664357
电气机械和器材制造业	Manufacture of Electrical Machinery and Equipment	648	434	4369201
计算机、通信和其他电子设备制造业	Manufacture of Computers, Communication Equipment and Other Electronic Equipment	368	235	2967571
仪器仪表及制造业	Manufacture of Measuring Instruments	81	59	736493
其他制造业	Manufacture of Others	118	85	673709
废弃资源综合利用业	Comperhensive Utilization of Waste	72	53	615485
金属制品、机械和设备修理业	Repair of Metal Products, Machinery and Equipment	14	14	61884
电力、热力、燃气及水生产和供应业	**Production and Supply of Electricity Heating Gas and Water**	**565**	**406**	**3427495**
电力、热力的生产和供应业	Production and Supply of Electric Power and Heat Power	217	149	1925943
燃气生产和供应业	Production and Supply of Gas	62	36	226661
水的生产和供应业	Production and Supply of Water	286	221	1274891
建筑业	**Construction**	**255**	**208**	**912096**
房屋建筑业	Construction of Buildings	60	39	173521
土木工程建筑业	Construction of Civil Engineering	100	100	407882
建筑安装业	Building Installation	25	24	80966
建筑装饰业和其他建筑业	Building Decoration and Other	70	67	249727
批发和零售业	**Wholesale and Retail Trades**	**1669**	**1504**	**7556874**
批发业	Wholesale Trade	1000	894	4569456
零售业	Retail Trade	669	610	2987418
交通运输、仓储和邮政业	**Transport, Storage and Post**	**723**	**455**	**4947323**
铁路运输业	Railway Transport	6	3	38166
道路运输业	Road Transport	566	351	4088976
水上运输业	Water Transport	11	7	39262
航空运输业	Air Transport	1		
管道运输业	Transport Via Pipelines	1		
装卸搬运和其他运输服务业	Loading, Unloading and Other Transport Services	39	24	165114
仓储业	Storage	90	61	523869
邮政业	Post	9	9	91936
住宿和餐饮业	**Hotels and Catering Services**	**493**	**415**	**1963705**
住宿业	Hotels	240	186	1061146
餐饮业	Catering Services	253	229	902559
信息传输、软件和信息技术服务业	**Information Transmission,Software and Computer Services**	**175**	**140**	**1033652**
电信、广播电视和卫星传输服务	Telecommunications, Broadcasting Television and Satellite Transmission	24	14	62862
互联网和相关服务	Internet and Related Services	40	35	129715
软件和信息技术服务业	Software and Information Technology Services	111	91	841075

4-9 续表2 continued

行业	Sector	施工项目（个）Number of Projects under Construction (unit)	全部建成投产（个）Number of Projects Completed and Put into Use (unit)	新增固定资产（万元）Newly Increased Fixed Assets (10000 yuan)
金融业	**Financial Intermediation**	**82**	**67**	**267261**
货币金融服务	Monetary and Financial Services	38	28	122455
资本市场服务	Capital Market Services	28	26	102986
保险业	Insurance	4	4	12031
其他金融活动	Other Financial Activities	12	9	29789
房地产业	**Real Estate**	**719**	**486**	**11373673**
租赁和商务服务业	**Leasing and Business Services**	**557**	**471**	**2235968**
租赁业	Leasing	38	34	150311
商务服务业	Business Services	519	437	2085657
科学研究和技术服务业	**Scientific Reseach and Ploytechnic Services**	**223**	**199**	**856150**
研究与试验发展	Research and Experimental Development	33	24	111691
专业技术服务业	Professional Technical Services	107	100	388057
科技推广和应用服务业	Services of Science and Technology Promotion and Application	83	75	356402
水利、环境和公共设施管理业	**Management of Water Conservancy, Environment and Public Facilities**	**2499**	**1634**	**11347991**
水利管理业	Management of Water Conservancy	273	187	984243
生态保护和环境治理业	Ecological Protection and Environmental Management	93	78	475820
公共设施管理业	Management of Public Facilities	2133	1369	9887928
居民服务、修理和其他服务业	**Services to Households Repair and Other Services**	**277**	**246**	**1043836**
居民服务业	Services to Households	103	89	441264
机动车、电子产品和日用产品修理业	Repair to Motor,Electronic Products and Househole Products	128	120	408263
其他服务业	Other Services	46	37	194309
教　育	**Education**	**576**	**452**	**2082437**
卫生和社会工作	**Health Care and Social Services**	**281**	**201**	**1213652**
卫　生	Health	179	129	811842
社会工作	Social Services	102	72	401810
文化、体育和娱乐业	**Culture, Sports and Entertainment**	**324**	**262**	**1988019**
新闻和出版业	Journalism and Publishing Activities	3	3	10277
广播、电视、电影和影视录音制作业	Broadcasting, Movies, Television and Video Reccording	25	19	71513
文化艺术业	Cultural and Art Activities	135	112	1108991
体　育	Sports Activities	41	31	274033
娱乐业	Entertainment	120	97	523205
公共管理、社会保障和社会组织	**Public Management,Social Security and Social Organizations**	**420**	**288**	**1661268**
#中国共产党机关	Organs of Communist Party of China			
国家机构	Government Agencies	369	256	1512912
社会保障	Social Security	9	5	34143
群众团体、社会团体和其他成员组织	Non-Governmental Organizations, Social Organizations and Other Organizations	25	14	57141
基层群众自治组织	Grass Roots Self-governing Organizations	17	13	57072

4-10　农村农户固定资产投资

Farm Households Investment in Fixed Assets in Rural Area

指　　标	Item	2014	2015
农户固定资产投资(万元)	**Total Investment(10000 yuan)**	**4329473**	**3942309**
按资金来源分	Grouped by Sources of Funds		
#国内贷款	Domestic Loans	241497	191344
自筹资金	Self-raising Funds	4068979	3732031
按构成分	Grouped by Use of Funds		
建筑工程	Construction	3829896	3542167
#水　利	Water Conservancy	607	602
房　屋	Building	3815197	3529059
#住　宅	Residential Buildings	3717231	3317553
安装工程	Installation		
设备、工器具购置	Purchase of Equipment and Instruments	308750	303305
#生产设备	Product Equipment	308750	303305
其　它	Others	190827	96837
按行业分	Grouped by Sector		
农业	Farming	433750	461602
采矿业	Mining		
制造业	Manufacturing	5921	14924
电力、燃气及水的生产和供应业	Production and Supply of Electricity Gas and Water		
建筑业	Construction	38464	36505
交通运输、仓储和邮政业	Transport, Storage and Post Services	102342	49589
信息传输、计算机服务和软件业	Information Transmission, Computer Software and Services		
批发和零售业	Wholesale and Retail Trade	14846	15271
住宿和餐饮业	Hotel and Catering Services	1591	1606
金融业	Financial Intermediation		
房地产业	Real Estate	3717231	3317553
租赁和商务服务业	Leasing and Business Services	493	651
科学研究、技术服务和地质勘查业	Scientific Reseach, Ploytechnic Services and Geological Prospecting		
水利、环境和公共设施管理业	Management of Water Conservancy, Environment and Public Facilities		
居民服务和其他服务业	Services to Households and Other Services	14771	44609
教　育	Education		
卫生、社会保障和社会福利业	Health Care, Social Security and Social Welfare		
文化、体育和娱乐业	Culture, Sports and Entertainment	64	
公共管理和社会组织	Public Management and Social Organizations		
按具体投资项目分	Grouped by Project		
房　屋	Building	3815197	3529059
#住　宅	Residential Buildings	3717231	3317553
道　路	Road		
桥　梁	Bridge		
设　备	Equipment	308750	303305
水　利	Water Conservancy	607	602
其　他	Others	204920	109343
新增固定资产(万元)	**Newly Increased Fixed Assets(10000 yuan)**	**4329473**	**3942309**
施工房屋建筑面积(万平方米)	**Floor Space of Buildings under Construction(10000 sq.m)**	**5818.53**	**5220.16**
#住宅	Residential Buildings	5642.29	4826.04
竣工房屋建筑面积(万平方米)	**Floor Space of Buildings Completed(10000 sq.m)**	**4783.20**	**4353.07**
#住宅	Residential Buildings	4642.10	4178.78

注：本表资料来自国家统计局江西调查总队，为抽样调查数据。

a) Data in the table are provided by Survey Office of the National Bureau of Statistics in Jiangxi , Source in the sample census.

4-11 各地区固定资产投资（2015年）

Investment in Fixed Assets by Region (2015)

单位：万元 (10000 yuan)

地区	Region	合计 Total	#工业 Industry	第一产业 Primary Industry	第二产业 Secondary Industry	第三产业 Tertiary Industry
全省	**Provincial Total**	**169938969**	**89183132**	**4288109**	**90353290**	**75297570**
南昌市	Nanchang	40000719	15527312	356330	15966118	23678271
景德镇市	Jingdezhen	6908760	4854904	51432	4874804	1982524
萍乡市	Pingxiang	10267407	6644320	404764	6665400	3197243
九江市	Jiujiang	21199205	15438999	137627	15475735	5585843
新余市	Xinyu	8225962	4048404	687179	4195387	3343396
鹰潭市	Yingtan	5315555	2815887	216062	2878887	2220606
赣州市	Ganzhou	18922071	5840524	473002	5824658	12624411
吉安市	Ji'an	14869517	8806102	524634	8806852	5538031
宜春市	Yichun	15881419	10126182	589834	10126182	5165403
抚州市	Fuzhou	10996711	6186342	435572	6264339	4296800
上饶市	Shangrao	15602263	8894156	411673	9274928	5915662
不分地区	Not Classified by Region	1749380				1749380

注：4-11至4-18表统计范围为计划总投资500万元及以上项目投资和房地产开发投资。

a)The statistical scope of 4-11 to 4-18 table is more than 5000000 yuan project investment,including investment for real estate development, no-including farm households investment in fixed assets in rural area.

4-12 各地区固定资产投资增长速度（2015年）

Growth Rates of Investment in Fixed Assets by Region (2015)

地区	Region	合计 Total	#工业 Industry	第一产业 Primary Industry	第二产业 Secondary Industry	第三产业 Tertiary Industry
全省	**Provincial Total**	**16.0**	**12.8**	**35.7**	**13.3**	**18.4**
南昌市	Nanchang	17.0	11.5	12.8	11.6	20.5
景德镇市	Jingdezhen	11.0	7.5	-21.3	6.7	24.7
萍乡市	Pingxiang	13.3	7.2	63.8	7.5	22.2
九江市	Jiujiang	17.0	23.7	-8.4	23.8	2.0
新余市	Xinyu	10.0	-6.1	50.5	-1.3	20.8
鹰潭市	Yingtan	14.5	14.3	17.5	16.9	11.3
赣州市	Ganzhou	17.6	-6.0	54.1	-6.2	31.9
吉安市	Ji'an	17.1	14.0	38.7	13.9	20.7
宜春市	Yichun	17.2	20.4	95.0	20.5	6.6
抚州市	Fuzhou	17.1	14.2	32.3	15.4	18.2
上饶市	Shangrao	16.1	20.5	-2.9	21.3	10.3
不分地区	Not Classified by Region	16.5				18.1

4-13 各地区按登记注册类型分的固定资产投资（2015年）
Investment in Fixed Assets by Region and Status of Registration (2015)

单位：万元 (10000 yuan)

地 区	Region	合 计 Total	内 资 Domestic Funds	国 有 State-owned	集 体 Collective-owned	股份合作 Share Holding Cooperative	联 营 Joint-owned
全 省	**Provincial Total**	**169938969**	**166146493**	**34717829**	**859501**	**313245**	**660304**
南昌市	Nanchang	40000719	39154253	6205759	223417	97278	96155
景德镇市	Jingdezhen	6908760	6844904	960686	15800		
萍乡市	Pingxiang	10267407	9976082	1267646	77993	22496	1000
九江市	Jiujiang	21199205	20623995	2132208	31954	57589	22721
新余市	Xinyu	8225962	7976788	2312663	167864	61421	70161
鹰潭市	Yingtan	5315555	5284295	1699951		8598	
赣州市	Ganzhou	18922071	18057378	7048421	36190	1920	223592
吉安市	Ji'an	14869517	14660198	3831104	64992	7500	137317
宜春市	Yichun	15881419	15558482	2133842	65447	42367	10590
抚州市	Fuzhou	10996711	10915456	2829756	1402	8445	4251
上饶市	Shangrao	15602263	15345282	2546413	174442	5631	94517
不分地区	Not Classified by Region	1749380	1749380	1749380			

4-13 续表 continued

单位：万元 (10000 yuan)

地 区	Region	有限责任公司 Limited Liability Corporations	股份有限公司 Share Holding Enterprises	私 营 Private	其 他 Others	港澳台商投资 Funds from Hong Kong, Macao and Taiwan	外商投资 Foreign Funded	个体经营 Individuals
全 省	**Provincial Total**	**48740695**	**4594229**	**68913296**	**7347394**	**1817153**	**1186379**	**788944**
南昌市	Nanchang	19108576	776590	10659900	1986578	502788	304150	39528
景德镇市	Jingdezhen	2119251	169993	3221673	357501		59528	4328
萍乡市	Pingxiang	1692015	130938	6138240	645754	91073	4500	195752
九江市	Jiujiang	7558799	124728	10296941	399055	450538	91157	33515
新余市	Xinyu	1956244	435338	2676944	296153	34476	32521	182177
鹰潭市	Yingtan	970239	76490	2079778	449239		31260	
赣州市	Ganzhou	5004114	286865	5159075	297201	182031	594478	88184
吉安市	Ji'an	1084561	639600	8487548	407576	205419		3900
宜春市	Yichun	3331601	227426	8171622	1575587	113799	57895	151243
抚州市	Fuzhou	2928258	492966	4452799	197579	24518	30	56707
上饶市	Shangrao	2987037	1233295	7568776	735171	212511	10860	33610
不分地区	Not Classified by Region							

4-14 各地区按行业分固定资产投资（2015年）

单位：万元

行　　　　业	Sector	全　省 Total	南昌市 Nanchang	景德镇市 Jingdezhen
总　计	**Total**	**169938969**	**40000719**	**6908760**
农、林、牧、渔业	**Agriculture, Forestry, Animal Husbandry and Fishery**	**4690580**	**400107**	**53232**
农业	Farming	2491689	190491	38612
林业	Forestry	655706	24537	10020
畜牧业	Animal Husbandry	1015431	105339	2800
渔业	Fishery	125283	35963	
农、林、牧、渔服务业	Services in Support of Agriculture	402471	43777	1800
采矿业	**Mining**	**2455044**	**28410**	**134640**
#煤炭开采和洗选业	Mining and Washing of Coal	292099		
黑色金属矿采选业	Mining and Processing of Ferrous Metal Ores	426487		
有色金属矿采选业	Mining and Processing of Non-Ferrous Metal Ores	478761		
非金属矿采选业	Mining and Processing of Nonmetal Ores	1184667	19526	134640
制造业	**Manufacturing**	**80995747**	**14885458**	**4611149**
农副食品加工业	Processing of Food from Agricultural Products	4097580	1080748	111660
食品制造业	Manufacture of Foods	1909701	470741	76348
酒，饮料和精制茶制造业	Manufacture of Wine, Beverages and Refined Tea	1118907	110305	64205
烟草制品业	Manufacture of Tobacco	66875		
纺织业	Manufacture of Textile	2734027	342237	50035
纺织服装、服饰业	Manufacture of Textile Wearing Apparel	4531244	1571859	221260
皮革、毛皮、羽毛及其制品和制鞋业	Manufacture of Leather, Fur, Feather and Related Products Footrware	2212728	117008	129060
木材加工及木、竹、藤、棕、草制品业	Processing of Timber, Manufacture of Wood, Bamboo, Rattan, Palm and Straw Products	1553247	181330	58088
家具制造业	Manufacture of Furniture	1430745	180143	107290
造纸及纸制品业	Manufacture of Paper and Paper Products	1748168	342174	43250
印刷和记录媒介复制业	Printing, Reproduction of Recording Media	1454395	577571	7160
文教、美工、体育和娱乐用品制造业	Manufacture of Articles For Culture, Art,Education Sport Activities and Entertainmetn Products	1196320	195541	74760
石油加工、炼焦加工业	Processing of Petroleum, Coking	168002	32451	32647
化学原料及化学制品制造业	Manufacture of Raw Chemical Materials and Chemical Products	7064435	483346	586510
医药制造业	Manufacture of Medicines	3372283	652439	29030
化学纤维制造业	Manufacture of Chemical Fibers	493388	11625	5600
橡胶和塑料制品业	Manufacture of Rubber and Plastics	2432046	403090	131662
非金属矿物制品业	Manufacture of Non-metallic Mineral Products	9378825	967485	1061412
黑色金属冶炼及压延加工业	Smelting and Pressing of Ferrous Metals	555648	157742	3000
有色金属冶炼及压延加工业	Smelting and Pressing of Non-ferrous Metals	4054707	129433	3000
金属制品业	Manufacture of Metal Products	3499602	968315	268990
通用设备制造业	Manufacture of General Purpose Machinery	4139287	1042509	217293
专用设备制造业	Manufacture of Special Purpose Machinery	3554959	1152552	157761
汽车制造业	Manufacture of Transport Carmaking.	3525310	728323	330528
铁路、船舶、航空航天和其他运输设备制造业	Manufacture of Railroads,Ships,Aerospace and Other Transportation Equipment	1415138	765253	258151
电气机械及器材制造业	Manufacture of Electrical Machinery and Equipment	6352869	826680	331209
计算机、通信和其他电子设备制造业	Manufacture of Computers, Communication Equipment and Other Electronic Equipment	4379004	899866	204190
仪器仪表及制造业	Manufacture of Measuring Instruments	908241	262825	10450
其他制造业	Manufacture of Others	787525	180486	22300
废弃资源综合利用业	Comperhensive Utilization of Waste	785264	27454	14300
金属制品、机械和设备修理业	Repair of Metal Products, Machinery and Equipment	75277	23927	
电力、热力、燃气及水生产和供应业	**Production and Supply of Electricity Heating Gas and Water**	**5732341**	**613444**	**109115**
电力、热力的生产和供应业	Production and Supply of Electric Power and Heat Power	3700965	197569	66900
燃气生产和供应业	Production and Supply of Gas	480308	72129	28800
水的生产和供应业	Production and Supply of Water	1551068	343746	13415
建筑业	**Construction**	**1307245**	**471617**	**19900**
房屋建筑业	Construction of Buildings	347944	119492	
土木工程建筑业	Construction of Civil Engineering	508455	63533	
建筑安装业	Building Installation	102549	90769	
建筑装饰业和其他建筑业	Building Decoration and Other	348297	197823	19900
批发和零售业	**Wholesale and Retail Trades**	**9715767**	**4896924**	**120270**

注：本表全省数据含跨地区项目数。

Investment in Fixed Assets by Regin and Asector (2015)

(10000 yuan)

萍乡市 Pingxiang	九江市 Jiujiang	新余市 Xinyu	鹰潭市 Yingtan	赣州市 Ganzhou	吉安市 Ji'an	宜春市 Yichun	抚州市 Fuzhou	上饶市 Shangrao
10267407	**21199205**	**8225962**	**5315555**	**18922071**	**14869517**	**15881419**	**10996711**	**15602263**
408890	**143127**	**715287**	**226762**	**524499**	**547628**	**666666**	**548560**	**455822**
228048	117477	236390	151657	252397	327654	494102	189977	264884
67118	12000	246301	10100	42751	57852	52301	90460	42266
97308	8150	204488	54305	158949	138028	41281	128486	76297
12290				18905	1100	2150	26649	28226
4126	5500	28108	10700	51497	22994	76832	112988	44149
343005	**118261**	**740889**	**19440**	**107968**	**202469**	**172859**	**194116**	**392987**
136329		53296		1334		32240	6 500	62400
47860	5000	338671			34956			
45120	4000	35568	9940	62331	26852	59546	64721	170683
113196	109261	311274	9500	28437	140661	80053	110795	127324
5889811	**14278767**	**2921375**	**2332105**	**5141195**	**7890146**	**9527017**	**5447290**	**8071434**
119916	449153	92081	20600	258098	530333	776667	318583	339741
64581	265277	59584	24390	174200	159224	376632	80405	158319
37483	126566	9530	52404	27901	354112	199172	18418	118811
				5970	48000		3280	9 625
88553	846529	112842	8500	3801	228115	297299	414584	341532
262030	750539	120900	24499	189546	283085	224512	527243	355771
341052	755432	46993	23300	39658	283104	203120	58982	215019
54117	369019	61150	43300	192564	124842	222388	114590	131859
58401	224889	30375	12000	230011	106047	149355	83690	248544
237900	418259	12280		78223	148935	103965	236934	126248
151210	211579	40654		23400	195008	147652	11910	88251
38900	287292	41175	9600	60487	70269	108280	70973	239043
4500	65478	3000		2537	10100	10120	7000	169
1288928	1880377	44602	119245	197708	963753	758768	340966	400232
22685	530152	61432		253482	249276	917215	174154	482418
	297597	7467				56704	9800	104595
200754	275213	124564		137128	158403	444556	331573	225103
1615464	1313588	518459	160012	512827	704409	1421460	505436	598273
63986	87596	96975		5559	19600	33450	5460	82280
27700	787272	55870	958194	651509	302614	367287	188367	583461
164235	562455	130657	132300	95061	267615	446112	135837	328025
193458	634002	167674	93455	150179	269466	273275	252642	845334
227854	362697	267752	132572	222179	244984	283930	151883	350795
146067	559172	152519	118050	402009	107381	136611	614171	230479
	207289	11100	2045	4215	15807	49510	8800	92968
239272	1043154	256185	273684	507812	744794	977575	357379	795125
148516	571029	285638	9200	610037	952238	157837	241173	299280
4500	69890	36443	59200	14023	273900	58545	36900	81565
28695	150453	6300	55555	23190	52000	32590	122800	113156
59054	176819	22815		67881	22732	292430	22060	79719
		44359					1297	5694
411504	**1041971**	**386140**	**464342**	**591361**	**713487**	**426306**	**544936**	**429735**
277425	824854	57071	421342	379179	508774	332192	387414	248245
38639	22776	32595	43000	56139	84807	48203	42727	10493
95440	194341	296474		156043	119906	45911	114795	170997
21580	**36 736**	**193 422**	**63000**		**750**		**87 194**	**413046**
900		5 120					23 570	198862
16180	34 736	185 702	27000		750		51 793	128761
4 500								7280
	2 000	2 600	36000				11 831	78143
546632	**1134124**	**374499**	**216400**	**593565**	**412081**	**274257**	**294215**	**852800**

a) The data of this table containing trans regional project data.

4-14 续表

单位：万元

行业	Sector	全省 Total	南昌市 Nanchang	景德镇市 Jingdezhen
批发业	Wholesale Trade	5882937	3198175	14570
零售业	Retail Trade	3832830	1698749	105700
交通运输、仓储和邮政业	**Transport, Storage and Post**	**8179541**	**1447490**	**191548**
铁路运输业	Railway Transport	47197	21672	
道路运输业	Road Transport	6160467	1066614	179248
水上运输业	Water Transport	179304	15645	
航空运输业	Air Transport	16973		
管道运输业	Transport Via Pipelines	190		
装卸搬运和其他运输服务业	Loading, Unloading and Other Transport Services	734879	115390	2700
仓储业	Storage	923859	162719	9 600
邮政业	Post	116672	65450	
住宿和餐饮业	**Hotels and Catering Services**	**2931070**	**839287**	**70501**
住宿业	Hotels	1900195	370922	61201
餐饮业	Catering Services	1030875	468365	9300
信息传输、软件和信息技术服务业	**Information Transmission,Software and Information Technology Services**	**1254320**	**770029**	**12000**
电信、广播电视和卫星传输服务	Telecommunications, Broadcasting Television and Satellite Transmission Services	82299	30966	
互联网和相关服务	Internet and Related Services	175259	112701	12000
软件和信息技术服务业	Software and Information Technology Services	996762	626362	
金融业	**Financial Intermediation**	**410675**	**208698**	
货币金融服务	Monetary and Financial Services	163543	78394	
资本市场服务	Capital Market Services	120595	83739	
保险业	Insurance	15045	15045	
其他金融活动	Other Financial Activities	111492	31520	
房地产业	**Real Estate**	**20965192**	**5936304**	**336100**
租赁和商务服务业	**Leasing and Business Services**	**3300198**	**1826373**	**62910**
租赁业	Leasing	270256	165828	11356
商务服务业	Business Services	3029942	1660545	51554
科学研究和技术服务业	**Scientific Reseach and Ploytechnic Services**	**959924**	**685080**	**46823**
研究与试验发展	Research and Experimental Development	184298	77949	
专业技术服务业	Professional Technical Services	438478	341676	42263
科学推广和应用服务业	Services of Science and Technology Promotion and Applicaion	337148	265455	4560
水利、环境和公共设施管理业	**Management of Water Conservancy, Environment and Public Facilities**	**16910715**	**3903496**	**1049718**
水利管理业	Management of Water Conservancy	1245427	194223	36140
生态保护和环境治理业	Ecological Protection and Environmental Management	582368	97321	4800
公共设施管理业	Management of Public Facilities	15082920	3611952	1008778
居民服务、修理和其他服务业	**Services to Households Repair and Other Services**	**1216388**	**798767**	**5000**
居民服务业	Services to Households	395316	265093	
机动车、电子产品和日用产品修理业	Repair to Motor,Electronic Products and Househole Products	582224	425564	5 000
其他服务业	Other Services	238848	108110	
教育	**Education**	**2435646**	**720026**	**29453**
卫生和社会工作	**Health Care and Social Services**	**1597145**	**355909**	**14401**
卫生	Health	1009050	330823	10050
社会工作	Social Services	588095	25086	4351
文化、体育和娱乐业	**Culture, Sports and Entertainment**	**2613260**	**902934**	**15000**
新闻和出版业	Journalism and Publishing Activities	14495	14495	
广播、电视、电影和影视录音制作业	Broadcasting, Movies, Television and Video Reccording	108245	57447	
文化艺术业	Cultural and Art Activities	1210582	529689	15000
体育	Sports Activities	284061	79684	
娱乐业	Entertainment	995877	221619	
公共管理、社会保障和社会组织	**Public Management,Social Security and Social Organizations**	**2268171**	**310366**	**27000**
#中国共产党机关	Organs of Communist Party of China			
国家机构	Government Agencies	2068819	257125	22000
社会保障	Social Security	46722	24534	
群众团体、社会团体和其他成员组织	Non-Governmental Organizations, Social Organizations and Other Organizations	86304	14486	5000
基层群众自治组织	Grass Roots Self-governing Organizations	66326	14221	

continued

(10000 yuan)

萍乡市 Pingxiang	九江市 Jiujiang	新余市 Xinyu	鹰潭市 Yingtan	赣州市 Ganzhou	吉安市 Ji'an	宜春市 Yichun	抚州市 Fuzhou	上饶市 Shangrao
293651	815616	188123	150100	435626	248500	77827	210217	250532
252981	318508	186376	66300	157939	163581	196430	83998	602268
289740	**400046**	**120504**	**28770**	**1782189**	**312303**	**679017**	**756330**	**422224**
11966				4221	200		9138	
168966	177556	59410	28070	1213085	251216	369989	582687	314246
	100290					62462	907	
								16973
					190			
30800	5000	4100		396547		115287		65055
78008	107600	56994	700	131741	56280	131279	162988	25950
	9600			36595	4417		610	
471440	**145826**	**222498**		**58198**	**256966**	**398173**	**211589**	**256592**
185574	145826	39708		37509	231546	376898	211589	239422
285866		182790		20689	25420	21275		17170
10700	**162200**	**48080**	**29000**	**38379**	**89580**	**15016**	**11423**	**67913**
5800				4609		1 016	10753	29 155
			23000	800				26758
4900	162200	48080	6000	32970	89580	14000	670	12000
52403	**9495**	**9695**		**96429**	**9510**	**5867**	**16430**	**2148**
4310	9495	9695		29694	9510	5867	16430	148
34856								2000
13237				66735				
478646	**1733935**	**785324**	**590550**	**4934612**	**1155365**	**2013218**	**1255871**	**1745267**
155436	**124487**	**103629**	**101900**	**210161**	**361026**	**113018**	**43555**	**197703**
7890	6000	3 000	3 800					72 382
147546	118487	100629	98100	210161	361026	113018	43555	125321
31097	**4000**	**89253**		**39132**	**8480**	**34640**	**15689**	**5730**
		59 723		11797		34000	99	730
5750		22830		13049	8 480	640	3790	
25347	4000	6 700		14286			11800	5000
718742	**832899**	**1095134**	**977954**	**3162423**	**2124540**	**708043**	**767834**	**1569932**
66379	305	119677	46006	293200	144576	103436	174489	66996
6195	1200	287063	70893	27089	50633	2001	8000	27173
646168	831394	688394	861055	2842134	1929331	602606	585345	1475763
103873	**95783**		**17000**	**80363**	**100**	**78492**	**27110**	**9900**
46531			17000	13810	100	45162	7120	500
19142	43333			41 365		33330	10990	3500
38200	52450			25188			9000	5900
147655	**144140**	**196594**	**110982**	**574783**	**138662**	**98366**	**153717**	**121268**
69537	**25673**	**122057**	**57056**	**408035**	**156907**	**128978**	**106280**	**152312**
7979	13363	8500	57056	169521	153516	55589	80926	121727
61558	12310	113557		238514	3391	73389	25354	30585
87102	**350335**	**76998**	**25500**	**368538**	**151575**	**249590**	**153727**	**231961**
10880				17034	1950		4860	16074
49122	48690	73558	12000	167246	118953	21791	57189	117344
14200			5500	142739	13972		817	27149
12900	301645	3 440	8000	41519	16700	227799	90861	71394
29614	**417400**	**24584**	**54794**	**210241**	**337942**	**291896**	**360845**	**203489**
11300	417400	22184	54794	152559	335385	258221	347606	190245
				10059	2057	10072		
18314		2400		3835		23603	10422	8244
				43788	500		2817	5000

4-15 各地区按构成分固定资产投资（2015年）

Investment in Fixed Assets by Region and Use of Funds (2015)

单位：万元 (10000 yuan)

地区	Region	合计 Total	建筑、安装工程 Construction and Installation	设备、工器具购置 Purchase of Equipment and Instruments	其他费用 Others
全省	**Provincial Total**	**169938969**	**127401724**	**27268329**	**15268916**
南昌市	Nanchang	40000719	31148230	6240583	2611906
景德镇市	Jingdezhen	6908760	5478557	821006	609197
萍乡市	Pingxiang	10267407	6379359	2339363	1548685
九江市	Jiujiang	21199205	15845938	4158937	1194330
新余市	Xinyu	8225962	5836821	1822090	567051
鹰潭市	Yingtan	5315555	3834403	630165	850987
赣州市	Ganzhou	18922071	15489649	1181560	2250862
吉安市	Ji'an	14869517	10998506	2695359	1175652
宜春市	Yichun	15881419	11137715	3228309	1515395
抚州市	Fuzhou	10996711	8576676	1358477	1061558
上饶市	Shangrao	15602263	10941490	2792480	1868293
不分地区	Not Classified by Region	1749380	1734380		15000

4-16 各地区按建设性质分固定资产投资（2015年）

Investment in Fixed Assets by Region and Type of Construction (2015)

单位：万元 (10000 yuan)

地区	Region	合计 Total	#新建 New Construction	#扩建 Expansion	#改建和技术改造 Reconstruction Technical Rennovation
全省	**Provincial Total**	**169938969**	**122674237**	**14017246**	**29581834**
南昌市	Nanchang	40000719	15097460	833180	21697151
景德镇市	Jingdezhen	6908760	6252715	329479	255724
萍乡市	Pingxiang	10267407	7416260	1597819	1243570
九江市	Jiujiang	21199205	19909194	581176	652835
新余市	Xinyu	8225962	4721415	2420839	1080836
鹰潭市	Yingtan	5315555	5300655	700	14200
赣州市	Ganzhou	18922071	16953780	600105	891157
吉安市	Ji'an	14869517	13060309	1460249	271247
宜春市	Yichun	15881419	11780375	3234119	776021
抚州市	Fuzhou	10996711	8812945	1528870	618457
上饶市	Shangrao	15602263	11619749	1430710	2080636
不分地区	Not Classified by Region	1749380	1749380		

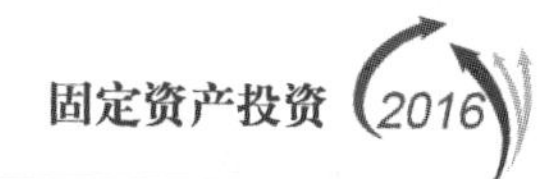

4-17 各地区工业投资（2015年）
Investment in Industry by Region (2015)

单位：万元 (10000 yuan)

地 区	Region	合 计 Total	采矿业 Mining	制造业 Manufacturing	电力、燃气及水的生产和供应业 Production and Supply of Electricity, Gas and Water
全 省	**Provincial Total**	**89183132**	**2455044**	**80995747**	**5732341**
南昌市	Nanchang	15527312	28410	14885458	613444
景德镇市	Jingdezhen	4854904	134640	4611149	109115
萍乡市	Pingxiang	6644320	343005	5889811	411504
九江市	Jiujiang	15438999	118261	14278767	1041971
新余市	Xinyu	4048404	740889	2921375	386140
鹰潭市	Yingtan	2815887	19440	2332105	464342
赣州市	Ganzhou	5840524	107968	5141195	591361
吉安市	Ji'an	8806102	202469	7890146	713487
宜春市	Yichun	10126182	172859	9527017	426306
抚州市	Fuzhou	6186342	194116	5447290	544936
上饶市	Shangrao	8894156	392987	8071434	429735
不分地区	Not Classified by Region				

4-18 各地区固定资产投资建设项目和新增固定资产（2015年）
Projects Investment Construction and Newly Increased Fixed Assets by Region (2015)

地 区	Region	施工项目（个）Number of Projects under Construction (unit)	#新开工 Started this Year	全部建成投产（个）Number of Projects Completed and Put into Use (unit)	新增固定资产（万元）Newly Increased Fixed Assets (10000 yuan)
全 省	**Provincial Total**	**20789**	**14886**	**15375**	**119612530**
南昌市	Nanchang	7337	6186	6363	26928797
景德镇市	Jingdezhen	1109	857	512	3581336
萍乡市	Pingxiang	1390	1077	1011	8483959
九江市	Jiujiang	975	514	670	14366356
新余市	Xinyu	1253	711	1027	7745632
鹰潭市	Yingtan	448	343	370	5369732
赣州市	Ganzhou	2195	1403	1326	12501185
吉安市	Ji'an	1036	565	551	10642876
宜春市	Yichun	1556	922	1016	10448160
抚州市	Fuzhou	1657	1132	1166	8818931
上饶市	Shangrao	1828	1175	1361	9165970
不分地区	Not Classified by Region	5	1	2	1559596

主要统计指标解释

全社会固定资产投资 是以货币形式表现的在一定时期内全社会建造和购置固定资产的工作量以及与此有关的费用的总称。该指标是反映固定资产投资规模、结构和发展速度的综合性指标,又是观察工程进度和考核投资效果的重要依据。全社会固定资产投资按登记注册类型可分为国有、集体、个体、联营、股份制、外商、港澳台商、其他等。按统计方式可分为建设项目固定资产投资和房地产开发投资(全面统计)、农村农户固定资产投资(抽样调查)。建设项目投资不同的时期有不同的统计起点。1995-1996年,项目投资统计的起点为计划总投资5万元及以上;自1997年起,项目投资统计的起点由5万元提高到50万元及以上;自2011年起,项目投资的统计起点由50万元提高至500万元及以上。为便于比较,2010年调整为500万元以上起点数。

固定资产投资 指各种登记注册类型的企业、事业、行政单位及个体户进行的建设项目投资、房地产开发投资。

房地产开发投资 指各种登记注册类型的房地产开发公司、商品房建设公司及其他房地产开发法人单位和附属于其他法人单位实际从事房地产开发或经营活动的单位统一开发的包括统代建、拆迁还建的住宅、厂房、仓库、饭店、宾馆、度假村、写字楼、办公楼等房屋建筑物和配套的服务设施,土地开发工程(如道路、给水、排水、供电、供热、通讯、平整场地等基础设施工程)的投资;不包括单纯的土地交易活动。

固定资产投资的资金来源 根据固定资产投资的资金来源不同,分为国家预算内资金、国内贷款、利用外资、自筹资金和其他资金。

(1)国家预算内资金:分为财政拨款和财政安排的贷款两部分。包括中央财政的基本建设基金(分经营性基金和非经营性基金两部分)、专项支出(如煤代油专项等)、收回再贷、贴息资金,财政安排的挖潜改造和新产品试制支出、城建支出、商业部门简易建筑支出、不发达地区发展基金等资金中用于固定资产投资的资金;地方财政中由国家统筹安排的资金等。

(2)国内贷款:指报告期固定资产投资单位向银行及非银行金融机构借入的用于固定资产投资的各种国内借款,包括银行利用自有资金及吸收的存款发放的贷款、上级主管部门拨入的国内贷款、国家专项贷款、地方财政专项资金安排的贷款、国内储备贷款、周转贷款等。

(3)利用外资:指报告期收到的用于固定资产建造和购置的国外资金(包括设备、材料、技术在内)。包括对外借款(外国政府、国际金融组织贷款、出口信贷、外国银行商业贷款、对外发行债券和股票)、外商直接投资及外商其他投资。不包括我国自有外汇资金(国家外汇、地方外汇、留成外汇、调剂外汇和中国银行自有资金发行的外汇贷款等)。计算利用外资时,需要折算成人民币,折算中所使用的外汇汇率按现汇计算,即按使用外汇时的汇率计算。

(4)自筹资金:指固定资产投资单位报告期收到的,由各地区、各部门及企、事业单位筹集用于固定资产投资的预算外资金,包括中央各部门、各级地方和企、事业单位的自筹资金。

(5)其他资金:指在报告期收到的除以上各种资金之外其他用于固定资产投资的资金,包括企业或金融机构通过发行各种债券筹集到的资金、群众集资、个人资金、无偿捐赠的资金及其他单位拨入的资金等。

固定资产投资按国民经济行业分 根据建设项目建成投产后的主要产品或主要用途及社会经济活动性质来确定国民经济行业。一般情况下,一个建设项目或一个企业、事业单位只能属于一种国民经济行业。

固定资产投资按建设性质分 根据整个建设项目情况来确定。建设项目的性质一般分为新建、扩建、改建和技术改造、迁建、恢复。

(1)新建:一般指从无到有开始建设的企业、事业和行政单位或建设项目。现有企业、事业、行政单位一般不属于新建。但如有的单位原有基础很小,经过建设后新增的固定资产价值超过该企、事业、行政单位原有固定资产价值(原值)三倍以上的也应作为新建。

(2)扩建:指在厂内或其他地点,为扩大原有产品的生产能力(或效益)或增加新的产品生产能力,而增建主要的生产车间(或主要工程)、分厂、独立的生产线。行政、事业单位在原单位增建业务用房(如学校增建教学用房、医院增建门诊部、病房等)也作为扩建。

现有企、事业单位为扩大原有主要产品生产能力或增加新的产品生产能力,增建一个或几个主要生产车间(或主要工程)、分厂,同时进行一些更新改造工程的,也应作为扩建。

(3)改建和技术改造:指现有企业、事业单位,对原有设施进行技术改造或更新(包括相应配套的辅助性生产、生活福利设施)的建设项目。现有企业、事业单位为适应市场变化的需要,而改变企业的主要产品种类(如军工企业转产民用品等)的建设项目,应作为改建。原有产品生产作业线由于各工序(车间)之间能力不平衡,为填平补齐充分发挥原有生产能力而增建不增加本企业主要产品设计能力的车间,也应作为改建。技术改造是指企业、事业单位在现有基础上，用先进的技术代替落后的技术，用先进的工艺和装备代替落后的工艺和装备，以改变企业落后的技术经济面貌，实现以内涵为主的扩大再生产，达到提高产品质量、促进产品更新换代、节约能源、降低消耗、扩大生产规模、全面提高社会经济效益的目的。技术改造具体包括以下内容：机器设备和工具的更新改造；生产工艺改革、节约能源和原材料的改造；厂房建筑和公共设施的改造；劳动条件和生产环境的改造等。

固定资产投资按构成分 固定资产投资活动按其工作内容和实现方式分为建筑安装工程，设备、工具、器具购置，其他费用三个部分。

(1)建筑安装工程(建筑安装工作量)：指各种房屋、建筑物的建造工程和各种设备、装置的安装工程。包括各种房屋建造工程；各种用途设备基础和各种工业窑炉的砌筑工程及金属结构工程；为施工而进行的各种准备工作和临时工程以及完工后的清理工作等；铁路、道路的铺设，矿井的开凿及石油管道的架设等；水利工程；防空地下建筑等特殊工程；列入房屋工程预算内的暖气、卫生、通风、照明、煤气等设备的价值及装设油饰工程；列入建筑工程预算内的各种管道(蒸汽、压缩空气、石油、给排水等管道)、电力、电讯电缆导线等的敷设工程；以及各种机械设备的安装工程；为测定安装工程质量，对设备进行的试运工作；房地产开发单位进行的商品房屋开发建设工程、土地开发工程。

在安装工程中，不包括被安装设备本身的价值。

(2)设备、工具、器具购置：指建设单位或企、事业单位购置或自制的，达到固定资产标准的设备、工具、器具的价值。新建单位及扩建单位的新建车间，按照设计或计划要求购置或自制的全部设备、工具、器具，不论是否达到固定资产标准均计入“设备、工具、器具购置”中。

(3)其他费用：指在固定资产建造和购置过程中发生的，除上述几项内容以外的各种应分摊计入固定资产的费用。

施工项目 指报告期内进行过建筑或安装施工活动的项目。凡是报告期内施过工的建设项目，不论施工时间长短，均作为施工项目统计。施工项目个数可以反映一定时期固定资产投资的实际规模，与同期全部建成投产项目个数相比，可以从建设速度的角度反映固定资产投资的效果。根据建设项目施工活动的不同性质，施工项目又分为：本年正式施工项目、本年收尾项目和以前年度全部停缓建项目。

全部建成投产项目 工业项目指设计文件规定形成生产能力的主体工程及其相应配套的辅助设施全部建成，经负荷试运转，证明具备生产设计规定合格产品的条件，并经过验收鉴定合格或达到竣工验收标准，与生产性工程配套的生活福利设施可以满足近期正常生产的需要，正式移交生产的建设项目。非工业项目指设计文件规定的主体工程和相应的配套工程全部建成，能够发挥设计规定的全部效益，经验收鉴定合格或达到竣工验收标准，正式移交使用的建设项目。

房屋建筑面积 指房屋建筑物勒脚以上外墙外围的水平截面面积，包括房屋建筑物的有效面积和结构面积。该指标是从实物形态上反映建设规模和建设成果的重要指标之一，也是检查工程形象进度、计算工程造价、分析投资效果、研究施工任务和建筑材料之间平衡情况的重要依据。

住宅建筑面积 指施工和竣工房屋建筑面积中供居住用的房屋建筑面积。

施工面积 指报告期内施工的全部房屋建筑面积。包括本期新开工的面积和上期开工跨入本期继续施工的房屋面积，以及上期已停建在本期恢复施工的房屋面积。本期竣工和本期施工后又停缓建的房屋，其建筑面积仍计入本期房屋施工面积中。

竣工面积 指在报告期内房屋建筑按照设计要求已经全部完工，达到住人和使用条件，经验收鉴定合格(或达到竣工验收标准)，正式移交使用单位的各栋房屋建筑面积的总和。

新增固定资产 指报告期内已经完成建造和购置过程，并已交付生产或使用单位的固定资产价值。该指标是表示固定资产投资成果的价值指标，也是反映建设进度，计算固定资产投资效果的重要指标。

Explanatory Notes on Main Statistical Indicators

Total Investment in Fixed Assets in the Whole Country refers to the volume of activities in construction and purchases of fixed assets of the whole country and related fees, expressed in monetary terms during the reference period. It is a comprehensive indicator which shows the size, structure and growth of the investment in fixed assets, providing a basis for observing the progress of construction projects and evaluating results of investment. Total investment in fixed assets in the whole country includes, by type of ownership, the investment by State-owned units, collective-owned units, individuals, joint ownership units, share-holding units, as well as investments by entrepreneurs from foreign countries and from Hong Kong, Macao and Taiwan, and by other units. According to statistical methods can be divided into construction project investments in fixed assets and investments in real estate development(Comprehensive Statistics), investments in fixed assets by rural households(sampling survey).Construction project investment of different periods have different starting point of statistics. From 1995 to 1996 the cut-off point of project investment was 50000 yuan and above; Since 1997 the cut-off point of project investment had changed from 50000 yuan to 500000 yuan and above; Since 2011,the cut-off point of project investment had changed from 500000 yuan to 5 million yuan and above. For the convenience of comparison, relevant data of 2010 were adjusted to 5 million yuan and above.

Investment in Fixed Assets refers to enterprises of various types of ownership, institutions, administrative units and individuals in the construction project investment, investments in real estate development.

Investment in Real Estate Development refers to investment by real estate development companies, commercialized buildings construction companies and other real estate development units of various types of ownership in the construction of buildings, such as residential buildings, factory buildings, warehouses, hotels, guesthouses, holiday villages, office buildings, and the complementary service facilities and land development projects, such as roads, water supply, water drainage, power supply, heating supply, telecommunications, land leveling and other infrastructural projects. It does not include activities in pure land transactions.

Sources of Funds for Investment in Fixed Assets are categorized as funds from the State budget, domestic loans, foreign investment, self-raised funds, and others, depending on the sources of investment.

(1) Fund from the State budget consists of budgetary appropriation and loans from the State budget. More specifically, it includes, from the budget of the central government, capital construction fund (operation fund and non-operational fund), special expenses (e.g. expenses on substituting petroleum with coal), loans from repayment, discount fund, expenses on innovation and trial production of new products, expenses on urban construction, expenses on temporary construction from business departments, development fund for less developed areas, as well as local budgetary fund transferred from the central budget.

(2) Domestic loans refer to loans of various forms borrowed by investing units from banks and non-bank financial institutions during the reference period for the purpose of investment in fixed assets, including loans issued by banks from their self-owned funds and deposit, loans appropriated by higher authorities, special loans by government, loans arranged by local government from special funds, domestic reserve loan, and working loan.

(3) Foreign investment refers to foreign funds received during the reference period for the construction and purchase of investment in fixed assets (covering equipment, materials and technology), including foreign borrowings (loans from foreign governments and international financial institutions, export credit, commercial loans from foreign banks, issue of bonds and stocks overseas), foreign direct investment and other foreign investments. Excluded from this category is capital in foreign exchanges owned by China (foreign exchanges owned by the central and local governments, foreign exchanges retained by enterprises, foreign exchanges by enterprises through the regulating mechanism, loans in foreign exchanges issued by the Bank of China with its own fund, etc.). In calculating the utilization of foreign capital, foreign currencies are converted into Chinese Renminbi applying the current exchange rate when the foreign capitals are actually used.

(4) Self-raised funds refer to extra-budgetary funds for investment in fixed assets received during the reference period by investing units from central government ministries, local governments, enterprises and institutions, including their self-raised funds.

(5) Others refer to funds for investment in fixed assets received from sources other than those listed above, including capital raised through issuing bonds by enterprises or financial institutions, funds raised from individuals and through donations, and funds transferred from other units.

Investment in Fixed Assets by Sector The classification of construction projects by sector is determined by the major products or the purpose of the projects when they are put into production or use, and by the nature of their social economic activities. In general, one project or one enterprise or institution can only be classified into one sector.

Investment in Fixed Assets by Type of Construction Construction projects in general can be classified, by the type of construction, into new construction, expansion, reconstruction and technical transformation, moving and restoration.

(1) New construction in general refers to construction projects, which start from scratch, of enterprises, institutions, administrative agencies. Construction in existing enterprises, institutions or agencies is generally not considered as new construction. In case the size of the existing unit is quite small, and the value of newly added fixed assets is more than three times of the the original value, the expansion will be considered as new construction.

(2) Expansion refers to construction of new major production workshop, branch factory or independent production line within a factory or in other locations, for the purpose of increasing the production capacity (or improving efficiency) or adding new production capacity. Newly constructed accommodation for the operation of institutions and administrative organizations (such as newly constructed buildings for teaching in schools, buildings for clinics or wards in hospitals, etc.) are also classified as expansion.

Also included in expansion are investments by existing enterprises or institutions in building major production line(s) or branch factory(ies) along with some work on innovation, for the purpose of expanding the production capacity of original products or producing new products.

(3) Reconstruction and technical transformation refers to

construction projects by existing enterprises or institutions in innovation or technical transformation of the old facilities (including auxiliary production equipment and welfare facilities). Also considered as reconstruction is the construction of new workshops by the existing enterprises or institutions to change the variety of products to meet the market demand (such as the production of civil products by defence industries), or to bring the designed production capacity into full play through a more balanced production process on production lines. Technical transformation refers to replacement of old technology or equipment by new technology or equipment, in order to expand the reproduction through improvement of technology contents in production, to improve product quality, to promote new products, to save energy, to reduce consumption, to expand the production scale and to improve overall social-economic efficiency. Contents of technical transformation include: updating of machinery, equipment and tools; reforming production process by using energy or materials saving technology; construction of factory workshops and transformation of public facilities; improvement of working conditions and environment, etc.

Investment in Fixed Assets by Structure By their contents and the mode of implementation, investment activities are classified into 3 categories, i.e. construction and installation, purchase of equipment and instrument, and other expenses.

(1) Construction and installation (work volume of construction and installation) refers to the construction of houses and buildings and the installation of various kinds of equipment and instruments. They include construction of houses; equipment foundations, industrial kilns and stoves, and metal structure work; preparation works and temporary works for project construction, and clearing up works post project construction; pavement of railways and roads, drilling of mines and putting up of oil pipes; construction of water conservancy; construction of underground air-raid shelters and construction of other special projects; value of equipment for heating, sanitation, ventilation, lighting, gas, painting, etc. that are covered by the budget of housing projects; laying out of various pipelines (for steam, compressed air, petroleum, tap water and sewage) and wiring and cabling for electric power and for communications; installation of various machinery and equipment; testing operation for pre-testing the quality of installation projects, and land and other development work conducted by real estate developers for commercialized housing. The value of equipment installed is itself not included in the value of installation projects.

(2) Purchase of equipment and instruments refers to the total value of equipment, tools, and instruments purchased or self-produced which come up to the cut-off point for fixed assets by the construction units or investing enterprises or institutions. Equipment, tools and instruments purchased or self-produced for new workshops by newly established or expanded units are categorized as "purchase of equipment and instruments" no matter whether they come up to the cut-off point for fixed assets.

(3) Other expenses refer to expenses arising during the construction or purchase of fixed assets other than those mentioned above.

Projects under Construction refer to projects with construction and installation activities undertaken in the reference period. All projects that have construction activities undertaken during the reference period are reported as projects under construction irrespective of the length of construction work. The number of projects under construction can reflect the actual size of investment in fixed assets during a given period, and when compared with the number of projects completed and put into use during the same period, it demonstrates the results of investment in fixed assets from the angle of the speed of the construction. Depending on the nature of construction activities, projects under construction can also be classified into projects beginning construction in current year, winding-up projects in current year and stopped or suspended projects in previous years (with resumption of work in current year).

Projects Completed and Put into Use Industrial projects refer to the major projects and anxilliary facilities having been completed in accordance with the design documents, resulting in forming production capacity and having checked and accepted after relevant tests, while the living and welfare facilities having been completed and being capable of ensuring normal production. Non-industrial projects refer to the major projects and anxilliary facilities which have been completed in accordance with the design documents ; have been checked, accepted after relevant examination; and have been formally delivered for use..

Floor Space of Buildings under Construction refers to the total floor space of the horizontal section of outer walls above the plinth of the building, including the effective area and the area occupied by the structure. This indicator is one of the important indicators in physical terms to reflect the scale and accomplishment of the construction industry and also an important basis for monitoring the progress, calculating the cost, analyzing the efficiency and studying the supply of building materials in relation to the construction projects.

Floor Space of Residential Buildings refers to the floor space of the residential buildings among the total space of buildings under construction or completed.

Floor Space under Construction refers to total floor space of all buildings under construction during the reference period, including floor space of newly started buildings during the reference period, floor space of construction extended from the previous period to the current period, and floor space of construction suspended during the previous period and resumed in the current period. Floor space of construction completed in the current period, and floor space of construction started and then suspended in the current period are also included in the floor space under construction of the current year.

Floor Space Completed refers to the floor space of all buildings completed in the reference period, which have been appraised and accepted (or come up to the designed standards) and have been transferred to owner units.

Newly Increased Fixed Assets refer to the newly increased value of fixed assets, constructed or purchased, that have been transferred to the investors. This is an indicator that demonstrates the results of investment in fixed assets in monetary terms, and an important indicator to reflect the speed of construction and to calculate the efficiency of investment.

对外经济贸易

FOREIAN ECONOMIC RELATIONS AND TRADE

◆95/123

资料整理及英文翻译：　林　红

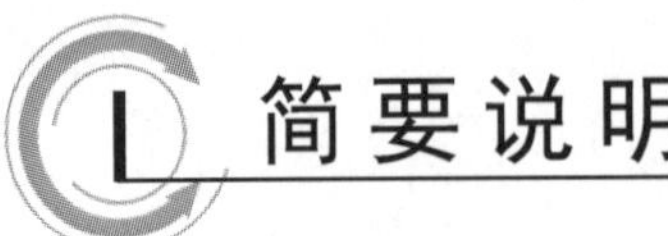

Ⅰ 简要说明

本篇资料综合反映全省对外贸易、利用外资、对外经济合作、与国外结成友好城市，重点反映对外经济贸易的近期发展状况。

一、对外贸易部分

对外贸易统计的主要内容包括：进出口货物的金额、品种、国别(地区)、经营单位、贸易方式、类别等项目。

对外贸易统计的范围是按照联合国的国际贸易统计原则制定的，即凡能引起中华人民共和国关境内物质资源存量增加或减少的进出口货物，除制度另有规定者外，均列入该项统计。

对外贸易统计的资料来源于南昌海关，调查方法是全面调查。

历年出口商品分类金额和历年进口商品分类金额按照联合国《国际贸易标准分类》(SITC)进行统计。进出口商品目录是在海关合作理事会制定的《商品名称和编码协调制度》(HS)的基础上，结合我国进出口实际情况制定的。

全省对各国(地区)进出口总额表中，出口货物按中华人民共和国关境外最终目的国(地区)，进口货物按中华人民共和国关境外原产国(地区)统计。各地区进出口商品总值按境内经营单位所在地列示。经营单位所在地是指中华人民共和国关境内进出口企业报关注册的登记地。

二、利用外资统计部分

利用外资统计的主要内容包括：外商直接投资、外商投资企业登记注册情况。

统计范围是凡经工商行政管理机关核准登记，在江西所有利用外资的单位和部门，经批准设立的中外合资经营企业、合作经营企业、外资企业、外商投资股份制企业、合作开发项目等具有法人资格的独立核算企业(包括港澳台地区投资企业)，在江西从事经营活动的外国及港澳台地区企业及外国公司在江西境内设立的分支机构。

利用外资统计的资料来源于省商务厅，其中，外商投资企业的登记注册情况资料来源于省工商行政管理局外资局，调查方法是全面调查。

三、对外经济合作部分

对外经济合作统计的主要内容包括：对外承包工程的合同数、合同金额、完成营业额及对外劳务合作的合同工资总额、实际收入总额和对外直接投资额等。

统计调查对象是经各级商务主管部门批准的从事对外承包和劳务合作业务并具有法人地位的对外承包劳务企业、境内投资主体通过直接投资在境外设立的各类公司型企业和非公司型企业。

资料来源是省商务厅，调查方法是全面调查。

四、其他

与国外结成友好城市部分的统计资料来源是省外侨办。

Ⅰ Brief Introduction

Data in this chapter show the summary data of the whole province foreign trade, utilization of foreign capital, foreign sister city with foreign cities, focusing on the recent situation of foreign trade and economic cooperation.

I. Foreign Trade

Data on foreign trade include: varieties of imports and exports, value, imports and exports corporations, means of trade, types of taxes and so on.

The coverage of foreign trade statistics is designed according to principle on international trade by United Nations, that is: all imports or exports that will lead to stock changes of material resources with the territory of People's Republic of China; excluding goods by escape clause.

Sources of data on foreign trade are from Customs of Nanchang through comprehensive reporting system.

Customs statistics on value term imports and exports by categories are using the UN Standard International Trade Classification (SITC). The catalogue of the import and export commodities is set based on the Harmonized Commodity Description and Coding System (HS) stipulated by the Customs Cooperation Council, Combining with practical domestic situations.

In the table on provincial total imports and exports with related countries and regions, the export commodities are calculated at the customs of the countries (regions) of destination and the import commodities are calculated at the customs of the countries (regions) of origin. The total values of the import and export commodities by region are calculated respectively at the place where the import or export corporations are situated within the boundary of the People's Republic of China. The province where the import or export corporations are situated refers to the province where the import or export corporations have applied to and have been registered at the customs. The province of origin within the boundary of the People's Republic of China refers to the province where the export commodities are produced or originally delivered.

II. Statistics on Utilization of Foreign Capitals

Utilization of foreign capitals includes: foreign loans, foreign direct investments and other foreign investments, and the basic condition of registration of foreign funded enterprises.

The statistics cover all the units and departments which have utilized foreign capital and all the Sino-foreign joint ventures, Sino-foreign cooperative enterprises, ventures exclusively with foreign investment, foreign-funded stock companies, Sino-foreign cooperative development projects and other corporate enterprises (including the enterprises funded by the entrepreneurs from Hong Kong, Macao and Taiwan) with independent accounting system which have been approved by the Jiangxi provincial government to set up in the boundary of Jiangxi.

Data on utilization of foreign capitals are from Department of Commerce of Jiangxi Province, of which, data on basic condition of registration of foreign funded enterprises are from Jiangxi Administration for Industry and Commerce through comprehensive reporting system.

III. Foreign Economic Cooperation

Data on foreign economic cooperation include: number, volume and turnover of foreign project-contracting. Total wages of contract, complete business turnover, foreign direct investment of foreign labor service cooperation and so on.

The statistical unit in the scheme is the corporate enterprise engaged in contracted projects and labors services cooperation with foreign countries and has been approved by the department of commerce at various levels, company type and non-company type enterprises established overseas by domestic subjects of investment.

Data on foreign economic cooperation are from Department of Commerce of Jiangxi Province through comprehensive reporting system.

IV. Others

Statistical of data on Foreign sister city with foreign countries are from Overseas Chinese Affairs of Jiangxi Province.

5-1 海关货物进出口总值
Total Value of Imports and Exports

年份 地区 Year Region	人民币（万元）10000 yuan 进出口总值 Total Imports & Exports	出口值 Total Exports	进口值 Total Imports	差额 Balance	美元（万美元）USD 10000 进出口总值 Total Imports & Exports	出口值 Total Exports	进口值 Total Imports	差额 Balance
1989	232715	174932	57783	117149	62487	46948	15539	31409
1990	322283	257970	64313	193657	71934	58023	13911	44112
1991	408347	270925	137422	133503	76568	50814	25754	25060
1992	531711	355773	175938	179835	96533	64707	31826	32881
1993	665418	350031	315387	34644	116740	61409	55331	6078
1994	1126963	690113	436850	253263	130457	80014	50443	29571
1995	1080209	845224	234985	610239	129044	101035	28009	73026
1996	928914	709206	219708	489498	111672	85243	26429	58814
1997	1105121	924093	181028	743065	133284	111438	21846	89592
1998	1033368	844234	189134	655100	124720	101870	22850	79020
1999	1087884	750259	337625	412634	131387	90611	40776	49835
2000	1344664	991414	353250	638164	162399	119736	42663	77073
2001	1267519	860333	407186	453147	153119	103930	49189	54741
2002	1402687	871005	531682	339323	169468	105232	64236	40996
2003	2092670	1246410	846260	400150	252799	150569	102230	48339
2004	2923218	1651484	1271734	379750	353195	199539	153656	45883
2005	3338761	2005931	1332830	673101	405938	244004	161934	82070
2006	4948598	3000716	1947882	1052834	619356	375307	244049	131258
2007	7230425	4168726	3061698	1107028	944886	544473	400413	144060
2008	9545118	5412965	4132153	1280812	1361793	772666	589127	183539
2009	8727529	5033213	3694316	1338897	1277878	736849	541029	195820
2010	14629821	9079759	5550062	3529697	2160529	1341606	818923	522683
2011	20387440	14160957	6226483	7934474	3146881	2187606	959275	1228331
2012	21086322	15846515	5239807	10606708	3341383	2511279	830104	1681175
2013	22844979	17525434	5319545	12205889	3674663	2816665	857998	1958667
2014	26243484	19666525	6576959	13089566	4273082	3202532	1070550	2131982
2015	26285359	20514912	5770447	14744465	4239961	3311674	928287	2383387
南昌市 Nanchang	7058403	5270061	1788342	3481719	1137196	850128	287069	563059
景德镇市 Jingdezhen	501188	484290	16898	467392	80217	77488	2729	74759
萍乡市 Pingxiang	785733	777858	7875	769983	126600	125330	1270	124060
九江市 Jiujiang	3704371	3046812	657560	2389252	599539	493428	106111	387317
新余市 Xinyu	1124088	782880	341209	441671	180580	125559	55022	70537
鹰潭市 Yingtan	2214592	589668	1624924	-1035256	356775	94965	261810	-166845
赣州市 Ganzhou	2579091	2104957	474133	1630824	414887	338631	76255	262376
吉安市 Ji'an	2998398	2589863	408535	2181328	485161	419598	65564	354034
宜春市 Yichun	1602104	1481404	120700	1360704	259319	239889	19430	220459
抚州市 Fuzhou	1036466	1023136	13330	1009806	167242	165108	2135	162973
上饶市 Shangrao	2680925	2363983	316942	2047041	432443	381550	50893	330657

5-2 海关进出口货物分类金额（2015年）

Value of Imports and Exports by HS Section and Division (2015)

单位：万元 (RMB 10000yuan)

商品类别	Section & Division	进出口总值 Total Imports & Exports	出口值 Total Exports	进口值 Total Imports
总计	**Total**	**26285359**	**20514912**	**5770447**
活动物;动物产品	**Live Animals & Animal Products**	**33361**	**28521**	**4840**
活动物	Live Animals	26189	26189	
肉及食用杂碎	Meat and Edible Haslets	263	263	
鱼、甲壳动物、软体动物及其他水生无脊动物	Fish;Shellfish;Molluscs and Other Aquatic Invertebrates	3090	1263	1827
乳品；蛋品；天然蜂蜜;其他食用动物产品	Dairy Products;Eggs;Natural Honey;Other Edible Animal Products	2606	158	2448
其他动物产品	Other Animal Products	1212	648	564
植物产品	**Vegetables; Fruits and Cereals**	**151191**	**125863**	**25328**
活树及其他活植物;鳞茎、根及类似品;插花及装饰用簇叶	Live Trees and other Live Plants;Bulbs;Roots and Similar Goods;Floral and Decorative Leaf Clusters	1059	1056	3
食用蔬菜、根及块茎	Edible Vegetables; Roots and Stem Tubers	21424	21014	409
食用水果及坚果;甜瓜或柑桔属水果的果皮	Edible Fruits and Nuts; Muskmelon and Peels of Citrus Fruits	51600	50851	749
咖啡、茶、马黛茶及调味香料	Coffee; Tea and Spices	30241	29922	319
谷物	Cereals	16153		16153
制粉工业产品;麦芽;淀粉;菊粉;面筋	Milling Products; Malt; Starch; Inulin and Gluten	2817	51	2766
含油子仁及果实;杂项子仁及果实;工业用或药用植物;稻草、秸秆及饲料	Oil Seeds and Kernels and Oleaginous Fruits;Other Seeds and Kernels and Fruits; Plants for Industrial and Medicinal Use; Straws and Forage	24467	19598	4869
虫胶;树胶、树脂及其他植物液、汁	Lac; Rubber; Resin and Other Plant Juices	1456	1438	18
编结用植物材料;其他植物产品	Plaiting Plant Materials; Other Plant Products	1975	1933	42
动植物油、脂及其分解产品;精制的食用油脂;动、植物蜡	**Animal and Vegetable Oils; Fats and Wax; Refined Edible Oils and Fats**	**3012**	**2993**	**19**
食品；饮料、酒及醋;烟草、烟草及烟草代用品的制品	**Food; Beverages; Liquor and Vinegar;Tobacco and Tobacco Substitutes**	**221099**	**172334**	**48765**
肉、鱼、甲壳动物、软体动物及其他水生无脊椎动物的制品	Meat; Fish and Shellfish Products Mollusks and Other Aquatic Products	109357	109357	
糖及糖食	Sugar and Sugar Products	393	111	282
可可及可可制品	Cocoa and Cocoa Products	2521	2521	
谷物、粮食粉、淀粉或乳的制品;糕饼点心	Cereals; Grain; Starches or Milk and Pastry Products	19316	17181	2134
蔬菜、水果、坚果或植物其他部分的制品	Products of Vegetables; Fruits and Nuts	22674	22642	31
杂项食品	Miscellaneous Food	868	812	55
饮料、酒及醋	Beverages; Liquor and Vinegar	1689	632	1058
食品工业的残渣及废料;配制的动物饲料	Waste Residues of Food Industry and Configuration of Animal Feed	64246	19042	45204
烟草及烟草代用品的制品	Tobacco, Product of Tobacco and Tobacco Substitute	35	35	
矿产品	**Minerals**	**1664916**	**91165**	**1573751**
盐;硫酸;泥土及石料;石膏料、石灰及水泥	Salt; Sulphur; Clay and Rock; Plaster Stone; Lime and Cement	106692	78482	28210
矿砂、矿渣及矿灰	Ore; Slag and Mortar	1532119	6241	1525879
矿物燃料、矿物油及其 蒸馏产品;沥青物质;矿物蜡	Mineral Fuels; Lubricants; Asphalt;Mineral Wax	26105	6442	19662

5-2 续表1 continued

单位: 万元 (RMB 10000yuan)

商品类别	Section & Division	进出口总值 Total Imports & Exports	出口值 Total Exports	进口值 Total Imports
化学工业及其相关工业的产品	**Chemicals and Related Products**	**1911846**	**1737723**	**174123**
无机化学品;贵金属、稀土金属、放射性元素及其同位素的有机及无机化合物	Inorganic Chemicals;Precious Metals;Rare Earth; Radioactive Elements and Isotopes of Organic and Inorganic Compounds	664000	586770	77230
有机化学品	Organic Chemicals	374497	364743	9754
药品	Medicinal and Pharmaceutical Products	32625	29625	3000
肥料	Fertilizers	10207	10207	
鞣料浸膏及染料浸膏;鞣酸及其他衍生物;染料、颜料及其他着色料;油漆及清漆;油灰及其他类似胶粘剂;墨水、油墨	Tanning and Dyeing Extracts;Tannic Acid;Coloring and Dyeing Materials; Paint and Lacquer; Putty and other similar Adhesive; Ink and Printing Ink	107791	105090	2701
精油及香膏;芳香料制品及化妆盥洗品	Essential Oils and Perfumed Materials; Cosmetics Washing Goods	91545	74621	16924
肥皂、有机表面活性剂、洗涤剂、润滑剂、人造蜡、调制蜡、光洁剂、蜡烛及类似品、塑型用膏、“牙科用蜡”及牙科用熟石膏制剂	Soap;Organic Surfactant;Detergent;Lubricant;Man-made Wax; Modulated Wax,Lacquer;Candles and Similar Goods;Remodeling Paste;"Dental Wax"and Plaster Preparation of Dental Use	36783	33065	3718
蛋白类物质;改性淀粉;胶;酶	Protein like Substances; Modified Starch;Gel and Enzymes	36975	26537	10438
烟火制品;火柴;引火合金;易燃材料制品	Explosives and Matches Products;Inflammable Material Products	155477	155471	6
照相及电影用品	Photographic and Film Supplies	4298	3033	1265
杂项化学产品	Miscellaneous Chemical Products	397648	348562	49085
塑料及其制品;橡胶及其制品	**Plastics and Related Products;Rubber and Related Products**	**941390**	**781653**	**159736**
塑料及其制品	Plastics and Related Products	818188	695448	122740
橡胶及其制品	Rubber and Related Products	123202	86206	36996
生皮、皮革、毛皮及其制品;鞍具及挽具;旅行用品、手提包及类似品;动物肠线(蚕胶丝除外)制品	**Raw Hides; Leather; Furs and Related Products; Saddle;Travel Articles; Handbags and Similar Containers**	**600855**	**572472**	**28383**
生皮及皮革	Raw Hides and Leather	32033	4760	27273
皮革制品;鞍具及挽具;旅行用品、手提包及类似容器;动物肠线制品	Leather Products;Saddle;Travel Articles;Handbags and Similar Containers	561277	560486	791
毛皮、人造毛皮及其制品	Furs; Artificial Furs and Related Products	7545	7227	318
木及木制品;木炭;软木及软木制品;稻草、秸秆、针茅或其他编结材料制品;蓝筐及柳条编结品	**Wood and Wooden Products; Charcoal; Cork and Related Products; Straws;Plaited Products; Baskets and Wickerwork**	**146714**	**129773**	**16940**
木及木制品;木炭	Wood and Wooden Products, Charcoal	142512	125573	16940
软木及软木制品	Cork and Related Products	67	66	1
稻草、秸秆、针茅或其他编结材料制品;篮筐及柳条编结品	Straws;Plaited Products; Baskets and Wickerwork	4134	4134	
木浆及其他纤维状纤维素浆;纸及纸板的废碎品;纸、纸板及其制品	**Paper Pulp and Cellulose Pulp; Paper and Waste Paper; Paperboard and Related Products**	**536172**	**381414**	**154758**
木浆及其他纤维状纤维;纸及纸板的废碎品	Paper Pulp and Cellulose Pulp; Paper and Paper Board Waste	144562	92	144471

5-2 续表2 continued

单位: 万元 (RMB 10000yuan)

商品类别	Section & Division	进出口总值 Total Imports & Exports	出口值 Total Exports	进口值 Total Imports
纸及纸板;纸浆、纸或纸板制品	Paper and Paperboard; Articles of Paper Pulp or Paper and Paperboard Products	363596	353838	9758
书籍、报纸、印刷图画及其他印刷品;手稿、打字稿及设计图纸	Books,Newspaper and Other Prints; Manuscript,Design Drawings	28014	27484	529
纺织原料及纺织制品	**Textile Materials and Products**	**3215938**	**3113027**	**102910**
蚕丝	Natural Silk	1167	1166	1
羊毛、动物细毛或粗毛;马毛纱线及其机织物	Wool; Wool Yarn and Woolen Woven Fabrics	4084	3144	940
棉花	Cotton	124143	94409	29734
其他植物纺织纤维;纸纱线及其机织物	Other Textile Fibres Yarn and Related Woven Fabrics	95535	93448	2087
化学纤维长丝	Man-Made Filament	49486	36908	12577
化学纤维短纤	Man-Made Short Fibres	86611	83889	2722
絮胎、毡呢及无纺织物;特种纱线;线、绳、索、缆及其制品	Wadding; Felt and Adhesive-Bond Fabrics;Special Yarn; Thread; Rope; Cable and Related Products	32173	28814	3360
地毯及纺织材料的其他铺地制品	Carpets and Related Products	36376	36359	17
特种机织物;簇绒织物;花边;装饰毯;装饰带;刺绣品	Special Woven Fabrics; Lace; Embroidery	38538	31934	6604
浸渍、涂布、包覆或层压的纺织物;工业用纺织制品	Coated Textiles; Textile Products for Industrial Use	27582	16419	11163
针织物及钩编织物	Knitwear and Crocheted Fabrics	90355	71744	18610
针织或钩编的服装及衣着附件	Knitted or Crocheted Garments&Clothing Accessories	1518801	1518447	353
非针织或非钩编的服装及衣着附件	Garments Not Knitted or Crocheted	857562	855255	2307
其他纺织制成品;旧衣着及旧纺织品;碎织物	Other Textile Products; Secondhand Garments	253525	241091	12434
鞋、帽、伞、杖、鞭及其零件;已加工的羽毛及其制品;人造花;人发制品	**Footwear; Headgear; Umbrellas; Canes; Whips;Processed Feather; Artificial Flowers; Wigs**	**1216807**	**1213624**	**3182**
鞋靴、护腿和类似品及其零件	Parts of Footwear; Gaiters	951135	947968	3167
帽类及其零件	Headgear And Accessories	47143	47134	9
雨伞、阳伞、手仗、鞭子、马鞭及其零件	Umbrellas; Canes; Whips and Accessories	60469	60469	
已加工羽毛、羽绒及其制品;人造花;人发制品	Processed Feathers and Related Products;Artificial Flowers; Wigs	158059	158054	5
石料、石膏、水泥、石棉、云母及类似材料的制品;陶瓷产品;玻璃及其制品	**Gypsum; Cement; Asbestos; Mica; Ceramic Glass**	**1277222**	**1258987**	**18236**
石料、石膏、水泥、石棉、云母及类似材料的制品	Gypsum; Cement; Asbestos; Mica and Related Products	319203	317224	1979
陶瓷产品	Ceramics	676265	674868	1396
玻璃及其制品	Glass and Glassware	281754	266894	14860
天然或养殖珍珠、宝石或半宝石、贵金属、包贵金属及其制品;仿首饰;硬币	**Natural or Cultivated Pearls;Precious or Semi-Precious Stones; Jewelry of Precious Metal or Rolled Precious Metal; Artificial Jewelry; Coins**	**271067**	**152901**	**118166**

5-2 续表3 continued

单位: 万元 (RMB 10000yuan)

商品类别	Section & Division	进出口总值 Total Imports & Exports	出口值 Total Exports	进口值 Total Imports
贱金属及其制品	**Base Metals and Related Products**	**2936797**	**2326813**	**609983**
钢铁	Iron and Steel	507910	497792	10118
钢铁制品	Iron and Steel Products	800812	781628	19183
铜及其制品	Copper and Related Products	697347	197203	500143
镍及其制品	Nickel and Related Products	736	303	433
铝及其制品	Aluminum and Related Products	118119	108853	9266
铅及其制品	Lead and Related Products	3099	678	2421
锌及其制品	Zinc and Related Products	13792	13097	694
锡及其制品	Tin and Related Products	607	296	310
其他贱金属、金属陶瓷及其制品	Other Base Metals and Related Products	189187	126878	62309
贱金属工具、器具、利口器、餐匙、餐叉及其零件	Tools and Apparatus of Base Metals;Spoon and Accessories	187412	184250	3161
贱金属杂项制品	Miscellaneous Products of Base Metals and Accessories	417776	415833	1942
机器、机械器具、电气设备及其零件;录音机及放声机、电视图像、声音的录制和重放设备及其零件、附件	**Machinery; Electric Equipment and Accessories; Recorders; Video Recorder and Accessories**	**7586743**	**5230585**	**2356157**
锅炉、机器机械器具及其零件等	Boilers;Machinery and Accessories	1620490	1323250	297241
电机、电气设备及其零件;录音机及放声机、电视图像、声音的录制和重放设备及其零件、附件	Electric Equipment and Accessories;Recorders;Video Recorder and Accessories	5966252	3907336	2058916
车辆、船舶及有关运输设备	**Locomotives; Vehicles; Ship and Related Transportation Equipment**	**644036**	**543469**	**100567**
光学、照相、电影、计量、检验、医疗或外科用仪器及设备、精密仪器及设备;上述物品的零件、附件	**Optical; Photographic; Film; Measuring and Checking and Medical Instruments and Equipment; Precision Instruments and Equipment; (Clocks; Musical Instruments;) Related Parts and Accessories**	**637116**	**366749**	**270367**
光学、照相、电影、计量、检验、医疗或外科用仪器及设备、精密仪器及设备;零件、附件	Optical; Photographic; Film; Measuring and Checking and Medical Instruments and Equipment; Precision Instruments and Equipment; Clocks; Musical Instruments; Related Parts and Accessories	572364	302337	270027
钟表及其零件	Clocks and Accessories	47210	47156	54
乐器及其零件、附件	Musical Instruments; Related Parts and Accessories	16803	16518	286
其它及其零件、附件	Other parts and Accessories	739	739	
杂项制品	**Miscellaneous Products**	**2266411**	**2262293**	**4118**
家具、寝具、褥垫、弹簧床垫、软座垫及类似的填充制品;未列名灯具及照明装置;发光标志、发光名牌及类似品;活动房屋	Furniture and Lighting Fixtures;Luminous Signs&similar Goods; Prefabricated Houses	1640237	1639169	1068
玩具、游戏品、运动用品及其零件、附件	Toys, Games, Sporting Goods and Accessories	438192	437642	550
杂项制品	Miscellaneous Products	187981	185482	2500
艺术品、收藏品及古物	**Works of Art, Collectibles and Antiques**	**22663**	**22551**	**113**
特殊交易品及未分类商品	**Special and Uncategorized Products**	**6**		**6**

5-3 海关进出口货物分类金额（2015年）

Value of Imports and Exports by HS Section and Division (2015)

单位：万美元 (USD 10000)

商品类别	Section & Division	进出口总值 Total Imports & Exports	出口值 Total Exports	进口值 Total Imports
总计	**Total**	**4239961**	**3311674**	**928287**
活动物;动物产品	**Live Animals & Animal Products**	**5376**	**4586**	**789**
活动物	Live Animals	4215	4215	
肉及食用杂碎	Meat and Edible Haslets	42	42	
鱼、甲壳动物、软体动物及其他水生无脊动物	Fish;Shellfish;Molluscs and Other Aquatic Invertebrates	498	199	299
乳品；蛋品；天然蜂蜜;其他食用动物产品	Dairy Products;Eggs;Natural Honey;Other Edible Animal Products	424	25	399
其他动物产品	Other Animal Products	196	105	92
植物产品	**Vegetables; Fruits and Cereals**	**24321**	**20239**	**4083**
活树及其他活植物;鳞茎、根及类似品;插花及装饰用簇叶	Live Trees and other Live Plants;Bulbs;Roots and Similar Goods;Floral and Decorative Leaf Clusters	169	168	1
食用蔬菜、根及块茎	Edible Vegetables; Roots and Stem Tubers	3478	3411	67
食用水果及坚果;甜瓜或柑桔属水果的果皮	Edible Fruits and Nuts; Muskmelon and Peels of Citrus Fruits	8238	8118	120
咖啡、茶、马黛茶及调味香料	Coffee; Tea and Spices	4857	4805	51
谷物	Cereals	2600		2600
制粉工业产品;麦芽;淀粉;菊粉;面筋	Milling Products; Malt; Starch; Inulin and Gluten	453	8	445
含油子仁及果实;杂项子仁及果实;工业用或药用植物;稻草、秸秆及饲料	Oil Seeds and Kernels and Oleaginous Fruits;Other Seeds and Kernels and Fruits; Plants for Industrial and Medicinal Use; Straws and Forage	3972	3183	789
虫胶;树胶、树脂及其他植物液、汁	Lac; Rubber; Resin and Other Plant Juices	235	232	3
编结用植物材料;其他植物产品	Plaiting Plant Materials; Other Plant Products	319	313	7
动植物油、脂及其分解产品;精制的食用油脂;动、植物蜡	**Animal and Vegetable Oils; Fats and Wax; Refined Edible Oils and Fats**	**488**	**485**	**3**
食品；饮料、酒及醋;烟草、烟草及烟草代用品的制品	**Food; Beverages; Liquor and Vinegar;Tobacco and Tobacco Substitutes**	**35691**	**27858**	**7833**
肉、鱼、甲壳动物、软体动物及其他水生无脊椎动物的制品	Meat; Fish and Shellfish Products Mollusks and Other Aquatic Products	17700	17700	
糖及糖食	Sugar and Sugar Products	63	18	45
可可及可可制品	Cocoa and Cocoa Products	405	405	
谷物、粮食粉、淀粉或乳的制品;糕饼点心	Cereals; Grain; Starches or Milk and Pastry Products	3107	2768	339
蔬菜、水果、坚果或植物其他部分的制品	Products of Vegetables; Fruits and Nuts	3661	3656	5
杂项食品	Miscellaneous Food	139	130	9
饮料、酒及醋	Beverages; Liquor and Vinegar	273	102	171
食品工业的残渣及废料;配制的动物饲料	Waste Residues of Food Industry and Configuration of Animal Feed	10337	3073	7264
烟草及烟草代用品的制品	Tobacco, Product of Tobacco and Tobacco Substitute	6	6	
矿产品	**Minerals**	**268378**	**14726**	**253651**
盐;硫酸;泥土及石料;石膏料、石灰及水泥	Salt; Sulphur; Clay and Rock; Plaster Stone; Lime and Cement	17229	12675	4554
矿砂、矿渣及矿灰	Ore; Slag and Mortar	246901	1010	245891
矿物燃料、矿物油及其 蒸馏产品;沥青物质;矿物蜡	Mineral Fuels; Lubricants; Asphalt;Mineral Wax	4248	1042	3206

5-3 续表1 continued

单位: 万美元 (USD 10000)

商品类别	Section & Division	进出口总值 Total Imports & Exports	出口值 Total Exports	进口值 Total Imports
化学工业及其相关工业的产品	**Chemicals and Related Products**	**308389**	**280366**	**28023**
无机化学品;贵金属、稀土金属、放射性元素及其同位素的有机及无机化合物	Inorganic Chemicals;Precious Metals;Rare Earth; Radioactive Elements and Isotopes of Organic and Inorganic Compounds	107072	94688	12384
有机化学品	Organic Chemicals	60292	58712	1581
药品	Medicinal and Pharmaceutical Products	5267	4782	485
肥料	Fertilizers	1653	1653	
鞣料浸膏及染料浸膏;鞣酸及其他衍生物;染料、颜料及其他着色料;油漆及清漆;油灰及其他类似胶粘剂;墨水、油墨	Tanning and Dyeing Extracts;Tannic Acid;Coloring and Dyeing Materials; Paint and Lacquer; Putty and other similar Adhesive; Ink and Printing Ink	17393	16956	437
精油及香膏;芳香料制品及化妆盥洗品	Essential Oils and Perfumed Materials; Cosmetics Washing Goods	14833	12100	2733
肥皂、有机表面活性剂、洗涤剂、润滑剂、人造蜡、调制蜡、光洁剂、蜡烛及类似品、塑型用膏、"牙科用蜡"及牙科用熟石膏制剂	Soap;Organic Surfactant;Detergent;Lubricant;Man-made Wax; Modulated Wax,Lacquer;Candles and Similar Goods;Remodeling Paste;"Dental Wax"and Plaster Preparation of Dental Use	5940	5341	600
蛋白类物质;改性淀粉;胶;酶	Protein like Substances; Modified Starch;Gel and Enzymes	5976	4297	1679
烟火制品;火柴;引火合金;易燃材料制品	Explosives and Matches Products;Inflammable Material Products	25064	25063	1
照相及电影用品	Photographic and Film Supplies	694	489	205
杂项化学产品	Miscellaneous Chemical Products	64203	56283	7920
塑料及其制品;橡胶及其制品	**Plastics and Related Products;Rubber and Related Products**	**152097**	**126393**	**25704**
塑料及其制品	Plastics and Related Products	132204	112461	19743
橡胶及其制品	Rubber and Related Products	19893	13932	5961
生皮、皮革、毛皮及其制品;鞍具及挽具;旅行用品、手提包及类似品;动物肠线(蚕胶丝除外)制品	**Raw Hides; Leather; Furs and Related Products; Saddle;Travel Articles; Handbags and Similar Containers**	**97221**	**92631**	**4590**
生皮及皮革	Raw Hides and Leather	5182	769	4413
皮革制品;鞍具及挽具;旅行用品、手提包及类似容器;动物肠线制品	Leather Products;Saddle;Travel Articles;Handbags and Similar Containers	90814	90688	126
毛皮、人造毛皮及其制品	Furs; Artificial Furs and Related Products	1225	1174	51
木及木制品;木炭;软木及软木制品;稻草、秸秆、针茅或其他编结材料制品;蓝筐及柳条编结品	**Wood and Wooden Products; Charcoal; Cork and Related Products; Straws;Plaited Products; Baskets and Wickerwork**	**23636**	**20916**	**2719**
木及木制品;木炭	Wood and Wooden Products, Charcoal	22960	20241	2719
软木及软木制品	Cork and Related Products	11	11	
稻草、秸秆、针茅或其他编结材料制品;篮筐及柳条编结品	Straws;Plaited Products; Baskets and Wickerwork	665	665	
木浆及其他纤维状纤维素浆;纸及纸板的废碎品;纸、纸板及其制品	**Paper Pulp and Cellulose Pulp; Paper and Waste Paper; Paperboard and Related Products**	**86594**	**61721**	**24872**
木浆及其他纤维状纤维;纸及纸板的废碎品	Paper Pulp and Cellulose Pulp; Paper and Paper Board Waste	23235	15	23220

5-3 续表2 continued

单位：万美元 (USD 10000)

商品类别	Section & Division	进出口总值 Total Imports & Exports	出口值 Total Exports	进口值 Total Imports
纸及纸板;纸浆、纸或纸板制品	Paper and Paperboard; Articles of Paper Pulp or Paper and Paperboard Products	58825	57258	1567
书籍、报纸、印刷图画及其他印刷品;手稿、打字稿及设计图纸	Books,Newspaper and Other Prints; Manuscript,Design Drawings	4533	4448	85
纺织原料及纺织制品	**Textile Materials and Products**	**519136**	**502556**	**16580**
蚕丝	Natural Silk	188	188	
羊毛、动物细毛或粗毛;马毛纱线及其机织物	Wool; Wool Yarn and Woolen Woven Fabrics	648	496	152
棉花	Cotton	20053	15241	4812
其他植物纺织纤维;纸纱线及其机织物	Other Textile Fibres Yarn and Related Woven Fabrics	15448	15112	336
化学纤维长丝	Man-Made Filament	7976	5954	2022
化学纤维短纤	Man-Made Short Fibres	13957	13519	438
絮胎、毡呢及无纺织物;特种纱线;线、绳、索、缆及其制品	Wadding; Felt and Adhesive-Bond Fabrics;Special Yarn; Thread; Rope; Cable and Related Products	5178	4637	542
地毯及纺织材料的其他铺地制品	Carpets and Related Products	5877	5874	3
特种机织物；簇绒织物；花边；装饰毯；装饰带；刺绣品	Special Woven Fabrics; Lace; Embroidery	6214	5152	1062
浸渍、涂布、包覆或层压的纺织物；工业用纺织制品	Coated Textiles; Textile Products for Industrial Use	4450	2654	1796
针织物及钩编织物	Knitwear and Crocheted Fabrics	14584	11594	2989
针织或钩编的服装及衣着附件	Knitted or Crocheted Garments&Clothing Accessories	245132	245075	57
非针织或非钩编的服装及衣着附件	Garments Not Knitted or Crocheted	138477	138104	373
其他纺织制成品；旧衣着及旧纺织品；碎织物	Other Textile Products; Secondhand Garments	40955	38958	1997
鞋、帽、伞、杖、鞭及其零件；已加工的羽毛及其制品；人造花；人发制品	**Footwear; Headgear; Umbrellas; Canes; Whips;Processed Feather; Artificial Flowers; Wigs**	**196645**	**196132**	**513**
鞋靴、护腿和类似品及其零件	Parts of Footwear; Gaiters	153704	153193	511
帽类及其零件	Headgear And Accessories	7627	7625	1
雨伞、阳伞、手仗、鞭子、马鞭及其零件	Umbrellas; Canes; Whips and Accessories	9758	9758	
已加工羽毛、羽绒及其制品；人造花；人发制品	Processed Feathers and Related Products;Artificial Flowers; Wigs	25557	25556	1
石料、石膏、水泥、石棉、云母及类似材料的制品；陶瓷产品；玻璃及其制品	**Gypsum; Cement; Asbestos; Mica; Ceramic Glass**	**206503**	**203562**	**2941**
石料、石膏、水泥、石棉、云母及类似材料的制品	Gypsum; Cement; Asbestos; Mica and Related Products	51603	51285	317
陶瓷产品	Ceramics	109377	109151	225
玻璃及其制品	Glass and Glassware	45524	43125	2399
天然或养殖珍珠、宝石或半宝石、贵金属、包贵金属及其制品；仿首饰；硬币	**Natural or Cultivated Pearls;Precious or Semi-Precious Stones; Jewelry of Precious Metal or Rolled Precious Metal; Artificial Jewelry; Coins**	**43595**	**24593**	**19002**

5-3 续表3 continued

单位: 万美元 (USD 10000)

商品类别	Section & Division	进出口总值 Total Imports & Exports	出口值 Total Exports	进口值 Total Imports
贱金属及其制品	**Base Metals and Related Products**	**474609**	**376297**	**98312**
钢铁	Iron and Steel	82179	80555	1624
钢铁制品	Iron and Steel Products	129462	126389	3073
铜及其制品	Copper and Related Products	112452	31815	80636
镍及其制品	Nickel and Related Products	118	49	69
铝及其制品	Aluminum and Related Products	19098	17599	1498
铅及其制品	Lead and Related Products	505	109	396
锌及其制品	Zinc and Related Products	2234	2122	112
锡及其制品	Tin and Related Products	98	47	50
其他贱金属、金属陶瓷及其制品	Other Base Metals and Related Products	30535	20500	10035
贱金属工具、器具、利口器、餐匙、餐叉及其零件	Tools and Apparatus of Base Metals;Spoon and Accessories	30309	29802	507
贱金属杂项制品	Miscellaneous Products of Base Metals and Accessories	67619	67308	311
机器、机械器具、电气设备及其零件;录音机及放声机、电视图像、声音的录制和重放设备及其零件、附件	**Machinery; Electric Equipment and Accessories; Recorders; Video Recorder and Accessories**	**1220658**	**842253**	**378405**
锅炉、机器机械器具及其零件等	Boilers;Machinery and Accessories	261532	213645	47887
电机、电气设备及其零件;录音机及放声机、电视图像、声音的录制和重放设备及其零件、附件	Electric Equipment and Accessories;Recorders;Video Recorder and Accessories	959126	628608	330518
车辆、船舶及有关运输设备	**Locomotives; Vehicles; Ship and Related Transportation Equipment**	**103703**	**87640**	**16063**
光学、照相、电影、计量、检验、医疗或外科用仪器及设备、精密仪器及设备;上述物品的零件、附件	**Optical; Photographic; Film; Measuring and Checking and Medical Instruments and Equipment; Precision Instruments and Equipment; (Clocks; Musical Instruments;) Related Parts and Accessories**	**102628**	**59106**	**43522**
光学、照相、电影、计量、检验、医疗或外科用仪器及设备、精密仪器及设备;零件、附件	Optical; Photographic; Film; Measuring and Checking and Medical Instruments and Equipment; Precision Instruments and Equipment; Clocks; Musical Instruments; Related Parts and Accessories	92153	48686	43467
钟表及其零件	Clocks and Accessories	7634	7625	9
乐器及其零件、附件	Musical Instruments; Related Parts and Accessories	2722	2676	46
其它及其零件、附件	Other parts and Accessories	119	119	
杂项制品	**Miscellaneous Products**	**366615**	**365955**	**660**
家具、寝具、褥垫、弹簧床垫、软座垫及类似的填充制品;未列名灯具及照明装置;发光标志、发光名牌及类似品;活动房屋	Furniture and Lighting Fixtures;Luminous Signs&similar Goods; Prefabricated Houses	265431	265261	170
玩具、游戏品、运动用品及其零件、附件	Toys, Games, Sporting Goods and Accessories	70773	70685	88
杂项制品	Miscellaneous Products	30410	30008	402
艺术品、收藏品及古物	**Works of Art, Collectibles and Antiques**	**3676**	**3658**	**18**
特殊交易品及未分类商品	**Special and Uncategorized Products**	**1**		**1**

5-4 按国别(地区)分海关货物进出口总值（2015年）

Volume of Imports and Exports by Country or Region (2015)

单位: 万元 (RMB 10000yuan)

国别（地区）	Country (Region)	进出口总值 Total Imports & Exports	出口值 Total Exports	进口值 Total Imports
合计	**Total**	**26285359**	**20514912**	**5770447**
亚洲	Asia	14562619	11491545	3071075
#孟加拉国	Bangladesh	202820	197910	4910
中国香港	Hong Kong, China	2855448	2809758	45690
中国澳门	Macao, China	145384	145307	77
中国台湾	Taiwan, China	1650480	320251	1330229
印度	India	649374	625425	23949
印度尼西亚	Indonesia	598619	559990	38629
伊朗	Iran	243512	150009	93502
以色列	Israel	117144	114770	2374
日本	Japan	934888	629834	305054
马来西亚	Malaysia	1126971	975111	151861
蒙古	Mongolia	10406	5590	4816
巴基斯坦	Pakistan	187806	181213	6592
菲律宾	Philippines	326910	299340	27570
沙特阿拉伯	Saudi Arabia	289200	282920	6280
新加坡	Singapore	876824	759590	117234
韩国	Korea Rep.	1544885	1092952	451933
斯里兰卡	Sri Lanka	46351	45623	728
叙利亚	Syria	16772	16667	105
泰国	Thailand	597905	485369	112536
土耳其	Turkey	172147	167791	4356
阿联酋	United Arab Emirates	390112	389983	129
也门	Republic of Yemen	18752	18752	
越南	Vietnam	590921	553694	37227
非洲	Africa	2163114	1862327	300787
#阿尔及利亚	Algeria	79550	79505	45
埃及	Egypt	136173	135932	240
科特迪瓦	Cote d'lvoire	21456	21456	
尼日利亚	Nigeria	262516	255187	7329
南非	South Africa	375483	253719	121764
多哥	Togo	55085	55085	
刚果（金）	Congo DR	136022	19200	116823

5-4 续表 continued

单位: 万元 (RMB 10000yuan)

国别（地区）	Country (Region)	进出口总值 Total Imports & Exports	出口值 Total Exports	进口值 Total Imports
欧洲	Europe	3321877	2852514	469364
#比利时	Belgium	197644	161530	36114
丹麦	Denmark	25215	24349	866
英国	United Kingdom	555262	530851	24411
德国	Germany	659102	469956	189146
法国	France	173079	143286	29794
意大利	Italy	182300	164866	17434
荷兰	Netherlands	467723	441347	26377
希腊	Greece	29411	29381	31
西班牙	Spain	195907	181788	14119
奥地利	Austria	35006	8482	26524
芬兰	Finland	77072	67738	9334
波兰	Poland	82301	79954	2347
瑞典	Sweden	58054	53399	4655
瑞士	Switzerland	55984	9246	46737
爱沙尼亚	Estonia	4411	4353	59
俄罗斯联邦	Russia	239968	239552	416
乌克兰	Ukraine	29848	29796	52
捷克	Czech	17762	14192	3570
拉丁美洲	Latin America	2499128	1066280	1432848
#阿根廷	Argentina	85098	82587	2510
巴西	Brazil	391584	180960	210623
智利	Chile	1205167	256718	948449
古巴	Cuba	16245	16179	65
危地马拉	Guatemala	15076	15076	
牙买加	Jamaica	10743	10740	3
墨西哥	Mexico	182462	148070	34391
巴拿马	Panama	108556	108556	
秘鲁	Peru	287912	56425	231487
委内瑞拉	Venezuela	24244	24244	
北美洲	North America	3103851	2906651	197200
#加拿大	Canada	236276	192916	43360
美国	United States	2867570	2713729	153841
大洋洲及太平洋群岛	Oceanic and Pacific Islands	634165	335597	298568
#澳大利亚	Australia	558760	263816	294944
新西兰	New Zealand	54635	51011	3624
巴布亚新几内亚	Papua New Guinea	7524	7524	
其他	Others	606		606

5-5 按国别(地区)分海关货物进出口总值 (2015年)
Volume of Imports and Exports by Country or Region (2015)

单位: 万美元 (USD 10000)

国 别 (地 区)	Country (Region)	进出口总值 Total Imports & Exports	出口值 Total Exports	进口值 Total Imports
合 计	**Total**	**4239961**	**3311674**	**928287**
亚 洲	Asia	2347976	1854475	493501
#孟加拉国	Bangladesh	32819	32030	789
中国香港	Hong Kong, China	459206	451843	7363
中国澳门	Macao, China	23477	23464	12
中国台湾	Taiwan, China	265643	51609	214034
印 度	India	104932	101057	3875
印度尼西亚	Indonesia	97010	90839	6171
伊 朗	Iran	39390	24175	15214
以色列	Israel	18948	18569	379
日 本	Japan	150712	101668	49044
马来西亚	Malaysia	182345	157876	24469
蒙 古	Mongolia	1661	895	766
巴基斯坦	Pakistan	30326	29263	1062
菲律宾	Philippines	52685	48295	4390
沙特阿拉伯	Saudi Arabia	46695	45686	1009
新加坡	Singapore	141515	122669	18846
韩 国	Korea Rep.	248803	176658	72145
斯里兰卡	Sri Lanka	7488	7371	117
叙利亚	Syria	2706	2689	17
泰 国	Thailand	96355	78277	18078
土耳其	Turkey	27841	27138	702
阿联酋	United Arab Emirates	63026	63005	21
也 门	Republic of Yemen	3032	3032	
越 南	Vietnam	95333	89352	5981
非 洲	Africa	349958	301449	48509
#阿尔及利亚	Algeria	12901	12894	7
埃 及	Egypt	21953	21914	39
科特迪瓦	Cote d'lvoire	3461	3461	
尼日利亚	Nigeria	42473	41293	1181
南 非	South Africa	60531	40916	19615
多 哥	Togo	8934	8934	
刚果(金)	Congo DR	21969	3100	18869

5-5 续表 continued

单位: 万美元 (USD 10000)

国别（地区）	Country (Region)	进出口总值 Total Imports & Exports	出口值 Total Exports	进口值 Total Imports
欧洲	Europe	536111	460641	75470
#比利时	Belgium	31917	26098	5819
丹麦	Denmark	4046	3910	136
英国	United Kingdom	89590	85645	3945
德国	Germany	106337	75977	30360
法国	France	27972	23166	4806
意大利	Italy	29464	26643	2820
荷兰	Netherlands	75381	71116	4265
希腊	Greece	4754	4749	5
西班牙	Spain	31655	29382	2273
奥地利	Austria	5638	1360	4278
芬兰	Finland	12496	10983	1514
波兰	Poland	13266	12888	378
瑞典	Sweden	9415	8662	753
瑞士	Switzerland	8931	1489	7442
爱沙尼亚	Estonia	718	708	9
俄罗斯联邦	Russia	38746	38679	67
乌克兰	Ukraine	4820	4812	8
捷克	Czech	2855	2286	569
拉丁美洲	Latin America	402418	171645	230773
#阿根廷	Argentina	13718	13309	409
巴西	Brazil	63142	29245	33896
智利	Chile	194015	41018	152997
古巴	Cuba	2609	2598	11
危地马拉	Guatemala	2429	2429	
牙买加	Jamaica	1731	1731	
墨西哥	Mexico	29475	23920	5555
巴拿马	Panama	17503	17503	
秘鲁	Peru	46150	9105	37045
委内瑞拉	Venezuela	3922	3922	
北美洲	North America	500997	469316	31682
#加拿大	Canada	38092	31209	6882
美国	United States	462905	438106	24799
大洋洲及太平洋群岛	Oceanic and Pacific Islands	102404	54149	48255
#澳大利亚	Australia	90234	42568	47666
新西兰	New Zealand	8842	8253	589
巴布亚新几内亚	Papua New Guinea	1213	1213	
其他	Others	96		96

5-6 海关主要商品出口值

Main Export Commodities in Value

单位: 万元 (RMB 10000yuan)

品　　名	Item	2014	2015
活猪	Live Hogs	20500	26189
蔬菜	Vegetables	17413	21636
鲜、干水果及坚果	Fresh and Dry Fruits,Nuts	63693	50415
茶叶	Tea	28342	27642
制作或保藏的鳗鱼	River Eels Processed or Preserved	123489	106886
钨品	Tungsten & its Compounds	92757	52519
医药品	Medical and Pharmaceutical Products	174432	188113
烟花、爆竹	Fireworks and Firecrackers	151667	154188
新的充气橡胶轮胎	New Air-filled Rubber Tyres	19689	19335
家用或装饰用木制品	Wood Products for Household Use or Decoration	26971	30483
纸及纸板(未切成形的)	Paper and Paperboard in Rolls	107097	133416
纺织纱线、织物及制品	Spinning Yarn,Fabric and the Products	737800	788834
玻璃制品	Glass Ware	135782	113110
陶瓷产品	Ceramic Products	480475	674868
铁合金	Ferroalloy	62892	55086
钢材	Rolled Steel	615549	556153
未锻轧铜及铜材	Unwrought Copper and Its Alloys	153850	182595
未锻轧铝及铝材	Unwrought Aluminium and Aluminium Products	29456	30653
太阳能电池	Solar Cells	599372	798856
二极管及类似半导体器件	Diode and Semi Conductors	826675	1109022
家具及其零件	Furniture and Parts	719334	840043
床垫、寝具及类似品	Mattess, Bedclothing and Analogs	51131	48429
灯具、照明装置及零件	Lamps and Lighting Fittings	640347	718251
箱包及类似容器	Articles, Chests and Bags for Travel	490775	533621
体育用品及设备	Articles and Equipment of Sports	127239	158840
服装及衣着附件	Clothing and Accessories	2858611	2469873
鞋类	Shoes	1050327	947968
塑料制品	Plastic Articles	608048	478297
玩具	Toys	138550	136942
打火机	Porket lighters,gas-filled	27303	26164
伞	Umbrellas	37128	50764
农产品	Agriculture Products	414890	383348
机电产品	Mechanical and Electrical Products	7929578	8639667
高新技术产品	High and New-tech Products	3228824	3187777

5-7 海关主要商品出口值

Main Export Commodities in Value

单位：万美元 (USD 10000)

品　　　名	Item	2014	2015
活猪	Live Hogs	3339	4215
蔬菜	Vegetables	2837	3511
鲜、干水果及坚果	Fresh and Dry Fruits,Nuts	10377	8047
茶叶	Tea	4614	4439
制作或保藏的鳗鱼	River Eels Processed or Preserved	20112	17300
钨品	Tungsten & its Compounds	15102	8459
医药品	Medical and Pharmaceutical Products	28392	30229
烟花、爆竹	Fireworks and Firecrackers	24689	24858
新的充气橡胶轮胎	New Air-filled Rubber Tyres	3207	3115
家用或装饰用木制品	Wood Products for Household Use or Decoration	4389	4914
纸及纸板(未切成形的)	Paper and Paperboard in Rolls	17442	21570
纺织纱线、织物及制品	Spinning Yarn,Fabric and the Products	120141	127359
玻璃制品	Glass Ware	22130	18277
陶瓷产品	Ceramic Products	78292	109151
铁合金	Ferroalloy	10246	8916
钢材	Rolled Steel	100256	89881
未锻轧铜及铜材	Unwrought Copper and Its Alloys	25054	29447
未锻轧铝及铝材	Unwrought Aluminium and Aluminium Products	4796	4955
太阳能电池	Solar Cells	97404	128318
二极管及类似半导体器件	Diode and Semi Conductors	134405	177974
家具及其零件	Furniture and Parts	117231	135840
床垫、寝具及类似品	Mattess, Bedclothing and Analogs	8329	7839
灯具、照明装置及零件	Lamps and Lighting Fittings	104311	116314
箱包及类似容器	Articles, Chests and Bags for Travel	79949	86341
体育用品及设备	Articles and Equipment of Sports	20730	25674
服装及衣着附件	Clothing and Accessories	465446	398733
鞋类	Shoes	171090	153193
塑料制品	Plastic Articles	99119	77342
玩具	Toys	22554	22051
打火机	Porket lighters,gas-filled	4442	4208
伞	Umbrellas	6043	8196
农产品	Agriculture Products	67573	61878
机电产品	Mechanical and Electrical Products	1290924	1393449
高新技术产品	High and New-tech Products	525382	512473

5-8　海关主要商品进口值

Main Import Commodities in Value

品　　名	Item	人民币(万元)(10000yuan)		美元(万美元)(USD10000)	
		2014	2015	2014	2015
天然橡胶(包括胶乳)	Natural Rubber	16586	11802	2701	1900
合成橡胶(包括胶乳)	Synthetic Rubber	8917	10394	1452	1674
纸浆	Paper Pulp	98362	129138	16025	20739
棉花	Cotton, not Carded or Combed	19090	15236	3111	2468
铁矿砂及其精矿	Iron Ore	448512	290970	73094	46889
铜矿砂及其精矿	Copper Ores	1233278	1143006	200827	184136
成品油	Petroleum Products Refined	1779	1144	290	185
医药品	Medical and Pharmaceutical Products	1803	5906	294	957
废纸	Waste Paper	17708	15333	2886	2480
纺织纱线、织物及制品	Spinning Yarn,Fabric and the Products	87129	82042	14185	13202
钢材	Rolled Steel	6197	7597	1008	1226
未锻轧铜及铜材	Unwrought Copper and its Alloys	748235	406648	121783	65579
废铜	Scrap Copper	114158	92223	18577	14853
二极管及类似半导体器件	Diode and Semi Conductors	280835	281313	45760	45075
集成电路	Integrated Circuit	1431789	1141783	232962	183040
服装及衣着附件	Clothing and Accessories	15124	3740	2462	603
初级形状的塑料	Plastics of Primary Pattern	45429	46706	7394	7516
废塑料	Waste,parings and scrap,of plastics	5796	7950	944	1283
塑料制品	Plastic Articles	20373	21156	3307	3403
牛皮革及马皮革	Bovine or equine leather	18192	18404	2960	2978
机电产品	Mechanical and Electrical Products	2896133	2756972	471202	442780
高新技术产品	High and New-tech Products	2117214	2009639	344516	322505

5-9 按贸易方式分海关货物进出口总值（2015年）

Total Value of Imports and Exports by Customs Regime (2015)

贸易方式	Customs Regime	人民币(万元)(10000yuan) 进出口总值 Total Imports & Exports	出口值 Total Exports	进口值 Total Imports	美元(万美元)(USD10000) 进出口总值 Total Imports & Exports	出口值 Total Exports	进口值 Total Imports
总　计	**Total**	**26285359**	**20514912**	**5770447**	**4239961**	**3311674**	**928287**
一般贸易	Ordinary Trade	20442698	17139837	3302860	3299934	2768242	531692
国家间、国际组织无偿援助和赠送的物资	Aid and Donation between Countries and from International Associations	5196	5196		844	844	
其他捐赠物资	Other Donations						
来料加工装配贸易	Trade for Processing and Assembling with Customer's Materials	391661	292196	99465	63120	47097	16024
进料加工贸易	Trade for Processing with Imported Materials	4823780	2616100	2207680	775570	421017	354552
边境小额贸易	Border Trade	106	106		17	17	
加工贸易进口设备	Processing Equipments	1017		1017	165		165
对外承包工程出口货物	Goods for Contracted Foreign Projects	42716	42716		6913	6913	
租赁贸易	Lease Trade						
外商投资企业作为投资进口的设备、物品	Foreign Funded Equipments and Goods	18290		18290	2984		2984
出料加工贸易	Give Makings Treatment	1853	1853		291	291	
保税监管场所进出境货物	Inbound and Outbound Goods in Bonded Supervision Area	46363	14161	32202	7380	2268	5112
海关特殊监管区域物流货物	Logistic Good Customs in Particular Supervision Areas	502789	399138	103651	81298	64399	16900
海关特殊监管区域进口设备	Imported Equipment in Particular Supervision Areas	1698		1698	277		277
其　他	Others	7088	3503	3585	1148	569	579

5-10 对外经济合作

Economic Cooperation with Foreign Countries or Regions

指　标	Item	2000	2005	2010	2014	2015
对外承包工程	**Contracted Projects**					
合同数（份）	Number of Contracts (unit)	27	32	102	209	230
合同额（万美元）	Contracted Value (USD 10000)	5149	19963	135697	264781	404131
营业额（万美元）	Value of Turnover Fulfilled (USD 10000)	6382	14817	104334	285147	351093
对外劳务合作	**Labor Services**					
合同工资总额(万美元)	Contracted Wage in Total (USD 10000)	4354	8555	3531	3378	5966
实际收入总额(万美元)	Real Income in Total (USD 10000)	4567	6350	6582	8749	5286
对外直接投资(非金融类)	**Overseas Direct Investment(Non-Finance)**					
核准境外投资企业(家)	Enterprise Newly Approved Investing Overseas (unit)		2	62	93	110
中方协议投资额(万美元)	Contractual Foreign Investment (USD 10000)		35	21747	107000	190600
对外直接投资额(万美元)	Overseas Direct Investment(USD 10000)		630	21280	65716	105062

注：从2002年始，商务部和国家统计局制订了《对外直接投资统计制度》。
a)State Department of Commerce and State Statistical Bureau drafted statistical system of foreign direct investment in 2002.

5-11 外商直接投资情况

Utilization of Direct Foreign Investments

年份 地区 Year Region	项目数（个）Number of Projects (unit)	合同外资金额（万美元）Total Amount of Contracted Foreign Investment (USD10000)	实际使用外资（万美元）Total Amount of Foreign Investment Actually Utilized (USD 10000)
1984	18	708	80
1985	29	2781	517
1986	8	2093	458
1987	15	1990	394
1988	35	1760	563
1989	24	513	587
1990	54	2855	621
1991	162	5562	1949
1992	906	58990	9653
1993	1293	90983	20817
1994	536	39158	26168
1995	522	53966	28818
1996	369	39485	30068
1997	395	64444	47768
1998	334	41919	46493
1999	245	35136	32080
2000	272	26478	22724
2001	308	52660	39575
2002	591	153387	108725
2003	759	233094	161234
2004	964	311289	205238
2005	940	387645	242258
2006	982	403068	280657
2007	867	544615	310358
2008	689	492550	360368
2009	821	490484	402354
2010	1092	749447	510084
2011	812	844545	605881
2012	789	816170	682431
2013	847	913261	755096
2014	822	1072711	845074
2015	640	736757	947321
南昌市 Nanchang	82	98858	261656
景德镇市 Jingdezhen	16	15327	17115
萍乡市 Pingxiang	32	29746	30758
九江市 Jiujiang	79	125721	163019
新余市 Xinyu	19	15206	36562
鹰潭市 Yingtan	62	30940	24011
赣州市 Ganzhou	104	135624	137013
吉安市 Ji'an	113	104623	88323
宜春市 Yichun	16	56770	65440
抚州市 Fuzhou	36	37511	29313
上饶市 Shangrao	81	86431	94111

5-12 外商在赣直接投资情况（2015年）

Utilization of Direct Foreign Investments in Jiangxi (2015)

类别	Type	项目数（个） Number of Projects (unit)	合同外资金额（万美元） Total Amount of Contracted Foreign Investment (USD10000)	实际使用外资（万美元） Total Amount of Foreign Investment Actually Utilized (USD 10000)
总计	**Total**	**640**	**736757**	**947321**
按投资方式分	**By Form**			
合资经营企业	Joint venture Enterprises	63	82945	121309
合作经营企业	Cooperative Operation Enterprises		3702	533
外资企业	Foreign Investment Enterprise	576	650660	790135
外商投资股份制企业	Foreign Investment Share	1	-550	35344
按国民经济行业分	**By Sector**			
农、林、牧、渔业	Agriculture, Forestry, Animal Husbandry and Fishery	50	71569	55830
采矿业	Mining	3	1107	818
制造业	Manufacturing	470	522737	655898
#食品制造业	Manufacture of Foods	1	773	3831
饮料制造业	Manufacture of Beverages	2	5359	16131
纺织业	Manufacture of Textile	22	23902	22259
纺织服装、鞋、帽制造业	Manufacture of Textile Wearing Apparel, Footware and Caps	72	68557	77967
家具制造业	Manufacture of Furniture	3	6831	8627
文教体育用品制造业	Manufacture of Articles for Culture, Education and Sport Activties	11	9648	8484
化学原料及化学制品制造业	Manufacture of Raw Chemical Materials and Chemical Products	8	30324	30914
医药制造业	Manufacture of Medicines	5	3894	1963
塑料制品业	Manufacture of Plastics	8	5671	10822
非金属矿物制品业	Manufacture of Non-metallic Mineral Products	24	22416	31572
有色金属冶练及压延加工业	Smelting and Pressing of Non-ferrous Metals	41	25053	26027
通用设备制造业	Manufacture of General Purpose Machinery	27	42001	64053
交通运输设备制造业	Manufacture of Transport Equipment	9	11336	31820
电气机械及器材制造业	Manufacture of Electrical Machinery and Equipment	52	63305	71071
通信设备、计算机及其他电子设备制造业	Manufacture of Communication Equipment,Computers and Other Electronic Equipment	92	92139	123655
电力、燃气及水的生产和供应业	Production and Supply of Electricity, Gas and Water	11	16573	15631
建筑业	Construction	5	4974	24129
交通运输、仓储和邮政业	Transport, Storage and Post	6	11389	27719
#仓储业	Storage	6	11389	8192
信息传输、计算机服务和软件业	Information Transmission, Computer Services and Software	13	13893	10160
#计算机服务业	Computer Services	3	7519	1840
软件业	Software Industry	6	5740	8320
批发和零售业	Wholesale and Retail Trades	25	14811	17820
批发业	Wholesale Trade	21	12087	11886
零售业	Retail Trade	4	2724	5933
住宿和餐饮业	Hotels and Catering Services	7	7418	205
住宿业	Hotels	2	5219	200
餐饮业	Catering Services	5	2199	5
金融业	Financial Intermediation	2	1919	4254
房地产业	Real Estate	7	24584	93486

5-12 续表 continued

类别	Type	项目数(个) Number of Projects (unit)	合同外资金额(万美元) Total Amount of Contracted Foreign Investment (USD 10000)	实际使用外资(万美元) Total Amount of Foreign Investment Actually Utilized (USD 10000)
租赁和商务服务业	Leasing and Business Services	31	30095	27191
#商务服务业	Business Services	29	27745	27191
科学研究、技术服务和地质勘查业	Scientific Research, Technical Service and Geologic Prospecting	4	5776	3325
水利、环境和公共设施管理业	Management of Water Conservancy, Environment and Public Facilities	1	3962	213
居民服务和其他服务业	Services to Households and Other Services		901	1198
教育	Education	1	4	16
卫生、社会保障和社会福利业	Health, Social Security and Social Welfare	1	855	
文化、体育和娱乐业	Culture, Sports and Entertainment	2	3200	8438
公共管理和社会组织	Public Management and Social Organization	1	990	990
其他	Others			
按投资国别(地区)分	**By Country (Region)**			
亚　洲	Asia	605	687348	861188
中国香港	Hong Kong, China	510	605313	758740
中国澳门	Macao, China	10	7080	8165
中国台湾	Taiwan, China	68	53043	52961
印　度	India			1636
日　本	Japan	2	6311	20881
马来西亚	Malaysia	2	1047	525
菲律宾	Philippines		960	940
沙特阿拉伯	Saudi Arabia	1	1217	820
新加坡	Singapore	5	11698	10741
韩　国	Korea Rep.	6	379	5369
非　洲	Africa	2	-134	723
欧　洲	Europe	11	18047	22979
#英　国	United Kingdom	6	5923	2332
德　国	Germany	2	1762	4643
法　国	France			147
意大利	Italy	1	254	3
荷　兰	Netherlands	1	6662	14061
西班牙	Spain		-102	82
拉丁美洲	Latin America	3	12377	31872
北美洲	North America	9	8152	4232
#加拿大	Canada	2	2152	
美　国	United States	7	6000	4232
大洋洲及太平洋群岛	Oceanic and Pacific Islands	7	5570	9510
#澳大利亚	Australia	1	-45	5615
新西兰	New Zealand			
其他	Others	5	5397	16817

注：利用外资项目中，存在多个国家投资同一项目，故按投资国别、地区分的项目个数之和不等于合计数。

a) Among the projects of utilization of foreign investments,there exists the same project with investments from different countries,so the number of projects by country or region is not equal to the total.

5-13 外商投资企业年底注册登记情况（2015年）

Registration Status of Foreign Funded Enterprises at Year-end (2015)

类别	Type	外商投资企业数(户) Number of Enterprises Corporate (unit)	投资总额(万美元) Total Investment (USD 10000)	注册资本(万美元) Registered Capital (USD 10000)	#外方 Foreign Investor
总计	**Total**	**7094**	**7257823**	**4809521**	**4162991**
按投资方式分	**By Form**				
合资经营企业	Joint venture Enterprises	1001	2247531	1245589	701049
合作经营企业	Cooperative Operation Enterprises	71	96603	54879	39981
外资企业	Foreign Investment Enterprises	4461	4770174	3382958	3382958
外商投资股份制企业	Foreign Investment Shares	20	137711	123483	36997
其他外商投资企业	Other Enterprises	7	5804	2612	2006
外商投资企业分支机构	Branches of Foreign Investment Enterprise	1534			
按国民经济行业分	**By Sector**				
农、林、牧、渔业	Agriculture, Forestry, Animal Husbandry and Fishery	519	418514	325720	303688
采矿业	Mining	29	84746	62894	29697
制造业	Manufacturing	3413	4075845	2647212	2358948
金属制品、机械和设备修理业	Repairing Maintenance of Metalwork, Machines and Equipments	2	2759	1455	1410
电力、燃气及水的生产和供应业	Production and Supply of Electricity, Gas and Water	92	253768	100051	66471
建筑业	Construction	138	190320	131041	108996
交通运输、仓储和邮政业	Transport, Storage and Post	63	56722	25849	21497
信息传输、计算机服务和软件业	Information Transmission, Computer Services and Software	415	160523	152912	147311
批发和零售业	Wholesale and Retail Trades	990	605454	399130	376807
住宿和餐饮业	Hotels and Catering Services	240	46466	33502	30317
金融业	Financial Intermediation	148	105594	94928	28729
房地产业	Real Estate	370	472422	321803	251513

5-13 续表 continued

类　　别	Type	外商投资企业数(户) Number of Enterprises Corporate (unit)	投资总额(万美元) Total Investment (USD 10000)	注册资本(万美元) Registered Capital (USD 10000)	#外方 Foreign Investor
租赁和商务服务业	Leasing and Business Services	364	316426	192098	164997
科学研究、技术服务和地质勘查业	Scientific Research, Technical Service and Geologic Prospecting	142	249288	205564	197049
水利、环境和公共设施管理业	Management of Water Conservancy,Environment and Public Facilities	52	77277	51030	46741
居民服务和其他服务业	Services to Households and Other Services	66	35473	26957	8711
教育	Education	9	5575	3518	3050
卫生、社会保障和社会福利业	Health, Social Security and Social Welfare	5	1912	1685	1675
文化、体育和娱乐业	Culture, Sports and Entertainment	37	99742	32924	16303
其他	Others	2	1757	703	492
按投资国别(地区)分	**By Country (Region)**				
亚　洲	Asia	4813	6198764	4199798	3652566
中国香港	Hong Kong, China	3476	4523408	3135055	2819329
中国澳门	Macao, China	98	81316	69793	68335
中国台湾	Taiwan, China	627	346443	265508	248249
日　本	Japan	80	324180	181793	96621
韩　国	Korea Rep.	37	26687	12511	8138
亚洲其他国家(地区)	Other Asia Countries (Regions)	495	896731	535138	411894
非　洲	Africa	61	57825	31527	24377
埃　及	Egypt	2	130	110	110
南　非	South Africa	4	1715	1560	1535
毛里求斯	Mauritius	14	26682	13626	7403
塞舌尔	Seychelles	22	22198	11982	11377
非洲其他国家(地区)	Other Africa Countries (Regions)	19	7100	4249	3951
欧　洲	Europe	154	106771	61126	45521
英　国	United Kingdom	30	9732	6818	5843
德　国	Germany	26	44213	22695	17762
法　国	France	15	8185	3982	3379
俄罗斯联邦	Russian Federation	6	745	721	422
欧洲其他国家(地区)	Other Europe Countries (Regions)	77	43895	26909	18116
拉丁美洲	Latin America	188	529952	310909	274134
巴　西	Brazil	2	9712	3347	3347
开曼群岛	Cayman Islands	15	250535	130124	119763
英属维尔京群岛	British Virgin Islands	162	263519	174086	147690
拉丁美洲其他国家(地区)	Other Latin America Countries (Regions)	9	6186	3352	3334
北美洲	North America	188	218054	121828	89742
加拿大	Canada	39	16531	12918	11266
美　国	United States	145	199853	107502	77179
百慕大群岛	Bermuda	4	1670	1407	1297
大洋洲及太平洋群岛	Oceanic and Pacific Islands	111	115327	66234	62754
澳大利亚	Australia	40	19792	12196	10743
新西兰	New Zealand	8	19707	10575	9682
萨摩亚	Samoa	62	75528	43252	42119
大洋洲其他国家(地区)	Other Oceanic Countries (Regions)	1	300	210	210
其他	Others	38	25327	15488	11891

注：按投资国别(地区)分的外商投资企业数、投资总额、注册资本、其中外方注册资本等指标不包括其他外商投资企业和外商投资企业分支机构数。

a) Number of Foreign-invested enterprises, total investment, registered captial, foreign investor by country (region) do not include other foreign-invested enterprises or branchs of foreign-invested enterprises.

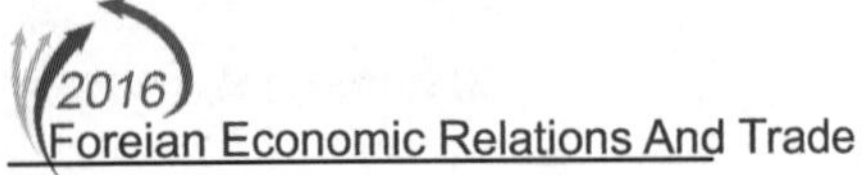

5-14 江西与国外结成友好城市一览

List of Foreign Sister Cities with Jiangxi

国别	Country Region	城市(州、县)	Sister City (State, Prefecture)	缔结日期 Date of Conclusion
马其顿	Macedonia	斯科普里市	Skopje	1984.03.20
德国	Germany	黑森州	Hesse	1985.04.03
美国	United States	肯塔基州	Kentucky	1985.10.16
美国	United States	犹他州	Utah	1986.07.10
日本	Japan	岐阜县	Gifu	1988.06.21
墨西哥	Mexico	托卢卡市	Toluca	1988.08.16
日本	Japan	高松市	Takamatsu-shi	1990.09.28
日本	Japan	冈山县	Okayama	1992.06.01
摩洛哥	Morocco	萨菲市	Safi	1993.10.15
澳大利亚	Australia	波波郡	Baw Baw Shire	1993.12.09
斯洛文尼亚	Slovenia	科佩尔市	Koper	1995.04.05
日本	Japan	佐贺县有田町	Arita-cho, Saga	1996.08.28
日本	Japan	玉野市	Tamano-shi	1996.10.05
芬兰	Finland	瓦尔济考斯基市	Valkeakoski	1997.11.20
美国	United States	路易维尔市	Louisville	2004.09.09
俄罗斯	Russia	雅罗斯拉夫尔州	Jarraud Slavic	2005.03.24
日本	Japan	冈山县鸭方町	Kamogata-cho, Okayama	2005.09.26
美国	United States	索拉洛郡	Solano	2005.10.26
日本	Japan	和歌山县清水町	Shimizu-cho, Wakayama	2006.04.03
韩国	Korea Rep.	南海郡市	Namhae	2006.04.13
菲律宾	Philippines	保和省	Bohol	2006.05.08
芬兰	Finland	卡亚尼市	Kajaani	2006.06.26
法国	France	第戎市	Dijon	2006.10.17
日本	Japan	濑户市	Seto-shi	2007.03.28
日本	Japan	岐阜县安八町	Anpachi-cho, Gifu	2007.08.02
韩国	Korea Rep.	利川市	Lcheon	2007.10.17
韩国	Korea Rep.	罗州市	Naju-si	2007.10.22
韩国	Korea Rep.	庆尚北道尚州市	Sangju-si,Gyeongsangbuk-do	2007.10.23
巴西	Brazil	索罗卡巴市	Sorocaba	2007.10.23
智利	Chile	科皮亚波市	Copiapo	2008.01.17
阿根廷	Argentina	拉普拉塔市	Laplata	2008.01.21
美国	United States	欧文顿市	Overton	2008.07.01
波兰	Poland	莱基奥诺沃市	Legionowo	2008.08.30
法国	France	奥赛市	Auxerre	2008.09.10
法国	France	中央大区	Centre	2008.09.25
希腊	Greece	希俄斯市	Chios	2008.09.25
韩国	Korea Rep.	堤川市	Jye Chun	2008.11.05
美国	United States	萨凡纳市	Savannah	2008.11.08
阿根廷	Argentina	基尔梅斯市	Quilmes	2008.12.05
澳大利亚	Australia	奥本市	Auburn	2009.09.24
德国	Germany	派尼区	Piney	2009.10.13
英国	United Kingdom	巴斯—东北萨默塞特郡	Bath and North East Somerset	2009.10.20

5-14 续表 continued

国别	Country Region	友好城市(州、县)	Sister City (State, Prefecture)	缔结日期 Date of Conclusion
巴　西	Brazil	南马托格罗索州	Mato Grosso do Sul	2009.10.23
匈牙利	Hugary	蒂萨新城	Tiszaujvaros	2009.12.02
美　国	United States	罕斯维尔市	Hansiweier	2009.12.07
美　国	United States	不伦瑞克市	Brunswick	2010.04.03
美　国	United States	威斯康星州门县市	Men of Wisconsin	2010.06.01
法　国	France	图尔市	Tours	2010.06.18
埃塞俄比亚	Ethiopia	阿姆哈拉州	Amhara	2010.07.02
美　国	United States	奥林匹亚市	Olympia	2010.08.18
塞拉利昂	Sierra Leone	弗里敦市	Freetown	2010.09.21
津巴布韦	Zimbabwe	穆塔雷市	Mutare	2010.09.21
荷　兰	Holland	代尔夫特市	Delfe	2010.10.18
巴　西	Brazil	基玛多斯市	Jimaduosi City	2011.02.24
韩　国	Korea Rep.	太白市	Taebaek	2011.10.10
英　国	United Kingdom	红桥市	Redbridge	2011.11.07
埃　及	Egypt	卢克索省	Luxor	2011.11.18
希　腊	Greece	中希腊大区	Vea tia	2011.11.23
法　国	France	香槟阿登大区	Champagne-Ardenne	2011.11.23
德　国	Germany	沃尔泽伦市	Wall Zelen City	2011.11.29
墨西哥	Mexico	科阿韦拉州蒙克罗瓦市	Monk Luova, Coahuila	2012.02.29
韩　国	Korea Rep.	全罗南道	Jeollanam-do	2012.04.17
意大利	Italy	卡乃利市	Kanaili	2012.06.29
南　非	South Africa	自由州省	Free State	2012.07.19
俄罗斯	Russia	苏兹达里市	Suzy Dario	2012.09.10
南　非	South Africa	新堡市	Newcastle	2012.11.29
匈牙利	Hugary	包尔绍德—奥包乌伊—曾普伦州	Borsod-Abauj-Zemplén	2013.01.18
南　非	South Africa	德拉肯斯汀市	De Lakin Steen	2013.01.23
乌克兰	Ukraine	伊久姆市	Izyum	2013.02.16
西班牙	Spain	阿尔巴塞特市	Albacete	2013.04.22
博茨瓦纳	Botswana	塞罗韦市	Serowe	2013.09.05
意大利	Italy	法恩扎市	Faenza	2013.10.18
柬埔寨	Cambodia	暹粒省	Siem Reap	2013.11.29
加　纳	Republic of Ghana	北部省	Tamale	2014.07.09
巴　西	Brazil	伊塔佩瓦市	Itapeva	2015.02.04
英　国	United Kingdom	林肯市	Lincoln City	2015.03.27
韩　国	Korea Rep.	忠州市	Chungju	2015.05.25
俄罗斯	Russia	巴什科尔托斯坦共和国	Republic of Bashkortostan	2015.11.10
英　国	United Kingdom	卡尔德达尔市	Calder	2015.11.16
澳大利亚	Australia	怀王市	Wyong	2015.11.20

主要统计指标解释

进出口总额 指实际进出我国国境的货物总金额。包括对外贸易实际进出口货物，来料加工装配进出口货物，国家间、联合国及国际组织无偿援助物资和赠送品，华侨、港澳台同胞和外籍华人捐赠品，租赁期满归承租人所有的租赁货物，进料加工进出口货物，边境地方贸易及边境地区小额贸易进出口货物(边民互市贸易除外)，中外合资企业、中外合作经营企业、外商独资经营企业进出口货物和公用物品，到、离岸价格在规定限额以上的进出口货样和广告品(无商业价值、无使用价值和免费提供出口的除外)，从保税仓库提取在中国境内销售的进口货物，以及其他进出口货物。该指标可以观察一个国家在对外贸易方面的总规模。我国规定出口货物按离岸价格统计，进口货物按到岸价格统计。

商品经营单位所在地进、出口额 指在所在地海关注册登记的有进出口经营权的企业实际进、出口额。

外商直接投资 是指外国投资者在我国境内通过设立外商投资企业、合伙企业、与中方投资者共同进行石油资源的合作勘探开发以及设立外国公司分支机构等方式进行投资。

外国投资者可以用现金、实物、无形资产、股权等投资，还可以用从外商投资企业获得的利润进行再投资。

对外承包工程 指我国境内企业法人或者其他经济组织按照国际通行做法，在国外及港澳台地区承揽、实施工程建设项目的勘察、设计、施工、监理、设备材料采购、安装调试、工程咨询、工程管理等经营活动。

对外劳务合作 指我国境内企业法人与国（境）外允许招收或雇用外籍劳务人员的公司、中介机构或私人雇主签订合同，并按合同约定的条件有组织地招聘、选拔、派遣我国公民到国（境）外为外方雇主提供劳务服务并进行管理的经济活动。

对外直接投资 指我国企业、团体等(简称境内投资主体）在国外及港澳台地区以现金、实物、无形资产等方式投资，并以控制国(境)外企业的经营管理权为核心的经济活动。对外直接投资的内涵主要体现在一经济体通过投资于另一经济体而实现其持久利益的目标。

Explanatory Notes on Main Statistical Indicators

Total Value of Imports and Exports refer to the real value of commodities imported into and exported from the boundary of China. They include the actual imports and exports through foreign trade, imported and exported goods under the processing and assembling trades and materials, supplies and gifts as aid given gratis between governments and by the United Nations and other international organizations, and contributions donated by overseas Chinese, compatriots in Hong Kong and Macao and Chinese with foreign citizenship, leasing commodities owned by tenant at the expiration of leasing period, the imported and exported commodities processed with imported materials, commodities trading in border areas (excluding mutual exchange goods), the imported and exported commodities and articles for public use of the Sino-foreign joint ventures, cooperative enterprises and ventures exclusively with foreign own investment. Also included are import or export of samples and advertising goods for whose CIF or FOB value are beyond the permitted ceiling (excluding goods of no trading or use value and free commodities for export), imported goods sold in China from bonded warehouses and other imported or exported goods. The indicator of the total imports and exports at customs can be used to observe the total size of external trade in a country. In accordance with the stipulation of the Chinese government, imports are calculated at CIF, while exports are calculated at FOB.

Foreign Direct Investment refers to foreign investment in China through the establishment of foreign invested enterprises, cooperative exploration and development of petroleum resources with domestic investors and the establishment of branch organizations of foreign enterprises.

Foreign investment can be made in forms of cash, physical investment, technical know-how and reinvestment of the foreign enterprises with the profits gained from the investment.

Overseas Contracted Project refers to in accordance with the international common practice, domestic corporates or other economic organizations contract and implement construction projects in foreign countries, Hong Kong SAR, Macao SAR and Taiwan province including reconnaissance, design, construction, supervision, purchasing of equipment and materials, installation and testing, engineering consulting and project management.

Overseas Labour Services refer to domestic corporate which signed contracts with overseas corporations, intermediary agencies and private employers which are allowed to recruit or hire foreign labour forces, they will send Chinese citizens to go abroad to provide labour services to foreign employers through organized recruitment and selection according to the signed contracts and relevant management activities.

Overseas Direct Investment refers to investment made by domestic enterprises and organizations (referred to as domestic investors) in foreign countries and Hong Kong SAR, Macao SAR and Taiwan province in forms of cash, physical investment and intangible assets, and the economic activities centering on operation and management of those enterprises are under the control of domestic investors. The content of overseas direct investment mainly reflects one economic entity by investing in another economic entity to achieve its goal of lasting interest.

6

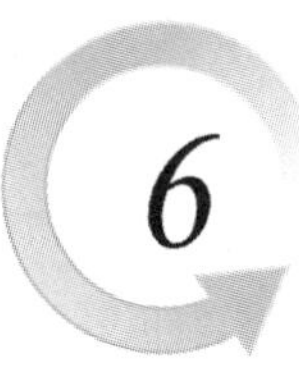

能 源

ENERGY

◆125/144

资料整理及英文翻译: 谭 玲

简要说明

一、本篇资料的主要内容

本篇包括的主要内容有能源生产、消费及品种构成，能源生产和消费弹性系数，综合能源平衡表和主要能源品种的单项平衡表，分行业、分主要能源品种的消费量，生活用能源消费量等。

二、本篇资料的来源

本篇资料来源于全省能源平衡表和规模以上工业企业能源报表。能源平衡表的编制范围为辖区内除军队系统以外的全部能源生产和消费活动的单位。

三、关于数据口径与计算的说明

1.一次能源生产量与工业统计数字一致。

2.能源生产与消费弹性系数分别以能源生产、消费增长速度与国内生产总值增长速度相比求得。

3.能源平衡表中的库存量、进口量、出口量和消费量，根据有关部门和企业提供的数据综合评估得出。电力折算标准煤系数按平均发电煤耗计算。

Brief Introduction

I. Main Contents

Data in this chapter cover mainly the energy production and consumption and their composition, the elasticity ratio of energy production and consumption, the overall balance of energy and the balance by different types of energy, the consumption of energy by sector and by types of energy, efficiency of energy conversion and the consumption of energy for non-production uses.

II. Source of Data

Data in this chapter comes from the province energy balance and energy-scale industrial enterprises above Designated Size. Energy balance for the establishment of the area in addition to the military system other than the total energy production and consumption activities of the units.

III. Notes on Coverage and Calculation of Data:

(1) The data on the production of primary energy are the same as the concerned data of the industrial statistics.

(2) The elasticity ratio of energy production is calculated as the quotient of the growth rate of energy production divided by the growth rate of GDP; and the elasticity ratio of energy consumption is calculated as the quotient of the growth rate of energy consumption divided by the growth rate of GDP.

(3)The storage,import and export in the energy balance tables are comprehensively evaluated based on data from related departments and enterprises. The coefficient for conversion of electric power into the standard coal equivalent is calculated according to the average consumption of coal for generating electricity.

6-1 能源生产总量及构成
Total Production of Energy and Its Composition

年 份 Year	能源生产总量 (万吨标准煤) Total Energy Production (10000 tons of SCE)	占能源生产总量的比重 (%) As Percentage of Total Energy Production(%)			
		原 煤 Raw Coal	原 油 Crude Oil	天然气 Natural Gas	水电风电 Hydro Power Wind Power
1995	1868.8	88.0			12.0
1996	1573.2	88.5			11.5
1997	1410.0	83.7			16.3
1998	1394.7	78.6			21.4
1999	1154.5	85.7			14.3
2000	1293.2	81.5			18.5
2001	1242.7	80.5			19.5
2002	1252.2	77.0			23.0
2003	1505.4	83.5			16.5
2004	1902.5	81.9			18.1
2005	2010.5	86.0			14.0
2006	2241.0	84.6		0.1	15.3
2007	2253.3	87.9		0.3	11.8
2008	2395.0	87.0		0.2	12.8
2009	2528.8	89.1		0.2	10.7
2010	2312.8	82.8		0.2	12.9
2011	2581.6	88.3		0.7	11.0
2012	2601.2	81.0		0.5	18.5
2013	2558.8	83.3		0.8	15.9
2014	2451.9	82.0		0.2	17.8
2015	2356.9	66.9		0.2	26.5

注：1、根据第三次经济普查，对2010年以来的数据进行了调整。2、电力折算标准煤的系数根据当年平均发电煤耗计算。下表同。

a) Data since 2010 is adjusted according to the Third Economic Census.

b) The coefficient for conversion of electric power into SCE (standard coal equivalent) is calculated on the basis of the data on average coal consumption in generating electric power in the same year. The same applies to the tables following.

6-2 能源消费总量及构成
Total Consumption of Energy and Its Composition

年 份 Year	能源消费总量 (万吨标准煤) Total Energy Composition (10000 tons of SCE)	占能源消费总量的比重 (%) As Percentage of Total Energy Composition(%)			
		煤 炭 Raw Coal	石 油 Crude Oil	天然气 Natural Gas	水电风电 Hydro Power Wind Power
1995	2391.7	79.8	10.0		10.2
1996	2154.7	78.4	12.0		9.6
1997	2132.4	75.2	12.9		11.9
1998	2028.4	73.3	16.3		10.4
1999	2123.3	73.6	17.8		8.7
2000	2505.0	70.5	17.3		12.2
2001	2628.0	71.5	17.0		11.5
2002	2933.0	68.7	21.8		9.5
2003	3426.0	74.5	22.2		3.2
2004	3814.0	72.6	16.9		10.5
2005	4286.0	74.0	17.0		6.6
2006	4660.1	73.8	16.9	0.2	7.4
2007	5052.5	74.9	16.9	0.3	5.3
2008	5383.0	71.7	16.7	0.6	5.7
2009	5812.5	72.0	16.0	0.5	4.7
2010	6280.6	71.0	16.3	1.0	4.7
2011	6847.1	74.0	15.6	1.2	4.1
2012	7148.3	69.5	15.8	1.9	6.8
2013	7582.9	70.5	17.5	2.4	5.4
2014	8055.4	68.0	16.9	2.5	5.4
2015	8440.3	66.8	17.3	2.7	7.4

注：2010年开始，能源消费总量不包括回收能，下表同。

a) From2010,the total energy consumption does not include the total amaunt of the recycled energy.The same applies to the tables following.

6-3 综合能源平衡表
Overall Energy Balance Sheet

单位：万吨标准煤 (10000 tons of SCE)

指　　标	Item	1990	2000	2005	2010	2014	2015
可供消费的能源总量	**Total Energy Available for Consumption**	**1704.54**	**2371.75**	**4275.49**	**6280.55**	**8055.36**	**8440.34**
一次能源生产量	Primary Energy Output	1282.42	1293.23	2010.45	2312.84	2451.87	2356.86
外省(区、市)调入量	Transferred in from Other Provinces	808.97	1157.24	2407.12	4601.12	5321.46	5779.48
进口量	Imports	0.09	229.73	197.63	328.98	1092.59	942.82
本省(区、市)调出量(−)	Sent Out to Other Provinces(-)	-303.53	-225.80	-309.00	-888.31	-805.72	-672.41
出口量(−)	Exports (-)	-8.15					
年初年末库存差额	Stock Changes in the Year	-75.26	-82.65	-57.98	21.61	-4.85	33.59
能源消费总量	**Total Energy Consumption**	**1732.29**	**2505.00**	**4286.01**	**6280.55**	**8055.36**	**8440.34**
在总量中	Consumption by Sector						
农、林、牧、渔、水利业	Agriculture, Forestry, Animal Husbandry, Fishery and Water Conservancy	132.87	151.00	206.89	139.58	129.94	131.21
工　业	Industry	1264.22	1751.76	3076.99	4635.41	5761.35	5916.38
建筑业	Construction	8.88	7.72	28.39	57.15	92.00	109.16
交通运输、仓储和邮政业	Transport, Storage and Post	65.93	177.97	327.94	468.94	679.48	755.49
批发、零售业和住宿、餐饮业	Wholesale and Retail Trades,Hotels and Catering Services	10.81	30.59	75.20	140.70	219.74	232.54
其他	Others	25.60	44.46	101.72	182.70	274.30	301.20
生活消费	Household Consumption	223.98	341.50	468.88	656.07	898.55	994.45
在总量中	Consumption by Usage						
终端消费	End-use Consumption	1617.12	2320.40	3982.09	5847.91	7618.44	8677.99
#工　业	Industry	1149.05	1567.16	2777.56	4204.90	5325.09	6154.60
加工转换损失量	Losses During the Process of Energy Conversion	74.40	130.64	151.15	252.24	235.78	440.63
#炼　焦	Coking	9.71	24.88	1.40	62.64	64.90	53.39
炼　油	Petroleum Refining	2.46	24.91	22.57	4.13	0.11	0.12
损失量	Energy Losses	40.77	53.96	152.77	180.40	201.14	202.98
#输变电损失量	Losses in Transmission	40.68	53.96	148.28	178.27	200.47	202.33
平衡差额	**Balance**	**-27.75**	**-133.25**	**-10.52**			

注：电力、热力按等价热值计算，因此加工转换损失量中不包括发电、供热损失量。下表同。

a) Electric power and heat are converted on the basis of equal caloric value. Therefore, losses during the process of energy conversion do not include losses in power generation and heating. The same applies to the tables following.

6-4 煤炭平衡表

Coal Balance Sheet

单位：万吨 (10000 tons)

指　　标	Item	1990	2000	2005	2010	2014	2015
可供量	**Total Energy Available for Consumption**	**2218.37**	**2245.84**	**4348.30**	**6246.61**	**7477.31**	**7698.24**
生产量	Output	2027.11	1813.76	2565.05	2912.22	2813.70	2270.70
外省(市、区)调入量	Transferred in from Other Provinces	491.22	649.08	1957.85	3829.74	4322.96	5412.37
进口量	Imports					581.04	201.80
本省(市、区)调出量(-)	Sent Out to Other Provinces(-)	-178.29	-111.96	-97.90	-389.23	-204.24	-221.78
出口量(-)	Exports (-)	-4.78					
年初年末库存差额	Stock Changes in the Year	-116.89	-105.04	-76.70	-106.12	-36.15	35.15
消费量	**Total Energy Consumption**	**2265.87**	**2468.63**	**4348.30**	**6246.61**	**7477.31**	**7698.24**
在消费量中	Consumption by Sector						
农、林、牧、渔、水利业	Agriculture, Forestry, Animal Husbandry, Fishery and Water Conservancy	54.20	12.10	4.00	23	17.00	18.00
工　业	Industry	1852.93	2263.78	4073.46	5989.55	7244.81	7457.73
建筑业	Construction	2.29			3.00	2.50	2.00
交通运输、仓储和邮政业	Transport, Storage and Post	38.66	11.42	7.56	3.06	6.50	5.00
批发、零售业和住宿、餐饮业	Wholesale and Retail Trades,Hotels and Catering Services	11.41	5.20	15.00	16.00	19.00	23.00
其他	Others	2.51		6.00	24.00	25.00	24.50
生活消费	Household Consumption	303.87	176.13	242.28	188.00	162.50	168.00
在消费量中	Consumption by Usage						
终端消费	End-use Consumption	1254.79	1076.66	1614.34	2272.99	2981.44	3232.64
#工　业	Industry	841.85	871.81	1339.50	2015.93	2748.94	2992.14
中间消费(用于加工转换)	Intermediate Consumption (Consumed in Conversion)	882.27	1261.89	2733.96	3973.62	4495.87	4465.60
#发　电	Power Generation	720.53	906.11	1869.31	2648.31	2878.79	3001.81
炼　焦	Coking	161.74	247.94	323.06	920.48	1189.80	1123.75
洗选损耗	Losses in Coal Washing and Dressing	128.81	130.08	205.46	291.59	302.35	243.17
平衡差额	**Balance**	**-47.50**	**-222.79**				

注：生产量为原煤产量。

a) Data on output refer to the output of raw coal.

6-5 石油平衡表

Petroleum Balance Sheet

单位：万吨 (10000 tons)

指标	Item	1990	2000	2005	2010	2014	2015
可供量	**Total Energy Available for Consumption**	**132.89**	**297.33**	**507.29**	**713.89**	**940.66**	**1017.97**
外省(市、区)调入量	Moving In from Other Provinces	244.24	249.59	478.91	837.82	604.03	611.92
进口量	Imports	0.06	160.81	138.34	230.28	474.32	561.93
本省(市、区)调出量(-)	Sending Out to Other Provinces(-)	-109.04	-103.36	-106.58	-354.02	-144.86	-161.92
出口量(-)	Exports (-)	-3.06					
年初年末库存差额	Stock Changes in the Year	0.69	-9.71	-3.38	-0.19	7.17	6.04
消费量	**Total Energy Consumption**	**133.09**	**304.46**	**507.29**	**713.89**	**940.66**	**1017.97**
在消费量中:	Consumption by Sector						
农、林、牧、渔、水利业	Agriculture, Forestry, Animal Husbandry, Fishery and Water Conservancy	25.82	61.25	73.00	55.00	58.00	59.00
工　业	Industry	62.96	105.96	146.93	232.68	239.90	242.56
建筑业	Construction	2.27	1.48	12.48	23.43	30.10	37.71
交通运输、仓储和邮政业	Transport, Storage and Post	26.27	105.17	208.63	288.73	414.37	452.98
批发、零售业和住宿、餐饮业	Wholesale and Retail Trades,Hotels and Catering Services	0.18	2.12	11.98	17.06	35.29	43.50
其他	Others	8.01	4.08	16.79	20.57	37.00	40.03
生活消费	Non-Production Consumption	7.58	24.40	37.48	76.42	126.00	142.20
在消费量中:	Consumption by Usage						
终端消费	End-use Consumption	119.34	253.08	470.96	707.66	927.35	1002.62
#工　业	Industry	49.21	54.58	113.74	227.94	227.06	227.66
中间消费(用于加工转换)	Intermediate Consumption (Consumed in Conversion)	8.63	28.56	33.19	4.74	12.84	14.89
#发　电	Power Generation	8.63	11.56	2.65	0.86	4.23	2.79
供　热	Heating		17.00	6.26	7.00	3.07	3.69
炼油损失量	Losses in Petroleum Refining	5.06	19.26	24.28	3.12	5.54	8.41
损失量	Other Losses	0.06	3.56	3.14	1.49	0.47	0.46
平衡差额	**Balance**	**-0.20**	**-7.13**				

6-6 电力平衡表

Electricity Balance Sheet

单位：亿千瓦小时 (100 millon kwh)

指　　标	Item	1990	2000	2005	2010	2014	2015
可供量	**Total Energy Available for Consumption**	**127.65**	**233.85**	**391.98**	**700.51**	**1018.52**	**1087.25**
发电量	Output	121.41	226.77	373.49	637.59	873.30	982.05
水电、风电	Hydropower，Windpower	27.77	77.96	67.88	87.84	140.30	201.58
火电	Thermal Power	93.64	148.81	305.61	549.75	733.00	780.47
外省(市、区)调入量	Transferred in from Other Provinces	6.51	7.12	19.75	62.92	145.22	105.20
本省(市、区)调出量(-)	Sent Out to Other Provinces(-)	-0.27	-0.04	-1.26			
消费量	**Total Energy Consumption**	**127.65**	**233.85**	**391.98**	**700.51**	**1018.52**	**1087.25**
在消费量中	Consumption by Sector						
农、林、牧、渔、水利业	Agriculture,Forestry,Animal Husbandry, Fishery and Water Conservancy	14.34	21.92	23.59	13.00	10.65	10.51
工　业	Industry	99.05	173.98	268.60	496.72	696.67	729.93
建 筑 业	Construction	0.93	0.80	2.74	6.69	15.37	17.79
交通运输、仓储和邮政业	Transport, Storage and Post	1.19	3.42	4.35	13.28	21.79	28.46
批发、零售业和住宿、餐饮业	Wholesale and Retail Trades,Hotels and Catering Services	0.90	2.98	9.56	21.73	42.08	45.87
其他	Others	2.77	7.52	17.61	38.27	62.94	70.30
生活消费	Household Consumption	8.47	23.23	65.53	110.82	169.02	184.39
在消费量中	Consumption by Usage						
终端消费	End-use Consumption	118.55	221.67	356.14	648.14	954.16	1022.06
#工　业	Industry	89.95	161.80	232.76	444.35	632.31	664.74
输配损失量	Losses in Transmission	9.10	12.18	35.84	52.37	64.36	65.19

6-7 能源消费量

Consumption of Energy by Sector

单位：万吨标准煤 (10000 tons of SCE)

行业	Sector	1990	2000	2005	2010	2014	2015
消费总量	**Total Consumption**	**1732.29**	**2505.00**	**4286.01**	**6280.55**	**8055.36**	**8440.34**
农、林、牧、渔、水利业	**Agriculture, Forestry, Animal Husbandry, Fishery and Water Conservancy**	**132.87**	**151.00**	**206.89**	**139.58**	**129.94**	**131.21**
工业	**Industry**	**1264.22**	**1751.76**	**3076.99**	**4635.41**	**5761.35**	**5916.38**
#煤炭开采和洗选业	Mining and Washing of Coal	115.91	165.95	225.15	219.43	153.45	100.26
黑色金属矿采选业	Mining and Processing of Ferrous Metal Ores	2.74	5.41	13.56	32.33	40.67	37.26
有色金属矿采选业	Mining and Processing of Non-Ferrous Metal Ores	48.27	46.01	61.64	38.53	34.59	37.14
非金属矿采选业	Mining and Processing of Non-metal Ores	6.21	20.86	20.14	45.57	51.10	52.90
其他采矿业	Mining of Other Ores	0.06	0.08	4.26			
农副食品加工业	Processing of Food from Agricultural Products	20.12	27.87	17.58	46.58	60.59	67.60
食品制造业	Manufacture of Foods	3.06	17.70	41.35	57.19	46.48	52.94
酒、饮料和精制茶制造业	Manufacture of Wine, Beverage and Refined Tea	16.32	10.34	14.85	19.59	23.54	22.44
烟草制品业	Manufacture of Tobacco	2.42	2.49	4.66	3.60	4.11	4.32
纺织业	Manufacture of Textile	48.08	37.07	46.22	77.99	78.61	80.75
纺织服装、服饰业	Manufacture of Textile and Clothing Apparels	1.64	0.68	5.71	15.45	36.68	39.70
皮革、毛皮、羽毛及其制品和制鞋业	Manufacture of Leather, Fur, Feathers and Related Products, Footware	1.78	1.04	2.31	13.91	21.00	24.24
木材加工及木、竹、藤、棕、草制品业	Processing of Timber, Manufacture of Wood, Bamboo, Rattan, Palm, and Straw Products	11.90	14.83	29.37	42.12	35.33	31.98
家具制造业	Manufacture of Furniture	0.88	0.93	0.74	4.51	7.73	9.74
造纸及纸制品业	Manufacture of Paper and Paper Products	38.67	35.57	55.70	76.49	105.45	113.82
印刷业和记录媒介的复制	Printing, Reproduction of Recording Media	1.20	1.77	3.41	5.63	18.93	21.01
文教、工美、体育和娱乐用品制造业	Manufacture of Articles for Culture, Education, Art, Sports and Entertainment Product	0.63	0.38	2.23	5.61	17.53	20.66
石油加工、炼焦及核燃料加工业	Processing of Petroleum, Coking, Processing of Nuclear Fuel	53.45	145.55	172.68	236.28	224.02	229.37
化学原料及化学制品制造业	Manufacture of Raw Chemical Materials and Chemical Products	154.02	171.93	244.53	309.13	355.24	381.85
医药制造业	Manufacture of Medicines	23.02	20.31	34.39	54.94	66.11	94.88
化学纤维制造业	Manufacture of Chemical Fibres	14.83	32.57	80.30	25.87	62.11	65.14
橡胶和塑料制品业	Manufacture of Rubber and Plastics	11.20	4.45	19.09	39.22	52.10	55.29
非金属矿物制品业	Manufacture of Non-metallic Mineral Products	248.61	313.35	452.81	1313.16	1551.50	1655.10
黑色金属冶炼及压延加工业	Smelting and Pressing of Ferrous Metals	232.43	323.10	979.77	1002.98	1462.33	1470.91
有色金属冶炼及压延加工业	Smelting and Pressing of Non-ferrous Metals	31.80	102.17	137.49	287.01	405.96	413.52
金属制品业	Manufacture of Metal Products	9.80	5.20	23.31	26.45	43.48	57.95
通用设备制造业	Manufacture of General Purpose Machinery	16.52	10.95	18.94	24.78	28.71	26.80
专用设备制造业	Manufacture of Special Purpose Machinery	7.95	10.38	13.94	13.92	22.38	25.89
汽车制造业	Manufacture of Automobiles	11.09	14.39	26.07	54.60	76.35	79.10
铁路、船舶、航空航天和其他运输设备制造业	Manufacture of Railroads, Ships, Aerospace and Other Transport Equipment	2.27	2.95	5.34	11.25	11.92	11.29
电气机械及器材制造业	Manufacture of Electrical Machinery and Equipment	8.23	7.69	16.02	64.00	113.33	120.17
通信设备、计算机及其他电子设备制造业	Manufacture of Communication Equipment, Computers and Other Electronic Equipment	5.65	6.68	4.57	22.18	57.68	59.52
仪器仪表制造业	Manufacture of Measuring Instruments	1.64	3.61	1.98	2.92	4.81	6.60
其他制造业	Other Manufacturing	14.25	6.83	13.50	9.62	2.90	12.31
废弃资源综合利用业	Comprehensive Utilization of Dsiposal of Waste				1.85	6.94	8.52
电力、热力的生产和供应业	Production and Supply of Electric Power and Heat Power	84.97	164.68	253.03	408.51	456.18	405.78
燃气生产和供应业	Production and Supply of Gas	2.30	1.37	5.40	5.32	4.13	4.51
水的生产和供应业	Production and Supply of Water	6.90	13.70	21.10	15.97	17.05	14.90
建筑业	**Construction**	**8.88**	**7.72**	**28.39**	**57.15**	**92.00**	**109.16**
交通运输、仓储和邮政业	**Transport, Storage and Post**	**65.93**	**177.97**	**327.94**	**468.94**	**679.48**	**755.49**
批发、零售业和住宿、餐饮业	**Wholesale and Retail Trades, Hotels and Catering Services**	**10.81**	**30.59**	**75.20**	**140.70**	**219.74**	**232.54**
其他	**Others**	**25.60**	**44.46**	**101.72**	**182.70**	**274.30**	**301.20**
生活消费	**Non-Production Household Consumption**	**223.98**	**341.50**	**468.88**	**656.07**	**898.55**	**994.45**
城镇	Urban	120.75	231.33	257.89	364.10	508.02	528.14
乡村	Rural	103.23	110.17	211.00	291.97	390.53	466.31

6-8 煤炭消费量
Coal Consumption

单位：万吨 (10000 tons)

行业	Sector	1990	2000	2005	2010	2014	2015
消费总量	**Total Consumption**	**2265.87**	**2468.63**	**4348.30**	**6246.61**	**7477.31**	**7698.24**
农、林、牧、渔、水利业	**Agriculture, Forestry, Animal Husbandry, Fishery and Water Conservancy**	**54.20**	**12.10**	**4.00**	**23.00**	**17.00**	**18.00**
工 业	**Industry**	**1852.93**	**2263.78**	**4073.46**	**5989.55**	**7244.81**	**7457.73**
#煤炭开采和洗选业	Mining and Washing of Coal	182.33	200.13	310.24	367.29	311.65	261.19
黑色金属矿采选业	Mining and Processing of Ferrous Metal Ores	0.42	0.86	2.00	5.81	4.29	6.18
有色金属矿采选业	Mining and Processing of Non-Ferrous Metal Ores	13.90	4.76	5.22	3.91	2.09	3.49
非金属矿采选业	Mining and Processing of Non-metal Ores	3.87	22.40	6.88	15.18	64.69	49.99
其他采矿业	Mining of Other Ores						
农副食品加工业	Processing of Food from Agricultural Products	26.03	18.59	6.98	11.40	17.91	19.56
食品制造业	Manufacture of Foods	6.58	7.72	49.56	61.64	43.05	50.19
酒、饮料和精制茶制造业	Manufacture of Wine, Beverage and Refined Tea	17.53	14.48	13.16	12.04	9.27	9.76
烟草制品业	Manufacture of Tobacco	1.98	2.23	2.98	1.31	0.68	0.53
纺织业	Manufacture of Textile	47.21	32.80	24.48	12.30	6.28	11.39
纺织服装、服饰业	Manufacture of Textile and Clothing Apparels	1.14	0.03	2.57	3.68	1.46	2.23
皮革、毛皮、羽毛及其制品和制鞋业	Manufacture of Leather, Fur, Feathers and Related Products, Footware	1.09	0.64	0.52	1.01	1.73	1.78
木材加工及木、竹、藤、棕、草制品业	Processing of Timber, Manufacture of Wood,Bamboo, Rattan, Palm, and Straw Products	12.82	18.09	13.66	3.41	0.53	1.54
家具制造业	Manufacture of Furniture	0.38	0.07	0.32	0.42	0.19	0.22
造纸及纸制品业	Manufacture of Paper and Paper Products	43.20	60.49	26.41	60.18	85.10	117.98
印刷业和记录媒介的复制	Printing, Reproduction of Recording Media	0.24	0.25	0.98	0.34	1.35	2.83
文教、工美、体育和娱乐用品制造业	Manufacture of Articles for Culture, Education, Art, Sports and Entertainment Product	0.13	0.12	0.43	0.67	2.24	2.67
石油加工、炼焦及核燃料加工业	Processing of Petroleum, Coking, Processing of Nuclear Fuel	90.60	125.50	422.53	387.56	674.34	623.10
化学原料及化学制品制造业	Manufacture of Raw Chemical Materials and Chemical Products	146.91	179.20	133.94	152.40	177.97	216.53
医药制造业	Manufacture of Medicines	24.08	19.20	28.78	20.71	21.98	18.29
化学纤维制造业	Manufacture of Chemical Fibres	17.98	20.32	63.35	28.50	56.59	72.98
橡胶和塑料制品业	Manufacture of Rubberf and Manufacture of Plastics	11.95	5.76	7.83	8.14	6.19	8.95
非金属矿物制品业	Manufacture of Non-metallic Mineral Products	316.22	360.31	437.98	1031.44	1608.50	1704.93
黑色金属冶炼及压延加工业	Smelting and Pressing of Ferrous Metals	152.40	290.36	628.36	1083.66	1276.33	1170.94
有色金属冶炼及压延加工业	Smelting and Pressing of Non-ferrous Metals	12.09	24.17	29.31	63.89	75.46	159.17
金属制品业	Manufacture of Metal Products	3.69	2.39	4.19	3.39	3.11	5.07
通用设备制造业	Manufacture of General Purpose Machinery	4.46	4.99	6.72	4.07	2.07	2.86
专用设备制造业	Manufacture of Special Purpose Machinery	3.16	2.32	1.19	1.73	1.46	2.89
汽车制造业	Manufacture of Automobiles	4.18	5.68	7.53	7.43	6.74	3.31
铁路、船舶、航空航天和其他运输设备制造业	Manufacture of Railroads, Ships, Aerospace and Other Transport Equipment	0.86	1.18	1.56	1.54	0.15	0.56
电气机械及器材制造业	Manufacture of Electrical Machinery and Equipment	11.93	12.90	3.91	7.90	7.12	6.75
通信设备、计算机及其他电子设备制造业	Manufacture of Communication Equipment, Computers and Other Electronic Equipment	2.45	2.03	0.59	1.13	0.98	2.71
仪器仪表制造业	Manufacture of Measuring Instruments	0.81	0.66	0.23	0.16	0.03	0.06
其他制造业	Other Manufacturing	1.12	8.04	1.31	1.57	0.49	4.40
废弃资源综合利用业	Comprehensive Utilization of Dsiposal of Waste				0.34	2.88	3.00
电力、热力的生产和供应业	Production and Supply of Electric Power and Heat Power	685.20	857.12	1825.03	2613.88	2769.79	2909.57
燃气生产和供应业	Production and Supply of Gas	1.92	1.83	2.60	9.11		
水的生产和供应业	Production and Supply of Water		0.04		0.03		
建筑业	**Construction**	**2.29**			**3.00**	**2.50**	**2.00**
交通运输、仓储和邮政业	**Transport, Storage and Post**	**38.66**	**11.42**	**7.56**	**3.06**	**6.50**	**5.00**
批发、零售业和住宿、餐饮业	**Wholesale and Retail Trades, Hotels and Catering Services**	**11.41**	**5.20**	**15.00**	**16.00**	**19.00**	**23.00**
其他	**Others**	**2.51**		**6.00**	**24.00**	**25.00**	**24.50**
生活消费	**Non-Production Household Consumption**	**303.87**	**176.13**	**242.28**	**188.00**	**162.50**	**168.00**
城 镇	Urban	165.12	95.64	74.00	35.00	31.50	32.00
乡 村	Rural	138.75	80.49	168.28	153.00	131.00	136.00

6-9 电力消费量

Electricity Consumption

单位：亿千瓦小时 (100 million kwh)

行 业	Sector	1990	2000	2005	2010	2014	2015
消费总量	**Total Consumption**	**127.65**	**233.85**	**391.98**	**700.51**	**1018.52**	**1087.25**
农、林、牧、渔、水利业	**Agriculture, Forestry, Animal Husbandry, Fishery and Water Conservancy**	**14.34**	**21.92**	**23.59**	**13.00**	**10.65**	**10.51**
工 业	**Industry**	**99.05**	**173.98**	**268.60**	**496.72**	**696.67**	**729.93**
#煤炭开采和洗选业	Mining and Washing of Coal	8.28	7.54	8.67	11.70	8.94	8.35
黑色金属矿采选业	Mining and Processing of Ferrous Metal Ores	0.51	0.07	2.07	6.12	8.02	7.59
有色金属矿采选业	Mining and Processing of Non-Ferrous Metal Ores	8.63	2.88	13.39	8.79	10.18	10.34
非金属矿采选业	Mining and Processing of Non-metal Ores	0.57	0.90	2.14	3.35	5.84	6.61
其他采矿业	Mining of Other Ores	0.05	0.01	1.03			
农副食品加工业	Processing of Food from Agricultural Products	1.58	4.26	2.22	8.05	13.72	15.84
食品制造业	Manufacture of Foods	0.42	1.01	1.40	5.91	6.75	7.54
酒、饮料和精制茶制造业	Manufacture of Wine, Beverage and Refined Tea	0.85	0.89	1.17	2.75	4.33	4.53
烟草制品业	Manufacture of Tobacco	0.23	0.32	0.45	0.53	0.73	0.77
纺织业	Manufacture of Textile	4.42	5.00	6.36	17.41	21.82	22.36
纺织服装、服饰业	Manufacture of Textile and Clothing Apparels	0.16	0.15	0.86	3.18	8.76	9.62
皮革、毛皮、羽毛及其制品和制鞋业	Manufacture of Leather, Fur, Feathers and Related Products, Footware	0.23	0.17	0.41	3.21	6.08	6.47
木材加工及木、竹、藤、棕、草制品业	Processing of Timber, Manufacture of Wood,Bamboo, Rattan, Palm, and Straw Products	0.61	1.52	3.67	8.19	9.04	8.35
家具制造业	Manufacture of Furniture	0.09	0.19	0.12	1.04	2.32	2.96
造纸及纸制品业	Manufacture of Paper and Paper Products	2.91	3.00	7.63	14.08	18.23	19.69
印刷业和记录媒介的复制	Printing, Reproduction of Recording Media	0.27	0.33	0.50	1.24	3.26	3.41
文教、工美、体育和娱乐用品制造业	Manufacture of Articles for Culture, Education, Art, Sports and Entertainment Product	0.11	0.07	0.46	1.43	5.05	5.92
石油加工、炼焦及核燃料加工业	Processing of Petroleum, Coking, Processing of Nuclear Fuel	1.31	4.05	4.62	5.93	8.31	10.35
化学原料及化学制品制造业	Manufacture of Raw Chemical Materials and Chemical Products	13.37	16.76	23.60	49.75	68.56	69.06
医药制造业	Manufacture of Medicines	1.95	1.52	3.01	6.44	11.04	20.34
化学纤维制造业	Manufacture of Chemical Fibres	0.69	1.95	3.97	2.59	5.48	5.84
橡胶和塑料制品业	Manufacture of Rubberf and Manufacture of Plastics	0.82	0.70	2.67	7.96	13.75	14.73
非金属矿物制品业	Manufacture of Non-metallic Mineral Products	7.81	16.34	30.53	57.69	83.71	87.65
黑色金属冶炼及压延加工业	Smelting and Pressing of Ferrous Metals	11.69	26.37	38.57	58.61	61.04	58.87
有色金属冶炼及压延加工业	Smelting and Pressing of Non-ferrous Metals	3.64	18.25	23.61	46.04	73.36	68.75
金属制品业	Manufacture of Metal Products	0.91	1.78	4.47	5.80	9.78	9.91
通用设备制造业	Manufacture of General Purpose Machinery	1.78	1.78	2.77	5.50	7.88	7.10
专用设备制造业	Manufacture of Special Purpose Machinery	1.05	1.94	2.92	3.20	6.01	6.56
汽车制造业	Manufacture of Automobiles	1.44	2.07	3.77	8.67	14.22	15.22
铁路、船舶、航空航天和其他运输设备制造业	Manufacture of Railroads, Ships, Aerospace and Other Transport Equipment	0.45	0.66	1.19	2.74	3.61	3.25
电气机械及器材制造业	Manufacture of Electrical Machinery and Equipment	0.93	1.10	2.82	15.34	25.90	29.22
通信设备、计算机及其他电子设备制造业	Manufacture of Communication Equipment, Computers and Other Electronic Equipment	0.45	0.62	0.93	5.85	18.15	18.23
仪器仪表制造业	Manufacture of Measuring Instruments	0.19	0.29	0.38	0.73	1.54	2.10
其他制造业	Other Manufacturing	0.12	0.15	2.17	2.21	0.74	0.02
废弃资源综合利用业	Comprehensive Utilization of Dsiposal of Waste					1.22	1.34
电力、热力的生产和供应业	Production and Supply of Electric Power and Heat Power	18.84	45.68	58.04	109.14	142.96	155.22
燃气生产和供应业	Production and Supply of Gas	0.03	0.03	0.25	0.76	0.92	1.03
水的生产和供应业	Production and Supply of Water	1.51	3.04	4.86	4.39	5.43	4.77
建筑业	**Construction**	**0.93**	**0.80**	**2.74**	**6.69**	**15.37**	**17.79**
交通运输、仓储和邮政业	**Transport, Storage and Post**	**1.19**	**3.42**	**4.35**	**13.28**	**21.79**	**28.46**
批发、零售业和住宿、餐饮业	**Wholesale and Retail Trades, Hotels and Catering Services**	**0.90**	**3.08**	**9.56**	**21.73**	**42.08**	**45.87**
其他	**Others**	**2.77**	**7.52**	**17.61**	**38.27**	**62.94**	**70.3**
生活消费	**Non-Production Household Consumption**	**8.47**	**23.23**	**65.53**	**110.82**	**169.02**	**184.39**
城 镇	Urban	4.51	15.68	40.81	61.48	93.27	98.33
乡 村	Rural	3.96	7.55	24.72	49.34	75.75	86.06

6-10 能 源 生 产 量

Energy Production

能源品种	Type of Energy	1990	2000	2005	2010	2014	2015
一次能源生产量（万吨标准煤）	**Primary Energy Output(10000 tons of SCE)**	**1282.42**	**1293.23**	**2010.45**	**2312.84**	**2451.87**	**2356.86**
原煤(万吨)	Raw Coal(10000 tons)	2027.11	1813.76	2565.05	2912.22	2813.70	2270.70
洗精煤(万吨)	Cleaned Coal(10000 tons)	144.84	125.84	192.72	126.10	553.87	470.30
其他洗煤(万吨)	Other Washed Coal(10000 tons)	189.72	52.10	91.97	429.78	116.03	99.69
焦炭(万吨)	Coke(10000 tons)	119.96	177.5	396.7	678.44	867.50	815.44
燃料油(万吨)	Fuel Oil(10000 tons)	42.36	54.27	39.53	20.89	1.40	0.20
汽油(万吨)	Gasoline(10000 tons)	47.82	81.75	86.10	108.07	173.50	192.76
煤油(万吨)	Kerosene(10000 tons)	1.10	2.41	4.67		24.40	34.17
柴油(万吨)	Diesel Oil(10000 tons)	46.12	125.82	132.53	190.85	179.60	211.92
液化石油气(万吨)	Liquefied Petroleum Gas(10000 tons)	4.53	16.92	26.90	24.27	26.50	32.18
炼厂干气(万吨)	Refinery Gas(10000 tons)	3.98	9.43	12.21	14.84	17.00	22.08
焦炉煤气(亿立方米)	Coke Oven Gas(100 million cu.m)	3.72	7.03	11.89	15.71	23.98	24.76
电力(亿千瓦小时)	Electricity(100 million kwh)	121.41	226.77	373.49	637.59	873.30	982.05

6-11 平均每天能源消费量

Average Daily Energy Consumption by Type of Energy

能源品种	Type of Energy	1990	2000	2005	2010	2014	2015
合计(吨标准煤)	**Total(ton of SCE)**	**47460**	**68630**	**117425**	**172071**	**220695**	**231242**
煤炭(吨)	Coal(ton)	62079	67634	119132	171140	204858	210911
焦炭(吨)	Coke(ton)	4308	5642	12407	21167	23867	24430
原油(吨)	Crude Oil (ton)	4249	9073	10083	12875	12938	15232
燃料油(吨)	Fuel Oil(ton)	641	937	852	648	433	482
汽油(吨)	Gasoline(ton)	1159	1602	2233	4253	6899	7781
煤油(吨)	Kerosene(ton)	145	62	196	233	58	58
柴油(吨)	Diesel Oil(ton)	1245	2871	7454	10103	14425	14726
电力(万千瓦小时)	Electricity(10000 kwh)	3497	6407	10739	19192	27905	29788

6-12 人均生活能源消费量

Annual per Capita Energy Consumption of Households

能源品种	Type of Energy	1990	2000	2005	2010	2014	2015
生活消费能源（千克标准煤）	**Consumption for Households(kg of SCE)**	**59.68**	**82.71**	**109.11**	**147.52**	**198.27**	**218.37**
煤 炭(千克)	Coal(kg)	80.97	42.66	56.38	42.27	35.86	36.89
汽 油(千克)	Petrol(kg)		0.97	2.79	6.39	13.24	16.47
天然气(立方米)	Natural Gas(cu.m)			0.12	4.09	8.80	9.20
液化石油气(千克)	Liquefied Petroleum Gas(kg)	0.89	4.94	5.64	8.95	9.71	10.10
煤气(立方米)	Coal Gas(cu.m)	0.24	1.52	2.54	4.61	4.48	0.66
电力(千瓦小时)	Electricity(kwh)	22.57	56.26	152.49	249.19	372.95	404.91

6-13 能源生产弹性系数

Elasticity Ratio of Energy Production

年 份 Year	能源生产比上年增长(%) Growth Rate of Energy Production over Preceding Year (%)	电力生产比上年增长(%) Growth Rate of Electricity Production over Preceding Year (%)	地区生产总值比上年增长(%) Growth Rate of Gross Domestic Product (GDP) over Preceding Year (%)	能源生产弹性系数 Elasticity Ratio of Energy Production	电力生产弹性系数 Elasticity Ratio of Electricity Production
1985	2.52	15.43	14.8	0.17	1.04
1990	-2.86	1.42	4.5		0.32
1995	22.50	3.45	14.5	1.55	0.24
2000	12.02	7.73	8.0	1.50	0.97
2001	-3.91	6.85	8.8		0.78
2002	0.76	14.73	10.5	0.07	1.40
2003	20.22	22.64	13.0	1.55	1.74
2004	26.37	13.85	13.2	2.00	1.05
2005	5.68	1.89	12.8	0.44	0.15
2006	11.47	16.68	12.3	0.93	1.36
2007	0.55	13.42	13.2	0.04	1.02
2008	6.29	-0.21	13.2	0.48	
2009	5.59	6.33	13.1	0.43	0.48
2010	-8.54	21.58	14.0		1.54
2011	11.62	16.41	12.5	0.93	1.31
2012	0.76	2.34	11.0	0.07	0.21
2013	-1.63	15.25	10.1		1.51
2014	-4.18	-0.24	9.7		
2015	-3.88	12.45	9.1		1.37

6-14 能源消费弹性系数

Elasticity Ratio of Energy Consumption

年　份 Year	能源消费比上年增长(%) Growth Rate of Energy Consumption over Preceding Year (%)	电力消费比上年增长(%) Growth Rate of Electricity Consumption over Preceding Year (%)	地区生产总值比上年增长(%) Growth Rate of Gross Domestic Product (GDP) over Preceding Year (%)	能源消费弹性系数 Elasticity Ratio of Energy Consumption	电力消费弹性系数 Elasticity Ratio of Electricity Consumption
1985	4.75	14.11	14.8	0.32	0.95
1986	11.19	11.10	6.7	1.67	1.66
1987	8.07	11.53	8.3	0.97	1.39
1988	8.75	11.76	11.4	0.77	1.03
1989	0.76	4.61	6.1	0.12	0.76
1990	-2.08	4.10	4.5		0.91
1991	3.53	6.22	8.2	0.43	0.76
1992	4.35	9.37	14.8	0.29	0.63
1993	3.99	6.20	13.7	0.29	0.45
1994	6.45	10.37	17.0	0.38	0.61
1995	15.50	4.30	14.5	1.07	0.30
1996	-9.90	4.97	13.4		0.37
1997	-1.03	-2.18	11.5		
1998	-4.88	0.83	8.2		0.10
1999	5.23	3.35	7.8	0.67	0.42
2000	4.01	7.98	8.0	0.50	1.00
2001	4.91	6.23	8.8	0.56	0.71
2002	11.61	11.32	10.5	1.11	1.08
2003	16.81	15.54	13.0	1.29	1.20
2004	11.33	21.80	13.2	0.86	1.65
2005	12.38	6.37	12.8	0.97	0.50
2006	8.73	13.83	12.3	0.71	1.12
2007	8.42	14.54	13.2	0.64	1.10
2008	6.54	6.98	13.2	0.50	0.53
2009	7.98	11.42	13.1	0.61	0.87
2010	8.05	14.98	14.0	0.58	1.07
2011	9.02	19.21	12.5	0.72	1.54
2012	4.40	3.90	11.0	0.40	0.36
2013	6.08	9.16	10.1	0.60	0.91
2014	6.23	7.54	9.7	0.64	0.78
2015	4.78	6.75	9.1	0.53	0.74

6-15 规模以上工业主要能源分行业消费量（2015年）

单位：吨

行业	sector	原煤 Raw Coal	洗精煤 Cleaned Coal
总计	**Total**	**58195920**	**11371383**
煤炭开采和洗选业	Mining and Washing of Coal	8241742	
黑色金属矿采选业	Mining and Processing of Ferrous Metal Ores	31752	
有色金属矿采选业	Mining and Processing of Non-Ferrous Metal Ores	14800	108
非金属矿采选业	Mining and Processing of Non-metal Ores	519739	
农副食品加工业	Processing of Food from Agricultural Products	184818	
食品制造业	Manufacture of Foods	489739	
酒、饮料和精制茶制造业	Manufacture of Wine, Beverage and Refined Tea	87620	
烟草制品业	Manufacture of Tobacco	420	4884
纺织业	Manufacture of Textile	63874	
纺织服装、服饰业	Manufacture of Textile and Clothing Apparels	12011	320
皮革、毛皮、羽毛及其制品和制鞋业	Manufacture of Leather, Fur, Feathers and Related Products, Footware	17821	
木材加工及木、竹、藤、棕、草制品业	Processing of Timber, Manufacture of Wood, Bamboo, Rattan, Palm, and Straw Products	5377	
家具制造业	Manufacture of Furniture	2172	
造纸及纸制品业	Manufacture of Paper and Paper Products	879923	
印刷和记录媒介复制业	Printing, Reproduction of Recording Media	14298	
文教、工美、体育和娱乐用品制造业	Manufacture of Articles for Culture, Education, Art, Sports and Entertainment Product	16711	
石油加工、炼焦及核燃料加工业	Processing of Petroleum, Coking, Processing of Nuclear Fuel	423868	5880700
化学原料及化学制品制造业	Manufacture of Raw Chemical Materials and Chemical Products	2046943	18354

Main Energy Consumption of Industrial Enterprises above Designated Size by Sector (2015)

(ton)

其他洗煤 Other Washed Coal	焦　炭 Coke	原　油 Crude Oil	汽　油 Gasoline	煤　油 Kerosene	柴　油 Diesel Oil	燃料油 Fuel Oil
478958	**8417050**	**5554952**	**37763**	**1189**	**232541**	**135898**
			579		2261	
			173		14907	
	26		603	42	8308	
			245	1	27748	
	138		763	20	2341	41
1790			2812	18	1611	14
			161		242	
			184		1094	
			483	0	368	12
			1982		1628	
			252		870	340
			716	49	1326	
			1141		1647	
			89		1501	
			943		598	
			565		721	2
		5554952	116		602	15692
41	1843		1622	83	4420	245

6-15 续表

单位：吨

行　　业	sector	原　煤 Raw Coal	洗精煤 Cleaned Coal
医药制造业	Manufacture of Medicines	242742	141
化学纤维制造业	Manufacture of Chemical Fibres	629791	
橡胶和塑料制品业	Manufacture of Rubber and Plastics	69473	
非金属矿物制品业	Manufacture of Non-metallic Mineral Products	11723955	42240
黑色金属冶炼及压延加工业	Smelting and Pressing of Ferrous Metals	3081196	5399090
有色金属冶炼及压延加工业	Smelting and Pressing of Non-ferrous Metals	451673	13464
金属制品业	Manufacture of Metal Products	30680	
通用设备制造业	Manufacture of General Purpose Machinery	18502	70
专用设备制造业	Manufacture of Special Purpose Machinery	18943	
汽车制造业	Manufacture of Automobiles	22983	
铁路、船舶、航空航天和其他运输设备制造业	Manufacture of Railroads, Ships, Aerospace and Other Transport Equipment	1648	
电气机械及器材制造业	Manufacture of Electrical Machinery and Equipment	45066	11886
计算机、通信和其他电子设备制造业	Manufacture of Computers, Communication Equipment, and Other Electronic Equipment	4110	
仪器仪表制造业	Manufacture of Measuring Instruments	281	
其他制造业	Other Manufacturing	5554	
废弃资源综合利用业	Comprehensive Utilization of Dsiposal of Waste	29983	
电力、热力的生产和供应业	Production and Supply of Electric Power and Heat Power	28765714	
燃气生产和供应业	Production and Supply of Gas		
水的生产和供应业	Production and Supply of Water		

continued

(ton)

其他洗煤 Other Washed Coal	焦 炭 Coke	原 油 Crude Oil	汽 油 Gasoline	煤 油 Kerosene	柴 油 Diesel Oil	燃料油 Fuel Oil
			1081	7	1356	3
			19		200	
	5650		909		1151	260
			2754	420	57808	20684
476976	8247549		341	48	6956	
	127801		1529	310	63452	95333
	4078		843	33	1308	
	1383		3302	66	3969	283
	13803		729	2	3627	2044
150	605		2714	85	7519	857
			220		663	
	4868		2040	5	3466	
			1029		572	
			258			
			98		3	
	11148		193		1249	1
			4921		6112	85
			468		498	
			876		403	

6-16 各地区能源消费总量及用电量（2015年）

The Energy Consumption and Electrical by Region(2015)

地　区	Region	能源消费总量（万吨标准煤） Total Energy Composition (10000 tons of SCE)	规模以上工业能源消费量（当量值）（万吨标准煤） Energy Consumption of Industrial Enterprises above Designated Size by Region (equivalent value) (10000 tons of SCE)	全社会用电量（亿千瓦时） Society Electrical (100million kwh)	工业用电量（亿千瓦时） Industrical Electricity (100million kwh)	居民生活用电量（亿千瓦时） Residential Electricity Consumption (100million kwh)
全　省	**Provincial Total**	**8440.34**	**5104.33**	**1087.25**	**729.93**	**184.39**
南昌市	Nanchang	1377.84	528.53	164.34	85.21	33.34
景德镇市	Jingdezhen	389.51	279.79	46.39	32.26	7.85
萍乡市	Pingxiang	899.26	604.68	59.08	43.87	9.25
九江市	Jiujiang	1163.70	860.01	148.10	108.46	20.42
新余市	Xinyu	953.17	701.05	85.06	74.58	4.94
鹰潭市	Yingtan	244.60	251.56	39.57	29.27	4.67
赣州市	Ganzhou	792.07	306.04	144.88	86.79	34.59
吉安市	Ji'an	444.45	294.72	79.56	51.86	14.44
宜春市	Yichun	966.54	807.79	148.66	110.48	19.67
抚州市	Fuzhou	432.79	99.71	52.37	28.41	13.11
上饶市	Shangrao	680.29	370.44	119.24	77.49	23.35

6-17 各地区规模以上工业主要能源消费量（2015年）

Main Energy Consumption of Industrial Enterprises above Designated Size by Region (2015)

单位：吨　　　　(ton)

地　区	Region	原煤 Raw Coal	洗精煤 Cleaned Coal	其他洗煤 Other Washed Coal	焦炭 Coke	原油 Crude Oil	汽油 Gasoline	煤油 Kerosene	柴油 Diesel Oil	燃料油 Fuel Oil
全　省	**Provincial Total**	**58195920**	**11371383**	**478958**	**8417050**	**5554952**	**37763**	**1189**	**232541**	**135898**
南昌市	Nanchang	3473444	1190278	476976	1364435		12453	229	38061	6424
景德镇市	Jingdezhen	3597215	4463575				1188	46	1650	15580
萍乡市	Pingxiang	7962652	1232885		1805899		3636	4	11289	112
九江市	Jiujiang	7684117			1982878	5554952	3477	59	31422	
新余市	Xinyu	5611415	3700328		3106587		1646	231	22603	
鹰潭市	Yingtan	3510691			11863		715	1	56165	33141
赣州市	Ganzhou	3239447	6829		11117		3721	191	17065	11500
吉安市	Ji'an	4377280	2099	1790	11618		876	57	8432	655
宜春市	Yichun	13223131	671766	41	3147		5879	108	16325	18359
抚州市	Fuzhou	329309	76918	150	26281		1485	45	7512	9326
上饶市	Shangrao	5187219	26705		93224		2689	219	22015	40801

主要统计指标解释

能源生产总量 指一定时期内，全国或地区一次能源生产量的总和。该指标是观察全国或地区能源生产水平、规模、构成和发展速度的总量指标。一次能源生产量包括原煤、原油、天然气、水电、核能及其他动力能(如风能、地热能等)发电量，不包括低热值燃料生产量、生物质能、太阳能等的利用和由一次能源加工转换而成的二次能源产量。

能源消费总量 指一定时期内，全国或地区各行业和居民生活消费的各种能源的总和。该指标是观察能源消费水平、构成和增长速度的总量指标。能源消费总量包括原煤和原油及其制品、天然气、电力，不包括低热值燃料、生物质能和太阳能等的利用。能源消费总量分为终端能源消费量、能源加工转换损失量和能源损失量三部分。

(1)终端能源消费量：指一定时期内，全国或地区生产和生活消费的各种能源在扣除了用于加工转换二次能源消费量和损失量以后的数量。

(2)能源加工转换损失量：指一定时期内，全国或地区投入加工转换的各种能源数量之和与产出各种能源产品之和的差额。该指标是观察能源在加工转换过程中损失量变化的指标。

(3)能源损失量：指一定时期内，能源在输送、分配、储存过程中发生的损失和由客观原因造成的各种损失量，不包括各种气体能源放空、放散量。

能源生产弹性系数 是研究能源生产增长速度与国民经济增长速度之间关系的指标。计算公式：

$$能源生产弹性系数=\frac{能源生产总量年平均增长速度}{国民经济年平均增长速度}$$

国民经济年平均增长速度，可根据不同的目的或需要，用国民生产总值、国内生产总值等指标来计算，本年鉴是采用国内生产总值指标计算的。

电力生产弹性系数 是研究电力生产增长速度与国民经济增长速度之间关系的指标。一般来说，电力的发展应当快于国民经济的发展，也就是说电力应超前发展。计算公式为：

$$电力生产弹性系数=\frac{电力生产量年平均增长速度}{国民经济年平均增长速度}$$

能源消费弹性系数 反映能源消费增长速度与国民经济增长速度之间比例关系的指标。计算公式为：

$$能源消费弹性系数=\frac{能源消费量年平均增长速度}{国民经济年平均增长速度}$$

电力消费弹性系数 反映电力消费增长速度与国民经济增长速度之间比例关系的指标。计算公式为：

$$电力消费弹性系数=\frac{电力消费量年平均增长速度}{国民经济年平均增长速度}$$

Explanatory Notes on Main Statistical Indicators

Total Energy Production refers to the total production of primary energy by all energy producing enterprises in the country or region in a given period of time. It is a comprehensive indicator to show the level, scale, composition and pace of development of energy production of the country or region. The production of primary energy includes that of coal, crude oil, natural gas, hydro-power and electricity generated by nuclear energy and other means such as wind power and geothermal power. However, it does not include the production of fuels of low calorific value, bio-energy, solar energy and secondary energy converted from primary energy.

Total Energy Consumption refers to the total consumption of energy of various kinds by the production sectors and the households in the country or region in a given period of time. It is a comprehensive indicator to show the scale, composition and pace of increase of energy consumption. Total energy consumption includes that of coal, crude oil and their products, natural gas and electricity. However, it does not include the consumption of fuel of low calorific value, bio-energy and solar energy. Total energy consumption can be divided into three parts: end-use energy consumption; loss during the process of energy conversion; and energy loss.

(1)End-use Energy Consumption: It refers to the total energy consumption by the production sectors and the households in the country or region in a given period of time. It does not include the consumption during the conversion of primary energy into secondary energy and the loss in the process of energy conversion.

(2)Loss During the Process of Energy Conversion: It refers to the total input of various kinds of energy for conversion, minus the total output of various kinds of energy in the country or region in a given period of time. It is an indicator to show the loss that occurs during the process of energy conversion.

(3)Energy Loss: It refers to the total of the loss of energy during the course of energy transport, distribution and storage and the loss caused by any objective reason in a given period of time. The loss of various kinds of gas due to gas discharges and stocktaking is not included.

Elasticity Ratio of Energy Production is an indicator to show the relationship between the growth rate of energy production and the growth rate of the national economy. The formula is:

$$\text{Elasticity Ratio of Energy Production} = \frac{\text{Average Annual Growth Rate of Energy Production}}{\text{Average Annual Growth Rate of National Economy}}$$

The average annual growth rate of the national economy can be measured by indicators such as the Gross National Product and the Gross Domestic Product, depending on the purposes or needs. The Gross Domestic Product has been used in the calculation of the ratio in this Yearbook.

Elasticity Ratio of Electricity Production is an indicator to show the relationship between the growth rate of electricity production and the growth rate of the national economy. Generally speaking, the growth rate of electricity production should be higher than that of the national economy.

Its formula is:

$$\text{Elasticity Ratio of Electricity Production} = \frac{\text{Average Annual Growth Rate of Electricity Production}}{\text{Average Annual Growth Rate of National Economy}}$$

Elasticity Ratio of Energy Consumption is an indicator to show the relationship between the growth rate of energy consumption and the growth rate of the national economy. The formula is:

$$\text{Elasticity Ratio of Energy Consumption} = \frac{\text{Average Annual Growth Rate of Energy Consumption}}{\text{Average Annual Growth Rate of National Economy}}$$

Elasticity Ratio of Electricity Consumption is an indicator to show the relationship between the growth rate of electricity consumption and the growth rate of the national economy. The formula is:

$$\text{Elasticity Ratio of Electricity Consumption} = \frac{\text{Average Annual Growth Rate of Electricity Consumption}}{\text{Average Annual Growth Rate of National Economy}}$$

7

财 政

GOVERNMENT FINANCE

资料整理及英文翻译: 刘江华

简要说明

一、主要内容

本篇包括全省财政收支和预算外资金收支资料。

二、统计口径

2007 年起，财政收支科目实施了较大改革，特别是财政支出项目口径变化很大，与往年数据不可比。

三、资料来源

资料来源于省财政厅的财政总决算报表，由省统计局国民经济核算处编辑整理。

Brief Introduction

I. Main Contents

The data in this chapter present provincial government revenue and expenditure situation, the extra-budgetary revenue and expenditure.

II. Scope of Statistics

Due to the adjustment on classifications of revenue and expenditure accounts since 2007, the relative data are not compared with data in preceding years.

III. Sources of Data

The data are based on final provincial financial accounts, which are provided by the Department of National Accounts of the provincial Bureau of Statistics.

7-1 财 政 收 入

Government Revenue

单位：万元 (10000 yuan)

年 份 Year	财政总收入 Total Government Revenue	一般公共预算收入 Public Financial Revenue of the Local Government	税收收入 Taxes	#增值税 Value-added Tax	#营业税 Business Tax	#企业所得税 Company Income Tax	非税收入 Other Revenue	上交中央收入 Revenue Handed in the Central Government	财政总收入占GDP比重(%) Ratio to Gross Domestic Product (%)
1994	886126	492907	421932	106344	111482	38491	70975	393219	9.4
1995	1052156	641328	524945	110526	151464	56004	116383	410828	9.0
1996	1235752	770936	635070	126810	194011	63139	135866	464816	8.8
1997	1349161	905924	712721	119902	216962	81443	193203	443237	8.4
1998	1456586	971561	769453	123145	250849	73469	202108	485025	8.5
1999	1549806	1051371	812280	125302	249255	86842	239091	498435	8.4
2000	1716931	1115536	856481	150826	263986	95048	259055	601395	8.6
2001	2001639	1319790	1021023	172324	266187	226086	298767	681849	9.2
2002	2345064	1405457	1040551	187248	334960	105994	364906	939607	9.6
2003	2858087	1681670	1230510	230683	431628	97428	451160	1176417	10.2
2004	3508081	2057667	1450860	254350	553126	135045	606807	1450414	10.1
2005	4259007	2529236	1707228	338739	628395	173966	822008	1729771	10.5
2006	5186139	3055214	2087123	411759	755107	246651	968091	2130925	10.8
2007	6652189	3898510	2818573	530534	973988	379803	1079937	2753679	11.5
2008	8169872	4886476	3579635	642916	1181937	474319	1306841	3283396	11.7
2009	9288753	5813012	4300204	667374	1534987	462744	1512808	3475741	12.1
2010	12262376	7780922	5851073	847892	2043822	637192	1929849	4481454	13.0
2011	16450001	10534342	7770948	1058993	2727856	979220	2763394	5915659	14.1
2012	20461475	13719940	9780836	1074123	3634642	1241189	3939104	6741535	15.8
2013	23584319	16212358	11787426	1464306	4235034	1367065	4424932	7371961	16.4
2014	26809635	18818315	13811325	2195983	4435692	1524704	5006990	7991320	17.1
2015	30218303	21657362	15170279	2406292	4984378	1572137	6487083	8560941	18.1

注：1.1994-2009年企业所得税含退税。
2.1994-1997年国有资产经营收益体现为国有企业上缴利润。
3.1997年地方财政收入和非税收入包含当年纳入基金预算收入的城市教育附加费、矿产资源补偿费、排污费和城市水资源费收入。
4.从2002年开始，上交中央收入包含上划所得税。
5.农业税收包含农业税、农业特产税(2006年含烟叶税部分)、耕地占用税、契税。
6.以上数据根据江西省历年财政总决算整理得出。

a) From 1994 to 2006,Company income tax indudes tax rebate for it.
b) From 1994 to 1997,the operating income of State-owned enterprises reflects the profits the state-owned enterprises handed in.
c) In 1997,the local government revenue and non-tax income indude extra-charges for urban education,compensation for mineral resources,fee on sewage treatment and on urban water resource,which has brought into the income of funds budget at current year.
d) Since 2002,revenue handed in the central government has induded income tax divided above.
e) Agricultural tax includes Agricultural tax,tax on special Agricultural,products(inducle tobacco tax in 1996),tax on the occupancy of cultivated land, and contract tax.
f) Data above are collected according to Jiangxi annual general final budget of public finance.

7-2 一般公共预算收入

Public Financial Revenue of the Local Government

单位：万元 (10000 yuan)

项 目	Item	2012	2013	2014	2015
总 计	**Total**	**13719940**	**16212358**	**18818315**	**21657362**
税收收入	**Total Tax revence**	**9780836**	**11787426**	**13811325**	**15170279**
#增值税	Value Added Tax	1074123	1464306	2195983	2406292
营业税	Business Tax	3634642	4235034	4435692	4984378
企业所得税	Corporate Income Tax	1241189	1367065	1524704	1572137
个人所得税	Individual Income Tax	265246	287730	359419	424055
资源税	Resource Tax	297208	347039	467450	479727
城市维护建设税	City Maintenance and Construction Tax	479944	576022	662609	708553
房产税	House Property Tax	158630	214942	277092	342884
印花税	Stamp Tax	99177	121794	144135	151963
城镇土地使用税	Urban Land Use Tax	251690	319490	406223	441153
土地增值税	Land Appreciation Tax	522790	802508	1138424	1288367
车船税	Tax on Vehicles and Boat Operation	68976	84759	97109	117776
烟叶税	Tobacco Leaf Tax	18891	22868	27958	25494
耕地占用税	Farm Land Occupation Tax	717578	698190	768323	863027
契 税	Deed Tax	950744	1245624	1306204	1363298
非税收入	**Non Tax Revenue**	**3939104**	**4424932**	**5006990**	**6487083**
#国有资本经营收入	Profit from State-owned Assets	356719	17189	26134	32104
行政性收费收入	Charge of Administrative and Institutional Units	1507833	1662924	1797296	1904960
罚没收入	Penalty Receipts	547590	633792	731824	699636
专项收入	Special Program Receipts	520261	629570	672101	1280946
国有资源(资产)有偿使用收入	Revenue of Compensable Use of State-owned Resources	658977	1139467	1453851	2123854
其他收入	Other Revences	347724	341990	325784	445583

7-3 一般公共预算支出

Public Financial Expenditures of the Local Government

单位：万元 (10000 yuan)

项 目	Item	2012	2013	2014	2015
总 计	**Total**	**30192244**	**34703013**	**38827011**	**44125491**
一般公共服务	General Public Services	3081631	3370070	3613598	4108277
国防	National Defence	54023	59455	65296	71337
公共安全	Public Security	1417128	1629192	1759620	1954372
教育	Education	6220594	6645302	7117164	7932675
科学技术	Science and Technology	274969	463220	583726	747884
文化体育与传媒	Culture,Sports and Media	447728	526243	600344	688996
社会保障和就业	Social Seaurity and Employment	3230628	3788398	4223474	5101847
医疗卫生与计划生育	Health Care and Birth Plan	2191516	2621374	3384540	3987901
节能环保	Energy Saving and Environment Protection	669129	741652	681277	874337
城乡社区事务	Community Affairs in Urban and Rural Areas	1766999	2012053	2268123	3314359
农林水事务	Agriculture,Forestry and Water Conservancy	3847674	4385353	5001512	5572959
交通运输	Transportation	1927848	2069270	2894581	2471769
资源勘探电力信息等	Information of Electric Power and Resources Exploration	1960281	2115185	2443835	2757931
商业服务业等	Commercial Service	382196	344648	329419	557026
金融	Expenditure for Affairs of Financial Supervision	69217	67087	43202	102179
援助其他地区	Assistance to Other Regions			10000	10000
国土海洋气象等	Land and Marine Meteorology	303591	295464	334960	368368
住房保障支出	Expenditure for Affairs of Housing Security	1344319	2000215	1971080	2413843
粮油物资储备	Expenditure for Affairs of Grain & Oil Reserves	189497	209684	236703	172305
国债还本付息支出	Expenditure for National Debt Repay Capital with Interest	118517	215950	320468	
其他支出	Other Expenditure	694759	1143198	944089	704307

7-4 财政收支总额及增长速度

Government Revenue and Expenditure and Growth Rates

年 份 Year	财政总收入(万元) Government Revenue (10000 yuan)	一般公共预算支出(万元) Public Financial Revenue of the Local Government (10000 yuan)	收支差额(万元) Balance (10000 yuan)	比上年增长(%) Growth Rate over preceding year(%) 财政总收入 Government Revenue	一般公共预算支出 Public Financial Revenue of the Local Government
1978	122246	162701	-40455	60.4	35.5
1979	117771	176302	-58531	-3.7	8.4
1980	124667	159884	-35217	5.9	-9.3
1981	131822	140292	-8470	5.7	-12.3
1982	123283	155407	-32124	-6.5	10.8
1983	135281	174677	-39396	9.7	12.4
1984	150126	219439	-69313	11.0	25.6
1985	211843	297263	-85420	41.1	35.5
1986	240552	366258	-125706	13.6	23.2
1987	282110	377878	-95768	17.3	3.2
1988	322931	423518	-100587	14.5	12.1
1989	374886	487126	-112240	16.1	15.0
1990	406155	507559	-101404	8.3	4.2
1991	448050	603651	-155601	10.3	18.9
1992	493882	683826	-189944	10.2	13.3
1993	656721	818983	-162262	33.0	19.8
1994	886707	920290	-33583	35.0	12.4
1995	1052172	1103381	-51209	18.7	19.9
1996	1235782	1318475	-82693	17.5	19.5
1997	1349160	1526026	-176866	9.2	15.7
1998	1456584	1752605	-296021	8.0	14.8
1999	1549809	2078293	-528484	6.4	18.6
2000	1716943	2234722	-517779	10.8	7.5
2001	2001638	2837144	-835506	16.6	27.0
2002	2344259	3413843	-1069584	17.1	20.3
2003	2858122	3820981	-962859	21.9	11.9
2004	3508096	4540598	-1032502	22.7	18.8
2005	4259007	5639525	-1380518	21.4	24.2
2006	5186139	6964361	-1778222	21.8	23.5
2007	6652189	9050582	-2398393	28.3	30.0
2008	8169872	12100730	-3930858	22.8	33.7
2009	9288753	15623742	-6334989	13.7	29.1
2010	12262376	19232633	-6970257	32.0	23.1
2011	16450001	25345989	-8895988	34.2	31.8
2012	20461475	30192244	-9730769	24.4	19.1
2013	23584319	34703013	-11118694	15.3	14.9
2014	26809635	38827011	-12017376	13.7	11.9
2015	30218303	44125491	-13907188	12.7	13.6

7-5 各地区一般公共预算收入（2015年）

Public Financial Revenue of the Local Government by Region (2015)

单位：万元　　(10000 yuan)

地　区	Region	一般公共预算收入 Public Financial Revenue of the Local Government	增值税 Value-added Tax	营业税 Business Tax	企业所得税 Company Income Tax	个人所得税 Personal Income Tax	其他收入 Other Revenue
全　省	**Provincial Total**	**21657362**	**2406292**	**4984378**	**1572137**	**424055**	**12270500**
南 昌 市	Nanchang	3893412	350598	1207890	399635	163161	1772128
景德镇市	Jingdezhen	905885	75605	277365	38535	14212	500168
萍 乡 市	Pingxiang	1060654	99734	359642	29505	10609	561164
九 江 市	Jiujiang	2472023	267300	583309	117616	35762	1468036
新 余 市	Xinyu	988039	61038	285011	67533	28581	545876
鹰 潭 市	Yingtan	830110	129531	136544	50481	12952	500602
赣 州 市	Ganzhou	2455127	238977	554664	197728	56897	1406861
吉 安 市	Ji'an	1617308	241641	374939	95635	24537	880556
宜 春 市	Yichun	2150377	345860	453288	128458	36140	1186631
抚 州 市	Fuzhou	1268200	227198	324599	75488	15163	625752
上 饶 市	Shangrao	2223687	280270	372413	101869	26031	1443104

注：本表财政收入不含中央两税收入。
The local Government Revenue in the table do not include the Value-added tax and consumption tax of the central Government.

7-6 各地区一般公共预算支出（2015年）

Public Financial Expenditures of the Local Government by Region (2015)

单位：万元　　(10000 yuan)

地　区	Region	一般公共预算支出 Public Financial Expenditures of the Local Government	一般公共服务 General Public Services	教　育 Education	社会保障和就业 Social Security and Employment	医疗卫生 Health Care and Medical	农林水事务 Agriculture, Forestry and Water	其他支出 Other Expenditure
全　省	**Provincial Total**	**44125491**	**4108277**	**7932675**	**5101847**	**3987901**	**5572959**	**17421832**
南 昌 市	Nanchang	5431789	444772	854606	617643	564207	379786	2570775
景德镇市	Jingdezhen	1726481	195838	251051	256913	108319	244045	670315
萍 乡 市	Pingxiang	1858015	202236	266272	274825	144705	188520	781457
九 江 市	Jiujiang	4428630	472414	823120	580940	438745	607516	1505895
新 余 市	Xinyu	1532731	98093	199214	146708	95380	103335	890001
鹰 潭 市	Yingtan	1277407	71996	179553	157833	116629	110227	641169
赣 州 市	Ganzhou	6150812	475083	1185852	948203	688855	807145	2045674
吉 安 市	Ji'an	3596439	333730	766135	437502	384796	662615	1011661
宜 春 市	Yichun	4035079	365178	787469	629273	415400	622652	1215107
抚 州 市	Fuzhou	2946833	233524	562209	376831	318347	442997	1012925
上 饶 市	Shangrao	4569648	372212	924780	535998	526593	646526	1563539

7-7 县(市、区)一般公共预算收支表（2015年）

General Public Financial Revenue and Expenditure of Local Government by County (County-level City) (2015)

单位：万元 (10000 yuan)

地　区	Region	一般公共预算收入 General Local Government Budgetary Revenue	税收收入 Tax Revenue	增值税 Value-added Tax Revenue	非税收入 Non-tax Revenue	一般公共预算支出 General Local Government Budgetary Expenditure
东湖区	Donghu	123221	102266	13653	20955	181826
西湖区	Xihu	162080	131468	11554	30612	222765
青云谱区	Qingyunpu	102751	78570	12106	24181	135649
湾里区	Wanli	62611	50885	8117	11726	108703
青山湖区	Qingshanhu	171042	144167	22341	26875	233088
新建区	Xinjian	280483	207920	37844	72563	496783
南昌县	Nanchang	579245	456364	65774	122881	789214
安义县	Anyi	89160	56979	3985	32181	193316
进贤县	Jinxian	149033	105463	17907	43570	376469
昌江区	Changjiang	86872	77534	5906	9338	132755
珠山区	Zhujiang	123920	113370	29026	10550	180769
浮梁县	Fuliang	79802	70532	6703	9270	198197
乐平市	Leping	300919	238092	16923	62827	503612
安源区	Anyuan	317575	257036	17969	60539	390320
湘东区	Xiangdong	156295	121588	15734	34707	259986
莲花县	Lianhua	63901	49226	8977	14675	189628
上栗县	Shangli	156981	130345	17242	26636	279301
芦溪县	Luxi	105428	85766	12263	19662	220972
庐山区	Lushan	163638	136415	12034	27223	170853
浔阳区	Xunyang	135467	75059	12163	60408	167108
九江县	Jiujiang	144296	116804	12482	27492	232141
武宁县	Wuning	135921	114065	17274	21856	291775
修水县	Xiushui	183331	151046	24495	32285	455412
永修县	Yongxiu	171571	145097	23851	26474	330942
德安县	De’an	128135	109141	18282	18994	215184
星子县	Xingzi	115457	88008	8362	27449	205173
都昌县	Duchang	116762	92613	16906	24149	336270
湖口县	Hukou	155285	126964	32713	28321	245646
彭泽县	Pengze	136245	111645	23298	24600	264213
瑞昌市	Ruichang	217309	179332	28958	37977	345679
共青城市	Gongqingcheng	129883	96133	6135	33750	198034
渝水区	Yushui	229017	195873	18031	33144	370933
分宜县	Fenyi	253863	134115	10562	119748	371016
月湖区	Yuehu	129230	113640	22550	15590	111746

7-7 续表 continued

单位：万元 (10000 yuan)

地 区 Region		一般公共预算收入 General Local Government Budgetary Revenue	税收收入 Tax Revenue	增值税 Value-added Tax Revenue	非税收入 Non-tax Revenue	一般公共预算支出 General Local Government Budgetary Expenditure
余江县	Yujiang	142560	105741	25739	36819	274631
贵溪市	Guixi	324846	222649	47356	102197	461008
章贡区	Zhanggong	218569	148356	30238	70213	352376
南康区	Nankang	184201	144458	14976	39743	445467
赣县	Ganxian	173830	94891	17957	78939	358907
信丰县	Xinfeng	113893	85149	14485	28744	323513
大余县	Dayu	79136	39641	7162	39495	216118
上犹县	Shangyou	62708	43100	11115	19608	207600
崇义县	Chongyi	71523	41616	11648	29907	185065
安远县	Anyuan	53356	38621	5356	14735	238773
龙南县	Longnan	125836	78296	13748	47540	270858
定南县	Dingnan	90107	52429	8218	37678	202418
全南县	Quannan	70316	38992	9331	31324	171800
宁都县	Ningdu	74835	56612	5556	18223	367111
于都县	Yudu	129215	82167	9845	47048	436266
兴国县	Xingguo	80103	58520	6859	21583	367397
会昌县	Huichang	86730	52574	8713	34156	282754
寻乌县	Xunwu	49361	36406	5683	12955	232815
石城县	Shicheng	47929	36402	3755	11527	178034
瑞金市	Ruijin	117077	100743	8307	16334	370492
吉州区	Jizhou	107884	86902	8856	20982	209768
青原区	Qingyuan	66175	51497	12798	14678	139664
吉安县	Ji’an	202770	134182	25246	68588	348200
吉水县	Jishui	108383	75733	17333	32650	270651
峡江县	Xiajiang	70200	52937	25779	17263	158280
新干县	Xingan	106017	70390	17782	35627	255582
永丰县	Yongfeng	108343	74776	19657	33567	251508
泰和县	Taihe	142584	92488	25229	50096	319235
遂川县	Suichuan	107605	70073	13506	37532	297370
万安县	Wan an	76570	49618	10390	26952	235289
安福县	Anfu	134556	100654	21526	33902	286794
永新县	Yongxin	71879	51154	12000	20725	244787
井冈山市	Jinggangshan	55990	39967	3228	16023	163031

7-7 续表2 continued

单位：万元 (10000 yuan)

地 区	Region	一般公共预算收入 General Local Government Budgetary Revenue	税收收入 Tax Revenue	增值税 Value-added Tax Revenue	非税收入 Non-tax Revenue	一般公共预算支出 General Local Government Budgetary Expenditure
袁州区	Yuanzhou	172106	133004	40616	39102	416429
奉新县	Fengxin	157997	131011	25869	26986	277708
万载县	Wanzai	142712	116640	32018	26072	304937
上高县	Shanggao	152543	126803	36100	25740	281833
宜丰县	Yifeng	111881	86141	21708	25740	226619
靖安县	Jing'an	67807	53610	7996	14197	151153
铜鼓县	Tonggu	67696	52996	7568	14700	133934
丰城市	Fengcheng	458312	336652	56919	121660	749297
樟树市	Zhangshu	336214	258811	44689	77403	522226
高安市	Gaoan	263071	214656	53442	48415	476117
临川区	Linchuan	170407	129338	18029	41069	439107
南城县	Nancheng	107327	91216	24375	16111	241858
黎川县	Lichuan	83161	71338	13111	11823	185079
南丰县	Nanfeng	97677	82031	18813	15646	195410
崇仁县	Chongren	86679	66582	17518	20097	220006
乐安县	Le'an	52263	45888	10145	6375	204916
宜黄县	Yihuang	73112	62831	18779	10281	170022
金溪县	Jinxi	81258	71817	15004	9441	197636
资溪县	Zixi	49099	38007	15340	11092	105366
东乡县	Dongxiang	160974	122433	31139	38541	334518
广昌县	Guangchang	64448	50447	18463	14001	171246
信州区	Xinzhou	168029	142425	50114	25604	232526
广丰区	Guangfeng	283279	186451	39445	96828	473892
上饶县	Shangrao	180300	119972	25037	60328	393150
玉山县	Yushan	165017	118862	21165	46155	307968
铅山县	Qianshan	147505	83620	15233	63885	250773
横峰县	Hengfeng	92966	40743	9074	52223	184356
弋阳县	Yiyang	114743	76817	10758	37926	252562
余干县	Yugan	105957	85080	22532	20877	404184
鄱阳县	Poyang	134739	97934	16401	36805	566873
万年县	Wannian	143509	108302	17250	35207	297218
婺源县	Wuyaun	101845	72081	10931	29764	229242
德兴市	Dexing	277311	157609	21262	119702	380050

主要统计指标解释

财政收入 国家财政参与社会产品分配所取得的收入，是实现国家职能的财力保证。财政收入所包括的内容几经变化，目前主要包括：

1. 各项税收：包括增值税、营业税、消费税、土地增值税、城市维护建设税、资源税、城市土地使用税、印花税、固定资产投资方向调节税、个人所得税、企业所得税、关税和耕地占用税等。

2. 专项收入：包括征收排污费、征收城市水资源费收入、教育费附加收入等。

3. 其他收入：包括基本建设贷款归还收入、国家能源交通重点建设基金收入、国家预算调节基金等。

4. 国有企业计划亏损补贴：这项为负收入，冲减财政收入。

财政支出 国家财政将筹集起来的资金进行分配使用，以满足经济建设和各项事业的需要，主要包括一般公共服务、外交、国防、教育、公共安全、科学技术、文化体育与传媒、社会保障和就业、医疗卫生、环境保护、城乡社区事务、农林水事务、交通运输、工业商业金融等事务和其他支出等科目。

Explanatory Notes on Main Statistical Indicators

Government Revenue refers to income for the government finance through participating in the distribution of social products. It is the financial guarantee to ensure government functioning. The contents of government revenue have changed several times. Now it includes the following main items:

(1) Various tax revenues, including value added tax, business tax, consumption tax, land value added tax, tax on city maintenance and construction, resources tax, tax on use of urban land, enterprise income tax, personal income tax, tariff, stamp tax on security transactions, tax on purchase of motor vehicles, tax on agriculture and animal husbandry and tax on occupancy of cultivated land, etc.

(2) Special revenues, including revenues from the fee on sewage treatment, fee on urban water resources and extra-charges for education, etc.

(3) Other revenues, including revenue from the repayment of capital construction loan, funds for national key construction projects in energy industry and transportation, and national budget adjustment funds.

(4) Subsidies for the losses of State-owned enterprises. This is an item of negative revenue, counteracting revenues.

Government Expenditure refers to the distribution and use of the funds the government finance has raised, so as to meet the needs of economic construction and various causes. It includes expenditure for capital construction, innovation funds of the enterprises, geological prospecting expenses, expenditures for science and technology promotion, expenditure for supporting rural production, operating expenses of the departments of farming, forestry, water conservancy and meteorology etc., operating expenses of the departments of industry, transport and commerce, operating expenses of the departments of culture, education, science and public health, pension for the disabled or for the families of the bereaved and relief funds for social welfare, expenditures for national defence, administrative expenses, expenditure for price subsidies.

价格指数

PRICE INDICES

◆157/172

资料整理及英文翻译：徐玉冰、徐 奇、吴 静、赵 每

简要说明

一、本篇资料的主要内容

本篇资料反映了全省生产、投资、流通、消费等环节价格变动状况，主要包括居民消费、商品零售、生产资料、工业品出厂、原材料燃料动力购进、固定资产投资等价格指数。

二、本篇资料的来源

1.居民消费、商品零售和农业生产资料价格指数来源于消费价格统计调查年报，由国家统计局江西调查总队消费价格调查处整理提供。

2.工业品出厂、原材料燃料动力购进、固定资产投资等价格指数来源于生产价格统计调查年报，由国家统计局江西调查总队生产投资价格调查处整理提供。

Brief Introduction

I. Main Content

Data on the price indices in this chapter show the changing trend in production, investment, circulation and consumption, including mainly consumer price indices of residents, retail price indices, price indices of means of production, production price indices of industrial products, purchasing price indices of raw materials, fuels and power, price indices of investment in fixed assets.

II. Source of Data

(1) Data on consumer price indices of residents, retail price indices and price indices of agricultural means of production are based on yearly report on consumer price and are provided by the Division of Consumer Price Survey of Survey Office of the National Bureau of Statistics in Jiangxi.

(2) Data on production price indices of industrial products, purchasing price indices of raw materials, fuels and power, price indices of investment in fixed assets are based on yearly report on production price and are provided by the Division of Production Investment Price Survey of Survey Office of the National Bureau of Statistics in Jiangxi.

8-1 各种价格指数

Price Indices

(上年=100) (preceding year=100)

年份 Year	商品零售价格指数 Retail Price Index	城市 Urban Areas	农村 Rural Areas	居民消费价格指数 Consumer Price Index	城市 Urban Areas	农村 Rural Areas
1978	100.1	100.2	100.1		100.2	
1980	104.3	106.6	102.9		106.0	
1985	108.3	109.0	107.8	109.0	108.8	109.1
1990	101.3	100.3	102.2	102.1	101.5	102.8
1991	102.4	104.0	101.2	102.8	104.4	101.3
1992	105.6	107.2	103.9	105.7	107.5	103.5
1993	111.1	112.6	110.1	114.6	115.8	112.5
1994	123.9	122.9	125.4	126.9	126.9	126.7
1995	115.9	115.0	116.9	116.9	116.9	117.0
1996	106.6	106.4	106.7	108.4	108.1	108.6
1997	99.6	100.1	99.3	102.0	103.0	102.1
1998	98.8	98.5	98.9	101.0	101.0	101.0
1999	96.8	97.3	96.3	98.6	99.1	98.1
2000	98.5	98.6	98.5	100.3	102.1	99.1
2001	98.4	98.3	98.4	99.5	99.8	99.2
2002	100.2	100.1	100.3	100.1	100.2	99.9
2003	100.1	99.4	100.7	100.8	100.9	100.6
2004	103.0	101.9	104.0	103.5	103.3	103.5
2005	100.9	100.3	101.4	101.7	101.5	102.2
2006	101.2	101.0	101.4	101.2	100.9	101.6
2007	104.0	103.5	105.1	104.8	104.4	105.8
2008	106.1	106.0	106.4	106.0	105.9	106.3
2009	99.1	99.1	99.0	99.3	99.4	99.2
2010	102.7	102.6	102.9	103.0	102.9	103.3
2011	104.8	104.8	105.0	105.2	105.1	105.6
2012	102.1	101.9	102.5	102.7	102.6	103.0
2013	101.5	101.2	101.9	102.5	102.4	102.9
2014	101.2	101.1	101.4	102.3	102.4	102.2
2015	100.5	100.4	100.6	101.5	101.5	101.5

8-2 各种价格指数(2015年)

Price Indices (2015)

类别	Type	以1978年价格为100 year of 1978=100	以1980年价格为100 year of 1980=100	以1985年价格为100 year of 1985=100	以1990年价格为100 year of 1990=100	以1995年价格为100 year of 1995=100	以2005年价格为100 year of 2005=100	以2010年价格为100 year of 2010=100
商品零售价格指数	Retail Price Index	468.4	445.2	368.0	222.1	129.0	125.5	110.7
城市	Urban Areas	487.4	450.5	369.7	220.6	124.5	123.6	110.0
农村	Rural Areas	450.3	436.5	374.0	228.6	134.8	129.4	112.2
居民消费价格指数	Consumer Price Index			477.3	285.0	154.2	132.4	115.9
城市	Urban Areas	671.5	621.9	511.5	303.9	157.8	130.8	115.3
农村	Rural Areas			449.4	270.5	154.5	135.9	117.1

注：1990-1993年零售、消费价格指数中城市、农村口径为城镇、农村。

a) Statistic standards of retail and consumer price index from 1990-1993 are urban and rural areas.

8-3 商品零售价格分类指数（2015年）

Retail Price Indices by Category (2015)

（上年=100） (preceding year=100)

类别	Type	全省 Province Indices	城市 Urban Areas	农村 Rural Areas
商品零售价格总指数	**Retail Price Index**	**100.5**	**100.4**	**100.6**
食品类	**Food**	**103.4**	**103.3**	**103.4**
粮食	Grain	102.3	102.2	102.4
淀粉及制品	Starches and Tubers	101.9	102.1	101.6
干豆类及豆制品	Beans and Bean Products	105.0	104.2	106.5
油脂	Oil or Fat	96.2	95.9	96.8
肉禽及其制品	Meat, Poultry and Their Products	106.9	107.2	106.4
蛋	Eggs	98.7	99.3	97.4
水产品	Aquatic Products	100.2	100.1	100.3
菜	Vegetables	109.5	110.9	106.6
调味品	Flavoring	102.5	103.9	100.5
糖	Carbohydrate	100.7	101.1	100.2
干鲜瓜果	Dried and Fresh Melons and Fruits	99.9	98.5	103.3
糕点饼干面包	Cake, Biscuit and Bread	101.0	100.9	101.1
液体乳及乳制品	Milk and Its Products	101.1	101.4	100.2
在外用膳食品	Outward Dinner Food	102.2	101.5	103.8
其它食品	Other Foods	100.2	100.1	100.4
饮料、烟酒	**Beverages, Tobacco and Liquor**	**102.1**	**102.2**	**102.0**
茶及饮料	Tea and Beverages	101.2	101.2	101.0
烟草	Tobacco	104.5	104.2	105.2
酒	Liquor	99.9	100.3	99.1
服装、鞋帽类	**Garments, Shoes and Hats**	**103.1**	**102.9**	**103.7**
服装	Garments	104.1	103.7	105.0
鞋袜帽	Footgear and Hats	101.2	100.9	101.6
其它	Others	100.4	100.2	100.6
纺织品类	**Textiles**	**102.2**	**102.7**	**101.2**
衣着材料	Cotton Cloth	103.7	103.6	103.8
床上用品	Blend Cloth	100.7	101.7	99.1
家用电器及音像器材	**Household Appliances, Music and Video Equipment**	**98.5**	**98.7**	**98.0**
家庭设备	Household Appliances	98.5	98.6	98.3
文娱用耐用消费品	Culture and Recreat Durable Consumable	98.6	99.1	97.6
专业音像器材	Household Appliances and Hifi	98.3	98.2	98.7
文化办公用品	**Cultural and Office Appliances**	**99.8**	**99.7**	**99.9**
日用品	**Articles for Daily Use**	**100.3**	**100.1**	**100.6**
日用百货	General Merchandise for Daily Use	100.6	100.7	100.3
日用杂品	Miscellaneous for Daily Use	100.1	100.3	99.5
洗涤用品	Washing	100.8	100.3	102.0
其它日用品	Other Daily Use Articles	99.3	98.9	100.3
体育娱乐用品	**Sports and Recreation Articles**	**100.3**	**100.1**	**100.7**

8-3 续表 continued

(上年=100) (preceding year=100)

类 别	Type	全 省 Province Indices	城 市 Urban Areas	农 村 Rural Areas
体育用品	Sports Articles	99.7	99.6	100.1
娱乐用品	Recreation Articles	100.7	100.5	101.1
交通、通信用品	**Transportation and Communication Appliances**	**98.3**	**98.3**	**98.2**
交通运输机械	Transportation Equipments	99.2	99.2	99.2
通信器材类	Communication Equipments	96.8	96.8	96.9
家具	**Furniture**	**100.6**	**100.4**	**100.9**
化妆品类	**Cosmetics**	**100.6**	**100.0**	**101.9**
金银珠宝类	**Gold, Silver and Jewelry**	**94.2**	**93.5**	**95.8**
中西药品及医疗保健用品类	**Traditional Chinese and Western Medicines and Health Care Articles**	**101.3**	**101.2**	**101.6**
医疗器具及用品	Medical Apparatus and Article	100.9	101.7	98.5
中药材及中成药	Traditional Chinese Medicinal Materials and Medicines	101.1	100.4	102.7
西药	Western Medicines	101.7	101.9	101.3
保健器具及用品	Medical Apparatus and Articles	100.7	100.8	100.4
书报杂志及电子出版物类	**Books, Newspapers, Magazines and Electronic Publications**	**101.0**	**101.0**	**100.9**
教材及参考书	Teaching Material and Reference Book	100.7	100.8	100.5
书报杂志	Books and Magazines	101.8	101.8	101.8
电子音像制品	Electronic Publications	99.6	99.6	99.7
燃料类	**Fuels**	**87.5**	**87.3**	**88.0**
煤炭及制品类	Coal and Coal Products	99.3	98.3	100.3
石油及制品类	Petroleum and Related Products	83.2	84.5	79.4
建筑材料及五金电料类	**Building Materials and Hardware**	**97.7**	**98.2**	**96.8**
建筑装璜材料	Building Decoration Materials	97.1	97.6	96.1
五金电料类	Hardware	100.5	100.6	100.3
农业生产资料价格指数	**Price Indices of Agricultural Means of Production**	**101.4**		**101.4**
农用手工工具	Farm Handtools	103.1		103.1
饲料	Forage	99.7		99.7
产品畜	Production Livestock	116.1		116.1
半机械化农具	Semi-mechanized Farm Tools	100.0		100.0
机械化农具	Mechanized Farm Machinery	103.7		103.7
化学肥料	Chemical Fertilizer	98.8		98.8
农药及农药器械	Pesticide and Its Appliances	100.8		100.8
化学农药	Chemical Pesticides	100.7		100.7
农药器械	Pesticides Appliances	100.9		100.9
农用机油	Oil for Farm Machinery	90.2		90.2
其他农业生产资料	Other Means of Agricultural Production	100.3		100.3
农用种子	Farm Seed	101.2		101.2
其他	Others	98.6		98.6
农业生产服务	Service of Agricultural Production	102.5		102.5

8-4 居民消费价格分类指数（2015年）
Consumer Price Indices by Category (2015)

(上年=100) (preceding year=100)

类　　别	Type	全　省 Province Indices	城　市 Urban Areas	农　村 Rural Areas
居民消费价格总指数	**Consumer Price Index**	**101.5**	**101.5**	**101.5**
服务项目价格指数	**Price Index of Services**	**101.6**	**101.5**	**101.9**
食品	**Food**	**103.3**	**103.2**	**103.6**
粮食	Grain	102.2	102.1	102.4
淀粉及制品	Starches and Tubers	102.2	102.2	102.2
干豆类及豆制品	Beans and Bean Products	105.1	104.4	106.6
油脂	Oil or Fat	96.2	95.5	97.2
肉禽及其制品	Meal, Poultry and Processed Products	107.0	107.2	106.7
食用畜肉及副产品	Meat and Sideline Product	107.9	108.0	107.7
禽	Pourtry	106.5	106.5	106.3
加工肉禽	Meat and Pourty Products	102.9	103.2	102.4
蛋	Eggs	98.7	99.0	98.1
水产品	Aquatic Products	100.0	100.2	99.5
鱼	Fish	98.9	98.8	99.1
其它水产品	Other Aquatic Products	103.3	103.4	102.6
菜	Vegetables	109.3	110.2	107.0
调味品	Flavoring	102.5	103.7	100.5
糖	Carbohydrate	100.6	101.0	100.1
茶及饮料	Tea and Beverages	101.0	101.2	100.5
茶叶	Tea	101.2	100.5	103.3
饮料	Beverages	100.9	101.5	99.9
干鲜瓜果	Dried and Fresh Melons and Fruits	99.3	98.0	103.2
糕点饼干面包	Cake, Biscuit and Bread	100.9	100.8	101.1
液体乳及乳制品	Milk and Its Products	101.1	101.3	100.2
在外用膳食品	Outward Dinner Food	102.2	101.4	103.7
其它食品	Other Foods	100.2	100.1	100.4
烟酒	**Tobacco and Liquor**	**103.0**	**103.1**	**102.9**
烟草	Tobacco	104.6	104.2	105.1
酒	Liquor	99.9	100.5	99.2
衣着	**Clothing**	**103.2**	**103.0**	**104.0**
服装	Garments	103.8	103.4	104.7
男式服装	Clothing for Men	103.2	102.9	104.0
女式服装	Clothing for Women	103.6	103.2	105.0
儿童服装	Clothing for Children	106.9	107.8	105.7
衣着材料	Clothing Material	103.0	103.1	102.7
鞋袜帽	Footgear and Hats	101.2	100.9	101.8
鞋	Shoes	101.3	101.1	101.9
袜子	Hose	100.6	100.0	101.5
帽子	Hats	101.2	101.0	101.4
衣着加工服务费	Clothing Manufacturing Services	110.2	112.7	106.5
家庭设备用品及维修服务	**Household Facilities, Articles and Services**	**101.0**	**101.4**	**99.9**
耐用消费品	Durable Consumer Goods	99.2	99.2	99.1

8-4 续表 continued

(上年=100) (preceding year=100)

类 别	Type	全 省 Province Indices	城 市 Urban Areas	农 村 Rural Areas
家具	Furniture	100.5	100.5	100.6
家庭设备	Household Facilities	98.5	98.7	98.2
室内装饰品	Interior Decorations	99.3	98.9	100.4
床上用品	Bed Articles	100.9	101.5	99.5
家庭日用杂品	Daily Use Household Articles	100.4	100.3	100.5
家庭服务及加工维修服务	Household Services and Maintenance and Renovation	111.2	113.1	104.0
医疗保健和个人用品	**Health Care and Personal Articles**	**101.4**	**101.6**	**101.1**
医疗保健	Health Care	101.5	101.4	101.7
医疗器具及用品	Medical Instrument and Articles	100.9	102.0	98.0
中药材及中成药	Traditional Chinese Medicine	101.2	100.4	102.6
西药	Western Medicine	101.9	102.0	101.6
保健器具及用品	Health Care Appliances and Articles	100.9	100.9	100.3
医疗保健服务	Health Care Services	101.6	101.8	101.4
个人用品及服务	Personal Articles and Services	101.2	101.8	99.8
化妆美容用品	Cosmetics	100.2	99.9	101.8
清洁化妆用品	Sanitation Articles	100.5	101.0	100.0
个人饰品	Personal Ornaments	97.1	96.5	98.3
个人服务	Personal Services	106.3	108.1	100.7
交通和通讯	**Transportation and Communication**	**98.8**	**99.0**	**98.5**
交通	Transportation	98.3	98.4	98.1
交通工具	Transportation Facility	99.6	100.1	99.2
车用燃料及零配件	Fuels and Parts	83.7	82.8	84.3
车辆使用及维修费	Fees for Vehicles Use and Maintenance	104.8	104.9	104.7
市区公共交通费	Incity Traffic Fare	99.7	99.1	102.1
城市间交通费	Intercity Traffic Fare	101.1	100.3	102.3
通信	Communication	99.3	99.3	99.3
通信工具	Communication Facility	94.5	94.3	94.9
通信服务	Communication Service	100.0	99.9	100.1
娱乐教育文化用品及服务	**Recreation, Education and Culture Articles**	**101.1**	**100.9**	**101.4**
文娱用耐用消费品及服务	Durable Consumer Goods for Cultural and Recreational Use and Services	99.4	99.9	98.3
教育	Education	101.7	101.5	102.0
教材及参考书	Teaching Materials and Reference Books	100.9	100.9	100.8
教育服务	Education Service	101.8	101.5	102.1
文化娱乐	Cultural and Recreational Articles	101.5	101.6	101.3
文化娱乐用品	Cultural Articles	100.1	100.0	100.5
书报杂志	Newspapers and Magazines	102.0	101.9	102.0
文娱费	Expenditure on Culture and Recreation	102.3	102.4	101.5
旅游	Touring	99.7	99.5	100.5
居住	**Residence**	**98.5**	**98.6**	**98.2**
建房及装修材料	Building and Building Decoration Materials	98.6	100.4	96.8
住房租金	Renting	102.0	101.5	103.9
自有住房	Private Housing	100.8	100.3	101.8
水、电、燃料	Water, Electricity and Fuels	96.0	96.1	95.8

8-5 各市、县商品零售价格分类指数（2015年）

(上年=100)

类　　别	Type	南昌市 Nan chang	景德镇市 Jing dezhen	萍乡市 Ping xiang	九江市 Jiu jiang	新余市 Xin yu
商品零售价格总指数	**Retail Price Index**	**100.5**	**101.1**	**100.1**	**100.8**	**99.5**
食品类	Food	104.1	105.2	102.1	102.9	100.7
饮料、烟酒	Beverages, Tobacco and Liquor	102.5	102.3	101.9	102.3	101.4
服装、鞋帽类	Garments, Shoes and Hats	103.5	100.9	100.9	104.0	104.3
纺织品类	Textiles	104.0	99.6	100.0	105.5	104.2
家用电器及音像器材	Household Appliances, Music and Video Equipment	97.6	99.9	99.9	99.8	98.1
文化办公用品	Cultural and Office Appliances	99.8	100.2	99.6	100.6	99.7
日用品	Articles for Daily Use	99.6	100.1	100.0	101.3	99.4
体育娱乐用品	Sports and Recreation Articles	99.9	100.1	100.0	97.4	104.1
交通、通信用品	Transportation and Communication Appliances	98.3	97.3	99.1	100.5	98.7
家具	Furniture	100.0	100.3	100.1	101.9	100.2
化妆品类	Cosmetics	100.2	99.6	100.0	100.0	99.7
金银珠宝类	Gold, Silver and Jewelry	93.6	99.1	95.8	87.1	88.0
中西药品及医疗保健用品类	Traditional Chinese and Western Medicines and Health	99.3	102.5	100.1	100.7	100.4
书报杂志及电子出版物类	Books, Newspapers, Magazines and Electronic Publications	101.1	101.0	100.3	101.1	100.0
燃料类	Fuels	85.6	87.6	88.7	85.0	87.3
建筑材料及五金电料类	Building Materials and Hardware	97.9	100.8	98.3	102.6	99.0
农业生产资料价格指数	**Price Indices of Agricultural Means of Production**					

8-6 各市、县居民消费价格分类指数（2015年）

(上年=100)

类　　别	Type	南昌市 Nan chang	景德镇市 Jing dezhen	萍乡市 Ping xiang	九江市 Jiu jiang	新余市 Xin yu
居民消费价格总指数	**Consumer Price Index**	**101.6**	**101.7**	**101.2**	**101.9**	**100.9**
服务项目价格指数	Price Index of Services	101.4	100.1	101.6	102.4	101.3
食品	Food	103.8	105.0	102.6	102.8	100.4
烟酒	Tobacco and Liquor	102.7	102.6	102.1	102.4	102.2
衣着	Clothing	104.2	100.7	101.0	104.1	104.4
家庭设备用品及维修服务	Household Facilities, Articles and Services	101.4	100.2	100.2	103.5	100.6
医疗保健和个人用品	Health Care and Personal Articles	99.8	101.4	101.1	102.6	101.9
交通和通讯	Transportation and Communication	98.8	98.9	98.5	100.1	99.4
娱乐教育文化用品及服务	Recreation, Education and Culture Articles	100.7	100.3	101.9	102.5	100.4
居住	Residence	98.9	98.7	99.5	98.3	100.5

Retail Price Indices by Category and Region (2015)

(preceding year=100)

鹰潭市 Ying tan	赣州市 Gan zhou	宜春市 Yi chun	上饶市 Shang rao	吉安市 Ji'an	抚州市 Fuzhou	井冈山市 Jing gangshan	瑞昌市 Rui chang	信丰县 Xin feng	宁都县 Ning du	上高县 Shang gao	铅山县 Yan shan	泰和县 Taihe	南城县 Nan cheng
100.3	**100.5**	**99.8**	**100.8**	**100.3**	**100.6**	**101.6**	**101.3**	**100.5**	**101.1**	**100.9**	**100.0**	**100.8**	**100.6**
103.4	104.8	101.3	102.3	102.3	103.2	101.8	104.8	103.1	103.4	104.3	103.1	104.0	102.9
100.0	102.5	101.0	101.9	102.1	102.8	100.4	103.0	100.6	103.2	101.1	100.9	101.9	102.8
102.8	99.1	104.6	101.1	100.2	101.9	109.6	104.7	104.6	108.4	101.1	101.8	101.6	102.2
102.8	100.3	101.9	100.0	98.8	100.1	100.1	100.0	104.2	100.0	107.5	100.0	97.2	101.8
97.4	98.0	98.1	100.6	99.2	100.3	99.2	99.7	99.7	98.7	99.7	100.0	91.3	99.0
100.6	100.0	97.0	99.2	98.9	97.6	100.6	100.1	95.9	99.7	100.0	100.2	102.8	99.8
100.6	100.6	103.0	99.9	100.4	99.1	103.3	100.0	100.5	100.0	99.8	100.8	101.8	101.0
100.4	102.3	100.6	100.0	102.1	97.9	100.0	100.0	99.9	100.0	100.0	103.5	100.0	100.3
96.7	99.0	93.7	100.9	95.5	98.6	101.3	100.0	98.4	99.3	98.5	97.2	95.3	97.7
100.0	100.3	102.3	102.3	101.2	100.0	105.3	99.5	97.3	105.1	103.3	100.0	100.0	100.1
101.8	98.9	99.4	100.0	100.0	101.6	100.6	100.0	110.6	99.7	99.3	101.4	98.8	100.7
94.5	95.7	93.2	103.5	94.4	94.0	95.4	96.9	97.7	97.8	95.9	92.5	96.7	94.0
101.3	105.2	102.5	105.0	102.7	106.0	102.5	100.3	103.3	100.3	100.5	101.2	103.6	105.7
105.5	98.1	100.3	103.1	100.0	102.2	101.6	100.0	100.1	100.1	102.9	103.6	99.7	101.0
86.3	84.7	88.1	90.2	92.5	85.1	94.3	84.8	90.9	85.6	92.6	86.8	91.3	88.8
98.8	93.8	100.1	98.3	99.9	96.6	98.9	100.0	90.1	96.6	95.8	96.7	99.4	97.3
							101.2	**102.8**	**99.8**	**103.0**	**99.9**	**101.0**	**100.3**

Consumer Price Indices by Category and Region (2015)

(preceding year=100)

鹰潭市 Ying tan	赣州市 Gan zhou	宜春市 Yi chun	上饶市 Shang rao	吉安市 Ji'an	抚州市 Fuzhou	井冈山市 Jing gangshan	瑞昌市 Rui chang	信丰县 Xin feng	宁都县 Ning du	上高县 Shang gao	铅山县 Yan shan	泰和县 Taihe	南城县 Nan cheng
101.5	**102.1**	**100.9**	**101.2**	**101.5**	**100.9**	**102.1**	**101.9**	**101.3**	**101.8**	**101.4**	**101.1**	**101.8**	**101.7**
101.9	102.3	101.2	101.6	103.0	101.4	102.2	101.4	101.8	100.7	101.3	102.3	102.3	102.7
103.4	105.0	101.0	102.1	102.1	102.6	101.9	104.9	103.2	103.4	103.9	102.9	103.9	103.0
99.9	103.0	101.6	102.5	102.0	103.3	101.8	103.1	100.3	103.3	101.8	100.9	102.4	103.1
103.3	99.4	104.9	101.4	100.1	102.0	107.0	104.9	105.1	109.2	100.9	102.0	101.5	102.5
101.3	101.3	102.2	101.6	99.9	100.5	101.9	99.9	98.7	100.9	101.2	101.4	99.1	100.6
101.4	107.2	101.3	102.6	101.7	103.4	102.2	101.1	102.7	100.2	99.9	100.9	101.3	102.4
97.8	98.9	98.3	99.3	99.5	99.2	103.0	99.3	98.4	100.1	98.5	98.4	98.9	100.7
101.3	100.1	100.7	101.7	101.4	101.8	101.3	100.0	102.0	100.0	100.1	102.8	102.2	100.6
99.2	97.9	99.0	98.6	102.1	96.1	100.1	96.8	96.5	96.5	99.5	97.3	99.7	99.4

8-7 工业生产者出厂价格指数

Producer Price Index for Industrial Products

(上年＝100) (preceding year=100)

类　　别	Type	2000	2005	2010	2014	2015
总指数	**General Index**	**101.0**	**108.8**	**115.3**	**97.8**	**93.7**
按轻重工业分	**Grouped by Light & Heavy Industries**					
轻工业	Light Industry	98.2	99.2	104.3	99.9	99.1
以农产品为原料	Agricultural Products as Raw Materials	98.5	100.6	105.4	100.8	99.8
以非农产品为原料	Non-agricultural Products as Raw Materials	97.0	98.0	103.2	98.5	97.9
重工业	Heavy Industry	102.4	113.3	121.3	97.0	91.7
采　　掘	Mining	102.0	145.5	123.0	95.2	91.2
原　　料	Raw Materials	105.7	115.6	123.7	96.9	90.0
加　　工	Processing	97.2	104.2	118.8	97.2	92.7
按部类分	**Grouped by Category of Industry**					
生产资料	Means of Production	102.2	110.8	117.9	97.0	91.9
采　　掘	Mining	101.4	142.2	121.5	95.2	91.2
原　　料	Raw Materials	106.1	115.1	124.3	96.8	90.0
加　　工	Processing	97.1	101.7	113.8	97.3	92.9
生活资料	Consumer Goods	97.7	100.5	103.1	100.6	100.3
食　　品	Food	95.4	100.3	103.5	100.7	101.3
衣　　着	Clothing	104.2	100.7	103.3	102.0	100.9
一般日用品	Articles for Daily Use	95.8	101.6	102.4	100.1	99.0
耐用消费品	Durable Consumer Goods	95.4	99.7	102.1	99.0	98.9
按工业部门分	**Grouped by Industrial Department**					
冶金工业	Metallurgical Industry	105.6	120.7	131.8	93.8	84.8
电力工业	Power Industry	103.0	104.6	102.2	99.0	96.3
煤炭及炼焦工业	Coal Industry and Coking Industry	102.2	125.0	115.4	94.2	88.7
石油工业	Petroleum Industry	118.9	122.8	115.4	96.6	77.5
化学工业	Chemical Industry	97.9	106.1	108.4	99.0	97.4
机械工业	Machine Building Industry	96.2	100.3	103.4	98.7	97.7
建筑材料工业	Building Materials Industry	96.1	93.0	104.9	100.7	97.9
森林工业	Timber Industry	99.8	102.9	104.1	101.5	100.7
食品工业	Food Industry	94.5	100.9	103.9	100.9	100.4
纺织工业	Textile Industry	108.2	98.7	117.4	99.1	94.9
缝纫工业	Tailoring Industry	94.3	101.0	103.4	102.2	100.7
皮革工业	Leather Industry	105.3	100.4	102.7	101.1	101.6
造纸工业	Paper Industry	97.8	102.8	103.5	99.0	100.1
文教艺术用品工业	Industry of Cultural, Educational & Handicrafts Articles	103.8	99.8	103.8	100.1	99.9
其他工业	Others Industry	99.5	105.7	105.3	100.7	100.4

8-8 按工业行业分工业生产者出厂价格指数

Producer Price Index for Industrial Products by Sectors

(上年＝100) (preceding year=100)

行业	Sector	2014	2015
煤炭开采和洗选业	**Mining and Washing of Coal**	**95.6**	**89.9**
烟煤和无烟煤的开采洗选	Mining and Washing of Bituminous Coal and Anthracite	95.6	89.9
黑色金属矿采选业	**Mining and Processing of Ferrous Metal Ores**	**91.3**	**86.8**
铁矿采选	Mining and Processing of Iron Ores	91.3	86.8
有色金属矿采选业	**Mining and Processing of Non-Ferrous Metal Ores**	**95.6**	**87.8**
常用有色金属矿采选	Mining and Processing of Frequently Used Non-Ferrous Metal Ores	98.6	99.1
贵金属矿采选	Mining and Processing of Precious Metal Ores	89.3	91.8
稀有稀土金属矿采选	Mining and Processing of Rare Earth and Rare Metals Ores	94.2	76.6
非金属矿采选业	**Mining and Processing of Nonmetal Ores**	**99.5**	**100.5**
土砂石开采	Mining of Soil,Sand and Stone	97.7	99.0
化学矿采选	Mining of Chemical Ores	100.0	100.0
采盐	Mining and Processing of Salt Ores	96.5	93.4
石棉及其它非金属矿采选产品	Mining and Processing of Asbestos and Other Nonmetal Ores	109.7	109.2
农副食品加工业	**Processing of Food from Agricultural Products**	**101.2**	**99.3**
谷物磨制	Polishing of Grain	101.9	100.9
饲料加工	Processing of Feed	101.9	96.6
植物油加工	Processing of Vegetable Oil	97.4	97.8
制糖业	Processing of Sugar	92.7	126.4
屠宰及肉类加工	Slaughtering and Processing if Meat	99.2	102.2
水产品加工	Processing of Aquatic Products	102.3	105.5
蔬菜、水果和坚果加工	Processing of Vegetables, Fruits and Nuts	100.4	100.7
其他农副食品加工	Processing of Other Food from Agricultural Products	99.4	98.7
食品制造业	**Manufacture of Foodstuff**	**101.2**	**101.0**
焙烤食品制造	Manufacture of Baking Foodstuff	100.9	99.3
糖果、巧克力及蜜饯制造	Manufacture of Sweet,Chocolate and Candied Fruit	97.4	103.1
方便食品制造	Manufacture of Convenience Food	99.9	101.7
乳制品制造	Manufacture of Dairy Products	101.6	100.5
罐头食品制造	Manufacture of Cans Food	101.1	100.4
调味品、发酵制品制造	Manufacture of Condiments and Fermentation Products	100.6	100.8
其他食品制造	Manufacture of Other Foodstuff	102.8	101.4
酒、饮料和精制茶制造业	**Manufacture of Wine, Beverages and Refined Tea**	**100.5**	**104.0**
酒的制造	Manufacture of Liquor	100.8	106.8
饮料制造	Manufacture of Beverages	100.3	101.2
精制茶加工	Processing of Refined Tea	99.4	99.8
烟草制品业	**Manufacture of Tobacco**	**100.0**	**100.0**
卷烟制造	Manufacture of Cigarettes	100.0	100.0
纺织业	**Manufacture of Textile**	**99.6**	**96.9**
棉纺织及印染精加工	Processing and Dyeing of Cotton and Textile	98.6	93.8
毛纺织及染整精加工	Processing and Dyeing of Wool Textile	100.6	106.4
麻纺织及染整精加工	Processing and Dyeing of Flax Textile	105.7	102.6
丝绢纺织及印染精加工	Processing and Dyeing of Silk Textile	96.3	91.9
针织或钩针纺织物及其制品制造	Mznufacture of Knitted or Crocheted Fabrics and Products	100.3	100.0
家用纺织制成品制造	Manufacture of Household Textile Products	99.6	99.5
非家用纺织制成品制造	Manufacture of Non-Household Textile Products	101.0	98.7
纺织服装、服饰业	**Manufacture of Textile Wearing Apparel, Dress**	**103.6**	**101.5**
机织服装制造	Manufacture of Woven Garments	103.6	101.5
皮革、毛皮、羽毛及其制品和制鞋业	**Manufacture of Leather, Fur, Feather and Related Products and Footwear**	**101.3**	**100.8**

8-8 续表1 continued

(上年＝100) (preceding year=100)

行 业	Sector	2014	2015
皮革鞣制加工	Processing of Leather	96.5	100.3
皮革制品制造	Manufacture of Leather Products	103.6	102.3
毛皮鞣制及制品加工	Manufacture and Processing of Fur Products	113.9	99.7
羽毛(绒)加工及制品制造	Manufacture and Processing of Feather Products	104.7	97.5
制鞋业	Manufacture of Shoes	100.6	100.9
木材加工及木、竹、藤、棕、草制品业	**Processing of Timber,Manufacture of Wood,Bamboo,Rattan,Palm, and Straw Products**	**101.5**	**100.8**
木材加工	Processing of Wood	100.6	100.0
人造板制造	Manufacture of Plywood	102.7	101.3
木制品制造	Manufacture of Wood Products	99.9	100.1
竹、藤、棕、草等制品制造	Manufacture of Penny,Vines Coir and Grass Products	100.2	100.1
家具制造业	**Manufacture of Furniture**	**100.7**	**100.0**
木质家具制造	Manufacture of Wood Furniture	101.2	100.4
金属家俱制造	Manufacture of Metal Furniture	97.9	97.3
其他家具制造	Manufacture of Other Furniture	100.0	99.9
造纸及纸制品业	**Manufacture of Paper and Paper Products**	**99.0**	**100.1**
造纸	Manufacture of Paper	98.2	100.2
纸制品制造	Manufacture of Paper Products	100.4	99.8
印刷和记录媒介复制业	**Printing, Reproduction of Recording Media**	**100.1**	**100.0**
印刷	Printing	100.1	100.0
装订及印刷相关服务	Binding and Printing Service	100.0	100.0
记录媒介复制	Copy of Record Media	100.0	100.0
文教、工美、体育和娱乐用品制造业	**Manufacture of Articles For Culture,Education, Artwork, Sport Activity and Amusement**	**101.1**	**100.1**
文教办公用品制造	Manufacture of Office Supplies For Culture,Education	100.0	100.0
乐器制造	Manufacture of Music Instruments	100.0	100.0
工艺美术品制造	Manufacture of Artwork	101.9	100.4
体育用品制造	Manufacture of Sport Articles	100.3	100.0
玩具制造	Manufacture of Toys	100.0	99.2
石油加工、炼焦和核燃料加工业	**Processing of Petroleum, Coking, Processing of Nuclear Fuel**	**94.8**	**79.0**
精炼石油产品制造	Manufacture of Refined Petroleum Products	96.4	76.9
炼焦	Coking	90.4	85.1
化学原料和化学制品制造业	**Manufacture of Raw Chemical Materials and Chemical Products**	**98.7**	**95.6**
基础化学原料制造	Manufacture of Basic Chemical Material	96.5	94.5
肥料制造	Manufacture of Fertilizers	92.2	100.8
农药制造	Manufacture of Pesticides	97.8	99.2
涂料、油墨、颜料及类似产品制造	Manufacture of Coating,Ink and Paint Products	107.5	101.2
合成材料制造	Manufacture of Synthetic Materials	102.7	90.0
专用化学产品制造	Manufacture of Specialized Chemical Products	100.1	91.0
炸药、火工及焰火产品制造	Manufacture of Explosives, pyrotechnics and fireworks	99.8	100.1
日用化学产品制造	Manufacture of Daily Used Chemical Products	100.0	100.6
医药制造业	**Manufacture of Medicines**	**100.0**	**100.4**
化学药品原料药制造	Manufacture of Chemical Original Drug	100.9	100.5
化学药品制剂制造	Manufacture of Chemical Agents	98.1	100.1
中药饮片加工	Manufacture of Herbal Medicine	98.7	101.0
中成药生产	Manufacture of Proprietary Chinese Medicine	100.7	100.7
兽用药品制造	Manufacture of Veterinary Drugs	101.5	102.0
生物药品制造	Manufacture of Biopharmaceutical Products	100.8	100.0
卫生材料及医药用品制造	Manufacture of Sanitation Materials and Medical Supplies	99.7	97.2
化学纤维制造业	**Manufacture of Chemical Fibers**	**91.0**	**101.0**
纤维素纤维原料及纤维制造	Manufacture of Cellulose Fibers and Fibers	89.6	103.4
合成纤维制造	Manufacture of Synthetic Fibers	94.3	94.8
橡胶和塑料制品业	**Manufacture of Rubber and Plastics**	**99.2**	**98.5**
橡胶制品业	Manufacture of Rubber	98.4	98.1
塑料制品业	Manufacture of Plastics	99.5	98.6

8-8 续表2 continued

(上年＝100) (preceding year=100)

行　　业	Sector	2014	2015
非金属矿物制品业	**Manufacture of Non-metallic Mineral Products**	**100.5**	**97.7**
水泥、石灰和石膏制造	Manufacture of Cement, Lime and Gypsum	99.8	89.4
石膏、水泥制品及类似制品制造	Manufacture of Cement and Gypsum	99.2	95.3
砖瓦、石材等建筑材料制造	Manufacture of Brick, Stone	102.3	100.1
玻璃制造	Manufacture of Glass	99.8	100.4
玻璃制品制造	Manufacture of Glass Products	92.3	97.5
玻璃纤维和玻璃纤维增强塑料制品制造	Manufacture of Glass Fiber and Glass Fiber Reinforced Plastic Products	100.5	99.7
陶瓷制品制造	Manufacture of Ceramic Products	101.6	103.3
耐火材料制品制造	Manufacture of Refractory Products	101.7	102.3
石墨及其他非金属矿物制品制造	Manufacture of Graphite and Other Non-metallic Mineral Products	100.0	100.0
黑色金属冶炼和压延加工业	**Smelting and Pressing of Ferrous Metals**	**91.7**	**75.8**
炼铁	Ironmaking	103.2	78.0
炼钢	Steelmaking	96.8	96.6
黑色金属铸造	Casting of Ferrous Metals	101.2	98.1
钢压延加工	Smelting and Pressing of Steel	90.4	72.3
铁合金冶炼	Smelting of Alloy Iron	101.5	100.4
有色金属冶炼和压延加工业	**Smelting and Pressing of Non-ferrous Metals**	**94.5**	**87.6**
常用有色金属冶炼	Smelting of Frequently Used Non-Ferrous Metal	94.7	85.8
贵金属冶炼	Smelting of Precious Metal	100.9	97.0
稀有稀土金属冶炼	Smelting of Rare Earth and Rare Metals	96.0	86.5
有色金属合金制造	Manufacture of Non-Ferrous Metaling Alloy	94.0	84.4
有色金属铸造	Casting of Non-Ferrous Metals	84.0	68.3
有色金属压延加工	Pressing of Non-Ferrous Metal	93.7	89.3
金属制品业	**Manufacture of Metal Products**	**95.9**	**94.6**
结构性金属制品制造	Manufacture of Structural Metal Products	93.2	94.2
金属工具制造	Manufacture of Metal Tools	99.6	99.5
集装箱及金属包装容器制造	Manufacture of Containers and Metal Packaging	99.6	97.3
金属丝绳及其制品制造	Manufacture of Metal Wire, Ropes and Its Products	93.9	82.0
建筑、安全用金属制品制造	Manufacture of Metal Products for Construction and Safety	100.1	99.7
搪瓷制品制造	Manufacture of Enamel Products	101.4	100.5
其他金属制品制造	Manufature of Other Metal Products	96.4	93.4
通用设备制造业	**Manufacture of General Purpose Machinery**	**98.9**	**97.7**
锅炉及原动设备制造	Manufacture of Boilers and Original Motivation	101.9	99.4
金属加工机械制造	Manufacture of Metal Processing Machinery	99.0	100.2
物料搬运设备制造	Manufacture of Material Handling Equipment	97.6	96.3
泵、阀门、压缩机及类似机械制造	Manufacture of Pumps, Valves, Compressors	97.2	96.4
轴承、齿轮和传动部件制造	Manufacture of Bearings, Gears and Transmission Components	99.9	94.9
烘炉、风机、衡器、包装等设备制造	Manufacture of Ovens,Fans, Weighing,Packaging Equipment	97.8	100.2
文化、办公用机械制造	Manufacture of Machinery for Cultural Activity and Office Work	99.8	100.1
通用零部件制造	Manufacture of General Components	99.1	96.8
专用设备制造业	**Manufacture of Special Purpose Machinery**	**100.9**	**100.4**
采矿、冶金、建筑专用设备制造	Manufacture of Special Equipment for Mining,Metallurgy, Construction	100.2	100.2
化工、木材、非金属加工专用设备制造	Manufacture of Special Equipment for Chemicals, Wood, Non-metallic Processing	98.6	97.3
食品、饮料、烟草及饲料生产专用设备制造	Manufacture of Special Equipment for Food, Beverage,Tobacco and Feed Production	100.0	100.0
印刷、制药、日化及日用品生产专用设备制造	Manufacture of Special Equipment for Printing, Pharmaceuticals, Cosmetics and Daily Production	100.0	100.0
纺织、服装和皮革加工专用设备制造	Manufacture of Special Equipment for Textiles, Clothing and Leather Industry	103.0	104.3
农、林、牧、渔专用机械制造	Manufacture of Special Equipment for Agriculture,Forestry, Animal Husbandry, Fishery	98.4	98.4
医疗仪器设备及器械制造	Manufacture of Medical Equipment and Instrument	101.2	99.7
环保、社会公共服务及其他专用设备制造	Manufacture of Special Equipment for Environmental,Social Public Service and Others	103.4	102.2

8-8 续表3 continued

(上年＝100) (preceding year=100)

行 业	Sector	2014	2015
汽车制造业	**Manufacture of Automobiles**	**99.9**	**100.0**
汽车整车制造	Manufacture of Automobiles	100.0	100.2
改装汽车制造	Manufacture of Refit Automobiles	100.2	101.5
汽车车身、挂车制造	Manufacture of Automobiles and Trailers	96.8	100.0
汽车零部件及配件制造	Manufacture of Auto parts and accessories	99.6	98.9
铁路、船舶、航空航天和其他运输设备制造业	**Manufacture of Railway,Shipping,Aerospace and Other Transport Equipment**	**100.1**	**100.0**
铁路运输设备制造	Manufacture of Equipment for Railway Transport	104.9	99.6
船舶及相关装置制造	Manufacture of Shipping and Related Devices	100.0	100.0
摩托车制造	Manufacture of Motorcycles	101.1	100.3
自行车制造	Manufacture of Bicycles	100.0	100.0
电气机械及器材制造业	**Manufacture of Electrical Machinery and Equipment**	**97.0**	**95.5**
电机制造	Manufacture of Electrical Motors	99.2	99.8
输配电及控制设备制造	Manufacture of Power Distribution and Control Equipment	100.8	99.1
电线、电缆、光缆及电工器材制造	Manufacture of Wires, Cables,Fiber-optic Cables and Electrical Equipment	97.5	93.4
电池制造	Manufacture of Electric Cells	96.1	94.7
家用电力器具制造	Manufacture of Household Electrical Apparatus	96.5	96.5
非电力家用器具制造	Manufacture of Household Nonelectrical Apparatus	100.0	100.0
照明器具制造	Manufacture of Lighting Devices	94.3	97.9
计算机、通信和其他电子设备制造业	**Manufacture of Computers,Communications and Other Electronic Equipment**	**99.9**	**98.0**
计算机制造	Manufacture of Computers	97.2	95.7
通信设备制造	Manufacture of Communication Equipment	101.2	98.4
广播电视设备制造	Manufacture of Communication Broadcasting and TV Equipment	102.2	101.9
视听设备制造	Manufacture of Audio-visual Equipment	99.3	98.6
电子器件制造	Manufacture of Electronic Devices	100.4	98.7
电子元件制造	Manufacture of Electronic Components	100.1	97.6
仪器仪表制造业	**Manufacture of Measuring Instruments**	**100.2**	**100.2**
通用仪器仪表制造	Manufacture of General Measuring Instruments and Machinery	99.8	99.8
专用仪器仪表制造	Manufacture of Special Measuring Instruments and Machinery	100.0	100.0
钟表与计时仪器制造	Manufacture of Clocks and Timing Equipment	100.0	100.0
光学仪器及眼镜制造	Manufacture of Optical Equipment and Glasses	100.8	100.8
其他制造业	**Manufacture of Other**	**103.4**	**107.9**
日用杂品制造	Manufacture of Groceries for Daily Use	103.4	107.9
废弃资源综合利用业	**Comprehensive Utilization of Waste Resources**	**95.6**	**90.2**
金属废料和碎屑加工处理	Metal Waste and Fragment Treatment and Processing	95.6	90.2
金属制品、机械和设备修理业	**Repair of Metal Products, Machinery and Equipment**	**98.7**	**97.8**
金属制品修理	Repair of Metal Products	98.9	97.4
专用设备修理	Repair of Special Equipment	98.3	98.8
电力、热力生产和供应业	**Production and Supply of Electric Power and Heat Power**	**99.0**	**96.2**
电力生产	Production of Electric Power	97.6	95.6
电力供应	Supply of Electric Power	99.7	96.5
热力生产和供应	Production and Supply of Heat Power	100.0	100.0
燃气生产和供应业	**Production and Supply of Gas**	**100.4**	**98.1**
水的生产和供应业	**Production and Supply of Water**	**106.4**	**102.2**
自来水生产和供应	Production and Supply of Water	106.7	102.3
污水处理及其再生利用	Sewage Treatment and Recycling	99.8	100.0

8-9 工业生产者购进价格指数

Producer Price Indices for Purchasing Goods

(上年=100) (preceding year=100)

类 别	Type	2005	2010	2014	2015
总指数	**General Index**	**110.0**	**111.8**	**98.4**	**93.6**
燃料、动力类	Fuel and Power	112.8	106.6	97.8	89.6
黑色金属材料类	Ferrous Metals	105.3	108.0	95.0	87.8
钢 材	Steel	106.9	105.3	97.0	91.6
其 他	Others	103.7	111.4	90.1	77.9
有色金属材料及电线类	Nonferrous Metals and Wire	125.7	135.0	94.8	88.4
化工原料类	Raw Chemical Materials	109.0	111.9	99.4	94.9
木材及纸浆类	Timber and Paper Pulp	107.7	106.6	100.5	99.0
建筑材料及非金属类	Building Materials and Nonmetal Ores	113.1	104.5	99.3	95.1
其它工业原材料及半成品类	Other Industrial Raw Materials and Semifinished Products	103.6	108.3	100.3	97.7
农副产品类	Agricultural Products	100.6	119.8	100.4	99.1
纺织原料类	Textile Materials	102.4	112.7	99.7	97.8

8-10 固定资产投资价格指数

Price Indices of Investment in Fixed Assets

(上年=100) (preceding year=100)

类 别	Type	2005	2010	2014	2015
固定资产投资	**Investment in Fixed Assets**	**100.5**	**104.8**	**100.1**	**96.8**
建筑安装工程	**Construction and Installation**	**99.2**	**105.6**	**100.0**	**95.4**
人工费	Labor Costs	107.6	106.7	104.7	104.8
材料费	Material Costs	97.1	105.6	98.3	90.7
钢 材	Steel	96.5	105.1	93.9	80.0
木 材	Wood	98.2	104.3	104.1	103.4
水 泥	Cement	92.1	106.5	99.0	95.8
地方建筑材料	Local Building Materials	102.2	106.0	102.3	99.8
化工材料	Chemical Materials	105.9	113.7	101.4	97.8
电 料	Electric Materials	102.4	107.7	99.9	98.1
其他材料	Other Materials	102.2	102.3	100.5	100.1
机械使用费	Machinery Costs	100.7	103.2	103.0	102.5
设备、工器具购置	**Purchase of Equipment,Tools and Instruments**	**100.3**	**102.0**	**99.6**	**99.2**
其他费用	**Others**	**107.2**	**105.4**	**102.1**	**101.1**

主要统计指标解释

居民消费价格指数 是反映一定时期内城乡居民所购买的生活消费品价格和服务项目价格变动趋势和程度的相对数，是对城市居民消费价格指数和农村居民消费价格指数进行综合汇总计算的结果。该指数可以观察和分析消费品的零售价格和服务项目价格变动对城乡居民实际生活费支出的影响程度。

商品零售价格指数 是反映一定时期内城乡商品零售价格变动趋势和程度的相对数。商品零售价格的变动直接影响到城乡居民的生活支出和国家的财政收入，影响居民购买力和市场供需的平衡，影响到消费与积累的比例关系。因此，该指数可以从一个侧面对上述经济活动进行观察和分析。

工业生产者价格指数 是反映工业产品价格变化趋势和变动幅度的统计指标，是工业企业的产品价格在不同时间和空间条件下平均变动的相对数，包括工业品第一次出售时的出厂价格和企业作为中间投入的原材料、燃料、动力购进价格。该指数是进行国民经济核算和经济管理的重要依据。

固定资产投资价格指数 是反映一定时期内固定资产投资品及项目的价格变动趋势和程度的相对数。固定资产投资额是由建筑安装工程投资完成额、设备工器具购置投资完成额和其他费用投资完成额三部分组成的。编制固定资产投资价格指数应首先分别编制上述三部分投资的价格指数，然后采用加权算术平均法求出固定资产投资价格总指数。

该指数可以准确地反映固定资产投资中涉及的各类投资品和取费项目价格变动趋势和变动幅度，消除按现价计算的固定资产投资指标中的价格变动因素，真实地反映固定资产投资的规模、速度、结构和效益，为国家科学地制定、检查固定资产投资计划并提高宏观调控水平，为完善国民经济核算体系提供科学的、可靠的依据。

Explanatory Notes on Main Statistical Indicators

Consumer Price Indices reflect the trend and degree of changes in prices of consumer goods and services purchased by urban and rural households during a given period. They are obtained by combining the Urban Consumer Price Indices and the Rural Consumer Price Indices. The Indices enable the observation and analysis of the degree of impact of the changes in the prices of retailed goods and services on the actual living expenses of urban and rural residents.

Retail Price Indices reflect the trend and degree of change in retail prices of commodities during a given period. The change in retail prices of commodities directly affect the living expenses of urban and rural residents, government revenue, purchasing power of residents and the equilibrium of market supply and demand, and the ratio of consumption to accumulation. Therefore, the retail price indices are useful from an oblique perspective for observing and analyzing the changes of the above economic activities.

Industry producer price index measures the trend and degree of variance of industry producer price. It is a relative figure of average variance in different time and space, which includes factory price of first sale and intermediate inputs of raw materials, fuel and power. It is a important base of national economic accounting and economic governance.

Price Indices of Investment in Fixed Assets reflect the trend and degree of changes in prices of investment goods and projects in fixed assets during a given period. The investment in fixed assets consists of three components, namely the investment in construction and installation, the investment in purchases of equipment and instrument, and the investment in other items. Price indices of investment in fixed assets are calculated as the weighted arithmetic mean of the price indices of the three components of investment in fixed assets.

Removing the factor of price change in the aggregates of investment at current prices, this indicator shows the changes in the prices of commodities and fees involved in the investment of fixed assets, and can be used to observe the actual size, growth, structure, and efficiency of investment in fixed assets and provides reliable and scientific data for government planning, management, decision-making, and further improving the current national accounting system.

人民生活

PEOPLE'S LIVELIHOOD

◆173/202

资料整理及英文翻译：洪　安、兰　园、刘江华
王　敏、刘　巍

简要说明

一、本篇资料的主要内容

本篇资料反映了全省城镇、农村居民的家庭收支、人口就业、居住、耐用消费品拥有、生产和生活等方面的情况。

二、本篇资料的来源

本篇资料中城镇、农村居民家庭相关资料来源于居民收支调查年报，由国家统计局江西调查总队居民收支调查处整理提供。

三、本篇资料的调查口径

从2013年起，国家统计局开展了城乡一体化住户收支与生活状况抽样调查，与2013年前的分城镇和农村住户抽样调查的调查范围、调查方法、指标口径有所不同。2013年前城镇和农村住户调查的指标为老口径数据，2013年后城镇和农村居民调查的指标为新口径数据。

Brief Introduction

I. Content

Data in this chapter show the basic conditions of the people's livelihood for the whole province, including income and expenditure of the households, employment, housing condition, consumption and possession of the major consumer goods, etc.

II. Source of Data

Data in this chapter are based on the data collected by the sample survey on household income and expenditure and are prepared and provided by the Division of Household Income and Expenditure Survey of Survey Office of the National Bureau of Statistics in Jiangxi.

Ⅲ Statistical Caliber

The sample survey of the integration of urban and rural residents income and life situation has been conducted since 2013.The scope of investigation,investigation method,index caliber therefore varies from the sample survey of residents by residences before 2013.New statistical caliber is applied since 2013.

9-1 人民物质文化生活情况
People's Material and Cultural Life

指　　标	Item	1978	2000	2010	2014	2015
就　　业(人)	**Employment (person)**					
城镇居民每一劳动力负担人口	Number of Dependents per Employee of Urban Household		1.79	1.87	1.43	1.45
农村居民每一劳动力负担人口	Number of Dependents per Laborer of Rural Household	2.50	1.46	1.35	1.82	1.83
收　　入(元)	**Income(yuan)**					
城镇非私营单位在岗职工平均工资	Average Wage of Employed Staff and Workers in Urban Nonprivate Units	552	7014	29092	47299	52137
城镇居民人均可支配收入	Per Capita Annual Disposable Income of Urban Households	305	5104	15481	24309	26500
农村居民人均可支配收入	Per Capita Net Income of Rural Residents	141	2135	5789	10117	11139
储　　蓄(元)	**Saving(yuan)**					
平均每人住户存款年末余额	Per Capita Balance of Saving Deposit at Year-end	13	2997	13746	23809	27207
居　　住(平方米)	**Residence(sq.m)**					
城镇居民人均建筑面积	Per Capita Building Space of Urban Households			38.88	41.00	41.50
农村居民人均建筑面积	Per Capita Living Space of Rural Households		27.79	40.26	50.20	51.80
交通、通讯	**Traffic and Communication**					
城镇居民每百户汽车拥有量(辆)	Number of Automobiles per 100 Urban Households(unit)		0.39	5.31	18.79	20.02
城镇居民每百户摩托车拥有量(辆)	Number of Motor Cycles per 100 Urban Households(unit)		12.96	20.77	33.53	30.67
城镇居民每百户拥有移动电话(部)	Number of Mobile Telephones per 100 Urban Households(unit)		14.37	181.18	225.82	226.16
农村居民每百户汽车拥有量(辆)	Number of Bicycles per 100 Rural Households (unit)				9.50	10.59
农村居民每百户摩托车拥有量(辆)	Number of Motor Cycles per 100 Rural Households(unit)		17.47	60.49	78.54	77.41
农村居民每百户拥有移动电话(部)	Number of Mobile Telephones per 100 Rural Households(unit)		1.43	140.98	229.64	233.19
教　　育	**Education**					
每万人中有普通高等学校在校学生(人)	Students Enrollment of Regular Higher Education Institutions per 10000 Population(person)	6.86	35.29	187.98	207.85	252.40
每万人中有中等学校在校学生(人)	Students Enrollment of Secondary Schools per 10000 Population(person)	540.69	702.41	788.66	710.02	714.79
每万人中有小学在校学生(人)	Students Enrollment of Primary Schools per 10000 Population(person)	1614.20	1018.85	955.90	909.22	929.79
学龄儿童入学率(%)	Enrollment Rate of School-Age Children(%)	94.15	99.58	99.93	99.83	99.92
卫　　生	**Health**					
每万人中有卫生技术人员(人)	Number of Medical Technical Personnels per 10000 Population(person)	22.1	29.7	34.7	44.4	46.3
#医生	Doctors	9.6	13.1	13.3	16.5	16.9
每万人中有病床数(张)	Number of Hospital Beds per 10000 Population (bed)	22.7	21.9	28.7	41.2	43.5
#医院卫生院	Hospital Beds	20.5	20.1	23.1	37.5	40.4
文　　化(台/套)	**Culture(set)**					
城镇居民每百户拥有彩色电视机	Number of Color TV per 100 Urban Households		106.01	148.00	143.25	139.13
城镇居民每百户拥有照相机	Number of Cameras per 100 Urban Households		25.48	33.82	30.03	24.60
城镇居民每百户拥有组合音响	Number of Hi-Fi Stereo Component Players per 100 Urban Households		16.00	27.82	11.00	8.90
城镇居民每百户拥有计算机	Number of Computers per 100 Urban Households		4.56	59.91	75.91	73.98
农村居民每百户拥有彩色电视机	Number of Color TV per 100 Rural Households		30.16	106.86	125.97	127.13
农村居民每百户拥有照相机	Number of Cameras per 100 Rural Households		2.08	2.69	4.44	3.85

注：2013年之前为农村居民人均纯收入指标，2013年之后所有调查指标为新口径调查数据，无纯收入指标，统一为可支配收入指标。后同。
a) Rural per capita net income is adjusted to per capita disposable income of rural residents since 2013. The same applies to the tables following.

9-2 居民消费水平

Household Consumption Expenditure

本表绝对数按当年价格计算，指数按可比价格计算.

Level in this table are calculated at current prices,while indices are calculated at constant prices

年份 Year	绝对数(元) Level(yuan)			指数(上年=100) Index(Preceding Year=100)			指数(1978=100) Index(year of 1978=100)		
	全体居民 All Households	农村居民 Rural Household	城镇居民 Urban Household	全体居民 All Households	农村居民 Rural Household	城镇居民 Urban Household	全体居民 All Households	农村居民 Rural Household	城镇居民 Urban Household
1978	181	161	281	115.7	115.7	109.7	100.0	100.0	100.0
1979	203	179	323	110.7	109.7	113.4	110.7	109.7	113.4
1980	211	183	340	99.7	98.0	101.0	110.4	107.5	114.5
1981	230	194	394	104.1	101.3	110.8	114.9	108.9	126.9
1982	266	235	403	112.4	117.7	99.5	129.1	128.2	126.3
1983	282	253	410	104.5	106.1	100.3	134.9	136.0	126.7
1984	311	279	448	107.6	107.6	106.6	145.2	146.3	135.1
1985	367	327	535	108.7	107.9	109.7	157.8	157.9	148.2
1986	395	346	590	101.6	101.0	101.6	160.3	159.5	150.6
1987	427	365	675	103.7	101.7	107.0	166.2	162.2	161.1
1988	506	421	842	104.7	101.7	111.7	174.0	165.0	179.9
1989	580	480	971	100.0	101.6	96.5	174.0	167.6	173.6
1990	666	577	1017	104.5	104.8	103.6	181.8	175.6	179.8
1991	706	605	1105	103.6	103.2	104.6	188.3	181.2	188.1
1992	770	634	1295	106.7	105.1	110.0	200.9	190.4	206.9
1993	887	712	1566	105.9	105.0	107.8	212.8	199.9	223.0
1994	1182	923	2165	105.8	105.2	106.3	225.1	210.3	237.0
1995	1559	1266	2632	106.8	107.6	104.2	240.4	226.3	247.0
1996	1857	1553	2942	112.2	115.7	104.4	269.7	261.8	257.9
1997	1930	1569	3200	104.4	103.1	106.7	281.6	269.9	275.2
1998	1973	1599	3267	101.6	101.4	101.7	286.1	273.7	279.9
1999	2056	1637	3482	104.4	103.9	105.0	298.7	284.4	293.9
2000	2396	1793	4488	116.6	114.9	117.2	348.3	326.8	344.5
2001	2500	1801	4845	104.8	101.2	108.0	365.0	330.7	372.1
2002	2651	1879	5138	106.0	104.3	106.0	386.9	344.9	394.4
2003	2739	1964	5127	102.9	104.0	99.6	392.5	353.6	387.3
2004	3353	2342	6300	111.6	109.8	110.8	438.0	388.3	429.1
2005	3821	2576	7329	109.6	108.1	109.5	480.0	419.8	469.9
2006	4117	2810	7738	125.0	120.1	129.2	600.0	504.2	607.1
2007	4676	3061	9105	108.4	105.9	110.3	650.4	533.9	669.6
2008	5805	3184	9642	114.8	105.4	93.4	746.7	562.7	625.4
2009	6212	3560	9833	112.3	113.4	108.9	838.5	638.1	681.1
2010	7989	4613	12353	111.9	114.8	108.3	938.3	732.5	737.6
2011	9523	5853	14029	111.6	115.3	108.0	1047.1	844.6	796.6
2012	10573	6423	15327	110.5	113.4	106.7	1157.0	957.8	850.0
2013	12000	7429	16914	110.1	113.7	106.3	1273.9	1089.0	903.5
2014	13254	8499	18095	110.0	113.5	106.8	1401.3	1236.0	964.9
2015	14489	9432	19362	109.3	112.1	106.7	1531.6	1385.6	1029.5

9-3 各地区居民消费水平（2015年）
Household Consumption Expenditure by Region (2015)

地　区	Region	绝对数(元) Level(yuan)			指　数(上年=100) Index(preceding year=100)		
		全　体 居　民 All Households	农村居民 Rural Household	城镇居民 Urban Household	全　体 居　民 All Households	农村居民 Rural Household	城镇居民 Urban Household
南昌市	Nanchang	36505	25609	45697	107.6	127.5	91.2
景德镇市	Jingdezhen	18201	12970	21287	110.7	114.7	108.4
萍乡市	Pingxiang	26383	14119	12264	110.0	112.4	107.2
九江市	Jiujiang	14747	9934	19592	111.8	121.5	105.9
新余市	Xinyu	22401	12645	26899	112.5	114.7	111.1
鹰潭市	Yingtan	16310	11048	20614	115.1	115.5	113.4
赣州市	Ganzhou	13970	9037	20059	106.9	110.4	103.0
吉安市	Ji'an	10599	6173	15759	109.0	107.3	106.8
宜春市	Yichun	11293	9628	14912	108.3	108.6	108.3
抚州市	Fuzhou	8146	7055	9475	116.2	111.5	116.9
上饶市	Shangrao	11430	9529	17211	112.3	117.4	99.3

9-4 各地区住户存款年末余额（2015年）
Balance of Household Depositsat Year-end by Region (2015)

单位：亿元 (100 million yuan)

地　区	Region	本外币 RMB and Foreign Currency			人民币 RMB		
		年末余额 Balance	比年初 Over Beginning of Year	比年初增长(%) Growth Rate (%)	年末余额 Balance	比年初 Over Beginning of Year	比年初增长(%) Growth Rate (%)
全　省	**Provincial Total**	**12440.49**	**1358.67**	**12.3**	**12389.73**	**1343.05**	**12.2**
南昌市	Nanchang	2517.78	213.23	9.3	2491.39	204.15	8.9
景德镇市	Jingdezhen	512.15	55.40	12.1	510.28	54.91	12.1
萍乡市	Pingxiang	460.05	45.18	10.9	458.56	44.76	10.8
九江市	Jiujiang	1196.55	129.88	12.2	1193.18	128.95	12.1
新余市	Xinyu	411.52	39.23	10.5	410.23	38.79	10.4
鹰潭市	Yingtan	328.37	33.17	11.2	327.10	32.90	11.2
赣州市	Ganzhou	2018.41	263.80	15.0	2014.14	262.85	15.0
吉安市	Ji'an	1278.20	151.70	13.5	1276.05	151.10	13.4
宜春市	Yichun	1327.61	146.55	12.4	1324.42	145.62	12.4
抚州市	Fuzhou	945.00	104.97	12.5	942.63	104.28	12.4
上饶市	Shangrao	1441.67	190.61	15.2	1438.57	189.79	15.2

9-5 城镇居民基本情况

Basic Condition of Urban Households

年 份 地 区 Year Region	平均每户家庭人口数(人) Average Household Size (person)	平均每户劳动力人口数(人) Average Number of Employed Persons per Household (person)	平均每人每年可支配收入(元) Per Capita Annual Disposable Income (yuan)	可支配收入指数 Index of Disposable Income 以上年为100 (preceding year=100)	以1978年为100 (year of 1978=100)	平均每人每年消费支出(元) Per Capita Annual Consumption Expenditure (yuan)
1986	4.02		729.84	118.00	171.90	630.96
1987	3.98		791.88	100.60	172.90	703.20
1988	3.72		937.80	95.70	165.50	876.48
1989	3.65		1081.92	98.40	161.20	977.88
1990	3.60		1187.88	107.50	173.30	983.76
1991	3.54		1295.40	104.50	181.00	1110.24
1992	3.45		1584.96	113.80	206.00	1275.96
1993	3.37		1984.80	108.10	222.80	1585.68
1994	3.28		2776.80	110.20	245.60	2201.04
1995	3.20		3376.56	104.00	255.50	2712.48
1996	3.18		3780.24	103.60	264.60	2942.16
1997	3.13		4071.36	104.60	276.70	3199.56
1998	3.08		4251.48	103.40	286.00	3266.76
1999	3.06		4720.56	112.00	320.30	3482.28
2000	3.08		5103.60	105.90	339.20	3623.52
2001	3.04		5506.08	108.10	366.70	3894.48
2002	2.97		6335.64	114.80	421.00	4549.32
2003	2.97		6901.44	108.00	454.70	4914.60
2004	2.91		7559.64	106.00	482.00	5337.84
2005	2.89		8619.72	112.30	541.30	6109.44
2006	2.86		9551.12	110.00	595.43	6645.54
2007	2.85		11221.87	112.50	669.80	7810.73
2008	2.90		12866.44	108.30	725.40	8717.37
2009	2.88		14021.54	109.60	795.00	9739.99
2010	2.84		15481.12	107.30	853.00	10618.69
2011	2.87		17494.87	107.52	917.00	11747.21
2012	2.86		19860.36	110.60	1014.20	12775.65
2013	3.35	2.32	22119.66	107.80	1093.30	13843.00
2014	3.32	2.31	24309.19	107.30	1173.10	15142.00
2015	3.23	2.27	26500.12	107.40	1259.90	16731.81

注：可支配收入指数均按可比价计算。

a) Disposable income index are calculated at comparable price.

9-6 城镇居民按收入高低五等份分组基本情况（2015年）

Basic Indicators of Urban Households of Five Groups Divided Equally by Income Level (2015)

指　　标	Item	低收入组 Low Income Households	中低收入组 Lower Middle Income Households
占调查总户数比重(%)	Percentage of Households (%)	20	20
平均每户家庭人口数(人)	Average Household Size (person)	4.17	3.42
平均每户劳动力人口数(人)	Average Number of Laborer Per Household (person)	2.13	1.85
平均每户家庭劳动力人口比重(%)	Percentage of Laborer Per Household	51.02	54.05
平均每一劳动力负担人口(人)	Average Number of Persons Supported by A Laborer(Person)	1.96	1.85
平均每人每年可支配收入(元)	Per Capita Annual Disposable Income (yuan)	13294.48	20599.53
平均每人每年消费支出(元)	Per Capita Annual Disposable Income (yuan)	9413.55	13558.91

9-6 续表 continued

指　　标	Item	中等收入组 Middle Income Households	中高收入组 Upper Middle Income Households	高收入组 High Income Households
占调查总户数比重(%)	Percentage of Households (%)	20	20	20
平均每户家庭人口数(人)	Average Household Size (person)	3.15	2.79	2.63
平均每户劳动力人口数(人)	Average Number of Laborer Per Household (person)	1.70	1.55	1.65
平均每户家庭劳动力人口比重	Percentage of Laborer Per Household	53.77	55.66	62.72
平均每一劳动力负担人口(人)	Average Number of Persons Supported by A Laborer(Person)	1.86	1.80	1.59
平均每人每年可支配收入(元)	Per Capita Annual Disposable Income (yuan)	25832.98	32492.24	48416.21
平均每人每年消费支出(元)	Per Capita Annual Consumption Expenditure (yuan)	15746.96	21631.53	27799.72

9-7 城镇居民平均每人每年收支
Per Capita Annual Cash Income and Expenditure of Urban Households

单位：元 (yuan)

指　　标	Item	2014	2015
可支配收入	**Disposable Income**	**24309.19**	**26500.12**
工资性收入	Income of Wages and Salaries	15623.11	16834.91
#工资	Wages	14863.65	16190.40
经营净收入	Net Business Income	1961.40	2108.09
财产净收入	Income from Property	2489.66	2591.75
转移净收入	Income from Transfers	4235.01	4965.37
#养老金或离退休金	Pension or Retirement Annuities	4130.99	4900.50
总支出	**Total Expenditure of Households**	**21027.70**	**21600.56**
#消费支出	Consumption Expenditure	15141.78	16731.81
生产经营费用支出	Production and Operation	565.34	640.84
财产性支出	Property	99.81	70.94
转移性支出	Transfer	874.95	949.44
个人所得税	Individual Income Tax	24.18	24.29
部分商业保险支出	Part of the Commercial Insurance Payments	70.41	39.06
购置资产及非经常性转移支出	Purchase of Assets and non Regular Payments	2203.74	2045.94
借贷性支出	Loan	2071.68	1122.52
#存入储蓄款	Money Deposited in Bank	1470.23	543.87
借出款	Lending Money	84.54	16.24
归还借款	Money Returned to the Borrower	73.50	30.50
归还住房贷款	Housing Loan Returned	361.39	440.55

9-8 城镇居民平均每人每年收支（2015年）

Per Capita Annual Cash Income and Expenditure of Urban Households (2015)

单位：元

指 标	Item	合 计 Total	低收入户 Low Income Households	中等偏下户 Lower Middle Income Households	中等收入户 Middle Income Households	中等偏上户 Upper Middle Income Households	高收入户 High Income Households
可支配收入	**Disposable Income**	**26500.12**	**13294.48**	**20599.53**	**25832.98**	**32492.24**	**48416.21**
工资性收入	Income of Wages and Salaries	16834.91	8921.00	13793.51	16608.37	19216.61	30387.47
#工资	Wages	16190.40	8657.57	13523.44	16057.21	18629.57	28508.80
经营净收入	Net Business Income	2108.09	1401.30	1495.32	1265.58	2024.92	5048.72
财产净收入	Income from Property	2591.75	1053.78	1855.11	2293.76	3560.16	5182.06
转移净收入	Income from Transfers	4965.37	1918.39	3455.60	5665.27	7690.55	7797.96
#养老金或离退休金	Pension or Retirement Annuities	4900.50	1585.35	3542.47	5811.85	7733.56	7568.21
总支出	**Total Expenditure of Households**	**21600.56**	**11928.91**	**16953.78**	**20130.17**	**28731.73**	**36334.48**
#消费支出	Consumption Expenditure	16731.81	9413.55	13558.91	15746.96	21631.53	27799.72
生产经营费用支出	Production and Operation	640.84	458.89	563.55	254.60	674.09	1431.77
财产性支出	Property	70.94	34.60	71.29	113.55	59.15	87.04
转移性支出	Transfer	949.44	581.28	771.87	899.40	1004.49	1733.10
个人所得税	Individual Income Tax	24.29	0.75	3.45	13.23	8.84	116.27
部分商业保险支出	Part of the Commercial Insurance Payments	39.06	3.59	18.00	33.84	63.26	100.33
购置资产及非经常性	Purchase of Assets and non Regular	2045.94	1038.66	1298.03	1803.63	3728.91	3041.19
借贷性支出	Loan	1122.52	398.33	672.14	1278.19	1570.31	2141.33
#存入储蓄款	Money Deposited in Bank	543.87	214.37	393.00	324.70	1061.75	943.43
借出款	Lending Money	16.24			1.08	3.15	93.51
归还借款	Money Returned to the Borrower	30.50	14.64	19.40	96.21	19.63	3.25
归还住房贷款	Housing Loan Returned	440.55	168.97	244.90	688.99	430.04	823.97

9-9 城镇居民平均每人每年消费支出（2015年）

Per Capita Consumption Expenditure of Urban Households (2015)

单位：元

指　标	Item	合计 Total	低收入户 Low Income Households	中等偏下户 Lower Middle Income Households	中等收入户 Middle Income Households	中等偏上户 Upper Middle Income Households	高收入户 High Income Households
消费支出	**Consumption Expenditure**	**16731.81**	**9413.55**	**13558.91**	**15746.96**	**21631.53**	**27799.72**
食品烟酒	Food，Cigarette and Wine	5407.85	3555.27	4678.83	5411.39	6690.60	7769.70
#食品	Food	4129.52	2960.69	3712.09	4186.67	5045.36	5386.16
烟酒	Cigarette and Wine	403.42	188.10	328.42	411.07	509.72	701.78
饮料	Beverage	63.92	36.10	52.74	65.18	80.78	100.86
饮食服务	Service	810.98	370.39	585.59	748.47	1054.74	1580.90
衣着	Clothing	1478.34	681.78	1111.08	1404.57	1835.47	2859.27
#衣类	Clothes	1201.92	546.76	879.86	1137.95	1480.85	2383.78
鞋类	Footwears	276.42	135.02	231.22	266.62	354.62	475.49
居住	Residence	3619.92	2175.74	2962.02	3620.44	4396.87	5818.61
生活用品及服务	Household Appliances and Services	1007.50	529.12	719.15	905.89	1262.13	1951.61
交通通信	Transport and Communications	2083.66	715.12	1468.90	1495.82	3388.79	4243.95
#交通	Transport	1400.06	355.60	864.30	844.43	2578.40	3069.93
通信	Communications	683.59	359.52	604.59	651.39	810.39	1174.02
教育、文化娱乐	Education, Cultural and Recreation Services	1874.41	1054.21	1646.45	1863.75	2400.23	2853.07
#教育	Education	952.54	735.06	1026.19	1027.00	1060.14	976.96
文化娱乐	Cultural and Recreation Services	921.87	319.16	620.26	836.75	1340.09	1876.11
医疗保健	Health Care and Medical Services	841.37	544.54	689.91	756.03	1035.68	1378.45
#医疗器具及药品	Instruments, Apparatuses and Medicines,	365.96	176.59	309.77	412.53	491.39	534.90
医疗服务	Service	475.41	367.95	380.14	343.50	544.29	843.54
其他用品和服务	Other Goods and Services	418.76	157.77	282.57	289.07	621.76	925.07
#其他用品	Other Goods	237.25	73.73	118.93	138.61	370.35	612.43
其他服务	Other Services	181.51	84.03	163.64	150.46	251.41	312.64

9-10 城镇居民平均每人每年消费支出和构成
Per Capita Consumption Expenditure and Expenditure Percentage of Urban Households

类别	Type	消费性支出（元） Consumption Expenditure(yuan)		构成（%） Percentage（%）	
		2014	2015	2014	2015
消费支出	**Consumption Expenditure**	**15141.78**	**16731.81**	**100.00**	**100.00**
食品烟酒	Food，Cigarette and Wine	4965.63	5407.85	32.79	32.32
#食品	Food	3773.44	4129.52	24.92	24.68
烟酒	Cigarette and Wine	385.56	403.42	2.55	2.41
饮料	Beverage	61.00	63.92	0.40	0.38
饮食服务	Service	745.64	810.98	4.92	4.85
衣着	Clothing	1394.65	1478.34	9.21	8.84
#衣类	Clothes	1118.18	1201.92	7.38	7.18
鞋类	Footwears	276.47	276.42	1.83	1.65
居住	Residence	3377.10	3619.92	22.30	21.63
生活用品及服务	Household Appliances and Services	991.24	1007.50	6.55	6.02
交通通信	Transport and Communications	1627.70	2083.66	10.75	12.45
#交通	Transport	963.05	1400.06	6.36	8.37
通信	Communications	664.65	683.59	4.39	4.09
教育、文化娱乐	Education, Cultural and Recreation Services	1653.84	1874.41	10.92	11.20
#教育	Education	820.59	952.54	5.42	5.69
文化娱乐	Cultural and Recreation Services	833.25	921.87	5.50	5.51
医疗保健	Health Care and Medical Services	760.70	841.37	5.02	5.03
#医疗器具及药品	Instruments, Apparatuses and Medicines,	290.43	365.96	1.92	2.19
医疗服务	Service	470.27	475.41	3.11	2.84
其他用品和服务	Other Goods and Services	370.91	418.76	2.45	2.50
#其他用品	Other Goods	230.79	237.25	1.52	1.42
其他服务	Other Services	140.12	181.51	0.92	1.08

9-11 城镇居民平均每百户主要耐用消费品年末拥有量

Ownership of Major Consumer Good Per 100 Urban Households at Year-end

品　　名	Item	2005	2010	2014	2015
摩托车(辆)	Motorcycle(unit)	24.38	20.77	33.53	30.67
家用汽车(辆)	Family Car(unit)	0.73	5.31	18.79	20.02
洗衣机(台)	Washing Machine(unit)	95.29	93.84	88.72	90.68
电冰箱(台)	Refrigerator(unit)	90.66	96.57	96.00	96.64
彩色电视机(台)	Color Television Set(unit)	139.31	148.00	143.25	139.13
计算机(台)	Computer(unit)	32.03	59.91	75.91	73.98
组合音响(套)	Hi-Fi Stereo Component System(set)	24.64	27.82	11.00	8.90
摄像机(台)	Pickup Camera(unit)	2.35	4.45	5.48	3.65
照相机(台)	Camera(unit)	37.35	33.82	30.03	24.60
中高档乐器(架)	Medium and High Grade Musical Instruments(piece)	8.67	6.70	3.47	3.45
微波炉(台)	Microwave Oven(unit)	38.93	55.86	49.93	50.65
空调(台)	Air Conditioner(unit)	72.41	107.67	119.59	124.31
热水器(台)	Shower Heater(unit)	81.77	92.28	91.88	91.99
健身器材(台)	Body Building Equipment(unit)	1.77	3.17	3.07	3.22
移动电话(部)	Mobile Telephone(unit)	136.26	181.18	225.82	226.16

9-12 农村居民家庭基本情况
Basic Statistics on Rural Households

年 份 Year	平均每户家庭人口(人) Average Permanent Population Per Household (person)	平均每户整半劳动力(人) Average Number of Full Semi Labour Force Per Household (person)	平均每个劳动力负担人口(人) Average Number of Dependents Per Laborer Force (person)	平均每人可支配收入(元) Per Capita Average Net Income (yuan)	平均每人住房面积(平方米) Per Capita Floor Space of Residential Buildings (sq.m)
1978	5.68	2.77	2.50	140.7	
1979	5.67	2.26	2.50	156.5	
1980	5.91	2.5	2.36	181.24	9.09
1981	6.06	2.78	2.18	226.87	10.05
1982	5.97	2.63	2.27	269.71	11.57
1983	5.92	2.9	2.04	301.76	13.92
1984	5.94	3.02	1.97	334.11	15.55
1985	5.79	3.09	1.87	377.31	16.20
1986	5.72	3.04	1.88	395.63	17.50
1987	5.61	3.02	1.85	429.29	18.47
1988	5.48	3.01	1.82	488.16	19.35
1989	5.38	3.02	1.78	558.64	19.94
1990	5.28	3.00	1.76	669.90	20.58
1991	5.09	2.92	1.74	702.53	20.08
1992	5.01	2.94	1.70	768.41	20.70
1993	4.92	3.02	1.63	869.81	22.91
1994	4.86	3.10	1.57	1218.19	21.61
1995	4.79	3.12	1.54	1537.36	22.70
1996	4.71	3.02	1.56	1869.63	24.00
1997	4.61	3.00	1.54	2107.28	24.33
1998	4.56	2.99	1.52	2048.00	25.31
1999	4.50	2.99	1.50	2129.45	26.90
2000	4.44	3.03	1.46	2135.30	27.79
2001	4.43	3.01	1.47	2231.60	28.25
2002	4.39	3.01	1.46	2334.20	29.24
2003	4.36	3.05	1.43	2457.53	30.55
2004	4.33	3.08	1.41	2952.56	31.35
2005	4.34	3.14	1.38	3265.53	34.10
2006	4.30	3.15	1.37	3584.72	35.91
2007	4.29	3.17	1.35	4097.82	36.78
2008	4.29	3.16	1.36	4697.19	37.56
2009	4.29	3.17	1.35	5075.01	39.53
2010	4.29	3.18	1.35	5788.56	40.26
2011	4.25	3.06	1.39	6891.63	46.82
2012	4.24	3.04	1.40	7827.82	47.61
2013	4.20	2.40	1.75	9088.78	49.11
2014	4.20	2.31	1.82	10116.58	50.20
2015	4.11	2.24	1.83	11139.08	51.80

注：2013年之后人均常住人口指标为人均家庭人口，人均纯收入指标为人均可支配收入，2013年之后所有数据为新口径调查数据。后同。

a) Average permanent population per household was adjust to average family population per household, per capita net income to per capita disposable income since 2013. The new statistic standard was applied since. The same applies as following table.

9-13 平均每百户农村居民主要生产用固定资产拥有量
Ownership of Major Fixed Assets for Production Per 100 Rural Households

指　　标	Item	2014	2015
生产性固定资产原值（元）	**Productive Original Value of Fixed Assets (yuan)**	**1349786**	**1247791**
农　业	Farming	537533	475212
林　业	Forestry	18858	9586
牧　业	Animal Husbandry	106214	84099
渔　业	Fishing	14508	6273
采矿业	Mining	5169	5169
制造业	Manufacturing	56158	56153
电力、热力、燃气及水的生产和供应业	Production and Supply of Electricity, Gas & Water	—	—
建筑业	Construction	67827	67822
批发和零售业	Wholesale and Retail Trade	164148	164135
交通运输、仓储和邮政业	Traffic, Transport, Storage and Post	244511	244492
住宿和餐饮业	Hotels and Catering Services	43351	43347
居民服务与其他服务业	Services to Households and Other Services	54000	53996
其　他	Others	37508	37506
主要生产性固定资产数量	**Amount of Major Productive Fixed Assets**		
房屋及建筑物（平方米）	Housing and Building (aq.m)	1504.24	1342.41
大中型农用拖拉机（台）	Large and Medium Tractor (unit)	0.68	0.92
小型农用拖拉机（台）	Small and Walking Tractor (unit)	13.71	13.57
农用排灌动力机械（台）	Power-driven Irrigation and Drainage Equipment (unit)	10.58	9.59
插秧机（台）	Rice Transplanter (unit)	0.06	0.06
收割机（台）	Harvester (unit)	2.72	1.85
脱粒机（台）	Thresher (unit)	14.75	10.85
役　畜（头）	Draught Animal (head)	14.65	11.86
产品畜（头）	Commodity Animal (head)	39.00	28.12

9-14　农村居民人口与就业情况
Population and Employment of Rural Households

单位：人　　(person)

指　　标	Item	2014	2015
农村居民人口状况	**Population of Rural Households**		
家庭常住人口	Number of Permanent Residents	11454	11261
5岁及以下	5 and Under	781	690
6-15岁	Aged 6 - 15	1905	1959
16-19岁	Aged 16 - 19	584	617
20-24岁	Aged 20 - 24	571	504
25-29岁	Aged 25 - 29	553	516
30-34岁	Aged 30 - 34	467	426
35-40岁	Aged 35 - 40	933	865
41-50岁	Aged 41 - 50	1999	2039
51-60岁	Aged 51 - 60	1922	1873
61-65岁	Aged 61 - 65	750	771
66岁及以上	66 and Over	989	955
在校学生人数	Students Enrollment	2512	2656
农村住户劳动力素质状况	**Labor Force Quality of Rural Households**		
整半劳动力数	Number of Full/Semi Labour Force	7478	7254
#男劳动力人数	Number of Male Labour Force	3760	3626
整劳动力	Number of Full Labour Force	3741	3538
劳动力文化程度	Education of Labor Force		
未上过学	Un-Schooled	325	327
小学程度	Primary School	2576	2503
初中程度	Junior High School	3525	3386
高中程度	Senior High School	804	821
大专及以上	Junior College and over	248	218

9-14 续表 continued

单位：人 (person)

指 标	Item	2014	2015
农村居民就业情况	**Employment of Rural Households**		
家庭常住从业人数	Resident Labor Force	6890	6599
#男性从业人数	Male Labor Force	3622	3455
就业类型	Type of Employment		
雇主	Employer	68	101
公职人员	Public Employee	42	49
事业单位人员	Institution personnel	80	73
国有企业雇员	Employee of State-owned Enterprises	33	42
其他雇员	Other Employee	2809	2386
农业自营	Agricultural Self-run	3101	3320
非农自营	Non-agricultural Self-run	756	628
行业分布	Sector of Employment		
第一产业就业人数	Primary Industry	3611	3540
第二产业就业人数	Secondary Industry	1815	1776
采矿业	Mining and Quarrying	58	45
制造业	Manufacturing	850	815
电力、热力、燃气及水生产供应业	Production and Supply of Electricity, Gas & Water	31	39
建筑业	Construction	876	877
第三产业就业人数	Tertiary Industry	1464	1283
批发和零售业	Wholesale and Retail Trades	412	372
交通运输、仓储和邮政业	Transport,Storage and Post	211	186
住宿和餐饮业	Hotels and Catering Services	121	115
居民服务、修理和其他服务业	Services to Households and Other Services	374	281
教 育	Education	66	50
卫生和社会工作	Health and Social Affairs	51	50
文化、体育和娱乐业	Culture,Sports and Entertainment	21	21
其 他	Others	208	208

9-15 平均每百户农村居民主要耐用消费品年末拥有量
Ownership of Major Durable Consumer Goods Per 100 Rural Households

品　　名	Item	2014	2015
家用汽车	Family Vehicle	9.50	10.59
摩托车(辆)	Motorcycle(unit)	78.54	77.41
洗衣机(台)	Washing Machine(unit)	36.92	43.05
电冰箱(台)	Refrigerator(unit)	82.81	84.68
彩色电视机(台)	Color TV Set(unit)	125.97	127.13
排油烟机(台)	Smoke Absorber(unit)	13.58	14.97
空调(台)	Air Conditioner(unit)	39.18	42.41
热水器(台)	Water Heater(unit)	52.01	56.25
微波炉(台)	Oven(unit)	9.13	9.46
固定电话(线)	Fixed-line Telephone(line)	30.33	21.67
移动电话(部)	Mobile Telephone(unit)	229.64	233.19
摄像机(台)	Pickup Camera(unit)	0.56	0.46
照相机(台)	Camera(unit)	4.44	3.85
计算机(台)	Computer(unit)	22.31	24.19
中高档乐器(架)	Medium and High Grade Musical Instrument(unit)	0.86	0.71

9-16 农村居民人均食品消费量

Peasants' Per Capita Consumption on Living Consumer Goods

单位：公斤 (kg)

类　别	Type	2014	2015
粮食	Grain	161.90	181.53
#谷物	Rice	155.86	174.53
薯类	Tubers	1.44	1.83
豆类	Soybeans	4.60	5.18
蔬菜及菜制品	Fresh Vegetable and Related Products	109.98	103.79
油脂类	Oil	13.70	14.00
#植物油	Vegetable Oil	12.90	13.28
肉类	Meat	19.87	20.12
#猪肉	Pork	17.54	17.61
牛肉	Beef	0.57	0.73
羊肉	Mutton	0.08	0.09
禽类	Poultry	5.82	6.14
蛋类及蛋制品	Eggs and Related Products	5.49	6.32
奶和奶制品	Milk and Dairy Products	5.79	5.81
水产品	Aquatic Products	7.33	7.91
食糖	Sugar	1.04	1.23
酒	Liquor and Beverages	12.99	11.58
干鲜瓜果类	Dry and Fresh Melon and Fruits	23.08	24.75

9-17 农村居民平均每人总收入

Per Capita Total Income in Rural Households

单位：元 (yuan)

指　标	Item	2014	2015
全年总收入	**Annual Total Income**	**12502.94**	**13926.04**
工资性收入	Income From Wages and Salaries	3937.44	4393.04
经营性收入	Income from Household Operations	6286.47	6962.12
第一产业	Primary Industry	4508.36	4847.02
#农业	Farming	3185.74	3266.97
林业	Forestry	300.29	271.23
牧业	Animal Husbandry	871.80	1131.50
渔业	Fishery	150.53	177.32
第二产业	Secondary Industry	449.13	641.35
第三产业	Tertiary Industry	1328.98	1473.75
财产性收入	Property Income	166.07	201.31
转移性收入	Transfer Income	2112.96	2369.57

9-18 农村居民平均每人现金收入
Per Capita Cash Income in Rural Households

单位：元 (yuan)

指　　标	Item	2014	2015
全年现金收入	**Annual Total Cash Income**	**11242.56**	**12583.50**
#现金工资性收入	Income from Wages and Salaries	3935.38	4390.37
#工资	Wages	3356.04	3811.69
其他工资性收入	Other Wage Incomes	579.34	578.68
现金经营性收入	Operational Income in Cash	5119.14	5721.23
第一产业	Primary Industry	3341.02	3606.13
#农业	Farming	2286.39	2253.73
林业	Forestry	148.79	144.51
牧业	Animal Husbandry	758.78	1033.81
渔业	Fishery	147.06	174.07
第二产业	Secondary Industry	449.13	641.35
#采矿业	Mining	5.82	1.84
制造业	Manufacturing	142.13	198.88
建筑业	Construction	301.12	438.14
第三产业	Tertiary Industry	1328.98	1473.75
#批发和零售业	Wholesale and Retail Trade	524.11	740.91
交通运输、仓储和邮政业	Traffic Transport, Storage and Post	426.38	377.11
住宿和餐饮业	Hotels and Catering Services	147.90	75.19
居民服务、修理和其他服务业	Domestic Service, Repair and Other Services	226.72	183.12
其他行业	Other Sectors	42.47	37.78
现金财产性收入	Income from Properties	166.07	201.31
现金转移性收入	Income from Transfers	2021.98	2270.59

9-19 农村居民家庭平均每人总支出

Per Capita Total Expenditures in Rural Households

单位：元 (yuan)

指　　标	Item	2014	2015
全年总支出	**Annual Total Expenditure**	**12112.61**	**13063.40**
#生产经营费用支出	Expenditure on Production and Management	1941.68	2324.47
第一产业	Primary Industry	1463.07	1616.59
第二产业	Secondary Industry	111.78	261.72
第三产业	Tertiary Industry	366.83	446.16
购置资产及非经常性转移	Acquisition of Assets and Non-recurrent Transfer	1555.11	1617.34
#购置资产支出	Acquisition of Assets	756.49	717.45
非经常转移支出	Non-recurrent Transfer	798.62	899.89
消费支出	Living Expenditure	7548.26	8485.59
#食品烟酒	Food, Cigarette and Wine	2755.09	3071.83
衣　着	Clothing	380.55	431.90
居　住	Residence	1877.26	2026.30
生活用品及服务	Articles and Service of Daily Use	406.84	491.47
交通通信	Transportation and Communications	759.39	865.75
教育文化娱乐	Education, Culture and Entertainment	711.93	882.87
医疗保健	Medical Articles	525.21	569.67
其他用品和服务	Other Commodities and Services	131.98	145.80
财产性支出	Property Expenditure	12.71	16.76
转移性支出	Transfer Expenditure	193.63	239.39

9-20　农村居民平均每人生活消费支出
Per Capita Living Expenditure of Rural Households

单位：元　　(yuan)

指　标	Item	2014	2015
全年生活消费支出	**Annual Living Expenditure for Consumption**	**6726.14**	**7688.44**
#货币性消费	Consumption Paid in Money	5547.82	6359.40
食品烟酒	Food, Cigarette and Wine	2084.30	2397.91
#货币性消费	Consumption Paid in Money	2082.30	2394.85
衣着	Clothing	380.15	431.68
#货币性消费	Consumption Paid in Money	380.04	431.64
居住	Residence	1726.36	1903.51
#货币性消费	Consumption Paid in Money	640.87	676.10
生活用品及服务	Articles and Service of Daily Use	406.84	491.33
#货币性消费	Consumption Paid in Money	406.66	491.16
交通通信	Transportation and Communications	759.39	865.75
#货币性消费	Consumption Paid in Money	759.39	865.75
教育文化娱乐	Education, Culture and Entertainment	711.93	882.87
#货币性消费	Consumption Paid in Money	711.90	882.87
医疗保健	Medical Articles	525.19	569.63
#货币性消费	Consumption Paid in Money	435.01	471.42
其他用品和服务	Other Commodities and Services	131.98	145.76
#货币性消费	Consumption Paid in Money	131.66	145.61

注：生产消费支出不含自产自用。

a) Self produce and use are not include in living expenditure.

9-21 农村居民家庭平均每人可支配收入
Per Capita Annual Net Income in Rural Households

单位：元 (yuan)

指　　标	Item	2014	2015
全年可支配收入	**Annual Disposable Income**	**10116.58**	**11139.08**
工资性收入	Income of Wages and Salaries	3937.44	4393.04
#工资	Wages	3356.04	3811.69
经营净收入	Income from Household Business Operation	4106.54	4431.28
第一产业	Primary Industry	2922.55	3124.20
农业收入	Farming	2249.55	2319.08
林业收入	Forestry	275.28	245.74
牧业收入	Animal Husbandry	303.84	432.30
渔业收入	Fishery	93.88	127.07
第二产业	Secondary Industry	317.85	355.55
第三产业	Tertiary Industry	866.15	951.53
财产净收入	Property Income	153.27	184.55
转移净收入	Transfer Income	1919.33	2130.20

9-22 农村居民平均每人按收入水平分组的户数构成
Composition of Rural Households by Per Capita Annual Net Income

单位：% (%)

分　　组	Group	2014	2015
600元以下的户	600 yuan and below	0.37	0.28
600-1000元的户	600-1000 yuan	0.03	0.09
1000-1500元的户	1000-1500 yuan	0.28	0.25
1500-2000元的户	1500-2000 yuan	0.62	0.58
2000-2500元的户	2000-2500 yuan	1.60	1.29
2500-3000元的户	2500-3000 yuan	4.10	2.86
3000-3500元的户	3000-3500 yuan	1.45	1.02
3500-4000元的户	3500-4000 yuan	1.67	1.79
4000-5000元的户	4000-5000 yuan	5.46	4.89
5000-6000元的户	5000-6000 yuan	6.48	5.82
6000-7000元的户	6000-7000 yuan	7.84	6.89
7000-8000元的户	7000-8000 yuan	6.02	7.29
8000元以上的户	8000 yuan and over	64.12	66.94

9-23　按收入高低五等份分组农村居民家庭基本情况（2015年）
Basic Indicators of Rural Households of Five Groups Divided Equally by Income Level (2015)

指　　标	Item	低收入组 Low Income Households	中低收入组 Lower Middle Income Households	中等收入组 Middle Income Households	中高收入组 Upper Middle Income Households	高收入组 High Income Households
占调查总户数比重(%)	Percentage of Households (%)	20	20	20	20	20
平均每户家庭人口(人)	Family Members Per Household(person)	4.72	4.40	4.19	3.85	3.38
平均每户劳动力人口数(人)	Labourer per Household(person)	2.74	2.67	2.67	2.60	2.54
平均每一劳动力负担人口(人)	Average Number of Persons Supported by A Laborer(Person)	1.72	1.65	1.57	1.48	1.33
平均每人可支配收入(元)	per capita Disposable Income(yuan)	4005.31	7329.80	10194.34	13863.17	24864.95
工资性收入	Income of Wage	1635.40	3228.57	4321.02	5936.13	8337.06
经营净收入	Net Income from Operations	1567.67	2434.10	3663.13	5268.20	11365.62
第一产业	Primary Industry	1346.09	1922.09	2579.38	3465.35	7674.25
第二产业	Secondary Industry	28.83	165.83	263.68	350.09	1219.23
第三产业	Tertiary Industry	192.75	346.19	820.08	1452.76	2472.14
财产净收入	Property Income	45.59	85.48	133.71	247.36	515.07
转移净收入	Transfer Income	756.65	1581.64	2076.48	2411.48	4647.19
平均每人消费支出(元)	Per Capita Living Expenditure(yuan)	5544.78	7356.16	8483.24	9854.49	12770.78
食品烟酒	Food Expenditure	2205.83	2786.97	2985.03	3449.13	4408.68
衣着	Clothing Expenditure	238.43	354.05	462.03	494.25	712.79
居住	Residence Expenditure	1437.57	1786.69	2058.99	2299.68	2861.19
生活用品及服务	Articles and Service of Daily Use	288.75	434.94	499.25	519.85	825.56
交通通信	Transport and Communication	374.45	611.13	836.76	1219.02	1560.39
教育、文化娱乐	Education, Culture and Entertainment	566.36	810.61	945.71	1086.12	1132.10
医疗保健	Medicines and Health Care	345.75	459.73	542.69	617.86	1027.99
其他用品和服务	Other Commodities and Services	87.63	112.05	152.79	168.57	242.08

9-24 各地区城乡居民人均可支配收入和消费支出(2015年)

Per Capita Annual Income and Consumption Expenditure of Urban and Rural Residents by Region (2015)

单位：元 (yuan)

地区	Region	城镇居民可支配收入 Per Capita Annual Disposable Income of Urban Residents	农村居民可支配收入 Per Capita Net Income of Rural Residents	城镇居民消费支出 Per Capita Consumption Expenditure of Urban Residents	农村居民消费支出 Per Capita Consumption Expenditure of Rural Residents
全　省	**Total**	**26500**	**11139**	**16732**	**8486**
南昌市	Nanchang	31942	13693	21396	8788
景德镇市	Jingdezhen	29101	12736	18198	9508
萍乡市	Pingxiang	28335	14046	18928	10006
九江市	Jiujiang	27635	11143	17483	8688
新余市	Xinyu	29836	13986	19002	10190
鹰潭市	Yingtan	26952	12383	17080	9631
赣州市	Ganzhou	25001	7786	16080	6725
吉安市	Ji'an	27078	10355	16628	7947
宜春市	Yichun	25381	11621	15888	9041
抚州市	Fuzhou	25065	11441	15032	7488
上饶市	Shangrao	26924	10112	15137	7198

9-25 居民人均收入和消费支出(2015年)

Per Capita Annual Disposable Income and Consumption Expenditure (2015)

单位：元 (yuan)

指标	Item	2014	2015
全省居民人均可支配收入	**Per Capita Annual Disposable Income of Total Residents**	**16734.17**	**18437.11**
工资性收入	Income of Wages and Salaries	9386.12	10304.17
经营净收入	Net Business Income	3106.33	3327.53
财产净收入	Net Income from Property	1242.66	1328.21
转移净收入	Net Income from Transfers	2999.06	3477.19
全省居民人均消费支出	**Per Capita Consumption Expenditure of Total Residents**	**11088.92**	**12403.37**
食品烟酒	Foods,Tobacco and Beverages	3785.80	4181.67
衣着	Clothing	853.40	929.06
居住	Residence	2576.59	2783.43
生活用品及服务	Household Supplies and Services	679.33	736.64
交通通信	Transport and Communications	1164.26	1444.38
教育文化娱乐	Education, Culture and Recreation	1151.11	1353.95
医疗保健	Medical Care	635.01	698.76
其他用品和服务	Other Goods and Services	243.39	275.48

9-26 各县（市、区）城乡居民人均可支配收入
Per Capita Disposable Income of Urban and Rural Residents by Region and County

单位：元 (yuan)

地　区	Region	城镇居民人均可支配收入 Per Capita Disposable Income of Urban Residents		农村居民人均可支配收入 Per Capita Disposable Income of Rural Residents	
		2014	2015	2014	2015
全　省	**Provinvial Total**	**24309**	**26500**	**10117**	**11139**
南昌市	**Nanchang**	**29091**	**31942**	**12414**	**13693**
东湖区	Donghu	30841	33709		
西湖区	Xihu	30250	33033		
青云谱区	Qingyunpu	29678	32408		
湾里区	Wanli	26018	28646	9395	10429
青山湖区	Qingshanhu	29272	32346	14169	15728
南昌县	Nanchang	25961	28635	13237	15001
新建区	Xinjian	25848	28484	11923	13390
安义县	Anyi	23155	25402	11172	12301
进贤县	Jinxian	24593	27053	12858	14146
景德镇市	**Jingdezhen**	**26625**	**29101**	**11547**	**12736**
昌江区	Changjiang	27657	30193	11953	13183
珠山区	Zhushan	28247	30789		
浮梁县	Fuliang	21522	23674	11598	12769
乐平市	Leping	24560	26785	11517	12729
萍乡市	**Pingxiang**	**26019**	**28335**	**12769**	**14046**
安源区	Anyuan	27661	30054	14845	16255
湘东区	Xiangdong	26260	28602	13116	14264
*莲花县	Lianhua	18284	19847	6848	7644
上栗县	Shangli	24331	26431	12486	13834
芦溪县	Luxi	23729	26057	12994	14189
九江市	**Jiujiang**	**25077**	**27635**	**10139**	**11143**
庐山区	Lushan	27950	30689	14058	15422
浔阳区	Xunyang	28206	30914	14852	16233
九江县	Jiujiang	23868	26303	10956	12030
武宁县	Wuning	23151	25582	10707	11810
*修水县	Xiushui	20185	22224	6689	7599
永修县	Yongxiu	23908	26299	11521	12662
德安县	De'an	24135	26621	11526	12713
星子县	Xingzi	20478	22587	9738	10712
都昌县	Duchang	18984	20882	5461	6253
湖口县	Hukou	24350	26882	11166	12271
彭泽县	Pengze	22881	25192	10745	11830
瑞昌市	Ruichang	23554	25933	11050	12144
共青城市	Gongqingcheng	26101	28659	13193	14460

注：*号为贫困县，2014年国家统计局对我省24个贫困县农民人均可支配收入水平进行了重新核定调整。
a)Counties marked "*" are nationally designated poor counties. Net Income of these counties was adjust and redified by State Statistics Bureau in 2014

9-26 续表1 continued

单位：元 (yuan)

地　区	Region	城镇居民人均可支配收入 Per Capita Disposable Income of Urban Residents		农村居民人均可支配收入 Per Capita Disposable Income of Rural Residents	
		2014	2015	2014	2015
新余市	**Xinyu**	**27626**	**29836**	**12831**	**13986**
渝水区	Yushui	28273	30874	12970	14306
分宜县	Fenyi	23560	25351	12575	13656
鹰潭市	**Yingtan**	**24591**	**26952**	**11350**	**12383**
月湖区	Yuehu	26903	29566	12173	13282
余江县	Yujiang	22506	24667	11345	12650
贵溪市	Guixi	24903	27269	11392	12588
赣州市	**Ganzhou**	**22935**	**25001**	**6946**	**7786**
章贡区	Zhanggong	26505	29235	10158	11438
*赣　县	Ganxian	20471	22518	6888	7747
信丰县	Xinfeng	21442	23629	8607	9700
大余县	Dayu	20296	22123	7762	8677
*上犹县	Shangyou	18973	20643	6835	7634
崇义县	Chongyi	19528	21227	6845	7633
*安远县	Anyuan	18084	19675	6740	7537
龙南县	Longnan	21117	23186	7640	8572
定南县	Dingnan	20717	22685	6069	6797
全南县	Quannan	19331	20974	5330	6001
*宁都县	Ningdu	17669	19189	6780	7695
*于都县	Yudu	20358	22414	6878	7862
*兴国县	Xingguo	20224	22024	6842	7849
*会昌县	Huichang	19576	21357	6792	7764
*寻乌县	Xunwu	18375	20304	6702	7597
*石城县	Shicheng	17903	19514	5818	6662
*瑞金市	Ruijin	21190	23309	7156	8251
*南康区	Nankang	21642	23676	7278	8237
吉安市	**Ji'an**	**24797**	**27078**	**9262**	**10355**
吉州区	Jizhou	26394	28928	11293	12625
青原区	Qingyuan	26422	28959	9322	10366
*吉安县	Ji'an	23352	25454	7234	8283
吉水县	Jishui	20850	22831	11292	12568
峡江县	Xiajiang	19604	21545	8506	9519
新干县	Xingan	22699	24992	10569	11700
永丰县	Yongfeng	22052	24257	10873	12167
泰和县	Taihe	20796	22626	10144	11351
*遂川县	Suichuan	19821	21694	6752	7677
*万安县	Wan'an	19258	20991	6751	7649
安福县	Anfu	20767	22736	9985	11063
*永新县	Yongxin	17938	19517	6667	7587
*井冈山市	Jinggangshan	24794	26951	6799	7687

9-26 续表2 continued

单位：元 (yuan)

地 区	Region	城镇居民人均可支配收入 Per Capita Disposable Income of Urban Residents		农村居民人均可支配收入 Per Capita Disposable Income of Rural Residents	
		2014	2015	2014	2015
宜春市	**Yichun**	**23221**	**25381**	**10526**	**11621**
袁州区	Yuanzhou	26124	28423	10253	11360
奉新县	Fengxin	23325	25541	11782	13066
万载县	Wanzai	20364	22258	8395	9268
上高县	Shanggao	23249	25411	12421	13713
宜丰县	Yifeng	23129	25326	10895	12072
靖安县	Jing'an	21436	23515	9898	11016
铜鼓县	Tonggu	18703	20293	6824	7725
丰城市	Fengcheng	24596	26968	12025	13228
樟树市	Zhangshu	24825	27283	11924	13271
高安市	Gaoan	23755	26083	11690	12859
抚州市	**Fuzhou**	**23101**	**25065**	**10410**	**11441**
临川区	Linchuan	28009	30530	12531	13925
南城县	Nancheng	24183	26553	11749	12924
黎川县	Lichuan	20293	22059	9924	10887
南丰县	Nanfeng	23321	25513	15688	17147
崇仁县	Chongren	20695	22681	12530	13721
*乐安县	Le'an	17723	19123	6219	7083
宜黄县	Yihuang	19658	21290	9969	10956
金溪县	Jinxi	22102	23914	10425	11582
资溪县	Zixi	18873	20478	9831	10725
东乡县	Dongxiang	24942	27237	12163	13391
*广昌县	Guangchang	19361	20871	6553	7430
上饶市	**Shangrao**	**24656**	**26924**	**9102**	**10112**
信州区	Xinzhou	26876	29300	12075	13382
*上饶县	Shangrao	20191	21996	6857	7726
广丰区	Guangfeng	25947	28607	11268	12541
玉山县	Yushan	21826	24222	10305	11580
铅山县	Qianshan	18857	20786	8860	9952
*横峰县	Hengfeng	17810	19657	6791	7627
弋阳县	Yiyang	22398	24611	9371	10518
*余干县	Yugan	17571	19351	6827	7736
*鄱阳县	Poyang	17297	18831	6866	7731
万年县	Wannian	22463	24682	9213	10374
婺源县	Wuyaun	18339	20015	8833	9806
德兴市	Dexing	24386	26591	10590	11748

主要统计指标解释

一、城镇住户

城镇家庭人口 指居住在一起，经济上合在一起共同生活的家庭成员。凡计算为家庭人口的成员其全部收支都包括在本家庭中。

城镇就业面 指就业人口占家庭人口的百分比。

城镇就业者负担人数 指家庭人口与就业人口之比。

城镇家庭总收入 指家庭成员在调查期得到的工资性收入、经营净收入、财产性收入、转移性收入之和，不包括出售财物收入和借贷收入。

城镇家庭可支配收入 指家庭成员可用于最终消费支出和其它非义务性支出以及储蓄的总和，即居民家庭可以用来自由支配的收入。它是家庭总收入扣除交纳的所得税、个人交纳的社会保障支出以及记账补贴后的收入。计算公式为:

可支配收入=家庭总收入-交纳所得税-个人交纳的社会保障支出-记账补贴

城镇家庭总支出 指除借贷支出以外的全部家庭支出。包括消费性支出、购房建房支出、转移性支出、财产性支出、社会保障支出。

城镇家庭消费性支出 指家庭用于日常生活的支出，包括食品、衣着、家庭设备用品及服务、医疗保健、交通和通信、娱乐教育文化服务、居住、其他商品和服务等八大类支出。

城镇家庭服务性消费支出 指家庭用于支付社会提供的各种文化和生活方面的非商品性服务费用。

二、农村住户

农村住户 指农村常住户。农村常住户指长期(一年以上)居住在乡镇(不包括城关镇)行政管理区域内的住户，以及长期居住在城关镇所辖行政村范围内的农村住户。户口不在本地而在本地居住一年及以上的住户也包括在本地农村常住户范围内；有本地户口，但举家外出谋生一年以上的住户，无论是否保留承包耕地都不包括在本地农村住户范围内。

常住人口 指全年经常在家或在家居住6个月以上，而且经济和生活与本户连成一体的人口。外出从业人员在外居住时间虽然在6个月以上，但收入主要带回家中，经济与本户连为一体，仍视为家庭常住人口；在家居住，生活和本户连成一体的国家职工、退休人员也为家庭常住人口。但是现役军人、中专及以上(走读生除外)的在校学生、以及常年在外(不包括探亲、看病等)且已有稳定的职业与居住场所的外出从业人员，不算家庭常住人口。家庭常住人口主要作为计算农村住户平均每人收入、消费和积累水平及分析家庭人口状况的依据。

整、半劳动力 整劳动力指男子18周岁到50周岁，女子18周岁到45周岁；半劳动力指男子16周岁到17周岁，51周岁到60周岁；女子16周岁到17周岁，46周岁到55周岁，同时具有劳动能力的人。虽然在劳动年龄之内，但已丧失劳动能力的人，不应算为劳动力；超过劳动年龄，但能经常参加劳动，计入半劳动力数内。常住人口中的职工，若这些职工为劳动力，就包括在本户的整半劳动力中。

总收入 指调查期内农村住户和住户成员从各种来源渠道得到的收入总和。按收入的性质划分为工资性收入、家庭经营收入、财产性收入和转移性收入。

工资性收入 指农村住户成员受雇于单位或个人，靠出卖劳动而获得的收入。

家庭经营收入 指农村住户以家庭为生产经营单位进行生产筹划和管理而获得的收入。农村住户家庭经营活动按行业划分为农业、林业、牧业、渔业、工业、建筑业、交通运输业邮电业、批发和零售贸易餐饮业、社会服务业、文教卫生业和其他家庭经营。

财产性收入 指金融资产或有形非生产性资产的所有者向其他机构单位提供资金或将有形非生产性资产供其支配，作为回报而从中获得的收入。

转移性收入 指农村住户和住户成员无须付出任何对应物而获得的货物、服务、资金或资产所有权等，不包括无偿提供的用于固定资本形成的资金。一般情况下，是指农村住户在二次分配中的所有收入。

现金收入 指农村住户和住户成员在调查期内得到以现金形态表现的收入。按来源分成工资性收入、家庭经营现金收入、财产性收入、转移性收入。

纯收入 指农村住户当年从各个来源得到的总收入相应地扣除所发生的费用后的收入总和。计算方法:

纯收入=总收入-税费支出-家庭经营费用支出-生产性固定资产折旧-赠送农村亲友支出

纯收入主要用于再生产投入和当年生活消费支出，也可用于储蓄和各种非义务性支出。“农民人均纯收入”按人口平均的纯收入水平，反映的是一个地区或一个农户农村居民的平均收入水平。

总支出 指农村住户用于生产、生活和再分配的全部支出。家庭经营费用支出、购置生产性固定资产支出、生产性固定资产折旧、税费支出、生活消费支出、财产性支出和转移性支出。

可支配收入(新口径) 指调查户在调查期内获得的、可用于最终消费支出和储蓄的总和，即调查户可以用来自由支配的收入。可支配收入既包括现金，也包括实物收入。按照收入的来源，可支配收入包含五项，分别为：工资性收入、经营净收入、财产净收入、转移净收入和自有住房折算净租金。计算公式为：可支配收入=工资性收入+经营净收入+财产净收入+转移净收入+自有住房折算净租金。

Explanatory Notes on Main Statistical Indicators

I. Urban Households

Population of Urban Households refer to members of households living and sharing economically together in the urban areas. All the income and expenditure of all the members of such households are included in the income and expenditure of the household.

Proportion of Urban Employment refers to the proportion of employed population to the population of urban households.

Number of Dependents per Urban Employee refers to the ratio between number of persons in an urban household and the number of employed persons.

Total Income of Urban Households refers to the sum of wage and salary; net business income; income from properties; and income from transfers of members of the households. Income from selling of properties and income from borrowing are not included..

Disposable Income of Urban Households refers to the actual income at the disposal of members of the households which can be used for final consumption, other non-compulsory expenditure and savings. This equals to total income minus income tax, personal contribution to social security and subsidy for keeping diaries in being a sample household. The following formula is used:

Disposable income = total household income - income tax - personal contribution to social security - subsidy for keeping diaries for a sampled household

Total Expenditure of Urban Households refers to all expenditure of households except expenditure on lending. It includes expenditure on consumption; on purchasing or building houses; on transfers; on properties; and on social security.

Consumption Expenditure of Urban Households refers to total expenditure of households for consumption in daily life, including expenditure on the eight categories of food; clothing; household appliances and services; health care and medical services; transport and communications; recreation, education and cultural services; housing; and miscellaneous goods and services.

Expenditure of Urban Households on Consumption of Services refers to expenditure of households on various kinds of non-commercial services provided in life and culture by society.

II. Rural Household

Rural Households refer to usual resident households in rural areas. Usual resident households in rural areas are households residing on a long term basis(for more than one year) in the areas under the administration of township governments (not including county towns), and in the areas under the administration of villages in county towns. Households residing in the current addresses for over one year with their household registration in other places are still considered as resident households of the locality. For households with their household registration in one place but all members of the households having moved away to make a living in another place for over one year, they will not be included in the rural households of the area where they are registered, irrespective of whether they still keep their contracted land.

Usual Resident Population refers to persons staying at home regularly or for over 6 months during a year and integrated with the household economically and in terms of living.. Members of the household staying away from the household for over 6 months but keeping a close economic relation with the household by sending the majority of income to the household are regarded as usual resident of the household. Government staff and workers or retirees living as close members of the household are also considered as usual resident. However, servicemen, students of secondary technical schools or schools of higher education and persons with stable jobs and residence outside the household (excluding those visiting relatives or seeking medical service) are not included as resident population of the household. Resident population is used in calculating income, consumption, accumulation on per capita basis of rural households and in analyzing composition of rural households.

Full/Semi Labour Force Full labour force refers to persons capable of work, aged 18-50 for males and 18-45 for females. Semi labour force refers to persons capable of work, aged 16-17 and 51-60 for males and 16-17 and 46-55 for females. Persons at their working ages but not capable of work are not to be included as labour force. Persons not at working ages but participating regularly in work are included in semi labour force. For staff and workers who are usual residents, are included as full or semi labour force of the household if they are in the labour force.

Total Income refers to the sum of income earned from various sources by the rural households and their members during the reference period, and is classified as income from wages and salaries, income from household operations, income from properties and income from transfers.

Income from Wages and Salaries refers to income from labour earned by the members of rural households employed by other units or individuals.

Income from Household Operations refers to income by the rural households as units of production and operation. Operations by rural households are classified according to their economic activities namely agriculture, forestry, animal husbandry, fishery, manufacturing, construction, transportation, post and telecommunications, wholesale, retail and catering, social service, culture, education, health, and other household operations.

Income from Properties refers to the income received as returns by owners of financial assets or tangible non-productive assets by providing capitals or tangible non-productive assets to other institutional units.

Income from Transfers refers to the receipt by rural households and their members of goods, services, capital or rights of assets without giving or repaying accordingly, excluding capital provided to them for the formation of fixed assets. In general, it refers to all income received by rural households through redistribution.

Cash Income refers to income received by rural households and their members in the form of cash during the reference period. It is classified, by source of income, into income from wages and salaries, cash income from household operations, income from properties and income from transfers.

Net Income refers to the total income of rural households from all sources minus all corresponding expenses. The formula for calculation is as follows:

Net income = total income - taxes and fees paid - household operation expenses - taxes and fees depreciation of fixed assets for production - gifts to non-rural relatives

Net income is mainly used as input for reinvestment in production and as consumption expenditure of the year, and also used for savings and non-compulsory expenses of various forms. "Per capita net income of farmers" is the level of net income averaged by population, reflecting the average income level of rural households in a given area.

Total Expenditure refers to total expenses of rural households on production, consumption and redistribution, including expenditure on household operations,; purchase of productive fixed assets; depreciation of productive fixed assets; taxes and fees; expenses on household consumption; expenses on properties; and expenses on transfers.

Disposable Income（New Statistic Scope) refers to actual income at the disposal of member of the households which can be used for final consumption and savings. It includes both cash and income-in-kind. It includes five items: wage and salary; net business income; net income from properties; net income from transfers and net rent of private housing equivalent.

Disposable Income= wage and salary + net business income + net income from properties + net income from transfers + net rent of private housing equivalent.

城市建设

MUNICIPAL CONSTRUCTION

◆203/219

资料整理及英文翻译：程　敏

简要说明

一、主要内容

本篇反映江西省城市公用事业概况，主要包括：城市建设、供水、供气、市政设施、公共交通、城市绿化、环境卫生等资料。

二、统计范围

包括全省所有设市城市在建成区范围内所有的城市规划管理、投资、建设或经营管理相关设施的单位。

三、资料来源

设区市和县级市城市公用事业基本情况资料由省建设厅和省交通厅提供，由省统计局固定资产投资处编辑整理。

Brief Introduction

I. Main Contents

Data in this chapter present the basic conditions of public facilities of urban construction of Jiangxi provincial cities, mainly include supply of water and gas; municipal infrastructure; public transportation; urban greenery; and environmental, sanitation.

II. Scope of Statistics

Data in this chapter cover all units under the jurisdiction of cities which are engaged in urban planning and management, investment, construction and operation of relevant facilities.

III. Sources of Data

Data on basic conditions and overall level of urban public facilities are collected by the Jiangxi Provincial Bureau of Housing and Urban-Rural Development and Provincial Bureau of Communications , provided by the Department of Investment & Construction Statistics of Jiangxi Provincial Bureau of Statistics.

10-1 城市公用事业和建设基本情况
Basic Statistics on City Public Utilities and Construction

指　　　标	Item	2000	2005	2010	2014	2015
用水普及率(%)	Rate of Population with Access to Tap Water (%)	93.3	92.6	97.4	97.8	97.6
供水管道长度(公里)	Length of Gas Supply Pipelines (km)	3968	6079	9527	13714	15630
公共车辆(汽、电车)运营数(辆)	Operating Public Buses (Buses and Trolley Buses) (unit)	4031	5818	7048	9200	10385
平均每万人拥有(标台)	Number of Public Transportation Vehicles Per 10000 Population (standardized)	3.0	8.0	9.3	11.5	12.1
排水管道长度(公里)	Length of Drainpipes (km)	2074	3564	7340	10814	11983
道路长度(公里)	Length of Roads (km)	3033	3916	5742	7250	8185
道路面积(万平方米)	Area of Roads (10000 sq.m)	3293	6667	11330	15578	17436
人工煤气供应量(万立方米)	Coal Gas Supply (10000 cu.m)	39463	31707	58208	30991	25097
#家庭用量	Used by Residential Households	12299	10906	18321	4358	1225
天然气供应量(万立方米)	Natural Gas Supply(10000 cu.m)			11263	69115	73570
#家庭用量	Used by Residential Households			3384	23074	22196
液化石油气供应量(吨)	Total Liquefied Petroleum Gas Supply (ton)	164698	174521	188847	237316	228912
#家庭用量	Used by Residential Households	162783	154998	151656	194582	192294
燃气普及率(%)	Rate of Population with Access to Gas (%)	69.2	80.6	92.4	95.2	94.8
绿化覆盖面积(公顷)	Coverage Area of Afforestation (hectare)	20044	27381	48924	55327	58510
公园数(个)	Number of Parks (unit)	109	125	238	310	356
公园面积(公顷)	Area of Parks and Zoos (hectare)	1820	2259	6442	8596	8764
污水处理率(%)	Rate of Sewage Disposal (%)		34.92	80.83	83.76	87.74
生活垃圾清运量(万吨)	Volume of Garbage Disposal (10000 tons)	197.00	264.00	284.00	308.45	329.27
生活垃圾无害化处理率(%)	Rate of Garbages innocuously Treated (%)		48.87	85.89	93.09	94.46
市政公用设施建设固定资产投资(万元)	Investment in Public Utilities and Municipal Construction (10000 yuan)	152077	794496	4233310	4855977	4917799
#供水	Water Supply	15535	41276	95408	135788	104708
燃气	Gas Supply	4972	25530	66967	63297	39997
公共交通	Public Traffic	9781	22289	23165	44750	50730.9
轨道交通	Rail Transit			112894	482661	491755
道路桥梁	Roads & Bridges	60596	354638	2539040	3336901	3219824
排水	Drainage	11905	83160	177934	209785	191042
园林绿化	Parks, Gardens and Green Areas	11427	85816	948889	539854	490477
市容环境卫生	Environmental Sanitation	4921	13419	61536	18620	100327
其他	Others	17185	154707	33942	24321	228938

10-2 城市人口和面积（2015年）
Basic Statistics on City Population and Area (2015)

单位：平方公里、万人 (sq.km,10000 persons)

城市	City	市区面积 City Area	城区面积 Urban Area	城区人口 Population of Urban Area	建成区面积 Developed Area	城市建设用地面积 Area of Land for Urban Construction	#居住用地 Land for Residence
合计	**Total**	**36038.17**	**2178.89**	**945.00**	**1295.65**	**1722.36**	**373.26**
南昌市	Nanchang	3095.36	358.90	241.84	307.30	315.64	88.00
景德镇市	Jingdezhen	580.00	198.50	48.96	78.68	110.00	20.44
乐平市	Leping	1974.00	49.21	16.96	23.85	40.00	6.26
萍乡市	Pingxiang	1065.00	85.70	42.33	50.87	71.22	22.92
九江市	Jiujiang	699.00	109.95	63.67	105.63	105.63	33.07
瑞昌市	Ruichang	1423.11	23.36	18.62	19.42	22.69	8.54
共青城市	Gongqing	181.28	14.00	5.22	14.00	18.02	2.95
新余市	Xinyu	1789.00	230.00	45.10	76.00	106.00	25.75
鹰潭市	Yingtan	137.50	63.00	21.49	33.80	48.50	7.13
贵溪市	Guixi	2480.00	90.00	12.03	31.56	31.56	7.82
赣州市	Ganzhou	2373.24	162.12	95.86	141.40	141.45	37.28
瑞金市	Ruijin	2449.00	108.00	34.90	27.02	108.00	8.52
吉安市	Ji'an	1381.53	230.00	38.23	55.05	76.00	10.76
井冈山市	Jinggangshan	1297.50	8.90	2.81	8.90	8.90	2.49
宜春市	Yichun	2532.36	88.00	44.19	68.00	68.00	15.65
丰城市	Fengcheng	2845.00	62.60	36.46	49.80	49.80	9.55
樟树市	Zhangshu	1290.99	46.34	26.24	26.12	41.93	7.82
高安市	Gaoan	2439.00	52.00	23.70	30.94	52.00	6.81
抚州市	Fuzhou	2153.30	85.30	53.91	59.13	82.90	18.52
上饶市	Shangrao	1770.00	92.01	65.83	77.36	213.30	29.08
德兴市	Dexing	2082.00	21.00	6.65	10.82	10.82	3.90

10-2 续表 continued

单位：平方公里、万人 (sq.km,10000 persons)

城市	City	#公共管理与公共服务用地 Land for Public Management and Service	#商业服务业设施用地 Land for Commercial Management and Service	#工业用地 Land for Industry	#物流仓储用地 Land for logistics and warehousing	#道路和交通设施用地 Land for External Transportation and Roads	#公用设施用地 Land for Public Facilities	#绿地与广场用地 Land for Afforestation and Squares
合计	**Total**	**114.53**	**109.47**	**220.45**	**28.33**	**191.46**	**44.62**	**148.90**
南昌市	Nanchang	19.64	33.69	41.05	5.58	41.73	7.66	30.72
景德镇市	Jingdezhen	5.72	7.09	20.80	1.70	10.72	1.16	8.70
乐平市	Leping	3.04	3.26	5.53	0.95	1.96	0.88	2.81
萍乡市	Pingxiang	5.57	3.87	12.41	0.70	8.67	0.50	7.80
九江市	Jiujiang	7.31	6.71	24.22	1.92	14.93	2.87	12.42
瑞昌市	Ruichang	2.13	0.84	3.16	0.56	1.59	4.44	1.43
共青城市	Gongqing	1.10	1.20	0.40	0.25	1.38	0.12	1.54
新余市	Xinyu	8.49	1.39	14.00	0.82	11.49	1.27	6.37
鹰潭市	Yingtan	0.94	1.43	3.58	1.26	5.83	2.93	9.00
贵溪市	Guixi	2.17	1.77	10.98	0.56	4.52	1.22	2.51
赣州市	Ganzhou	17.02	8.20	24.40	2.46	21.36	3.82	14.87
瑞金市	Ruijin	2.36	4.46	1.59	1.32	5.89	2.02	1.86
吉安市	Ji'an	7.74	11.45	4.45	1.67	6.64	2.88	5.26
井冈山市	Jinggangshan	0.93	0.97	0.25	0.15	1.60	0.49	0.58
宜春市	Yichun	5.14	6.78	9.07	3.87	11.99	3.48	12.02
丰城市	Fengcheng	3.37	3.30	18.71	1.25	6.70	1.79	4.23
樟树市	Zhangshu	3.58	4.39	1.21	0.74	4.53	0.69	2.90
高安市	Gaoan	4.75	1.33	7.35	0.71	4.65	1.04	2.98
抚州市	Fuzhou	5.54	3.54	11.89	1.22	9.46	1.07	7.89
上饶市	Shangrao	6.80	3.03	4.35	0.38	14.66	3.98	11.03
德兴市	Dexing	1.19	0.77	1.05	0.26	1.16	0.31	1.98

10-3 市政公用设施建设固定资产投资（2015年）

Basic Statistics on Investment in Public Utilities and Municipal Construction (2015)

单位：万元 (10000 yuan)

城 市	City	本年完成投资合计 Total Investment this year	供水 Water Supply	燃气 Gas Supply	公共交通 Public Traffic	轨道交通 Rail Transit	道路桥梁 Roads & Bridges	排水 Drain	#污水处理 Sewage Disposal
合 计	**Total**	**4917799**	**104708**	**39997**	**50731**	**491755**	**3219824**	**191042**	**93690**
南 昌 市	Nanchang	2168723	29621		25629	491755	1354935	12490	
景德镇市	Jingdezhen	46388	4453		382		20356	20497	7840
乐 平 市	Leping	4621					2931	1200	
萍 乡 市	Pingxiang	159245	764	2500	2340		115661		
九 江 市	Jiujiang	416492	17900	4294	5023		311253	38300	33550
瑞 昌 市	Ruichang	19671	710	1400			9164	4154	
共青城市	Gongqing	23346	300	100	46		21400	500	500
新 余 市	Xinyu	79840	1566	1381	898		51558	9787	472
鹰 潭 市	Yingtan	14760		1214			4280	7095	5000
贵 溪 市	Guixi	4256	500	385	175		854	1800	
赣 州 市	Ganzhou	348219	3446	13917	1974		202837	12283	3888
瑞 金 市	Ruijin	98485	1100	820	165		86000	2000	2000
吉 安 市	Ji'an	204040	3870	1741	2800		94922	8504	7630
井冈山市	Jinggangshan	4076	206				1310		
宜 春 市	Yichun	495134	1000	2832	4036		422799	30849	30779
丰 城 市	Fengcheng	17332	578	900			10863	2857	
樟 树 市	Zhangshu	64376	150	200			63161	676	576
高 安 市	Gaoan	53182	5045				39658	666	
抚 州 市	Fuzhou	571150	18800	2256	2537		346266	29460	1200
上 饶 市	Shangrao	105781	5699	6057	4623		57750	7669	
德 兴 市	Dexing	18684	9000		105		1866	255	255

10-3 续表 continued

单位：万元 (10000 yuan)

城 市	City	园林绿化 Parks, Gardens and Green Areas	市容环境卫生 Environmental Sanitation	#垃圾处理 Garbage Disposal	其他 Others	本年新增固定资产 Newly Increased Fixed Assets
合 计	**Total**	**490477**	**100327**	**18100**	**228938**	**4472737**
南 昌 市	Nanchang	202490	51803			2517964
景德镇市	Jingdezhen		700	700		31228
乐 平 市	Leping				490	4621
萍 乡 市	Pingxiang	9380			28600	26932
九 江 市	Jiujiang	30988	6284	3850	2450	135001
瑞 昌 市	Ruichang	3765	478			20385
共 青 城	Gongqing	1000				23300
新 余 市	Xinyu	3950	700	700	10000	91570
鹰 潭 市	Yingtan	2000			171	14303
贵 溪 市	Guixi	530	12			4081
赣 州 市	Ganzhou	26307	11896		75559	211896
瑞 金 市	Ruijin	8000	400	400		69600
吉 安 市	Ji'an	24628	15284		52291	84968
井冈山市	Jinggangshan	2560				4076
宜 春 市	Yichun	33318			300	393065
丰 城 市	Fengcheng	1897	237			16161
樟 树 市	Zhangshu	189				64576
高 安 市	Gaoan	1736			6077	53182
抚 州 市	Fuzhou	106381	12450	12450	53000	568613
上 饶 市	Shangrao	23900	83			101158
德 兴 市	Dexing	7458				36057

10-4 市政设施水平（2015年）

Basic Statistics on Municipal Infrastructure in Cities (2015)

城 市	City	人口密度（人/平方公里）Population Density (person/sq.km)	人均日生活用水量(升) Per Capita Daily Consumption of Tap Water for Residential Use (liter)	用水普及率(%) Rate of Population with Access to Tap Water (%)	燃气普及率(%) Rate of Population with Access to Gas (%)	人均城市道路面积(平方米) Per Capita Area of Roads (sq.m)	排水管道密度(公里/平方公里) Density of drainpipe (km/sq.km)
合 计	**Total**	**4822**	**171.28**	**97.55**	**94.83**	**16.60**	**9.25**
南 昌 市	Nanchang	7536	230.86	98.88	93.23	12.75	7.50
景德镇市	Jingdezhen	2522	231.69	97.46	97.80	16.14	9.26
乐 平 市	Leping	3487	96.32	97.61	91.61	12.57	8.01
萍 乡 市	Pingxiang	5258	120.96	100.00	98.93	16.13	0.98
九 江 市	Jiujiang	6055	157.59	99.29	99.47	23.22	10.99
瑞 昌 市	Ruichang	8352	158.40	100.00	95.18	22.74	11.32
共 青 城	Gongqing	4586	130.62	78.50	75.70	24.51	6.64
新 余 市	Xinyu	2041	176.21	100.00	99.45	24.14	10.78
鹰 潭 市	Yingtan	3503	135.94	95.15	98.32	13.91	5.15
贵 溪 市	Guixi	1437	154.51	99.15	93.19	16.25	6.20
赣 州 市	Ganzhou	8047	144.99	98.44	98.07	13.30	9.91
瑞 金 市	Ruijin	3335	72.97	88.84	67.10	9.38	5.80
吉 安 市	Ji'an	1898	124.03	93.72	97.64	19.11	9.98
井冈山市	Jinggangshan	4955	175.30	85.26	44.22	26.51	8.52
宜 春 市	Yichun	6517	160.51	95.33	95.12	14.52	9.15
丰 城 市	Fengcheng	5848	138.48	91.81	94.51	19.86	7.23
樟 树 市	Zhangshu	5684	92.66	91.80	98.63	20.34	13.92
高 安 市	Gaoan	4781	134.79	98.51	90.91	24.96	18.68
抚 州 市	Fuzhou	6648	181.93	99.75	99.45	20.32	13.64
上 饶 市	Shangrao	7649	159.08	99.69	96.35	20.36	13.34
德 兴 市	Dexing	3181	156.65	99.55	93.41	17.32	9.26

10-4 续表 continued

城 市	City	污水处理率(%) Treatment Rate of Polluted Water (%)	#污水处理厂集中处理率 Intensive Treatment Rate of Polluted Water by Sewage Factories	人均公园绿地面积(平方米) Per Capita Park Green Land (sq.m)	建成区绿化覆盖率(%) Rate of Afforestation Covered Area to Developed Area (%)	建成区绿地率(%) Rate of Green Area to Developed Area (%)	生活垃圾处理率(%) Treatment Rate of Garbage Disposal (%)	#生活垃圾无害化处理率 Innocent Treatment Rate
合 计	**Total**	**87.74**	**86.63**	**13.96**	**44.09**	**41.09**	**99.94**	**94.46**
南 昌 市	Nanchang	91.85	91.85	11.80	41.11	38.90	100.00	100.00
景德镇市	Jingdezhen	72.51	72.51	15.18	52.02	49.87	100.00	100.00
乐 平 市	Leping	88.74	88.74	18.01	40.04	37.90	100.00	100.00
萍 乡 市	Pingxiang	85.00	85.00	10.66	41.22	39.31	100.00	100.00
九 江 市	Jiujiang	99.47	97.67	17.77	50.14	47.84	100.00	100.00
瑞 昌 市	Ruichang	79.67	79.67	12.66	41.76	37.64	100.00	100.00
共 青 城	Gongqing	93.06	93.06	22.12	46.71	46.64	100.00	91.78
新 余 市	Xinyu	100.00	96.81	18.05	50.20	48.54	100.00	100.00
鹰 潭 市	Yingtan	97.54	97.54	15.86	45.15	40.92	100.00	100.00
贵 溪 市	Guixi	82.02	82.02	14.04	37.14	33.59	100.00	100.00
赣 州 市	Ganzhou	72.67	63.44	10.37	39.97	34.94	100.00	100.00
瑞 金 市	Ruijin	75.55	75.55	14.88	31.90	29.23	100.00	100.00
吉 安 市	Ji'an	91.55	91.55	17.09	45.78	41.27	100.00	100.00
井冈山市	Jinggangshan	92.77	92.77	48.68	50.56	49.10	100.00	100.00
宜 春 市	Yichun	94.00	94.00	15.28	44.57	42.11	100.00	100.00
丰 城 市	Fengcheng	82.04	82.04	13.10	45.63	41.64	100.00	100.00
樟 树 市	Zhangshu	67.38	67.38	12.14	44.48	39.92	100.00	
高 安 市	Gaoan	62.51	62.51	14.81	39.78	39.01	100.00	
抚 州 市	Fuzhou	92.50	92.50	15.85	46.46	42.65	100.00	100.00
上 饶 市	Shangrao	80.19	80.19	14.82	46.42	41.80	99.32	99.32
德 兴 市	Dexing	70.13	70.13	20.24	50.82	46.93	100.00	100.00

10-5 城市人工煤气生产、供应和使用情况（2015年）

Basic Statistics on Produce,Supply and Use of Gaswork Gas in Cities (2015)

城　市	City	生产能力（万立方米/日） Productive Capacity (10000 cu.m/day)	储气能力（万立方米） Capacity of Gas Storage (10000 cu.m)	供气管道长度(公里) Length of Gas Supply Pipelines (km)	自制气量（万立方米） Volume of Home-made Gas(10000 cu.m)	供气总量（万立方米） Volume of Gas Supply (10000 cu.m)
合　计	**Total**	**49.00**	**38.00**	**1068.50**	**15018.00**	**25097.28**
景德镇市	Jingdezhen		20.00	363.31		12861.19
萍 乡 市	Pingxiang	37.00	7.00	448.00	13000.00	11150.00
新 余 市	Xinyu	12.00	11.00	257.19	2018.00	1086.09

10-5 续表 continued

城　市	City	销售气量 Volume of Gas Sale	#居民家庭 Households	燃气损失量 Volume of Gas Loss	用气户数（户） Households with Access to Gas (household)	#家庭用户 Residential Households	用气人口（万人） Population with Access to Gas(10000 persons)
合　计	**Total**	**22415.54**	**1224.54**	**2681.74**	**56893**	**56106**	**14.78**
景德镇市	Jingdezhen	10842.45	382.45	2018.74	30093	29506	8.70
萍 乡 市	Pingxiang	10950.00	219.00	200.00	6200	6000	2.28
新 余 市	Xinyu	623.09	623.09	463.00	20600	20600	3.80

10-6 城市天然气供应和使用情况（2015年）

Basic Statistics on Supply and Use of Natural Gas in Cities (2015)

城　　市	City	储气能力（万立方米）Capacity of Gas Storage (10000 cu.m)	供气管道长度(公里) Length of Gas Supply Pipelines (km)	供气总量（万立方米）Volume of Gas Supply (10000 cu.m)	销售气量 Volume of Gas Sale
合　　计	**Total**	**624.76**	**9429.75**	**73570.14**	**71117.46**
南 昌 市	Nanchang	156.20	2616.37	23932.07	22919.23
景德镇市	Jingdezhen	60.00	567.06	8537.84	7986.00
萍 乡 市	Pingxiang	53.00	347.00	7685.00	7685.00
九 江 市	Jiujiang	24.00	1020.19	8079.17	8042.41
瑞 昌 市	Ruichang	3.00	153.55	200.00	200.00
共青城市	Gongqing		17.59	20.80	20.80
新 余 市	Xinyu	11.00	576.05	3856.97	3483.00
鹰 潭 市	Yingtan	34.60	143.89	418.76	410.00
贵 溪 市	Guixi	36.92	91.59	1253.01	1237.24
赣 州 市	Ganzhou	64.89	1125.06	6910.31	6810.28
瑞 金 市	Ruijin	7.00	72.96	215.42	215.30
吉 安 市	Ji'an	37.00	652.00	1536.00	1498.00
井冈山市	Jinggangshan	0.20	4.80	1.65	1.65
宜 春 市	Yichun	28.00	687.73	5798.84	5734.16
丰 城 市	Fengcheng	3.00	250.66	662.25	527.10
樟 树 市	Zhangshu	16.75	141.35	325.50	320.00
抚 州 市	Fuzhou	50.00	416.32	2874.85	2844.49
上 饶 市	Shangrao	38.70	468.78	1260.90	1182.00
德 兴 市	Dexing	0.50	76.80	0.80	0.80

10-6 续表 continued

城　　市	City	#居民家庭 Households	燃气损失量 Volume of Gas Loss	用气户数（户）Households with Access to Gas (household)	#家庭用户 Residential Households	用气人口（万人）Population with Access to Gas(10000 persons)
合　　计	**Total**	**22195.70**	**2452.68**	**1602663**	**1592762**	**503.36**
南 昌 市	Nanchang	7487.27	1012.84	631618	628956	177.35
景德镇市	Jingdezhen	603.18	551.84	92892	92380	27.00
萍 乡 市	Pingxiang	3750.00		83222	83000	29.00
九 江 市	Jiujiang	1834.21	36.76	122795	122238	30.22
瑞 昌 市	Ruichang	50.00		2930	2920	0.86
共青城市	Gongqing	4.70		613	605	0.18
新 余 市	Xinyu	1856.75	373.97	165855	165255	42.20
鹰 潭 市	Yingtan	410.00	8.76	11000	11000	4.20
贵 溪 市	Guixi	204.82	15.77	9701	9642	2.05
赣 州 市	Ganzhou	1819.67	100.03	146608	146127	63.86
瑞 金 市	Ruijin	108.50	0.12	7802	7756	3.17
吉 安 市	Ji'an	1056.00	38.00	83170	82883	29.31
井冈山市	Jinggangshan	1.65		273	273	0.07
宜 春 市	Yichun	1002.71	64.68	84281	80650	25.15
丰 城 市	Fengcheng	527.10	135.15	33588	33588	18.48
樟 树 市	Zhangshu	231.00	5.50	28978	28756	10.50
抚 州 市	Fuzhou	428.34	30.36	49102	48860	23.00
上 饶 市	Shangrao	819.00	78.90	48125	47763	16.72
德 兴 市	Dexing	0.80		110	110	0.04

10-7 城市液化石油气供应和使用情况（2015年）

Basic Statistics on Supply and Use of Liquefied Petroleum Gas in Cities (2015)

城市	City	储气能力（吨）Capacity of Gas Storage (ton)	供气管道长度(公里) Length of Gas Supply Pipelines (km)	供气总量（吨）Volume of Gas Supply (ton)	销售气量 Volume of Gas Sale
合计	**Total**	**18195**	**101.11**	**228912**	**226119**
南昌市	Nanchang	1101	8.20	46283	46283
景德镇市	Jingdezhen	650		8360	8360
乐平市	Leping	335		1763	1761
萍乡市	Pingxiang	1200		17322	17300
九江市	Jiujiang	4530		15000	14950
瑞昌市	Ruichang	560		6204	6195
共青城市	Gongqing	35		1061	1056
新余市	Xinyu	1230		1104	1090
鹰潭市	Yingtan	382	48.59	6315	6307
贵溪市	Guixi	110		4380	4308
赣州市	Ganzhou	2289		15330	15230
瑞金市	Ruijin	250		6571	6517
吉安市	Ji'an	888		14090	14090
井冈山市	Jinggangshan	87		429	429
宜春市	Yichun	338		20558	19106
丰城市	Fengcheng	1000		6565	6565
樟树市	Zhangshu	100		2546	2546
高安市	Gaoan	1200	44.32	7555	7500
抚州市	Fuzhou	637		23356	23356
上饶市	Shangrao	912		20400	19450
德兴市	Dexing	360		3720	3720

10-7 续表 continued

城市	City	#居民家庭 Households	燃气损失量 Volume of Gas Loss	用气户数（户）Households with Access to Gas (household)	#家庭用户 Residential Households	用气人口（万人）Population with Access to Gas(10000 persons)
合计	**Total**	**192294**	**2793**	**1270370**	**1171268**	**478.19**
南昌市	Nanchang	41359		199146	186548	74.79
景德镇市	Jingdezhen	6120		58700	49700	13.26
乐平市	Leping	1751	2.1	15911	15358	15.72
萍乡市	Pingxiang	13800	22	35772	35000	13.30
九江市	Jiujiang	10000	50	120000	110600	36.00
瑞昌市	Ruichang	6195	9.0	38567	38567	17.71
共青城	Gongqing	1047	5.4	11569	10458	4.68
新余市	Xinyu	1090	14	3600	3600	0.68
鹰潭市	Yingtan	4000	7.2	40738	34120	17.50
贵溪市	Guixi	4100	72	28133	26133	10.00
赣州市	Ganzhou	15016	100	156413	156239	64.07
瑞金市	Ruijin	6463	54	44099	44034	21.00
吉安市	Ji'an	9892		32618	31680	13.31
井冈山市	Jinggangshan	345		2789	2300	1.88
宜春市	Yichun	12865	1452	73765	72659	29.40
丰城市	Fengcheng	6565		54137	54137	16.12
樟树市	Zhangshu	2045		39998	20987	15.48
高安市	Gaoan	7500	55	71325	71325	22.60
抚州市	Fuzhou	23356		65500	65500	33.40
上饶市	Shangrao	15285	950	158490	126543	51.09
德兴市	Dexing	3500		19100	15780	6.20

10-8 城市公共交通和出租车情况（2015年）
Basic Statistics on Public Transportation and Taxi in Cities (2015)

城市	City	公共交通 Public Transportation 运营车数（辆）Number of Public Vehicles Under Operation (unit)	标准运营车数（标台）Number of Standard Vehicles Under Operation (standardized)	营运里程（万公里）Operation Mileage (10000 kms)
合　计	**Total**	**10385**	**11456**	**74718.6**
南昌市	Nanchang	3377	4121	31660.4
景德镇市	Jingdezhen	401	418	3722.0
乐平市	Leping	79	72	893.0
萍乡市	Pingxiang	404	440	2810.5
九江市	Jiujiang	1033	1128	5504.1
瑞昌市	Ruichang	53	50	283.2
共青城	Gongqing	11	15	60.4
新余市	Xinyu	532	574	2835.3
鹰潭市	Yingtan	239	256	1645.5
贵溪市	Guixi	73	79	418.3
赣州市	Ganzhou	1146	1220	5634.2
瑞金市	Ruijin	52	42	320.7
吉安市	Ji'an	675	675	4920.3
井冈山市	Jinggangshan	23	29	27.5
宜春市	Yichun	739	776	4237.0
丰城市	Fengcheng	90	102	420.1
樟树市	Zhangshu	102	73	510.0
高安市	Gaoan	43	43	219.0
抚州市	Fuzhou	620	638	4268.5
上饶市	Shangrao	640	651	4038.6
德兴市	Dexing	53	54	290.0

10-8 续表 continued

城市	City	运营线路总长度（公里）Network Length (km)	客运总量（万人次）Number of Passengers Carried by Bus (10000 person-times)	出租车 Taxi 运营车数（辆）Number of Taxi under Operation (unit)	客运总量（万人次）Number of Passengers Carried by Taxi (10000 person-times)
合　计	**Total**	**22686**	**154827.1**	**19333**	**69845.5**
南昌市	Nanchang	4478	62572.7	5645	23965.1
景德镇市	Jingdezhen	997	7916.0	872	3296.6
乐平市	Leping	156	427.8	110	320.0
萍乡市	Pingxiang	610	7551.3	770	4107.9
九江市	Jiujiang	1840	16764.8	2717	9822.2
瑞昌市	Ruichang	210	475.0	210	875.0
共青城	Gongqing	56	95.8	62	149.4
新余市	Xinyu	1273	6122.7	636	3537.6
鹰潭市	Yingtan	538	3341.0	450	1618.1
贵溪市	Guixi	108	640.0	138	593.2
赣州市	Ganzhou	3806	10411.6	1826	5705.6
瑞金市	Ruijin	98	305.0	88	190.8
吉安市	Ji'an	2672	7192.0	983	2471.0
井冈山市	Jinggangshan	87	90.0	27	54.0
宜春市	Yichun	2223	8118.0	1550	3395.0
丰城市	Fengcheng	265	881.8	250	548.0
樟树市	Zhangshu	501	637.0	180	394.4
高安市	Gaoan	44	471.0	180	394.0
抚州市	Fuzhou	1494	10002.9	1022	3754.2
上饶市	Shangrao	1140	9860.7	1517	4307.4
德兴市	Dexing	93	950.0	100	346.0

10-9 城市道路和桥梁情况（2015年）
Basic Statistics on Urban Roads and Bridges (2015)

城 市	City	道路长度（公里）Length of Roads(km)	道路面积（万平方米）Area of Roads (10000 sq.m)	#人行道 Sidewalk
合 计	**Total**	**8185.16**	**17435.60**	**3625.45**
南昌市	Nanchang	1659.37	3448.26	639.60
景德镇市	Jingdezhen	402.23	807.72	107.20
乐平市	Leping	192.00	215.70	57.50
萍乡市	Pingxiang	259.48	726.82	185.26
九江市	Jiujiang	866.33	1545.50	294.21
瑞昌市	Ruichang	311.67	443.61	85.90
共青城市	Gongqing	81.39	157.37	43.53
新余市	Xinyu	472.70	1132.92	358.86
鹰潭市	Yingtan	132.80	307.00	82.00
贵溪市	Guixi	113.14	210.05	47.58
赣州市	Ganzhou	663.95	1734.79	345.38
瑞金市	Ruijin	178.91	337.94	59.38
吉安市	Ji'an	387.72	834.09	206.07
井冈山市	Jinggangshan	45.18	116.90	43.20
宜春市	Yichun	376.08	832.72	142.60
丰城市	Fengcheng	320.00	727.24	143.11
樟树市	Zhangshu	234.42	535.64	151.91
高安市	Gaoan	282.72	620.51	131.21
抚州市	Fuzhou	456.66	1152.28	288.81
上饶市	Shangrao	681.06	1432.86	194.65
德兴市	Dexing	67.35	115.68	17.49

10-9 续表 continued

城 市	City	道路照明灯盏数（盏）Number of Street Lights (units)	安装路灯的道路长度（公里）Length of Roads with Lights (km)	桥梁数（座）Number of Bridges(unit)	立交桥 Crossroads
合 计	**Total**	**649981**	**6088.18**	**827**	**88**
南昌市	Nanchang	136012	1411.34	332	42
景德镇市	Jingdezhen	58124	338.20	28	
乐平市	Leping	7050	106.00	3	1
萍乡市	Pingxiang	40300	183.00	33	1
九江市	Jiujiang	36139	526.97	83	19
瑞昌市	Ruichang	9297	99.72	43	
共青城	Gongqing	4126	39.45	2	1
新余市	Xinyu	65855	245.00	30	7
鹰潭市	Yingtan	10870	103.00	24	
贵溪市	Guixi	10580	112.50	11	5
赣州市	Ganzhou	32803	485.71	52	3
瑞金市	Ruijin	12563	77.00	11	
吉安市	Ji'an	22998	387.72	14	
井冈山市	Jinggangshan	12678	37.90	18	
宜春市	Yichun	31318	376.08	25	1
丰城市	Fengcheng	11431	225.87	11	2
樟树市	Zhangshu	7951	149.50	25	
高安市	Gaoan	14253	176.00	17	3
抚州市	Fuzhou	61687	441.91	27	3
上饶市	Shangrao	53575	512.00	28	
德兴市	Dexing	10371	53.31	10	

10-10 城市排水和污水处理情况（2015年）
Basic Statistics on Urban Drainage and Sewage Disposal (2015)

城市	City	污水排放量（万立方米）Discharged Volume of Sewage (10000 cu.m)	排水管道长度（公里）Length of Drainpipes (km)	#污水管道 Sewage Pipes	污水处理厂 Sewage Treatment Plant 座数（座）Units (unit)	#二、三级 Second or Third Grade	日处理能力（万立方米）Daily Disposal Capacity (10000 cu.m)	#二、三级 Second or Third Grade
合　计	**Total**	**88945**	**11982.75**	**4640.16**	**39**	**38**	**254.9**	**253.9**
南昌市	Nanchang	34447	2304.72	900.45	9	9	101.5	101.5
景德镇市	Jingdezhen	4121	728.45	441.94	1	1	8.0	8.0
乐平市	Leping	959	191.00	78.00	1	1	2.0	2.0
萍乡市	Pingxiang	3067	49.65	36.00	1	1	8.0	8.0
九江市	Jiujiang	6082	1160.80	408.84	2	2	16.0	16.0
瑞昌市	Ruichang	1092	219.92	32.25	1	1	2.5	2.5
共青城市	Gongqing	346	92.92	18.00	1	1	1.0	1.0
新余市	Xinyu	4915	819.34	270.70	2	2	16.0	16.0
鹰潭市	Yingtan	1831	173.98	59.50	1	1	6.0	6.0
贵溪市	Guixi	890	195.67	74.57	1	1	2.0	2.0
赣州市	Ganzhou	7798	1401.75	391.14	3	3	18.0	18.0
瑞金市	Ruijin	1092	156.67	52.04	1	1	4.0	4.0
吉安市	Ji'an	3017	549.29	365.82	2	1	9.0	8.0
井冈山市	Jinggangshan	235	75.81	63.81	2	2	1.1	1.1
宜春市	Yichun	3849	622.31	283.21	2	2	13.0	13.0
丰城市	Fengcheng	1999	360.11	175.11	2	2	5.0	5.0
樟树市	Zhangshu	987	363.50	132.66	1	1	2.0	2.0
高安市	Gaoan	2366	578.00	215.21	1	1	4.0	4.0
抚州市	Fuzhou	4559	806.40	210.80	2	2	12.8	12.8
上饶市	Shangrao	4754	1032.27	393.39	2	2	22.0	22.0
德兴市	Dexing	539	100.19	36.72	1	1	1.0	1.0

10-10 续表 continued

城市	City	处理量（万立方米）Treated Volume (10000 cu.m)	#二、三级 Second or Third Grade	其他污水处理装置 Other Disposal Equipment 日处理能力（万立方米）Daily Disposal Capacity (10000 cu.m)	处理量（万立方米）Treated Volume (10000 cu.m)	污水处理总量（万立方米）Treated Volume of Sewage (10000 cu.m)	污水处理厂干污泥产生量（吨）Output of Dewatered Sludge (ton)	污水处理厂干污泥处置量（吨）Treated Volume of Dewatered Sludge (ton)
合　计	**Total**	**77054**	**76770**	**18.0**	**987**	**78041**	**76038**	**74382**
南昌市	Nanchang	31641	31641			31641	20828	20828
景德镇市	Jingdezhen	2988	2988			2988	2792	2792
乐平市	Leping	851	851			851	1192	1192
萍乡市	Pingxiang	2607	2607			2607	1610	1610
九江市	Jiujiang	5940	5940	12.0	110	6050	6128	6128
瑞昌市	Ruichang	870	870			870	1460	1460
共青城	Gongqing	322	322			322	342	342
新余市	Xinyu	4758	4758	4.0	157	4915	5611	5611
鹰潭市	Yingtan	1786	1786			1786	375	375
贵溪市	Guixi	730	730			730	1413	1413
赣州市	Ganzhou	4947	4947	2.0	720	5667	9339	7956
瑞金市	Ruijin	825	825			825	3650	3650
吉安市	Ji'an	2762	2478			2762	3789	3789
井冈山市	Jinggangshan	218	218			218	362	362
宜春市	Yichun	3618	3618			3618	3618	3618
丰城市	Fengcheng	1640	1640			1640	1640	1640
樟树市	Zhangshu	665	665			665	1267	1267
高安市	Gaoan	1479	1479			1479	1736	1463
抚州市	Fuzhou	4217	4217			4217	4217	4217
上饶市	Shangrao	3812	3812			3812	4274	4274
德兴市	Dexing	378	378			378	395	395

10-11 城市园林绿化情况（2015年）

Basic Statistics on Urban Parks, Gardens and Green Areas (2015)

单位：公顷 (hectare)

城市	City	绿化覆盖面积 Coverage Area of Afforestation	#建成区 Developed Area	园林绿地面积 Area of Green Areas	#建成区 Developed Area
合　计	**Total**	**58510**	**57120**	**54147**	**53241**
南昌市	Nanchang	12635	12633	11963	11954
景德镇市	Jingdezhen	4093	4093	3924	3924
乐平市	Leping	1015	955	1009	904
萍乡市	Pingxiang	2097	2097	2000	2000
九江市	Jiujiang	5297	5297	5053	5053
瑞昌市	Ruichang	855	811	752	731
共青城市	Gongqing	679	654	673	653
新余市	Xinyu	3846	3815	3720	3689
鹰潭市	Yingtan	1526	1526	1383	1383
贵溪市	Guixi	1255	1172	1221	1060
赣州市	Ganzhou	5884	5652	5151	4941
瑞金市	Ruijin	897	862	815	790
吉安市	Ji'an	3176	2520	2445	2272
井冈山市	Jinggangshan	457	450	438	437
宜春市	Yichun	3031	3031	2864	2864
丰城市	Fengcheng	2272	2272	2074	2074
樟树市	Zhangshu	1273	1162	1098	1043
高安市	Gaoan	1267	1231	1243	1207
抚州市	Fuzhou	2748	2747	2525	2522
上饶市	Shangrao	3657	3591	3289	3234
德兴市	Dexing	550	550	508	508

10-11 续表 continued

单位：公顷 (hectare)

城市	City	公园绿地面积 Area of Park Green Areas	公园个数（个） Number of Parks(unit)	公园面积 Area of Parks
合　计	**Total**	**14663**	**356**	**8764**
南昌市	Nanchang	3192	58	763
景德镇市	Jingdezhen	760	12	481
乐平市	Leping	309	9	179
萍乡市	Pingxiang	480	15	351
九江市	Jiujiang	1183	19	680
瑞昌市	Ruichang	247	6	86
共青城	Gongqing	142	3	96
新余市	Xinyu	847	29	822
鹰潭市	Yingtan	350	16	271
贵溪市	Guixi	182	13	154
赣州市	Ganzhou	1353	35	1086
瑞金市	Ruijin	536	6	488
吉安市	Ji'an	746	10	586
井冈山市	Jinggangshan	215	5	192
宜春市	Yichun	876	14	418
丰城市	Fengcheng	480	22	368
樟树市	Zhangshu	320	15	136
高安市	Gaoan	368	2	65
抚州市	Fuzhou	899	26	854
上饶市	Shangrao	1043	30	628
德兴市	Dexing	135	11	62

10-12 城市市容环境卫生情况（2015年）
Basic Statistics on Urban Sanitation in Cities (2015)

城 市	City	道路清扫保洁面积（万平方米）Area under Cleaning Program (10000 sq.m)	#机械化 Mechanisation	生活垃圾 Residential Garbage: 清运量（万吨）Collection & Transport Volume (10 000 tons)	#密闭车（箱）Hermetic Vehicles (Compartment)	处理量（万吨）Disposal Volume (10 000 tons)	无害化处理厂（场）数（座）Number of Innocent Treatment Plants (unit)
合 计	**Total**	**14019**	**5638**	**329.27**	**295.90**	**329.08**	**17**
南昌市	Nanchang	3099	1597	63.69	63.68	63.69	1
景德镇市	Jingdezhen	387	151	14.78		14.78	1
乐平市	Leping	215		6.86		6.86	1
萍乡市	Pingxiang	648	258	15.84	15.84	15.84	1
九江市	Jiujiang	1339	682	21.57	21.57	21.57	1
瑞昌市	Ruichang	422	240	5.84	5.84	5.84	
共青城市	Gongqing	102	39	4.50	4.50	4.50	
新余市	Xinyu	1063	448	16.10	16.10	16.10	1
鹰潭市	Yingtan	175	50	8.54	7.68	8.54	1
贵溪市	Guixi	190	98	5.40	5.40	5.40	
赣州市	Ganzhou	1059	471	37.63	37.63	37.63	2
瑞金市	Ruijin	502	115	10.90	10.90	10.90	1
吉安市	Ji'an	380	322	16.65	16.65	16.65	1
井冈山市	Jinggangshan	108	32	3.18	3.18	3.18	1
宜春市	Yichun	833	334	16.75	16.75	16.75	1
丰城市	Fengcheng	557	4	10.81		10.81	1
樟树市	Zhangshu	189	54	8.66	8.66	8.66	
高安市	Gaoan	232	88	9.02	9.02	9.02	
抚州市	Fuzhou	1268	361	22.34	22.34	22.34	1
上饶市	Shangrao	1114	267	27.76	27.76	27.57	1
德兴市	Dexing	137	27	2.45	2.40	2.45	1

10-12 续表 continued

城 市	City	日无害化处理能力（吨）Daily Innocent Treatment Capacity (ton)	无害化处理量（万吨）Volume of Wastes Disposed (10000 tons)	粪便 Excrement and Urine: 清运量（万吨）Collection & Transport Volume (10000 tons)	处理量（万吨）Disposal Volume (10000 tons)	公共厕所（座）Number of Public Lavatories (unit)	市容环卫专用车辆设备总数（辆）Number of Special Vehicles for Environmental Sanitation (unit)
合 计	**Total**	**9740**	**311.03**	**7.92**	**7.91**	**1887**	**1787**
南昌市	Nanchang	2400	63.69	0.22	0.22	80	648
景德镇市	Jingdezhen	380	14.78			199	30
乐平市	Leping	255	6.86			93	15
萍乡市	Pingxiang	503	15.84	1.62	1.62	146	85
九江市	Jiujiang	800	21.57	0.60	0.59	263	228
瑞昌市	Ruichang		5.84			42	27
共青城	Gongqing		4.13			5	17
新余市	Xinyu	640	16.10			91	89
鹰潭市	Yingtan	400	8.54			23	25
贵溪市	Guixi		5.40			20	24
赣州市	Ganzhou	1329	37.63	3.83	3.83	169	155
瑞金市	Ruijin	338	10.90	0.67	0.67	22	27
吉安市	Ji'an	445	16.65			121	33
井冈山市	Jinggangshan	40	3.18			4	20
宜春市	Yichun	350	16.75	0.56	0.56	113	80
丰城市	Fengcheng	260	10.81	0.07	0.07	45	42
樟树市	Zhangshu			0.11	0.11	60	34
高安市	Gaoan			0.24	0.24	22	44
抚州市	Fuzhou	650	22.34			208	69
上饶市	Shangrao	800	27.57			131	77
德兴市	Dexing	150	2.45			30	18

主要统计指标解释

供水综合生产能力 指按供水设施取水、净化、送水、出厂输水干管等环节设计能力计算的综合生产能力。包括在原设计能力的基础上，经挖、革、改增加的生产能力。计算时，以四个环节中最薄弱的环节为主确定能力。

年末供水管道长度 指从送水泵至用户水表之间所有管道的长度。不包括新安装尚未使用、水厂内以及用户建筑物内的管道。

全年供水总量 指报告期供水企业(单位)供出的全部水量。包括有效供水量和漏损水量。

生活用水量 包括公共服务用水和居民家庭用水。公共服务用水指为城市社会公共生活服务的用水。包括行政事业单位、部队营区和公共设施服务、社会服务业、批发零售贸易业、旅馆饮食业以及其他公共服务业等单位的用水。居民家庭用水指城市范围内所有居民家庭的日常生活用水。包括城市居民、农民家庭、公共供水站用水。

用水普及率 指城市用水人口数与城市人口总数的比率。计算公式:

$$用水普及率=\frac{城市用水人口数}{城市人口总数}\times 100\%$$

人工煤气生产能力 指报告期末人工煤气生产厂制气、净化、输送等环节的综合生产能力，不包括备用设备能力。一般按设计能力计算，如果实际生产能力大于设计能力时，应按实际测定的生产能力计算。测定时应以制气、净化、输送三个环节中最薄弱的环节为主。

供气管道长度 指报告期末从气源厂压缩机的出口或门站出口至各类用户引入管之间的全部已经通气投入使用的管道长度。不包括煤气生产厂、输配站、液化气储存站、灌瓶站、储配站、气化站、混气站、供应站等厂(站)内的管道。

全年供气总量 指全年燃气企业(单位)向用户供应的燃气数量。包括销售量和损失量。

燃气普及率 指报告期末使用燃气的城市人口数与城市人口总数的比率。计算公式为:

$$燃气普及率=\frac{城市用气人口数}{城市人口总数}\times 100\%$$

年末道路长度 指年末道路长度和与道路相通的桥梁、隧道的长度，按车行道中心线计算。在统计时只统计路面宽度在3.5米(含3.5米)以上的各种铺装道路，包括开放型工业区和住宅区道路在内。

城市桥梁 指为跨越天然或人工障碍物而修建的构筑物。包括跨河桥、立交桥、人行天桥以及人行地下通道等。按使用年限分为永久性桥和半永久性桥。

城市排水管道长度 指所有排水总管、干管、支管、检查井及连接井进出口等长度之和。

城市污水日处理能力 指污水处理厂(或污水处理装置)每昼夜处理污水量的设计能力。

年末运营车数 指年末城市用于公共交通运营业务的全部车辆数。新购、新制和调入的运营车辆，自投入之日起开始计算；调出、报废和调作他用的运营车辆，自上级主管机关批准之日起不再计入。

城市绿地面积 指报告期末用作园林和绿化的各种绿地面积。包括公园绿地、生产绿地、防护绿地、附属绿地和其他绿地的面积。

公园绿地 城市中向公众开放的以游憩为主要功能，有一定的游憩设施和服务设施，同时兼有健全生态、美化景观，防灾减灾等综合作用的绿化用地。包括综合公园，社区公园、专类公园、带状公园和街旁绿地。其中综合公园、专类公园和带状公园面积之和为公园面积。

清扫保洁面积 指报告期末对城市道路和公共场所(主要包括城市行车道、人行道、车行隧道、人行过街地下通道、道路附属绿地、地铁站、高架路、人行过街天桥、立交桥、广场、停车场及其他设施等)进行清扫保洁的面积。一天清扫多次的，按清扫保洁面积最大的一次计算。

市容环卫专用车辆 指用于环境卫生作业、监察的专用车辆和设备，包括用于道路清扫、冲洗、洒水、除雪、垃圾粪便清运、市容监察以及与其配套使用的车辆和设备。

每万人拥有公共交通车辆 指报告期末城区内每万人平均拥有的公共交通车辆标台数。计算公式:

$$每万人拥有公共交通车辆=\frac{公共交通运营车标台数}{城市人口总数}$$

生活垃圾清运量 指报告期内收集和运送到垃圾处理厂(场)的生活垃圾数量。生活垃圾指城市日常生活或为城市日常生活提供服务的活动中产生的固体废物以及法律行政规定的视为城市生活垃圾的固体废物。包括：居民生活垃圾、商业垃圾、集市贸易市场垃圾、街道清扫垃圾、公共场所垃圾和机关、学校、厂矿等单位的生活垃圾。

Explanatory Notes on Main Statistical Indicators

Production Capacity of Water Supply refers to the designed overall production capacity of water facilities, covering the four segments of water collection, purification, conveyance, and outflow through trunk pipelines. Increased capacity through transformation and innovation projects is included as well. The capacity is determined mainly on the weakest of the above-mentioned four segments.

Length of Water Supply Pipelines at the Year-end refers to the total length of all the pipelines between the water pumps and the user water meters, excluding pipelines newly installed but not used yet, pipeline in the water factory,and pipeline in the user's buildings.

Annual Volume of Water Supply refers to the total volume of water supplied by water-works (units) during the reference period, including both the effective water supply and loss during the water supply.

Consumption of Water for Residential Use refers to water consumption of households for daily life and water consumption of public service facilities. The latter refers to water consumption for urban public services, including the consumption of government agencies and public institutions, military barracks, public facilities, wholesale and retail outlets, restaurants, hotels, and other units providing public services. Household water consumption refers to consumption of water for daily life of all households within the boundary of cities, including households of urban residents and farmers, and public water supply stations.

Coverage Rate of Urban Population with Access to Tap Water refers to the ratio of the urban population with access to tap water to the total urban population. The formula is:

$$\frac{\text{Coverage of urban population}}{\text{with access to tap water}} = \frac{\text{Urban population with access to tap water}}{\text{Urban population}} \times 100\%$$

Production Capacity of Gaswork Gas refers to the overall production capacity of the urban gasworks in gas generation, purification and delivery at the end of the reference period, excluding capacity of the reserved facilities. In general, it is determined by the designed capacity, and when actual production capacity is larger than the designed capacity, the capacity is determined by the actual measurement on the weakest segment in the production, purification and delivery.

Length of Gas Pipelines refers to the total length of pipelines in use between the outlet of the compressor of gas-work or outlet of gas stations and the leading pipe of users, excluding pipelines within gasworks, delivery stations, LPG storage stations, refilling stations, gas-mixing stations and supply stations.

Volume of Gas Supply refers to the total volume of gas provided to users by gas-producing enterprises (units) in a year, including the volume sold and the volume lost.

Coverage Rate of Urban Population with Access to Gas refers to the ratio of the urban population with access to gas to the total urban population at the end of the reference period. The formula is:

$$\frac{\text{Coverage rate of urban}}{\text{population with access to gas}} = \frac{\text{Urban population with access to gas}}{\text{Urban population}} \times 100\%$$

Length of Paved Roads at Year-end refers to the length of roads with paved surface including bridges and tunnels connected with roads by the end of the year. Length of the roads is measured by the central lines for vehicles for paved roads with a width of 3.5 meters and over, including roads in open-ended factory compounds and residential quarters.

Urban Bridges refer to bridges built to cross over natural or man-made barriers, including bridges over rivers, overpasses for traffic and for pedestrians, underpasses for pedestrians, etc. Both permanent and semi-permanent bridges are included.

Length of Urban Sewage Pipes refers to the total length of general drainage, trunks, branch and inspection wells, connection wells, inlets and outlets, etc.

Daily Disposal Capacity of Urban Sewage refers to the designed 24-hour capacity of sewage disposal by the sewage treatment works or facilities.

Number of Vehicles under Operation at Year-end refers to the total number of vehicles under operation by public transport enterprises (units) at the end of the year, based on the records of operational vehicles by the enterprises (units).

Area of Urban Green Areas refers to the total area occupied for green projects at the end of the reference period, including park green land, production green land, protection green land, green land attached to institutions, and other green areas.

Park Green Area refers to green areas open to the public for amusement and rest with the facilities of amusement, rest and services. Its function includes perfecting ecology, beautifying landscape, and preventing and reducing disaster. Park green areas include comprehensive park, community park, topic park, belt-shaped park and green area nearby street. Total areas of comprehensive park, topic park and belt-shaped is the area of park.

Area Cleaned refers to the area which are regularly cleaned, as at the end of the reference period, at urban roads and public places (mainly including urban roadways, pedestrian walkways, vehicular tunnels, pedestrian underpasses, underground railway stations, lifted roads, pedestrians walk bridges, overpasses, plazas, carparks and other facilities). If there are several times of cleaning in a day at a location, the area of that time of cleaning with the largest area cleaned will be taken.

Vehicles Dedicated to Urban Cleanliness and Environmental Sanitation refer to vehicles and facilities dedicated for use in the operation, management and monitoring of environmental hygiene work. They include vehicles for road cleaning, washing, showering, ice removal, disposal of garbage and human wastes, cleanliness monitoring and related activities.

Public Transportation Vehicles per 10000 Population refers to the number of public transportation vehicles, at the end of the reference period, per 10000 population in the city district. The formula for calculation is:

$$\frac{\text{Public Transportation Vehicles}}{\text{per 10000 Population}} = \frac{\text{Number of Public Transportation Vehicles}}{\text{City District Population}}$$

Consumption Wastes Transported refers to volume of consumption wastes collected and transported to disposal factories or sites. Consumption wastes are solid wastes produced from urban households or from service activities for urban households, and solid wastes regarded by laws and regulations as urban consumption wastes, including those from households, commercial activities, markets, cleaning of streets, public sites, offices, schools, factories, mining units and other sources。**Production Capacity of Water Supply** refers to the designed overall production capacity of water facilities, covering the four segments of water collection, purification, conveyance, and outflow through trunk pipelines. Increased capacity through transformation and innovation projects is included as well. The capacity is determined mainly on the weakest of the above-mentioned four segments.

Length of Water Supply Pipelines at the Year-end refers to the total length of all the pipelines between the water pumps and the user water meters, excluding pipelines newly installed but not used yet, pipeline in the water factory,and pipeline in the user's buildings.

Annual Volume of Water Supply refers to the total volume of water supplied by water-works (units) during the reference period, including both the effective water supply and loss during the water supply.

Consumption of Water for Residential Use refers to water consumption of households for daily life and water consumption of public service facilities. The latter refers to water consumption for urban public services, including the consumption of government agencies and public institutions, military barracks, public facilities, wholesale and retail outlets, restaurants, hotels, and other units providing public services. Household water consumption refers to consumption of water for daily life of all households within the boundary of cities, including households of urban residents and farmers, and public water supply stations.

Coverage Rate of Urban Population with Access to Tap Water refers to the ratio of the urban population with access to tap water to the total urban population. The formula is:

$$\text{Coverage of urban population with access to tap water} = \frac{\text{Urban population with access to tap water}}{\text{Urban population}} \times 100\%$$

Production Capacity of Gaswork Gas refers to the overall production capacity of the urban gasworks in gas generation, purification and delivery at the end of the reference period, excluding capacity of the reserved facilities. In general, it is determined by the designed capacity, and when actual production capacity is larger than the designed capacity, the capacity is determined by the actual measurement on the weakest segment in the production, purification and delivery.

Length of Gas Pipelines refers to the total length of pipelines in use between the outlet of the compressor of gas-work or outlet of gas stations and the leading pipe of users, excluding pipelines within gasworks, delivery stations, LPG storage stations, refilling stations, gas-mixing stations and supply stations.

Volume of Gas Supply refers to the total volume of gas provided to users by gas-producing enterprises (units) in a year, including the volume sold and the volume lost.

Coverage Rate of Urban Population with Access to Gas refers to the ratio of the urban population with access to gas to the total urban population at the end of the reference period. The formula is:

$$\text{Coverage rate of urban population with access to gas} = \frac{\text{Urban population with access to gas}}{\text{Urban population}} \times 100\%$$

Length of Paved Roads at Year-end refers to the length of roads with paved surface including bridges and tunnels connected with roads by the end of the year. Length of the roads is measured by the central lines for vehicles for paved roads with a width of 3.5 meters and over, including roads in open-ended factory compounds and residential quarters.

Urban Bridges refer to bridges built to cross over natural or man-made barriers, including bridges over rivers, overpasses for traffic and for pedestrians, underpasses for pedestrians, etc. Both permanent and semi-permanent bridges are included.

Length of Urban Sewage Pipes refers to the total length of general drainage, trunks, branch and inspection wells, connection wells, inlets and outlets, etc.

Daily Disposal Capacity of Urban Sewage refers to the designed 24-hour capacity of sewage disposal by the sewage treatment works or facilities.

Number of Vehicles under Operation at Year-end refers to the total number of vehicles under operation by public transport enterprises (units) at the end of the year, based on the records of operational vehicles by the enterprises (units).

Area of Urban Green Areas refers to the total area occupied for green projects at the end of the reference period, including park green land, production green land, protection green land, green land attached to institutions, and other green areas.

Park Green Area refers to green areas open to the public for amusement and rest with the facilities of amusement, rest and services. Its function includes perfecting ecology, beautifying landscape, and preventing and reducing disaster. Park green areas include comprehensive park, community park, topic park, belt-shaped park and green area nearby street. Total areas of comprehensive park, topic park and belt-shaped is the area of park.

Area Cleaned refers to the area which are regularly cleaned, as at the end of the reference period, at urban roads and public places (mainly including urban roadways, pedestrian walkways, vehicular tunnels, pedestrian underpasses, underground railway stations, lifted roads, pedestrians walk bridges, overpasses, plazas, carparks and other facilities). If there are several times of cleaning in a day at a location, the area of that time of cleaning with the largest area cleaned will be taken.

Vehicles Dedicated to Urban Cleanliness and Environmental Sanitation refer to vehicles and facilities dedicated for use in the operation, management and monitoring of environmental hygiene work. They include vehicles for road cleaning, washing, showering, ice removal, disposal of garbage and human wastes, cleanliness monitoring and related activities.

Public Transportation Vehicles per 10000 Population refers to the number of public transportation vehicles, at the end of the reference period, per 10000 population in the city district. The formula for calculation is:

$$\text{Public Transportation Vehicles per 10000 Population} = \frac{\text{Number of Public Transportation Vehicles}}{\text{City District Population}}$$

Consumption Wastes Transported refers to volume of consumption wastes collected and transported to disposal factories or sites. Consumption wastes are solid wastes produced from urban households or from service activities for urban households, and solid wastes regarded by laws and regulations as urban consumption wastes, including those from households, commercial activities, markets, cleaning of streets, public sites, offices, schools, factories, mining units and other sources.

11

林业建设和生态环境

PORESTRY CONSTRUCTION AND ECOLOGY

◆221/255

资料整理及英文翻译：张辉、方建洲、陈梦捷

简要说明

本篇资料由林业建设、环境保护、水资源和气象三个部分组成。

林业建设部分反映全省森林生态建设和林业发展的情况。主要包括森林资源、生态建设、产业发展、固定资产投资、国有林场以及森林主要灾害的情况。资料来源于省林业厅年报数据。由省统计局农业处整理提供。

环境保护统计资料包括工业废水、生活污水排放及治理情况；工业废气排放及处理情况；一般工业固体废物的产生、处理及利用情况；城镇生活污染情况；烟（粉）尘排放情况。资料来源于省环保厅，由省统计局能源处整理提供。

水资源资料主要包括水资源总量、供水量及用水量，资料来源于省水文局；气象资料主要包括各设区市平均气温、降水量、日照等方面的资料，资料来源于省气象局。由省统计局综合处整理提供。

Brief Introduction

This chapter includes three parts: urban construction; environment protection; water resources and meteorological.

Data in this chapter show the basic condition of the construction of forest ecology and forestry development. They include the condition of the forest resources, ecology construction, industrial development, investments in fixed assets, state-owned farms, and forest disaster. Data source from the Forestry department of Jiangxi Province. Data are provided by Agriculture Division of Jiangxi Statistics Bureau.

Data on environment protection include discharge and treatment of industrial and consumption waste water; emission treatment and utilization of general industrial waste gas;urban household pollution; industrial waste air and dust emitted. Data source from Bureau of Environmental Proctection. Data are provided by Energy Division of Jiangxi Statistics Bureau.

Data on water resources include total amount of water resources,supply and ues.Data source from Jiangxi Hydrological Bureau. Data on meteorological include annual average temperature,precipitation and sunshine hours by region.Data source from Jiangxi Meteorological Bureau. Data are provided by Comprehensive Division of Jiangxii Statistics Bureau.

11-1 森林资源情况

Condition of Forest Resourses

指　　标	Item	1949	1964	1977	1983	1988
全省林业用地总面积(千公顷)	**Total Forest Land Area (1000 hectares)**			**10578**	**10456**	**10496**
有林地面积	Soil Surface of Forest	6736	6226	5462	5532	5992
用材林	Timber Forest		4716	3749	3413	3556
防护林	Protection Forest		347	51	120	192
薪炭林	Fire Forest			223	385	577
特种用材林	Forest for Special Purpose				19	32
经济林	Economic Forest		768	983	1085	1102
#油茶林	Camellia Oleifera			906	945	972
竹　林	Bamboo Forest		396	456	510	534
稀疏林	Sparse Forest		1474	676	1566	1421
灌木林	Shrubbery		327	691	272	107
未成林造林地	Immature Forest Land			351	232	427
荒山宜林地	Barren			3109	2854	2342
其他	Others			289		206
活立木总蓄积量(万立方米)	**Total Standing Forest Stock (10000 cu.m)**	**51927**	**40011**	**30085**	**25376**	**24219**
杉木林	Fir Forest			5177	5662	6376
马尾松	Redpine			7908	5640	3998
阔叶树及其它	Broadleafe Tree and Others			17000	14074	13845
毛竹林蓄积量(万株)	**Mao Bamboo Reserves (10000 units)**		**55225**	**69189**	**88025**	**95737**
森林覆盖率(%)	**Forest Coverage Rate (%)**	**40.30**	**37.30**	**37.22**	**34.73**	**36.88**

注：本表数据为林业普查年份数据。

a)The data in the table were the figures of general survey of forest.

11-1 续表 continued

指　　标	Item	1991	1996	1999	2004	2010
全省林业用地总面积(千公顷)	**Total Forest Land Area (1000 hectares)**	**10483**	**10453**	**10629**	**10626**	**10720**
有林地面积	Soil Surface of Forest	6728	8898	9507	9413	9279
用材林	Timber Forest	4149	5902	3814	3801	5858
防护林	Protection Forest	256	352	3440	3522	3193
薪炭林	Fuel Forest	611	608	186	67	76
特种用材林	Forest for Special Purpose	30	45	362	450	548
经济林	Economic Forest	1130	1364	962	749	815
#油茶林	Camellia Oleifera	986	1012	742	697	699
竹　林	Bamboo Forest	552	627	743	824	986
稀疏林	Sparse Forest	1166	442	168	139	112
灌木林	Shrubbery	106	218	397	490	123
未成林造林地	Immature Forest Land	562	211	144	317	230
荒山宜林地	Barren	1811	531	122	128	61
其他	Others	111	154	291	140	91
活立木总蓄积量(万立方米)	**Total Standing Forest Stock (10000 cu.m)**	**24590**	**27696**	**28993**	**35357**	**44531**
杉木林	Fir Forest	7014	8169	10262	12465	14529
马尾松	Redpine	3933	5132	8895	11115	11654
阔叶树及其它	Broadleafe Tree and Others	13643	14395	9835	11777	18348
毛竹林蓄积量(万株)	**Mao Bamboo Reserves (10000 units)**	**105065**	**108556**	**136984**	**150209**	**190860**
森林覆盖率(%)	**Forest Coverage Rate (%)**	**40.93**	**55.24**	**59.70**	**60.05**	**63.10**

11-2 造林面积和营林情况

单位：千公顷

年 份 地 区 Year Region	造林总面积 Total Afforested Area			按林种用途分		
		#公有经济造林 Public Ownership	#人工造林 Manual Planting	用材林 Timber Forests	经济林 By-Product Forest	防护林 Protection Forest
1978	241.73	195.95	241.73	115.76	95.24	0.45
1980	225.85	177.09	225.85	136.51	80.56	2.95
1985	409.05	314.53	409.05	247.87	32.87	14.42
1990	276.19	259.07	276.19	185.70	12.57	11.07
1991	506.00	358.47	389.10	331.00	20.60	68.60
1992	435.00	367.20	372.30	277.07	50.73	81.40
1993	243.27	190.60	215.40	159.13	44.07	27.80
1994	251.93	232.82	229.90	145.03	55.16	37.89
1995	250.09	221.57	227.10	143.98	54.76	37.30
1996	191.43	172.02	171.00	89.98	58.43	29.73
1997	81.00	73.78	68.60	46.92	25.11	7.18
1998	53.07	46.58	47.10	23.70	21.81	7.05
1999	36.72	33.07	30.80	12.57	12.09	11.48
2000	35.23	30.58	28.20	13.45	10.32	11.29
2001	37.15	25.17	28.30	10.32	6.40	20.11
2002	162.28	77.95	162.28	20.50	19.63	121.64
2003	219.75	84.53	219.75	21.30	24.46	172.98
2004	58.10	15.49	58.10	19.58	3.62	33.85
2005	47.59	16.60	47.59	20.74	3.91	22.14
2006	63.60	20.77	63.60	36.35	4.39	22.38
2007	157.42	31.52	147.58	95.25	20.30	41.16
2008	267.03	71.24	234.60	147.43	32.91	84.85
2009	228.63	63.47	209.02	120.39	23.28	82.53
2010	200.78	47.86	170.86	103.88	32.51	59.73
2011	164.52	38.70	141.69	71.03	33.42	56.94
2012	138.65	40.46	127.03	66.68	32.38	37.85
2013	153.39	29.95	141.04	86.67	37.87	28.21
2014	131.97	29.83	130.75	82.70	29.37	18.23
2015	141.68	28.78	141.68	81.64	30.80	28.39
南昌市 Nanchang	4.72	0.51	4.72	0.64	1.67	2.09
景德镇市 Jingdezhen	2.94	0.59	2.94	2.09	0.41	0.43
萍乡市 Pingxiang	5.15	1.16	5.15	2.89	1.77	0.47
九江市 Jiujiang	15.85	1.71	15.85	8.68	4.60	2.38
新余市 Xinyu	3.61	0.67	3.61	2.03	1.12	0.38
鹰潭市 Yingtan	3.13	0.70	3.13	1.68	0.31	1.13
赣州市 Ganzhou	34.11	5.82	34.11	21.46	4.19	8.36
吉安市 Ji'an	23.19	8.36	23.19	16.19	2.38	4.62
宜春市 Yichun	18.02	1.92	18.02	8.19	6.83	3.00
抚州市 Fuzhou	12.71	3.21	12.71	6.75	2.42	3.55
上饶市 Shangrao	18.25	4.12	18.25	11.04	5.11	1.99

注：全省数据含省直单位数据。

Condition of Afforested Area and Silviculture

(1000 hectares)

By Function of Forest		年末实有封山育林面积 Area Fenced off for Afforestation	更新造林面积 Area of Slash Reforestation	低产低效林改造面积 Reconstructed Area of Forest of Poor Output	零星(四旁)植树(万株) Scattered Tree-planting (10000 units)
薪炭林 Firewood	特种用途林 Special Using				
	30.28		18.08		3595.88
	5.83	552.20	17.94	41.28	3564.75
106.06	7.83	2224.00	30.47	38.60	5164.97
64.61	2.24	2412.47	31.85	28.13	5724.62
85.47	0.33	2923.00	33.40	48.73	7248.00
23.67	2.13	3363.87	34.53	60.27	6594.90
12.20	0.10	3052.53	31.87	117.33	6986.90
13.27	0.58	2888.47	35.24	183.00	7356.00
13.17	0.88	2649.81	29.82	187.03	6662.00
12.41	0.88	2394.93	33.42	168.41	7088.00
1.56	0.23	2492.51	39.80	246.03	9929.00
0.46	0.05	2309.50	32.85	257.93	7770.00
0.57	0.01	2739.50	25.00	220.11	8201.00
0.10	0.08	1463.06	22.60	247.06	7739.00
0.24	0.08	1881.40	17.10	180.16	6738.00
0.17	0.34	1402.12	11.70	62.77	6255.00
0.55	0.45	430.07	1.11	5.90	6746.00
0.99	0.06	627.21	1.40	43.13	7422.00
0.33	0.47	610.10	7.20	26.50	5226.00
0.25	0.23	605.56	8.50	11.43	9020.60
0.55	0.17	718.20	17.82	6.90	18172.60
0.31	1.55	409.83	28.25	55.91	1383.00
1.72	0.72	459.60	24.35	44.53	15378.67
2.12	2.54	621.19	39.01	37.48	12032.94
1.62	1.52	919.26	26.75	66.20	14820.16
0.55	1.19	1045.28	18.14	30.76	18414.31
0.14	0.49	1130.73	9.66	46.93	66181.99
1.03	0.65	1108.17	13.09	38.57	5198.56
0.41	0.43	1064.02	5.52	27.13	47955.47
	0.33	30.98			3292.00
		5.27		0.42	710.00
	0.02	7.93		7.80	2779.80
0.19		461.11	0.30	0.79	5255.20
	0.08	4.95		0.87	1335.00
		3.53		0.23	720.00
0.10		63.14	1.76	4.49	7138.45
		26.05	2.30	1.62	6348.17
		242.01	0.98	3.90	7320.30
		195.07	0.08	5.23	2965.00
0.12		23.97	0.10	1.77	10091.55

a)The data of provincial total include the provincial unit's data.

11-3 林业重点工程建设情况

Condition of Forestry Engineering Construction of Key

单位：千公顷 (1000 hectares)

指标	Item	2005	2010	2014	2015
本年完成造林面积	**Total Afforested Area in Current Year**	**42.57**	**65.11**	**8.37**	**74.31**
退耕还林工程	Grain for Green Program	34.78	37.85		
人工造林	Manual Planting Afforestation	33.33	19.39		
无林地和疏林地新封	Non-forest and Scattered Land	1.45	18.46		
长江流域防护林工程	Shelterbelt Forestry Project of the Yangtze Basin	7.34	13.88	6.77	54.31
人工造林	Grain for Green Program	5.34	7.96	6.54	15.34
无林地和疏林地新封	Non-forest and Scattered Land	2.00	5.92	0.23	38.97
珠江流域防护林工程	Shelterbelt Forestry Project of the Pearl River Basin	0.45	3.38	1.60	20.00
人工造林	Grain for Green Program	0.45	2.48	1.60	6.67
无林地和疏林地新封	Non-forest and Scattered Land		0.90		13.33

11-4 各地区林业重点工程建设情况（2015年）

Condition of Forestry Engineering Construction of Key by Region (2015)

单位：千公顷 (1000 hectares)

地区	Region	本年完成人工造林面积 Total Afforested Area in Current Year	退耕还林工程 Grain for Green Program	长江流域防护林工程 Shelterbelt Forestry Project of the Yangtze Basin	珠江流域防护林工程 Shelterbelt Forestry Project of the Pearl River Basin
全省	**Provincial Total**	**22.01**		**15.34**	**6.67**
南昌市	Nanchang	0.33		0.33	
景德镇市	Jingdezhen	0.43		0.43	
萍乡市	Pingxiang	0.57		0.57	
九江市	Jiujiang	0.20		0.20	
新余市	Xinyu	0.87		0.87	
鹰潭市	Yingtan	0.53		0.53	
赣州市	Ganzhou	9.60		2.94	6.67
吉安市	Ji'an	4.33		4.33	
宜春市	Yichun	1.74		1.74	
抚州市	Fuzhou	2.63		2.63	
上饶市	Shangrao	0.77		0.77	

11-5 自然保护区和森林公园基本情况

Basic Condition of Natural Reserve and Forest Park

指　标	Item	2005	2010	2014	2015
自然保护区	**Natural Reserve**				
数　量(个)	Quantity (unit)	142	195	237	235
国家级	National	5	8	14	14
省　级	Provincial	21	28	31	32
县　级	County-level	116	159	192	189
面　积(公顷)	Area(hectare)	992539	1151641	1208591	1188410
国家级	National	85019	144434	231047	231047
省　级	Provincial	297327	337192	282284	278387
县　级	County-level	610193	670015	695259	678976
湿地公园	**Wetland Park**				
数　量(个)	Quantity(unit)		33	77	84
面　积(公顷)	Area(hectare)		105300	132469	138150
森林公园	**Forest Park**				
数　量(个)	Quantity (unit)	79	155	177	179
国家级	National	33	43	46	46
省　级	Provincial	42	100	118	120
县　级	County-level	4	12	13	13
面　积(公顷)	Area (hectare)	394652	496573	514469	518355
国家级	National	305253	357220	375852	377436
省　级	Provincial	85578	111699	110813	113116
县　级	County-level	3820	27654	27803	27803

11-6 各地区森林资源情况（2015年）

Condition of Forest Resources by Region (2015)

地　　区	Region	林业用地面积（千公顷）Area of Afforested Land (1000 hectare)	活立木总蓄积（万立方米）Total Standing Forest Stock (10000 cu.m)	毛竹林蓄积量（万株）Mao Bamboo Reserves (10000 units)	森林覆盖率(%) Forest Coverage Rate (%)
全　　省	**Provincial Total**	**10720.22**	**44530.55**	**190860.33**	**63.10**
南 昌 市	Nanchang	138.85	522.06	1065.33	21.96
景德镇市	Jingdezhen	352.39	1788.92	2324.18	65.05
萍 乡 市	Pingxiang	249.35	840.97	7132.71	66.02
九 江 市	Jiujiang	1061.94	4454.62	9317.65	54.92
新 余 市	Xinyu	183.67	670.44	3756.50	56.49
鹰 潭 市	Yingtan	201.92	785.54	5800.99	57.38
赣 州 市	Ganzhou	3039.12	11921.65	34720.72	76.24
吉 安 市	Ji'an	1756.01	8238.44	27982.58	67.61
宜 春 市	Yichun	1067.80	5132.36	41542.45	56.97
抚 州 市	Fuzhou	1297.26	4972.93	35691.01	64.54
上 饶 市	Shangrao	1371.91	5202.62	21526.21	61.67

11-7 各地区自然保护基本情况（2015年）

Basic Condition of Natural Reserve by Region (2015)

地　　区	Region	自然保护区个数（个）Quantity of Natural Reserve (unit)	#国家级 National	自然保护区面积（千公顷）Area of Natural Reserve (1000 hectares)	#国家级 National	自然保护区占辖区面积比重(%) Percentage to Natural Reserve Area (%)
全　　省	**Provincial Total**	**235**	**14**	**1188.41**	**231.05**	**7.12**
南 昌 市	Nanchang	9	1	120.44	33.30	16.27
景德镇市	Jingdezhen	8		49.50		9.43
萍 乡 市	Pingxiang	4		16.42		4.29
九 江 市	Jiujiang	42	3	215.34	55.02	11.44
新 余 市	Xinyu	3		2.73		0.86
鹰 潭 市	Yingtan	4	1	15.24	10.95	4.29
赣 州 市	Ganzhou	53	3	260.54	46.62	6.62
吉 安 市	Ji'an	33	1	106.18	21.45	4.20
宜 春 市	Yichun	27	2	74.47	23.03	3.99
抚 州 市	Fuzhou	26	1	142.12	13.87	7.60
上 饶 市	Shangrao	26	2	185.42	26.81	8.14

11-8 国家级森林公园（2015年）
National Forest Park (2015)

公园名称	Name	所在地	Location	面积（公顷） Area (hectare)	建立时间	Foundation Time
三爪仑国家示范森林公园	Sanzhualun National Forest Park	靖安县	Jing'an	12133	1993.03	Mar.1993
庐山山南国家森林公园	South Lushan Moutain National Forest Park	星子县	Xingzi	3347	1993.05	May.1993
梅岭国家森林公园	Meiling National Forest Park	湾里区	Wanli	11173	1993.05	May.1993
三百山国家森林公园	Sanbaishan National Forest Park	安远县	Anyuan	3330	1993.05	May.1993
马祖山国家森林公园	Muzhushan National Forest Park	庐山区	Lushan	667	1993.05	May.1993
鄱阳湖口国家森林公园	Poyanghukou National Forest Park	湖口县	Hukou	1280	1993.05	May.1993
灵岩洞国家森林公园	Lingyan cave National Forest Park	婺源县	Wuyuan	3000	1993.05	May.1993
明月山国家森林公园	Mingyue Moutain National Forest Park	宜春市	Yichun	7842	1994.12	Dec.1994
翠微峰国家森林公园	Cuiwei Moutain National Forest Park	宁都县	Ningdu	7867	1999.01	Jan.1999
天柱峰国家森林公园	Tianzhu Moutain National Forest Park	铜鼓县	Tonggu	20757	2000.02	Feb.2000
泰和国家森林公园	Taihe National Forest Park	泰和县	Taihe	3000	2000.12	Dec.2000
鹅湖山国家森林公园	Erhu Moutain National Forest Park	铅山县	Yanshan	7950	2000.12	Dec.2000
龟峰国家森林公园	Guifeng National Forest Park	弋阳县	Yiyang	7400	2000.12	Dec.2000
上清国家森林公园	Shangqing National Forest Park	鹰潭市	Yingtan	11800	2000.12	Dec.2000
梅关国家森林公园	Meiguan National Forest Park	大余县	Dayu	5300	2001.11	Nov.2001
永丰国家森林公园	Yongfeng National Forest Park	永丰县	Yongfeng	7600	2001.11	Nov.2001
阁皂山国家森林公园	Gezao Moutain National Forest Park	樟树市	Zhangshu	6860	2001.11	Nov.2001
三叠泉国家森林公园	Sandiequan National Forest Park	庐山区	Lushan	1651	2001.11	Nov.2001
武功山国家森林公园	Wugong Moutain National Forest Park	安福县	Anfu	24190	2002.12	Dec.2002
铜钹山国家森林公园	Tongbo Moutain National Forest Park	广丰区	Guangfeng	19500	2002.12	Dec.2002
阳岭国家森林公园	Yangling National Forest Park	崇义县	Congyi	6890	2003.12	Dec.2003
天花井国家森林公园	Tianhuajing National Forest Park	九江市	Jiujiang	685	2003.12	Dec.2003
五指峰国家森林公园	Wuzhi Moutain National Forest Park	上犹县	Shangyou	24533	2003.12	Dec.2003
柘林湖国家森林公园	Talin Lake National Forest Park	永修县	Yongxiu	16450	2004.12	Dec.2004
陡水湖国家森林公园	Doushui Lake National Forest Park	上犹县	Shangyou	22667	2004.12	Dec.2004
万安国家森林公园	Wan'an National Forest Park	万安县	Wan'an	16333	2004.12	Dec.2004
三湾国家森林公园	Sanwan National Forest Park	永新县	Yongxin	15513	2004.12	Dec.2004
安源国家森林公园	Anyuan National Forest Park	安源区	Anyuan	7866	2004.12	Dec.2004
九连山国家森林公园	Jiulianshan National Forest Park	龙南县	Longnan	20063	2005.12	Dec.2005
岩泉国家森林公园	Yanquan National Forest Park	黎川县	Lichuan	4885	2005.12	Dec.2005
云碧峰国家森林公园	Yunbi Moutain National Forest Park	上饶市	Shangrao	873	2005.12	Dec.2005
景德镇国家森林公园	Jingdezhen National Forest Park	景德镇市	Jingdezhen	3796	2005.12	Dec.2005
瑶里国家森林公园	Yaoli National Forest Park	浮梁县	Fuliang	4471	2005.12	Dec.2005
清凉山国家森林公园	Qingliang Moutain National Forest Park	资溪县	Zixi	3398	2006.12	Dec.2006
峰山国家级森林公园	Fengshan National Forest Park	赣州市	Ganzhou	20735	2006.12	Dec.2006
九岭山国家级森林公园	Jiulingshan National Forest Park	武宁县	Wu'ning	1266	2006.12	Dec.2006
岑山国家级森林公园	Censhan National Forest Park	横峰县	Hengfeng	955	2008.01	Jan.2008
五府山国家级森林公园	Wufu Moutain National Forest Park	上饶县	Shangrao	1715	2008.01	Jan.2008
军峰山国家级森林公园	Junfeng Moutain National Forest Park	南丰县	Nanfeng	1217	2008.01	Jan.2008
碧湖潭国家森林公园	Bihutan National Forest Park	湘东区	Xiangdong	6839	2008.12	Dec.2008
怀玉山国家森林公园	Huaiyu Moutain National Forest Park	玉山县	Yushan	3354	2008.12	Dec.2008
仰天岗国家森林公园	Yangtiangang National Forest Park	新余市	Xinyu	2010	2009.08	Aug.2009
圣水堂国家森林公园	Shengshuitang National Forest Park	安义县	Anyi	4060	2009.12	Dec.2009
鄱阳莲花山国家森林公园	Boyang Lotus Mountain National Forest Park	鄱阳县	Boyang	6510	2012.01	Jan.2012
彭泽国家森林公园	Pengze National Forest Park	彭泽县	Pengze	2505	2013.01	Jan.2013
金盆山国家森林公园	Jinpen Moutain National Forest Park	信丰县	XinFeng	5982	2014.01	Jan.2014

11-9 国家级、省级自然保护区（2015年）

名　称	Name	级别	Level	类型	Type
鄱阳湖自然保护区	Poyang Lake Natural Reserve	国家级	National	湿地生态	Wetland Ecology
井冈山自然保护区	Jinggangshan Natural Reserve	国家级	National	森林生态	Forest Ecology
桃红岭梅花鹿自然保护区	Taohong Range Sike Natural Reserve	国家级	National	野生动物	Wild Animal
武夷山自然保护区	Wuyi Mountain Natural Reserve	国家级	National	森林生态	Forest Ecology
九连山自然保护区	Jiulian Mountain Nature Reserve	国家级	National	森林生态	Forest Ecology
官山自然保护区	Guanshan Nature Reserve	国家级	National	野生动物	Wild Animal
鄱阳湖南矶湿地自然保护区	Poyang Lake Southern Rockies Wetland Nature Reserve	国家级	National	湿地生态	Wetland Ecology
马头山自然保护区	Matou Tiger Nature Reserve	国家级	National	野生植物	Wild Plant
九岭山自然保护区	Jiuling Mountain Nature Reserve	国家级	National	森林生态	Forest Ecology
齐云山自然保护区	Qishan Mountain Nature Reserve	国家级	Provincial	森林生态	Forest Ecology
阳际峰自然保护区	Yangji Mountain Nature Reserve	国家级	Provincial	森林生态	Forest Ecology
庐山自然保护区	Lushan Mountain Nature Reserve	国家级	Provincial	森林生态	Forest Ecology
赣江源自然保护区	Ganjiang River Source Nature Reserve	国家级	Provincial	森林生态	Forest Ecology
铜钹山自然保护区	Tongbo Mountain Nature Reserve	省　级	Provincial	森林生态	Forest Ecology
云居山自然保护区	Yunju Mountain Nature Reserve	省　级	Provincial	森林生态	Forest Ecology
青岚湖自然保护区	Qinglan Lake Nature Reserve	省　级	Provincial	湿地生态	Wetland Ecology
阳岭自然保护区	Yang Range Nature Reserve	省　级	Provincial	森林生态	Forest Ecology
水浆自然保护区	Water Slurry Nature Reserve	省　级	Provincial	森林生态	Forest Ecology
鸳鸯湖自然保护区	Yuanyang Lake Nature Reserve	省　级	Provincial	野生动物	Wild Animal
瑶里自然保护区	Yaoli Nature Reserve	省　级	Provincial	森林生态	Forest Ecology
三十把自然保护区	Sanshiba Nature Reserve	省　级	Provincial	森林生态	Forest Ecology
华南虎自然保护区	South China Tiger Nature Reserve	省　级	Provincial	野生动物	Wild Animal
岩泉自然保护区	Yanquan Nature Reserve	省　级	Provincial	野生植物	Wild Plant
都昌候鸟自然保护区	Duchang Migratory Birds Nature Reserve	省　级	Provincial	湿地生态	Wetland Ecology

National and Provincial Natural Reserves (2015)

主要保护对象	Main Protection	地点	Location	面积 Area (公顷) (hectare)	建立时间 Foundation Time
越冬候鸟及湿地生态	Rare birds Wintering and Wetland Ecology	新建、永修、星子	Xinjian, Yongxiu, Xingzi	22400	1988
中亚热带常绿阔叶林及珍稀动植物	Subtropical Evergreen Broad-leaved Forest, Rare Plants and Animals	井冈山	Jinggang-shan	21449	2000
野生梅花鹿南方亚种	Sika South Asian Species	彭泽	Pengze	12500	2001
中亚热带常绿阔叶林及珍稀动植物	Subtropical Evergreen Broad-leaved Forest, Rare Plants and Animals	铅山	Yanshan	16007	2002
中亚热带常绿阔叶林及珍稀动植物	Subtropical Evergreen Broad-leaved Forest, Rare Plants and Animals	龙南	Longnan	13412	2003
白颈长尾雉	Syrmaticus ellioti	宜丰、铜鼓	Yifeng, Tonggu	11501	2007
湿地生态及候鸟	Wetland Ecology and Migrant Birds	新建	Xinjian	33300	2008
珍稀植物	Rare Plants	资溪	Zixi	13867	2008
中亚热带常绿阔叶林及珍稀动植物	Subtropical Evergreen Broad-leaved Forest, Rare Plants	靖安	Jing'an	11541	2010
中亚热带常绿阔叶林及珍稀动植物	Subtropical Evergreen Broad-leaved Forest, Rare Plants and Animals	崇义	Congyi	17105	2012
中亚热带常绿阔叶林及珍稀动植物	Subtropical Evergreen Broad-leaved Forest, Rare Plants and Animals	贵溪	Guixi	10946	2012
森林生态系统、珍稀野生动植物和冰川迹地	Forest Ecosystem, Rare Plants and Animals, Glacial Sites	庐山区	Lushan	30459	2013
赣江源头森林生态	Forest Ecology of Ganjiang River Source	石城、瑞金	Shicheng,	16101	2013
中亚热带常绿阔叶林及珍稀动植物	Subtropical Evergreen Broad-leaved Forest, Rare Plants	广丰	Guangfeng	10800	2010
中亚热带常绿阔叶林及珍稀动植物	Subtropical Evergreen Broad-leaved Forest, Rare Plants and Animals	永修	Yongxiu	2480	1997
越冬候鸟及湿地生态	Rare birds Wintering and Wetland Ecology and Animals	进贤	Jinxian	1000	1997
中亚热带常绿阔叶林及珍稀动植物	Subtropical Evergreen Broad-leaved Forest, Rare Plants and Animals	崇义	Congyi	1880	1997
中亚热带常绿阔叶林及珍稀动植物	Subtropical Evergreen Broad-leaved Forest, Rare Plants and Animals	永丰	Yongfeng	2000	1997
鸳鸯及湿地生态	Mandarin Duck and Wetland Ecology	婺源	Wuyuan	917	1997
中亚热带常绿阔叶林及珍稀动植物	Subtropical Evergreen Broad-leaved Forest, Rare Plants and Animals	浮梁	Fuliang	3627	2001
中亚热带常绿阔叶林及珍稀动植物	Subtropical Evergreen Broad-leaved Forest, Rare Plants and Animals	万载	Wanzai	2100	2001
华南虎栖息地	Rare Animals and Their Habitats	宜黄	Yihuang	58300	2001
珍稀植物	Rare Plants	黎川	Lichun	2460	2001
越冬候鸟及湿地生态	Rare birds Wintering and Wetland Ecology	都昌	Duchang	41100	2004

11-9 续表

名　　称	Name	级别	Level	类型	Type
峤岭自然保护区	Qiao Range Nature Reserve	省　级	Provincial	森林生态	Forest Ecology
羊狮幕自然保护区	Yangshimu Nature Reserve	省　级	Provincial	森林生态	Forest Ecology
老虎脑自然保护区	Laohunao Nature Reserve	省　级	Provincial	野生动物	Wild Animal
修河源五梅山自然保护区	Xiu River Wumei Mountain Nature Reserve	省　级	Provincial	森林生态	Forest Ecology
黄字号黑麂自然保护区	Huangzhihao Muntiacus Crinifrons Nature Reserve	省　级	Provincial	野生动物	Wild Animal
桃江源自然保护区	Taojiangyuan Nature Reserve	省　级	Provincial	森林生态	Forest Ecology
南风面自然保护区	Nanfengmian Nature Reserve	省　级	Provincial	森林生态	Forest Ecology
七溪岭自然保护区	Qixi Range Nature Reserve	省　级	Provincial	森林生态	Forest Ecology
高天岩自然保护区	Gaotianyan Nature Reserve	省　级	Provincial	森林生态	Forest Ecology
五指峰自然保护区	Wuzhi Mountain Nature Reserve	省　级	Provincial	森林生态	Forest Ecology
章江源自然保护区	Zhang River Nature Reserve	省　级	Provincial	森林生态	Forest Ecology
抚河源自然保护区	Fu River Nature Reserve	省　级	Provincial	森林生态	Forest Ecology
南方红豆杉自然保护区	South Chinese Yew Nature Reserve	省　级	Provincial	植　物	Plant
伊山自然保护区	Yi Mountain Nature Reserve	省　级	Provincial	森林生态	Forest Ecology
凌云山自然保护区	Lingyun Mountain Nature Reserve	省　级	Provincial	森林生态	Forest Ecology
玉京山自然保护区	Yujing Mountain Nature Reserve	省　级	Provincial	森林生态	Forest Ecology
信江源自然保护区	Headwaters of Xin River Nature Reserve	省　级	Provincial	森林生态	Forest Ecology
大龙山自然保护区	Dalong Mountain Nature Reserve	省 级	Provincial	森林生态	Forest Ecology
五府山自然保护区	Wufu Mountain Nature Reserve	省 级	Provincial	森林生态	Forest Ecology
铁丝岭自然保护区	Tiesiling Nature Reserve	省 级	Provincial	森林生态	Forest Ecology
中华秋沙鸭自然保护区	zhonghuaqiushaya Nature Reserve	省 级	Provincial	森林生态	Forest Ecology
芙蓉山自然保护区	Furong Mountain Nature Reserve	省 级	Provincial	森林生态	Forest Ecology

continued

主要保护对象	Main Protection	地点	Location	面积 Area (公顷) (hectare)	建立时间 Foundation Time
中亚热带常绿阔叶林及珍稀动植物	Subtropical Evergreen Broad-leaved Forest, Rare Plants and Animals	安义	Anyi	4490	2004
中亚热带常绿阔叶林及珍稀动植物	Subtropical Evergreen Broad-leaved Forest, Rare Plants and Animals	芦溪	Luxi	7006	2004
华南虎栖息地	Rare Animals and Their Habitats	乐安	Le'an	22000	2004
中亚热带常绿阔叶林及珍稀动植物	Subtropical Evergreen Broad-leaved Forest, Rare Plants and Animals	修水	Xiushui	14485	2010
黑麂等野生动物及其栖息地	Muntiacus Crinifrons and Their Habitats	浮梁	Fuliang	17356	2010
中亚热带常绿阔叶林及珍稀动植物	Subtropical Evergreen Broad-leaved Forest, Rare Plants and Animals and Animals	全南	Quannan	15427	2010
中亚热带常绿阔叶林及珍稀动植物	Subtropical Evergreen Broad-leaved Forest, Rare Plants and Animals	遂川	Suichun	4205	2010
中亚热带常绿阔叶林及珍稀动植物	Subtropical Evergreen Broad-leaved Forest, Rare Plants and Animals	永新	Yongxin	10500	2010
中亚热带常绿阔叶林及珍稀动植物	Subtropical Evergreen Broad-leaved Forest, Rare Plants and Animals	莲花	Lianhua	7267	2010
中亚热带常绿阔叶林及珍稀动植物	Subtropical Evergreen Broad-leaved Forest, Rare Plants and Animals	上犹	Shangyou	3000	2010
中亚热带常绿阔叶林及珍稀动植物	Subtropical Evergreen Broad-leaved Forest, Rare Plants and Animals	崇义	Congyi	10452	2010
中亚热带常绿阔叶林及珍稀动植物	Subtropical Evergreen Broad-leaved Forest, Rare Plants	广昌	Guangchang	8188	2010
南方红豆杉	and Animals	瑞昌	Ruichang	2500	2011
亚热带常绿阔叶林及珍稀动植物	Subtropical Evergreen Broad-leaved Forest, Rare Plants and Animals	武宁	Wuning	11340	2011
亚热带常绿阔叶林及珍稀动植物	Subtropical Evergreen Broad-leaved Forest, Rare Plants and Animals	宁都	Ningdu	11045	2011
亚热带常绿阔叶林及珍稀动植物	Subtropical Evergreen Broad-leaved Forest, Rare Plants and Animals	宜春	Yichun	1199	2011
亚热带常绿阔叶林及珍稀动植物	Subtropical Evergreen Broad-leaved Forest, Rare Plants and Animals	玉山	Yushan	4535	2011
亚热带常绿阔叶林及珍稀动植物	Subtropical Evergreen Broad-leaved Forest, Rare Plants and Animals	宁都	Ningdu	5238	2014
亚热带常绿阔叶林及珍稀动植物	Subtropical Evergreen Broad-leaved Forest, Rare Plants and Animals	上饶	Shangrao	5104	2014
亚热带常绿阔叶林及珍稀动植物	Subtropical Evergreen Broad-leaved Forest, Rare Plants and Animals	安福	Anfu	2047	2014
亚热带常绿阔叶林及珍稀动植物	Subtropical Evergreen Broad-leaved Forest, Rare Plants	宜黄	Yihuang	1694	2014
亚热带常绿阔叶林及珍稀动植物	Subtropical Evergreen Broad-leaved Forest, Rare Plants	南城	nancheng	3600	2015

11-10 林业产业分行业产值情况

Gross Output Value Composition of Forestry Industry

单位：万元，%　　(10000 yuan,%)

年份 Year	林业产业总产值 Gross Output Value of Forestry Industy	第一产业 Primary Industry	第二产业 Secondary Industry	第三产业 Tertiary Industry	林业产业产值构成 Composition of Gross Output Value of Forestry Industry 第一产业 Primary Industry	第二产业 Secondary Industry	第三产业 Tertiary Industry
1978	108783	58723	50060				
1980	154705	96038	58667				
1985	228646	141190	87456				
1990	434156	239624	171426	23106	55.2	39.5	5.3
1991	508578	288951	198135	21492	56.8	39.0	4.2
1992	598287	315804	257455	25028	52.8	43.0	4.2
1993	659138	326678	308840	23620	49.6	46.9	3.6
1994	870888	379679	462656	28553	43.6	53.1	3.3
1995	826746	414590	384248	27908	50.1	46.5	3.4
1996	936747	485916	420539	30292	51.9	44.9	3.2
1997	1154003	544138	578773	31092	47.2	50.2	2.7
1998	1171651	695593	436399	39659	59.4	37.2	3.4
1999	1246367	782388	426359	37620	62.8	34.2	3.0
2000	1282913	790813	445288	46812	61.6	34.7	3.6
2001	1532871	824407	665322	43142	53.8	43.4	2.8
2002	1804839	1042920	714677	47242	57.8	39.6	2.6
2003	2195668	1428024	663979	103665	65.0	30.2	4.7
2004	3071029	1617867	1024077	429085	52.7	33.3	14.0
2005	3837166	1833047	1401960	602159	47.8	36.5	15.7
2006	4832087	2207180	1828333	796574	45.7	37.8	16.5
2007	6103350	2796135	2233699	1073516	45.8	36.6	17.6
2008	7602225	3532148	2677858	1392219	46.5	35.2	18.3
2009	9183321	4097649	3210495	1875177	44.6	35.0	20.4
2010	10529719	4533001	3611699	2385019	43.0	34.3	22.7
2011	13177449	5435418	4823215	2918816	41.2	36.6	22.2
2012	16281972	6891044	5600945	3789983	42.3	34.4	23.3
2013	20250245	7533092	8148615	4568538	37.2	40.2	22.6
2014	26545883	8601849	12926907	5017127	32.4	48.7	18.9
2015	30630245	9801482	14608584	6220179	32.0	47.7	20.3
南昌市 Nanchang	2235183	509065	1481317	244801	22.8	66.3	11.0
景德镇市 Jingdezhen	575881	286007	119950	169924	49.7	20.8	29.5
萍乡市 Pingxiang	776688	428311	232055	116322	55.1	29.9	15.0
九江市 Jiujiang	2949764	833629	307961	1808174	28.3	10.4	61.3
新余市 Xinyu	931804	439495	279576	212733	47.2	30.0	22.8
鹰潭市 Yingtan	656005	371091	217642	67272	56.6	33.2	10.3
赣州市 Ganzhou	10136173	2149360	7586385	400428	21.2	74.8	4.0
吉安市 Ji'an	3512836	1424403	1284709	803724	40.5	36.6	22.9
宜春市 Yichun	3052699	985094	1616896	450709	32.3	53.0	14.8
抚州市 Fuzhou	2769369	1402381	866840	500148	50.6	31.3	18.1
上饶市 Shangrao	2976002	972646	615253	1388103	32.7	20.7	46.6

11-11 林业投资资金来源情况

Condition of Forestry Investment Fund Resource

单位：万元 (10000 yuan)

年份 地区 Year Region	合计 Total	国家预算内资金 State Budgetary Appropriations	#中央财政专项资金 Central Funds Earmarked for Environment Protection	国内贷款 Domestic Loans	利用外资 Foreign Capitals	自筹资金 Enterprise Fundraising	其他资金 Other Funds
1978	2010	700	700				1310
1980	3503	540	540			1489	1474
1985	6973	774	774	471		1321	4407
1990	3532	2444	2444	243		384	461
1991	3524	2095	2095	30		564	835
1992	4957	1874	1874	690		1232	1161
1993	4676	1244	1244	638		1661	1133
1994	21897	1377	1377	7217	3077	5615	4611
1995	14460	1505	1505	4780	90	5789	2296
1996	61125	1234	1234	13195	3472	20635	22589
1997	56083	1344	1344	14959	4013	15702	20065
1998	57874	2064	364	15300	2523	17349	20638
1999	68072	4019	2069	21393	2935	22462	17263
2000	83862	13961	7614	15409	3738	24311	26443
2001	41003	11359	4219	7816	3313	6805	11710
2002	62495	38289	19165	3323	3814	6880	10189
2003	75661	36696	14836	12250	7619	4936	14160
2004	137207	79187	67831	15189	15792	6093	20946
2005	103703	64635	52758	10375	8395	6360	13938
2006	164764	104747	87795	10805	20216	8237	20759
2007	132861	93786	67824	6307	7763	10937	14068
2008	269632	153068	116735	38691	8504	7488	61881
2009	339813	161587	130333	18702	4976	18009	155241
2010	472986	203121	147446	3000	2016	56215	208634
2011	570649	373401	219800	14585	7487	66893	108283
2012	763176	499087	244574	32856	12119	141008	78106
2013	792871	504343	260161	50859	6474	135233	
2014	897658	557706	313533	13443	86816	64228	174465
2015	582521	331250	179539	27149	22058	73991	124233
南昌市 Nanchang	12385	12355	7798			30	
景德镇市 Jingdezhen	20259	7388	7388			712	12159
萍乡市 Pingxiang	28029	22654	13734	1280	200	3895	
九江市 Jiujiang	78095	40659	15567		406	9326	27704
新余市 Xinyu	79974	15926	6287	13780		18108	32160
鹰潭市 Yingtan	11483	9443	5492			1293	747
赣州市 Ganzhou	94215	53936	23947	6767	3760	7422	18490
吉安市 Ji'an	45031	39091	19360	382	3046	1639	873
宜春市 Yichun	104466	49195	27329	4940	10265	31566	8500
抚州市 Fuzhou	42423	31318	19965		1771		9334
上饶市 Shangrao	66161	49285	32672		2610		14266

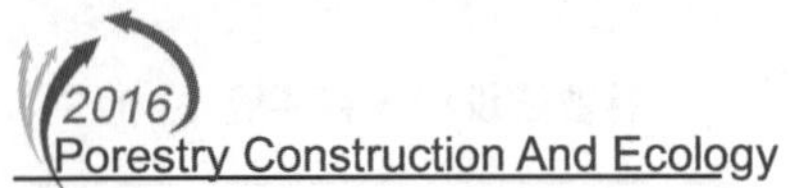

11-12 森林病虫害防治情况

Condition of Forest Pets Prevention

年 份 地 区 Year Region	合 计 Total			森林病害 Forest Disease			森林虫害 Forest Pet Plague		
	发生面积 (千公顷) Occurrence Area (1000 hectares)	防治面积 (千公顷) Prevention Area (1000 hectares)	防治率 (%) Prevention Rate (%)	发生面积 (千公顷) Occurrence Area (1000 hectares)	防治面积 (千公顷) Prevention Area (1000 hectares)	防治率 (%) Prevention Rate (%)	发生面积 (千公顷) Occurrence Area (1000 hectares)	防治面积 (千公顷) Prevention Area (1000 hectares)	防治率 (%) Prevention Rate (%)
1984	305.63	153.35	50.2	16.79	8.39	50.0	288.84	144.97	50.2
1985	200.39	88.88	44.4	30.13	4.33	14.4	170.25	84.55	49.7
1990	126.87	68.17	53.7	19.71	6.53	33.1	107.15	61.64	57.5
1991	133.70	77.80	58.2	6.08	3.79	62.4	127.62	74.01	58.0
1992	136.01	91.26	67.1	10.77	6.81	63.2	125.23	79.33	63.3
1993	177.20	110.77	62.5	9.60	7.11	74.0	167.60	103.67	61.9
1994	163.16	104.01	63.7	27.57	14.67	53.2	135.59	89.35	65.9
1995	174.35	110.54	63.4	32.79	21.29	64.9	141.57	89.25	63.0
1996	187.35	119.28	63.7	35.84	16.44	45.9	151.51	101.51	67.0
1997	179.27	113.42	63.3	48.58	21.94	45.2	130.69	91.48	70.0
1998	136.89	88.31	64.5	43.31	25.53	58.9	93.59	62.79	67.1
1999	189.83	120.77	63.6	19.77	11.59	58.6	170.06	109.19	64.2
2000	205.58	129.93	63.2	28.73	15.41	53.7	176.85	114.51	64.8
2001	188.85	143.67	76.1	27.29	15.18	55.6	161.56	128.47	79.5
2002	175.27	114.06	65.1	25.27	13.90	55.0	150.00	100.16	66.8
2003	215.85	135.14	62.6	29.23	18.88	64.6	186.63	116.26	62.3
2004	190.49	122.97	64.6	20.65	12.39	60.0	169.85	111.25	65.5
2005	405.59	265.99	65.6	82.86	47.81	57.7	322.73	218.17	67.6
2006	409.86	178.50	43.6	71.33	27.40	38.4	334.53	151.10	45.2
2007	403.23	245.19	60.8	52.82	23.89	45.2	350.41	221.30	63.2
2008	387.35	239.43	61.8	57.45	44.01	76.6	329.89	195.41	59.2
2009	376.56	252.79	67.1	61.47	37.45	60.9	315.09	215.40	68.4
2010	385.40	268.31	69.6	55.39	33.86	61.1	330.05	234.45	71.0
2011	365.80	248.66	68.0	54.26	26.40	48.7	313.37	222.26	70.9
2012	305.31	255.80	83.8	57.92	44.34	76.6	247.39	211.46	85.5
2013	270.80	178.30	65.8	51.60	36.50	70.1	219.20	141.80	64.7
2014	265.89	177.78	66.9	56.31	35.94	63.8	209.58	141.84	67.7
2015	244.27	131.70	57.2	46.86	22.13	51.3	197.41	109.57	58.6
南昌市 Nanchang	2.76	2.75	99.8	0.32	0.31	100.0	2.44	2.44	99.7
景德镇市 Jingdezhen	17.63	14.55	95.7	3.26	2.19	93.2	14.37	12.36	96.3
萍乡市 Pingxiang	13.59	11.18	85.9	3.60	2.73	66.6	9.99	8.45	92.9
九江市 Jiujiang	20.10	0.28	1.8	2.71	0.18	9.4	17.39	0.10	0.6
新余市 Xinyu	0.54	0.51	93.8	0.14	0.10	75.7	0.40	0.40	100.0
鹰潭市 Yingtan	1.80	1.29	75.1	0.35	0.15	43.9	1.45	1.14	82.6
赣州市 Ganzhou	74.05	53.71	75.2	9.02	8.93	99.0	65.03	44.79	71.9
吉安市 Ji'an	30.39	16.84	47.5	1.60	0.37	23.3	28.79	16.47	48.9
宜春市 Yichun	28.62	23.03	83.7	5.31	4.49	93.4	23.31	18.54	81.5
抚州市 Fuzhou	20.19	0.21	22.7	8.19	0.05	10.7	11.99	0.16	30.8
上饶市 Shangrao	34.60	7.35	22.1	12.37	2.63	21.3	22.23	4.71	22.5

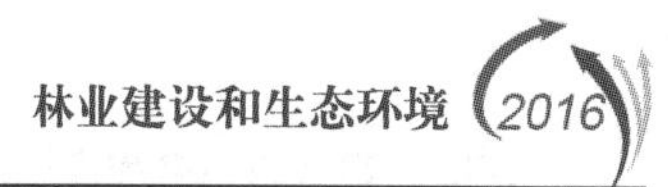

11-13 森林火灾发生情况及森林防火专业队建设情况
Forest Fires and Construction of Prevention of Forest Fire Team

指　标	Item	2005	2010	2014	2015
森林火灾次数(次)	Forest Fires(unit)	355	79	158	40
一般火灾	Ordinary Fires	60	24	29	9
较大火灾	Biggish Fires	295	55	129	31
重大火灾	Major Fires				
特大火灾	Severe Fires				
火场总面积(公顷)	Total Area of Fires(hectare)	9321	1338	3637	1617
受害森林面积(公顷)	Destructed Forest Area(hectare)	4626	729	1579	335
#天然林	Natural Forest	529	37	81	8
人工林	Man-made Forest	4098	692	1499	327
损失林木	Timber Loss				
成林蓄积(立方米)	Mature Forest Stock(cu.m)	84834	4253	13299	3055
幼林株数(万株)	Sapling Forest(10000 units)	403.00	109.50	334.06	21
人员伤亡(人)	Casualties(person)				
轻伤	Minor				
重伤	Severe	1		1	
死亡	Deaths	6	1	3	
直接经济损失(万元)	Economic Loss(10000 yuan)	1275	210	1402	225
森林防火扑火队伍建设(个)	Construction of Prevention of Forest Fire Team(unit)				
专业队	Professional	96	109	109	108
半专业	Semi-professional	247	1027	1485	1485
村级扑火应急队	Village-level Fires Emergency Team	5224	9015	9669	16469

11-14 各地区森林火灾情况（2015年）

Forest Fires by Region (2015)

地 区	Region	森林火灾次数 (次) Forest Fires (case)	#一般火灾 Ordinary Fires	#较大火灾 Biggish Fires	火场总面积 (公顷) Total Area of
全 省	**Provincial Total**	**40**	**9**	**31**	**1616.92**
南 昌 市	Nanchang				
景德镇市	Jingdezhen				
萍 乡 市	Pingxiang				
九 江 市	Jiujiang	5	2	3	510.66
新 余 市	Xinyu	1		1	46.40
鹰 潭 市	Yingtan				
赣 州 市	Ganzhou	17	0	17	220.60
吉 安 市	Ji'an	2	1	1	28.90
宜 春 市	Yichun	1		1	5.00
抚 州 市	Fuzhou	4	1	3	55.36
上 饶 市	Shangrao	10	5	5	750.00

11-14 续表 continued

地 区	Region	受害森林面积 (公顷) Destructed Forest Area(hectare)	天然林 National Forest	人工林 Man-made Forest	直接经济损失 (万元) Economic Loss (10000 yuan)
全 省	**Provincial Total**	**334.90**	**7.53**	**327.37**	**224.53**
南 昌 市	Nanchang				
景德镇市	Jingdezhen				
萍 乡 市	Pingxiang				
九 江 市	Jiujiang	19.80	1.80	18.00	55.25
新 余 市	Xinyu	19.30		19.30	0.80
鹰 潭 市	Yingtan				
赣 州 市	Ganzhou	192.30		192.30	101.18
吉 安 市	Ji'an	28.90		28.90	9.00
宜 春 市	Yichun	5.00		5.00	2.50
抚 州 市	Fuzhou	13.10	5.73	7.37	17.90
上 饶 市	Shangrao	56.50		56.50	37.90

11-15　各地区国有林场情况（2015年）
Condition of State-owned Farms by Region (2015)

地　区	Region	个　数 Units	活立木蓄积量（万立方米） Total Standing Forest Stock (10000 cu.m)	经营面积（千公顷） Operation Area (1000 hectares)	#联营面积 Area of Affiliation	有林地面积（千公顷） Soil Surface of Forest (1000 hectares)
全　省	**Provincial Total**	**238**	**9263.58**	**1745.69**	**573.12**	**1650.00**
南昌市	Nanchang	8	76.80	13.95	2.83	12.45
景德镇市	Jingdezhen	11	326.34	58.80	20.41	58.39
萍乡市	Pingxiang	10	245.81	68.88	52.93	68.86
九江市	Jiujiang	17	506.78	93.62	28.85	88.25
新余市	Xinyu	7	122.80	18.51	8.73	18.46
鹰潭市	Yingtan	9	299.65	36.57	3.38	35.63
赣州市	Ganzhou	51	2552.41	486.60	98.07	466.17
吉安市	Ji'an	40	3152.45	503.21	257.28	479.68
宜春市	Yichun	28	580.33	122.91	34.56	113.18
抚州市	Fuzhou	28	622.65	118.14	25.47	110.76
上饶市	Shangrao	29	777.56	224.50	40.61	198.17

11-15　续表　continued

地　区	Region	生态公益林补偿面积(千公顷) Ecological Public Welfare Forest Compensation Area (1000 hectares)	中　央 Center Government	省　级 Provincial	商品木竹采伐量 Commercial Timber and Bamboo Cutting Volume: 木材(立方米) Timber (cu.m)	毛竹(万根) Mao Bamboo (10000 units)
全　省	**Provincial Total**	**766.04**	**531.00**	**235.04**	**845990**	**210.00**
南昌市	Nanchang	6.93	4.24	2.70	3693	0.12
景德镇市	Jingdezhen	15.76	4.47	11.29	5350	1.02
萍乡市	Pingxiang	34.10	13.79	20.31	48680	4.29
九江市	Jiujiang	64.07	45.38	18.69	32659	6.16
新余市	Xinyu	10.48	2.83	7.65	7655	2.12
鹰潭市	Yingtan	26.81	17.79	9.02	6441	13.28
赣州市	Ganzhou	232.44	208.65	23.79	215593	34.14
吉安市	Ji'an	162.55	99.89	62.65	286295	17.48
宜春市	Yichun	64.05	41.92	22.13	157519	32.69
抚州市	Fuzhou	53.59	28.11	25.48	36357	14.93
上饶市	Shangrao	95.26	63.93	31.33	45748	83.78

11-16 重点调查工业企业“三废”排放及处理利用情况（2015年）

行业	Sector	工业用水量（万吨） Industry Water Use (10000 tons)	#重复用水量（万吨） Re-use (10000 tons)
总计	**Total**	**730713.39**	**598404.98**
煤炭开采和洗选业	Mining and Washing of Coal	3641.74	1038.10
黑色金属矿采选业	Mining and Processing of Ferrous Metal Ores	5232.75	3898.13
有色金属矿采选业	Mining and Processing of Non-Ferrous Metal Ores	49445.63	37224.03
非金属矿采选业	Mining and Processing of Nonmetal Ores	929.55	158.00
农副食品加工业	Processing of Food from Agricultural Products	4071.06	1358.53
食品制造业	Manufacture of Foods	2455.63	913.60
酒、饮料和精制茶制造业	Manufacture of Beverages	2807.89	414.61
烟草制品业	Manufacture of Tobacco	103.71	20.55
纺织业	Manufacture of Textile	2618.05	598.94
纺织服装、服饰业	Manufacture of Textile Wearing Apparel, Footware, and Caps	523.36	215.96
皮革、毛皮、羽毛及其制品和制鞋业	Manufacture of Leather, Fur, Feather and Related Products	656.46	90.34
木材加工和木、竹、藤、棕、草制品业	Processing of Timber, Manufacture of Wood,Bamboo, Rattan,Palm,	1188.94	614.23
家具制造业	Manufacture of Furniture	84.65	15.93
造纸和纸制品业	Manufacture of Paper and Paper Products	21029.86	7799.42
印刷和记录媒介复制业	Printing, Reproduction of Recording Media	2074.33	1957.80
文教、工美、体育和娱乐用品制造业	Manufacture of Articles For Culture, Education and Sport Activity	162.78	12.94
石油加工、炼焦和核燃料加工业	Processing of Petroleum, Coking, Processing of Nuclear Fuel	37890.55	35825.19
化学原料和化学制品制造业	Manufacture of Raw Chemical Materials and Chemical Products	51699.35	41693.10
医药制造业	Manufacture of Medicines	9344.53	6433.64
化学纤维制造业	Manufacture of Chemical Fibers	26168.08	23482.86
橡胶和塑料制品业	Manufacture of Rubber and Plastics	947.76	486.56
非金属矿物制品业	Manufacture of Non-metallic Mineral Products	22401.72	15890.13
黑色金属冶炼和压延加工业	Smelting and Pressing of Ferrous Metals	299187.96	285428.94
有色金属冶炼和压延加工业	Smelting and Pressing of Non-ferrous Metals	60445.49	55824.13
金属制品业	Manufacture of Metal Products	2135.74	1336.05
通用设备制造业	Manufacture of General Purpose Machinery	327.98	61.96
专用设备制造业	Manufacture of Special Purpose Machinery	288.17	60.77
汽车制造业	Manufacture of Automobiles	4993.01	4207.28
铁路、船舶、航空航天和其他运输设备制造业	Manufacture of Railway,Ships,Aerospace and Other Delivery Equipment	674.70	353.19
电气机械和器材制造业	Manufacture of Electrical Machinery and Equipment	946.57	256.43
计算机、通信和其他电子设备制造业	Manufacture of Computers, Communication Equipment and Other Electronic Equipment	19516.50	16238.82
仪器仪表制造业	Manufacture of Measuring Instruments	199.97	21.41
其他制造业	Other Manufactures	597.47	220.99
废弃资源综合利用业	Recycling and Disposal of Waste	681.63	340.94
金属制品、机械和设备修理业	Repair Services of Metals and Machinery	43.21	0.15
电力、热力生产和供应业	Production and Distribution of Electric Power and Heat Power	95128.25	53860.00

Discharge and Treatment of Industrial Waste Gas, Waste Water & Solid Wastes of Focused Investigated Industrial Enterprises (2015)

工业废水排放量(万吨) Industry Waste Water Discharge (10000tons)	废水治理设施数(套) Number of Facilities for Treatment of Waste Water (set)	废水治理设施处理能力(万吨/日) Waste Water Treatment Facilities Capacity (10000 tons/day)	化学需氧量排放量(吨) Chemical Oxygen Demand Emission (ton)	氨氮排放量(吨) Ammonia Nitrogen Emission (ton)	工业废气排放量(亿立方米) Total Volume of Industrial Waste Gas Emission (100 billion cu.m)	废气治理设施数(套) Facilities for Treatment of Waste Gas (set)	#脱硫设施数(套) Desulfu-rization Facilities (set)
71454.57	**3653**	**932.97**	**84531**	**8354**	**17053.31**	**8611**	**640**
2659.97	138	10.61	2374	62	20.61	27	9
877.66	79	21.64	690	32	58.65	13	
10734.28	270	172.98	5422	832	266.22	39	6
387.27	60	2.93	617	95	23.35	13	1
2231.50	208	17.57	9612	936	105.70	372	17
1208.11	133	4.85	3198	339	48.27	126	13
1299.77	67	10.66	3509	344	38.45	96	17
21.96	2	0.18	36		20.78	64	
1620.07	75	81.47	2833	224	47.32	112	14
243.07	25	1.85	447	50	7.17	23	2
457.94	42	1.41	891	97	4.69	35	5
467.56	49	1.06	1518	130	273.61	224	3
57.61	13	0.23	386	9	14.14	35	1
11577.39	117	56.40	9276	306	125.19	151	12
88.40	22	0.24	188	15	11.67	20	2
111.08	22	0.33	213	19	3.01	28	
1366.18	16	4.88	2179	178	182.02	40	16
6925.67	490	57.85	12808	1296	1104.23	1126	131
2386.95	210	8.50	5944	582	68.62	320	41
2223.14	9	10.34	2201	293	76.25	20	5
397.28	64	1.34	806	72	25.92	64	6
3500.50	491	52.97	4002	380	5876.19	3304	107
10598.31	131	353.78	4781	233	4061.01	312	24
3768.90	330	24.40	3134	960	798.79	727	102
602.02	103	5.64	810	86	80.84	144	19
218.16	47	1.21	272	24	23.62	88	3
155.28	19	0.38	248	21	33.98	29	
627.54	39	1.91	1015	82	13.10	39	4
258.94	23	1.29	245	42	2.87	47	8
566.07	73	3.70	755	78	105.02	362	9
2594.36	124	13.09	2470	366	117.20	255	4
161.64	19	0.70	236	40	1.83	19	
311.77	36	0.46	703	52	9.64	62	3
271.20	44	2.14	541	69	32.51	102	12
37.05	5	0.10	61	6	0.64	4	
438.48	56	3.71	110	3	3361.38	163	43

11-16 续表

行　　业	Sector	废气治理设施处理能力（万立方米/时）Emission Control Facilities Treatment Capacity (10000 cu.m/hour)	#脱硫设施处理能力（千克/时）Desulfurization Facilities Treatment Capacity (kg/hour)
总　计	**Total**	**33004.80**	**885948.01**
煤炭开采和洗选业	Mining and Washing of Coal	5.86	21.65
黑色金属矿采选业	Mining and Processing of Ferrous Metal Ores	17.70	
有色金属矿采选业	Mining and Processing of Non-Ferrous Metal Ores	347.16	80.00
非金属矿采选业	Mining and Processing of Nonmetal Ores	16.89	10.00
农副食品加工业	Processing of Food from Agricultural Products	295.84	30250.00
食品制造业	Manufacture of Foods	109.13	838.28
酒、饮料和精制茶制造业	Manufacture of Beverages	140.04	279.17
烟草制品业	Manufacture of Tobacco	29.02	
纺织业	Manufacture of Textile	152.91	341.60
纺织服装、服饰业	Manufacture of Textile Wearing Apparel, Footware, and Caps	21.60	15.00
皮革、毛皮、羽毛及其制品和制鞋业	Manufacture of Leather, Fur, Feather and Related Products	15.56	49.94
木材加工和木、竹、藤、棕、草制品业	Processing of Timber, Manufacture of Wood,Bamboo, Rattan,Palm,	685.32	31.00
家具制造业	Manufacture of Furniture	52.20	0.50
造纸和纸制品业	Manufacture of Paper and Paper Products	302.43	2764.22
印刷和记录媒介复制业	Printing, Reproduction of Recording Media	11.91	10.10
文教、工美、体育和娱乐用品制造业	Manufacture of Articles For Culture, Education and Sport Activity	11.79	
石油加工、炼焦和核燃料加工业	Processing of Petroleum, Coking, Processing of Nuclear Fuel	298.61	453423.00
化学原料和化学制品制造业	Manufacture of Raw Chemical Materials and Chemical Products	1099.06	20874.91
医药制造业	Manufacture of Medicines	207.14	6759.20
化学纤维制造业	Manufacture of Chemical Fibers	145.70	900.00
橡胶和塑料制品业	Manufacture of Rubber and Plastics	51.59	328.80
非金属矿物制品业	Manufacture of Non-metallic Mineral Products	10261.82	5272.78
黑色金属冶炼和压延加工业	Smelting and Pressing of Ferrous Metals	7985.25	61611.10
有色金属冶炼和压延加工业	Smelting and Pressing of Non-ferrous Metals	1116.69	168852.85
金属制品业	Manufacture of Metal Products	98.39	266.01
通用设备制造业	Manufacture of General Purpose Machinery	954.82	4010.00
专用设备制造业	Manufacture of Special Purpose Machinery	96.24	
汽车制造业	Manufacture of Automobiles	174.59	19.00
铁路、船舶、航空航天和其他运输设备制造业	Manufacture of Railway,Ships,Aerospace and Other Delivery Equipment	51.63	32.00
电气机械和器材制造业	Manufacture of Electrical Machinery and Equipment	341.13	145.92
计算机、通信和其他电子设备制造业	Manufacture of Computers, Communication Equipment and Other Electronic Equipment	286.83	15.00
仪器仪表制造业	Manufacture of Measuring Instruments	7.40	
其他制造业	Other Manufactures	22.62	4002.00
废弃资源综合利用业	Recycling and Disposal of Waste	107.33	286.17
金属制品、机械和设备修理业	Repair Services of Metals and Machinery	1.50	
电力、热力生产和供应业	Production and Distribution of Electric Power and Heat Power	7473.08	124357.82

continued

废气治理设施运行费用(万元) Waste Gas Treatment Facilities Operating Cost (10000 yuan)	二氧化硫排放量(吨) Sulphur Dioxide Emission (ton)	氮氧化物排放量(吨) Nitroger Oxide Emission (ton)	烟(粉)尘排放量(吨) Volume of Dust Emission (ton)	一般工业固体废物产生量(万吨) General Industrial Solid Wastes Produced (10000 tons)	一般工业固体废物综合利用量(万吨) General Industrial Solid Wastes Utilized (10000 tons)	一般工业固体废物处置量(万吨) General Industrial Solid Wastes Treated (10000 tons)	一般工业固体废物贮存量(万吨) General Industrial Solid Wastes in Stocks (10000 tons)	一般工业固体废物倾倒丢弃量(万吨) General Industrial Solid Wastes Discharged (10000 tons)
454670.80	**475253**	**259471**	**418581**	**10349.31**	**5757.84**	**263.43**	**4337.81**	**3.91**
205.80	720	247	1697	208.97	205.52	2.27	3.13	0.05
35.50		57	2412	819.76	719.78	17.97	82.01	0.01
604.10	635	74	3242	5746.56	1410.77	167.50	4168.47	0.01
109.00	1214	415	10419	288.29	267.30	6.13	18.37	0.01
2687.30	4651	1151	4880	27.68	26.09	1.60	0.02	
720.20	5795	1072	5418	13.88	12.81	1.09		
1160.60	3313	624	1640	19.11	17.29	1.72	0.10	0.01
1524.60	463	60	352	0.92	0.91			0.01
778.10	1769	427	1864	4.91	4.67	0.34	0.01	0.05
153.30	162	92	160	0.40	0.23	0.17		
174.60	493	127	393	1.11	1.05	0.05		
1699.00	2929	727	23496	18.23	17.83	0.37	0.01	0.03
90.90	34	70	445	0.96	0.88	0.08		
8284.80	26358	3361	5195	61.35	60.57	0.74	0.01	0.04
98.30	328	57	343	0.40	0.32	0.08		
85.30	123	41	75	0.40	0.23	0.15		0.02
7886.60	15828	10328	1756	21.67	21.43	0.24		
19964.70	32204	10371	27457	245.22	231.34	13.56	0.84	0.04
2401.40	4295	1446	3014	8.58	7.33	1.19	0.04	0.02
4405.70	4918	1838	2033	17.39	14.05	3.46	0.01	
300.30	1903	338	2267	4.22	4.10	0.10		
53878.40	165712	115978	156063	328.63	320.49	5.25	0.79	2.92
100440.80	86751	24421	120101	1262.35	1200.71	4.68	56.57	
76123.60	35439	3569	12564	234.54	221.50	9.74	6.15	0.18
584.80	1516	289	1532	3.72	2.46	1.09	0.19	
341.80	277	37	671	1.18	1.06	0.10	0.02	
394.50	284	111	513	1.09	0.53	0.55	0.01	
461.90	326	261	159	10.25	9.50	0.72	0.03	
177.50	128	73	145	0.62	0.44	0.16	0.04	
2023.40	643	259	825	1.27	1.11	0.15	0.01	
1555.90	325	174	237	3.37	1.24	2.08	0.07	
32.10	105	39	201	0.16	0.16			
230.70	395	102	585	1.63	1.57	0.03	0.02	
1827.50	1223	431	1219	14.65	10.26	4.24	0.61	
2.00			46	0.08	0.08		0.01	
163175.80	73695	80612	24935	966.71	953.22	15.81	0.29	

11-17 各地区工业“三废”排放及处理情况（2015年）

指标	Item	全 省 Total	南昌市 Nanchang
工业废水	**Industrial Waste Water**		
工业用水总量(万吨)	Industrial Water Use (10000 tons)	757721.78	65971.63
工业用水重复利用率(%)	Re-use Rate of Industrial WasteWater (%)	81.55	78.77
工业废水排放量(万吨)	Industrial Waste Water Discharge (10000 tons)	76412	10016.1
废水治理设施数(套)	Facilities for Treatment of Waste Water (set)	3655	290
废水治理设施处理能力(万吨/日)	Waste Water Treatment Facilities Capacity (10000 tons/day)	932.97	71.95
工业废气	**Industrial Waste Gas**		
工业废气排放总量(万立方米)	Industrial Waste Air Emission (10 thousand cu.m)	170546665	14635225
废气治理设施数(套)	Facilities for Treatment of Waste Gas (set)	8615	985
#脱硫设施数(套)	Desulfurization Facilities (set)	640	63
废气治理设施处理能力(万立方米/时)	Emission Control Facilities Treatment Capacity(10000 cu.m/hour)	33006.36	2829.04
#脱硫设施处理能力(千克/时)	Desulfurization Facilities Treatment Capacity(kg/hour)	885948.01	14811.69
工业二氧化硫排放量(吨)	Industrial Sulphur Dioxide Emission (ton)	515662	30399
工业氮氧化物排放量(吨)	Industrial Nitrogen Oxides Emission (ton)	279428	12954
工业烟(粉)尘排放量(吨)	Volume of Industrial Dust Emission (ton)	446013	24818
工业固体废物	**Industrial Solid Wastes**		
一般工业固体废物产生量(万吨)	Generation of General Industrial Solid Waste (10000 tons)	10776.68	240.28
#危险废物(吨)	Hazardous Wastes	713350.79	264627.69
一般工业固体废物综合利用量(万吨)	General Industrial Solid Wastes Utilized (10000 tons)	6151.78	233.28
#危险废物(吨)	Hazardous Wastes (ton)	576654.20	244320.36
一般工业固体废物综合利用率(%)	Ratio of General Industrial Solid Wastes Utilized (%)	57.03	97.00
一般工业固体废物贮存量(万吨)	General Industrial Solid Wastes in Stocks (10000 tons)	4363.06	0.49
一般工业固体废物处置量(万吨)	General Industrial Solid Wastes Treated (10000 tons)	271.76	6.95
一般工业固体废物倾倒丢弃量(万吨)	General Industrial Solid Wastes Discharged (10000 tons)	3.96	0.04

Discharge and Treatment of Industrial Waste Gas, Waste Water & Solid Wastes (2015)

景德镇市 Jingdezhen	萍乡市 Pingxiang	九江市 Jiujiang	新余市 Xinyu	鹰潭市 Yingtan	赣州市 Ganzhou	吉安市 Ji'an	宜春市 Yichun	抚州市 Fuzhou	上饶市 Shangrao
26301.51	63880.21	221774.73	192132.25	55777.90	27080.42	14858.08	25346.81	7898.75	56699.48
64.71	93.36	78.74	92.97	91.34	47.15	59.18	55.59	44.94	80.99
6271.25	1549.25	16786.42	5609.11	2531.30	12509.87	3687.08	7824.35	3057.17	6570.44
125	242	291	199	191	597	314	736	174	496
12.58	74.48	140.73	202.22	17.34	77.48	38.54	138.00	17.48	142.16
6741052	19213929	35182475	18832690	6243004	20290027	9336593	19355735	5496036	15219899
275	332	1058	538	255	1375	797	1319	516	1165
20	17	88	32	36	84	33	108	41	118
785.58	3044.77	7019.64	4699.83	1179.21	2556.57	1730.97	2856.95	1851.77	4452.06
9635.60	102937.59	460050.10	16952.10	132206.08	3125.44	33957.96	22957.42	57110.57	32203.46
29515	83117	79995	54027	21565	57431	38322	66593	19676	35022
17997	28060	52753	19077	10086	20898	19639	71860	3554	22549
27411	43277	50987	75610	5024	62177	27348	69471	23487	36403
159.09	350.82	1194.79	1633.67	393.15	1086.34	407.96	531.31	85.98	4693.28
3427.52	2355.88	174902.75	78867.32	65052.11	40779.97	3260.77	18146.66	15136.11	46793.96
156.69	342.70	723.83	1466.35	345.86	900.17	398.41	498.15	76.75	1009.60
920.39	2042.88	160490.69	54775.35	69697.86	4581.29	2130.59	4306.84	2359.53	31028.38
98.49	97.64	60.36	89.76	87.97	82.76	97.66	93.40	89.27	21.50
0.01	0.37	421.48	159.41	25.73	110.84	6.31	15.12	5.48	3617.82
2.40	9.02	53.91	7.91	21.57	77.43	3.18	17.16	3.75	68.49
	0.23	0.01			0.38	0.07	3.23		

11-18 工业"三废"排放及处理利用情况

Discharge and Treatment of Industrial Waste Gas, Waste Water & Solid Wastes

指标	Item	2000	2005	2010	2014	2015
工业废水	**Industrial Waste Water**					
工业用水总量(万吨)	Industrial Water Use (10000 tons)	329408	557544	666813	723212	757722
#重复用水量(万吨)	Re-use (10000 tons)				589196	617956
工业用水重复利用率(%)	Re-use Rate of Industrial Waste Water (%)	55.05	61.25	76.83	81.47	81.55
工业废水排放总量(万吨)	Industrial Waste Water Discharge (10000 tons)	42083	53972	72526	64856	76412
工业废气	**Industrial Waste Gas**					
工业废气排放总量(亿立方米)	Industrial Waste Air Emission (100 billion cu.m)	2220	4378	9812	15613	17055
工业二氧化硫排放量(万吨)	Industry Sulphur Dioxide Emission (10000 tons)	29	55	47	51.74	51.57
工业氮氧化物排放量(万吨)	Industry Sulphur Dioxide Emission (10000 tons)				30.97	27.94
工业烟(粉)尘排放量(万吨)	Volume of Industrial Dust Emission (10000 tons)				42.88	44.60
工业固体废物	**Industrial Solid Wastes**					
一般工业固体废物产生量(万吨)	General Industrial Solid Wastes Produced (10000 tons)	4814.97	7006.71	9407.30	10821.21	10776.68
#危险废物	Hazardous Wastes	1.71	3.28	8.98	46.91	71.34
一般工业固体废物综合利用量(万吨)	General Industrial Solid Wastes Utilized (10000 tons)	702.24	1898.51	4379.14	6120.56	6151.78
#危险废物	Hazardous Wastes	1.60	3.25	7.87	29.51	57.67
一般工业固体废物综合利用率(%)	Ratio of General Industrial Solid Wastes Utilized (%)	14.64	27.10	46.54	56.51	57.03
一般工业固体废物贮存量(万吨)	General Industrial Solid Wastes in Stocks (10000 tons)	3861.40	572.84	557.14	4475.97	4363.06
#危险废物贮存量	Hazardous Wastes in Stocks	0.86	0.01	0.04	1.61	3.37
一般工业固体废物处置量(万吨)	General Industrial Solid Wastes Treated (10000 tons)	98.71	4590.95	4486.55	232.02	271.76
#危险废物处置量	Hazardous Wastes Treated	0.01	0.06	1.25	17.70	12.53
一般工业固体废物倾倒丢弃量(万吨)	General Industrial Solid Wastes Discharged (10000 tons)	28.70	10.28	13.23	3.15	3.96

注：1.工业废气排放总量的计量单位2011年改为：亿立方米，历年数据是万标立方米；

2.工业固体废物产生量、工业固体废物综合利用量、工业固体废物综合利用率、工业固体废物贮存量、工业固体废物处置量、工业固体废物丢弃量2011年统一改为一般工业固体废物产生量、一般工业固体废物综合利用量、一般工业固体废物综合利用率、一般工业固体废物贮存量、一般工业固体废物处置量和一般工业固体废物倾倒丢弃量,且口径发生变化，后同。

a) The measuring unit of industrial waste air emission changed from 10 thousand cu.m into 100 billion cu.m.

b) Industrial solid wastes in stocks, industrial solid wastes treated, industrial solid wastes discharged changed into general industrial solid wastes produced,general industrial solid wastes utilized, ratio of general industrial solid wastes utilized, general industrial solid wastes in stocks, general industrial solid wastes treated, general industrial solid wastes discharged. Statistical range changed accordingly, the same as following tables.

11-19 各地区城镇生活污染情况（2015年）
Basic Statistics on Urban Consumption Waste by Region (2015)

地区	Region	城镇生活污水排放量（万吨）Urban Consumption Waste Water Discharge (10000 tons)	城镇生活污水中COD产生量（吨）COD Produced from Urban Consumption Waste Water(ton)	城镇生活污水中COD排放量（吨）COD Discharged from Urban Consumption Waste Water(ton)	城镇生活污水中氨氮产生量（吨）Ammonia Nitrogen Produced from Urban Consumption Waste Water(ton)	城镇生活污水中氨氮排放量（吨）Ammonia Nitrogen Discharged from Urban Consumption Waste Water(ton)
全　省	**Provincial Total**	**146450**	**572996**	**396540**	**63793**	**47347**
南昌市	Nanchang	36430	98134	41551	10838	6098
景德镇市	Jingdezhen	6695	23988	17648	2735	2083
萍乡市	Pingxiang	4771	27428	22286	3200	2388
九江市	Jiujiang	14249	80152	42659	6234	5236
新余市	Xinyu	5830	19822	11705	2128	1253
鹰潭市	Yingtan	3992	12966	11251	1540	1274
赣州市	Ganzhou	23284	94243	75936	11430	9164
吉安市	Ji'an	13660	50518	39123	5561	4485
宜春市	Yichun	15510	47774	43185	7126	5330
抚州市	Fuzhou	10392	49494	39002	5112	3751
上饶市	Shangrao	11638	68478	52195	7888	6286

11-19 续表 continued

地区	Region	生活煤炭消费量 Living Consumption of Coal	生活煤炭含硫率(%) Sulphur Rate of Living Coal Consumption (%)	生活煤炭含灰率(%) Ash Rate of Living Coal Consumption (%)	SO2排放量（吨）Volume of Sulphur Dioxide Emission (ton)	氮氧化物排放量（吨）Nitrogen Oxide Emission (ton)	烟尘排放量（吨）Volume of Soot Emission (ton)
全　省	**Provincial Total**	**67.63**	**1.16**	**14.30**	**12391**	**3853**	**8890**
南昌市	Nanchang	1.90	0.60	18.50	182	57	215
景德镇市	Jingdezhen	2.40	1.20	30.00	480	360	240
萍乡市	Pingxiang	1.90	0.80	27.00	243	95	142
九江市	Jiujiang	9.37	2.00	21.00	3187	2237	2318
新余市	Xinyu	2.10	0.60	8.00	227	43	326
鹰潭市	Yingtan	0.15	1.00	25.00	14	17	15
赣州市	Ganzhou	7.20	1.13	24.06	1384	203	108
吉安市	Ji'an	4.35	1.40	27.40	1034	102	282
宜春市	Yichun	28.35	1.00	1.00	3909	474	4252
抚州市	Fuzhou	4.55	1.00	30.00	728	91	455
上饶市	Shangrao	5.36	1.10	25.00	1003	174	536

11-20 水资源总量（2015年）
Water Resources (2015)

地区	Region	水资源总量（亿立方米）Total Amount of Water Resources (100 million cu.m)	年降水量 Annual Precipitation		地表水资源量 Surface Water Resources		地下水资源量（亿立方米）Groundwater Resources (100 million cu.m)
			年降水深（毫米）Annual Precipitation Depth (mm)	年降水量（亿立方米）Annual Precipitation (100 millioncu.m)	年径流深（毫米）Annual Flow Depth(mm)	年径流量（亿立方米）Annual Flow (100 million cu.m)	
全省	**Province Total**	**2001.24**	**2075.40**	**3464.76**	**1187.80**	**1982.99**	**464.97**
南昌市	Nanchang	92.28	1996.80	147.82	1196.40	88.57	17.16
景德镇市	Jingdezhen	81.67	2438.90	127.99	1556.20	81.67	17.09
萍乡市	Pingxiang	42.12	1886.10	72.18	1100.60	42.12	10.56
九江市	Jiujiang	188.69	1853.60	348.90	978.70	184.22	39.40
新余市	Xinyu	35.39	1937.70	61.31	1118.50	35.39	8.76
鹰潭市	Yingtan	56.15	2334.60	82.97	1576.80	56.04	10.80
赣州市	Ganzhou	367.79	1958.50	771.25	934.00	367.79	109.06
吉安市	Ji'an	281.39	1956.00	494.29	1113.50	281.39	64.76
宜春市	Yichun	224.35	1995.10	372.48	1184.80	221.21	55.39
抚州市	Fuzhou	265.92	2381.80	448.18	1413.10	265.90	65.80
上饶市	Shangrao	365.49	2357.90	537.39	1573.80	358.69	66.19

11-21 供水量（2015年）
Water Supply (2015)

单位：亿立方米 (100 million cu.m)

地区	Region	总供水量 Total Water Supply	地表水源供水量 Surface Water				地下水源供水量 Groundwater	其他水源供水量 Others
				蓄水 Storage	引水 Diversion	提水 Carry		
全省	**Province Total**	**245.81**	**235.56**	**123.20**	**44.27**	**68.09**	**8.24**	**2.01**
南昌市	Nanchang	30.64	29.43	6.23	10.61	12.59	1.12	0.09
景德镇市	Jingdezhen	8.28	7.73	5.23	0.72	1.78	0.54	0.01
萍乡市	Pingxiang	7.48	7.00	2.71	2.60	1.69	0.41	0.07
九江市	Jiujiang	23.52	22.98	9.73	1.13	12.12	0.51	0.03
新余市	Xinyu	7.79	7.45	4.65	1.87	0.93	0.28	0.06
鹰潭市	Yingtan	7.40	7.07	2.92	1.19	2.96	0.28	0.05
赣州市	Ganzhou	32.38	29.56	20.41	6.45	2.70	1.73	1.09
吉安市	Ji'an	30.19	29.33	20.07	3.69	5.57	0.81	0.05
宜春市	Yichun	42.70	41.72	22.63	4.92	14.17	0.94	0.04
抚州市	Fuzhou	23.50	22.60	9.52	7.07	6.01	0.44	0.46
上饶市	Shangrao	31.93	30.69	19.10	4.02	7.57	1.18	0.06

11-22 用 水 量（2015年）

Water Use (2015)

单位：亿立方米

(100 million cu.m)

地　区	Region	总用水量 Total	农田灌溉 Irrigated	林牧渔畜 Agricultural	规模以上工业 Industrial above Designated Size	规模以下工业 Industrial below Designated Size	城镇公共 Urban Publical	城镇居民生活 Urban Residential	农村居民生活 Rural Residential	生态环境 Ecological Protection
全　省	**Province Total**	**245.81**	**145.39**	**8.74**	**56.93**	**4.69**	**6.08**	**14.12**	**7.73**	**2.13**
南昌市	Nanchang	30.64	15.55	0.66	7.83	1.34	1.75	2.36	0.53	0.62
景德镇市	Jingdezhen	8.28	4.28	0.12	2.10	0.56	0.22	0.65	0.22	0.13
萍乡市	Pingxiang	7.48	2.81	0.26	2.80	0.26	0.34	0.70	0.24	0.07
九江市	Jiujiang	23.52	11.09	0.32	9.22		0.47	1.41	0.82	0.19
新余市	Xinyu	7.79	3.22	0.36	2.32	0.98	0.22	0.48	0.13	0.08
鹰潭市	Yingtan	7.40	4.24	0.20	2.00	0.10	0.20	0.40	0.18	0.08
赣州市	Ganzhou	32.38	20.08	2.48	4.34	0.14	1.02	2.34	1.70	0.28
吉安市	Ji'an	30.19	21.10	0.86	5.48	0.09	0.31	1.29	0.89	0.17
宜春市	Yichun	42.70	23.02	1.12	15.16	0.09	0.57	1.50	1.08	0.16
抚州市	Fuzhou	23.50	17.00	1.52	1.82	0.75	0.41	1.10	0.74	0.16
上饶市	Shangrao	31.93	23.00	0.84	3.86	0.38	0.57	1.89	1.20	0.19

注：1.规模以上工业指独立核算国有工业和年产品销售收入2000万元以上非国有工业。
2.城镇公共用水指建筑业用水和服务业用水。
3.生态环境用水指城镇环境用水和农村环境用水。

a) Industrial enterprises above designated size refer to state-owned industrial enterprises with independent accounting system and non-state-owned industrial enterprises with annual revenue from products sale over 5 million yuan..

b) Urban publical water use refer to water use of construction and services.

c) Ecological water use refer to water use of urban and rural areas.

11-23 耗 水 量（2015年）

Total Water Consumption(2015)

单位：亿立方米

(100 million cu.m)

地　区	Region	总耗水量 Water Consumption	农田灌溉 Irrigated	林牧渔畜 Agricultural	工业 Industry		城镇公共 Urban Publical	城镇居民生活 Urban Residential	农村居民生活 Rural Residential	生态环境 Ecological Protection
					火(核)电 Thermal (Nuclear) Power Generation	非火(核)电 Non-Thermal (Nuclear) Power Generation				
全　省	**Province Total**	**110.38**	**72.43**	**8.07**	**1.78**	**14.74**	**2.50**	**3.53**	**5.64**	**1.69**
南昌市	Nanchang	13.88	7.75	0.61	0.12	3.16	0.76	0.59	0.39	0.50
景德镇市	Jingdezhen	3.68	2.12	0.11	0.10	0.88	0.07	0.16	0.14	0.10
萍乡市	Pingxiang	3.25	1.41	0.26	0.01	1.01	0.16	0.18	0.16	0.06
九江市	Jiujiang	9.51	6.05	0.30	0.20	1.67	0.13	0.35	0.66	0.15
新余市	Xinyu	3.46	1.54	0.34	0.25	0.96	0.10	0.13	0.09	0.05
鹰潭市	Yingtan	3.42	2.04	0.18	0.13	0.69	0.07	0.10	0.15	0.06
赣州市	Ganzhou	16.11	9.92	2.27	0.08	1.55	0.38	0.58	1.11	0.22
吉安市	Ji'an	13.87	10.44	0.80	0.19	1.21	0.15	0.32	0.62	0.14
宜春市	Yichun	16.22	11.63	1.04	0.55	1.46	0.26	0.38	0.76	0.14
抚州市	Fuzhou	11.56	8.17	1.39		0.84	0.17	0.27	0.60	0.12
上饶市	Shangrao	15.42	11.36	0.77	0.15	1.31	0.25	0.47	0.96	0.15

11-24 废污水排放量（2015年）

Discharge of Waste Water (2015)

单位：万吨/年 (10000 tons/year)

地区	Region	合计 Total	第二产业 Secondary Industry	工业 Industry	建筑业 Construction	第三产业 Tertiary Industry	城镇居民生活 Urban Household Consumption
全省	**Province Total**	**401840**	**273534**	**270604**	**2930**	**28565**	**99741**
南昌市	Nanchang	79369	54988	54042	946	7743	16638
景德镇市	Jingdezhen	21057	15221	15172	49	1254	4582
萍乡市	Pingxiang	24597	18451	18218	233	1212	4934
九江市	Jiujiang	45920	32847	32794	53	2944	10129
新余市	Xinyu	21051	16711	16563	148	956	3384
鹰潭市	Yingtan	15840	11916	11848	68	1104	2820
赣州市	Ganzhou	49479	27617	27237	380	5356	16506
吉安市	Ji'an	34540	24164	23967	197	1282	9094
宜春市	Yichun	42091	29075	28710	365	2441	10575
抚州市	Fuzhou	26118	16428	16252	176	1935	7755
上饶市	Shangrao	41778	26116	25801	315	2338	13324

11-25 各地区气象台站及主要技术装备情况（2015年）

Weather Stations and Machinery in Cities by Region (2015)

地区	Region	国家基准气侯站(个) National Reference Climatological Station (unit)	国家基本气象站站(个) Basic Synoptic Station (unit)	国家一般气象站(个) General Synoptic (unit)	区域气象观测站(个) Number of Regional Observatory (unit)	农业气象观测站(个) Agrometeoro-logical Observatory (unit)
全省	**Province Total**	**5**	**21**	**65**	**2452**	**18**
南昌市	Nanchang		1	4	109	1
景德镇市	Jingdezhen		1	2	57	1
萍乡市	Pingxiang		1	3	92	1
九江市	Jiujiang	1	2	9	289	2
新余市	Xinyu			2	52	1
鹰潭市	Yingtan		1	2	49	1
赣州市	Ganzhou		4	13	559	3
吉安市	Ji'an	1	3	8	369	2
宜春市	Yichun	1	3	6	259	2
抚州市	Fuzhou	1	2	8	235	1
上饶市	Shangrao	1	3	8	382	3

11-25 续表 continued

地区	Region	生态气象观测站(个) Ecometeoro-logical Observatory (unit)	紫外线观测站(个) Ultraviolet Radiation Observatory (unit)	移动雷达(部) Mobile Radar (unit)	风廓线雷达(部) Wind Profile Radar (unit)	天气雷达(部) Weather Radar (unit)	闪电定位仪(个) Lightning Orientation (unit)
全省	**Province Total**	**6**	**12**	**1**	**3**	**8**	**12**
南昌市	Nanchang	1	1			1	1
景德镇市	Jingdezhen		1		1	1	1
萍乡市	Pingxiang	1	1	1			
九江市	Jiujiang	1	2			1	2
新余市	Xinyu		1				
鹰潭市	Yingtan		1				1
赣州市	Ganzhou	1	1			1	2
吉安市	Ji'an	1	1			1	1
宜春市	Yichun		1		1	1	1
抚州市	Fuzhou		1			1	2
上饶市	Shangrao	1	1		1	1	1

11-26 各地区气候基本情况（2015年）

Climate by Region (2015)

地 区	Region	年平均气温 Annual Average Temperature (0.1℃)/△T	年降水量 Annual Precipitation (0.1mm)/△R	年日照时数 Annual Sunshine Hours (0.1h)/△S	年平均相对湿度 Annual Average Relative Humidity (%)/△U
全省平均	**Province Average**	**185/4**	**21151/4545**	**13953/-2631**	**79 /2**
南昌市	Nanchang	187/7	22047/5910	16514/-1839	75/-1
景德镇市	Jingdezhen	185/7	24205/6157	14249/-3191	80/4
萍乡市	Pingxiang	184/8	19004/2757	13932/-581	79/-2
九江市	Jiujiang	169/-7	16816/2354	14642/-2034	81/6
新余市	Xinyu	181/-2	21313/5280	13349/-2979	80/3
鹰潭市	Yingtan	187/1	24789/6018	13272/-3578	79/3
赣州市	Ganzhou	202/6	16664/2201	14798/-2720	79/4
吉安市	Ji'an	193/6	21062/5400	12070/-3823	80/1
宜春市	Yichun	181/6	20135/3821	13081/-1945	80/0
抚州市	Fuzhou	188/7	23627/5579	12673/-3456	76/-4
上饶市	Shangrao	181/2	22997/4516	14903/-2798	82/4

注：△T、△R、△S、△U分别表示本年度平均气温、降水量、日照时数、平均相对湿度与1981-2010年三十年平均值比较的偏差值。

a) △T,△R,△S and △U indicate differences of annual average temperature, precipitation and sunshine hours at current year compared with nearly 30 years.Data of Yingtan are not available because it is newly established.

11-26 续表 continued

地 区	Region	重大灾害性天气(站次) Great calamity weather(time)					
		暴雨 Storm	大风 Gale	冰雹 Hail	大雾 Fog	大雪 Heavy snow	雷暴 Thunder-storm
合 计	**Total**	**638**	**67**	**11**	**3623**		**3905**
全省平均	**Province Average**	**58**	**6**	**1**	**329**		**355**
南昌市	Nanchang	38	1	4	40		194
景德镇市	Jingdezhen	26	3		126		101
萍乡市	Pingxiang	14	4		120		137
九江市	Jiujiang	63	13	2	667		418
新余市	Xinyu	12	0		162		76
鹰潭市	Yingtan	27	4		124		122
赣州市	Ganzhou	103	2		234		926
吉安市	Ji'an	87	18	1	591		488
宜春市	Yichun	68	1		399		361
抚州市	Fuzhou	99	7	2	357		566
上饶市	Shangrao	101	14	2	803		516

主要统计指标解释

林业用地面积 指用来发展林业的土地，包括郁闭度 0.2 以上的乔木林地以及竹林地、灌木林地、疏林地、采伐迹地、火烧迹地、未成林造林地、苗圃地和县级以上人民政府规划的宜林地面积。

造林总面积 指报告期内在荒山、荒地、沙丘、退耕地等一切可以造林的土地上，采用人工播种、飞机播种、植苗造林、分植造林等方法新植成片乔木林和灌木林，经过检查验收符合《造林技术规程》要求的单位面积株数，并按《中华人民共和国森林法实施条例》规定，成活率达 85%以上(含 85%，年降雨量在 400 毫米以下且无浇灌条件的地区造林成活率达 70%以上)的总面积。四旁植树如一侧在四行以上，连片面积 0.066 公顷(一亩)以上，应统计在造林面积内。造林面积，通常按所有制(国有、国有集体合作、集体和个人)、造林方式(人工、飞机播种)、主要林种用途(用材林、经济林、防护林、薪炭林、特种用途林)分组进行统计。

活立木总蓄积量 指一定范围土地上全部树木蓄积的总量，包括森林蓄积、疏林蓄积、散生木蓄积和四旁树蓄积。

森林覆盖率 指一个国家或地区森林面积占土地面积的百分比。在计算森林覆盖率时，森林面积包括郁闭度 0.20 以上的乔木林地面积和竹林地面积、国家特别规定的灌木林地面积、农田林网以及林旁、路旁、水旁、宅旁林木的覆盖面积。森林覆盖率表明一个国家或地区森林资源的丰富程度和生态平衡状况，是反映林业生产发展水平的主要指标。

自然保护区 指对有代表性的自然生态系统、珍稀濒危野生动植物物种的天然分布、水源涵养区、有特殊意义的自然历史遗迹等保护对象所在的陆地、陆地水体或海域，依法划出一定面积进行特殊保护和管理的区域。以县及县以上各级政府正式批准建立的自然保护区为准。风景名胜区、文物保护区不计在内。

林业产业总产值 指一定时期内（通常为 1 年）以货币表现的林业物质生产部门和非物质生产部门的生产总值，包括林业第一、第二、第三产业的生产总值。林业产业总产值的现行统计范围为：第一产业（农林牧渔业）中全社会的林业产值，种植业中全社会的花卉产值和茶、桑、果产值，畜牧业中全社会的狩猎业产值，林业系统的其他种植业产值、牧业产值和渔业产值；第二产业中采掘业之中全社会的木竹采运业产值，制造业之中全社会的木材加工及竹、藤、棕、草制品业产值和林产化学产品制造业产值，林业系统其他采掘业产值和制造业产值、电力煤气及水的生产供应业产值、建筑业产值；第三产业中全社会的森林旅游产值，林业系统的批发及零售贸易及餐饮业产值、交通运输仓储及邮电通讯业产值、房地产业产值、除森林旅游业外的其他社会服务业产值及其他第三产业产值。

工业废水排放量 指经过企业厂区所有排放口排到企业外部的工业废水量。包括生产废水、外排的直接冷却水、超标排放的矿井地下水和与工业废水混排的厂区生活污水，不包括外排的间接冷却水(清污不分流的间接冷却水应计算在内)。

工业废气排放量 指报告期内企业厂区内燃料燃烧和生产工艺过程中产生的各种排入大气的含有污染物的气体的总量，以标准状态(273K，101325Pa)计算。

工业烟（粉）尘排放量 指报告期内企业在燃料燃烧和生产工艺过程中排入大气的烟尘及工业粉尘的总质量之和。烟尘或工业粉尘排放量可以通过除尘系统的排风量和除尘设备出口烟尘浓度相乘求得。

一般工业固体废物综合利用量 指报告期内企业通过回收、加工、循环、交换等方式，从固体废物中提取或者使其转化为可以利用的资源、能源和其他原材料的固体废物量(包括当年利用往年的工业固体废物贮存量)，如用作农业肥料、生产建筑材料、筑路等。综合利用量由原产生固体废物的单位统计。

供水总量 指各种水源工程为用户提供的包括输水损失在内的毛供水量之和，不包括海水直接利用量。

地表水源供水量 指地表水体工程的取水量，按蓄、引、提、调四种形式统计。从水库、塘坝中引水或提水，均属蓄水工程供水量；从河道或湖泊中自流引水的，无论有闸或无闸，均属引水工程供水量；利用扬水站从河道或湖泊中直接取水的，属提水工程供水量；跨流域调水指水资源一级区或独立流域之间的跨流域调配水量，不包括在蓄、引、提水量中。

地下水源供水量 指水井工程的开采量，按浅层淡水、深层承压水和微咸水分别统计。城市地下水源供水量包括自来水厂的开采量和工矿企业自备井的开采量。

用水量 指各类用水户取用的包括输水损失在内的毛用水量，按农田灌溉、林牧渔畜、工业、城镇公共、居民生活、生态环境六大类统计。工业用水为取用的新水量，不包括企业内部的重复利用水。

耗水量 指在输、用水过程中，通过蒸腾、蒸发、土壤吸收、产品吸附、居民和牲畜饮用等多种途径与形式消耗，不能回归到地表水体或地下含水层的水量。

Explanatory Notes on Main Statistical Indicators

Forest Land Area Refer to areas of forestry development, including arbor forest that over 0.2 canopy density, bamboo forest land, bush forest land, sparse forest land, cutting blanks, the burns, immature forest land, seedling nursery site, and suitable for planting of the planning of governments at and above county level.

Total area of afforestation Refers to the total area of land suitable for afforestation, including barren hills, idle land, sand dunes, "grain for green" land, on which acres of arbores or bushes are planted through manual planting, airplane planting, plant seedlings, etc. in accordance with the required density standards of the Technical Procedures of Afforestation, and with a survival rate of over 85% in line with the Implementing Rules of the Forest Law of the People's Republic of China (or a survival rate of 75% in areas with less that 400 mm of annual rainfall and without irrigation facilities). Included in the this category are trees planted alone the roadsides, riversides, or next to houses that occupy an area over 0.066 hectares, or where more than 4 lines of trees are planted. Total area of afforestation is further classified by ownership (state-owned, state-collective, collective or private), by approach of planting (manual, airplane), and by type of forests (timber, by-products, protection, fuel, special use, etc.).

Total standing forest stock Refer to total stock of all trees on certain range land, including forest stock, sparse forest stock, sporadic trees stock, and scattered trees stock.

Forest coverage rate Refer to the percentage of the area of land in the area of forest of a country or region. While counting the forest coverage rate, the areas of forest include the arbor forest areas that over 0.2 canopy density, areas of bamboo forest land, areas of bush forest land of nation special provision, areas of farmland shelterbelt network, beside forests, road, water, house. Forest coverage rate indication that the degree of abundance of forest resource and ecological balance of a country or region. Forest coverage rate is the main item to mirror the development of forestry.

Nature Reserves Refer to certain areas of land, waters or sea that are representative in natural ecological systems, or are natural habitats for rare or endangered wild animals or plants, or water conservation zones, or the location of important natural or historic relics, which are demarked by law and put under special protection and management. Nature reserves are designated by the formal approval of governments at and above county level (including those approved by relevant departments or "revolutionary committees" before 1980). Scenic spots and cultural preservation zones are not included.

Gross output value of forestry Refer to the total value of products of productive departments and nonproductive departments during a given period of time (usually a year), including the primary Industry, the secondary Industry, and the tertiary Industry. The current Statistics of gross output value of Forestry include the output value of forestry in the whole country, the output value of flower, tea, mulberry and fruit in planting, the output value of hunting in animal husbandry, the output value of the other planting, animal husbandry and fishery of the forestry system; the output value of the bamboo and timber's cutting and transport in extractive industry, the processing of timber, the products of bamboo, rattan, palm, grass and forestry chemical, the output value of the other extractive industry, manufacturing, the production and supply of electric power and heat power, the construction; the output value of the forestry tourist, wholesale and retail trades and catering, transport, storage and post, real estate, and the other social services except the forestry tourist.

Waste Water Discharged by Industry refers to the volume of waste water discharged by industrial enterprises through all their outlets, including waste water from production process, directly cooled water, groundwater from mining wells which does not meet discharge standards and sewage from households mixed with waste water produced by industrial activities, but excluding indirectly cooled water discharged (It should be included if the discharge is not separated from waste water).

Industrial Waste Air Emission refers to the discharge into atmosphere of waste air containing pollutants generated from fuel burning and production processes in enterprises within a given period of time. It is calculated at standard status (273K, 101325Pa)

Volume of Dust Emission refers to volume of smoke and industrial dust emitted by burning and production process of enterprises and suspended in the air.Volume of smoke and industrial dust is calculated by volume of air flow timing thickness of dust from dedusting equipment exits.

General Industrial Solid Wastes Utilized refers to volume of solid wastes from which useful materials can be extracted or which can be converted into usable resources, energy or other materials by means of reclamation, processing, recycling and exchange (including utilizing in the year the stocks of industrial solid wastes of the previous year). Examples of such utilizations include fertilizers, building materials and road materials. The information shall be collected by the producing units of the wastes.

Water Supply refers to gross water supply by supply systems from sources to consumers, including losses during distribution.

Surface Water Supply refers to withdrawals by surface water supply system, broken down with storage, flow, pumping and transfer. Supply from storage projects includes withdrawals from reservoirs; supply from flow includes withdrawals from rivers and lakes with natural flows no matter if there are locks or not; supply from pumping projects includes withdrawals from rivers or lakes with pumping stations; and supply from transfer refers to water supplies transferred from first-level regions of water resources or independent river drainage areas to others, and should not be covered under supplies of storage, flow and pumping.

Groundwater Supply refers to withdrawals from supplying wells, broken down with shallow layer freshwater, deep layer freshwater and slightly brackish water. Groundwater supply for urban areas includes water mining by both waterworks and own wells of enterprises.

Water Consumption refers to water used including lose during transportation. Water consumption is divided into farmland irrigation, forestry husbandry fishing and farming, industry, public affair, livelihoods, ecological environment. Industry water consumption refers to newly using, do not include reusing.

Water consumption is the amount of water consumed through evaporation, interception, adsorption, inhabitant and livestock drinking during water use and cannot recycled into surface waters and aquifers.

农　业

AGRICULTURE

◆257/298

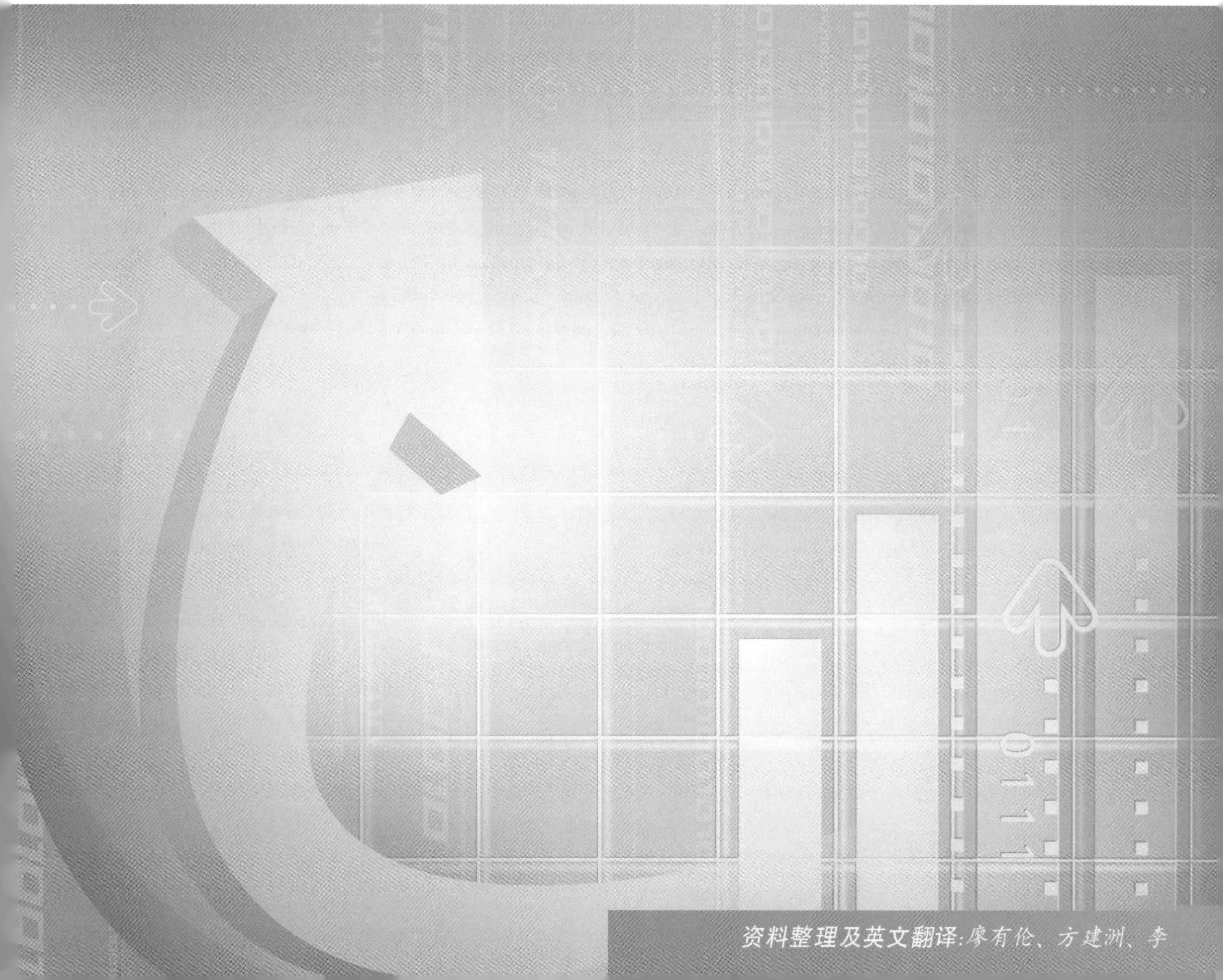

资料整理及英文翻译:廖有伦、方建洲、李

简要说明

一、本篇资料反映全省农业生产和农村经济的基本情况。主要包括农村基层组织、乡村劳动力、耕地、主要农产品面积和产量、农村基础设施以及农林牧渔综合计算等方面的统计资料。

二、本篇资料主要来源于江西省《农林牧渔业、农业产值综合、乡村社会经济统计报表制度》，其统计范围包括各市、县(区)各种经济类型的全部农林牧渔业以及各非农行业附属的农林牧渔业生产单位。

三、本篇资料中的农村基层组织、乡村劳动力、主要农产品面积和产量以及农林牧渔业总产值和增加值等由省统计局农业处提供；林业、渔业、农机和水利情况则分别根据省林业厅、省农业厅、省水利厅和省国土资源厅等部门资料整理提供。

四、部分指标依据2006年全国第二次农业普查资料进行了修正。

Brief Introduction

Ⅰ. The data in this chapter show the basic conditions of agricultural production and rural economy for the whole province, including mainly rural grassroots units, rural employed labors force, cultivated land, areas and output of major products, rural infrastructure, and Comprehensive Statistical of farming, forestry, animal husbandry and fishery.

Ⅱ. Data in this chapter mainly come from the Comprehensive Statistical Reporting on Farming, Forestry, Animal Husbandry and Fishery, the Comprehensive Statistical Reporting on Agricultural Output, and the Rural Social and Economic Survey of Jiangxi Province. Statistics on agriculture includes all productive units of farming, forestry, animal husbandry and fishery and units engaged in farming, forestry, animal husbandry and fishery in non-agricultural sectors with various types of ownership in cities, counties and districts of Jiangxi Province.

Ⅲ. Data on rural grassroots units, employed labor force, agricultural production and area, gross output value and value-added of farming, forestry, animal husbandry, and fishery are provided by Agriculture Division of Jiangxi Statistic Bureau. Data on forestry, fishery, agricultural machinery, and water conservancy are provided by Forestry, Agriculture, Water Conservancy Department of Jiangxi province, and Department of Land and Resources of Jiangxi province.

Ⅳ. Some Indicators have been adjusted according to the Second National Agricultural Census in 2006.

12-1 农村乡(镇)基本情况

Basic Conditions of Township and Town of Country

指 标	Iterm	2014	2015
乡镇政府(个)	Number of Township and Town Governments(unit)	1400	1400
镇政府	Number of Town Governments(unit)	810	816
乡政府	Number of Township Governments(unit)	590	584
村民委员会(个)	Number of Villagers' Committees(unit)	17077	17065
村民小组(个)	Number of Villagers' Group(unit)	199237	199921
自来水受益村委会个数(个)	Number of Villages Benifited by Tap Water(unit)	10174	10675
占村委会总个数比重(%)	Rate to Total Number of Villages(%)	59.6	62.6
通有线电视的村委会个数(个)	Number of Villages with Wide-band(unit)	15827	16203
占村委会总个数比重(%)	Rate to Total Number of Villages(%)	92.7	94.9
通宽带的村委会个数(个)	Number of Villages withCable TV(unit)	16092	16352
占村委会总个数比重(%)	Rate to Total Number of Villages(%)	94.2	95.8

12-2 各地区乡(镇)组织情况 (2015年)

Organizing Conditions of Township and Town by Region (2015)

地 区	Region	乡(镇)政府个数(个) Number of Township and Town Governments (unit)	#镇政府 Number of Town Governments	村民委员会(个) Number of Villagers' Committees (unit)	村民小组(个) Number of Villagers' Group (unit)
全 省	**Provincial Total**	**1400**	**816**	**17065**	**199921**
南昌市	Nanchang	78	50	1181	9658
景德镇市	Jingdezhen	39	28	473	4016
萍乡市	Pingxiang	47	28	640	9539
九江市	Jiujiang	181	102	1746	23765
新余市	Xinyu	26	17	406	3797
鹰潭市	Yingtan	33	23	341	4033
赣州市	Ganzhou	283	141	3461	49112
吉安市	Ji'an	214	118	2511	26551
宜春市	Yichun	159	115	2200	26162
抚州市	Fuzhou	153	93	1802	17429
上饶市	Shangrao	187	101	2304	25859

12-3 农、林、牧、渔业总产值和商品产值

Gross Output Value，and Commodity Output Value of Farming, Forestry, Animal Husbandry and Fishery

本表按当年价格计算

Data in this table are calculated at current prices.

单位：万元 (10000 yuan)

年份 Year	农林牧渔业总产值 Gross Output Value of Farming,Forestry, Animal Husbandry and Fishery	农业产值 Output Value of Farming	林业产值 Output Value of Forestry	牧业产值 Output Value of Animal Husbandry	渔业产值 Output Value of Fishery	服务业产值 Output Value of Services	农林牧渔业商品产值 Commodity Output Value of Farming, Forestry, Animal Husbandry and Fishery	农林牧渔业商品率(%) Commodity Rate of Farming, Forestry, Animal Husbandry and Fishery(%)
1978	492900	364752	58723	63025	6400		175842	35.7
1980	681508	482402	96038	95168	7900		279874	41.1
1985	1145040	740353	141190	228397	35100		566795	49.5
1990	2119055	1202955	195286	620351	100463		1372256	64.8
1990	2552437	1534586	239624	674764	103463		1372256	53.8
1991	2715836	1612274	288951	688523	126088		1483574	54.6
1992	2983528	1683513	315804	830611	153600		1735728	58.2
1993	3601064	1961358	314875	1095139	229692		2165316	60.1
1994	5278602	2762704	375230	1776561	364107		3368228	63.8
1995	6317137	3316376	414590	2095348	490823		4053816	64.2
1996	7334888	3863193	463328	2311829	696538		4751920	66.9
1997	7855119	3946088	468592	2558551	881888		5180617	66.0
1998	7348844	3615365	476187	2383146	874146		4824857	65.7
1999	7502895	3881699	495903	2239960	885333		4824974	64.3
2000	7602670	3872737	511086	2217976	1000871		4923589	64.8
2000	7413543	3446961	579735	2217976	1000871	168000	4497813	60.7
2001	7674396	3583299	605300	2261129	1042668	182000	4812927	62.7
2002	7918643	3664496	649332	2339367	1099548	165900	5093507	64.3
2003	8416300	3837127	704801	2540056	1185493	148823	5598337	66.5
2004	10549211	4910558	790778	3249823	1431346	166706	6836789	64.8
2005	11429925	5104715	873713	3650964	1625621	174912	7797125	68.2
2006	12252714	5571936	1046051	3440455	1643115	551157	8364442	68.3
2007	14269333	6212597	1264574	4355792	1822009	614361	9673395	67.8
2008	16804990	6943243	1507654	5560144	2115976	677973	11427251	68.0
2009	17338215	7297223	1617850	5414950	2311804	696388	12638262	72.9
2010	19005843	8013643	1867952	5840500	2555809	727939	13893271	73.1
2011	22072655	9178214	2061050	7343392	2722023	767976	15937301	72.2
2012	23992583	10032063	2289114	7526773	3330579	814054	17491174	72.9
2013	25783521	10728030	2526709	7964378	3701506	862897	18770946	72.8
2014	27265352	11440813	2741804	8148821	4006521	927394	19865218	72.9
2015	28591035	13269019	2936851	7198345	4199894	986926	20906221	73.1
南昌市 Nanchang	2969210	1155699	37127	1021596	692122	62666	2305370	77.6
景德镇市 Jingdezhen	879606	481176	63348	224709	64832	45540	665607	75.7
萍乡市 Pingxiang	979559	377720	75509	450448	68475	7407	639436	65.3
九江市 Jiujiang	2468243	1109491	153370	468726	661837	74819	1680330	68.1
新余市 Xinyu	941498	444565	137604	231709	98343	29275	647636	68.8
鹰潭市 Yingtan	795631	321912	47863	316706	97135	12014	604148	75.9
赣州市 Ganzhou	4805892	2357525	335665	1481978	539087	91636	3331287	69.3
吉安市 Ji'an	3647085	1795793	459785	923463	393946	74097	2894139	79.4
宜春市 Yichun	4186052	1948669	419804	1297162	484081	36336	2990239	71.4
抚州市 Fuzhou	3283167	1991916	156543	758684	310392	65632	2541613	77.4
上饶市 Shangrao	3635095	1507621	305758	932055	800684	88976	2606417	71.7

注：1990年数为按老口径计算的数据，自2000年后按新的国民经济行业分类计算,后同。

a)The data of 1990 was calculated on old basis.The data since 2000 is calculated on the new classification standards for national economic.

12-4 农、林、牧、渔业总产值构成
Gross Output Value Composition of Farming, Forestry, Animal Husbandry and Fishery

本表按当年价格计算

Data in this table are calculated at current prices.

单位：% (%)

年 份 Year	农林牧渔业总产值 Gross Output Value of Farming,Forestry, Animal Husbandry and Fishery	农业产值 Output Value of Farming	林业产值 Output Value of Forestry	牧业产值 Output Value of Animal Husbandry	渔业产值 Output Value of Fishery	服务业产值 Output Value of Services
1978	100.0	74.0	11.9	12.8	1.3	
1980	100.0	70.7	14.1	14.0	1.2	
1985	100.0	64.7	12.3	19.9	3.1	
1990	100.0	56.8	9.2	29.3	4.7	
1990	100.0	60.1	9.4	26.4	4.1	
1991	100.0	59.4	10.6	25.4	4.6	
1992	100.0	56.5	10.6	27.8	5.1	
1993	100.0	54.5	8.7	30.4	6.4	
1994	100.0	52.3	7.1	33.7	6.9	
1995	100.0	52.4	6.6	33.2	7.8	
1996	100.0	52.7	6.3	31.5	9.5	
1997	100.0	50.2	6.0	32.6	11.2	
1998	100.0	49.2	6.5	32.4	11.9	
1999	100.0	51.7	6.6	29.9	11.8	
2000	100.0	50.9	6.7	29.2	13.2	
2000	100.0	46.5	7.8	29.9	13.5	2.3
2001	100.0	46.7	7.9	29.5	13.6	2.3
2002	100.0	46.3	8.2	29.5	13.9	2.1
2003	100.0	45.6	8.4	30.2	14.1	1.7
2004	100.0	46.5	7.5	30.8	13.6	1.6
2005	100.0	44.7	7.7	31.9	14.2	1.5
2006	100.0	45.5	8.5	28.1	13.4	4.5
2007	100.0	43.5	8.9	30.5	12.8	4.3
2008	100.0	41.3	9.0	33.1	12.6	4.0
2009	100.0	42.1	9.3	31.2	13.3	4.0
2010	100.0	42.2	9.8	30.7	13.5	3.8
2011	100.0	41.6	9.3	33.3	12.3	3.5
2012	100.0	41.8	9.5	31.4	13.9	3.4
2013	100.0	41.6	9.8	30.9	14.4	3.3
2014	100.0	42.0	10.0	29.9	14.7	3.4
2015	100.0	46.4	10.3	25.2	14.7	3.5
南 昌 市 Nanchang	100.0	38.9	1.3	34.4	23.3	2.1
景德镇市 Jingdezhen	100.0	54.7	7.2	25.5	7.4	5.2
萍 乡 市 Pingxiang	100.0	38.6	7.7	46.0	7.0	0.8
九 江 市 Jiujiang	100.0	45.0	6.2	19.0	26.8	3.0
新 余 市 Xinyu	100.0	47.2	14.6	24.6	10.4	3.1
鹰 潭 市 Yingtan	100.0	40.5	6.0	39.8	12.2	1.5
赣 州 市 Ganzhou	100.0	49.1	7.0	30.8	11.2	1.9
吉 安 市 Ji'an	100.0	49.2	12.6	25.3	10.8	2.0
宜 春 市 Yichun	100.0	46.6	10.0	31.0	11.6	0.9
抚 州 市 Fuzhou	100.0	60.7	4.8	23.1	9.5	2.0
上 饶 市 Shangrao	100.0	41.5	8.4	25.6	22.0	2.4

12-5 农、林、牧、渔业总产值指数

Indices of Gross Output Value of Farming,Forestry,Animal Husbandry and Fishery

本表按可比价格计算。

Data in this table are calculated at constant pieces.

年 份 Year	以1978年为100 (year of 1978=100)						以上年为100 (preceding year=100)					
	农林牧渔业总产值 Gross Output Value of Farming, Forestry, Animal Husbandry and Fishery	农业产值 Output Value of Farming	林业产值 Output Value of Forestry	牧业产值 Output Value of Animal Husbandry	渔业产值 Output Value of Fishery	服务业产值 Output Value of Services	农林牧渔业总产值 Gross Output Value of Farming, Forestry, Animal Husbandry and Fishery	农业产值 Output Value of Farming	林业产值 Output Value of Forestry	牧业产值 Output Value of Animal Husbandry	渔业产值 Output Value of Fishery	服务业产值 Output Value of Services
1978	100	100	100	100	100	100	102.8	101.6	105.7	107.2	98.9	
1979	114.8	115.0	112.4	116.5	113.6		114.8	115.0	112.4	116.5	113.6	
1980	111.2	109.3	108.7	120.6	127.4		96.9	95.1	96.8	103.6	112.2	
1981	115.6	111.2	127.3	122.6	150.7		103.9	101.7	117.1	101.8	118.3	
1982	127.4	122.4	124.8	148.7	170.0		110.2	110.1	98.0	121.1	112.8	
1983	129.4	122.7	128.2	152.7	213.2		101.5	100.2	102.7	102.7	125.4	
1984	143.3	135.4	144.5	169.0	240.9		110.8	110.3	112.7	110.7	112.9	
1985	153.6	140.4	153.7	200.8	291.5		107.2	103.7	106.4	118.8	121.0	
1986	157.7	138.0	154.9	232.9	337.4		102.6	98.3	100.8	116.0	115.7	
1987	171.6	150.8	169.3	247.9	387.9		108.8	109.3	109.3	106.4	115.0	
1988	176.3	147.5	176.9	282.1	445.1		102.7	97.8	104.5	113.8	114.8	
1989	185.8	156.8	177.6	296.5	485.3		105.4	106.3	100.4	105.1	109.0	
1990	198.0	167.7	184.0	315.5	532.0		106.5	106.9	103.6	106.4	109.6	
1991	210.0	176.0	199.4	337.6	584.6		106.1	105.0	108.3	107.0	109.9	
1992	223.8	181.4	212.9	378.7	712.1		106.6	103.0	106.8	112.2	121.8	
1993	240.1	185.2	194.2	456.3	972.1		107.3	102.1	91.2	120.5	136.5	
1994	264.7	193.4	209.7	537.7	1243.1		110.2	104.5	108.0	117.8	127.9	
1995	278.4	193.9	210.3	590.9	1562.5		105.2	100.2	100.3	109.9	125.7	
1996	301.8	208.4	221.5	609.2	2087.5		108.4	107.5	105.3	103.1	133.6	
1997	322.9	221.3	218.1	644.1	2510.9		107.0	106.2	98.5	105.7	120.3	
1998	310.2	203.8	220.4	623.6	2656.1		96.1	92.1	101.1	96.8	105.8	
1999	325.4	226.2	216.8	600.3	2847.3		104.9	111.0	98.4	96.3	107.2	
2000	334.5	230.3	234.4	599.1	3103.6	335.0	102.8	101.8	108.1	99.8	109.0	100.6
2001	344.5	238.1	237.2	608.7	3261.9	364.8	103.0	103.4	101.2	101.6	105.1	108.9
2002	358.3	244.5	251.2	628.8	3539.2	332.3	104.0	102.7	105.9	103.3	108.5	91.1
2003	368.1	243.3	268.7	651.4	3819.9	296.1	102.7	99.5	107.0	103.6	107.9	89.1
2004	397.6	269.3	280.8	685.9	4125.4	307.9	108.0	110.7	104.5	105.3	108.0	104.0
2005	424.6	278.5	293.2	770.3	4451.3	316.8	106.8	103.4	104.4	112.3	107.9	102.9
2006	450.5	293.5	346.8	794.2	4780.5	356.4	106.1	105.4	118.3	103.1	107.4	112.5
2007	469.4	303.5	377.0	818.0	5067.3	383.8	104.2	103.4	108.7	103.0	106.0	107.7
2008	491.9	315.3	406.8	859.7	5340.9	399.5	104.8	103.9	107.9	105.1	105.4	104.1
2009	514.5	323.5	430.8	909.6	5725.4	413.1	104.6	102.6	105.9	105.8	107.2	103.4
2010	535.1	327.1	458.8	962.4	6137.6	434.2	104.0	101.1	106.5	105.8	107.2	105.1
2011	557.6	346.7	484.0	985.5	6211.3	458.0	104.2	106.0	105.5	102.4	101.2	105.5
2012	583.2	356.0	515.0	1034.7	6726.8	485.5	104.6	102.7	106.4	105.0	108.3	106.0
2013	609.3	374.6	548.0	1070.0	6928.6	514.7	104.5	105.2	106.4	103.4	103.0	106.0
2014	638.6	388.9	583.6	1129.9	7247.3	546.6	104.8	103.8	106.5	105.6	104.6	106.2
2015	664.1	427.5	624.0	1106.0	7544.8	579.9	104.0	109.9	106.9	97.9	104.1	106.1

12-6 农、林、牧、渔业总产值

Gross Output Value of Farming,Forestry,Animal Husbandry and Fishery

单位：万元 (10000 yuan)

行业	Sector	2014	2015	2015年比2014年增长（%） Increase Rate in 2015 over 2014(%)
农林牧渔业总产值	**Gross Output Value of Farming,Foretry, Animal Husbands and Fishery**	**27265352**	**28591035**	**4.0**
农业产值	**Output Value of Farming**	**11440813**	**13269019**	**9.9**
谷物及其他作物	Cereal and Other Cereal	6833820	6953863	-6.6
谷物	Cereal	5164749	5243553	-8.9
薯类	Tubers	141481	153581	1.9
油料	Oil-bearing Crops	624290	674362	1.9
豆类	Soybeans	185322	197157	3.5
棉花	Cotton	99459	88259	-13.8
麻类	Fiber Crops	8053	7765	-8.0
糖料	Sugar Crops	134856	149421	2.0
烟草	Tobacco	131087	135875	-7.3
其他农作物	Other Cereal	344524	303890	2.2
蔬菜、食用菌及花卉、盆景园艺产品	Vegetable, Edible Fungi and Gardening Cereal	3346014	3923381	3.8
水果、坚果、茶、饮料和香料作物	Fruit, Nut, Tea, Drink and Spicery Cereal	1188883	2229879	80.3
中药材	Chinese Traditional Medicinal Materials	72096	161897	2.1
林业产值	**Output Value of Forestry**	**2741804**	**2936851**	**6.9**
林木的培育和种植	Forest Cultivated and Planted	882389	896610	3.4
竹木采运	Bamboo and timber's Cutting and Transport	711386	728177	1.1
林产品	Forestry Products	1148029	1312064	13.3
牧业产值	**Output Value of Animal Husbandry**	**8148821**	**7198345**	**-2.1**
牲畜饲养	Livestock Raised	733496	737452	3.1
猪的饲养	Hogs Raised	4913096	3961460	-2.4
家禽饲养	Poultry Raised	2231664	2217294	3.6
狩猎和捕捉动物	Animal Hutted and Caught	29615	29126	-4.6
其他畜牧业	Other Animal Husbandry	240950	253013	-8.6
渔业产值	**Output Value of Fishery**	**4006521**	**4199894**	**4.1**
鱼类	Fish	2924371	3080312	5.5
甲壳类	Carapace	499976	517361	2.2
贝类	Shell-fish	81267	84905	2.1
其他渔业	Other Fishery	500906	517316	-1.7
农林牧渔服务业产值	**Services Output Value of Farming, Forestry, Animal Husbandry and Fishery**	**927394**	**986926**	**6.1**

注：增长速度由当年可比价格产值除以上年现行价格产值所得。

a) The growth is equal to the output value that caculated at current year's constant prices divided by the output value that caculated at last year's current prices.

12-7 各地区粮食作物和多种经营产值（2015年）

Output Value of Grain Crops and Multi deal by Region (2015)

本表按当年价格计算

Data in this table are calculated at current prices.

地区	Region	农林牧渔业总产值（万元）Gross Output Value of Farming, Forestry, Animal Husbandry and Fishery(10000yuan)			构成（%）Composition (%)	
			粮食作物 Grain Crops	多种经营 Multi-dealing	粮食作物 Grain Crops	多种经营 Multi-dealing
全　省	**Provincial Total**	**28591035**	**6639821**	**21951216**	**23.2**	**76.8**
南昌市	Nanchang	2969210	675114	2294096	22.7	77.3
景德镇市	Jingdezhen	879606	185417	694189	21.1	78.9
萍乡市	Pingxiang	979559	144916	834643	14.8	85.2
九江市	Jiujiang	2468243	480842	1987401	19.5	80.5
新余市	Xinyu	941498	226686	714813	24.1	75.9
鹰潭市	Yingtan	795631	198557	597073	25.0	75.0
赣州市	Ganzhou	4805892	750145	4055747	15.6	84.4
吉安市	Ji'an	3647085	1056881	2590204	29.0	71.0
宜春市	Yichun	4186052	1171985	3014067	28.0	72.0
抚州市	Fuzhou	3283167	792219	2490948	24.1	75.9
上饶市	Shangrao	3635095	957059	2678035	26.3	73.7

12-8 农林牧渔业商品产值和商品率

Commodity Output Value and Commdity Rate of Farming, Forestry, Animal Husbandry and Fishery

本表按当年价格计算

Data in this table are calculated at current prices.

行业	sector	农林牧渔业商品产值(万元) Commodity Output Value of Farming, Forestry, Animal Husbandry and Fishery (10000 yuan)		农林牧渔业商品率（%）Commdity Rate of Farming, Forestry, Animal Husbandry and Fishery (%)	
		2014	2015	2014	2015
合　计	**Total**	**19865218**	**20906222**	**72.9**	**73.1**
#粮食作物产值	Output Value of Grain Crops	3758826	4044844	68.4	60.9
多种经营产值	Output Value of Multi-dealing	16106393	16861378	74.0	76.8
农　业	Farming	8155976	8916333	71.3	66.1
林　业	Forestry	1238798	1360549	45.2	62.1
牧　业	Animal Husbandry	6876251	6767274	84.4	83.5
渔　业	Fishery	3234275	3463740	80.7	82.3
服务业	Services	359919	387108	38.8	65.8

12-9 农、林、牧、渔业中间消耗

Intermediate Consumption of Farming,Forestry,Animal Husbandry and Fishery

单位：万元 (10000 yuan)

行 业	Sector	2014	2015
农林牧渔业中间消耗总计	**Total Intermediate Consumption of Farming,Forestry, Animal Husbandry and Fishery**	**9912429**	**10313410**
农业中间消耗	**Intermediate Consumption of Farming**	**3817611**	**4578342**
物质消耗	Material Consumption	3364806	4018517
用种量	Quantity of Seeds Used	728693	912486
役畜用饲料、饲草	Feedstuff for Service-lovestock	174611	212237
肥料	Fertilizer	1346351	1418903
燃料	Fuel	198717	249011
农药	Pesticide	291680	345479
农用塑料薄膜	Plastic Film for Farming	106018	138409
用电量	Consumption of Electricity	176211	276912
小农具购置	Small Dead Stock	122713	161210
办公用品购置	Office Stationary Purchased	25988	36848
其他	Others	193823	267020
生产服务支出	Production and Services Expenditure	452805	559825
林业中间消耗	**Intermediate Consumption of Forestry**	**616347**	**734062**
物质消耗	Material Consumption	486795	562825
用种量	Quantity of Seeds Used	169415	209950
肥料	Fertilizer	109327	115696
燃料	Fuel	37627	42302
农药	Pesticide	30083	35402
用电量	Consumption of Electricity	20174	22810
小农具购置	Small Dead Stock	33724	39560
办公用品购置	Office Stationary Purchased	14538	13119

12-9 续表 continued

单位：万元 (10000 yuan)

行　　业	Sector	2014	2015
其他物质消耗	Other Material Consumption	71906	83986
生产服务支出	Production and Services Expenditure	129552	171237
牧业中间消耗	**Intermediate Consumption of Animal Husbandry**	**3864169**	**3301189**
物质消耗	Material Consumption	3620071	3108569
用种量	Quantity of Seeds Used	613013	544247
饲料、饲草	Feedstuff,Forage Grass	2655725	2248055
燃料	Fuel	115806	115847
用电量	Consumption of Electricity	30543	28771
畜牧用药品	Leechdom for Livestock	112202	90003
其他	Others	92782	81647
生产服务支出	Production and Services Expenditure	244098	192620
渔业中间消耗	**Intermediate Consumption of Fishery**	**1202558**	**1260734**
物质消耗	Material Consumption	1001602	1056009
饲料	Feedstuff	688088	726811
燃料	Fuel	61471	66029
用电量	Consumption of Electricity	28783	30270
办公用品购置	Office Stationary Purchased	14060	14613
其他	Others	209201	218286
生产服务支出	Production and Services Expenditure	200956	204725
农林牧渔服务业中间消耗	**Intermediate Consumption of Services of Farming,Forestry, Animal Husbandry and Fishery**	**411744**	**439084**
物质消耗	Material Consumption	248043	264513
生产服务支出	Production and Services Expenditure	163701	174571

12-10 主要农业机械年末拥有量和机耕情况

Major Agricultural Machinery at the Year-end and Condition of Tractor-ploughing

指 标	Item	1990	2000	2010	2014	2015
农业机械总动力(万瓦特)	**Total Power of Agricultural Machinery(10000 watts)**	**667717**	**902307**	**3805000**	**2118393**	**2260816**
柴油发动机动力	Power of Diesel Motor	410637	620228	2978000	1643385	1763877
汽油发动机动力	Power of Pectol Motor	80651	63401	161000	95795	100942
电动机动力	Power of Electromotor	176429	211399	666000	378336	395120
其他机械动力	Power of Other Engine		7279		876	876
农业机械与设备	**Agricultural Machinery and Equiment**					
大中型拖拉机(台)	Large and Medium Agricultural Tractors(unit)	19324	22725	16700	14214	19624
(万瓦特)	(10000 watts)	49449	54001	38490	60075	85114
小型拖拉机(台)	Mini-Tractors(unit)	91682	78634	390300	307615	331997
(万瓦特)	(10000 watts)	76492	65329	469800	345576	375940
大中型配套农具(部)	Number of Large and Medium Agricultural Tractor Towing Farm Machinery(unit)	10190	3037	20500	22718	27627
小型配套农具(部)	Number of Mini-Tractor Towing Farm Machinery(unit)	67319	105813	286100	314043	334155
农用排灌动力机械(台)	Agricultural Irrigation and Drainage Engines(unit)	130713	253881	1164000	615151	624995
(万瓦特)	(10000 watts)	150864	213168	880000	401481	406944
#柴油机(台)	Diesel Engines(unit)	67476	144926	742000	347485	352421
(万瓦特)	(10000 watts)	68615	111667	510650	232251	233634
电动机(台)	Electromotors(unit)	60446	90423	401000	236025	241049
(万瓦特)	(10000 watts)	80923	103744	329480	161922	164541
农用水泵(台)	Agricultural Water Pumps(unit)	118122	223295	731000	439579	446701
节水灌溉机械(套)	Water-saving Irrigration Machine(set)	4816	7033	50900	131406	132240
机动脱粒机(台)	Motorized Thrashing Machine(unit)	42047	253864	931400	296120	292381
机动喷雾(粉)机(部)	Motorized Spraying Machine(unit)	6942	24589	158800	146490	148270
(万瓦特)	(10000 watts)	1155	3676	39520	31641	32147
农用运输车(辆)	Agricultural Transport Cars(unit)	22811	57489	203800	114638	114033
(万瓦特)	(10000 watts)	27037	92667	517000	272919	271856
农业机耕情况	**Condition of Agricultural Tractor-ploughing**					
当年实际机耕面积(千公顷)	Real Tractor-ploughing Areas in Current Year(1000 hectares)	640.6	1029.4	2898.8	3913	4206

12-11 农业电气化、化学化、水利化情况

Agricultural Electrization, Chamization, Adequate Irrigation

指　　标	Item	1990	2000	2010	2014	2015
农业电气化情况	**Agricultural Electrization**					
农村用电量(万千瓦小时)	Electricity Consumed in Rural Areas(10000 kwh)	159927	339255	715738	976215	999196
通电的村民委员会个数(个)	Number of Villagers' Committees with Electricity(unit)	18957	20242	17245	17077	17065
通电的村委会占村委会总数比重(%)	Percentage of Villagers' Committees with Electricity in Total Villagers'Committees(%)	91.1	97.6	99.9	100.0	100.0
农业化学化情况	**Agricultural Chamization**					
农用化肥施用量(实物量)(万吨)	Quantity of Chemical Fertilizers Used for Farming (Material) (10000 tons)	285.6	343.4	415.1	430.6	431.5
氮　　肥	Nitrogenous Fertilizer	150.5	150.2	135.0	132.9	132.1
磷　　肥	Phosphorus Fertilizer	90.0	88.2	81.2	80.8	80.8
钾　　肥	Kalium Fertilizer	26.7	40.0	53.3	54.0	53.5
复 合 肥	Compound Fertilizer	18.4	65.0	145.6	163.0	165.1
农用化肥施用量(折纯量)(万吨)	Quantity of Chemical Fertilizers Used for Farming (net)(10000 tons)	83.6	106.9	137.6	142.9	143.6
氮　　肥	Nitrogenous Fertilizer	46.1	47.5	43.4	42.3	42.2
磷　　肥	Phosphorus Fertilizer	17.8	19.6	22.1	22.4	22.1
钾　　肥	Kalium Fertilizer	13.3	17.2	21.1	21.5	21.5
复 合 肥	Compound Fertilizer	6.4	22.7	50.9	56.8	57.7
农用塑料薄膜使用量(吨)	Quantity of Plastic Film for Farming Consumed(ton)	16428	28599	45491	53122	53977
农药使用量(吨)	Quantity of Pesticide Consumed(ton)	36482	51406	106530	94764	93873
农业水利化情况	**Agricultural Adequate Irrigation**					
有效灌溉面积(千公顷)	Irrigated Areas(1000 hectares)	1836.7	1903.4	1852.4	2001.6	2027.7

12-12 水利灌溉设施年末建成达到情况

Construction Condition of Water Conservancy for Irrigation at the End of Year

指　　标	Item	2011	2012	2013	2014	2015
工程座数	**Number of Projects**					
蓄水工程(座)	Water Storage Project(unit)	240511	240715	239758	240716	240841
大型水库	Large-scale Reservoir	27	28	28	28	28
中型水库	Medium-scale Reservoir	257	257	257	258	260
小(一)型水库	Small(1)-scale Reservoir	1491	1491	1499	1505	1508
小(二)型水库	Small(2)-scale Reservoir	9010	9010	9012	9015	9019
塘　坝	Embankment	229726	229929	228962	229910	230026
泵站(处)	Pump Station(set)	19562	19562	19566	19838	19879
大型	Large	3	3	3	3	3
中型	Medium	111	111	111	111	111
小型及规模以下	Small and below	19448	19448	19452	19724	19765
机电井(眼)	Mechanical and Electrical Well(unit)	1550394	1550395	1550127	1550178	1550022
规模以上机电井	above Designated Size	7617	7618	7350	7353	7357
规模以下机电井	below Designated Size	1542777	1542777	1542777	1542825	1542665
有效灌溉面积(千公顷)	Irrigated Areas(1000 hectares)	1915	2009	1996	2002	2028
灌区数量(处)	Irrigated Place(unit)					
50万亩以上	500000 mu and over	5	5	5	5	5
30-50万亩	300000-500000 mu	13	13	13	13	13
5-30万亩	50000-300000 mu	90	90	92	90	90
1-5万亩	10000-50000 mu	206	206	206	206	206
0.2-1万亩	2000-10000 mu	825	830	831	831	839

注:2011年数据为全省水利普查数据(水利工程完工数),2012年和2013年的数据是以2011年水利普查数为基数进行增减变动的数据.

a) Data on 2011 source from Water Conservancy Census (water conservancy project completion). Data on 2012 and 2013 are estimated in accordance with the data on Water Conservancy Census.

12-13 各地区农业电气化、化学化、水利化情况（2015年）

指标	Item	全省 Provincial Total	南昌市 Nanchang
农业电气化情况	**Agricultural Electrization**		
农村用电量(万千瓦小时)	Electricity Consumed in Rural Areas(10000 kw per hour)	999196	134306
通电的村民委员会个数(个)	Number of Villagers' Committees with Electricity(unit)	17065	1181
通电的村委会占村委会总数比重(%)	Percentage of Villagers' Committees with Electricity in Total Villagers'Committees(%)	100.0	100.0
农业化学化情况	**Agricultural Chamization**		
农用化肥施用量(实物量)(吨)	Quantity of Chemical Fertilizers Used for Farming (material) (ton)	4315460	382768
氮　肥	Nitrogenous Fertilizer	1321484	107487
磷　肥	Phosphorus Fertilizer	807707	83009
钾　肥	Kalium Fertilizer	535488	56214
复合肥	Compound Fertilizer	1650781	136058
农用化肥施用量(折纯量)(吨)	Quantity of Chemical Fertilizers Used for Farming (net)(ton)	1435826	149016
氮　肥	Nitrogenous Fertilizer	422396	35090
磷　肥	Phosphorus Fertilizer	221307	24913
钾　肥	Kalium Fertilizer	215128	27064
复合肥	Compound Fertilizer	576995	61949
农用塑料薄膜使用量(吨)	Quantity of Plastic Film for Farming Consumed(ton)	53977	2248
农药使用量(吨)	Quantity of Pesticide Consumed(ton)	93873	5101
农业水利化情况	**Agricultural Adequate Irrigation**		
有效灌溉面积(千公顷)	Irrigated Areas(1000 hectares)	2028	189

Agricultural Electrization,Chamization, Adequate Irrigation by Region (2015)

景德镇市 Jingdezheng	萍乡市 Pingxiang	九江市 Jiujiang	新余市 Xinyu	鹰潭市 Yingtan	赣州市 Ganzhou	吉安市 Ji'an	宜春市 Yichun	抚州市 Fuzhou	上饶市 Shangrao
31833	59069	127330	30549	20033	123638	80015	130944	55611	205868
473	640	1746	406	341	3461	2511	2200	1802	2304
100.0	100.0	100.0	100.0	100.0	100.0	100.0	100.0	100.0	100.0
94638	98415	413952	122424	126724	767874	554576	658973	536860	558257
26187	42398	149311	37653	33470	265271	144324	198251	155019	162113
13609	21939	75198	32277	26962	131062	90622	132709	111989	88331
9031	12389	55981	19510	13097	82635	61456	93663	66686	64826
45811	21689	133461	32984	53195	288906	258174	234350	203166	242987
35752	39150	155626	41213	31584	241122	187881	218047	189605	146830
9690	15450	54683	14666	8346	62069	47937	70123	61006	43336
3403	9512	26057	8504	6918	29413	27382	32103	30458	22644
4335	5735	23354	7123	3242	36135	24979	36798	27759	18604
18324	8453	51532	10920	13078	113505	87583	79023	70382	62246
1555	822	4070	947	1790	13052	6465	10311	7063	5654
1554	2051	11277	1897	1605	15444	13098	11655	13238	16953
52	43	203	53	53	285	294	309	241	306

12-14 堤防、水闸、除涝、水土保持及解决饮水困难情况

Condition of Dike,Sluice,Waterlogging Control,Water and Soil Conversation and Easing the Shortage of Drinking Water

指　　标	Item	2011	2012	2013	2014	2015
堤防长度(公里)	Dike Projects(km)	12606	12888	12980	13229	13438
1级堤防	First-grade Dike	67	67	67	67	67
2级堤防	Second-grade Dike	282	286	293	293	293
3级堤防	Third-grade Dike	160	230	230	223	223
4、5级堤防	Fourth-grade and Fifth-grade Dike	6669	6877	6508	6578	6737
5级以下堤防	Dike below Fifth-grade	5428	5428	5882	6068	6118
达标堤防长度(公里)	Dike up to Standard(km)	3016	3348	3489	3642	3916
水闸工程设施(座)	Sluice Projects(set)	11305	11309	11311	11317	11326
大型水闸	Large-scale Sluice	25	25	25	25	25
中型水闸	Medium-scale Sluice	227	229	230	234	242
小型水闸及规模以下	Small-scale Sluice and below	11053	11055	11056	11058	11059
除涝面积(千公顷)	Area of Waterlogging Control(1000 hectares)	378	383	385	393	405
除涝标准3-5年一遇的	Once 3-5 Years	182	185	185	190	196
除涝标准5年以上的	Once over 5 Years	196	198	200	202	209
水土流失综合治理面积(千公顷)	Area of Soil Erosion under Control(1000 hectares)	4711	4907	5129	5352	5578
农村集中式供水工程(处)	Centralized Water Supply Project in Rural Areas(unit)					
千吨万人以上	above Kiloton 1000 persons	283	471	570	660	764

12-15 农作物播种面积和产量（2015年）
Total Sown Areas and Output of Farm Crops (2015)

类别	Type	播种面积（千公顷）Sown Area (1000 hectares)	单产（千克/公顷）Yield per Unit (kg/hectare)	总产量(粮食:万吨; 其他:吨) Total Output (Grain:10000 tons; Others:ton)	总产量比上年增长(%) Total Growth Over Last Year (%)
总计	**Total**	**5579.09**			
粮食作物	Grain Crops	3705.60	5799	2148.71	0.2
谷物	Cereal	3393.21	6025	2044.27	0.1
稻谷	Rice	3342.40	6065	2027.20	0.1
早稻	Early Rice	1391.53	5835	811.90	-1.0
中稻及一季晚稻	Middle-season and Late Rice	399.87	6980	279.10	2.4
二季晚稻	Second season Late Rice	1551.00	6036	936.20	0.4
小麦	Wheat	12.20	2148	2.62	2.3
玉米	Corn	30.28	4227	12.80	4.5
大(米)麦	Barley	0.32	2500	0.08	33.3
豆类合计	Total Legume	165.40	1999	33.06	3.5
大豆	Soybean	103.47	2349	24.30	3.6
杂豆	Mixed bean	61.93	1415	8.76	4.3
薯类(按折粮计算)	Tubers (converted into grain)	146.99	4856	71.38	1.9
油料合计	Total Oil-bearing	739.92	1675	1239636	1.9
#花生	Peanuts	164.15	2827	464130	1.7
油菜籽	Rape Seeds	545.02	1357	739408	2.2
芝麻	Sesame	30.74	1173	36047	-2.7
棉花	Cotton	81.10	1421	115221	-13.8
麻类合计	Total Fiber Crops	4.00	1662	6654	-8.0
黄红麻	Jute and Ambary Hemp	0.11	5755	610	-2.9
苎麻	Ramee	3.90	1551	6044	-8.4
甘蔗	Sugarcane	14.45	45553	658244	2.0
烟叶合计	Tabacco Total	27.57	1980	54590	-7.3
烤烟	Flue-cured Tobacco	26.89	1986	53402	-7.1
晒烟	Sun-cured Tobacco	0.68	1747	1188	-14.4
中药材	Traditional Chinese Medicinal Materials	20.50			
蔬菜类及食用菌	Vegetables and Edible Mushrooms	585.44	23215	13590920	3.6
瓜果类	Melons and Fruits	78.97	26986	2130991	3.3
其他作物	Other Crops	321.54			
#莲子	Lotus Seeds	15.45	1823	28162	3.9
青饲料	Succulence	76.31	13767	1050545	3.7

注：本表粮食作物均为农产量抽样调查数，数据来自江西调查总队，后同。

a) Data of Grain Crops in this table are estimated from sample surveys of NBS Survey Office in Jiangxi. The same applies to the tables following.

12-16 农作物播种面积

单位：千公顷

年　份 Year	合　计 Total	粮食作物 Grain Crops	#稻　谷 Cereal	#小　麦 Wheat	棉　花 Cotton	油　料 Oil-bearing	#花　生 Peanut
1978	5701.1	3820.8	3380.3	121.2	114.3	270.8	46.2
1979	5699.5	3844.0	3386.8	136.1	98.9	329.7	46.4
1980	5553.7	3775.3	3383.7	121.3	108.5	324.0	47.7
1981	5542.8	3758.3	3362.7	116.3	104.7	360.5	48.7
1982	5578.3	3743.9	3339.5	104.0	100.9	370.3	49.6
1983	5465.3	3714.1	3323.7	98.4	82.6	351.7	48.6
1984	5456.7	3714.1	3326.9	98.7	81.1	348.0	52.3
1985	5419.1	3650.9	3264.9	94.2	66.3	372.0	64.2
1986	5438.7	3629.8	3250.7	86.8	61.5	414.5	80.3
1987	5482.7	3647.9	3268.7	83.7	62.2	449.8	89.7
1988	5396.3	3588.7	3210.5	80.1	65.2	440.9	93.3
1989	5555.3	3693.9	3297.7	78.2	66.1	507.1	91.9
1990	5759.7	3700.9	3286.6	74.9	70.3	686.5	91.7
1991	5829.7	3589.7	3146.1	71.9	114.6	800.7	92.0
1992	5844.9	3446.2	2981.5	72.5	135.1	913.9	117.9
1993	5721.0	3360.1	2865.1	74.0	151.3	840.9	131.1
1994	5753.4	3434.4	2939.5	73.1	163.3	853.8	138.5
1995	5949.5	3510.0	3019.4	59.1	131.8	1057.0	130.3
1996	6105.3	3570.6	3055.4	72.3	107.4	1055.3	140.0
1997	6037.6	3586.5	3087.4	72.5	102.2	1003.3	142.6
1998	5804.0	3421.1	3034.6	63.3	108.4	947.7	151.8
1999	5871.0	3548.2	3050.0	61.5	69.2	900.4	163.5
2000	5650.8	3322.0	2832.0	51.4	69.0	858.1	179.9
2001	5534.7	3265.2	2808.3	38.3	70.5	778.7	183.4
2002	5355.1	3188.0	2786.7	28.5	55.0	704.2	176.7
2003	4997.4	3051.1	2685.3	20.6	65.5	632.7	166.8
2004	5258.1	3425.4	3095.9	19.1	62.5	566.2	134.5
2005	5328.9	3519.0	3187.7	15.9	63.9	577.0	135.1
2006	5255.6	3547.1	3271.1	12.4	65.7	585.8	132.6
2007	5215.0	3525.3	3196.3	11.2	68.3	583.5	132.1
2008	5330.9	3578.1	3255.5	10.2	66.6	658.8	142.0
2009	5376.4	3604.6	3282.1	9.9	75.5	716.4	146.4
2010	5457.7	3639.1	3318.4	10.4	79.7	731.7	152.4
2011	5486.8	3650.1	3359.6	10.9	82.0	732.4	157.9
2012	5525.9	3676.0	3328.3	11.9	85.0	744.2	160.7
2013	5553.0	3690.9	3338.0	11.8	84.7	743.1	163.7
2014	5570.6	3697.3	3339.5	12.0	84.9	741.5	162.6
2015	5579.1	3705.6	3342.4	12.2	81.1	739.9	164.2

Total Sown Areas of Farm Crops

(1000 hectares)

#油菜籽 Rape Seeds	#芝 麻 Sesame	黄红麻 Jute and Ambary Hemp	苎 麻 Ramee	甘 蔗 Sugarcane	烤 烟 Flue-cured Tobacco	晒 烟 Sun-cured Tobacco	蔬 菜 Vegetables
174.3	50.3	5.2	1.3	19.5	3.8	4.1	69.9
214.1	69.3	5.1	1.4	18.8	2.1	3.8	65.1
217.7	58.7	6.4	2.1	19.1	1.1	3.1	70.2
252.2	59.6	10.1	2.7	24.1	2.3	3.3	71.1
255.9	64.7	7.9	2.5	23.7	2.8	3.7	128.7
246.1	57.1	4.7	2.3	21.1	1.8	3.0	159.5
238.3	57.4	5.4	2.6	30.1	2.1	3.8	185.9
245.9	61.9	16.3	9.5	37.7	2.3	4.8	207.1
273.0	61.1	9.7	28.9	38.9	1.7	4.3	211.3
302.9	57.2	7.7	37.3	36.7	3.2	4.9	222.3
300.1	47.5	6.9	21.1	36.1	11.7	6.5	238.3
358.9	56.3	7.7	12.0	31.8	10.5	6.7	243.5
540.9	54.0	8.3	6.6	35.6	14.8	5.9	269.2
657.2	51.3	8.3	5.3	41.8	28.1	6.5	272.3
741.5	54.5	6.9	6.4	50.4	31.1	6.9	317.9
648.8	61.1	6.9	5.0	43.4	37.4	6.5	371.6
653.8	61.4	5.9	7.0	38.5	16.0	5.5	399.1
864.1	62.4	4.4	8.6	40.2	9.8	5.1	436.1
853.6	61.8	3.9	9.1	37.0	11.8	4.9	484.7
801.1	59.7	3.0	8.5	41.8	23.7	4.9	508.1
745.3	50.6	2.8	7.5	38.6	13.9	3.2	491.6
685.4	51.4	1.8	7.3	33.6	11.8	3.1	525.9
629.2	49.0	1.7	9.0	28.4	11.5	2.7	560.1
547.7	47.0	1.3	9.9	25.9	12.1	2.6	605.0
482.9	42.4	1.0	8.9	26.0	11.3	2.1	625.0
428.1	36.1	0.6	8.3	24.4	9.7	1.8	548.3
400.5	29.1	1.1	7.3	18.6	7.8	1.0	552.9
409.7	30.6	0.5	7.3	17.7	10.6	1.0	543.6
418.7	31.7	0.5	7.3	15.1	14.7	0.9	505.5
414.3	35.8	0.3	7.4	14.1	14.7	0.8	500.5
482.3	29.8	0.4	7.8	14.0	19.8	0.7	512.9
538.5	30.8	0.2	7.2	13.6	17.5	0.7	509.7
547.0	31.6	0.2	6.2	13.6	17.0	0.7	521.2
542.6	31.8	0.2	6.0	14.0	19.4	0.6	535.5
551.9	31.2	0.2	5.5	13.8	22.9	0.9	548.4
548.0	31.5	0.1	5.2	14.5	22.4	1.3	563.7
547.9	31.0	0.1	4.6	14.3	27.0	0.8	572.3
545.0	30.7	0.1	3.9	14.5	26.9	0.7	585.4

12-17 主要农产品产量

年份 Year	粮食 (万吨) Grain (10000ton)	棉花 (吨) Cotton (ton)	油料折油 (吨) Oil-bearing (ton)	油料合计 (吨) Total Oil-bearing (ton)	#花生 Peanuts	#油菜籽 Rape Seeds	#芝麻 Sesame	黄红麻 (吨) Jute and Ambary Hemp (ton)
1978	1125.74	34796	66271	134940	51686	68399	14855	4793
1979	1296.50	43542	103540	199216	60588	100639	37989	7529
1980	1240.04	43039	67804	137605	50502	71999	15104	10775
1981	1268.71	46909	104690	198344	56713	116275	25356	14993
1982	1408.74	65621	105360	259958	62974	159804	37180	11567
1983	1460.45	47932	93031	228752	62424	141353	24975	6427
1984	1549.18	69141	104260	245317	74155	144974	26188	8257
1985	1533.54	62199	122268	288842	103050	156691	29101	29875
1986	1453.77	54558	115323	315869	135578	156664	23627	18301
1987	1562.77	59187	135282	356974	157779	171632	27563	14080
1988	1535.43	32495	122547	328348	138059	174773	15516	10456
1989	1589.62	50050	148379	376519	150739	198755	27025	13423
1990	1658.20	56995	196114	548851	151909	371383	25559	18846
1991	1625.70	108998	226176	621726	149377	444558	27791	20472
1992	1566.00	148368	257389	741627	215142	490178	36307	17984
1993	1517.10	156222	260851	778140	257203	480746	40191	18327
1994	1603.50	174714	282747	836078	309554	483500	42966	17547
1995	1607.40	118547	346693	1035823	302510	690239	42971	13597
1996	1766.30	123071	339313	1010393	331169	634898	44277	9017
1997	1767.70	132390	365379	1056276	332669	681332	42244	7984
1998	1555.50	76092	282503	843455	334317	477853	31165	6555
1999	1732.70	63417	318638	943803	365179	546651	31907	4254
2000	1614.60	68025	325212	967297	403832	529998	33407	4437
2001	1600.00	80510	300390	905295	408616	463306	32333	4142
2002	1549.50	66891	277100	824182	407900	383506	30824	2882
2003	1450.30	76148	252998	759765	368282	364761	24603	1552
2004	1803.40	84812	257237	745278	317971	400887	23035	1793
2005	1853.86	87196	262238	761229	316617	416814	25318	909
2006	1896.52	95015	276246	779766	321554	428286	27094	898
2007	1904.21	107641	285360	841699	332692	429588	26885	1108
2008	1958.10	111915	317434	911919	367891	516281	26398	1404
2009	2002.56	125104	370794	1020240	381959	609619	27626	901
2010	1954.70	130773	364717	1075715	407959	638423	28434	1123
2011	2052.79	142853	444396	1149896	437498	666568	31723	988
2012	2084.84	152203	460395	1170753	448133	687541	34476	804
2013	2116.10	130860	458432	1192243	452003	703654	36547	720
2014	2143.50	133682	471713	1217081	456514	723497	37032	628
2015	2148.70	115221	475675	1239636	464130	739408	36047	610

注：本表1990年以后粮食产量为农产量抽样调查数，数据来自江西江西调查总队。

Output of Major Farm Products

苎 麻 (吨) Ramee (ton)	甘 蔗 (吨) Sugarcane (ton)	烤 烟 (吨) Flue-cured Tobacco (ton)	晒 烟 (吨) Sun-cured Tobacco (ton)	水 果 (吨) Fruits (ton)	肉 类 总产量 (吨) Output of Meat (ton)	生猪年末存栏 (万头) Hogs on Hand at the End of the Year (10000 heads)	水产品总产量 (万吨) Gross Output of Aquatic Products (10000 tons)
773	682908	2601	3540	29229	262704	944.3	5.93
1212	790784	1726	3266	60190	313749	1004.7	6.73
1252	857362	950	2758	56126	380490	1018.0	7.55
1627	1167281	2542	3265	70870	411140	1006.6	8.58
2050	1204245	3439	4184	73356	441368	1023.3	9.40
1732	1021939	2033	2777	89348	458122	1079.4	11.55
2495	1499874	2758	4046	89485	547967	1138.8	13.01
5106	1971006	2914	5880	107543	642514	1232.5	16.02
13211	1720310	1664	4287	161274	777126	1344.1	19.28
33475	1907887	3525	5928	172879	838692	1387.6	22.59
19212	1735822	7699	5890	146135	978268	1454.5	25.59
10581	1494895	9155	6173	229708	1040340	1486.5	28.12
6039	1942913	17175	5942	232983	1117438	1547.3	30.68
5166	2299461	31454	6686	334161	1239667	1589.6	33.93
6592	2561426	38246	7867	140914	1410488	1656.6	41.32
5727	2311395	46106	7980	208141	1676110	1781.0	55.49
8644	2041521	15186	6433	303658	1976564	1867.1	69.48
11141	2000272	10179	5730	427637	2193984	1951.0	84.04
12224	1857833	14870	6422	503928	2219302	1978.7	100.10
11288	2205930	31444	7527	676384	2275735	1979.8	115.08
9921	1863799	15906	3660	454628	2147125	1799.6	118.35
9692	1720059	14156	3304	703877	1982708	1554.3	122.12
11397	1368109	15092	3065	423403	1923111	1473.5	127.12
13034	1237046	16635	3095	577314	1931396	1406.5	132.26
12729	1308464	17232	2555	652276	1967198	1309.4	138.20
10165	1182490	15470	2434	777691	2013931	1362.7	146.06
10774	857182	15442	1387	1023742	2200265	1421.3	156.34
10944	783147	19761	1469	1302821	2448110	1485.4	168.66
10992	701340	29955	1321	1609336	2402215	1344.1	179.95
11149	660864	32751	1111	2181603	2473363	1420.1	196.06
11416	642066	46724	1070	2753566	2616319	1530.6	190.39
9837	622022	41411	1922	3270764	3009138	1680.1	205.30
9071	590981	36198	1393	2971285	3082029	1756.3	215.34
8938	628475	44497	1008	3876539	3167526	1827.5	222.81
8267	615764	50338	2134	3702788	3339124	1911.6	237.00
7429	646598	47563	2975	4413431	3445152	1967.6	242.65
6601	645242	57501	1388	4147641	3552418	1943.0	253.76
6044	658244	53402	1188	4503190	3550789	1892.8	264.25

a) Data of Grain Crops since 1990 in this table are estimated from sample surveys of NBS Survey Office in Jiangxi.

12-18 各地区经济作物播种面积（2015年）

单位：公顷

类　　别	Type	全　省 Provincial Total	南昌市 Nanchang	景德镇市 Jingdezheng
油料合计	Total Oil-bearing	739924	80083	25056
#花　生	Peanuts	164152	16751	2693
油菜籽	Rape Seeds	545016	57252	20018
芝　麻	Sesame	30741	6080	2345
棉　花	Cotton	81102	1619	1096
麻类合计	Total Fiber Crops	4004		2
黄红麻	Jute and Ambary Hemp	106		
苎　麻	Ramee	3898		2
甘　蔗	Sugarcane	14450	1054	1052
烟叶合计	Tabacco Total	27571		
烤　烟	Flue-cured Tobacco	26885		
晒　烟	Sun-cured Tobacco	686		
中药材	Traditional Chinese Medicinal Materials	20497	129	349
蔬菜类及食用菌	Vegetables and Edible Mushrooms	585438	41810	30631
#叶菜类	Leaf Vegetable	98607	6100	4360
白菜类	Chinese Cabbage Vegetable	105329	8836	5013
甘蓝类	Cole Vegetable	24394	1282	857
根茎类	Root Vegetable	99788	7243	5362
瓜菜类	Melons Vegetable	54990	3612	2541
豆类(菜用)	Legumes	38886	2086	2894
茄果菜类	Solanaceous Fruit Vegetable	71117	2787	4289
葱蒜类	Bulb Vegetable	34310	2468	1757
水生菜类	Aquatic Vegetable	12533	1126	414
其他蔬菜类	Others	45486	6270	3144
瓜果类	Melons and Fruits	78967	4051	2680
其他作物	Other Crops	321538	37810	7126
#莲　子	Lotus Seeds	15447	219	592

Total Sown Areas of Farm Crops by Region (2015)

(hectare)

萍乡市 Pingxiang	九江市 Jiujiang	新余市 Xinyu	鹰潭市 Yingtan	赣州市 Ganzhou	吉安市 Ji'an	宜春市 Yichun	抚州市 Fuzhou	上饶市 Shangrao
27121	131738	11385	11459	40242	137122	134222	26772	114724
1485	7462	3691	5323	33445	24711	40009	13937	14645
25627	120663	7521	5497	6545	110820	86598	11952	92523
9	3613	170	639	252	1591	7615	883	7544
12	61400	2518		8	145	8395	1933	3976
	516	1572	20	14	14	1686	82	98
			3	13	5		71	14
	516	1572	17	1	9	1686	11	84
31	559	45	802	275	1053	2391	3949	3239
95				10817	7655	691	8176	137
				10774	7608	365	8041	97
95				43	47	326	135	40
1416	3259	153	121	1024	4352	3712	5070	912
25926	48199	11694	13912	114638	99084	77619	65462	56463
5339	7241	2182	1774	20578	18780	14201	9800	8252
4943	8070	1307	2698	17875	18069	12988	15547	9983
770	2170	274	368	6079	3154	3060	2136	4244
3569	7199	1939	2190	18449	16725	13757	12146	11209
2757	3961	1312	865	13070	9945	6124	5770	5033
2351	3091	835	1016	8632	5910	4514	4220	3337
2116	5710	1658	1986	16073	13826	10113	6977	5582
1514	1896	1245	498	7392	6395	4766	3510	2869
500	1467	329	1186	1549	1493	1416	1975	1078
2067	7394	613	1331	4941	4789	6680	3381	4876
3367	5601	3348	2192	9692	9276	12307	20245	6208
11827	12355	5266	11963	81168	15050	64553	55436	18984
1676	435	58		6163	696	23	5405	180

12-19 各地区主要经济作物单位播种面积产量（2015年）

单位：千克/公顷

类别	Type	全省 Provincial Total	南昌市 Nanchang	景德镇市 Jingdezheng
油料合计	Total Oil-bearing	1675	1600	1494
#花生	Peanuts	2827	3325	3553
油菜籽	Rape Seeds	1357	1171	1243
芝麻	Sesame	1173	879	1272
棉花	Cotton	1421	1374	1503
麻类合计	Total Fiber Crops	1662		1500
黄红麻	Jute and Ambary Hemp	5755		
苎麻	Ramee	1551		1500
甘蔗	Sugarcane	45553	42254	45436
烟叶合计	Tabacco Total	1980		
烤烟	Flue-cured Tobacco	1986		
晒烟	Sun-cured Tobacco	1732		
蔬菜类及食用菌	Vegetables and Edible Mushrooms	23215	30848	32283
#叶菜类	Leaf Vegetable	19700	22566	20166
白菜类	Chinese Cabbage Vegetable	25934	38643	40793
甘蓝类	Cole Vegetable	22601	26186	36345
根茎类	Root Vegetable	26355	43112	39788
瓜菜类	Melons Vegetable	25207	35031	36092
豆类(菜用)	Legumes	19027	17650	26005
茄果菜类	Solanaceous Fruit Vegetable	20991	22704	29207
葱蒜类	Bulb Vegetable	18928	20766	25803
水生菜类	Aquatic Vegetable	21893	30389	30210
其他蔬菜类	Others	23683	24267	30084
瓜果类	Melons and Fruits	26986	24173	26486
其他作物	Other Crops			
#莲子	Lotus Seeds	1823	7790	1471

Output of Unit of Major Farm Crops Sown Area by Region (2015)

(kg/hectare)

萍乡市 Pingxiang	九江市 Jiujiang	新余市 Xinyu	鹰潭市 Yingtan	赣州市 Ganzhou	吉安市 Ji'an	宜春市 Yichun	抚州市 Fuzhou	上饶市 Shangrao
1547	1683	1669	2202	2509	1372	1644	2193	1723
2050	2130	2678	3160	2771	2513	2759	2796	3352
1518	1665	1185	1376	1219	1122	1172	1551	1501
1333	1386	1200	1318	1123	1087	1154	1373	1278
833	1423	1301		1375	1641	1399	1586	1421
	2514	1149	2100	5714	3357	1517	6256	3153
			6667	6077	4600		6211	3357
	2514	1149	1294	1000	2667	1517	6545	3119
20129	26669	25689	33864	42618	49037	53688	53047	37312
1211				1838	2027	2718	2056	2876
				1838	2024	4003	2050	2608
1211				1884	2404	1279	2378	3525
24417	20031	17923	19256	24889	19893	20055	22125	24919
25625	15772	11552	14017	22353	18388	18124	20521	18430
26950	24769	19677	18206	25905	18190	24477	23048	31032
19986	15646	17482	14880	25562	17860	20919	23856	23638
27538	24055	23015	24903	26388	24263	19173	23783	25727
25744	20701	22970	22391	28274	21441	23684	21875	22127
18353	17838	16616	13610	20682	17452	18325	18174	18197
20994	17822	17783	20944	24545	19283	17699	20516	18583
23823	16525	13145	14147	22603	16173	16496	17672	17729
24458	22579	20912	21027	13544	21112	22314	22594	20195
19037	18818	18290	20071	20673	21749	19802	20582	42233
19505	22254	19753	35661	26656	25051	25215	33080	25243
2163	2761	15862		1624	3348	6043	1303	1778

12-20 各地区主要经济作物总产量（2015年）

单位：吨

类　　别	Type	全　省 Provincial Total	南昌市 Nanchang	景德镇市 Jingdezheng
油料合计	Total Oil-bearing	1239636	128095	37441
#花　生	Peanuts	464130	55689	9569
油菜籽	Rape Seeds	739408	67059	24889
芝　麻	Sesame	36047	5347	2983
棉　花	Cotton	115221	2224	1647
麻类合计	Total Fiber Crops	6654		3
黄红麻	Jute and Ambary Hemp	610		
苎　麻	Ramee	6044		3
甘　蔗	Sugarcane	658244	44536	47799
烟叶合计	Tabacco Total	54590		
烤　烟	Flue-cured Tobacco	53402		
晒　烟	Sun-cured Tobacco	1188		
蔬菜类及食用菌	Vegetables and Edible Mushrooms	13590920	1289761	988848
#叶菜类	Leaf Vegetable	1942548	137651	87922
白菜类	Chinese Cabbage Vegetable	2731624	341447	204496
甘蓝类	Cole Vegetable	551337	33571	31148
根茎类	Root Vegetable	2629865	312259	213345
瓜菜类	Melons Vegetable	1386121	126533	91709
豆类(菜用)	Legumes	739871	36817	75258
茄果菜类	Solanaceous Fruit Vegetable	1492786	63275	125270
葱蒜类	Bulb Vegetable	649417	51251	45335
水生菜类	Aquatic Vegetable	274386	34218	12507
其他蔬菜类	Others	1077247	152152	94584
瓜果类	Melons and Fruits	2130991	97924	70983
其他作物	Other Crops	1961230	2739	
#莲　子	Lotus Seeds	28162	1706	871

Total Output of Major Farm Crops by Region (2015)

(ton)

萍乡市 Pingxiang	九江市 Jiujiang	新余市 Xinyu	鹰潭市 Yingtan	赣州市 Ganzhou	吉安市 Ji'an	宜春市 Yichun	抚州市 Fuzhou	上饶市 Shangrao
41949	221773	19006	25228	100951	188178	220663	58718	197634
3044	15896	9884	16823	92692	62104	110372	38964	49093
38893	200868	8910	7563	7976	124344	101507	18542	138857
12	5009	204	842	283	1730	8784	1212	9641
10	87358	3277		11	238	11741	3065	5650
	1297	1806	42	80	47	2557	513	309
			20	79	23		441	47
	1297	1806	22	1	24	2557	72	262
624	14908	1156	27159	11720	51636	128368	209483	120855
115				19881	15513	1878	16809	394
				19800	15400	1461	16488	253
115				81	113	417	321	141
633028	965455	209592	267887	2853200	1971111	1556669	1448349	1407020
136812	114207	25207	24866	459985	345328	257385	201103	152082
133212	199885	25718	49120	463051	328671	317912	358320	309792
15389	33952	4790	5476	155390	56332	64013	50956	100320
98283	173172	44627	54537	486834	405802	263759	288868	288379
70977	81997	30137	19368	369547	213226	145042	126220	111365
43148	55136	13874	13828	178529	103144	82717	76695	60725
44424	101765	29484	41594	394507	266602	178993	143142	103730
36068	31331	16365	7045	167083	103428	78618	62029	50864
12229	33124	6880	24938	20979	31520	31597	44624	21770
39349	139142	11212	26715	102145	104154	132278	69589	205927
65672	124646	66132	78168	258354	232373	310322	669707	156710
134459	79168	19546			168631	1090231		466456
3626	1201	920		10008	2330	139	7041	320

12-21 茶叶、水果生产情况

Production Conditions of Tea,Fruits

指 标	Item	2014	2015	2015年比2014年增长（%）Increase Rate in 2015 over 2014(%)
产 量(吨)	**Output(ton)**			
茶叶	Tea	47147	51868	10.0
#红茶	Black Tea	5560	5497	-1.1
绿茶	Green Tea	37657	42045	11.7
水 果	Fruits	4147641	4503190	8.6
柑桔类	Citrus	3766775	4101245	8.9
#柑	Hesperidium	341773	354499	3.7
桔	Orange	2062068	2329028	12.9
橙	Orange	1294025	1334269	3.1
柚	Grapefruit	68909	83449	21.1
梨	Pear	149403	154257	3.2
桃	Peach	59524	63705	7.0
其他水果	Other Fruits	171939	183983	7.0
面 积(公顷)	**Area(hectare)**			
年末茶园面积	Area of Tea Plantations at the End of Year	78096	85059	8.9
#当年采摘	Picked in Current Year	59120	63823	8.0
当年新增	Newly Added in Current Year	6856	8056	17.5
年末果园面积	Area of Orchard at the End of Year	414503	414701	0.0
柑桔园	Orange Plantation	336004	333101	-0.9
梨园	Pear Plantation	25008	26218	4.8
桃园	Peach Plantation	10358	10716	3.5
其他果园	Other Plantation	43133	44466	3.1
当年新增	Newly Added in Current Year	11210	10498	-6.4

12-22 各地区茶叶、水果产量（2015年）

Output of Tea,Fruits by Region (2015)

单位：吨 (ton)

地 区	Region	茶 叶 Tea	#红 茶 Black Tea	#绿 茶 Green Tea	水 果 Fruits	#柑 桔 Orange	#梨 Pear
全 省	**Provincial Total**	**51868**	**5497**	**42045**	**4503190**	**4101245**	**154257**
南 昌 市	Nanchang	1969	13	1944	35354	26075	2818
景德镇市	Jingdezhen	7193	2208	3744	20164	4710	2741
萍 乡 市	Pingxiang	334	1	301	15599	7389	923
九 江 市	Jiujiang	6335	1668	3654	147528	77308	33200
新 余 市	Xinyu	308		308	104626	92836	3499
鹰 潭 市	Yingtan	115	2	110	49028	30891	11474
赣 州 市	Ganzhou	4539	126	4144	1666461	1583800	13719
吉 安 市	Ji'an	5812	459	5029	445832	405264	10185
宜 春 市	Yichun	5436	298	4561	130467	88113	10045
抚 州 市	Fuzhou	2573	76	1850	1822113	1754747	48029
上 饶 市	Shangrao	17254	646	16400	66018	30112	17624

12-23 各地区茶园、果园面积（2015年）

Area of Tea Plantations,Orchard by Region (2015)

单位：公顷 (hectare)

地区	Region	年末茶园面积 Area of Tea Plantations at the End of Year	年末果园面积 Area of Orchard at the End of Year	#柑桔 Orange	#当年新增面积 Areas Newly Added in Current Year
全省	**Provincial Total**	**85059**	**414701**	**333101**	**10498**
南昌市	Nanchang	1418	6799	4518	234
景德镇市	Jingdezhen	10233	5025	1374	203
萍乡市	Pingxiang	464	4276	2546	639
九江市	Jiujiang	10085	20111	8638	573
新余市	Xinyu	95	5845	4697	598
鹰潭市	Yingtan	356	6098	2995	63
赣州市	Ganzhou	12767	172873	149361	1665
吉安市	Ji'an	16509	53296	45369	2708
宜春市	Yichun	9070	16169	8545	1435
抚州市	Fuzhou	4321	96407	88700	670
上饶市	Shangrao	19741	27802	16358	1710

12-24 各地区主要林产品产量（2015年）

Output of Major Forest Products by Region (2015)

地区	Region	木材（万立方米） Output of Timber (10000 cu.m)	原木 Logs	竹材产品（万根） Output of Bamboo (10000 units)	毛竹 Mao Bamboo	竹笋干（吨） Dried Bamboo Shoots(ton)	油茶籽（吨） Tea-oil Seeds (ton)	油桐籽（吨） Tung-oil Seeds (ton)	松脂（吨） Rosin (ton)
全省	**Provincial Total**	**232.16**	**217.73**	**18550.57**	**17079.07**	**45588**	**425108**	**18267**	**110432**
南昌市	Nanchang	1.05	1.05	54.67	54.37	212	10074		160
景德镇市	Jingdezhen	9.26	9.26	95.52	92.82	338	6128		8682
萍乡市	Pingxiang	0.45	0.45	838.67	704.67	4697	27859		86
九江市	Jiujiang	8.42	8.34	1309.07	809.17	2659	12418	206	1357
新余市	Xinyu	3.36	3.36	112.77	107.69	1029	11503	2045	2380
鹰潭市	Yingtan	3.58	2.08	844.08	841.08	562	1796	103	480
赣州市	Ganzhou	61.83	60.78	2749.38	2418.38	4194	75424	3847	20424
吉安市	Ji'an	87.48	77.56	3758.96	3375.04	3260	110387	10900	70413
宜春市	Yichun	36.22	35.38	2460.05	2348.45	3271	75785	960	3717
抚州市	Fuzhou	11.03	10.56	4322.60	4322.60	19616	14680	25	1948
上饶市	Shangrao	9.48	8.90	2004.78	2004.78	5750	79054	181	785

注：全省数据含省直单位数据。

a)The data of provincial total include the provincial unit's data.

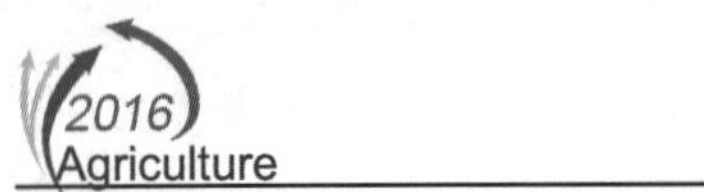

12-25 主要林产品产量

Output of Major Forest Products

年 份 Year	木 材 (万立方米) Output of Timber (10000 cu.m)	原 木 Logs	竹材产品 (万根) Output of Bamboo (10000 units)	毛 竹 Mao Bamboo	竹笋干 (吨) Dried Bamboo Shoots (ton)	油茶籽 (吨) Tea-oil Seeds (ton)	油桐籽 (吨) Tung-oil Seeds (ton)	松 脂 (吨) Rosin (ton)
1978	192.21		1532.76		440	122398	4940	38600
1979	243.88		1482.43		1035	191660	5620	46900
1980	280.29		1826.30		725	125205	3800	37850
1981	257.12		1739.24		1305	206955	6100	45700
1982	262.95		1821.23		1544	105021	6500	44450
1983	256.43		1822.21		10770	102272	7400	53450
1984	312.74		1728.02		2000	135115	8800	50650
1985	276.34		1583.38		3290	163441	7682	30257
1986	285.05		2051.70		3458	100958	7600	36671
1987	245.41		2147.10		6173	139804	5507	41357
1988	236.82		2519.37		3917	124063	6562	37208
1989	253.22		2622.09		5077	172038	5916	38821
1990	296.91		2014.50		5451	136402	6295	43370
1991	247.34	243.50	2911.20	2686.11	7474	167556	7151	39347
1992	278.33	275.88	3582.41	3180.79	4585	148410	9210	28771
1993	263.42	253.67	2179.05	1982.94	6190	119108	9206	37788
1994	268.73	254.70	3199.84	2856.53	7025	152144	10328	28461
1995	269.11	265.14	2706.20	961.65	6834	149655	13048	31819
1996	276.48	265.78	3613.84	3469.55	8355	162715	11339	29945
1997	268.65	263.27	4103.37	3817.88	13256	221622	13046	40475
1998	249.68	236.60	3062.41	2849.34	13842	156819	13829	35254
1999	254.99	250.66	3302.52	3008.67	19317	187094	15344	40718
2000	237.93	232.42	3698.72	3096.87	11041	194763	13973	41638
2001	319.76	309.46	4024.18	3722.37	10492	171726	15448	46387
2002	279.87	263.72	4086.50	3287.80	10019	189586	14252	48801
2003	354.24	301.51	4472.37	3646.23	8600	163191	12681	54758
2004	459.07	363.60	4953.37	4379.40	6815	193170	10252	75892
2005	503.17	396.48	6043.19	5299.23	6921	189020	16160	93164
2006	483.03	424.51	6750.90	6021.59	7624	230365	12526	97098
2007	491.56	434.22	11406.81	10771.52	18013	208332	18778	80722
2008	610.23	578.02	10755.45	9835.83	7536	191377	7848	48214
2009	339.79	314.81	7423.01	6732.78	9979	268966	12433	57306
2010	340.74	321.95	6198.69	5691.07	8659	179697	12663	71982
2011	290.28	270.60	7077.40	6121.49	10909	427212	12562	79864
2012	286.63	269.50	7813.43	7285.92	12196	448189	8189	90607
2013	266.91	248.26	16169.80	13478.34	18569	412339	8012	101314
2014	259.61	240.24	19683.94	18201.00	33601	434640	8640	108391
2015	232.16	217.73	18550.57	17079.07	45588	425108	18267	110432

12-26 牧业生产情况
Production Condition of Animal Husbandry

指　　标	Item	2014	2015	2015年比2014年增长（%）Increase Rate in 2015 over 2014(%)
当年出栏肉猪头数(头)	Number of Slaughtered Fattened Hogs in Current Year(head)	33256608	32425451	-2.5
当年出售和自宰肉用牛(头)	Cattles for Sale and Butchering in Current Year(head)	1495812	1547973	3.5
当年出售和自宰肉用羊(只)	Sheep for Sale and Butchering in Current Year(head)	934868	964558	3.2
当年出售和自宰肉用兔(只)	Rabbits for Sale and Butchering in Current Year(head)	3713863	3684699	-0.8
当年出售和自宰肉用禽(万羽)	Poultry for Sale and Butchering in Current Year(10000 heads)	45854	47657	3.9
肉类总产量(吨)	Total Output of Meat(ton)	3552418	3550789	0.0
#猪　肉	Pock	2707499	2674210	-1.2
牛　肉	Beef	172071	177627	3.2
羊　肉	Mutton	14884	15687	5.4
兔　肉	Rabbit Meat	6215	6160	-0.9
禽　肉	Meat of Poultry	640215	665043	3.9
牛奶产量(吨)	Output of Milk(ton)	128439	115102	-10.4
家禽产蛋量(吨)	Output of Eggs(ton)	578093	595715	3.0
蜂蜜产量(吨)	Output of Honey(ton)	15569	15714	0.9
牛年末存栏头数(头)	Number of Cattle at the End of Year(head)	3334143	3480736	4.4
#奶牛	Number of Cow	35687	31398	-12.0
#能繁殖母牛	Number of Cow with Fertility	1639183	1752813	6.9
生猪年末存栏头数(头)	Number of Hogs at the End of Year(head)	19429724	18928338	-2.6
#能繁殖母猪	Number of Female Hogs with Fertility	1988633	1863834	-6.3
羊年末存栏只数(只)	Number of Sheep and goats at the End of Year(head)	677419	702000	3.6
兔年末存栏只数(只)	Number of Rabbits at the End of Year(head)	1686913	1672801	-0.8
家禽年末只数(万羽)	Number of Poultry at the End of Year(10000 heads)	21100	21765	3.1
养蜂年末箱数(箱)	Number of Boxes for Beekeeping at the End of Year(box)	501600	513710	2.4
年末桑园面积(公顷)	Area of Mulberry Plantation at the End of Year(hectare)	10119	10861	7.3
蚕　茧(吨)	Pods(ton)	6962	7134	2.5

12-27 各地区牧业生产情况（2015年）

指标	Item	全省 Provincial Total	南昌市 Nanchang
当年出栏肉猪头数(头)	Number of Slaughtered Fattened Hogs in Current Year(head)	32425451	3452758
当年出售和自宰肉用牛(头)	Cattles for Sale and Butchering in Current Year(head)	1547973	63013
当年出售和自宰肉用羊(只)	Sheep for Sale and Butchering in Current Year(head)	964558	22857
当年出售和自宰肉用兔(只)	Rabbits for Sale and Butchering in Current Year(head)	3684699	16620
当年出售和自宰肉用禽(万羽)	Poultry for Sale and Butchering in Current Year(10000 heads)	47657	5404
肉类总产量(吨)	Total Output of Meat(ton)	3550789	375728
#猪 肉	Pock	2674210	289003
牛 肉	Beef	177627	7354
羊 肉	Mutton	15687	396
兔 肉	Rabbit Meat	6160	32
禽 肉	Meat of Poultry	665043	76033
牛奶产量(吨)	Output of Milk(ton)	115102	46439
家禽产蛋量(吨)	Output of Eggs(ton)	595715	170185
蜂蜜产量(吨)	Output of Honey(ton)	15714	408
牛年末头数(头)	Number of Cattle at the End of Year(head)	3480736	195705
#能繁殖母牛	Number of Cow with Fertility	1752813	100205
生猪年末头数(头)	Number of Hogs at the End of Year(head)	18928338	2020635
#能繁殖母猪	Number of Female Hogs with Fertility	1863834	203847
羊年末只数(只)	Number of Sheep and goats at the End of Year(head)	702000	22488
兔年末只数(只)	Number of Rabbits at the End of Year(head)	1672801	9480
家禽年末只数(万羽)	Number of Poultry at the End of Year(10000 heads)	21765	3442
养蜂年末箱数(箱)	Number of Boxes for Beekeeping at the End of Year(box)	513710	5333
年末桑园面积(公顷)	Area of Mulberry Plantation at the End of Year(hectare)	10861	5
蚕 茧(吨)	Pods(ton)	7134	15

Production Condition of Animal Husbandry by Region (2015)

景德镇市 Jingdezheng	萍乡市 Pingxiang	九江市 Jiujiang	新余市 Xinyu	鹰潭市 Yingtan	赣州市 Ganzhou	吉安市 Ji'an	宜春市 Yichun	抚州市 Fuzhou	上饶市 Shangrao
567645	1494687	2150902	905015	1320351	6335433	4011266	6471248	2830753	2885393
22097	15899	21625	55979	30867	326832	543012	300998	50772	116879
12196	240063	182315	11826	17662	82238	39400	218201	15029	122771
121943	19311	95643	13168	216180	1754529	65490	1309444	18271	54100
551	1087	1848	537	1015	11000	8896	4528	8825	3964
59800	147748	212432	90648	128489	713323	526822	636917	344817	314065
46725	122844	178094	74511	108110	521889	332101	530820	233003	237111
2553	1863	2452	6474	3453	36793	61912	34834	6188	13751
227	3814	2942	213	292	1289	696	3591	270	1958
234	62	147	26	443	2745	132	2193	35	111
9556	18144	28529	9226	15266	150038	129556	62889	105007	60799
261	3849	310	109	209	40106	3771	4409	15436	203
10252	9502	67503	12272	20330	63945	54129	82697	41860	63040
426	237	1642	396	1071	2077	1986	3367	1303	2802
49713	105235	60310	88797	66148	695046	945703	744585	241142	288352
23183	41346	17472	51937	37256	358646	527488	378151	82934	134195
364881	748079	1242447	481890	682355	3613253	2330408	3672411	1744525	2027454
29576	67634	103118	60937	67584	336272	229247	450249	157408	157962
13709	180133	163427	10683	9684	64862	40514	115334	16784	64382
19765	24850	61714	8239	68328	583986	75740	734949	37530	48220
394	629	1219	341	509	4451	3175	2620	2551	2432
21286	12406	53998	12714	19835	100645	54255	113429	33031	86778
4		7143			743	1447	155	1115	249
3		4445			222	1249	300	894	6

12-28 渔业生产情况

Production Condition of Fishery

指　　标	Item	2014	2015	2015年比2014年增长（%） Increase Rate in 2015 over 2014(%)
渔业乡(个)	Number of Fishery Townships(unit)	28	23	-17.9
渔业村(个)	Number of Fishery Villages(unit)	360	346	-3.9
渔业户(户)	Number of Fishery Households(household)	334552	332443	-0.6
渔业人口(万人)	Population of Fishery(10000 persons)	153.42	151.00	-1.6
渔业从业人员(万人)	Laborers of Fishery(10000 persons)	93.98	93.65	-0.4
专业从业人员	Professional Laborers	42.58	42.35	-0.5
捕捞专业从业人员	Laborers of Catch	5.99	5.96	-0.5
养殖专业从业人员	Laborers of Culture	30.94	30.70	-0.8
其他专业从业人员	Other Laborers	5.65	5.68	0.5
兼业从业人员	Sideline Laborers	40.40	40.25	-0.4
已养殖面积(千公顷)	Cultured Area(1000 hectares)	435.33	437.53	0.5
#池　　塘	Pond	157.12	158.80	1.1
水　　库	Reservoir	156.53	155.50	-0.7
湖　　泊	Lake	103.50	103.93	0.4
养殖亩产(千克/公顷)	Per Unit Area Yield of Culture(kg/hectare)	5230	5436	3.9
#池　　塘	Pond	8094	8385	3.6
水　　库	Reservoir	3285	3384	3.0
湖　　泊	Lake	3048	3222	5.7
水产品总产量(吨)	Total Output of Aquatic Products(ton)	2536613	2642490	4.2
#养殖产量	Cultured Output	2276781	2378446	4.5
#池　　塘	Pond	1271753	1331549	4.7
水　　库	Reseroir	514194	526144	2.3
湖　　泊	Lake	315468	334853	6.1
水产品总产量中：鱼　类	Fish	2242616	2337111	4.2
甲壳类	Carapace	153367	156681	2.2
贝　类	Shell-fish	76595	78181	2.1
珍珠产量(千克)	Output of Pearls(kg)	982000	968000	-1.4
鱼苗产量(亿尾)	Output of Frys(100 millon fries)	346	355	2.5
鱼种产量(吨)	Output of Advanced Frys(ton)	295006	300443	1.8

12-29 各地区渔业生产情况（2015年）
Production Condition of Fishery by Region (2015)

地区	Region	渔业从业人员（万人） Laborers of Fishery (10000 person)	专业从业人员 Professional Laborers	捕捞从业人员 Laborers of Catch	养殖从业人员 Laborers of Culture	其他从业人员 Other Laborers	兼业从业人员 Sideline Laborers	养殖面积（公顷） Cultured Area (hectare)	养殖单产（千克/公顷） Per Unit Area Yield of Culture (kg/hectare)
全省	**Provincial Total**	**93.65**	**42.35**	**5.97**	**30.70**	**5.68**	**40.25**	**437528**	**5436**
南昌市	Nanchang	7.98	4.40	0.76	3.14	0.50	2.42	56784	6170
景德镇市	Jingdezhen	0.35	0.24	0.04	0.15	0.04	0.09	7011	4268
萍乡市	Pingxiang	2.34	0.93	0.05	0.79	0.09	1.39	6668	5889
九江市	Jiujiang	7.45	4.44	1.58	2.39	0.47	2.43	82185	4748
新余市	Xinyu	1.58	0.67	0.11	0.44	0.11	0.77	12333	4010
鹰潭市	Yingtan	1.15	0.47	0.17	0.17	0.13	0.12	8418	5564
赣州市	Ganzhou	26.83	11.58	0.45	9.72	1.41	13.95	45333	6454
吉安市	Ji'an	9.84	3.10	0.24	2.48	0.39	5.67	46005	4700
宜春市	Yichun	11.74	4.87	0.60	3.76	0.51	3.57	48844	6683
抚州市	Fuzhou	6.18	1.86	0.10	1.51	0.25	3.78	40000	4304
上饶市	Shangrao	18.23	9.81	1.87	6.15	1.79	6.07	83947	5539

12-29 续表 continued

地区	Region	水产品总产量(吨) Total Output of Aquatic Products (ton)	#养殖产量 Cultured Output	水产品产量中 Among Output of Aquatic Procducts: 鱼类 Fish	甲壳类 Carapace	贝类 Shell-fish	珍珠产量（千克） Output of Pearl (kg)	鱼苗产量（亿尾） Output of Fry (One hundred million)	鱼种产量（吨） Output of Advanced Fry (ton)
全省	**Provincial Total**	**2642490**	**2378446**	**2155836**	**108829**	**47142**	**968000**	**354.61**	**300443**
南昌市	Nanchang	411491	350335	316935	18556	9381	67000	31.68	35857
景德镇市	Jingdezhen	33929	29926	27238	1897	512	13000	11.87	793
萍乡市	Pingxiang	41217	39268	36173	511	1503		10.23	5313
九江市	Jiujiang	450016	390216	342128	40228	5097	662000	48.97	23250
新余市	Xinyu	53256	49460	46104	1153	1282	15000	3.97	4279
鹰潭市	Yingtan	50188	46835	42510	1793	1261	9000	17.80	5671
赣州市	Ganzhou	306963	292594	271281	5074	5966		77.23	33243
吉安市	Ji'an	224900	216217	205070	3069	2269	29000	33.76	19535
宜春市	Yichun	367048	326435	290904	15437	8194	39000	44.24	76687
抚州市	Fuzhou	182199	172179	148778	2176	3151	23000	31.29	33853
上饶市	Shangrao	521283	464981	428715	18935	8526	111000	43.57	61962

12-30 各地区农村经济效益（2015年）

指 标	Item	全 省 Provincial Total	南昌市 Nanchang
每一农业劳动力创造农林牧渔业总产值(元)	Gross Output of Farming,Forestry,Animal Husbandry and Fishery Created by Per Rural Laborer(yuan)	33795	42303
每一农业劳动力创造农林牧渔业增加值(元)	Value-added of Farming,Forestry,Animal Husbandry and Fishery Created by Per Rural Laborer(yuan)	21604	24919
每一农业劳动力创造农林牧渔业商品产值(元)	Commodity Output of Farming,Forestry,Animal Husbandry and Fishery Created by Per Rural Laborer(yuan)	24711	32845
每一农业劳动力生产的主要农产品(千克)	Major Farm Products Producted by Per Rural Laborer(kg)		
粮 食	Grain	2539.76	
棉 花	Cotton	13.62	3.17
油 料	Oil-bearing	146.52	182.50
糖 料	Sugar	77.80	63.45
肉类总产量	Total Output of Meat	419.70	535.31
水产品产量	Output of Aquatic Products	312.34	586.27
农林牧渔业中间消耗占农林牧渔业总产值(%)	Percentage of Intermediate Consumption of Farming,Forestry,Animal Husbandry and Fishery in Gross Output of Farming,Forestry,Animal Husbandry and Fishery(%)	36.07	41.10
农林牧渔业商品率(%)	Commdity Rate of Farming, Forestry, Animal Husbandry and Fishery(%)	73.1	77.6

12-31 各地区按人口平均的主要农产品产量（2015年）

指 标	Item	全 省 Provincial Total	南昌市 Nanchang	景德镇市 Jingdezheng	萍乡市 Pingxiang
粮 食(千克/人)	Grain(kg/person)	471.84			
棉 花(千克/人)	Cotton(kg/person)	2.53	0.42	1.01	0.01
花 生(千克/人)	Peanut(kg/person)	10.19	10.56	5.85	1.61
油菜籽(千克/人)	Rape Seeds(kg/person)	16.24	12.72	15.22	20.52
芝 麻(千克/人)	Sesame(kg/person)	0.79	1.01	1.82	0.01
生猪出栏(头/人)	Slaughtered Fattened Hogs(kg/person)	0.71	0.65	0.35	0.79
生猪存栏(头/人)	Hogs on Hand(kg/person)	0.42	0.38	0.22	0.39
肉类总产量(千克/人)	Total Output of Meat(kg/person)	77.97	71.27	36.57	77.94
水产品产量(千克/人)	Output of Aquatic Products(kg/person)	58.03	78.06	20.75	21.74
水果产量(千克/人)	Output of Fruits(kg/person)	98.89	6.71	12.33	8.23
#柑 桔	Oranges	90.06	4.95	2.88	3.90

Rural Economic Efficiency by Region (2015)

景德镇市 Jingdezheng	萍乡市 Pingxiang	九江市 Jiujiang	新余市 Xinyu	鹰潭市 Yingtan	赣州市 Ganzhou	吉安市 Ji'an	宜春市 Yichun	抚州市 Fuzhou	上饶市 Shangrao
44291	38431	28143	37905	37396	25770	38037	39624	38225	29610
29659	24818	16712	23244	23723	16116	23179	22563	21698	18602
33516	25087	19159	26074	28396	17863	30184	28305	29591	21231
8.29	0.04	99.61	13.19		0.01	0.25	11.11	3.57	4.60
188.53	164.58	252.87	76.52	118.57	54.13	196.26	208.87	68.36	160.99
240.68	2.45	17.00	4.65	127.65	6.28	53.85	121.51	243.89	98.44
301.11	579.66	242.22	364.95	603.92	382.50	549.44	602.89	401.46	255.83
170.84	161.71	513.11	214.41	235.89	164.60	234.56	347.44	212.13	424.62
33.04	35.42	40.62	38.68	36.56	37.46	39.06	43.06	43.24	37.18
75.7	65.3	68.1	68.8	75.9	69.3	79.4	71.4	77.4	71.7

Output of Major Rural Products per Person by Region (2015)

九江市 Jiujiang	新余市 Xinyu	鹰潭市 Yingtan	赣州市 Ganzhou	吉安市 Ji'an	宜春市 Yichun	抚州市 Fuzhou	上饶市 Shangrao
18.14	2.82		0.00	0.05	2.13	0.77	0.84
3.30	8.49	14.62	10.87	12.70	20.06	9.78	7.33
41.71	7.66	6.57	0.94	25.43	18.45	4.65	20.72
1.04	0.18	0.73	0.03	0.35	1.60	0.30	1.44
0.45	0.78	1.15	0.74	0.82	1.18	0.71	0.43
0.26	0.41	0.59	0.42	0.48	0.67	0.44	0.30
44.11	77.89	111.69	83.65	107.73	115.75	86.54	46.86
93.44	45.76	43.62	36.00	45.99	66.70	45.72	77.79
30.63	89.90	42.62	195.43	91.17	23.71	457.28	9.85
16.05	79.77	26.85	185.73	82.87	16.01	440.37	4.49

12-32 生猪调出奖励大县农村经济情况（2015年）

Conditions of Rural Economy of County Which are Rewarded for Lare Hog-contributed (2015)

地　区	Region	农作物总播种面积（公顷）Total Sown Areas of Farm Crops (hectare)	#粮　食 Grain	粮食总产量（吨）Total Output of Grain (ton)	棉花总产量（吨）Total Output of Cotton (ton)	油料总产量（吨）Total Output of Oil-bearing (ton)
15个生猪大县（市、区）	**Large Hog-raising County (County-level City、District)**	**1636015**	**1113845**	**7407395**	**10897**	**398362**
新建区	Xinjiang	137337	98910	671199	248	34735
南昌县	Nanchang	204521	156940	1126879		12040
进贤县	Jinxian	134977	86222	565200	116	50857
余江县	Yujiang	66808	47215	293717		18637
南康区	Nankang	62133	38182	241039		18037
信丰县	Xinfeng	75056	48826	273016		34513
定南县	Dingnan	17519	11986	60903		233
新干县	Xingan	86157	57038	376542	193	22421
袁州区	Yuanzhou	107498	74662	476444	134	18005
上高县	Shanggao	78488	48331	343976	800	17086
丰城市	Fengcheng	230346	163603	1068691	174	44090
樟树市	Zhangshu	137868	84295	589676	335	52344
高安市	Gao'an	176524	107951	750216	8206	59524
东乡县	Dongxiang	64886	48026	319671	35	8387
万年县	Wannian	55897	41658	250226	656	7453

12-32　续表　continued

地　区	Region	肉类总产量（吨）Total Output of Meat (ton)	农业机械总动力(万千瓦) Total Power of Agricultural Machinery (10000 kw)	有效灌溉面积（公顷）Irrigated Area (hectare)	化肥施用量（折纯量,吨）Consumption of Chemical Firtilizer (net,ton)	农村用电量（万千瓦小时）Electricity Consumed in Rural Area (10000 kwh)	农林牧渔总产值（当年价格)(万元) Gross Output Value of Farming, Forestry, Animal Husbandry and Fishery(at current prices)(10000 yuan)
15个生猪大县（市、区）	**Large Hog-raising County (County-level City、District)**	**1398239**	**736**	**553540**	**400943**	**230607**	**7986169**
新建区	Xinjiang	86779	73	49010	33269	17975	833027
南昌县	Nanchang	143295	88	79886	58844	44717	880402
进贤县	Jinxian	100418	63	52590	30192	27121	835223
余江县	Yujiang	83653	28	21733	13136	7083	465225
南康区	Nankang	74233	30	25688	17585	12970	372232
信丰县	Xinfeng	74014	32	22689	18669	8597	426810
定南县	Dingnan	65328	10	4069	4892	1167	160360
新干县	Xingan	76967	27	28070	19364	5235	290448
袁州区	Yuanzhou	98697	30	35940	17306	14899	488743
上高县	Shanggao	82467	38	22952	23563	13059	466086
丰城市	Fengcheng	100448	61	71422	55960	31006	882798
樟树市	Zhangshu	95680	120	42098	36509	14143	534356
高安市	Gao'an	155595	92	52080	41102	17946	670265
东乡县	Dongxiang	95764	34	24000	22824	5459	373547
万年县	Wannian	64901	9	21313	7728	9230	306647

12-33 农村扶贫对象分布情况
Distribution of Aid-the-poor Object

单位：人 (person)

县(市、区)	County (County level City,District)	2014	2015
全 省	**Provincial Total**	**2760000**	**1995577**
南昌市	**Nanchang City**	**71952**	**62418**
湾里区	Wanli	2345	1376
南昌县	Nanchang	20623	18874
新建区	Xinjian	19816	17180
安义县	Anyi	7011	6889
进贤县	Jinxian	22157	18099
景德镇市	**Jingdezhen City**	**38239**	**25405**
昌江区	Changjiang	5515	1923
浮梁县	Fuliang	14686	8581
乐平市	Leping	18038	14901
萍乡市	**Pingxiang City**	**64771**	**50496**
湘东区	Xiangdong	4480	3324
莲花县	Lianhua	28781	29636
上栗县	Shangli	12046	7918
芦溪县	Luxi	10409	5076
安源区	Anyauan	5509	4128
萍乡市开发区	Development Zone	945	414
九江市	**Jiujiang City**	**303365**	**236712**
庐山区	Lushan	4309	4298
共青区	Gongqing	2457	
九江县	Jiujiang	12803	5913
武宁县	Wuning	24404	19098
修水县	Xiushui	105924	82944
永修县	Yongxiu	11337	9612
德安县	De'an	10285	7703
星子县	Xingzi	18414	10006
都昌县	Duchang	74431	65510
湖口县	Hukou	10193	10439
彭泽县	Pengze	16747	11173
瑞昌市	Ruichang	12061	10016
新余市	**Xinyu City**	**24310**	**18279**
渝水区	Yushui	10177	9541
分宜县	Fenyi	10143	6541
新余开发区	Development Zone	2302	2197
鹰潭市	**Yingtan City**	**34714**	**21391**
月湖区	Yuehu	1825	1252
余江县	Yujiang	12087	6842
贵溪市	Guixi	17626	13297
赣州市	**Ganzhou City**	**972085**	**702400**
章贡区	Zhanggong	5458	4271
赣 县	Gan	78162	56098
信丰县	Xinfeng	42672	32395
大余县	Dayu	23057	17545
上犹县	Shangyou	39835	28175
崇义县	Chongyi	17047	13341
安远县	Anyuan	44790	31853
龙南县	Long'nan	24349	19056
定南县	Ding'nan	15064	11789
全南县	Quannan	14264	11163
宁都县	Ningdu	104158	74014
于都县	Yudu	119976	85394
兴国县	Xingguo	98587	70155
会昌县	Huichang	66608	46928
寻乌县	Xunwu	40914	28819
石城县	Shicheng	38896	27725
瑞金市	Ruijin	80412	57931
南康市	Nankang	111931	79854
赣州开发区	Development Zone	5905	5894
吉安市	**Ji'an City**	**371991**	**222269**
吉州区	Jizhou	5585	2764
青原区	Qingyuan	9523	5799
吉安县	Ji'an	50532	33344
吉水县	Jishui	19234	11150
峡江县	Xiajiang	9626	6531
新干县	Xingan	14238	7194
永丰县	Yongfeng	29568	14541
泰和县	Taihe	22374	14676
遂川县	Suichuan	72146	45226
万安县	Wan'an	33762	20132
安福县	Anfu	28723	19494
永新县	Yongxin	61338	33690
井冈山市	Jinggangshan	15342	7728
宜春市	**Yichun City**	**180790**	**149523**
袁州区	Yuanzhou	30933	23863
奉新县	Fengxin	10302	7883
万载县	Wanzai	38486	34226
上高县	Shanggao	11172	8132
宜丰县	Yifeng	8690	7536
靖安县	Jing'an	8204	4826
铜鼓县	Tonggu	10274	11094
丰城市	Fengcheng	27920	19631
樟树市	Zhangshu	17143	15400
高安市	Gaoan	17666	16932
抚州市	**Fuzhou City**	**189043**	**126350**
临川区	Linchuan	16563	14647
南城县	Nancheng	8288	8328
黎川县	Lichuan	14326	9742
南丰县	Nanfeng	10628	7140
崇仁县	Chongren	10055	4666
乐安县	Le'an	43746	29571
宜黄县	Yihuang	15187	9736
金溪县	Jinxi	19407	12461
资溪县	Zixi	7052	2749
东乡县	Dongxiang	11970	5912
广昌县	Guangchang	30160	20190
抚州开发区	Development Zone	1661	1208
上饶市	**Shangrao City**	**508740**	**380334**
信州区	Xinzhou	8715	6153
上饶县	Shangrao	95521	74767
广丰区	Guangfeng	23541	22800
玉山县	Yushan	31746	24862
铅山县	Qianshan	11991	11949
横峰县	Hengfeng	24104	18864
弋阳县	Yiyang	23327	16566
余干县	Yugan	109458	73458
鄱阳县	Poyang	138924	99414
万年县	Wannian	18170	14220
婺源县	Wuyuan	13251	10370
德兴市	Dexing	9214	6302
三清山管委会	Administrative Board of Sanqing Mountain	778	609

主要统计指标解释

农林牧渔总产值 以货币表现的农林牧渔业的全部产品总量和对农林牧渔业生产活动进行的各种支持性服务活动的价值。它反映一定时期内农林牧渔业生产总规模和总成果，是观察农林牧渔业生产水平和发展速度的重要指标，同时也是计算农林牧渔业劳动生产率和农林牧渔业增加值的基础资料。

农林牧渔业总产值的计算，一般采用“产品法”，即凡有产品产量的，都按产品价格乘产量的办法求得每种产品产量的产值，然后相加求得各业的产值，最后各业相加求出农林牧渔业总产值。

农林牧渔业增加值 指农、林、牧、渔及农林牧渔服务业在一定时期内生产货物或提供服务活动而增加的价值。它反映了农业生产经营活动的最终成果和对社会的贡献。

农业增加值的计算方法有两种：（1）生产法，是从生产角度进行计算的一种方法。即用农业总产出减去农业中间消耗求得。(2)分配法，是从分配角度进行计算的一种方法。即通过农业生产单位在生产经营和劳务活动过程中形成的不含中间消耗的各种收入来计算。具体包括农业劳动者收入、福利基金、利税、固定资产折旧及大修理和其他。一般采用生产法计算。

农作物播种面积 指实际播种或移植有农作物的面积。凡是实际种植有农作物的面积，不论种植在耕地上还是种植在非耕地上，均包括在农作物播种面积中，在播种季节基本结束后，因遭灾而重新改种和补种的农作物面积，也包括在内。播种面积的大小，反映农作物的生产规模和耕地的利用程度。

农作物总产量 指在一定时期内（通常是一年）生产的各种农作物产品总产量。无论是种植在耕地上或非耕地上的农作物产量，都包括在内。有的农作物收割期较长，虽在当年冬季就开始收割，但需跨年延到来年春季才能收完的，仍计算为本年农作物总产量。它是衡量农业生产成果，统筹安排城乡人民生活，研究生产、积累和消费比例关系及编制国民经济计划的基本数据。

粮食产量 指全社会的产量。包括国有经济经营的、集体统一经营的和农民家庭经营的粮食产量，还包括工矿企业办的农场和其他生产单位的产量。粮食除包括稻谷、小麦、玉米、高粱、谷子及其他杂粮外，还包括薯类和豆类。

猪、牛、羊肉产量 指当年出栏并已屠宰、除去头蹄下水后带骨肉（即胴体重）的重量。

期初（末）畜禽存栏头（只）数 指报告期初（末）农村各种合作经济组织和国营农场、农民个人、机关、团体、学校、工矿企业、部队等单位以及城镇居民饲养的大牲畜、猪、羊、家禽等畜禽的存栏数。

农用化肥施用量 指本年内实际用于农业生产的化肥数量，包括氮肥、磷肥、钾肥和复合肥。化肥施用量要求按折纯量计算数量。折纯量是指指把氮肥、磷肥、钾肥分别按含氮、含五氧化二磷、含氧化钾的百分之一百成份进行折算后的数量。复合肥按其所含主要成分折算。

有效灌溉面积 指具有一定的水源，地块比较平整，灌溉工程或设备已经配套，在一般年景下当年能够进行正常灌溉的耕地面积。

农业机械总动力 指主要用于农、林、牧、渔业的各种动力机械的动力总和。包括耕作机械、排灌机械。收获机械、农用运输机械、植物保护机械、牧业机械、林业机械、渔业机械和其他农业机械〔内燃机按引擎马力折成瓦（特）计算、电动机按功率折成瓦（特）计算〕。不包括专门用于乡、镇、村、组办工业、基本建设、非农业运输、科学试验和教学等非农业生产方面用的动力机械与作业机械。

Explanatory Notes on Main Statistical Indicators

Gross Out Value of Agriculture refer to the total volume of products of farming, forestry, animal husbandry and fishery and the value of various services supporting the production of farming, forestry, animal husbandry and fishery in monetary terms, which reflects the total scale and total results of farming, forestry, animal husbandry and fishery production during a given period of time. It is an important indicator to observe the production level and development speed of farming, forestry, animal husbandry and fishery. It is also the foundation for calculating the labor productivity and value-added of farming, forestry, animal husbandry and fishery.

Generally, the gross output value of farming, forestry, animal husbandry, and fishery is calculated with the production approach. Where applicable, the gross output value of each single product is obtained by multiplying the output of each product by its price. These values are then summed up to obtain the output value of each sector. The sum of output values of all sectors is the gross output value of farming, forestry, animal husbandry, and fishery.

Value-added of Farming, Forestry, Animal Husbandry and Fishery refers to the value-added of goods produced or services provided by farming, forestry, animal husbandry and fishery in a given period of time. It shows the final results of the activities of production and management of agriculture and its contributions to the society.

The value-added of agriculture is calculated with two approaches:

(1) Production of approach is a method from the production angle, i.e. total output of agriculture minus intermediate consumption of agriculture. The value-added of agriculture is usually calculated with the production approach as no complete accounting records of the rural households are available;

(2) Distribution approach is a method from the distribution angle, i.e. various incomes from the activities of production and management of the productive units of agriculture without intermediate consumption, including incomes of the rural laborers, welfare funds, profit and tax, depreciation of fixed assets and major overhaul and others.

Sown Area of Crops refers to area of land sown or transplanted with crops regardless of being in cultivated area or non cultivated area. Area of land re-sown due to natural disasters is also included. It refers the scale of crops and the use of cultivated area.

Total Output of Crops refers to the total output of farm crops of various kinds during a given period of time (usually a year). It covers the output of crops in both cultivated and uncultivated area. Crops with an extensive reaping period beginning in the winter of the current year are included in the total output of crops of the current year, even if harvest is extended until the spring of the following year. It is the basic figure to examine the production results of agriculture, make overall arrangements in the life of urban and rural households, study the proportionate relationships between production, accumulation and consumption and work out a plan of national economy.

Grain Yield refers to the yield in the whole country including grains produced by state farm, collective units, industrial enterprises and mines. Grain includes rice, wheat, corn, sorghum, millet and other miscellaneous grains as well as tubers and beans.

Output of Pork, Beef, and Mutton refers to the meat of slaughtered hogs, cattle, sheep and goats with head, feet, and offal taken away.

Number of Livestock or Poultry in Stock at Beginning (or End) refers to the total number of large animals, pigs, sheep, fowls, etc. raised by rural cooperative organizations, state farms, rural individuals, government agencies, schools, Industrial and mining enterprises, army, and urban residents at the beginning (or end) of the reference period.

Consumption of Chemical Fertilizers in Agriculture refers to the quantity of chemical fertilizers applied in agriculture in the year, including nitrogenous fertilizer, phosphate fertilizer, potash fertilizer, and compound fertilizer. The consumption of chemical fertilizers is required in calculation to convert the gross weight into weight containing 100% effective component (e.g.100% nitrogen content in nitrogenous fertilizer,100% phosphorous pentoxide contents in phosphate fertilizer,100% potassium oxide contents in potash fertilizer). Compound fertilizer is converted with its major component.

Irrigated Area refers to areas that are effectively irrigated, i.e. level land which has water source and complete sets of irrigation facilities to lift and move adequate water for irrigation purpose under normal conditions.

Total Power of Farm Machinery refers to total mechanical power of machinery used in farming, forestry, animal husbandry, and fishery, including ploughing, irrigation and drainage, harvesting, transport, plant protection, stock breeding, forestry and fishery. The power of internal combustion engines is required to convert horsepower into watts and the power of electric motors is required to be converted into watts. Machinery employed for non agricultural purposes, such as the machines used in township run and village-run Industry, construction, non agricultural transport, scientific experiments and teaching, is exclude.

13

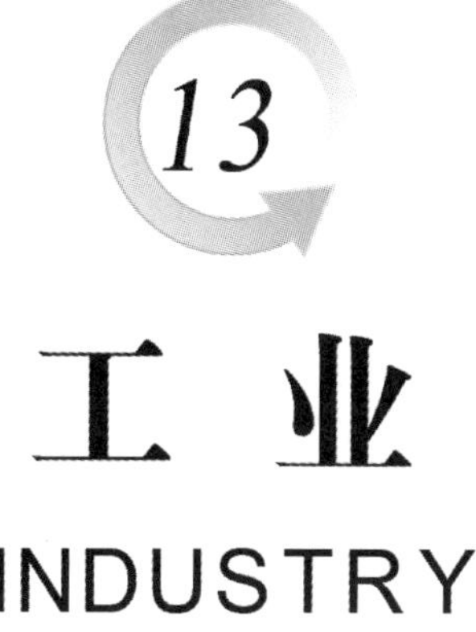

工 业

INDUSTRY

◆299/354

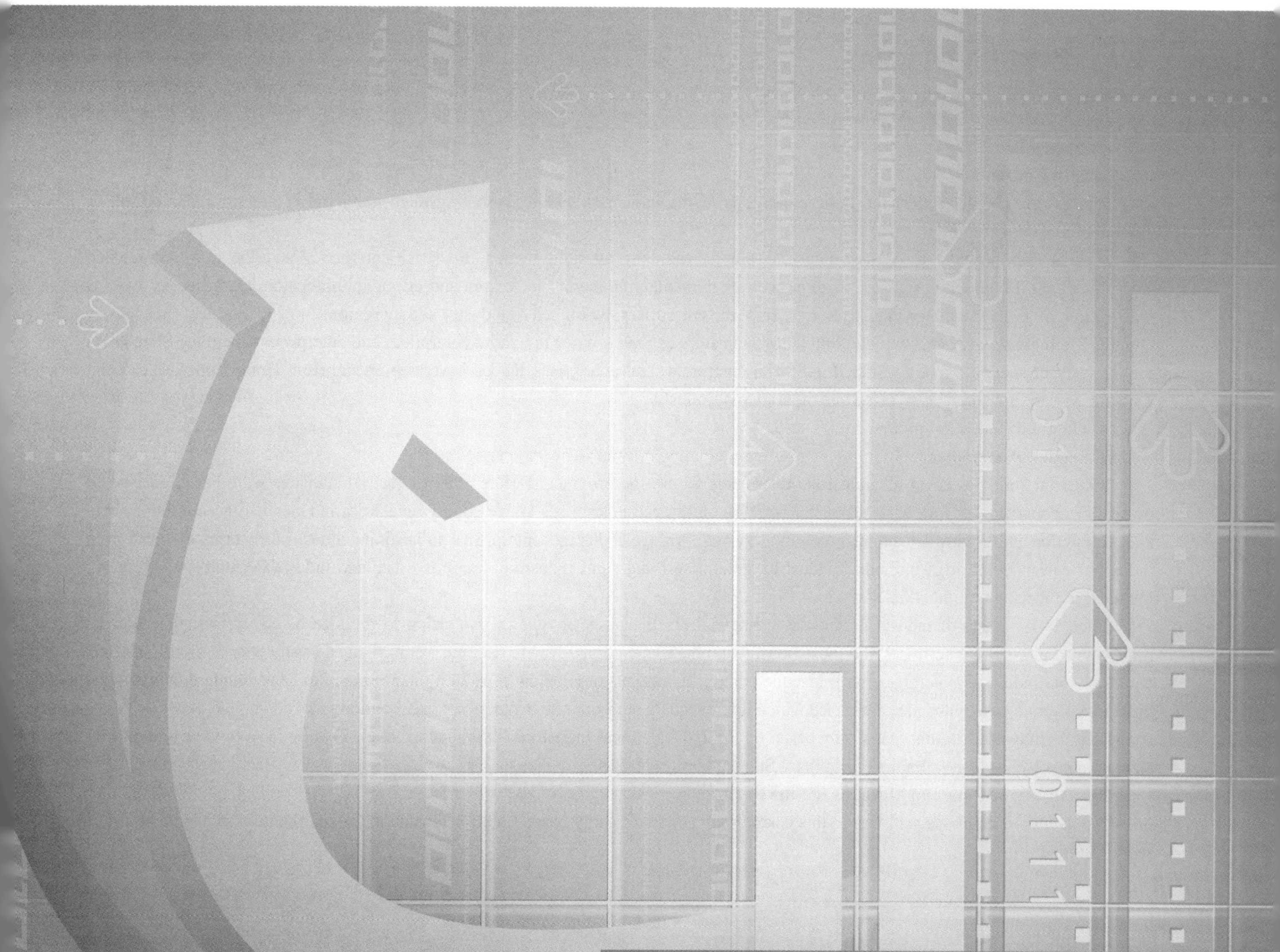

资料整理及英文翻译：顾惟雨、丁亦、张 珏

简要说明

一、本篇资料的主要内容

本篇资料反映全省规模以上工业经济方面的基本情况，包括11个设区市的主要工业经济统计数据:

1.规模以上工业企业单位数和总产值，以及按企业登记注册类型、轻重工业、企业规模、工业行业大类和按地区分组的主要经济指标和经济效益指标;

2.规模以上国有及国有控股、外商投资、港澳台商投资和私营工业企业主要经济指标和经济效益指标;

3.规模以上主要工业产品产量。

二、本篇资料的统计范围

工业统计调查范围为全省境内的全部工业企业。1997年以前，工业的统计范围按隶属关系划分，分为乡及乡以上独立核算工业企业和非独立核算生产单位、村办工业、城镇合作工业、农村合作工业、城镇个体工业、农村个体工业六大部分。(1984年以前村办工业不在工业统计范围内)。

1998年及以后年份，工业统计调查范围由按隶属关系划分，改变为按企业规模划分，分为全部国有及年主营业务收入在500万元以上非国有工业企业和年主营业务收入在500万元以下非国有工业企业两部分。2011年，规模以上工业划分标准提高到年主营业务收入2000万元及以上。本篇资料中的统计范围为年主营业务收入在2000万元以上工业企业。

本篇资料中工业行业分类按2011年《国民经济行业分类标准》划分；企业大中小微型划分按2011年《统计上大中小型企业划分办法（暂行）》标准执行。

三、本篇的资料来源和统计调查方法

本篇工业企业统计数据主要是根据工业统计月度报表中有关资料整理汇总的。

Brief Introduction

I. Main Contents

Data in this chapter reflect the basic conditions of the industrial sector, presenting main industrial economic indicators of 11 municipalities city.

(1) The number and the gross industrial output value of all State-owned industrial enterprises and the non-State-owned enterprises that are above designated size; as well as their main economic indicators and efficiency indicators classified by type of registration, by light and heavy industries, by size of the enterprises, by branch of industry and by region.

(2) Main economic indicators and efficiency indicators of State-owned industrial enterprises and enterprises where the State holds the majority of shares; foreign-funded industrial enterprises and enterprises funded by entrepreneurs from Hong Kong, Macao and Taiwan; and private enterprises, classified by branch of industry.

(3) Output of Industrial products.

II. Scopes of Statistics

Industrial statistics cover all industrial enterprises within the province. Before 1997, industrial statistics were based on type of ownership, consisting of following six parts: corporate industrial enterprises above county level with independent accounting system and production units with dependent accounting system, village industrial enterprises; urban joint industrial enterprises, rural joint industrial enterprises, urban individual industrial enterprises, and rural industrial enterprises (village industrial enterprises were not included in the scope of industrial statistics before 1984).

Since 1998, scope of industrial statistics changed from the basis of type of ownership to the size of enterprises, they are: all State-owned industrial enterprises and those non-State industrial enterprises with revenue from principal business over 5 million yuan, and non-state industrial enterprises with revenue from principle business below 5 million yuan. Since 2011,the standard of industrial enterprises above designated size are raised,which the revenue from principle business were 20 million yuan and above.

Data by industries in this chapter are based on the 2011 National Industrial Classification of all Economic Activities, and data by size of enterprises are based on the Preliminary Standards of Enterprises by Size in 2011.

III. Sources of Data and Methods of Survey

The data on enterprises statistics in this Chapter are collated mainly based on the relevant data in the monthly industrial statistics reporting forms.

13-1 规模以上工业企业单位数及工业总产值（2015年）

Number and Gross Industrial Output Value of Industrial Enterprises above Designated Size (2015)

类 别	Type	企业单位数（个）Number of Enterprises (unit)	#亏损企业 Loss Enterprises	工业总产值（万元）Gross Industrial Output Value (10000yuan)
总 计	**Total**	**9226**	**632**	**307784908**
按登记注册类型及隶属关系分	**By Registration Status and Jurisdiction of Management**			
国有企业	State-owned Enterprises	65	16	12428474
中央企业	Central enterprises	6	1	494929
地方企业	Local enterprises	59	15	11933545
集体企业	Collective-owned Enterprises	62	2	671748
股份合作企业	Cooperative Enterprises	47	1	878924
联营企业	Joint Ownership Enterprises	2		30049
有限责任公司	Limited Liability Corporations	3147	258	99866218
股份有限公司	Share-holding Corporations Limited	269	37	19459003
私营企业	Private Enterprises	4751	226	128979656
港、澳、台商投资企业	Enterprises with Funds from Hong Kong,Macao and Taiwan	538	48	25109424
外商投资企业	Foreign Funded Enterprises	325	42	20151191
其他经济类型	Other Economic Types	20	2	210221
#国有控股企业	State-owned Holding Enterprises	487	101	44915803
按轻、重工业分	**Grouped by Light & Heavy Industries**			
轻工业	Light Industry	4038	203	109708348
重工业	Heavy Industry	5188	429	198076561
按企业规模分	**Grouped by Size of Enterprises**			
大型企业	Large Enterprises	200	19	68662581
中型企业	Medium-sized Enterprises	1854	110	105884975
小型企业	Small Enterprises	6954	487	131920616
微型企业	Miniature Enterprises	218	16	1316737
按工业行业分	**Grouped by Sector**			
#煤炭开采和洗选业	Mining and Washing of Coal	168	15	1644995
黑色金属矿采选业	Mining and Processing of Ferrous Metal Ores	88	8	2143912
有色金属矿采选业	Mining and Processing of Non-Ferrous Metal Ores	147	28	5284061

13-1 续表1 continued

类别	Type	企业单位数(个) Number of Enterprises (unit)	#亏损企业 Loss Enterprises	工业总产值(万元) Gross Industrial Output Value (10000yuan)
非金属矿采选业	Mining and Processing of Nonmetal Ores	148	4	3033779
农副食品加工业	Processing of Food from Agricultural Products	452	25	19438260
食品制造业	Manufacture of Foods	162	7	5790453
酒、饮料和精制茶制造业	Manufacture of Wine, Beverages & Refined Tea	113	10	3024615
烟草制品业	Manufacture of Tobacco	3		1836000
纺织业	Manufacture of Textile	500	34	11764954
纺织服装、服饰业	Manufacture of Textile Wearing Apparel,Clothing	763	29	12917654
皮革、毛皮、羽毛及其制品和制鞋业	Manufacture of Leather, Fur, Feather and Related Products, Footware	216	8	5515533
木材加工和木、竹、藤、棕、草制品业	Processing of Timber, Manufacture of Wood, Bamboo, Rattan, Palm and Straw Products	214	9	3919448
家具制造业	Manufacture of Furniture	128	4	2546604
造纸和纸制品业	Manufacture of Paper and Paper Products	160	9	4103288
印刷和记录媒介复制业	Printing, Reproduction of Recording Media	137	5	2436762
文教、工美、体育和娱乐用品制造业	Manufacture of Articles For Culture, Education Art , Sport & Entertainment Activities	198	6	4712234
石油加工、炼焦和核燃料加工业	Processing of Petroleum,Coking,Processing of Nuclear Fuel	21	4	4413363
化学原料和化学制品制造业	Manufacture of Raw Chemical Materials and Chemical Products	840	45	24532361
医药制造业	Manufacture of Medicines	310	19	10934963
化学纤维制造业	Manufacture of Chemical Fibers	13		864248
橡胶和塑料制品业	Manufacture of Rubber & Plastics	312	23	6689191
非金属矿物制品业	Manufacture of Non-metallic Mineral Products	1102	82	26847815
黑色金属冶炼和压延加工业	Smelting and Pressing of Ferrous Metals	120	14	10791924

13-1 续表2 continued

类 别	Type	企业单位数(个) Number of Enterprises (unit)	亏损企业 Loss Enterprises	工业总产值(万元) Gross Industrial Output Value (10000yuan)
有色金属冶炼和压延加工业	Smelting and Pressing of Non-ferrous Metals	567	56	48190095
金属制品业	Manufacture of Metal Products	279	17	6679797
通用设备制造业	Manufacture of General Purpose Machinery	281	24	7571234
专用设备制造业	Manufacture of Special Purpose Machinery	200	8	4889748
汽车制造业	Manufacture of Automotive	238	15	11200544
铁路、船舶、航空航天和其他运输设备制造业	Manufacture of Railway,Shipping, Aerospace & Other Transort Equipment	39	5	1370323
电气机械和器材制造业	Manufacture of Electrical Machinery and Equipment	534	39	22071996
计算机、通信和其他电子设备制造业	Manufacture of Communication Equipment, Computers and Other Electronic Equipment	371	37	14657095
仪器仪表制造业	Manufacture of Measuring Instruments Apparatus	70	4	1523254
其他制造业	Other Manufacturing	37	4	655650
废弃资源综合利用业	Recycling and Disposal of Waste	51	11	1355909
金属制品、机械和设备修理业	Repairment of Metal Products, Machinery & Equipment	1		133995
电力、热力生产和供应业	Production and Supply of Electric Power and Heat Power	161	16	10669796
燃气生产和供应业	Production and Supply of Gas	37	2	1093962
水的生产和供应业	Production and Supply of Water	44	6	535095
按地区分	**By Region**			
南 昌 市	Nanchang	1227	152	54473291
景德镇市	Jingdezhen	320	26	10976166
萍 乡 市	Pingxiang	652	21	16773808
九 江 市	Jiujiang	1259	41	48751142
新 余 市	Xinyu	353	49	14775622
鹰 潭 市	Yingtan	235	16	20828904
赣 州 市	Ganzhou	1188	116	31677458
吉 安 市	Ji'an	1095	28	29795813
宜 春 市	Yichun	1097	55	35819102
抚 州 市	Fuzhou	903	31	15645654
上 饶 市	Shangrao	897	97	28267949

13-2 规模以上工业企业增加值

Value-added of Industrial Enterprises above Designated Size

单位：万元 (10000 yuan)

类　　别	Type	2015年	2015年比2014年增长（%）Growth Rate of 2015 to 2014 (%)
总　　计	**Total**	**72688565**	**9.2**
按登记注册类型及隶属关系分	**By Registration Status and Jurisdiction of Management**		
国有企业	State-owned Enterprises	2691023	5.8
中央企业	Central Enterprises	161537	31.6
地方企业	Local Enterprises	2529486	4.5
集体企业	Collective-owned Enterprises	192958	-6.1
股份合作企业	Cooperative Enterprises	222996	-2.6
联营企业	Joint Ownership Enterprises	7208	-14.5
有限责任公司	Limited Liability Corporations	23971230	8.6
股份有限公司	Share-holding Corporations Limited	4505044	11.1
私营企业	Private Enterprises	29921646	11.1
港、澳、台商投资企业	Enterprises with Funds from Hong Kong, Macao and Taiwan	6217262	9.6
外商投资企业	Foreign Funded Enterprises	4907177	2.7
其他经济类型	Other Economic Types	52021	11.1
#国有控股企业	State-owned Holding Enterprises	11374600	5.0
按轻、重工业分	**Grouped by Light & Heavy Industries**		
轻工业	Light Industry	27312206	7.7
重工业	Heavy Industry	45376359	10.1
按企业规模分	**Grouped by Size of Enterprises**		
大型企业	Large Enterprises	17116075	5.4
中型企业	Medium-sized Enterprises	24692084	9.3
小型企业	Small Enterprises	30569198	12.9
微型企业	Miniature Enterprises	311208	-40.3
按工业行业分	**Grouped by Sector**		
煤炭开采和洗选业	Mining and Washing of Coal	628900	-2.0
黑色金属矿采选业	Mining and Processing of Non-Ferrous Metal Ores	509951	3.8
有色金属矿采选业	Mining and Processing of Nonmetal Ores	1376954	25.1
非金属矿采选业	Mining and Processing of Nonmetal Ores	895957	8.8
农副食品加工业	Processing of Food from Agricultural Products	3954800	11.2
食品制造业	Manufacture of Foods	1461404	6.4
酒、饮料和精制茶制造业	Manufacture of Wine, Beverages & refined tea	918886	
烟草制品业	Manufacture of Tobacco	1361772	-4.2
纺织业	Manufacture of Textile	2629530	12.3
纺织服装、服饰业	Manufacture of Textile Wearing Apparel,Clothing	3272171	2.9
皮革、毛皮、羽毛及其制品和制鞋业	Manufacture of Leather, Fur, Feather and Related Products, Footware	1623203	5.9

13-2 续表 continued

单位：万元 (10000 yuan)

类别	Type	2015	2015年比2014年增长（%） Growth Rate of 2015 to 2014 (%)
木材加工和木、竹、藤、棕、草制品业	Processing of Timber, Manufacture of Wood, Bamboo, Rattan, Palm and Straw Products	934929	3.0
家具制造业	Manufacture of Furniture	622546	14.8
造纸和纸制品业	Manufacture of Paper and Paper Products	1035298	9.3
印刷和记录媒介复制业	Printing, Reproduction of Recording Media	654844	2.9
文教、工美、体育和娱乐用品制造业	Manufacture of Articles For Culture, Education Art , Sport & Entertainment Activities	1271417	8.0
石油加工、炼焦和核燃料加工业	Processing of Petroleum,Coking,Processing of Nuclear Fuel	833216	9.6
化学原料和化学制品制造业	Manufacture of Raw Chemical Materials and Chemical Products	6321787	6.3
医药制造业	Manufacture of Medicines	2797651	10.4
化学纤维制造业	Manufacture of Chemical Fibers	172160	0.2
橡胶和塑料制品业	Manufacture of Rubber & Plastics	1577543	13.0
非金属矿物制品业	Manufacture of Non-metallic Mineral Products	6760204	7.9
黑色金属冶炼和压延加工业	Smelting and Pressing of Ferrous Metals	2009907	17.6
有色金属冶炼和压延加工业	Smelting and Pressing of Non-ferrous Metals	8894974	10.3
金属制品业	Manufacture of Metal Products	1498067	9.3
通用设备制造业	Manufacture of General Purpose Machinery	1750087	13.4
专用设备制造业	Manufacture of Special Purpose Machinery	1211749	7.0
汽车制造业	Manufacture of Automotive	2566185	10.4
铁路、船舶、航空航天和其他运输设备制造业	Manufacture of Railway,Shipping, Aerospace & Other transort Equipment	288462	-8.5
电气机械和器材制造业	Manufacture of Electrical Machinery and Equipment	4957167	12.3
计算机、通信和其他电子设备制造业	Manufacture of Communication Equipment, Computers and other Electronic Equipment	3835946	16.5
仪器仪表制造业	Manufacture of Measuring Instruments Apparatus	408808	11.2
其他制造业	Other Manufacturing	158092	-7.6
废弃资源综合利用业	Recycling and Disposal of Waste	245191	21.1
金属制品、机械和设备修理业	Repairment of Metal Products, Machinery & Equipment	35862	13.8
电力、热力生产和供应业	Production and Supply of Electric Power and Heat Power	2658566	5.7
燃气生产和供应业	Production and Supply of Gas	327063	15.4
水的生产和供应业	Production and Supply of Water	227316	8.5
按地区分	**By Region**		
南昌市	Nanchang	14518438	9.4
景德镇市	Jingdezhen	2710200	9.4
萍乡市	Pingxiang	4292048	8.0
九江市	Jiujiang	10356000	9.9
新余市	Xinyu	3199729	8.0
鹰潭市	Yingtan	3586075	9.0
赣州市	Ganzhou	7532590	9.2
吉安市	Jian	7301985	9.8
宜春市	Yichun	8705000	9.4
抚州市	Fuzhou	3642000	8.6
上饶市	Shangrao	6905428	9.6

13-3 各地区规模以上工业企业单位数（2015年）

单位：个

分类	Item	全省 Total	南昌市 Nanchang	景德镇市 Jingdezhen
总计	**Total**	**9226**	**1227**	**320**
按登记注册类型及隶属关系分	**By Registration Status and Jurisdiction of Management**			
国有企业	State-owned Enterprises	65	14	7
中央企业	Central Enterprises	6	1	
地方企业	Local Enterprises	59	13	7
集体企业	Collective-owned Enterprises	62	7	6
股份合作企业	Cooperative Enterprises	47	9	2
联营企业	Joint Ownership Enterprises	2		
有限责任公司	Limited Liability Corporations	3147	586	157
股份有限公司	Share-holding Corporations Limited	269	55	5
私营企业	Private Enterprises	4751	402	120
港、澳、台商投资企业	Enterprises with Funds from Hong Kong,Macao and Taiwan	538	67	10
外商投资企业	Foreign Funded Enterprises	325	86	13
其他经济类型	Other Economic Types	20	1	
#国有控股企业	State-owned Holding Enterprises	487	99	25
按轻、重工业分	**Grouped by Light & Heavy Industries**			
轻工业	Light Industry	4038	638	105
重工业	Heavy Industry	5188	589	215
按企业规模分	**Grouped by Size of Enterprises**			
大型企业	Large Enterprises	200	42	8
中型企业	Medium-sized Enterprises	1854	256	48
小型企业	Small Enterprises	6954	879	258
微型企业	Miniature Enterprises	218	50	6

13-4 各地区规模以上工业企业总产值（2015年）

单位：万元

分类	Item	全省 Total	南昌市 Nanchang	景德镇市 Jingdezhen
总计	**Total**	**307784908**	**54473291**	**10976166**
按登记注册类型及隶属关系分	**By Registration Status and Jurisdiction of Management**			
国有企业	State-owned Enterprises	12428474	8931305	95999
中央企业	Central enterprises	494929	4132856	
地方企业	Local enterprises	11933545	4798449	95999
集体企业	Collective-owned Enterprises	671748	19325	60467
股份合作企业	Cooperative Enterprises	878924	156138	6520
联营企业	Joint Ownership Enterprises	30049		
有限责任公司	Limited Liability Corporations	99866218	18432634	6605892
股份有限公司	Share-holding Corporations Limited	19459003	4990336	690679
私营企业	Private Enterprises	128979656	11329360	2765021
港、澳、台商投资企业	Enterprises with Funds from Hong Kong,Macao and Taiwan	25109424	3772982	363843
外商投资企业	Foreign Funded Enterprises	20151191	6839158	387746
其他经济类型	Other Economic Types	210221	2055	
#国有控股企业	State-owned Holding Enterprises	44915803	15412953	2962192
按轻、重工业分	**Grouped by Light & Heavy Industries**			
轻工业	Light Industry	109708348	24422449	3077332
重工业	Heavy Industry	198076561	30050842	7898835
按企业规模分	**Grouped by Size of Enterprises**			
大型企业	Large Enterprises	68662581	22068699	2669012
中型企业	Medium-sized Enterprises	105884975	16464940	3039946
小型企业	Small Enterprises	131920616	15667390	5261982
微型企业	Miniature Enterprises	1316737	272263	5226

Number of Industrial Enterprises above Designated Size by Region (2015)

(unit)

萍乡市 Pingxiang	九江市 Jiujiang	新余市 Xinyu	鹰潭市 Yingtan	赣州市 Ganzhou	吉安市 Ji'an	宜春市 Yichun	抚州市 Fuzhou	上饶市 Shangrao
652	**1259**	**353**	**235**	**1188**	**1095**	**1097**	**903**	**897**
	8	1	3	3	7	7	4	11
	2		1		1	1		
	6	1	2	3	6	6	4	11
13	5	7		6	3	12		3
25	1					3	4	3
1							1	
109	482	111	123	310	221	322	439	287
38	34	1	8	29	18	34	20	27
440	621	206	88	595	736	645	380	518
20	69	14	5	176	68	42	41	26
5	38	13	8	68	38	29	13	14
1	1			1	4	3	1	8
13	60	18	16	86	47	44	29	50
171	637	70	79	511	517	499	460	351
481	622	283	156	677	578	598	443	546
11	22	11	9	21	27	34	3	12
176	283	48	40	244	243	266	91	159
453	929	286	179	897	781	786	796	710
12	25	8	7	26	44	11	13	16

Gross Output Value of Industrial Enterprises above Designated Size by Region (2015)

(10000 yuan)

萍乡市 Pingxiang	九江市 Jiujiang	新余市 Xinyu	鹰潭市 Yingtan	赣州市 Ganzhou	吉安市 Ji'an	宜春市 Yichun	抚州市 Fuzhou	上饶市 Shangrao
16773808	**48751142**	**14775622**	**20828904**	**31677458**	**29795813**	**35819102**	**15645654**	**28267949**
	370694	9100	6634491	53135	100030	289633	15633	40539
	338252		63702		34598	37604		
	32442	9100	6570788	53135	65432	252029	15633	40539
127024	52724	116618		72527	80272	135652		7141
622359	4838					22467	33883	32720
							30049	
4153287	13497530	6102416	7178027	8698343	5252226	10384263	7498988	7950528
1383312	6651120	134205	649542	1567802	1020227	1203053	482287	686441
9652527	21674422	5294230	6031331	13790532	17968736	19767391	6688497	14017611
483472	4180764	921468	80040	4587641	2650824	2309331	689528	5069532
345878	2318354	2197586	255473	2905824	2675650	1695310	203771	326441
5948	696			1655	47848	12003	3019	136997
580070	5160011	2784768	7475328	4203706	1166294	2012855	630939	2526688
4481501	21791139	2874551	1477629	9753182	11288079	16932914	6495828	7113746
12292307	26960003	11901071	19351275	21924276	18507734	18886188	9149826	21154203
1760655	9323385	5509568	7798747	3031700	5161192	5277308	771032	5291285
7450713	17188713	3711011	6509427	11529520	10853672	14481963	3566709	11088361
7143914	21932660	5529967	6499260	17016473	13712365	16040577	11272269	11843759
418526	306384	25076	21470	99765	68584	19254	35645	44544

13-5 工 业 产 品 产 量（2015年）

Output of Industrial Products (2015)

品 名	Item	2015年	2015年比2014年增长（%）Increase Rate in 2015 over 2014(%)
硫铁矿生产量(折含硫 35%)(万吨)	Pyrite Ore (converted into 35% sulphur) (10000 tons)	306.08	2.2
钨精矿折含量（万吨）	Scheelite Presentation of Content (10000 tons)	4.95	-4.0
原 盐（万吨）	Salt (10000 tons)	219.30	-17.2
配混合饲料（万吨）	Mixed Feed (10000 tons)	1016.90	-3.4
乳 制 品（万吨）	Milk Products (10000 tons)	33.24	0.2
罐 头（万吨）	Canned Food (10000 tons)	14.81	0.6
软 饮 料（万吨）	Soft Drinks (10000 tons)	405.93	23.6
白 酒（万千升）	White Spirit (10000 kiloliter)	18.24	11.1
啤 酒（万千升）	Beer (10000 kiloliter)	134.00	
精 制 茶（吨）	Refined Tea (ton)	66330.20	-8.7
卷 烟（亿支）	Cigarettes (100 million pieces)	678	0.2
纱（万吨）	Yarn (10000 tons)	166.91	3.5
布（万米）	Cloth (10000 m)	114447.30	7.0
纯棉布	Cotton Cloth	29489.30	-0.7
棉混纺交织布	Cotton Blended Cloth	69543.70	22.1
纯化纤布	Chemical Fiber Cloth	15414.30	-24.1
印 染 布（万米）	Printed Fabric (10000 m)	6169.10	6.6
服 装（万件）	Garments (10000 pieces)	127946.40	0.1
皮 鞋（万双）	Shoes (10000 pairs)	19132.00	6.7
人 造 板（万立方米）	Manmade Plates (10000 cu.m)	596.96	6.9
机制纸及纸板（万吨）	Machine-made Paper and Paperboards (10000 tons)	173.60	7.9
家 具（万件）	Furniture (10000 pieces)	1422.19	-1.3
硫 酸（万吨）	Sulfuric Acid (10000 tons)	334.09	0.1
烧 碱（万吨）	Caustic Soda (10000 tons)	32.35	-22.4
电石（折300升/千克)(万吨)	Calcium Carbide (convert to 300 L/kg) (10000 tons)	6.04	24.5
合 成 氨（万吨）	Synthetic Ammonia (10000 tons)	8.98	-41.7
化学肥料（折有效成份100%)(万吨)	Chemical Fertilizer (10000 tons)	140.81	5.2
氮 肥	Nitrogen Fertilizer	121.50	8.7
磷 肥	Phosphate Fertilizer	19.31	-12.5
化学农药（吨）	Chemical Pesticide (ton)	50881.10	9.5
纯 苯（吨）	Benzene (ton)	58014	37.5
涂 料（吨）	Paint (ton)	70252.90	-16.1
塑料树脂及共聚物（万吨）	Primary Plastic (10000 tons)	29.10	92.2
合成洗涤剂（吨）	Synthetic Detergents (ton)	5998.00	19.6
化学药品原药（吨）	Chemical Medicines (ton)	55569.70	10.3
中 成 药（吨）	Traditional Chemical Medicine (ton)	120250.20	8.9
化学纤维（万吨）	Chemical Fiber (10000 tons)	46.88	2.0
粘胶纤维	Viscose Fiber	37.77	1.1
合成纤维	Synthetic Fiber	9.11	6.1
轮胎外胎（万条）	Tires (10000 tires)	242.25	-17.5
塑料制品（吨）	Plastic Articles (ton)	1326174.6	45.2
水 泥（万吨）	Cement (10000 tons)	9438.01	-4.2
平板玻璃（万重量箱）	Plate Glass (10000 weight boxes)	384.99	-25.0
日用玻璃制品（万吨）	Glass Products for Daily Use (10000 tons)	4.30	21.5
玻璃保温容品（万个）	Glass Proof Container (10000 units)	1383.40	4.6

13-5 续表 continued

品 名	Item	2015	2015年比2014年增长（%）Increase Rate in 2015 over 2014(%)
耐火材料制品（万吨）	Fire-resistant Products (10000 tons)	24.85	0.4
生 铁（万吨）	Pig Iron (10000 tons)	2083.25	0.4
粗钢（万吨）	Crude Steel (10000 tons)	2210.95	-1.1
钢材（万吨）	Rolled Steel (10000 tons)	2577.57	-1.5
#中小型型材	Rolled Steel,Medium and Small	7.08	-56.9
棒 材	Steel Bar	62.01	-22.7
钢 筋	Corrugated Steel Bar	1024.90	5.8
线 材	Wire Rod	427.86	-6.5
厚 钢 板	Thick Steel Plate	159.48	-0.7
中 板	Medium Steel Plate	182.46	-10.3
冷轧窄钢带	Non Hot Roll Narrow Steel Belt	73.85	3.8
电工钢板	Electrical Steel	99.13	-7.2
无缝钢管	Seamless Steel Pipe	11.45	-19.5
焊接钢管	Welded Steel Pipe	2.62	-66.0
十种有色金属（万吨）	Ten Kinds of Non-ferrous Metals (10000 tons)	167.80	0.1
#精炼铜	Refined Copper	132.02	-0.1
铁 合 金（万吨）	Ferroalloy (10000 tons)	2.10	-3.6
工业锅炉（蒸发量吨）	Industrial Boilers (evaporation ton)	1445.00	18.1
金属切削机床（台）	Metal Cutting Machine Tools (unit)	6091.00	5.5
#数控机床	CNC Machine Tools (unit)	1487.00	0.8
泵（万台）	Pumps (10000 units)	21.94	82.9
风 机（万台）	Fans (10000 units)	16.77	6.9
气体压缩机（台）	Gas Compressor (unit)	43984445	-1.0
轴 承（万套）	Rolling Bearings (10000 units)	1.14	-0.5
矿山设备（吨）	Mining Equipment (ton)	305029.20	11.5
印 刷 机（吨）	Printing Presses (ton)	611.00	-19.5
小型拖拉机（万台）	Small Tractors (10000 units)	0.81	-30.6
汽 车（万辆）	Motor Vehicles (10000 units)	42.15	-8.7
#载货汽车	Trucks	19.64	-2.4
民用钢质船舶（万总吨）	Civil Steel Vessels (10000 tons)	7.37	-40.6
发电设备（万千瓦）	Power Generating Equipment (10000 kw)	33.16	-11.8
交流电动机（万千瓦）	AC Motors (10000 kw)	358.83	-6.3
变压器（万千伏安）	Transformers (10000 KVA pm)	2874.64	11.6
通信及电子网络用电缆（对千米）	Cable for Communications and Electronic Network (couples·km)	1828016.30	8.9
冷 柜（台）	Freezers (unit)	93415	-79.6
家用电冰箱（万台）	Household Refrigerators (10000 units)	85.86	-21.6
房间空气调节调器（万台）	Air Conditioners (10000 units)	372.87	13.5
电风扇（万台）	Fans (10000 units)	146.69	7.1
电光源（万只）	Electric Light (10000 units)	175557.50	-2.5
电话单机（万部）	Telephone Sets (10000 units)	119.53	15.0
彩色电视机（万台）	Color Television Sets (10000 units)	23.56	20.4
照 相 机（万台）	Cameras (10000 units)	337.39	38.0

13-6 主要工业产品产量

年份 地区 Year Region	化学纤维 (万吨) Chemical Fiber (10000 tons)	纱 (吨) Yarn (ton)	布 (万米) Cloth (10000 m)	机制纸及纸板 (万吨) Machine-made Paper and Paperboards (10000 tons)	日用瓷 (万件) Ceramics for Daily Use (10000 units)
1978	0.42	42373	20173	9.26	32095
1980	1.33	61791	30011	12.69	33087
1985	1.30	72161	26009	22.17	35041
1990	2.00	80749	30566	25.59	44969
1991	2.37	86729	27897	26.36	53083
1992	2.54	96433	29194	31.03	55837
1993	4.13	90595	29670	36.54	53063
1994	5.33	101349	34041	36.29	54702
1995	5.11	109652	35784	41.07	48652
1996	4.80	105556	33256	38.24	60053
1997	6.33	110362	36086	35.49	57016
1998	6.42	107994	25088	23.39	38213
1999	7.65	109102	26315	27.96	52391
2000	7.08	99512	21710	24.02	57470
2001	7.74	79652	17948	26.04	55737
2002	8.59	112105	20491	28.18	56791
2003	10.02	148731	22095	24.66	44588
2004	14.59	186303	32187	35.51	58966
2005	18.07	204424	28057	67.00	61893
2006	20.76	255128	34137	91.35	54902
2007	27.63	390421	46424	106.21	116774
2008	16.87	445644	47026	113.73	160380
2009	13.50	620191	67651	139.64	259118
2010	17.92	746779	80517	186.59	406806
2011	31.47	968465	80754	219.39	296558
2012	37.89	1372942	92650	161.39	
2013	42.00	1607922	77615	181.90	
2014	45.94	1574045	96761	154.52	
2015	46.88	1669100	114447	173.60	
南昌市 Nanchang		47534	7384	38.08	
景德镇市 Jingdezhen				5.09	
萍乡市 Pingxiang				3.50	
九江市 Jiujiang	37.77	879183	2915	48.42	
新余市 Xinyu		91975	17113		
鹰潭市 Yingtan		1127	446		
赣州市 Ganzhou		45336	2319	26.42	
吉安市 Ji'an		61887	5352	15.51	
宜春市 Yichun	2.75	423953	58801	7.37	
抚州市 Fuzhou		91648	19567	18.07	
上饶市 Shangrao	6.36	26458	551	11.16	

Output of Major Industrial Products

合成洗涤剂 (吨) Synthetic Detergents (ton)	卷 烟 (万箱) Cigarettes (10000 boxes)	粗 钢 (万吨) Crude Stell (10000 tons)	生 铁 (万吨) Pig Iron (10000 tons)	钢 材 (万吨) Rolled Steel (10000 tons)
5098	19.14	25.64	35.84	24.50
6298	22.32	38.76	31.45	46.65
12778	32.11	77.42	57.43	60.98
17083	47.02	112.09	89.03	92.32
21700	49.58	109.68	84.05	95.27
25100	49.49	133.06	97.83	109.76
29984	50.09	148.68	120.72	119.61
34600	46.42	150.94	150.16	129.84
45194	43.76	149.73	136.63	126.36
42063	38.63	173.02	133.86	139.87
38626	35.54	173.80	149.48	154.79
38267	38.31	222.94	192.43	179.23
24696	41.20	267.03	248.24	228.60
34257	50.99	319.86	304.69	282.90
24400	54.57	399.83	338.26	375.63
14563	55.95	548.21	453.04	531.64
17141	60.44	599.53	496.40	655.37
6377	64.46	748.00	638.16	774.90
11210	81.81	963.20	819.84	1017.82
20453	89.80	1162.97	949.60	1235.77
18385	95.80	1306.15	1045.30	1349.50
20130	100.80	1240.94	1036.30	1277.21
24123	105.80	1620.88	1446.96	1647.40
24449	111.80	1834.03	1673.94	1951.55
7372	116.80	2067.41	1917.07	2247.36
5726	119.80	2140.85	2027.05	2368.89
5287	127.80	2156.63	2012.17	2463.82
5013	135.30	2235.28	2075.31	2611.06
5998	135.60	2210.95	2083.25	2577.57
	135.60	354.26	313.02	375.76
		454.72	417.50	457.34
		517.22	464.97	530.43
		882.69	887.75	961.18
				141.82
				48.87
5998		2.06		16.89
				6.48
				38.79

13-6 续表

年份 地区 Year Region	硫酸 (万吨) Sulfuric (10000 tons)	烧碱 (万吨) Caustic (10000 tons)	化学肥料 (万吨) Chemical Fertilizer (10000 tons)	化学农药 (吨) Chemical Pesticide (ton)
1978	2.68	2.32	15.97	13539
1980	4.00	3.07	25.73	17405
1985	3.81	3.74	19.41	2753
1990	43.59	5.88	31.07	5146
1991	46.93	6.12	32.49	5819
1992	47.49	6.59	33.04	5151
1993	49.40	7.24	29.44	4100
1994	52.00	8.53	31.78	4589
1995	57.10	9.97	38.44	5997
1996	54.27	9.74	37.86	5793
1997	59.72	9.57	44.73	6257
1998	61.43	10.51	52.22	7495
1999	62.77	12.76	54.55	12810
2000	79.92	16.24	43.43	13796
2001	87.75	18.65	46.88	14428
2002	78.95	18.87	55.96	12710
2003	103.29	19.91	47.90	9657
2004	110.13	25.60	50.67	15177
2005	113.19	24.62	47.61	14425
2006	134.53	30.03	55.80	17173
2007	139.97	33.36	53.80	16126
2008	185.15	34.03	54.20	21212
2009	213.56	24.49	48.71	21612
2010	227.00	27.28	113.42	21213
2011	239.97	27.80	29.46	34210
2012	289.81	44.70	93.71	38866
2013	323.31	52.57	106.29	42057
2014	333.74	41.67	134.72	46452
2015	334.09	32.35	140.81	50881
南昌市 Nanchang				
景德镇市 Jingdezhen		18.08	102.92	
萍乡市 Pingxiang				
九江市 Jiujiang	48.61	4.02		
新余市 Xinyu	16.81		7.40	
鹰潭市 Yingtan	197.81	1.14	21.34	16560
赣州市 Ganzhou	18.29		6.42	
吉安市 Ji'an				2982
宜春市 Yichun		9.11		8970
抚州市 Fuzhou			2.74	6699
上饶市 Shangrao	52.58			15669

continued

化学原料药(吨) Chemical Medicines (ton)	交流电动机(万千瓦) AC Motors (10000 kw)	金属切削机床(台) Metal-cutting Machine Tools (unit)	汽车(辆) Motor Vehicles (unit)	电视机(万台) Television Sets (10000 units)	照相机(万台) Cameras (10000 units)	水泥(万吨) Cement (10000 tons)
847	52.74	2619	991	0.25	1.00	155.56
860	36.02	4012	1463	2.51	1.40	201.00
8472	81.20	4365	7060	31.40	10.55	354.19
10140	88.45	4727	9711	43.88	9.00	469.13
12750	97.48	4686	14443	48.90	16.17	566.91
15442	118.09	6055	25301	61.90	14.20	689.25
13910	136.07	7043	38678	59.16	13.15	811.63
14799	127.51	4905	45321	63.64	17.97	905.80
24318	106.33	5646	52479	52.56	21.75	1005.59
7697	78.79	4014	63166	32.16	21.78	1062.16
5487	64.31	3073	90943	17.31	17.32	1105.39
4389	46.35	2163	121987	6.50	29.34	1133.38
1631	48.51	2693	119915	31.27	18.87	1315.02
1842	61.73	3559	133562	19.80	17.84	1382.00
1182	70.52	3047	159407	30.16	28.81	1574.00
2327	93.06	3281	207453	44.86	34.87	1966.00
2457	119.82	4023	185199	64.10	41.47	2172.00
1832	160.72	5087	183962	72.62	15.49	2976.00
5801	157.81	4272	207112	89.11	6.73	3477.01
8009	205.84	5020	233893	64.22	4.38	4206.31
13133	274.75	3774	221832	39.06	1.99	4956.97
16108	301.81	1548	211942	44.62	1.93	5271.59
28306	343.99	959	284659	90.97	2.69	6153.20
42822	447.50	3103	372776	67.66	0.58	6220.54
31238	457.30	3829	343457	102.56	1.02	6782.24
41593	377.40	4812	343615	132.87	1505.22	7420.94
51597	434.16	5452	368086	46.75	374.38	9204.20
49099	380.31	5775	461529	19.57	244.50	9803.57
55570	358.83	6091	421470	23.56	337.39	9438.01
14326	59.01	1658	324712	23.56		766.15
3094			96758			404.74
		634				673.88
3682	39.12	2455			337.39	1602.13
95	20.91					310.58
						177.54
						1750.73
11742		214				863.66
2423	239.80					1027.95
14417		1130				258.20
5791						1602.44

13-7 规模以上工业企业经济指标

指标	Item	2000	2005	2006	2007
企业单位数(个)	Number of Enterprises (unit)	3548	4403	5333	6028
#亏损企业	Loss Enterprises	1250	859	888	748
资产总计(万元)	Total Assets (10000 yuan)	18358562	30583375	36714081	46887884
流动资产合计(万元)	Total Working Capitals (10000 yuan)	7302030	12656554	16213919	20587012
负债总计(万元)	Total Liabilities (10000 yuan)	12538729	19322205	22388278	27793878
所有者权益(万元)	Owners' Equity (10000 yuan)	5749725	10961595	14036300	19092849
主营业务收入(万元)	Revenue from Principal Business (10000 yuan)	8970030	29091272	41737387	62411363
#主营业务税金及附加	Taxes and Other Charges on Principal Business	223525	495427	606686	802634
营业费用(销售)	Operating Expenses	348333	860647	1091098	1296073
利润总额(万元)	Total Profits (10000 yuan)	125262	1124119	1941917	3077476
利润和税金总额(万元)	Total Profits and Taxes (10000 yuan)	805410	2796022	4237080	6079370
全部从业人员年平均人数(人)	Annual Average Empolyed Persons (person)	1088214	1121126	1257972	1407253
工业总产值(万元)	Gross Industrial Output Value (10000 yuan)	9323234	29788802	42454878	61941823
工业增加值(万元)	Value Added of Industry (10000 yuan)	2698133	8823017	12880910	18222355
总资产贡献率(%)	Ratio of Total Assets to Output Value (%)	6.19	10.43	12.81	14.18
资本保值增值率(%)	Changing Rate of Net Assets (%)	108.93	119.55	128.05	136.02
资产负债率(%)	Assets-Liability Ratio (%)	68.30	63.18	60.98	59.28
流动资产周转率(次)	Ratio of Turnover Working Capitals (time)	1.27	2.36	2.79	3.36
成本费用利润率(%)	Ratio of Profits to Cost (%)	1.44	4.14	5.04	5.40
全员劳动生产率(元／人)	Overall Labor Productivity (yuan/person)	24794	78698	102394	129489
产品销售率(%)	Proportion of Products Sold (%)	97.27	98.48	98.46	98.58
工业经济效益综合指数(%)	Aggregate Index of Industrial Economic Efficiency (%)	81.77	146.43	174.67	202.00

Economic Indicator of Industrial Enterprises above Designated Size

2008	2009	2010	2011	2012	2013	2014	2015
6226	7329	7976	6251	6773	7601	8271	9226
667	522	378	294	403	429	448	632
52936108	67355232	84248635	99640588	114741203	136401179	155356630	189715620
23706799	27942172	35674934	46148463	54079089	62332378	69060974	79390445
30671736	38348158	47004353	55512183	64032206	74021408	80419911	94007411
22264371	29007074	37244282	44128405	50708997	62379770	74936719	95708209
82819433	98141565	141966804	184668214	222676403	267002175	305971151	324594081
995491	1385549	1672718	1933173	2286178	2723301	3185553	3761951
1520240	1887424	2511101	2738042	3436269	4211075	5057432	5513344
3155831	4967457	8568128	11138553	12851090	17566628	20439279	21279702
6818608	9426976	14459522	18146936	21297573	28823980	33587083	35437596
1481676	1698449	1971755	1922534	2090307	2201132	2448000	2563214
82087339	97004723	138356056	179058700	208094698	246769053	287923469	307784908
23235213	26107510	31018933	39108763	48852077	57555047	68337197	72688565
15.72	16.97	20.36	21.54	21.42	24.38	24.91	21.99
121.44	123.86	125.74	123.17	113.25	119.40	118.66	121.67
57.94	56.93	55.79	55.71	55.81	54.27	51.76	49.55
3.71	3.78	4.51	4.53	4.45	4.60	4.77	4.44
4.12	5.59	6.69	6.65	6.33	7.19	7.23	7.07
162992	168029	206437	231445	247387	278594	292275	298393
98.55	98.82	98.98	98.94	99.25	99.07	98.86	99.00
221.86	233.83	275.13	292.21	298.28	328.28	339.33	334.13

13-8 规模以上工业企业主要经济指标（2015）

单位：万元

项　　目	Item	主营业务收入 Revenue from Principal Business	主营业务税金及附加 Taxes and Other Charges on Principal Business
总　　计	**Total**	**324594081**	**3761951**
按登记注册类型及隶属关系分	**By Registration Status and Jurisdiction of Management**		
国有企业	State-owned Enterprises	26640965	196184
中央企业	Central Enterprises	494815	5492
地方企业	Local Enterprises	26146150	190692
集体企业	Collective-owned Enterprises	653238	8464
股份合作企业	Cooperative Enterprises	873468	7286
联营企业	Joint Ownership Enterprises	30040	228
有限责任公司	Limited Liability Corporations	100809786	1572070
股份有限公司	Share-holding Corporations Limited	20351316	834657
私营企业	Private Enterprises	128893398	924227
港、澳、台商投资企业	Enterprises with Funds from Hong Kong,Macao and Taiwan	25807267	109178
外商投资企业	Foreign Funded Enterprises	20325241	107462
其他经济类型	Other economy types	209362	2197
#国有控股企业	State-owned Holding Enterprises	60090998	2042909
按轻、重工业分	**Grouped by Light & Heavy Industries**		
轻工业	Light Industry	109963888	1693591
重工业	Heavy Industry	214630192	2068361
按企业规模分	**Grouped by Size of Enterprises**		
大型企业	Large Enterprises	85610186	2161794
中型企业	Medium-sized Enterprises	106054898	684799
小型企业	Small Enterprises	131574977	911011
微型企业	Miniature Enterprises	1354020	4347
按工业行业分	**Grouped by Sector**		
煤炭开采和洗选业	Mining and Washing of Coal	1611662	25010
黑色金属矿采选业	Mining and Processing of Ferrous Metal Ores	2041403	50569
有色金属矿采选业	Mining and Processing of Non-Ferrous Metal Ores	3934185	28915
非金属矿采选业	Mining and Processing of Nonmetal Ores	2609769	65357
其他采矿业	Other minings	2558	72
农副食品加工业	Processing of Food from Agricultural Products	19407526	67136
食品制造业	Manufacture of Foods	5364327	48763
酒、饮料和精制茶制造业	Manufacture of Wine, Beverages & Refined Tea	3262505	113164
烟草制品业	Manufacture of Tobacco	1969662	909456
纺织业	Manufacture of Textile	11191451	41841
纺织服装、服饰业	Manufacture of Textile Wearing Apparel,Clothing	13499002	69006
皮革、毛皮、羽毛及其制品和制鞋业	Manufacture of Leather, Fur, Feather and Related Products, Footware	5551915	26145
木材加工和木、竹、藤、棕、草制品业	Processing of Timber, Manufacture of Wood, Bamboo, Rattan, Palm and Straw Products	4007971	31372
家具制造业	Manufacture of Furniture	2316725	11337

Main Economic Indicators of Industrial Enterprises above Designated Size(2015)

(10000 yuan)

主营业务成本 Cost of Principal Business	营业费用 Operating Expenses	资产合计 Total Assets	流动资产 Total Working Capitals	#产成品 Finished Products	负债合计 Total Liabilities	所有者权益合计 Total Owners' Equities
285911286	**5513344**	**189715620**	**79390445**	**7787569**	**94007411**	**95708209**
25062245	348529	19710696	12270004	512109	11792687	7918009
407789	5133	715862	167995	9058	528118	187744
24654456	343396	18994834	12102010	503051	11264569	7730265
553271	11570	239682	98619	11088	96097	143585
737475	8797	382430	75597	6667	91473	290957
25055	657	12866	4122	877	3795	9071
88474972	1787472	68281764	27457495	2613023	35948245	32333519
17344845	340241	15802701	6783039	762061	8790519	7012182
113127573	2154706	54963359	20559860	2711231	21950995	33012364
22597905	519153	14923577	6140261	675377	7113442	7810135
17807149	338188	15266123	5951782	491891	8143605	7122518
180796	4033	132424	49667	3245	76552	55872
53292802	878504	57038898	25757819	1555399	35404740	21634158
93785111	2956610	53954516	21454696	2461390	21212875	32741641
192126175	2556735	135761104	57935749	5326179	72794536	62966568
75286397	1825077	69653120	34713396	2293425	41939540	27713580
92720526	1745808	55699985	19923403	2668467	23927928	31772057
116627888	1931251	63136637	24219006	2787473	27509867	35626770
1276474	11209	1225878	534640	38203	630076	595802
1374950	27918	2325669	574676	29216	1619345	706324
1767760	31662	888440	262305	20682	445914	442526
3489890	27983	2742035	1093554	246920	1286321	1455714
2152998	78494	1952654	641742	68890	680721	1271933
2114	48	2063	909	59	993	1070
17511524	317130	7091181	3398656	489348	3135957	3955224
4521550	192680	2492809	777009	82711	759544	1733265
2581612	157883	2842443	1061265	147737	1564239	1278204
661906	26080	1952471	1493413	24420	479079	1473392
9941493	131891	5114869	1934438	283505	2197596	2917273
11747271	266757	5516698	1854824	268274	1617279	3899419
4798625	79268	2147542	764807	76741	738455	1409087
3496696	69906	2040572	763373	117774	767493	1273079
2017707	51240	1065307	411196	35654	360070	705237

13-8 续表1

单位：万元

项目	Item	主营业务收入 Revenue from Principal Business	主营业务税金及附加 Taxes and Other Charges on Principal Business
造纸和纸制品业	Manufacture of Paper and Paper Products	3362541	17106
印刷和记录媒介复制业	Printing, Reproduction of Recording Media	3262141	25502
文教、工美、体育和娱乐用品制造业	Manufacture of Articles For Culture, Education Art , Sport &	5366001	32969
石油加工、炼焦和核燃料加工业	Processing of Petroleum,Coking,Processing of Nuclear Fuel	4869383	772665
化学原料和化学制品制造业	Manufacture of Raw Chemical Materials and Chemical Products	23131106	240202
医药制造业	Manufacture of Medicines	11352211	80489
化学纤维制造业	Manufacture of Chemical Fibers	859413	2834
橡胶和塑料制品业	Manufacture of Rubber & Plastics	6570898	34620
非金属矿物制品业	Manufacture of Non-metallic Mineral Products	26531588	172265
黑色金属冶炼和压延加工业	Smelting and Pressing of Ferrous Metals	12549454	36840
有色金属冶炼和压延加工业	Smelting and Pressing of Non-ferrous Metals	60798697	286278
金属制品业	Manufacture of Metal Products	7120687	57745
通用设备制造业	Manufacture of General Purpose Machinery	7441920	43884
专用设备制造业	Manufacture of Special Purpose Machinery	5093089	32404
汽车制造业	Manufacture of Automotive	11916894	175592
铁路、船舶、航空航天和其他运输设备	Manufacture of Railway,Shipping, Aerospace & Other Transport	1264482	5238
电气机械和器材制造业	Manufacture of Electrical Machinery and Equipment	27171832	113242
计算机、通信和其他电子设备制造业	Manufacture of Communication Equipment, Computers and Other	13507835	55077
仪器仪表制造业	Manufacture of Measuring Instruments Apparatus	1289345	5978
其他制造业	Other Manufacturing	659986	2296
废弃资源综合利用业	Recycling and Disposal of Waste	1399905	9139
金属制品、机械和设备修理业	Repairment of Metal Products, Machinery & Equipment	7503	64
电力、热力生产和供应业	Production and Supply of Electric Power and Heat Power	10639286	52035
燃气生产和供应业	Production and Supply of Gas	1096531	12490
水的生产和供应业	Production and Supply of Water	560692	6858
按地区分	**By Region**		
南昌市	Nanchang	54723815	1274056
景德镇市	Jingdezhen	10841674	129416
萍乡市	Pingxiang	16820564	205806
九江市	Jiujiang	51091897	903713
新余市	Xinyu	15451055	84326
鹰潭市	Yingtan	34357060	127644
赣州市	Ganzhou	31239976	205015
吉安市	Ji'an	29984816	246948
宜春市	Yichun	35713528	275625
抚州市	Fuzhou	15399844	93310
上饶市	Shangrao	28969852	216092

continued

(10000 yuan)

主营业务成本 Cost of Principal Business	营业费用(销售) Operating Expenses	资产合计 Total Assets	流动资产 Total Working Capitals	#产成品 Finished Products	负债合计 Total Liabilities	所有者权益合计 Total Owners' Equities
2968829	43525	2375993	740825	78430	1089239	1286754
2802590	60803	2037595	622314	41960	539796	1497799
4700847	67158	2275265	793525	137456	740372	1534893
3752330	74055	3891679	1359174	170100	2748644	1143035
20017034	362835	15104736	5484595	496129	7776607	7328129
8814592	1113623	6098109	2753295	268267	2451957	3646152
781881	9646	983546	448291	19454	632291	351255
5840425	92193	2497565	925800	122438	833826	1663739
22728793	508983	17244032	6162581	670569	7472140	9771892
11790239	96405	7611446	3083258	241974	5069241	2542205
57299405	222743	29615493	15886146	1418009	15563576	14051917
6283730	105179	2712278	1225501	171060	921412	1790866
6420421	140864	4237196	2141743	200630	2008590	2228606
4417897	92435	2631081	1053354	142982	1118196	1512885
10061725	415289	9556197	5516466	380710	5245731	4310466
1149165	8731	1050377	580924	25123	419290	631087
23951432	408554	14710245	6501090	861576	7207047	7503198
12177274	127727	8775520	5059600	368982	5007287	3768233
1078063	33951	1304363	539201	29458	401245	903118
590739	6835	236900	107968	9640	79791	157109
1265604	12595	611258	235049	27810	251813	359445
6405		3600	2596	131	1994	1606
9592218	4410	13260519	2517700	579	9300193	3960326
924249	25903	951199	195639	8133	508708	442491
429305	19965	1764676	421645	4038	965422	799254
46826144	1560975	42189620	20243344	1334371	21930454	20259166
9642864	246730	8569984	3219060	295072	4582237	3987747
13937819	277008	10334174	2255425	178112	4065371	6268803
44691447	744721	23848340	7625793	1281637	10611739	13236601
14096637	195920	14288123	5967713	379768	8540459	5747664
32993871	150151	19051717	10058499	497584	9263343	9788374
27920756	477915	15348923	7538839	1114479	8044950	7303973
26005635	490061	14038527	4296734	502052	5645775	8392752
30769014	771468	19628956	7850384	1009028	9939183	9689773
13687036	258662	7579500	3283460	404181	3732789	3846711
25340063	339734	14837757	7051193	791285	7651111	7186646

13-8 续表2

单位：万元

项目	Item	利润总额 Total Profits	#盈利企业的利润额 Profits of Profit-making Enterprises	#亏损企业的亏损额 Losses of Loss Enterprises
总计	**Total**	**21279702**	**21934767**	**655065**
按登记注册类型及隶属关系分	**By Registration Status and Jurisdiction of Management**			
国有企业	State-owned Enterprises	549584	578419	28835
中央企业	Central Enterprises	59289	59597	308
地方企业	Local Enterprises	490295	518822	28527
集体企业	Collective-owned Enterprises	50481	50513	32
股份合作企业	Cooperative Enterprises	104006	104120	114
联营企业	Joint Ownership Enterprises	2296	2296	
有限责任公司	Limited Liability Corporations	6226328	6612345	386017
股份有限公司	Share-holding Corporations Limited	1212963	1308002	95039
私营企业	Private Enterprises	9796112	9857202	61090
港、澳、台商投资企业	Enterprises with Funds from Hong Kong,Macao and Taiwan	1975984	2014552	38568
外商投资企业	Foreign Funded Enterprises	1352461	1391029	38568
其他经济类型	Other economy types	9488	11566	2078
#国有控股企业	State-owned Holding Enterprises	2123169	2527112	403943
按轻、重工业分	**Grouped by Light & Heavy Industries**			
轻工业	Light Industry	8535390	8611919	76529
重工业	Heavy Industry	12744312	13322848	578536
按企业规模分	**Grouped by Size of Enterprises**			
大型企业	Large Enterprises	3870456	4182100	311644
中型企业	Medium-sized Enterprises	8343560	8475298	131738
小型企业	Small Enterprises	9043298	9239578	196280
微型企业	Miniature Enterprises	22388	37791	15403
按工业行业分	**Grouped by Sector**			
煤炭开采和洗选业	Mining and Washing of Coal	99619	142256	42637
黑色金属矿采选业	Mining and Processing of Ferrous Metal Ores	150138	152743	2605
有色金属矿采选业	Mining and Processing of Non-Ferrous Metal Ores	236776	286977	50201
非金属矿采选业	Mining and Processing of Nonmetal Ores	236069	236215	146
其他采矿业	Other minings	257	257	
农副食品加工业	Processing of Food from Agricultural Products	1133808	1139135	5327
食品制造业	Manufacture of Foods	441798	443449	1651
酒、饮料和精制茶制造业	Manufacture of Wine, Beverages & Refined Tea	308310	320836	12526
烟草制品业	Manufacture of Tobacco	271578	271578	
纺织业	Manufacture of Textile	844523	861472	16949
纺织服装、服饰业	Manufacture of Textile Wearing Apparel,Clothing	1001456	1007200	5744
皮革、毛皮、羽毛及其制品和制鞋业	Manufacture of Leather, Fur, Feather and Related Products, Footware	531854	533755	1901
木材加工和木、竹、藤、棕、草制品业	Processing of Timber, Manufacture of Wood, Bamboo, Rattan, Palm and Straw Products	307380	312539	5159
家具制造业	Manufacture of Furniture	165528	165769	241

continued

(10000 yuan)

利润税金总额 Total Profits and Taxes	企业亏损面(%) Ratio to Loss Enterprises	经济效益综合指数(%) Aggregate Index of Economic Efficiency	总资产贡献率(%) Ratio of Total Assets to Output Value	资本保值增值率(%) Changing Rate of Net Assets	资产负债率(%) Assets-Liability Ratio	流动资产周转率(次) Ratio of Turnover Working Capitals (time)
35437596	**6.9**	**334.1**	**22.0**	**121.7**	**49.6**	**4.4**
1120348	24.6	270.9	6.5	101.8	59.8	2.3
99329	16.7	513.4	24.1	115.1	64.5	3.0
1021020	25.4	331.1	21.8	122.0	48.4	4.5
91937	3.2	321.6	44.7	81.7	40.1	7.8
141882	2.1	465.8	44.3	112.0	23.9	12.5
3277		330.9	19.7	124.9	53.2	3.8
11340458	8.2	335.8	20.0	121.8	60.5	4.1
2653389	13.8	348.6	20.6	115.1	59.3	3.4
15186015	4.8	402.3	33.7	126.8	39.9	7.0
2888643	8.9	281.8	18.8	116.0	50.5	4.1
1993344	12.9	267.9	13.5	135.2	58.3	2.9
18303	10.0	221.9	14.4	122.0	55.3	3.4
5940327	20.7	292.8	12.1	112.6	62.1	2.4
13921445	5.0	335.8	31.2	128.4	39.3	5.7
21516152	8.3	347.3	18.6	118.4	53.6	4.0
8388924	9.5	266.6	14.1	109.0	60.2	2.6
12793152	5.9	357.3	27.9	131.6	43.0	5.9
14199894	7.0	381.6	26.1	124.5	43.7	5.9
55627	7.3					
212661	8.9	172.1	17.7	100.7	70.6	4.0
276237	9.1	444.4	42.4	144.3	42.2	8.2
459927	19.0	319.5	25.5	129.3	43.9	3.9
452994	2.7	357.3	34.2	151.8	37.7	4.9
431		494.2	29.0	113.1	50.1	7.5
1551776	5.5	385.8	40.0	134.3	38.6	7.6
678360	4.3	300.3	24.3	116.7	61.2	3.6
556196	8.8	870.7	93.2	137.9	22.6	1.7
1385796		335.3	37.3	119.0	50.2	7.9
1225023	6.8	354.7	47.2	125.4	36.4	9.1
1522645	3.8	316.7	46.4	127.8	32.5	9.8
768332	3.7	333.6	33.5	120.9	45.0	6.9
470363	4.2	286.8	34.0	134.5	49.9	5.2
240518	3.1	335.8	22.4	151.6	50.1	5.3

13-8 续表3

单位：万元

项目	Item	利润总额 Total Profits	#盈利企业的利润额 Profits of Profit-making Enterprises	#亏损企业的亏损额 Losses of Loss Enterprises
造纸和纸制品业	Manufacture of Paper and Paper Products	239164	241766	2602
印刷和记录媒介复制业	Printing, Reproduction of Recording Media	247647	248943	1296
文教、工美、体育和娱乐用品制造业	Manufacture of Articles For Culture, Education Art , Sport & Entertainment Activities	467783	470311	2528
石油加工、炼焦和核燃料加工业	Processing of Petroleum,Coking,Processing of Nuclear Fuel	60451	88270	27819
化学原料和化学制品制造业	Manufacture of Raw Chemical Materials and Chemical Products	1833862	1919131	85269
医药制造业	Manufacture of Medicines	925906	934097	8191
化学纤维制造业	Manufacture of Chemical Fibers	45650	45650	
橡胶和塑料制品业	Manufacture of Rubber & Plastics	461942	464484	2542
非金属矿物制品业	Manufacture of Non-metallic Mineral Products	2375419	2415819	40400
黑色金属冶炼和压延加工业	Smelting and Pressing of Ferrous Metals	286125	416786	130661
有色金属冶炼和压延加工业	Smelting and Pressing of Non-ferrous Metals	2397937	2471574	73637
金属制品业	Manufacture of Metal Products	473809	478535	4726
通用设备制造业	Manufacture of General Purpose Machinery	577083	588133	11050
专用设备制造业	Manufacture of Special Purpose Machinery	398836	402124	3288
汽车制造业	Manufacture of Automotive	781614	830163	48549
铁路、船舶、航空航天和其他运输设备	Manufacture of Railway,Shipping, Aerospace & Other Transport	79956	81508	1552
电气机械和器材制造业	Manufacture of Electrical Machinery and Equipment	1928889	1952906	24017
计算机、通信和其他电子设备制造业	Manufacture of Communication Equipment, Computers and Other Electronic Equipment	775827	786646	10819
仪器仪表制造业	Manufacture of Measuring Instruments Apparatus	138526	140001	1475
其他制造业	Other Manufacturing	45357	45756	399
废弃资源综合利用业	Recycling and Disposal of Waste	86308	89235	2927
金属制品、机械和设备修理业	Repairment of Metal Products, Machinery & Equipment	3	3	
电力、热力生产和供应业	Production and Supply of Electric Power and Heat Power	730025	751858	21833
燃气生产和供应业	Production and Supply of Gas	107084	108268	1184
水的生产和供应业	Production and Supply of Water	85407	88622	3215
按地区分	**By Region**			
南昌市	Nanchang	3089111	3157867	68756
景德镇市	Jingdezhen	485013	559851	74838
萍乡市	Pingxiang	1999970	2079837	79867
九江市	Jiujiang	3488268	3575584	87316
新余市	Xinyu	529733	636402	106669
鹰潭市	Yingtan	862718	877942	15224
赣州市	Ganzhou	1964561	2047476	82915
吉安市	Ji'an	2427582	2449605	22023
宜春市	Yichun	3038210	3076383	38173
抚州市	Fuzhou	948208	970681	22473
上饶市	Shangrao	2446329	2503140	56811

continued

(10000 yuan)

利润税金总额 Total Profits and Taxes	企业亏损面(%) Ratio to Loss Enterprises (%)	经济效益综合指数(%) Aggregate Index of Economic Efficiency (%)	总资产贡献率(%) Ratio of Total Assets to Output Value (%)	资本保值增值率(%) Changing Rate of Net Assets (%)	资产负债率(%) Assets-Liability Ratio (%)	流动资产周转率(次) Ratio of Turnover Working Capitals (time)
368912	5.6	347.9	32.2	123.0	31.5	6.3
383125	3.6	372.8	49.9	149.9	34.0	9.0
708499	3.0	534.3	27.6	116.0	74.0	4.6
1026902	19.0	348.4	19.7	115.1	57.7	4.0
2788359	5.4	329.3	29.9	114.6	45.3	4.5
1472132	6.1	333.8	12.5	166.9	73.5	2.1
74606		417.5	44.5	115.7	37.0	9.0
692417	7.4	347.7	31.2	117.4	48.5	5.4
3415346	7.4	373.6	13.5	105.8	69.6	4.1
667550	11.7	616.4	22.9	122.8	53.0	4.2
4546163	9.9	416.4	35.9	135.2	38.7	7.6
758425	6.1	290.0	24.2	126.9	53.3	3.9
820012	8.5	327.2	30.0	118.9	45.7	6.1
581265	4.0	296.3	18.5	113.1	59.4	2.8
1331011	6.3	231.1	4.4	107.7	77.5	1.1
116043	12.8	355.8	29.0	113.6	51.6	5.9
2809774	7.3	261.2	25.8	138.2	49.3	5.1
1180822	10.0	258.0	21.6	132.6	43.0	3.2
187075	5.7	301.1	38.2	128.8	45.7	6.6
63319	10.8	460.6	25.0	119.5	46.1	6.8
136569	21.6	145.8	14.7	106.5	61.7	4.5
571		423.5	12.3	127.0	78.1	4.7
1246689	9.9	353.0	19.6	118.4	56.0	4.7
144036	5.4	174.9	6.6	107.7	56.7	1.2
116715	13.6	296.3	18.5	113.1	59.4	2.8
5853349	12.4	313.9	16.3	115.9	52.0	3.0
952467	8.1	314.6	13.1	141.4	53.5	3.5
2778524	3.2	371.4	32.9	135.2	39.3	8.2
5700688	3.3	422.7	28.3	137.2	44.5	7.4
920787	13.9	293.1	8.1	104.2	59.8	2.6
1605232	6.8	447.4	9.6	110.0	48.6	3.5
3359790	9.8	312.9	24.9	109.7	52.4	4.4
3941849	2.6	374.3	36.3	138.7	40.2	8.5
4661041	5.0	337.2	29.2	125.2	50.6	5.2
1709067	3.4	319.8	26.3	117.0	49.3	5.1
3954804	10.8	379.5	31.9	121.5	51.6	4.7

13-8 续表4

项 目	Item	成本费用利润率 (%) Ratio of Profits to Cost (%)	全员劳动生产率 (元/人) Overall Labor Productivity (yuan/person)
总 计	**Total**	**7.1**	**298393**
按登记注册类型及隶属关系分	**By Registration Status and Jurisdiction of Management**		
国有企业	State-owned Enterprises	2.1	312308
中央企业	Central Enterprises	5.7	622007
地方企业	Local Enterprises	7.1	292358
集体企业	Collective-owned Enterprises	8.5	153357
股份合作企业	Cooperative Enterprises	13.7	276542
联营企业	Joint Ownership Enterprises	6.7	312148
有限责任公司	Limited Liability Corporations	6.5	310057
股份有限公司	Share-holding Corporations Limited	6.5	345739
私营企业	Private Enterprises	8.3	323638
港、澳、台商投资企业	Enterprises with Funds from Hong Kong,Macao and Taiwan	7.8	224221
外商投资企业	Foreign Funded Enterprises	6.7	242418
其他经济类型	Other economy types	5.2	164347
#国有控股企业	State-owned Holding Enterprises	3.8	317016
按轻、重工业分	**Grouped by Light & Heavy Industries**		
轻工业	Light Industry	8.5	241286
重工业	Heavy Industry	6.3	343410
按企业规模分	**Grouped by Size of Enterprises**		
大型企业	Large Enterprises	4.8	257380
中型企业	Medium-sized Enterprises	8.6	282649
小型企业	Small Enterprises	7.4	338186
微型企业	Miniature Enterprises	2.1	613337
按工业行业分	**Grouped by Sector**		
煤炭开采和洗选业	Mining and Washing of Coal	8.5	57938
黑色金属矿采选业	Mining and Processing of Ferrous Metal Ores	10.7	341335
有色金属矿采选业	Mining and Processing of Non-Ferrous Metal Ores	8.5	252445
非金属矿采选业	Mining and Processing of Nonmetal Ores	10.7	266868
其他采矿业	Other minings	6.1	490195
农副食品加工业	Processing of Food from Agricultural Products	10.0	250508
食品制造业	Manufacture of Foods	10.1	229510
酒、饮料和精制茶制造业	Manufacture of Wine, Beverages & Refined Tea	47.1	763676
烟草制品业	Manufacture of Tobacco	7.9	201836
纺织业	Manufacture of Textile	7.5	159926
纺织服装、服饰业	Manufacture of Textile Wearing Apparel,Clothing	10.3	85666
皮革、毛皮、羽毛及其制品和制鞋业	Manufacture of Leather, Fur, Feather and Related Products, Footware	8.9	205331
木材加工和木、竹、藤、棕、草制品业	Processing of Timber, Manufacture of Wood, Bamboo, Rattan, Palm and Straw Products	8.8	204934
家具制造业	Manufacture of Furniture	7.7	155677

continued

产品销售率 (%) Proportion of Products Sold (%)	全部从业人员年平均人数 (人) Annual Average Empolyed Persons (person)	产值利税率 (%) Ratio of Profits and Taxes to Output Value (%)	销售利税率 (%) Ratio of Profits and Taxes to Sales (%)	人均实现利税 (元) Profits and Taxes Per Capita (yuan)	人均实现利润 (元) Profits Per Capita (yuan)	人均实现工业增加值 (元) Added Value of Industry Per Capita (yuan)
99.0	**2563214**	**11.5**	**10.9**	**138255**	**83020**	**283584**
99.3	98892	9.0	4.2	113290	55574	272117
101.1	5155	20.1	20.1	192685	115013	313360
98.9	93737	8.6	3.9	108924	52305	269849
99.2	10885	13.7	14.1	84462	46377	177270
99.7	7898	16.1	16.2	179643	131687	282345
99.0	83	10.9	10.9	394819	276627	868390
100.3	814469	11.4	11.2	139237	76446	294317
98.4	135474	13.6	13.0	195860	89535	332539
99.0	990348	11.8	11.8	153340	98916	302133
98.9	309733	11.5	11.2	93262	63796	200730
100.0	191882	9.9	9.8	103884	70484	255739
100.0	3550	8.7	8.7	51558	26727	146537
99.5	352082	13.2	9.9	168720	60303	323067
99.0	1129882	12.7	12.7	123211	75542	241726
99.0	1433332	10.9	10.0	150113	88914	316580
99.0	662936	12.2	9.8	126542	58384	258186
99.1	930923	12.1	12.1	137424	89627	265243
98.9	959774	10.8	10.8	147950	94223	318504
99.14	9581	4.2	4.1	58060	23367	324818
98.9	66080	12.9	13.2	32182	15076	95173
101.5	14135	12.9	13.5	195428	106217	360772
99.7	35314	8.7	11.7	130239	67049	389917
101.0	19446	14.9	17.4	232950	121397	460741
99.1	20	5.5	16.8	215500	128500	185373
99.9	87346	8.0	8.0	177659	129807	452774
99.0	46360	11.7	12.6	146324	95297	315229
98.3	30224	18.4	17.0	184025	102008	304025
100.7	6072	75.5	70.4	2282273	447263	2242707
99.8	110410	10.4	10.9	110952	76490	238160
101.7	198678	11.8	11.3	76639	50406	164697
100.8	137125	13.9	13.8	56032	38786	118374
99.2	43696	12.0	11.7	107644	70345	213962
99.6	33103	9.4	10.4	72657	50004	188063

13-8 续表5

项目	Item	成本费用利润率(%) Ratio of Profits to Cost (%)	全员劳动生产率(元/人) Overall Labor Productivity (yuan/person)
造纸和纸制品业	Manufacture of Paper and Paper Products	8.6	269201
印刷和记录媒介复制业	Printing, Reproduction of Recording Media	10.5	241474
文教、工美、体育和娱乐用品制造业	Manufacture of Articles For Culture, Education Art , Sport &	10.5	174034
石油加工、炼焦和核燃料加工业	Processing of Petroleum,Coking,Processing of Nuclear Fuel	1.1	648291
化学原料和化学制品制造业	Manufacture of Raw Chemical Materials and Chemical Products	1.1	648500
医药制造业	Manufacture of Medicines	8.2	328739
化学纤维制造业	Manufacture of Chemical Fibers	8.0	258446
橡胶和塑料制品业	Manufacture of Rubber & Plastics	8.4	347223
非金属矿物制品业	Manufacture of Non-metallic Mineral Products	8.5	268394
黑色金属冶炼和压延加工业	Smelting and Pressing of Ferrous Metals	11.8	243510
有色金属冶炼和压延加工业	Smelting and Pressing of Non-ferrous Metals	3.8	413081
金属制品业	Manufacture of Metal Products	5.0	776364
通用设备制造业	Manufacture of General Purpose Machinery	7.2	332499
专用设备制造业	Manufacture of Special Purpose Machinery	8.2	224961
汽车制造业	Manufacture of Automotive	8.6	221482
铁路、船舶、航空航天和其他运输设备	Manufacture of Railway,Shipping, Aerospace & Other Transport Equipment	7.3	282572
电气机械和器材制造业	Manufacture of Electrical Machinery and Equipment	4.2	257730
计算机、通信和其他电子设备制造业	Manufacture of Communication Equipment, Computers and Other	8.3	281709
仪器仪表制造业	Manufacture of Measuring Instruments Apparatus	7.3	153652
其他制造业	Other Manufacturing	7.9	140222
废弃资源综合利用业	Recycling and Disposal of Waste	11.0	165527
金属制品、机械和设备修理业	Repairment of Metal Products, Machinery & Equipment	8.0	141189
电力、热力生产和供应业	Production and Supply of Electric Power and Heat Power	6.2	473342
燃气生产和供应业	Production and Supply of Gas	0.2	55243
水的生产和供应业	Production and Supply of Water	5.7	493110
按地区分	**By Region**		
南昌市	Nanchang	6.1	314342
景德镇市	Jingdezhen	4.7	319808
萍乡市	Pingxiang	13.7	221725
九江市	Jiujiang	7.5	371390
新余市	Xinyu	3.6	329201
鹰潭市	Yingtan	2.6	569321
赣州市	Ganzhou	6.7	259704
吉安市	Ji'an	8.9	239784
宜春市	Yichun	9.4	254541
抚州市	Fuzhou	6.6	254327
上饶市	Shangrao	9.3	324925

continued

产品销售率 (%) Proportion of Products Sold (%)	全部从业人员年平均人数 (人) Annual Average Empolyed Persons (person)	产值利税率 (%) Ratio of Profits and Taxes to Output Value (%)	销售利税率 (%) Ratio of Profits and Taxes to Sales (%)	人均实现利税 (元) Profits and Taxes Per Capita (yuan)	人均实现利润 (元) Profits Per Capita (yuan)	人均实现工业增加值 (元) Added Value of Industry Per Capita (yuan)
98.5	30152	9.0	11.0	122351	79319	343360
100.2	26803	15.7	11.7	142941	92395	244317
100.2	64877	15.0	13.2	109206	72103	195973
99.4	21171	23.3	21.1	485051	28554	393565
99.7	168382	11.4	12.1	165597	108911	375443
99.8	94592	13.5	13.0	155630	97884	295760
100.2	5320	8.6	8.7	140237	85808	323608
98.7	57671	10.4	10.5	120063	80100	273542
99.9	242501	12.7	12.9	140838	97955	278770
100.2	64611	6.2	5.3	103318	44284	311078
100.8	154710	9.4	7.5	293851	154996	574945
99.4	51891	11.4	10.7	146157	91309	288695
100.3	70650	10.8	11.0	116067	81682	247712
99.4	50241	11.9	11.4	115695	79385	241187
99.1	93104	11.9	11.2	142960	83951	275626
102.7	14080	8.5	9.2	82417	56787	204874
98.4	221856	12.7	10.3	126649	86943	223441
99.8	190094	8.1	8.7	62118	40813	201792
98.2	18235	12.3	14.5	102591	75967	224188
99.2	8354	9.7	9.6	75795	54294	189241
100.8	6233	10.1	9.8	219106	138469	393375
100.3	309	0.4	7.6	18479	97	1160574
101.7	62432	11.7	11.7	199688	116931	425834
101.7	6444	13.2	13.1	223520	166176	507546
99.9	11042	21.8	20.8	105701	77347	205865
98.8	430633	10.7	10.7	135924	71734	337142
99.0	85288	8.7	8.8	111677	56868	317770
99.5	187994	16.6	16.5	147799	106385	228308
99.1	326198	11.7	11.2	174762	106937	317476
99.2	111535	6.2	6.0	82556	47495	286881
99.7	90915	7.7	4.7	176564	94893	394443
98.5	303109	10.6	10.8	110844	64814	248511
99.0	308789	13.2	13.1	127655	78616	236472
98.0	349690	13.0	13.1	133291	86883	248935
99.2	152872	10.9	11.1	111797	62026	238239
100.1	216191	14.0	13.7	182931	113156	319413

13-9 规模以上国有控股工业企业经济指标

指　　标	Item	2000	2005	2006	2007
企业单位数(个)	Number of Enterprises (unit)	2506	804	706	563
#亏损企业	Loss Enterprises	1053	275	211	132
资产总计(万元)	Total Assets (10000 yuan)	16329797	19449500	22034893	25536051
流动资产合计(万元)	Total Working Capitals (10000 yuan)	6429562	7746481	9484535	10740181
负债总计(万元)	Total Liabilities (10000 yuan)	11278672	13494055	14642855	16628458
所有者权益(万元)	Owners' Equity (10000 yuan)	4981017	5655984	7106514	8907593
主营业务收入(万元)	Revenue from Principal Business (10000 yuan)	7221113	15262090	19498190	24560686
#主营业务税金及附加	Taxes and Other Charges on Principal Business	200331	359035	417856	494431
营业费用	Operating Expenses	221515	340005	395913	456021
利润总额(万元)	Total Profits (10000 yuan)	84322	571611	1066988	1267392
利润和税金总额(万元)	Total Profits and Taxes (10000 yuan)	672393	1622508	2421762	2712624
全部从业人员年平均人数(人)	Annual Average Empolyed Persons (person)	889644	470614	461026	423776
工业总产值(万元)	Gross Industrial Output Value (10000 yuan)	7373147	15315489	19697841	23304461
工业增加值(万元)	Value Added of Industry (10000 yuan)	2148119	4167351	5326312	6233268
总资产贡献率(%)	Ratio of Total Assets to Output value (%)	5.94	9.74	12.39	12.00
资本保值增值率(%)	Changing Rate of Net Assets (%)	106.21	100.54	97.20	125.34
资产负债率(%)	Assets-Liability Ratio (%)	69.07	69.38	66.45	65.12
流动资产周转率(次)	Ratio of Turnover Working Capitals (time)	1.15	2.01	2.24	2.51
成本费用利润率(%)	Ratio of Profits to Cost (%)	1.20	4.00	5.98	5.60
全员劳动生产率(元/人)	Overall Labor Productivity (yuan/person)	24146	88551	115532	147089
产品销售率(%)	Proportion of Products Sold (%)	97.67	99.49	99.10	98.69
工业经济效益综合指数(%)	Aggregate Index of Industrial Economic Efficiency (%)	78.28	142.87	174.30	198.01

Economic Indicators of State-holding Industrial Enterprises above Designated Size

2008	2009	2010	2011	2012	2013	2014	2015
558	543	533	416	448	475	466	486
167	113	90	74	77	86	80	101
27779963	30315254	35482546	42925158	46411368	51624131	51602447	57037997
11648204	11717577	16005336	21066012	22800469	25208417	24000489	25757038
17686025	18992890	22320360	27614627	30047050	33301256	32519237	35403893
10093937	11322364	13162186	15310531	16364318	18322875	19083210	21634104
27229935	26985648	37613661	47141803	53286792	59896645	61989296	60080696
546687	903562	1019678	1123696	1319693	1476516	1618227	2042898
481064	551091	651394	690800	740713	774010	920967	878485
376295	829164	1456208	1898016	1731126	2290144	2406749	2123168
1919325	2737783	3613390	4356644	4418226	5460975	5741609	5940316
407662	397412	404799	388639	379236	366618	360816	352047
25881696	25068428	34063560	41832435	42315683	46174756	46111146	44905501
6803306	6295047	8675555	10191877	10239771	11020965	11545148	11372100
9.07	10.91	12.16	12.39	11.42	12.51	12.94	12.00
114.57	113.81	114.85	108.81	106.93	111.59	108.16	112.56
63.66	62.65	62.91	64.33	64.74	64.51	63.02	62.07
2.32	2.24	2.56	2.48	2.43	2.48	2.62	2.43
1.43	3.29	4.14	4.29	3.44	4.09	4.14	3.76
186782	185579	247567	267481	277280	312980	317575	317016
99.24	98.73	99.05	98.61	99.18	98.35	98.39	99.49
198.06	207.17	253.53	264.48	264.58	291.82	296.96	292.75

13-10 国有控股工业企业主要经济指标（2015年）

单位：万元

项目	Item	企业单位数（个）Number of Enterprises (unit)	#亏损企业 Loss Enterprises	工业总产值 Gross Industrial Output Value
总计	**Total**	**486**	**101**	**44905501**
按登记注册类型及隶属关系分	**By Registration Status and Jurisdiction of Management**			
国有企业	State-owned Enterprises	65	16	12428474
中央企业	Central Enterprises	6	1	494929
地方企业	Local Enterprises	59	15	11933545
股份合作企业	Cooperative Enterprises	1		30433
有限责任公司	Limited Liability Corporations	355	65	24226681
股份有限公司	Share-holding Corporations Limited	45	13	6812378
港、澳、台商投资企业	Enterprises with Funds from Hong Kong, Macao and Taiwan	8	3	458458
外商投资企业	Foreign Funded Enterprises	12	4	949077
按轻、重工业分	**Grouped by Light & Heavy Industries**			
轻工业	Light Industry	96	16	4798660
重工业	Heavy Industry	390	85	40106840
按企业规模分	**Grouped by Size of Enterprises**			
大型企业	Large Enterprises	37	11	27993639
中型企业	Medium-sized Enterprises	192	38	11560635
小型企业	Small Enterprises	250	51	5250595
微型企业	Miniature Enterprises	7	1	100632
按工业行业分	**Grouped by Sector**			
煤炭开采和洗选业	Mining and Washing of Coal	20	11	396913
黑色金属矿采选业	Mining and Processing of Ferrous Metal Ores	2	1	28122
有色金属矿采选业	Mining and Processing of Non-Ferrous Metal Ores	21	14	908725
非金属矿采选业	Mining and Processing of Nonmetal Ores	12	1	573071
农副食品加工业	Processing of Food from Agricultural Products	12	2	368521
食品制造业	Manufacture of Foods	7	1	111505
酒、饮料和精制茶制造业	Manufacture of Wine, Beverages & Refined Tea	6	1	84831
烟草制品业	Manufacture of Tobacco	2		1688354
纺织业	Manufacture of Textile	4	1	118230
纺织服装、服饰业	Manufacture of Textile Wearing Apparel,Clothing	9	2	76001
木材加工和木、竹、藤、棕、草制品业	Processing of Timber, Manufacture of Wood, Bamboo, Rattan, Palm and Straw Products	2		37845

Main Indicators of State-holding Industrial Enterprises (2015)

(10000 yuan)

工业增加值 Value Added of Industry	主营业务收入 Revenue from Principal Business	主营业务税金及附加 Taxes and Other Charges on Principal Business	主营业务成本 Cost of Principal Business	营业费用 Operating Expenses	资产合计 Total Assets	流动资产 Total Working Capitals	#产成品 Finished Products
11372100	**60080696**	**2042898**	**53282574**	**878485**	**57037997**	**25757038**	**1555396**
2754293	26640965	196184	25062245	348529	19710696	12270004	512109
165335	494815	5492	407789	5133	715862	167995	9058
2588958	26146150	190692	24654456	343396	18994834	12102010	503051
6519	30433	285	22234		45252	6021	
6573592	25107066	1056767	21645365	371328	28195470	9936341	672080
1679243	6880806	780005	5315724	145971	7031613	2912343	325534
97051	468426	1746	427162	8377	599143	297295	19505
261403	952999	7911	809844	4280	1455824	335033	26168
2031786	5019411	933632	3249366	184159	5397361	2756628	116870
9340314	55061284	1109266	50033208	694326	51640636	23000409	1438527
7089763	43198533	1920645	38637474	669301	39738826	20495341	1094889
2910022	11564796	80529	10033836	118086	11258636	3475781	311835
1348589	5216224	41607	4518781	90160	5924224	1747680	148580
23727	101142	116	92483	938	116310	38237	93
155312	381720	5646	365675	6118	1414383	354980	13514
6800	16826	310	13115	545	20716	11134	400
258545	898948	11902	770653	6942	1326852	472857	125645
184257	511423	26522	411218	11277	828572	238106	8655
71956	353829	2383	318352	3375	119951	36853	4082
32725	126542	1916	105628	6943	96803	37130	2809
26776	91432	4530	73317	6117	154929	53649	2486
1262191	1829707	907273	633061	25332	1666737	1217796	22142
26483	132898	451	122109	3043	63195	27273	11527
18974	75479	845	43158	907	105547	91813	
9327	32201	71	29503	1146	24155	15006	1563

13-10 续表1

单位：万元

项目	Item	企业单位数(个) Number of Enterprises (unit)	#亏损企业 Loss Enterprises	工业总产值 Gross Industrial Output Value
家具制造业	Manufacture of Furniture	1		36191
造纸和纸制品业	Manufacture of Paper and Paper Products	2		40798
印刷和记录媒介复制业	Printing, Reproduction of Recording Media	10	2	349933
文教、工美、体育和娱乐用品制造业	Manufacture of Articles For Culture, Education Art , Sport & Entertainment Activities	2		497928
石油加工、炼焦和核燃料加工业	Processing of Petroleum,Coking,Processing of Nuclear Fuel	3	2	3201781
化学原料和化学制品制造业	Manufacture of Raw Chemical Materials and Chemical Products	27	5	2143469
医药制造业	Manufacture of Medicines	8	1	616175
橡胶和塑料制品业	Manufacture of Rubber & Plastics	7	1	164610
非金属矿物制品业	Manufacture of Non-metallic Mineral Products	75	12	2438862
黑色金属冶炼和压延加工业	Smelting and Pressing of Ferrous Metals	7	3	2189665
有色金属冶炼和压延加工业	Smelting and Pressing of Non-ferrous Metals	34	12	10190911
金属制品业	Manufacture of Metal Products	7	1	175696
通用设备制造业	Manufacture of General Purpose Machinery	10	4	1147496
专用设备制造业	Manufacture of Special Purpose Machinery	10	1	175414
汽车制造业	Manufacture of Automotive	12	2	5444697
铁路、船舶、航空航天和其他运输设备	Manufacture of Railway,Shipping, Aerospace & Other Transport	4		99465
电气机械和器材制造业	Manufacture of Electrical Machinery and Equipment	6	1	496660
计算机、通信和其他电子设备制造业	Manufacture of Communication Equipment, Computers and Other	5	3	21020
仪器仪表制造业	Manufacture of Measuring Instruments Apparatus	1		13896
废弃资源综合利用业	Recycling and Disposal of Waste	2		26936
电力、热力生产和供应业	Production and Supply of Electric Power and Heat Power	123	13	10326038
燃气生产和供应业	Production and Supply of Gas	10		438667
水的生产和供应业	Production and Supply of Water	23	4	274277
按地区分	**By Region**			
南昌市	Nanchang	98	24	15402651
景德镇市	Jingdezhen	25	6	2962192
萍乡市	Pingxiang	13	4	580070
九江市	Jiujiang	60	7	5160011
新余市	Xinyu	18	5	2784768
鹰潭市	Yingtan	16	3	7475328
赣州市	Ganzhou	86	21	4203706
吉安市	Ji'an	47	10	1166294
宜春市	Yichun	44	8	2012855
抚州市	Fuzhou	29	6	630939
上饶市	Shangrao	50	7	2526688

continued

(10000 yuan)

工 业 增加值 Value Added of Industry	主营业务 收 入 Revenue from Principal Business	主营业务 税金及附加 Taxes and Other Charges on Principal Business	主营业务 成 本 Cost of Principal Business	营业费用 Operating Expenses	资产合计 Total Assets	流动资产 Total Working Capitals	#产成品 Finished Products
9051	36191	11	35712	107	1978	528	111
10734	39032	679	33364	201	31050	16084	386
97141	362028	2490	291763	5104	537049	205866	4242
137329	498418	2428	436987	3927	99309	16901	1315
630094	3687579	764341	2705426	55866	3277161	1075838	107541
519639	1443346	8652	1290978	37949	1500879	523530	57403
157926	1009503	4927	772990	110625	1018029	561148	51254
39758	112281	1947	103542	1529	36430	10947	1315
675350	2299816	9814	1916126	89254	2964769	1337010	70858
418115	3005479	7753	2922293	35987	3371531	1509479	112523
2020668	23811262	72886	23086625	67576	14407931	9026267	487323
36758	88000	744	75110	1334	99578	60433	10869
265057	1178348	5984	1039098	21540	1348453	885589	82581
48215	156214	1289	119911	8292	168381	79534	11332
1218856	6221971	136453	5101287	324839	6673376	4364885	258182
22995	100076	54	89758	690	260824	190327	2133
129703	479937	2691	417551	14390	837119	518566	95699
5830	21233	105	18120	292	23349	11787	1513
3500	4660	8	4451	58	3195	2936	10
4964	23543	234	19278	99	50448	8367	905
2610988	10303519	50074	9299977	3359	12796644	2422709	163
134232	452158	2848	392426	10290	490215	74354	1122
121091	295100	4638	224014	13436	1218458	297355	3793
4739216	16274620	1072890	13072361	478243	18965098	9158861	467085
610866	2978790	30882	2635198	121340	4351284	2069778	187133
178524	577969	4815	508153	13118	1569274	315086	15207
1149698	5206236	767616	4062016	35989	4294888	990433	101807
591065	3523055	9962	3375947	44089	3923964	1586419	109631
1562446	21020226	59138	20550564	63365	12867605	8228239	312081
1010063	4190243	40334	3735596	32328	3005396	1230012	240807
373926	1155990	11140	959173	17423	1958330	336629	19598
613296	1981651	14762	1645393	37327	2397827	680385	30015
160704	622569	3525	568904	13861	632469	225941	20928
686210	2549347	27834	2169270	21402	3071862	935255	51104

13-10 续表2

项目	Item	负债合计（万元）Total Liabilities	所有者权益合计（万元）Total Owners' Equities	利润总额（万元）Total Profits
总计	**Total**	**35403893**	**21634104**	**2123168**
按登记注册类型及隶属关系分	**By Registration Status and Jurisdiction of Management**			
国有企业	State-owned Enterprises	11792687	7918009	549584
中央企业	Central Enterprises	528118	187744	59289
地方企业	Local Enterprises	11264569	7730265	490295
股份合作企业	Cooperative Enterprises	23563	21689	4862
有限责任公司	Limited Liability Corporations	17845527	10349943	1157972
股份有限公司	Share-holding Corporations Limited	4445440	2586173	336452
港、澳、台商投资企业	Enterprises with Funds from Hong Kong, Macao and Taiwan	324183	274960	13184
外商投资企业	Foreign Funded Enterprises	972494	483330	61115
按轻、重工业分	**Grouped by Light & Heavy Industries**			
轻工业	Light Industry	2269019	3128342	402228
重工业	Heavy Industry	33134874	18505762	1720940
按企业规模分	**Grouped by Size of Enterprises**			
大型企业	Large Enterprises	25297993	14440833	793023
中型企业	Medium-sized Enterprises	6311529	4947107	962824
小型企业	Small Enterprises	3729996	2194228	363130
微型企业	Miniature Enterprises	64376	51934	4191
按工业行业分	**Grouped by Sector**			
煤炭开采和洗选业	Mining and Washing of Coal	1379011	35372	-38684
黑色金属矿采选业	Mining and Processing of Ferrous Metal Ores	7621	13095	-579
有色金属矿采选业	Mining and Processing of Non-Ferrous Metal Ores	624098	702754	24258
非金属矿采选业	Mining and Processing of Nonmetal Ores	288926	539646	54276
农副食品加工业	Processing of Food from Agricultural Products	47012	72939	25846
食品制造业	Manufacture of Foods	63472	33331	4343
酒、饮料和精制茶制造业	Manufacture of Wine, Beverages & Refined Tea	74375	80554	2372
烟草制品业	Manufacture of Tobacco	463097	1203640	158345
纺织业	Manufacture of Textile	102253	-39058	2113
纺织服装、服饰业	Manufacture of Textile Wearing Apparel,Clothing	67463	38084	1861
木材加工和木、竹、藤、棕、草制品业	Processing of Timber, Manufacture of Wood, Bamboo, Rattan, Palm and Straw Products	19503	4652	1840

continued

#盈利企业的利润额 Profits of Profit-making Enterprises	#亏损企业的亏损额 Losses of Loss Enterprises	利润税金总额(万元) Total Profits and Taxes	企业亏损面(%) Ratio to Loss Enterprises (%)	经济效益综合指数(%) Aggregate Index of Economic Efficiency (%)	总资产贡献率(%) Ratio of Total Assets to Output Value	资本保值增值率(%) Changing Rate of Net Assets	资产负债率(%) Assets-Liability Ratio
2527111	**403943**	**5940316**	**20.7**	**292.8**	**12.1**	**112.3**	**62.1**
578419	28835	1120348	24.6	272.8	14.7	108.1	56.9
59597	308	99329	16.7	463.2	41.8	122.9	53.2
518822	28527	1021020	25.4	255.0	10.2	105.9	60.0
4862		7169		327.5	18.1	119.6	26.1
1429167	271195	3317795	18.3	295.1	8.7	115.3	73.7
416767	80315	1370701	28.9	386.0	20.0	119.7	64.2
19375	6191	22491	37.5	273.4	2.3	98.6	48.6
67306	6191	101812	33.3	493.9	4.4	103.9	54.8
410206	7978	1670811	16.7	285.1	31.7	113.8	42.8
2116905	395965	4269504	21.7	292.1	10.8	109.8	67.6
1071877	278854	3810386	29.7	306.8	11.6	110.4	64.3
1043294	80470	1526751	19.8	252.7	13.7	111.5	65.8
407042	43912	597482	20.3	371.7	15.3	138.1	63.1
4898	707	5697	14.3	197.3	16.0	144.2	75.4
3188	41872	-7940	55.0	41.3	3.2	54.8	91.0
202	781	1707	50.0	235.2	20.5	96.8	36.3
69292	45034	88309	66.7	246.1	20.6	127.2	41.5
54302	26	127663	8.3	391.3	27.8	346.9	41.6
25978	132	34078	16.7	391.1	22.7	128.7	29.9
4354	11	9656	14.3	250.1	18.4	144.1	62.6
4473	2101	10747	16.7	88.7	4.4	67.3	71.8
158345		1252182		766.0	90.4	125.9	24.5
5154	3041	8754	25.0	18.5	-1.7	107.8	211.1
2135	274	10805	20.0	163.4	7.4	107.2	59.1
1840		3002		112.4	-1.8	84.5	79.1

13-10 续表3

项目	Item	负债合计（万元）Total Liabilities	所有者权益合计（万元）Total Owners' Equities	利润总额（万元）Total Profits
家具制造业	Manufacture of Furniture	377	1601	209
造纸和纸制品业	Manufacture of Paper and Paper Products	10259	20791	2810
印刷和记录媒介复制业	Printing, Reproduction of Recording Media	117656	419393	32785
文教、工美、体育和娱乐用品制造业	Manufacture of Articles For Culture, Education Art , Sport & Entertainment Activities	25859	73450	51209
石油加工、炼焦和核燃料加工业	Processing of Petroleum,Coking,Processing of Nuclear Fuel	2338979	938182	-10985
化学原料和化学制品制造业	Manufacture of Raw Chemical Materials and Chemical Products	1286901	213978	19832
医药制造业	Manufacture of Medicines	414110	603919	78546
橡胶和塑料制品业	Manufacture of Rubber & Plastics	11653	24777	2979
非金属矿物制品业	Manufacture of Non-metallic Mineral Products	1534109	1430660	196853
黑色金属冶炼和压延加工业	Smelting and Pressing of Ferrous Metals	2465165	906366	-87724
有色金属冶炼和压延加工业	Smelting and Pressing of Non-ferrous Metals	8357812	6050119	345728
金属制品业	Manufacture of Metal Products	45903	53675	2530
通用设备制造业	Manufacture of General Purpose Machinery	843659	504794	67543
专用设备制造业	Manufacture of Special Purpose Machinery	75056	93325	13436
汽车制造业	Manufacture of Automotive	4182541	2490835	368266
铁路、船舶、航空航天和其他运输设备制造业	Manufacture of Railway,Shipping, Aerospace & Other Transport	65880	194944	6177
电气机械和器材制造业	Manufacture of Electrical Machinery and Equipment	489004	348115	11935
计算机、通信和其他电子设备制造业	Manufacture of Communication Equipment, Computers and Other	9933	13416	984
仪器仪表制造业	Manufacture of Measuring Instruments Apparatus	31	3164	26
废弃资源综合利用业	Recycling and Disposal of Waste	18124	32324	1908
电力、热力生产和供应业	Production and Supply of Electric Power and Heat Power	9033660	3762984	706767
燃气生产和供应业	Production and Supply of Gas	278358	211857	33983
水的生产和供应业	Production and Supply of Water	662032	556426	41381
按地区分	**By Region**			
南昌市	Nanchang	11132510	7832588	928581
景德镇市	Jingdezhen	3100785	1250499	62177
萍乡市	Pingxiang	1294595	274679	-8777
九江市	Jiujiang	3215846	1079042	159735
新余市	Xinyu	2614860	1309104	-33372
鹰潭市	Yingtan	7424425	5443180	183813
赣州市	Ganzhou	1900742	1104654	256437
吉安市	Ji'an	1168413	789917	99413
宜春市	Yichun	1853041	544786	206703
抚州市	Fuzhou	463037	169432	18326
上饶市	Shangrao	1235639	1836223	250134

continued

#盈利企业的利润额 Profits of Profit-making Enterprises	#亏损企业的亏损额 Losses of Loss Enterprises	利润税金总额（万元）Total Profits and Taxes	企业亏损面(%) Ratio to Loss Enterprises (%)	经济效益综合指数(%) Aggregate Index of Economic Efficiency (%)	总资产贡献率(%) Ratio of Total Assets to Output Value	资本保值增值率(%) Changing Rate of Net Assets	资产负债率(%) Assets-Liability Ratio
209		1488		199.5	3.2	55.3	61.4
2810		5590		201.3	3.2	55.0	61.6
33731	946	53317	20.0	259.4	14.1	116.8	22.4
51209		97109		1527.5	195.0	608.5	15.9
16592	27577	906586	66.7	515.2	27.7	117.0	73.8
91240	71408	64290	18.5	232.7	8.7	93.4	73.6
79067	521	120488	12.5	188.5	9.7	103.1	44.5
3016	37	7552	14.3	234.6	16.6	120.3	48.9
206086	9233	298579	16.0	340.4	18.4	109.5	54.9
2736	90460	6909	42.9	243.7	5.3	102.1	71.4
385717	39989	666177	35.3	540.3	8.5	103.0	53.9
2547	17	9001	14.3	146.5	9.4	117.1	50.8
68430	887	90744	40.0	170.0	5.8	125.2	64.2
13763	327	19870	10.0	205.3	14.1	117.1	44.2
415613	47347	707875	16.7	278.7	13.1	108.9	62.4
6177		7520		200.7	1.8	109.5	79.1
12332	397	20530	16.7	208.1	3.3	102.8	64.3
1281	297	1644	60.0	130.9	4.6	104.5	45.6
26		83		149.9	6.7	93.4	44.2
1908		3991		247.5	10.6	101.3	40.1
727112	20345	1212595	10.6	422.4	11.7	126.7	76.0
33983		39952		223.4	8.6	121.6	64.4
42266	885	59460	17.4	143.7	5.2	107.2	51.8
956579	27998	2688969	24.2	325.7	15.1	109.2	58.9
130597	68420	188171	24.0	214.8	5.0	117.5	73.5
20014	28791	14423	30.8	126.8	6.6	101.0	73.1
227971	68236	1118678	11.7	472.0	24.8	115.9	74.8
62971	96343	83457	27.8	234.5	6.8	103.8	69.3
192169	8356	394641	18.8	465.2	7.4	101.5	56.8
303296	46859	475998	24.4	369.1	21.7	156.0	64.7
117437	18024	176969	21.3	257.2	15.0	105.9	48.7
226622	19919	317598	18.2	213.0	15.5	117.0	78.4
25909	7583	39922	20.7	180.5	7.8	99.2	70.0
263549	13415	441489	14.0	284.9	20.1	134.1	48.3

13-10 续表4

单位：%

项　　目	Item	流动资产周转率(次) Ratio of Turnover Working Capitals (time)	成本费用利润率(%) Ratio of Profits to Cost (%)	全员劳动生产率(元/人) Overall Labor Productivity (yuan/person)
总　　计	**Total**	**2.4**	**3.8**	**317016**
按登记注册类型及隶属关系分	**By Registration Status and Jurisdiction of Management**			
国有企业	State-owned Enterprises	2.7	4.2	267747
中央企业	Central Enterprises	2.2	19.2	423634
地方企业	Local Enterprises	2.8	3.4	247925
股份合作企业	Cooperative Enterprises	1.7	17.5	270565
有限责任公司	Limited Liability Corporations	2.3	3.7	347950
股份有限公司	Share-holding Corporations Limited	3.0	3.4	425524
港、澳、台商投资企业	Enterprises with Funds from Hong Kong,Macao and Taiwan	1.9	1.0	335399
外商投资企业	Foreign Funded Enterprises	0.7	6.3	671040
按轻、重工业分	**Grouped by Light & Heavy Industries**			
轻工业	Light Industry	1.9	10.5	206063
重工业	Heavy Industry	2.5	3.6	332662
按企业规模分	**Grouped by Size of Enterprises**			
大型企业	Large Enterprises	2.3	2.7	344055
中型企业	Medium-sized Enterprises	2.7	7.8	217788
小型企业	Small Enterprises	3.6	7.7	409226
微型企业	Miniature Enterprises	3.1	12.5	177856
按工业行业分	**Grouped by Sector**			
煤炭开采和洗选业	Mining and Washing of Coal	1.7	-5.5	26425
黑色金属矿采选业	Mining and Processing of Ferrous Metal Ores	1.5	14.3	142552
有色金属矿采选业	Mining and Processing of Non-Ferrous Metal Ores	2.3	17.6	136261
非金属矿采选业	Mining and Processing of Nonmetal Ores	2.7	16.5	298042
农副食品加工业	Processing of Food from Agricultural Products	8.7	7.0	338229
食品制造业	Manufacture of Foods	3.8	6.3	182574
酒、饮料和精制茶制造业	Manufacture of Wine, Beverages & Refined Tea	1.3	-5.3	93839
烟草制品业	Manufacture of Tobacco	1.8	27.6	714559
纺织业	Manufacture of Textile	1.7	-5.8	53365
纺织服装、服饰业	Manufacture of Textile Wearing Apparel,Clothing	0.8	3.8	151057
木材加工和木、竹、藤、棕、草制品业	Processing of Timber, Manufacture of Wood, Bamboo, Palm and Straw Products	2.8	-5.8	132143

continued

(%)

产品销售率 (%) Proportion of Products Sold (%)	全部从业人员年平均人数 (人) Annual Average Empolyed Persons (person)	产值利税率 (%) Ratio of Profits and Taxes to Output Value (%)	销售利税率 (%) Ratio of Profits and Taxes to Sales (%)	人均实现利税 (元) Profits and Taxes Per Capita (yuan)	人均实现利润 (元) Profits Per Capita (yuan)	人均实现工业增加值 (元) Added Value of Industry Per Capita (yuan)
99.5	**352047**	**13.2**	**9.9**	**168736**	**60309**	**323028**
95.1	98892	9.0	4.2	113290	55574	278515
97.2	5155	20.1	20.1	192685	115013	320727
100.9	93737	8.6	3.9	108924	52305	276194
97.4	295	23.6	23.6	243017	164814	220976
98.9	205691	13.7	13.2	161300	56297	319586
97.2	39330	20.1	19.9	348513	85546	426962
94.4	2784	4.9	4.8	80787	47356	348602
101.3	5055	10.7	10.7	201409	120900	517117
97.9	54090	34.8	33.3	308895	74363	375631
96.4	295147	10.6	7.8	144657	58308	316463
97.1	207342	13.6	8.8	183773	38247	341936
97.1	105895	13.2	13.2	144176	90923	274803
101.8	37915	11.4	11.5	157585	95775	355687
102.0	895	5.7	5.6	63654	46827	265102
98.5	39440	-2.0	-2.1	-2013	-9808	39379
99.6	360	6.1	10.1	47417	-16083	188889
97.4	15703	9.7	9.8	56237	15448	164647
102.7	2845	22.3	25.0	448728	190777	647652
101.1	2037	9.2	9.6	167295	126883	353245
100.4	2129	8.7	7.6	45355	20399	153713
98.2	2060	12.7	11.8	52170	11515	129980
99.6	5970	74.2	68.4	2097457	265235	2114223
95.1	1858	7.4	6.6	47115	11372	142533
100.1	8030	14.2	14.3	13456	2318	23629
103.2	572	7.9	9.3	52483	32168	163051

13-10 续表5

项　　目	Item	流动资产周转率(次) Ratio of Turnover Working Capitals (time)	成本费用利润率(%) Ratio of Profits to Cost (%)
家具制造业	Manufacture of Furniture	1.8	3.1
造纸和纸制品业	Manufacture of Paper and Paper Products	0.4	17.8
印刷和记录媒介复制业	Printing, Reproduction of Recording Media	1.6	18.5
文教、工美、体育和娱乐用品制造业	Manufacture of Articles For Culture, Education Art , Sport &	28.2	15.9
石油加工、炼焦和核燃料加工业	Processing of Petroleum,Coking,Processing of Nuclear Fuel	4.5	0.2
化学原料和化学制品制造业	Manufacture of Raw Chemical Materials and Chemical Products	2.9	2.4
医药制造业	Manufacture of Medicines	1.7	4.4
橡胶和塑料制品业	Manufacture of Rubber & Plastics	5.4	1.8
非金属矿物制品业	Manufacture of Non-metallic Mineral Products	2.6	12.4
黑色金属冶炼和压延加工业	Smelting and Pressing of Ferrous Metals	2.3	0.2
有色金属冶炼和压延加工业	Smelting and Pressing of Non-ferrous Metals	2.7	2.6
金属制品业	Manufacture of Metal Products	2.0	2.1
通用设备制造业	Manufacture of General Purpose Machinery	1.8	3.0
专用设备制造业	Manufacture of Special Purpose Machinery	2.2	8.0
汽车制造业	Manufacture of Automotive	1.8	6.2
铁路、船舶、航空航天和其他运输设备制造业	Manufacture of Railway,Shipping, Aerospace & Other Transport Equipment	0.6	2.6
电气机械和器材制造业	Manufacture of Electrical Machinery and Equipment	1.3	1.5
计算机、通信和其他电子设备制造业	Manufacture of Communication Equipment, Computers and Other	0.9	6.6
仪器仪表制造业	Manufacture of Measuring Instruments Apparatus	1.8	4.3
废弃资源综合利用业	Recycling and Disposal of Waste	1.7	20.1
电力、热力生产和供应业	Production and Supply of Electric Power and Heat Power	4.5	5.6
燃气生产和供应业	Production and Supply of Gas	2.5	10.8
水的生产和供应业	Production and Supply of Water	1.0	10.3
按地区分	**By Region**		
南 昌 市	Nanchang	2.0	5.5
景德镇市	Jingdezhen	1.1	2.2
萍 乡 市	Pingxiang	2.9	2.8
九 江 市	Jiujiang	5.1	2.5
新 余 市	Xinyu	2.4	1.2
鹰 潭 市	Yingtan	2.8	2.4
赣 州 市	Ganzhou	3.2	9.0
吉 安 市	Ji'an	4.3	9.6
宜 春 市	Yichun	4.0	9.3
抚 州 市	Fuzhou	3.4	3.1
上 饶 市	Shangrao	3.3	10.9

continued

全员劳动生产率（元/人） Overall Labor Productivity (yuan/person)	产品销售率（%） Proportion of Products Sold (%)	全部从业人员年平均人数（人） Annual Average Empolyed Persons (person)	产值利税率（%） Ratio of Profits and Taxes to Output Value (%)	销售利税率（%） Ratio of Profits and Taxes to Sales (%)	人均实现利税（元） Profits and Taxes Per Capita (yuan)	人均实现利润（元） Profits Per Capita (yuan)	人均实现工业增加值（元） Added Value of Industry Per Capita (yuan)
146121	96.6	312	4.1	4.1	47692	6699	290106
156244	96.5	395	13.7	14.3	141519	71139	271744
179112	95.8	4092	15.2	14.7	130296	80120	237393
121152	99.0	995	19.5	19.5	975970	514663	1380186
631819	100.7	17303	28.3	24.6	523947	-6349	364153
238466	96.7	13327	3.0	4.5	48240	14881	389915
161561	95.9	10803	19.6	11.9	111532	72708	146187
170224	97.9	1165	4.6	6.7	64824	25571	341268
324417	98.6	18393	12.2	13.0	162333	107026	367178
287756	99.0	24650	0.3	0.2	2803	-35588	169621
743304	94.6	37092	6.5	2.8	179601	93208	544772
101833	101.9	1560	5.1	10.2	57699	16218	235628
146121	100.6	15712	7.9	7.7	57755	42988	168697
143571	90.8	3355	11.3	12.7	59225	40048	143710
291782	99.3	46971	13.0	11.4	150705	78403	259491
244839	95.1	1274	7.6	7.5	59027	48485	180497
246977	87.8	3628	4.1	4.3	56588	32897	357506
85734	76.9	491	7.8	7.7	33483	20041	118741
107014	99.7	55	0.6	1.8	15091	4727	636291
158460	101.0	461	14.8	17.0	86573	41388	107685
503546	97.0	58528	11.7	11.8	207182	120757	446109
171869	96.4	2373	9.1	8.8	168361	143207	565664
74203	95.8	8128	21.7	20.1	73155	50912	148980
367498	98.2	108361	17.5	16.5	248149	85693	437354
256112	97.5	34747	6.4	6.3	54155	17894	175804
67098	96.8	17656	2.5	2.5	8169	-4971	101112
539563	98.9	22879	21.7	21.5	488954	69817	502512
263767	98.0	31837	3.0	2.4	26214	-10482	185653
633455	95.4	33197	5.3	1.9	118879	55370	470659
359708	97.0	26526	11.3	11.4	179446	96674	380782
189774	99.6	12797	15.2	15.3	138289	77685	292198
125806	99.4	32134	15.8	16.0	98836	64325	190856
143356	100.6	8309	6.3	6.4	48047	22056	193410
215997	97.8	23594	17.5	17.3	187119	106016	290841

13-11 规模以上集体企业经济指标

Economic Indicators of Collective-owned Industrial Enterprises above Designated Size

指标	Item	2000	2005	2010	2014	2015
企业单位数(个)	Number of Enterprises (unit)	476	130	117	68	62
#亏损企业	Loss Enterprises	80	25	5	1	2
资产总计(万元)	Total Assets (10000 yuan)	788828	229162	348716	263922	239682
流动资产合计(万元)	Total Working Capitals (10000 yuan)	339498	111332	144706	81058	98619
负债总计(万元)	Total Liabilities (10000 yuan)	524042	161107	188307	86013	96097
所有者权益(万元)	Owners' Equity (10000 yuan)	264786	68054	160408	177909	143585
主营业务收入(万元)	Revenue from Principal Business (10000 yuan)	639739	361711	987192	800134	653238
#主营业务税金及附加	Taxes and Other Charges on Principal Business	9083	3078	9000	9104	8464
营业费用	Operating Expenses	28613	7522	13666	14137	11570
利润总额(万元)	Total Profits (10000 yuan)	16296	10666	70683	57977	50481
利润和税金总额(万元)	Total Profits and Taxes (10000 yuan)	45840	27309	113758	102595	91937
全部从业人员年平均人数(人)	Annual Average Empolyed Persons (person)	89896	22005	20572	11798	10885
工业总产值(万元)	Gross Industrial Output Value (10000 yuan)	721640	380504	1020817	808784	671748
工业增加值(万元)	Value Added of Industry (10000 yuan)	202119	135072	246888	223590	192958
总资产贡献率(%)	Ratio of Total Assets to Output Value (%)	7.45	12.60	35.01	33.46	44.73
资本保值增值率(%)	Changing Rate of Net Assets (%)	105.66	111.03	118.10	114.78	81.74
资产负债率(%)	Assets-Liability Ratio (%)	66.43	70.30	54.00	32.59	40.09
流动资产周转率(次)	Ratio of Turnover Working Capitals (time)	2.04	3.40	7.55	7.47	7.77
成本费用利润率(%)	Ratio of Profits to Cost (%)	2.65	3.08	8.30	7.93	8.48
全员劳动生产率(元/人)	Overall Labor Productivity (yuan/person)	22484	61383	145987	170353	153357
产品销售率(%)	Proportion of Products Sold (%)	96.13	97.92	97.80	99.40	99.17
工业经济效益综合指数(%)	Aggregate Index of Industrial Economic Efficiency (%)	94.86	142.90	300.73	310.22	321.60

13-12 规模以上外商及港、澳、台投资工业企业经济指标

Economic Indicators of Industrial Enterprises with Funds From Foreign, Hong Kong,Macao and Taiwan above Designated Size

指　　　标	Item	2000	2005	2010	2014	2015
企业单位数(个)	Number of Enterprises (unit)	161	497	865	852	863
#亏损企业	Loss Enterprises	48	105	76	67	90
资产总计(万元)	Total Assets (10000 yuan)	1535865	4342147	18824976	25253775	30189699
流动资产合计(万元)	Total Working Capitals (10000 yuan)	699168	1909426	8015663	10813734	12092042
负债总计(万元)	Total Liabilities (10000 yuan)	964810	2256224	10166105	13334866	15257048
所有者权益(万元)	Owners' Equity (10000 yuan)	564655	1828112	8658871	11918909	14932651
主营业务收入(万元)	Revenue from Principal Business (10000 yuan)	902503	4347580	23685256	43239554	46132507
#主营业务税金及附加	Taxes and Other Charges on Principal Business	10834	34229	110693	199258	216640
营业费用	Operating Expenses	48151	187397	491534	737806	857341
利润总额(万元)	Total Profits (10000 yuan)	35482	222587	1729082	3150367	3328445
利润和税金总额(万元)	Total Profits and Taxes (10000 yuan)	81449	393455	2426230	4584698	4881987
全部从业人员年平均人数(人)	Annual Average Empolyed Persons (person)	58244	175763	443757	487428	501615
工业总产值(万元)	Gross Industrial Output Value (10000 yuan)	970094	4474476	23507450	42789043	45260614
工业增加值(万元)	Value Added of Industry (10000 yuan)	228297	1292092	5528139	10233942	11124439
总资产贡献率(%)	Ratio of Total Assets to Output Value (%)	7.29	9.90	15.46	20.60	18.79
资本保值增值率(%)	Changing Rate of Net Assets (%)	128.36	102.77	137.21	111.07	116.03
资产负债率(%)	Assets-Liability Ratio (%)	62.82	51.96	54.00	52.80	50.54
流动资产周转率(次)	Ratio of Turnover Working Capitals (time)	1.37	2.41	3.38	4.32	4.11
成本费用利润率(%)	Ratio of Profits to Cost (%)	4.11	5.48	8.09	7.90	7.79
全员劳动生产率(元／人)	Overall Labor Productivity (yuan/person)	39197	73513	155849	218147	224221
产品销售率(%)	Proportion of Products Sold (%)	96.60	97.16	98.34	98.91	98.89
工业经济效益综合指数(%)	Aggregate Index of Industrial Economic Efficiency (%)	107.76	146.38	230.85	283.39	281.83

13-13 规模以上股份制工业企业经济指标

Economic Indicators of Share-holding Industrial Enterprises above Designated Size

指　　标	Item	2000	2005	2010	2014	2015
企业单位数(个)	Number of Enterprises (unit)	199	972	2178	2901	3416
#亏损企业	Loss Enterprises	46	199	133	204	295
资产总计(万元)	Total Assets (10000 yuan)	4344536	13787559	30827281	67349417	84084465
流动资产合计(万元)	Total Working Capitals (10000 yuan)	1711422	5440497	12239744	29124958	34240534
负债总计(万元)	Total Liabilities (10000 yuan)	2869565	9321612	19761575	38099824	44738764
所有者权益(万元)	Owners' Equity (10000 yuan)	1416631	4424947	11065706	29249593	39345701
主营业务收入(万元)	Revenue from Principal Business (10000 yuan)	2058324	11225035	46255501	113009204	121161102
#主营业务税金及附加	Taxes and Other Charges on Principal Business	16177	124353	664802	1938379	2406727
营业费用	Operating Expenses	94606	293763	757286	1937530	2127712
利润总额(万元)	Total Profits (10000 yuan)	70249	281401	2024469	7066922	7439290
利润和税金总额(万元)	Total Profits and Taxes (10000 yuan)	216345	850327	4043659	12930673	13993847
全部从业人员年平均人数(人)	Annual Average Empolyed Persons (person)	215719	346472	532875	879313	949943
工业总产值(万元)	Gross Industrial Output Value (10000 yuan)	2126128	11348631	45522156	110602360	119325221
工业增加值(万元)	Value Added of Industry (10000 yuan)	648393	3056479	10086142	26001668	28476274
总资产贡献率(%)	Ratio of Total Assets to Output Value (%)	7.13	7.62	15.48	24.03	19.72
资本保值增值率(%)	Changing Rate of Net Assets (%)	141.23	100.48	114.65	118.19	124.93
资产负债率(%)	Assets-Liability Ratio (%)	66.05	67.61	64.10	56.57	53.21
流动资产周转率(次)	Ratio of Turnover Working Capitals (time)	1.25	2.12	4.13	4.52	3.82
成本费用利润率(%)	Ratio of Profits to Cost (%)	3.52	2.62	4.75	6.81	6.65
全员劳动生产率(元／人)	Overall Labor Productivity (yuan/person)	30057	88217	251328	312570	312148
产品销售率(%)	Proportion of Products Sold (%)	97.75	98.90	99.20	98.98	99.00
工业经济效益综合指数(%)	Aggregate Index of Industrial Economic Efficiency (%)	99.44	135.03	279.43	345.78	330.94

13-14 规模以上私营工业企业经济指标

Economic Indicators of Private Industrial Enterprises above Designated Size

指 标	Item	2000	2005	2010	2014	2015
企业单位数(个)	Number of Enterprises (unit)	252	2079	4349	4318	4751
#亏损企业	Loss Enterprises	38	291	109	159	226
资产总计(万元)	Total Assets (10000 yuan)	280103	4618283	19097127	43278476	54963359
流动资产合计(万元)	Total Working Capitals (10000 yuan)	135471	2136102	7601357	17778090	20559860
负债总计(万元)	Total Liabilities (10000 yuan)	176173	2378298	8834351	17892432	21950995
所有者权益(万元)	Owners' Equity (10000 yuan)	103930	2239923	10262776	25386044	33012364
主营业务收入(万元)	Revenue from Principal Business (10000 yuan)	333975	7176739	53384652	120190173	128893398
#主营业务税金及附加	Taxes and Other Charges on Principal Business	4011	82945	377494	841436	924227
营业费用	Operating Expenses	19971	250797	1030121	2008968	2154706
利润总额(万元)	Total Profits (10000 yuan)	5450	289789	3624354	9162492	9796112
利润和税金总额(万元)	Total Profits and Taxes (10000 yuan)	21757	647106	5721671	14323275	15186015
全部从业人员年平均人数(	Annual Average Empolyed Persons (person)	33823	315183	757930	955581	990348
工业总产值(万元)	Gross Industrial Output Value (10000 yuan)	355569	7500600	53492060	119470756	128979656
工业增加值(万元)	Value Added of Industry (10000 yuan)	101405	2368465	11579822	26949174	29921646
总资产贡献率(%)	Ratio of Total Assets to Output Value (%)	9.90	15.21	36.38	39.66	33.74
资本保值增值率(%)	Changing Rate of Net Assets (%)	197.87	175.04	126.25	126.22	126.78
资产负债率(%)	Assets-Liability Ratio (%)	62.90	51.50	46.26	41.28	39.94
流动资产周转率(次)	Ratio of Turnover Working Capitals (time)	2.47	3.56	8.34	7.66	7.05
成本费用利润率(%)	Ratio of Profits to Cost (%)	1.70	4.37	7.67	8.30	8.28
全员劳动生产率(元/人)	Overall Labor Productivity (yuan/person)	29981	75146	207636	311352	323638
产品销售率(%)	Proportion of Products Sold (%)	96.70	97.73	99.12	99.01	99.01
工业经济效益综合指数(%)	Aggregate Index of Industrial Economic Efficiency (%)	118.07	174.17	347.34	411.95	402.34

13-15 工业园区主要经济指标(2015年)

项　　目	Item	本年实际累计开发面积(平方公里) Actually Total Area Developed This Year (sq.km)	投产工业企业数(个) Number of Industrial Enterprises Completed and Put into Use (unit)	招商实际到位资金(万元) Actually Introduced Funds (10000 yuan) 绝对数 Value	比上年增长(%) Rate of Increase over Preceding Year
全省总计	**Provincical Total**	**618.84**	**9645**	**39025993**	**4.14**
国家级园区	**National Park**				
南昌小蓝经济技术开发区	Nanchang Xiaolan Economic-Technological Development Zone	6.60	358	697354	10.68
南昌经济技术开发区	Nanchang Economic-Technological Devolopment Zone	16.00	298	1738722	0.44
南昌高新技术产业开发区	Nanchang High-tech Industry Development Zone	11.70	352	1328010	11.94
景德镇高新技术产业开发区	Jingdezhen High-tech Industry Development Zone	4.62	101	804224	25.35
萍乡经济技术开发区	Pingxiang Economic-Technological Devolopment Zone	5.60	154	988307	7.16
九江经济技术开发区	Jiujiang Economic-Technological Devolopment Zone	14.50	177	1871791	20.72
新余高新技术产业开发区	Xinyu High-tech Industry Development Zone	4.90	180	1099437	7.68
鹰潭高新技术产业园区	Yingtan High-tech Industry Park	9.50	107	407543	-6.47
龙南经济技术开发区	Longnan Economic-Technological Devolopment Zone	9.31	132	277340	-9.54
瑞金经济技术开发区	Ruijin Economic-Technological Devolopment Zone	6.6	65	76287	-28.81
赣州经济技术开发区	Ganzhou Economic-Technological Devolopment Zone	10.10	231	885969	-16.75
井冈山经济技术开发区	Jinggangshan Economic-Technological Devolopment Zone	5.10	105	566000	-37.80
宜春经济技术开发区	Yichun Economic-Technological Devolopment Zone	7.34	281	976975	-2.80
抚州高新技术产业开发区	Fuzhou High-tech Industry Development Zone	11.50	183	678061	22.64
上饶经济技术开发区	Shangrao Economic-Technological Devolopment Zone	14.80	207	1201249	13.05
省级主要园区	**Provincical Main Park**				
南昌昌东工业园区	Nanchang Changdong Industrial Park	9.58	251	491743	9.54
江西新建长堎工业园区	Jiangxi Xinjian Changleng Industrial Park	3.50	122	328506	-20.68
江西乐平工业园区	Jiangxi Leping Industrial Park	5.59	71	104900	-19.37
江西芦溪工业园区	Jiangxi Luxi Industrial Park	2.00	64	464082	6.53
江西永修云山经济开发区	Jiangxi Yongxiu Yunshan Economic Development Zone	12.80	117	1393652	28.80
江西德安工业园区	Jiangxi Dean Industrial Park	11.00	116	398392	-24.40
江西分宜工业园区	Jiangxi Fenyi Industrial Park	3.50	42	302444	-24.58
江西余江工业园区	Jiangxi Yujiang Industrial Park	4.60	109	345200	76.41
江西贵溪工业园区	Jiangxi Guixi Industrial Park	6.20	87	373387	-22.68
江西赣州章贡经济开发区	Jiangxi Ganzhou Zhanggong Economic Development Zone	6.10	101	255412	96.51
赣州高新技术产业开发区	Ganzhou High-tech Industry Development Zone	8.50	111	245941	-18.41
吉安高新技术产业开发区	Ji'an High-tech Industry Development Zone	7.00	117	806120	74.22
江西泰和工业园区	Jiangxi Taihe Industrial Park	6.00	127	771916	198.23
江西上高工业园区	Jiangxi Shanggao Industrial Park	7.24	173	775158	-5.67
江西丰城高新技术产业园区	Jiangxi Fengcheng High-tech Industry Park	18.10	114	850823	18.92
江西樟树工业园区	Jiangxi Zhangshu Industrial Park	6.10	138	885308	44.26
江西崇仁工业园区	Jiangxi Chongren Industrial Park	5.50	90	89380	-31.47
江西东乡经济开发区	Jiangxi Dongxiang Economic Development Zone	6.50	115	352969	-22.75
江西广丰工业园区	Jiangxi Guangfeng Industrial Park	10.50	139	633618	-15.05
江西玉山工业园区	Jiangxi Yushan Industrial Park	8.80	139	389890	1.16
江西横峰工业园区	Jiangxi Hengfeng Industrial Park	5.10	52	184830	86.25

Main Economic Indicators of Industrial Park (2015)

工业增加值 (万元) Value-added of Industry (10000 yuan)		出口交货值 (万元) Delivery Value of Industry Export (10000 yuan)		主营业务收入 (万元) Revenue from Principal Business (10000 yuan)		利税总额 (万元) Total Profits and Taxes (10000 yuan)		从业人员 (人) Number of Employed Persons (person)	
绝对数 Value	比上年增长(%) Rate of Increase over Preceding Year	绝对数 Value	比上年增长(%) Rate of Increase over Preceding Year	绝对数 Value	比上年增长(%) Rate of Increase over Preceding Year	绝对数 Value	比上年增长(%) Rate of Increase over Preceding Year	绝对数 Value	比上年增长(%) Rate of Increase over Preceding Year
60069985	**9.30**	**20086873**	**2.55**	**255082601**	**4.60**	**29732225**	**6.56**	**2171072**	**1.70**
2630839	15.27	867136	34.33	10011984	12.64	1154876	14.56	76972	4.00
2408580	9.95	915955	-19.25	10128260	6.45	995437	12.41	77819	-6.38
3686773	7.47	1047098	-10.63	15307524	7.25	1722090	2.66	103476	9.96
1069758	13.96	267386	-7.12	4868507	6.50	370026	37.36	23373	-1.70
1377882	11.55	723078	10.41	5257696	3.58	755401	0.29	68125	4.44
2133212	8.93	613265	-4.13	10371781	6.10	1455140	42.39	59602	1.47
1442186	0.75	748052	-19.22	6480138	3.11	459592	7.53	51089	13.80
850875	10.31	170821	15.58	5364819	5.50	445225	11.82	29773	8.93
586647	11.27	522540	24.80	2238489	1.53	221520	7.29	32755	2.34
250560	3.44	348160	15.19	878582	6.42	110947	-2.71	13467	1.35
1299024	11.43	1134688	3.37	6275820	1.82	659813	14.40	56861	-3.48
1197943	14.39	278801	-15.85	5263337	4.38	552793	6.03	45421	15.59
829293	14.25	125293	29.26	3355482	7.61	375219	4.58	49422	3.93
1049558	9.87	236451	4.50	3672609	7.56	378240	18.24	32018	7.26
1481278	5.86	932188	2.73	7109225	4.06	798296	2.15	58450	4.88
1046385	1.76	365993	3.18	3611634	1.50	503614	12.95	32448	-16.18
1195746	10.56	223875	38.86	5201779	10.00	278796	-31.69	34429	4.92
891159	4.03	134510	-8.75	3091664	4.54	311264	-2.03	17443	-0.11
274732	-1.18	21439	-25.69	1118142	2.10	196933	3.36	14658	3.75
931143	11.66	36062	-35.28	3664247	4.79	411085	5.36	25487	6.85
902031	12.91	421889	13.43	3642690	9.73	364336	4.70	29466	6.08
263708	-28.79	61888	35.95	1549906	-9.15	71256	-54.70	8339	-16.84
499002	18.36	124588	26.88	2753839	11.60	295858	15.46	17787	5.42
768387	15.95	89138	6.73	5271159	6.60	449521	14.58	16759	3.90
685577	10.76	245269	40.41	2471167	4.44	248251	4.70	22286	-11.40
646628	8.48	436705	-8.91	2671225	-4.92	227348	1.37	24396	-6.08
705534	13.54	579955	18.69	3100566	10.94	373423	12.65	35707	7.43
610327	19.25	261768	-41.13	2408245	10.20	300853	13.99	39500	28.44
1288114	15.93	720216	24.24	5100685	10.50	749744	7.43	57534	11.96
1446370	10.91	79378	166.42	5353019	8.41	828719	14.34	30351	-0.47
1312067	8.56	52241	102.59	5067149	10.60	763496	9.66	34800	-7.70
403011	5.97	51812	28.10	1748005	1.89	222355	4.55	16471	16.15
489213	8.53	38850	62.94	2086736	-2.05	304401	10.33	19172	3.01
1468058	10.10	570710	7.77	5326943	1.14	1054875	9.28	28768	-5.82
687829	28.09	268841	20.24	3015615	12.92	449841	21.65	20173	1.92
387155	-5.59	26522	10.24	1769540	-8.32	268366	-29.46	12060	-3.30

主要统计指标解释

工业 指从事自然资源的开采，对采掘品和农产品进行加工和再加工的物质生产部门。具体包括：(1)对自然资源的开采，如采矿、晒盐等(但不包括禽兽捕猎和水产捕捞)；(2)对农副产品的加工、再加工，如粮油加工、食品加工、缫丝、纺织、制革等；(3)对采掘品的加工、再加工，如炼铁、炼钢、化工生产、石油加工、机器制造、木材加工等，以及电力、自来水、煤气的生产和供应等；(4)对工业品的修理、翻新，如机器设备的修理、交通运输工具(如汽车)的修理等。

工业统计调查单位为独立核算法人工业企业。

独立核算法人工业企业指从事工业生产经营活动的单位。独立核算法人工业企业应同时具备以下条件：①依法成立，有自己的名称、组织机构和场所，能够承担民事责任；②独立拥有和使用资产，承担负债，有权与其他单位签订合同；③独立核算盈亏，并能够编制资产负债表。

本年鉴中涉及的企业登记注册类型：

国有及国有控股企业 指国有企业加上国有控股企业。国有企业(即原全民所有制工业或国营工业)指企业全部资产归国家所有，并按《中华人民共和国企业法人登记管理条例》规定登记注册的非公司制的经济组织。包括国有企业、国有独资公司和国有联营企业。1957 年以前的公私合营和私营工业，后均改造为国营工业，1992 年改为国有工业，这部分工业的资料不单独分列时，均包括在国有企业内。国有控股企业是对混合所有制经济的企业进行的“国有控股”分类。它是指这些企业的全部资产中国有资产(股份)相对其他所有者中的任何一个所有者占资(股)最多的企业。该分组反映了国有经济控股情况。

集体企业 指企业资产归集体所有，并按《中华人民共和国企业法人登记管理条例》规定登记注册的经济组织。是社会主义公有制经济的组成部分。包括城乡所有使用集体投资举办的企业，以及部分个人通过集资自愿放弃所有权并依法经工商行政管理机关认定为集体所有制的企业。

股份合作企业 指以合作制为基础，由企业职工共同出资入股，吸收一定比例的社会资产投资组建，实行自主经营，自负盈亏，共同劳动，民主管理，按劳分配与按股分红相结合的一种集体经济组织。

联营企业 指两个及两个以上相同或不同所有制性质的企业法人或事业单位法人，按自愿、平等、互利的原则，共同投资组成的经济组织。联营企业包括：

国有联营企业指国有企业与国有企业间的联营；

集体联营企业指集体企业与集体企业间的联营；

国有与集体联营企业指国有企业与集体企业间的联营。

有限责任公司 指根据《中华人民共和国公司登记管理条例》规定登记注册，由两个以上，五十个以下的股东共同出资，每个股东以其所认缴的出资额对公司承担有限责任，公司以其全部资产对其债务承担责任的经济组织。

有限责任公司包括国有独资公司以及其他有限责任公司。

股份有限公司 指根据《中华人民共和国企业法人登记管理条例》规定登记注册，其全部注册资本由等额股份构成并通过发行股票筹集资本，股东以其认购的股份对公司承担有限责任，公司以其全部资产对其债务承担责任的经济组织。

私营企业 指由自然人投资设立或由自然人控股，以雇佣劳动为基础的营利性经济组织。包括按照《公司法》、《合伙企业法》、《私营企业暂行条例》规定登记注册的私营有限责任公司、私营股份有限公司、私营合伙企业和私营独资企业。

港、澳、台商投资企业 指企业注册登记类型中的港、澳、台资合资、合作、独资经营企业和股份有限公司之和。

外商投资企业 指企业注册登记类型中的中外合资、合作经营企业、外资企业和外商投资股份有限公司之和。

“三资”企业系指港、澳、台商投资企业和外资企业的简称。

轻工业 指主要提供生活消费品和制作手工工具的工业。按其所使用的原料不同，可分为两大类：(1)以农产品为原料的轻工业，是指直接或间接以农产品为基本原料的轻工业。主要包括食品制造、饮料制造、烟草加工、纺织、缝纫、皮革和毛皮制作、造纸以及印刷等工业；(2)以非农产品为原料的轻工业，是指以工业品为原料的轻工业。主要包括文教体育用品、化学药品制造、合成纤维制造、日用化学制品、日用玻璃制品、日用金属制品、手工工具制造、医疗器械制造、文化和办公用机械制造等工业。

重工业 指为国民经济各部门提供物质技术基础的主要生产资料的工业。按其生产性质和产品用途，可以分为下列三类：(1)采掘(伐)工业，是指对自然资源的开采，包括石油开采、煤炭开采、金属矿开采、非金属矿开采等工业；(2)原材料工业，指向国民经济各部门提供基本材料、动力和燃料的工业。包括金属冶炼及加工、炼焦及焦炭、化学、化工原料、水泥、人造板以及电力、石油和煤炭加工等工业；(3)加工工业，是指对工业原材料进行再加工制造的工业。包括装备国民经济各部门的机械设备制造工业、金属结构、水泥制品等工业，以及为农业提供的生产资料如化肥、农药等工业。

根据上述划分原则，修理业中以重工业产品为修理作业对象的划为重工业，反之划为轻工业。

工业总产值

(1)定义:

工业总产值是以货币形式表现的，工业企业在一定时期内生产的工业最终产品或提供工业性劳务活动的总价值量。它反映一定时间内工业生产的总规模和总水平。

(2)计算原则:

工业生产的原则，即凡是企业在报告期生产的经检验合格的产品，不管是否在报告期销售，均包括在内。

最终产品的原则，即凡是计入工业总产值的产品，必须是本企业生产的经检验合格的，不需要再进行任何加工的最终产品。如果企业有中间产品(半成品)对外销售，则对外销售的中间产品应视为企业的最终产品。

工厂法原则，即工业总产值是以工业企业作为基本计算(核算)单位，即按企业的最终产品计算工业总产值。按这种方法计算的工业总产值，不允许同一产品价值在企业内部重复计算，不能把企业内部各个车间(分厂)生产的成果相加，但允许企业间的重复计算。

(3)内容及计算方法:

1995 年全国工业普查对工业总产值(原规定)的内容及计算原则和方法做了某些修订，修订后的工业总产值(新规定)包括三项内容：即本期生产成品价值、对外加工费收入、在制品半成品期末期初差额价值三部分。

本期生产成品价值：指企业本期生产，并在报告期内不再进行加工，经检验、包装入库的全部工业成品(半成品)价值合计，包括企业生产的自制设备及提供给本企业在建工程、其他非工业部门和福利部门等单位使用的成品价值。本期生产成品价值为按自备原材料生产的产品的数量乘以本期不含增值税(销项税额)的产品实际销售平均单价计算；会计核算中按成本价格转帐的自制设备和自产自用的成品，按成本价格计算生产成品价值。生产成品价值中不包括用定货者来料加工的成品(半成品)价值。

对外加工费收入：指企业在报告期内完成的对外承接的工业品加工(包括用定货者来料加工产品)的加工费收入和对外工业修理作业所取得的加工费收入。对外加工费收入按不含增值税(销项税额)的价格计算，可根据会计“产品销售收入”科目的有关资料取得。

对于本企业对内非工业部门提供的加工修理、设备安装的劳务收入，如果企业会计核算基础较好，能取得这部分资料，而且这部分价值所占比重较大，应包括在对外加工费收入中。

自制半成品在制品期末期初差额价值：指企业报告期在制品期末减期初的差额价值，本指标一般可以从会计核算资料中取得。如果会计产品成本核算中不计算半成品、在制品的成本，则总产值中也不包括这部分价值，反之则包括。

(4)工业总产值统计范围变化和计算方法修订情况:

1984 年以前工业总产值不包括村办工业，村办工业总产值划归农业。1984 年以后工业总产值包括村办工业。

1995 年工业普查对工业总产值计算方法做了修订，即从 1995 年始按新修订(新规定)方法计算工业总产值。新规定与原规定的区别如下:

全价与加工费的计算原则不同：新规定为凡自备原材料，不论其生产繁简程度如何，一律按全价计算工业总产值；凡来料加工，允许按加工费计算工业总产值。原规定则视生产加工的繁简程度不同，规定哪些行业按全价，哪些行业按加工费计算工业总产值。

自制半成品、在产品期末期初差额价值的计算原则不同：新规定要求，凡会计产品成本核算时计算了成本的差额价值，总产值中就应包括，否则可不包括；原规定则按生产周期六个月的界限区分，凡生产周期六个月以上的企业，总产值计算中应包括这部分差额价值，否则可不包括。

计算价格不同：新规定按不含增值税(销项税额)的价格计算；原规定则按含增值税(销项税额)的价格计算。

工业增加值　指工业企业在报告期内以货币表现的工业生产活动的最终成果。

工业增加值有两种计算方法：一是生产法，即工业总产出减去工业中间投入加上应交增值税；二是收入法，即从收入的角度出发，根据生产要素在生产过程中应得到的收入份额计算，具体构成项目有固定资产折旧、劳动者报酬、生产税净额、营业盈余，这种方法也称要素分配法。本年鉴中的工业增加值是以生产法计算的。

生产法工业增加值的计算方法为:

工业增加值=工业总产出-工业中间投入+应交增值税

(1)工业总产出：指工业企业在一定时期内工业生产活动的总成果。工业总产出包括：成品生产价值，对外加工费收入，自制半成品、在产品期末期初差额价值。1995 年后用新规定计算的工业总产值代替。

(2)工业中间投入：指工业企业在工业生产活动中消耗的外购物质产品和对外支付的服务费用。服务费用包括支付给物质生产部门(工业、农业、批发零售贸易业、建筑业、运输邮电业)的服务费用和支付给非物质生产部门(如保险、金融、文化教育、科学研究、医疗卫生、行政管理等)的服务费用。工业中间投入的确定须遵循以下原则：必须从外部购入的，并已计入工业总产出的产品和服务价值；必须是本期投入生产，并一次性消耗掉(包括本期摊销的低值易耗品等)的产品和服务价值。

工业中间投入包括直接材料费用、制造费用中的工业中间投入、管理费用中的工业中间投入、销售费用中的工业中间投入和利息支出五部分。

资产总计　指企业拥有或控制的能以货币计量的经济资源，包括各种财产、债权和其他权利。资产按流动性分为流动资产、长期投资、固定资产、无形资产、递延资产和其他资产。该指标根据企业会计“资产负债表”中“资产总计”项目的期末数增列。

流动资产 指企业可以在一年内或者超过一年的一个生产周期内变现或者耗用的资产，包括现金及各种存款、短期投资，应收及预付款项、存货等。

流动资产平均余额 指企业在报告期内全部流动资产的平均余额。

固定资产原价 指企业在建造、购置、安装、改建、扩建、技术改造某项固定资产时所支出的全部货币总额。它一般包括买价、包装费、运杂费和安装费等。

固定资产净值年平均余额 指固定资产净值在报告期内余额的平均数。计算公式为：

$$\text{固定资产净值年平均余额}=\frac{\text{1至12月各月月初、月末固定资产净值之和}}{24}$$

该指标根据“资产负债表”中“固定资产原价”、“累计折旧”指标的期初、期末数计算填列。

固定资产净值指固定资产原价减去历年已提折旧额后的净额。计算公式为：

固定资产净值=固定资产原价-累计折旧

负债合计 指企业所承担的能以货币计量，将以资产或劳务偿付的债务，偿还形式包括货币、资产或提供劳务。负债一般按偿还期长短分为流动负债和长期负债。根据会计“资产负债表”中“负债合计”的年末数填列。

所有者权益 指企业投资人对企业净资产的所有权。企业净资产等于企业全部资产减去全部负债后的余额，包括企业投资人对企业的最初投入的实际到位的资产及资本公积金、盈余公积金和未分配利润。所有者权益合计数小于零，表示企业资不抵债。

主营业务收入 指企业销售产品和提供劳务等主要经营业务取得的收入。

主营业务成本 指企业销售产品和提供劳务等主要经营业务过程中的实际成本。

主营业务税金及附加 指企业销售产品和提供劳务等主要经营业务应负担的城市维护建设税、消费税、资源税和教育费附加。

利润总额 指企业生产经营活动的最终成果，是企业在一定时期内实现的盈亏相抵后的利润总额(亏损以“-”号表示)，它等于营业利润加上补贴收入加上投资收益加上营业外净收入再加上以前年度损益调整。

本年应交增值税 指企业在报告期内应交纳的增值税额。它等于本年销项税额加上出口退税加上进项税额转出数减去本年进项税额。小规模纳税企业直接按全年计税销售额乘以征收率计算取得。

从业人员平均人数 是指报告期内每天拥有的从业人员人数。其计算公式为：

$$\text{季平均人数}=\frac{\text{季内各月平均人数之和}}{3}$$

$$\text{月平均人数}=\frac{\text{报告月内每天实有人数之和}}{\text{报告月日历日数}}$$

$$\text{年平均人数}=\frac{\text{年内各月平均人数之和}}{12}$$

工业增加值率 指在一定时期内工业增加值占同期工业总产值的比重，反映降低中间消耗的经济效益。计算公式为：

工业增加值率（%）＝工业增加值（现价）/工业总产值（现价）×100%

总资产贡献率 反映企业全部资产的获利能力，是企业经营业绩和管理水平的集中体现，是评价和考核企业盈利能力的核心指标。计算公式为：

$$\text{总资产贡献率(\%)}=\frac{\text{利润总额}+\text{税金总额}+\text{利息支出}}{\text{平均资金总额}}\times100\%$$

公式中：税金总额为产品销售税金及附加与应交增值税之和；平均资产总额为期初期末资产之和的算术平均值。

资产负债率 该指标既反映企业经营风险的大小，也反映企业利用债权人提供的资金从事经营活动的能力。计算公式为：

$$\text{资产负债率(\%)}=\frac{\text{负债总额}}{\text{资产总额}}\times100\%$$

资产与负债均为报告期期末数。

流动资产周转次数 指一定时期内流动资产完成的周转次数，反映投入工业企业流动资金的周转速度。计算公式为：

$$\text{流动资产周转次数}=\frac{\text{产品销售收入}}{\text{全部流动资产平均余额}}$$

公式中：全部流动资产平均余额为期初和期末的流动资产之和的算术平均值。

成本费用利润率 反映企业投入的生产成本及费用的经济效益，同时也反映企业降低成本所取得的经济效益。计算公式为：

$$\text{成本费用利润率(\%)}=\frac{\text{利润总额}}{\text{成本费用总额}}\times100\%$$

公式中：成本费用总额为产品销售成本、销售费用、管理费用、财务费用之和。

产品销售率 该指标反映工业产品已实现销售的程度，是分析工业产销衔接情况，研究工业产品满足社会需求的指标。计算公式为：

$$\text{产品销售率(\%)}=\frac{\text{工业销售产值}}{\text{工业总产值(现价)}}\times100\%$$

全员劳动生产率 指根据产品的价值量指标计算的平均每一就业人员在单位时间内的产品生产量。是考核企业经济活动的重要指标，是企业生产技术水平、经营管理水平、职工技术熟练程度和劳动积极性的综合表现。目前，我国的全员劳动生产率是将工业企业的增加值除以同一时期全部就业人员的平均人数来计算的。计算公式为：

$$全员员劳动生产率=\frac{工业增加值}{全部从业人员平均人数}$$

资本保值增值率 该指标反映企业净资产的变动状况，是企业发展能力的集中体现。计算公式为：

$$资本保值增值率（\%）=\frac{报告期期末所有者权益}{上年同期期末所有者权益}\times 100\%$$

工业经济效益综合指数 是综合衡量地区工业经济效益总体水平的一种特殊相对数，是反映一定时期工业经济运行质量的主要指标。工业经济效益综合指数由总资产贡献率、资本保值增值率、资产负债率、流动资产周转率、成本费用利润率、全员劳动生产率和产品销售率的实际数值分别除以该项指标的全国标准值，并乘以各自的权数，加总后除以总权数求得。该指标可从静态水平和动态趋势上较为全面地反映各地区工业经济效益的变化情况，并可在一定程度上消除地区对比的不可比因素。

Explanatory Notes on Main Statistical Indicators

Industry refers to the material production sector which is engaged in the extraction of natural resources and processing and reprocessing of minerals and agricultural products, including (1) extraction of natural resources, such as mining, salt production (but not including hunting and fishing); (2) processing and reprocessing of farm and sideline produces, such as rice husking, flour milling, wine making, oil pressing, silk reeling, spinning and weaving, and leather making; (3) manufacture of industrial products, such as steel making, iron smelting, chemicals manufacturing, petroleum processing, machine building, timber processing; water and gas production and electricity generation and supply; (4)repairing of industrial products such as the repairing of machinery and means of transport (including cars).

In industrial statistics surveys, the units of enquiry are corporate industrial enterprises with independent accounting systems.

Corporate industrial enterprises with independent accounting systems refer to enterprises engaging in industrial production activities, which meet the following requirements: (1) They are established legally, having their own names, organizations, location and able to take civil liability; (2) They possess and use their assets independently, assume liabilities and are entitled to sign contracts with other units; (3) They are financially independent and compile their own balance sheets.

Enterprises covered in the industrial statistics in the Yearbook include the following categories by their registration:

State-owned and State-holding Enterprises refer to state-owned enterprises plus State-holding enterprises. State-owned enterprises (originally known as State-run enterprises with ownership by the whole society) are non-corporate economic entities registered in accordance with the Regulation of the People's Republic of China on the Management of Registration of Legal Enterprises, where all assets are owned by the State. Included in this category are State-owned enterprises, State-funded corporations and State-owned joint-operation enterprises. Joint State-private industries and private industries, which existed before 1957, were transformed into state-run industries since 1957, and into State-owned industries after 1992. Statistics on those enterprises are included in the State-owned industries instead of being grouped them separately. State-holding enterprises are a sub-classification of enterprises with mixed ownership, referring to enterprises where the percentage of State assets (or shares by the State) is larger than any other single share holder of the same enterprise. This sub-classification illustrates the control of the State over a particular industry.

Collective-owned Enterprises refer to economic entities registered in accordance with the Regulation of the People's Republic of China on the Management of Registration of Legal Enterprises, where assets are owned collectively. Collective enterprises constitute an integral part of the socialist economy with public ownership. They include urban and rural enterprises invested collectively, and some enterprises registered in industrial and commercial administration agency as collective units where funds are pooled together by individuals who voluntarily give up their right of ownership.

Share-holding Cooperative Enterprises refer to economic units set up on a cooperative basis, with funding partly from employees of the enterprise and partly from outside investment, where the operation and management is decided by all the members who also participate in the production, and the distribution of income is based both on work (labour input) and on shares (capital input).

Joint-operation Enterprises refer to economic units that are established by joint investment by two or more corporate enterprises or institutions of the same or different types of ownership on voluntary, equal and mutual-beneficial basis. They include:

a) State-owned joint-operation enterprises (joint operation between State-owned enterprises);

b) Collective joint-operation enterprises (joint operation between collective enterprises; and

c) State-collective joint-operation enterprises (joint operation between state and collective enterprises).

Limited Liability Corporations refer to economic units registered in accordance with the Regulation of the People's Republic of China on the Management of Registration of Corporations, with capital from 2 to 49 investors, each investor bears limited liability to the corporation depending on his/her holding of shares, and the corporation bears liability to its debt to the maximum of its total assets.

Share-holding Corporations Ltd. refer to economic units registered in accordance with the Regulation of the People's Republic of China on the Management of Registration of Corporate Enterprises, with total registered capital divided into equal shares and raised through issuing stocks. Each investor bears limited liability to the corporation depending on the holding of shares, and the corporation bears liability to its debt to the maximum of its total assets.

Private Enterprises refer to economic units invested or controlled (by holding the majority of the shares) by natural persons who hire labours for profit-making activities. Included in this category are private limited liability corporations, private share-holding corporations Ltd., private partnership enterprises and private sole investment enterprises registered in accordance with the Corporation Law, Partnership Enterprise Law and Tentative Regulation on Private Enterprises.

Enterprises with Funds from Hong Kong, Macao and Taiwan refers to all industrial enterprises registered as the joint-venture, cooperative, sole (exclusive) investment industrial enterprises and limited liability corporations with funds from Hong Kong, Macao and Taiwan.

Foreign Funded Enterprises refer to all industrial enterprises registered as the joint-venture, cooperative, sole (exclusive) investment industrial enterprises and limited liability corporations with foreign funds.

Enterprises with Hong Kong, Macao, Taiwan and Foreign Fund refer to all the enterprises with funds from Hong Kong, Macao, Taiwan and foreign funded enterprises.

Light Industry refers to the industry that produces consumer goods and hand tools. It consists of two categories, depending on the materials used:

(1) Industries using farm products as raw materials. These are the branches of light industry which directly or indirectly use farm products as basic raw materials, including the manufacture of food and beverages, tobacco processing, textile, clothing, fur and leather manufacturing, paper making, printing, etc.

(2) Industries using non-farm products as raw materials. These are the branches of light industry which use manufactured goods as raw materials, including the manufacture of cultural, educational articles and sports goods, chemicals, synthetic fibre, chemical products for daily use, glass products for daily use, metal products for daily use, hand tools, medical apparatus and instruments, and the manufacture of cultural and office machinery.

Heavy Industry refers to the industry which produces capital goods, and provides various sectors of the national economy with necessary material and technical basis for production. It consists of the following three branches according to the purpose of production or the use of products:

(1) Mining, quarrying and logging industry, which refers to the industry that extracts natural resources, including extraction of petroleum, coal, metal and non-metal ores.

(2) Raw materials industry refers to the industry that provides various sectors of the national economy with raw materials, fuels and power. It includes smelting and processing of metals, coking and coke chemistry, chemical materials and building materials such as cement, plywood, and power, petroleum refining and coal dressing.

(3) Manufacturing industry which refers to the industry that processes raw materials. It includes machine-building industries which equip sectors of the national economy; industries producing metal structure and cement products; and industries producing means of agricultural production, such as chemical fertilizers and pesticides.

In accordance with the above principles of classification, the repairing trades, which are engaged primarily in repairing products of heavy industry, are classified as heavy industry while those which are engaged in repairing products of light industry are classified as light industry.

Gross Industrial Output Value

(1) Definition: Gross industrial output value is the total volume of final industrial products produced and industrial services provided during a given period. It reflects the total achievements and overall scale of industrial production during a given period.

(2) Principles for calculation:

Statistics on industrial production follow the principle that all products produced by the enterprises and accepted through quality check during the reference period are to be included no matter whether they are sold or not during the reference period.

Determination of final products follows the principle that all products that are included in the calculation of gross industrial output value are the final products of the enterprise which have been accepted through quality check and require no further processing. If an enterprise has intermediate (semi-finished) products to sell, these intermediate products are considered as the final products of the enterprise.

Gross industrial output value is calculated following the principle of factory approach, i.e. industrial enterprise is used as the basic accounting unit in calculating the gross industrial output value. By this approach, value of the same product is not to be double-counted, and the output value of different workshops (branch factories) within the enterprise should not be added. However, this approach allows the possibility of double counting between enterprises.

(3) Content and method of calculation: The old definition of gross industrial output value was modified during the 1995 National Industrial Census. The revised (new) definition of gross industrial output value consists of 3 components: value of the finished products during the reference period, income from processing for external parties, and value of change in semi-finished products between the end and the beginning of the reference period.

Value of finished products during the reference period: refers to the value of all finished (semi-finished) industrial products that are produced during the reference period without the need for further processing, checked for acceptance, packed and put into the warehouse of the enterprise, including the value of own-produced equipment and the value of products provided to the projects under construction of the enterprise, and to other non-industrial or welfare units. Value of finished products during the reference period is calculated by the quantity of products produced using own materials multiplied by the average unit prices at which products are sold (excluding value-added tax). Own-produced equipment and products produced for own use are valued at cost prices as in the case of enterprise accounting. Value of finished products does not include the value of finished products (semi-finished products) that are produced using the materials from the clients who place the orders.

Income from external processing: refers to income from contracted external processing of industrial products (including processing of industrial products using materials from the clients), and the income from industrial repairing work provided to other parties. Income from external processing is calculated using information from the item "products sales income" in the enterprise accounting at the prices with value-added tax excluded.

For income from services such as processing, repairing and installation of equipment provided to non-industrial units within the enterprise, if the accounting work of the enterprise is good enough to separate it from other records, and the share of such services is significant, it should also be included in the income from external processing.

Value of change in semi-finished products between the end and the beginning of the reference period: refers to the value of change in semi-finished products between the end and the beginning of the reference period, which generally can be obtained from accounting records of enterprises. If the enterprise accounting excludes the cost of semi-finished products, then it should not be included in the gross industrial output value, and the reverse if otherwise.

(4) Changes in the scope and method of calculation of the gross industrial output value

Prior to 1984, the value of rural industry run by villages was classified into agriculture instead of industry. Since 1984, it has been included in the gross industrial output value. Method of calculation for the gross industrial output value was modified in the industrial census in 1995. The difference in the new method as compared with the old one is outlined below:

Principle in using full value vs. processing fee: The new

method stipulates that all products produced using own materials are to be calculated with full value in reporting the gross industrial output value irrespective of the complexity of production, and for external processing, it allows calculation using processing fee. In the old method, however, the use of full value or processing fee was determined by the degree of complexity of production in different branches of industries.

Principle in determining the value of change in semi-finished products: The new method requires that value of change in semi-finished products should be included in the gross industrial output value if it is included in the accounting record of the enterprise, otherwise it should not be included. In the old method, it is determined by the type of enterprises in terms of production cycle. If the production cycle is over 6 months, the value of change in semi-finished products is included in the gross industrial output value, otherwise it is not.

Difference in prices: The new method uses prices excluding value-added tax in the calculation of gross industrial output value, while the old method used prices including value-added tax.

Value-added of Industry refers to the final results of industrial production of industrial enterprises in money terms during the reference period.

Industrial value-added can be calculated by two approaches: the production approach, i.e. gross industrial output value minus intermediate input plus value-added tax, and the income approach, i.e. income for various factors used in the course of production, including depreciation of fixed assets, remuneration of labourers, net of production tax, and operating surplus. Value-added of industry in the Yearbook is calculated by the production approach as follows:

Value-added of industry = gross industrial output - industrial intermediate input + value-added tax

(1) Gross industrial output: refers to the total achievements of industrial production activities during a given period. Gross industrial output includes value of finished products, income from external processing, and value of change in semi-finished products between the end and the beginning of the reference period. Since 1995, the gross industrial output value obtained by the new method is used in the calculation.

(2) Industrial intermediate input: refers to purchased goods and paid services consumed during the industrial production of enterprises. Fees paid for services include fees paid for the services provided by material production sectors (industry, agriculture, wholesale and retail trade, construction, transport, post and telecommunications) and by non-material production sectors (insurance, banking, culture, education, scientific research, health and medical care, public administration, etc.). The determination of industrial intermediate input follows the principle that the goods and services must be purchased from outside and included in the gross industrial output, and that the goods and services are inputted into production and consumed (include low-value consumables) during the reference period.

Industrial intermediate input includes 5 components, namely direct consumption of materials, industrial intermediate input in manufacturing cost, industrial intermediate input in management cost, industrial intermediate input in marketing cost and expenditure on interest.

Total Assets refer to all economic resources, in monetary term, these are owned or controlled by enterprises, including properties, creditor's equity and other economic rights of all forms. Classified by the degree of liquidity, total assets include working capitals, long-term investment, fixed assets, intangible assets, deferred assets and other assets. Data on this indicator can be obtained by the year-end figures of total assets in the Assets and Liability Table of accounting records of enterprises.

Working Capital refers to capital that an enterprise can cash or use during one year or one production cycle that may exceed one year, including cash and savings deposits of various forms, short-term investment, money receivable and prepaid money, inventories, etc.

Annual Average Value of Working Capital refers to the average value of all working capital of the enterprise during the reference period.

Original Value of Fixed Assets refers to the total value, in monetary terms, that an enterprise spent on fixed assets, through construction, purchase, installation, transformation, expansion or technical upgrading. Generally, it covers cost of purchase, packing, transportation and installation, etc.

Annual Average of Net Value of Fixed Assets refers to the average of the net value of fixed assets during the reference period, calculated with the following formula:

$$\text{Annual Average of Net Value of Fixed Assets} = \frac{\text{sum of net value of fixed assets at the beginning and at the end of each month from January to December}}{24}$$

Information on this indicator can be obtained from the beginning and ending figures of the original value of fixed assets and cumulative depreciation from the Assets and Liability Table of enterprises.

Net value of fixed assets refers to the original value of fixed assets minus depreciation over the years, i.e.:

Net value of fixed assets = original value of fixed assets - cumulative depreciation

Total Liabilities refer to payable liabilities of enterprises that have to be repaid in terms of money, assets or labour services. In terms of payment, it can be divided into liquid liabilities and long-term liabilities. Data on this item is obtained from the ending figures on total liabilities from the Assets and Liability Table from the enterprises.

Owner's Equity refers to the ownership of net assets of enterprise by its investors. Net assets equal total assets minus total liabilities of the enterprise, including the actual assets invested into the enterprise by investors, accumulation of capital and operating surplus and non-distributed profits. The enterprise's assets are less than its liabilities if the sum of owner's equity is smaller than zero.

Revenue from Principal Business is obtained by deducting depreciation over years from the original value of fixed assets.

Cost of Principal Business refers to the revenue from the sales of products by industrial enterprises and the revenue from services provided and etc.

Tax and Extra Charges from Principal Business refers to the actual cost of products of industrial enterprises and industrial services provided, etc.

Total Profits refer to the final achievement of production and operation activities of the enterprises, represented by total profits after deducting losses (loss is expressed by the negative figure). It is the sum of profits from operation, income from subsidies, investment earnings, net income from activities other than operation, and adjustment of profits and losses of previous years.

Value-added Tax Payable in the Current Year refers to the amount of the value-added tax which should be paid by the enterprises during the reference period. It is the sum of tax on sales, export rebate, and transferred tax on purchases of the current year, minus the tax on purchases of the current year. Value-added tax payable of small-size enterprises is determined by the taxable sales of the year multiplied by the tax rate.

Average Annual Number of Employed Persons Employed persons refer to all those who are employed in enterprises and receive remunerations there from, including currently working employees, retirees who are re-employed, teachers of local-run schools, as well as foreigners, staff from Hong Kong, Macao and Taiwan, part-time employees and persons with second job who are employed by the enterprise, and employees of other units temporarily working in the enterprises, but excluding former employees who left the enterprise with their employment records still being kept by the enterprises.

Average number of employed persons refers to the number of employee everyday during the reference period, calculated with the following formula:

$$\text{Monthly average number} = \frac{\text{sum of actual employees everyday in reference month}}{\text{number of calendar dates in reference month}}$$

$$\text{Quarterly average number} = \frac{\text{sum of monthly average number in reference quarter}}{3}$$

$$\text{Annual average number} = \frac{\text{sum of monthly average number in reference year}}{12}$$

Ratio of Value-added to Gross Industrial Output Value refers to the ratio of value added of industry in a given period to the gross output value in the same period, which reflects the economic efficiency of cutting down the intermediate input. It is calculated as follows:

Ratio of Value-added to Gross Industrial Output Value (%) =Value Added of Industry (at Current Prices)/Gross Output Value (at Current Prices) ×100%

Ratio of Profits, Taxes and Interests to Average Assets reflects the profit-making capability of all assets of the enterprise and is a key indicator manifesting the performance and management and evaluating the profit-making potential of the enterprise. It is calculated as follows:

$$\text{Ratio of Profits, Taxes and Interests to Average Assets (\%)} = \frac{\text{total profits + total taxes + interest payment}}{\text{average assets}} \times 100\%$$

In the above formula, total taxes is the sum of tax and extra charges on the sales of products and value-added tax payable; and average assets is the arithmetic mean of the sum of beginning assets and ending assets.

Ratio of Debts to Assets reflects both the operation risk and the capability of the enterprise in making use of the capital from the creditors. It is calculated as follows:

$$\text{Ratio of Debts to Assets (\%)} = \frac{\text{total debts}}{\text{total assets}} \times 100\%$$

Both assets and debts are figures at the end of the reference period.

Turnover of Working Capital refers to the number of times of turnover of working capital in a given period of time, which reflects the speed of the turnover of working capital of industrial enterprises, and is calculated as follows:

$$\text{Turnover of Working Capital} = \frac{\text{sales revenue of products}}{\text{average balance of total working capital}}$$

In the above formula, average balance of total working capital refers to the arithmetic mean of the sum of working capital at the beginning and at the end of the reference period.

Ratio of Profits to Total Industrial Costs refers to the ratio of profits realized in a given period to the total costs in the same period, which reflects the economic efficiency of input cost and is calculated as follows:

$$\text{Ratio of Profits to Total Industrial Cost (\%)} = \frac{\text{total profits}}{\text{total costs}} \times 100\%$$

Total costs in the above formula are the sum of cost of products sold, marketing cost, management cost and financial cost.

Sales Ratio of Products is an indicator reflecting the actual sale of industrial products, analyzing the production-selling and supply-demand relations. It is calculated as:

$$\text{Sales Ratio of Products (\%)} = \frac{\text{value of industrial sales}}{\text{gross industrial output value (current prices)}} \times 100\%$$

Overall Labor Productivity refers to the average output per employed person in industrial enterprises in value terms. At present, the value added and the average number of staff and workers of an industrial enterprises in a given period are used to calculate the overall labor productivity. It is calculated as:

$$\text{Overall Labor Productivity} = \frac{\text{Value Added of Industry}}{\text{Average Number of Staff and Workers}}$$

Changing Rate of Net Assets refers to the changes of an enterprise's net assets. It epitomizes the growth capability of an enterprise .Its calculating formula is:

$$\text{Changing Rate of Net Assets} = \frac{\text{Ownership equity at the end of the reporting period}}{\text{Ownership equity at same period of the previous year}} \times 100\%$$

Aggregate Index of Industrial Economic Efficiency is a special kind of relative figure to comprehensively measure overall economic efficiency of regional industry, showing the quality of industrial economic efficiency of the reference period. Industrial comprehensive index of economic efficiency is calculated with 7 items of ratio of total assets to industrial output value, ratio of creditors' equity of current year to that of previous year, ratio of liabilities to assets, turnover ratio of output value, circulating funds, ratio of profits to cost, overall labor productivity, ratio of sales to products. The actual figure of every indicator above is divided by responding national standard numerical value, and the results multiply correlative weight coefficients, then the total number is divided by general weight coefficient. The index comprehensively reflects the changes of regional industrial economic efficiency in static and dynamic status, eliminating the incomparable factors at a certain extent.

14

建筑业

CONSTRUCTION

◆355/374

资料整理及英文翻译: 焦　毅

Ⅰ 简要说明

一、本篇资料的主要内容

本篇资料反映全省建筑业概况和发展情况。包括建筑业企业基本情况和生产经营情况。主要指标有企业个数、从业人员数、建筑业总产值、房屋建筑面积、自有机械设备、资产负债、损益及分配、劳动生产率等。

二、本篇的统计范围

具有建筑业资质的独立核算建筑业企业。

三、本篇的资料来源

本篇建筑业企业统计数据是根据国家统计局制定的《建筑业统计报表制度》搜集资料，整理汇总的。

四、本篇的统计调查方法

由各级统计部门采取全面调查的方法布置、收集。

Ⅰ Brief Introduction

I. Main Contents

Data in this chapter show the general situation and the development of the construction industry for the whole province. They cover the situation of production and management of the construction enterprises, including the number of enterprises; number of employed persons; gross output value and value added of the construction industry; floor space of buildings under construction; profits and taxes ; and labour productivity etc. They also cover main indicators on the situation of prospecting and designing institutions and personnel.

II. Scope of Statistics

The previous criteria that required construction enterprises of various types of ownership to have qualification certificates at or above Class 4 with independent accounting systems.

III. Sources of Data

The data in this chapter cover the construction enterprises with qualification and independent accounting system.

IV. Methods of Survey

The annual reporting forms on construction statistics are designed in accordance with local situations for comprehensive collection by statistical bureaus of each municipality and conveyance level by level upwards.

14-1 建筑业主要经济指标
Main Economic Indicators on Construction

指 标	Item	2014	2015
企业个数(个)	**Number of Enterprises(unit)**	**1786**	**1817**
建筑业合同情况(万元)	**Construction Contract(10000 yuan)**		
签订的合同额	Contract Value Signed	73558388	81309249
上年结转合同额	Contract Value on Hand last Year	27126188	34845152
本年新签合同额	Contract Value Newly Signed this Year	46432199	46464098
承包工程完成情况(万元)	**Conditions Finished of Contracted Projects(10000 yuan)**		
直接从建设单位承揽工程完成的产值	Completed Output Value of Projects Contracted Directly from Investors	40546626	45187737
自行完成施工产值	Own-completed output Value	39922202	44525933
分包出去工程的产值	Output Value of out-sourced Projects	624424	661803
从建设单位以外承揽工程完成的产值	Completed Output Value of Projects Contracted from Non-investors	1304134	1498987
建筑业总产值(万元)	**Gross Output Value(10000 yuan)**	**41244502**	**46024920**
#装饰装修产值	Building Decoration	2901744	3325397
在外省完成的产值	Output in Other Provinces	13023891	15274400
建筑工程产值	Construction	35578445	39671083
安装工程产值	Installation	2789331	3313600
其他产值	Others	2876726	3040237
竣工产值(万元)	**Buildings Completed Output Value of Construction(10000yuan)**	**23318601**	**30139659**
房屋建筑施工及竣工面积(万平方米)	**Floor Space of Buildings Under Construction and Completed(10000 sq.m)**		
房屋建筑施工面积	Floor Space of Buildings Under Construction	27732.04	28895.36
#本年新开工面积	Floor Space Started this Year	14874.24	14187.28
实行投标承包面积	Floor Space Constructed through Bidding	18668.15	18713.68
房屋建筑竣工面积	Floor Space of Buildings Completed	12725.69	14255.60
住宅房屋	Residential Buildings	8511.51	9097.43
商业及服务用房屋	Buildings for Business and Service	823.89	1126.87
商厦房屋(批发和零售用房)	Building for Wholesale and Retail	333.26	437.98
宾馆用房屋(住宿用房)	Accommodation Buildings	87.93	105.82
餐饮用房屋(餐饮用房)	Dinning Buildings	43.59	73.77
商务会展用房屋	Business Exhibition Building	6.94	26.97
其他商业及服务用房屋(居民服务业用房)	Other Buildings for Business and Service	352.17	482.33
办公用房屋	Office Buildings	1002.42	1001.46
科研、教育、医疗用房屋	Buildings for Scientific Research,Education and Medical Sevice	502.58	690.69
科学研究用房屋	Buildings for Scientific Research	40.27	40.35
教育用房屋	Education Building	365.44	535.97
医疗用房屋(卫生医疗用房)	Medical Buildings	96.88	114.37
文化、体育、娱乐用房屋	Buildings for Culture,Sports and Entertainment	160.24	213.94
厂房及建筑物	Factory Buildings	1378.53	1683.37
厂房	Factories	685.84	964.06
仓库	Warehouses	94.87	137.03
其他未列明的房屋建筑物	Other Buildings	251.63	304.80

注：建筑业统计范围为具有建筑业资质等级的独立核算建筑业企业。

a) Statistics of Construction refers to enterprises with qualification and with independent accounting.

14-1 续表1 continued

指 标	Item	2014	2015
竣工房屋价值(万元)	**Value of Floor Space (10000 yuan)**	**14978169**	**18761866**
住宅房屋	Residential Buildings	10067709	12142768
商业及服务用房屋	Buildings for Business and Service	1073219	1711680
商厦房屋(批发和零售用房)	Building for Wholesale and Retail	420447	609935
宾馆用房屋(住宿用房)	Accommodation Buildings	105537	157288
餐饮用房屋(餐饮用房)	Dinning Buildings	49089	128940
商务会展用房屋	Business Exhibition Building	15994	55767
其他商业及服务用房屋(居民服务业用房)	Other Buildings for Business and Service	482152	759750
办公用房屋	Office Buildings	1239985	1412417
科研、教育、医疗用房屋	Buildings for Scientific Research,Education and Medical Sevice	628585	864011
科学研究用房屋	Buildings for Scientific Research	40880	42247
教育用房屋	Education Building	434576	642955
医疗用房屋(卫生医疗用房)	Medical Buildings	153129	178808
文化、体育、娱乐用房屋	Buildings for Culture,Sports and Entertainment	167853	252777
厂房及建筑物	Factory Buildings	1393268	1878158
厂房	Factories	704702	1067038
仓库	Warehouses	120734	171557
其他未列明的房屋建筑物	Other Buildings	286817	328498
年末自有机械设备	**Year-end Self-own Machinery and Equipment**		
净 值(万元)	Net Value of Machinery and Equipment Owned(10000 yuan)	1329794	1177950
总台数(台)	Number of Machinery and Equipment Owned(set)	179626	216144
总功率(万千瓦)	Total Power of Machinery and Equipment Owned (10000 kw)	483.77	525.87
劳动人员情况(万人)	**Labourers(10000 persons)**		
计算劳动生产率的平均人数	Staff and Workers Annual Average	123.09	165.83
期末从业人数	Number of Persons Engaged	130.30	142.31
#工程技术人员	Technologist in Employed Persons at the Year-end	24.52	17.01
年末资产负债(万元)	**Year-end Assets and Liabilities(10000 yuan)**		
流动资产合计	Total Circulating Funds	17610745	20883807
#存 货	Stock	3849730	4429179
固定资产合计	Total Fixed Assets	3041229	3233898
固定资产原值	Original Value of Fixed Assets	3528899	3716576
累计折旧	Total Depreciation	1143385	1281791
#本年折旧	Depreciation This Year	213514	220742
在建工程	Under Construction Project	407771	513651
资产合计	Total Assets	23469151	27000442
流动负债合计	Liquid Liabilities	11596904	13666385
#应付账款	Payable Accounts	2561625	3771546
非流动负债合计	Non-current Liabilities	906799	1227625
负债合计	Total Liabilities	13131732	15698191
所有者权益合计	Total Creditors Equity	10331003	11295458
#实收资本	Capitals Hold	6277493	6800900
国家资本	State-owned	1194848	1233107
集体资本	Collective-owned	491871	392858
法人资本	Institutional Units	1401127	1452989
个人资本	Individuals	3160115	3689133
港澳台资本	Funds from Hong Kong,Macao and Taiwan	3476	5003
外商资本	Foreign Funds	26057	27810
损益及分配(万元)	**Loss-profit and Allocation(10000 yuan)**		
营业收入	Operational Revenue	37196957	41961330
工程结算收入	Revenue of Project Settlement Accounts	36366433	40750181

14-1 续表2 continued

指 标	Item	2014	2015
营业成本	Operational Cost	32692307	37308654
工程结算成本	Costs of Project Settlement Accounts	31679805	35789101
营业税金及附加	Operational Tax and Additional Expense	1416149	1601645
工程结算税金及附加	Taxes and Extra Charges on Project Settle Accounts	1315332	1534227
其他业务利润	Other Profit from Business	22955	29635
销售费用	Selling Expenses	258138	212610
管理费用	Management Fee	954218	1025423
#税金	Taxes	60527	81215
财务费用	Financial Expenses	196946	240406
#利息收入	Interest of Revenue	10506	17508
#利息支出	Expenses of Interest	152605	176438
营业利润	Profits of Business	1559419	1627572
营业外收入	Nonoperating Income	34108	23580
#补贴收入	Profits of Business	4358	5223
营业外支出	Nonoperating Expense	26745	22839
利润总额	Total Profits	1555117	1629911
#应交所得税	Income Tax Payable	349839	388687
工资、福利费(万元)	**Wages,Welfare (10000 yuan)**		
应付职工薪酬	Payable Total Wages	4385854	4770539
其他	**Others**		
劳动生产率(按总产值计算)(元/人)	Overall Labor Productivity (In Terms of Gross Output Value)(yuan/pers	335076	277543
利税总额(万元)	Total Pre-Tax Profits(10000 yuan)	2930976	3245352
产值利润率(%)	Ratio of Profit to Gross Output Vaiue(%)	3.8	3.5
产值利税率(%)	Ratio of Pre-tax Profit to Gross Output Value(%)	7.1	7.1
资产负债率(%)	Assets-Liability Ratio(%)	56.0	58.1
房屋建筑面积竣工率(%)	Rate of Floor Space of Buildings Completed(%)	45.9	49.3

14-2 按登记注册类型分的建筑业企业主要经济指标（2015年）

指　标	Item	合计 Total	内资企业 Domestic Funded
企业个数(个)	**Number of Enterprises(unit)**	**1817**	**1807**
建筑业合同情况(万元)	**Construction Contract(10000 yuan)**		
签订的合同额	Contract Value Signed	81309249	78266723
上年结转合同额	Contract Value on Hand last Year	34845152	32767237
本年新签合同额	Contract Value Newly Signed this Year	46464098	45499487
承包工程完成情况(万元)	**Conditions Finished of Contracted Projects(10000 yuan)**		
直接从建设单位承揽工程完成的产值	Contracted Directly from Fabricative Units Output Value Finished of Projects	45187737	44416632
自行完成施工产值	Output Value Self-Finished of Buildings Under Construction	44525933	43754828
分包出去工程的产值	Output Value of Projects Subcontracted	661803	661803
从建设单位以外承揽工程完成的产值	Contracted Directly Exceptant Fabricative Units Output Value Finished of Projects	1498987	1498987
建筑业总产值(万元)	**Gross Output Value (10000 yuan)**	**46024920**	**45253815**
#装饰装修产值	Building Decoration	3325397	3315785
在外省完成的产值	Output in Other Provinces	15274400	14967727
建筑工程产值	Construction	39671083	38928783
安装工程产值	Installation	3313600	3284795
其他产值	Others	3040237	3040237
竣工产值(万元)	**Buildings Completed Output Value of Construction(10000 yuan)**	**30139659**	**29762341**
房屋建筑施工及竣工面积(万平方米)	**Floor Space of Buildings Under Construction and Completed(10000 sq.m)**		
房屋建筑施工面积	Floor Space of Buildings Under Construction	28895.36	27631.64
#本年新开工面积	Floor Space Started this Year	14187.28	13810.02
实行投标承包面积	Floor Space of Enter a bid Contract	18713.68	17449.95
房屋建筑竣工面积	Floor Space of Buildings Completed	14255.60	14093.35
住宅房屋	Residential Buildings	9097.43	8990.66
商业及服务用房屋	Buildings for Business and Service	1126.87	1110.87
商厦房屋(批发和零售用房)	Building for Wholesale and Retail	437.98	428.77
宾馆用房屋(住宿用房)	Accommodation Buildings	105.82	105.82
餐饮用房屋(餐饮用房)	Dinning Buildings	73.77	69.82
商务会展用房屋	Business Exhibition Building	26.97	24.13
其他商业及服务用房屋(居民服务业用房)	Other Buildings for Business and Service	482.33	482.33
办公用房屋	Office Buildings	1001.46	1001.46
科研、教育、医疗用房屋	Buildings for Scientific Research,Education and Medical Sevice	690.69	669.71
科学研究用房屋	Buildings for Scientific Research	40.35	40.35
教育用房屋	Education Building	535.97	514.99
医疗用房屋(卫生医疗用房)	Medical Buildings	114.37	114.37
文化、体育、娱乐用房屋	Buildings for Culture,Sports and Entertainment	213.94	213.94
厂房及建筑物	Factory Buildings	1683.37	1664.88
厂房	Factories	964.06	964.06
仓库	Warehouses	137.03	137.03
其他未列明的房屋建筑物	Other Buildings	304.80	304.80

Main Economic Indicators on Construction Enterprises by Registrtion Status (2015)

国有企业 State-owned	集体企业 Collective-owned	股份合作企业 Cooperative	联营企业 Joint Ownership Units	有限责任公司 Limited liability Enterprises	股份有限公司 Share-holding Corporations Ltd	私营企业 Private Enterprise	其他企业 Others	港澳台商投资企业 Funded from Hong Kong, Macao and Taiwan	外商投资企业 Foreign Funded
81	**159**	**10**		**721**	**117**	**714**	**5**	**7**	**3**
4476125	3978686	243596		40700908	8393521	20450039	23850	3042420	106
1876896	1805965	77444		17686786	4017578	7298519	4049	2077915	
2599229	2172721	166151		23014122	4375943	13151520	19801	964505	106
2772489	2907898	140613		21338813	4371215	12864652	20951	770999	106
2614285	2889396	140513		21191194	4342909	12555581	20951	770999	106
158204	18502	100		147620	28306	309071			
33728	24809	50		432906	37298	970196			
2648013	**2914205**	**140563**		**21624100**	**4380207**	**13525776**	**20951**	**770999**	**106**
93795	120992	10397		1444019	118541	1507999	20041	9613	
879539	279522	118		7472328	2118346	4217875		306672	
2296899	2699158	138109		18581839	3951320	11242108	19350	742300	
254665	165715	1604		1519515	186605	1155781	910	28699	106
96450	49332	850		1522746	242281	1127887	691		
1333327	**1908055**	**113460**		**14334972**	**2701924**	**9354406**	**16197**	**377227**	**92**
860.15	2120.86	143.57		14257.89	2230.64	8018.53		1263.72	
446.75	1259.51	54.27		6029.10	1229.40	4790.99		377.25	
680.73	1561.20	125.99		9302.11	1706.50	4073.42		1263.72	
407.43	1318.23	47.25		6371.73	1120.27	4828.44		162.24	
315.72	916.84	28.77		3930.92	859.94	2938.46		106.77	
12.54	118.88	0.35		609.23	41.83	328.03		16.00	
	21.84	0.30		286.53	23.26	96.84		9.21	
3.28	5.48			51.42	3.15	42.49			
0.26	0.63	0.05		60.83	0.06	7.99		3.95	
2.13	1.14			18.68	0.01	2.17		2.84	
6.88	89.78			191.77	15.36	178.54			
11.68	52.47	4.71		511.80	49.97	370.83			
2.84	59.61	0.14		315.30	49.94	241.87		20.98	
	4.45			18.35	0.04	17.50			
2.25	41.95			225.48	40.34	204.98		20.98	
0.60	13.21	0.14		71.48	9.56	19.39			
	2.33			51.96	18.63	141.03			
35.53	116.95	13.28		806.84	53.91	638.37		18.49	
32.00	78.00	6.87		511.71	26.25	309.23			
0.54	9.21			39.55	1.94	85.79			
28.58	41.94			106.12	44.10	84.05			

14-2 续表1

指　　标	Item	合　计 Total	内资企业 Domestic Funded
竣工房屋价值(万元)	**Value of Floor Space (10000 yuan)**	**18761866**	**18474955**
住宅房屋	Residential Buildings	12142768	11961401
商业及服务用房屋	Buildings for Business and Service	1711680	1691777
商厦房屋(批发和零售用房)	Building for Wholesale and Retail	609935	602632
宾馆用房屋(住宿用房)	Accommodation Buildings	157288	157288
餐饮用房屋(餐饮用房)	Dinning Buildings	128940	123640
商务会展用房屋	Business Exhibition Building	55767	48467
其他商业及服务用房屋(居民服务业用房)	Other Buildings for Business and Service	759750	759750
办公用房屋	Office Buildings	1412417	1412417
科研、教育、医疗用房屋	Buildings for Scientific Research,Education and Medical Sevice	864011	840557
科学研究用房屋	Buildings for Scientific Research	42247	42247
教育用房屋	Education Building	642955	619502
医疗用房屋(卫生医疗用房)	Medical Buildings	178808	178808
文化、体育、娱乐用房屋	Buildings for Culture,Sports and Entertainment	252777	252777
厂房及建筑物	Factory Buildings	1878158	1815971
厂房	Factories	1067038	1067038
仓库	Warehouses	171557	171557
其他未列明的房屋建筑物	Other Buildings	328498	328498
年末自有机械设备	**Year-end Self-own Machinery and Equipment**		
净　值(万元)	Net Value of Machinery and Equipment Owned (10000yuan)	1177950	1177108
总台数(台)	Number of Machinery and Equipment Owned (set)	216144	216036
总功率(万千瓦)	Total Power of Machinery and Equipment Owned (10000kw)	525.87	525.54
劳动人员情况(万人)	**Labourers(10000 persons)**		
计算劳动生产率的平均人数	Staff and Workers Annual Average	165.83	162.18
期末从业人数	Number of Persons Engaged at the Year-end	142.31	138.67
#工程技术人员	Technologist in Employed Persons at the Year-end	17.01	16.73
年末资产负债(万元)	**Year-end Assets and Liabilities(10000 yuan)**		
流动资产合计	Total Circulating Funds	20883807	19773784
#存　货	Stock	4429179	4311864
固定资产合计	Total Fixed Assets	3233898	3218565
固定资产原值	Original Value of Fixed Assets	3716576	3702506
累计折旧	Total Depreciation	1281791	1278361
#本年折旧	Depreciation this Year	220742	219239
在建工程	Under Construction Project	513651	512385
资产合计	Total Assets	27000442	25691744
流动负债合计	Liquid Liabilities	13666385	12726586
#应付账款	Payable Accounts	3771546	3445971
非流动负债合计	Non-current Liabilities	1227625	1080218
负债合计	Total Liabilities	15698191	14592612

continued

国有企业 State-owned	集体企业 Collective-owned	股份合作企业 Cooperative	联营企业 Joint Ownership Units	有限责任公司 Limited liability Enterprises	股份有限公司 Share-holding Corporations Ltd	私营企业 Private Enterprise	其他企业 Others	港澳台商投资企业 Funded from Hong Kong, Macao and Taiwan	外商投资企业 Foreign Funded
621562	**1612120**	**62320**		**8599459**	**1592142**	**5987353**		**286911**	
470719	1189116	35472		5313036	1232782	3720277		181368	
35210	136845	413		1023725	46171	449413		19903	
	22048	378		410278	24475	145453		7303	
14278	6289			70444	5137	61139			
270	841	35		101802	68	20624		5300	
5316	2532			32662	18	7939		7300	
15346	105135			408538	16474	214258			
12891	67054	6127		739531	87164	499650			
3765	63636	117		404688	82402	285949		23454	
	4734			20702	46	16766			
3076	43887			253686	71130	247722		23454	
689	15015	117		130300	11226	21462			
	1549			82032	21330	147866			
64619	117493	20191		894978	60116	658575		62187	
56723	71945	8181		571096	39005	320088			
563	8492			52664	2231	107607			
33795	27936			88804	59947	118016			
76551	71765	3610		567481	84878	371651	1172	339	241
21002	13721	998		80365	13948	85699	303	35	12
26.64	20.04	2.46		266.50	36.62	172.34	0.94	0.16	
6.89	9.50	0.53		66.83	12.45	65.84	0.13	3.61	0.03
6.34	9.01	0.62		62.74	12.53	47.31	0.13	3.59	0.03
0.66	1.22	0.05		7.23	1.47	6.08	0.02	0.27	0.01
1672643	985942	65914		10439079	2039032	4550892	20280	1107230	2794
218543	203448	34039		2244920	348375	1257528	5012	117034	280
227507	263116	11672		1486452	234339	994086	1395	14341	991
296820	213920	14987		1714520	335367	1122364	4528	12397	1673
117754	65620	4056		585753	144608	357251	3320	2748	682
12168	10247	221		98444	25711	71998	451	1417	86
30406	84996	45		268376	9092	119470		1266	
2162011	1393301	81684		13328290	2493253	6210351	22853	1304783	3914
1389140	639705	58731		7223827	1565787	1841505	7892	937803	1995
313304	87731	3418		1765924	887511	383759	4325	324260	1314
193775	12069	135		725802	65787	82650		147407	
1617945	803904	61146		8267851	1648012	2185863	7892	1103583	1995

14-2 续表2

指标	Item	合计 Total	内资企业 Domestic Funded
所有者权益合计	Total Creditors Equity	11295458	11092339
#实收资本	Capitals Hold	6800900	6681587
国家资本	State-owned	1233107	1169766
集体资本	Collective-owned	392858	392858
法人资本	Institutional Units	1452989	1450143
个人资本	Individuals	3689133	3668211
港澳台资本	Funds from Hong Kong,Macao and Taiwan	5003	460
外商资本	Foreign Funds	27810	150
损益及分配(万元)	**Loss-profit and Allocation(10000 yuan)**		
营业收入	Operational Revenue	41961330	41345871.8
工程结算收入	Revenue of Project Settlement Accounts	40750181	40142356
营业成本	Operational Cost	37308654	36767114
工程结算成本	Costs of Project Settlement Accounts	35789101	35247798
营业税金及附加	Operational Tax and Additional Expense	1601645	1581675
工程结算税金及附加	Taxes and Extra Charges on Project Settle Accounts	1534227	1514714
其他业务利润	Other Profit from Business	29635	29297
销售费用	Selling Expenses	212610	211773
管理费用	Management Fee	1025423	1015141
#税金	Taxes	81215	76328
财务费用	Financial Expenses	240406	214655
#利息收入	Interest of Revenue	17508	16215
#利息支出	Expenses of Interest	176438	150051
营业利润	Profits of Business	1627572	1578421
营业外收入	Nonoperating Income	23580	23570
#补贴收入	Revenue of Subsidies	5223	5223
营业外支出	Nonoperating Expense	22839	22113
利润总额	Total Profits	1629911	1581475
#应交所得税	Income Tax Payable	388687	385220
工资、福利费(万元)	**Wages,Welfare (10000 yuan)**		
应付职工薪酬	Payable Total Wages	4770539	4573140
其他	**Others**		
劳动生产率(按总产值计算)(元/人)	Overall Labor Productivity (In Terms of Gross Output Value)(yuan/person)	277548	279041
利税总额(万元)	Total Pre-Tax Profits(10000 yuan)	3245352	3172517
产值利润率(%)	Ratio of Profit to Gross Output Value(%)	3.5	3.5
产值利税率(%)	Ratio of Pre-tax Profit to Gross Output Value(%)	7.1	7.0
资产负债率(%)	Assets-Liability Ratio(%)	58.1	56.8
房屋建筑面积竣工率(%)	Rate of Floor Space of Buildings Completed(%)	49.3	51.0

continued

国有企业 State-owned	集体企业 Collective-owned	股份合作企业 Cooperative	联营企业 Joint Ownership Units	有限责任公司 Limited liability Enterprises	股份有限公司 Share-holding Corporations Ltd	私营企业 Private Enterprise	其他企业 Others	港澳台商投资企业 Funded from Hong Kong, Macao and Taiwan	外商投资企业 Foreign Funded
543685	589344	20538		5057055	845241	4021514	14962	201200	1919
422415	317276	17451		3103022	582793	2226421	12209	117668	1644
359379	24293	3191		606177	165904	10822		62820	521
2674	263774	3210		67875	5088	50237			
59601	22333	1391		716578	73392	575849	1000	1723	1123
761	6877	9659		1711991	338410	1589304	11209	20922	
				350		110		4543	
				50		100		27660	
2381258	2567814	66144		20244244	4204995	11856053	25365	606271	9187
1931812	2552374	61820		19673461	4140866	11757455	24567	598668	9157
2162665	2295454	53638		18085121	3862698	10285937	21602	533040	8500
1757000	2229842	50051		17417206	3794147	9978533	21018	532828	8475
70384	115565	3441		755559	139636	496236	854	19777	194
63796	114093	3221		725365	136384	471040	816	19321	192
977	3216			16145	1462	7303	194	338	
3198	7450	764		76695	9230	114146	289	773	64
92059	51854	2424		494391	80515	293035	864	9921	361
4341	4371	193		30188	3287	33897	52	4877	9
22540	7065	339		123034	1397	59985	296	25691	60
228	3222	66		6968	2904	2827		1291	1
11210	4318	246		78119	15899	40054	206	26387	
26866	97193	5526		708559	109864	628929	1485	48931	220
2627	3637			9233	2205	5868		9	1
990	28			2972	672	560			
996	2724	1		9666	1220	7425	82	726	
29078	98160	5524		710270	110296	626744	1403	48214	222
8858	23132	629		170658	23921	157573	450	3395	73
255811	396853	8170		2231463	296336	1381133	3374	196080	1319
384098	306836	263276		323580	351798	205425	162033	213544	3861
97214	216623	8938		1465824	249967	1131680	2271	72412	423
1.1	3.4	3.9		3.3	2.5	4.6	6.7	6.3	209.5
3.7	7.4	6.4		6.8	5.7	8.4	10.8	9.4	399.4
74.8	57.7	74.9		62.0	66.1	35.2	34.5	84.6	51.0
47.4	62.2	32.9		44.7	50.2	60.2		12.8	

14-3 各地区建筑业企业主要经济指标（2015年）

指　　标	Item	全　省 Total	南昌市 Nanchang
企业个数(个)	**Number of Enterprises(unit)**	**1817**	**526**
建筑业合同情况(万元)	**Construction Contract(10000 yuan)**		
签订的合同额	Contract Value Signed	81309249	47070359
上年结转合同额	Contract Value on Hand last Year	34845152	22145270
本年新签合同额	Contract Value Newly Signed this Year	46464098	24925089
承包工程完成情况(万元)	**Conditions Finished of Contracted Projects(10000 yuan)**		
直接从建设单位承揽工程完成的产值	Contracted Directly from Fabricative Units Output Value Finished of Projects	45187737	23638128
自行完成施工产值	Output Value Self-Finished of Buildings Under Construction	44525933	23444790
分包出去工程的产值	Output Value of Projects Subcontracted	661803	193338
从建设单位以外承揽工程完成的产值	Contracted Directly Exceptant Fabricative Units Output Value Finished of Projects	1498987	259194
建筑业总产值(万元)	**Gross Output Value (10000 yuan)**	**46024920**	**23703984**
#装饰装修产值	Building Decoration	3325397	2247045
在外省完成的产值	Output in Other Provinces	15274400	7949917
建筑工程产值	Construction	39671083	20260930
安装工程产值	Installation	3313600	1694327
其他产值	Others	3040237	1748727
竣工产值(万元)	**Buildings Completed Output Value of Construction(10000 yuan)**	**30139659**	**14835893**
房屋建筑施工及竣工面积(万平方米)	**Floor Space of Buildings Under Construction and Completed(10000 sq.m)**		
房屋建筑施工面积	Floor Space of Buildings Under Construction	28895.36	14542.74
#本年新开工面积	Floor Space Started this Year	14187.28	5898.62
实行投标承包面积	Floor Space of Enter a bid Contract	18713.68	10654.18
房屋建筑竣工面积	Floor Space of Buildings Completed	14255.60	5605.31
住宅房屋	Residential Buildings	9097.43	3581.61
商业及服务用房屋	Buildings for Business and Service	1126.87	472.73
商厦房屋(批发和零售用房)	Building for Wholesale and Retail	437.98	163.95
宾馆用房屋(住宿用房)	Accommodation Buildings	105.82	54.66
餐饮用房屋(餐饮用房)	Dinning Buildings	73.77	61.48
商务会展用房屋	Business Exhibition Building	26.97	22.78
其他商业及服务用房屋(居民服务业用房)	Other Buildings for Business and Service	482.33	169.87
办公用房屋	Office Buildings	1001.46	511.33
科研、教育、医疗用房屋	Buildings for Scientific Research,Education and Medical Sevice	690.69	287.83
科学研究用房屋	Buildings for Scientific Research	40.35	15.30
教育用房屋	Education Building	535.97	208.82
医疗用房屋(卫生医疗用房)	Medical Buildings	114.37	63.71
文化、体育、娱乐用房屋	Buildings for Culture,Sports and Entertainment	213.94	38.23
厂房及建筑物	Factory Buildings	1683.37	543.00
厂房	Factories	964.06	357.20
仓库	Warehouses	137.03	50.33
其他未列明的房屋建筑物	Other Buildings	304.80	120.24

Main Economic Indicators on Construction by Region (2015)

景德镇市 Jingdezhen	萍乡市 Pingxiang	九江市 Jiujiang	新余市 Xinyu	鹰潭市 Yingtan	赣州市 Ganzhou	吉安市 Ji'an	宜春市 Yichun	抚州市 Fuzhou	上饶市 Shangrao
35	**70**	**157**	**84**	**39**	**252**	**138**	**204**	**113**	**199**
294096	1218142	5257713	2247912	3865514	3547568	2145060	3140437	4948541	7573909
88867	371443	2379141	1034432	2701532	1210567	549592	720848	1554731	2088728
205229	846700	2878572	1213479	1163982	2337001	1595468	2419589	3393810	5485180
197049	949411	3528735	1500441	1227068	2628966	1890237	2247282	2912855	4467565
195049	949411	3502346	1488896	1222370	2610739	1870323	2212285	2889806	4139920
2000		26389	11546	4698	18227	19914	34997	23049	327645
265	674	30298	10821	2902	64293	260400	75204	79000	715938
195314	**950085**	**3532644**	**1499716**	**1225271**	**2675032**	**2130723**	**2287488**	**2968806**	**4855857**
7151	91449	71395	24080	21507	151824	292421	77631	119550	221345
35059	168225	1168579	596058	815196	276618	357516	589753	1141948	2175532
163071	874217	3388867	1286377	979110	2289127	1751133	2033761	2675182	3969307
29627	62711	108682	102173	228773	144848	329029	149902	166977	296553
2616	13157	35095	111166	17389	241057	50561	103826	126647	589997
142100	**715975**	**1743870**	**824002**	**572195**	**1949332**	**1599286**	**1643863**	**2434091**	**3679052**
161.00	543.14	1501.78	910.06	213.77	1600.21	1577.81	1677.73	2695.88	3471.23
98.91	348.80	970.02	359.74	96.64	1108.89	878.43	1171.40	1554.68	1701.15
95.37	266.83	964.85	413.18	170.16	699.69	974.23	1173.83	1921.76	1379.60
101.75	377.15	855.62	407.59	121.27	1018.01	937.28	1200.02	1562.43	2069.17
91.98	234.82	651.12	276.52	60.31	496.54	522.25	836.28	1176.32	1169.69
5.52	20.56	50.70	29.45	32.10	51.64	119.30	52.52	162.24	130.11
3.69	13.97	21.78	4.12	31.96	26.15	24.27	35.97	89.02	23.12
		9.32			2.33	5.80	1.42	22.26	10.04
		0.04	0.59		2.79	1.39	0.28	0.96	6.24
		0.09			0.05	0.94		0.01	3.10
1.83	6.60	19.48	24.74	0.14	20.33	86.90	14.85	49.99	87.61
0.08	22.65	34.90	16.85	3.32	52.86	109.07	55.99	39.31	155.11
0.13	4.28	33.31	9.90	1.07	68.97	39.62	20.74	34.84	190.01
	0.93			0.79	4.18	2.29	0.04	0.01	16.80
0.13	1.38	31.44	4.47	0.29	62.14	33.59	19.71	26.80	147.21
	1.97	1.87	5.42		2.65	3.74	0.99	8.02	26.00
0.08	1.36	0.16	30.07	0.16	37.97	17.02	44.06	3.52	41.31
2.22	92.28	72.53	39.06	23.94	242.37	112.15	160.57	99.63	295.62
0.85	64.24	54.22	31.50	23.94	72.26	70.72	80.13	62.56	146.44
0.15	0.20	2.61	2.89	0.37	2.09	6.36	11.08	0.85	60.09
1.61	0.98	10.29	2.86		65.58	11.51	18.79	45.71	27.24

14-3 续表1

指标	Item	全省 Total	南昌市 Nanchang
竣工房屋价值(万元)	**Value of Hoor Space (10000 yuan)**	**18761866**	**8491425**
住宅房屋	Residential Buildings	12142768	5465165
商业及服务用房屋	Buildings for Business and Service	1711680	772889
商厦房屋(批发和零售用房)	Building for Wholesale and Retail	609935	229207
宾馆用房屋(住宿用房)	Accommodation Buildings	157288	64040
餐饮用房屋(餐饮用房)	Dinning Buildings	128940	100788
商务会展用房屋	Business Exhibition Building	55767	46783
其他商业及服务用房屋(居民服务业用房)	Other Buildings for Business and Service	759750	332071
办公用房屋	Office Buildings	1412417	857487
科研、教育、医疗用房屋	Buildings for Scientific Research,Education and Medical Sevice	864011	435737
科学研究用房屋	Buildings for Scientific Research	42247	17390
教育用房屋	Education Building	642955	293401
医疗用房屋(卫生医疗用房)	Medical Buildings	178808	124946
文化、体育、娱乐用房屋	Buildings for Culture,Sports and Entertainment	252777	44291
厂房及建筑物	Factory Buildings	1878158	709511
厂房	Factories	1067038	466170
仓库	Warehouses	171557	56375
其他未列明的房屋建筑物	Other Buildings	328498	149969
年末自有机械设备	**Year-end Self-own Machinery and Equipment**		
净值(万元)	Net Value of Machinery and Equipment Owned (10000yuan)	1177950	434390
总台数(台)	Number of Machinery and Equipment Owned (set)	216144	102481
总功率(万千瓦)	Total Power of Machinery and Equipment Owned (10000kw)	525.87	257.54
劳动人员情况(万人)	**Labourers(10000 persons)**		
计算劳动生产率的平均人数	Staff and Workers Annual Average	165.83	85.70
期末从业人数	Number of Persons Engaged at the Year-end	142.31	65.11
#工程技术人员	Technologist in Employed Persons at the Year-end	17.01	6.76
年末资产负债(万元)	**Year-end Assets and Liabilities(10000 yuan)**		
流动资产合计	Total Circulating Funds	20883807	12043435
#存　货	Stock	4429179	2369584
固定资产合计	Total Fixed Assets	3233898	1125451
固定资产原值	Original Value of Fixed Assets	3716576	1374762
累计折旧	Total Depreciation	1281791	533368
#本年折旧	Depreciation this Year	220742	93958
在建工程	Under Construction Project	513651	184156
资产合计	Total Assets	27000442	14746049
流动负债合计	Liquid Liabilities	13666385	8641208
#应付账款	Payable Accounts	3771546	2256868
非流动负债合计	Non-current Liabilities	1227625	826075
负债合计	Total Liabilities	15698191	9818784

continued

景德镇市 Jingdezhen	萍乡市 Pingxiang	九江市 Jiujiang	新余市 Xinyu	鹰潭市 Yingtan	赣州市 Ganzhou	吉安市 Ji'an	宜春市 Yichun	抚州市 Fuzhou	上饶市 Shangrao
104883	**473615**	**859310**	**425831**	**168507**	**1243821**	**1129563**	**1310861**	**2066733**	**2487317**
92108	292890	671392	302714	85721	633955	603814	893375	1581885	1519749
8261	31135	52543	34999	46897	62833	174774	93233	249241	184874
4838	26375	20666	7518	46759	33055	30550	75191	101965	33811
		11184			2978	24738	1855	33016	19477
		100	972		949	11375	217	833	13706
		223			45	5552		18	3147
3423	4760	20371	26509	138	25807	102559	15970	113410	114733
63	25412	27678	20050	5080	83368	125575	59469	46940	161297
100	7361	27897	14110	1392	92586	42930	21087	37853	182958
	985			1021	4854	2121	70	16	15791
100	1776	26215	7703	372	84046	35795	20294	31719	141535
	4600	1681	6407		3687	5015	723	6118	25632
60	1888	240	17084	160	59348	27056	53037	4214	45399
2721	114040	74435	34930	28588	236614	114355	164113	112016	286836
750	72396	49932	20947	28588	68103	60414	92201	79038	128500
120	160	2638	45	670	3606	14858	10028	784	82274
1451	731	2487	1898		71511	26201	16519	33801	23931
10590	53972	95890	37430	19368	96144	48259	96510	136892	148505
1487	6108	20715	9401	1214	11843	8997	18464	20032	15402
4.19	17.88	50.65	12.65	3.44	33.61	16.60	42.20	48.99	38.12
1.24	3.57	9.70	3.07	5.17	8.87	9.04	8.48	13.04	17.95
1.29	3.35	9.25	2.99	7.27	8.21	6.80	8.17	13.09	16.77
0.24	0.28	1.17	0.64	0.36	1.80	0.94	1.38	1.66	1.78
97168	280113	2014185	874440	339175	1152313	718994	987760	943792	1432432
18101	99360	472738	125330	91776	280071	210781	300982	193608	266848
36790	95293	324403	99162	67367	239930	156497	272820	267841	548342
52282	129394	314039	109239	94510	269515	174794	309855	284216	603970
18977	53710	127756	37443	34547	91319	57120	77331	64691	185528
2459	9938	21733	3405	4241	16106	7581	12781	14581	33960
	4854	118782	17383	675	37833	16745	23796	30092	79335
149854	437672	2626478	1034004	454590	1623632	969148	1461516	1305461	2192037
53002	191894	1544442	429795	255965	580933	366188	471332	513077	618548
17667	75144	659192	138688	58559	107207	46958	119563	81048	210652
1500	7568	162287	123278	6564	5686	7093	5201	33258	49116
68235	209182	1827015	568323	262704	687766	419093	546324	569439	721326

14-3 续表2

指 标	Item	全 省 Total	南昌市 Nanchang
所有者权益合计	Total Creditors Equity	11295458	4924042
#实收资本	Capitals Hold	6800900	2774133
国家资本	State-owned	1233107	641072
集体资本	Collective-owned	392858	168398
法人资本	Institutional Units	1452989	574352
个人资本	Individuals	3689133	1357807
港澳台资本	Funds from Hong Kong,Macao and Taiwan	5003	4843
外商资本	Foreign Funds	27810	27660
损益及分配(万元)	**Loss-profit and Allocation(10000 yuan)**		
营业收入	Operational Revenue	41961330	22052284
工程结算收入	Revenue of Project Settlement Accounts	40750181	21271537
营业成本	Operational Cost	37308654	19780620
工程结算成本	Costs of Project Settlement Accounts	35789101	19058713
营业税金及附加	Operational Tax and Additional Expense	1601645	754256
工程结算税金及附加	Taxes and Extra Charges on Project Settle Accounts	1534227	717112
其他业务利润	Other Profit from Business	29635	15591
销售费用	Selling Expenses	212610	87060
管理费用	Management Fee	1025423	491394
#税金	Taxes	81215	46812
财务费用	Financial Expenses	240406	166646
#利息收入	Interest of Revenue	17508	8960
#利息支出	Expenses of Interest	176438	115450
营业利润	Profits of Business	1627572	798042
营业外收入	Nonoperating Income	23580	12484
#补贴收入	Profits of Business	5223	3511
营业外支出	Nonoperating Expense	22839	6607
利润总额	Total Profits	1629911	803543
#应交所得税	Income Tax Payable	388687	192214
工资、福利费(万元)	**Wages,Welfare (10000 yuan)**		
应付职工薪酬	Payable Total Wages	4770539	2213501
其他	**Others**		
劳动生产率(按总产值计算)(元/人)	Overall Labor Productivity (In Terms of Gross Output Value)	277548	276597
利税总额(万元)	Total Pre-Tax Profits(10000 yuan)	3245352	1567468
产值利润率(%)	Ratio of Profit to Gross Output Value(%)	3.5	3.4
产值利税率(%)	Ratio of Pre-tax Profit to Gross Output Value(%)	7.1	6.6
资产负债率(%)	Assets-Liability Ratio(%)	58.1	66.6
房屋建筑面积竣工率(%)	Rate of Floor Space of Buildings Completed(%)	49.3	38.5

continued

景德镇市 Jingdezhen	萍乡市 Pingxiang	九江市 Jiujiang	新余市 Xinyu	鹰潭市 Yingtan	赣州市 Ganzhou	吉安市 Ji'an	宜春市 Yichun	抚州市 Fuzhou	上饶市 Shangrao
81619	228490	799023	465681	191887	935485	548795	915193	734534	1470711
58752	129121	542542	283453	146408	551946	378909	666820	529121	739695
20901	17246	248450	43303	65792	21715	40470	18328	50062	65768
16283	13510	44818	6782	3282	15691	64141	23029	31094	5830
15738	38644	102720	70912	13865	147714	94203	170106	78462	146273
5830	59721	146554	162456	63270	366826	179995	455347	369502	521824
				100		50	10		
				100		50			
178814	898252	3009198	1147616	1267666	2164428	1628857	2120578	2721952	4771684
177514	892003	2947656	1132387	1262720	2148326	1522795	2095994	2688813	4610435
153509	757240	2699248	977688	1168602	1861743	1403556	1840923	2466642	4198883
153127	748802	2546630	956055	1166484	1754164	1274643	1774041	2389464	3966977
7717	34948	138241	45049	57376	89510	83007	95468	115159	180915
7580	34684	128203	44814	57325	86911	78556	93827	110313	174903
438	1644	1046	259	3053	952	169	1037	78	5370
610	5201	9886	8455	4158	28804	19486	20518	2242	26189
7829	21519	84129	29805	16544	77837	58529	62520	51484	123835
470	843	5082	2654	846	5167	2741	4478	3242	8880
211	7173	2034	5617	3930	8630	5727	10128	10569	19742
62	20	2734	616	90	3138	124	311	267	1188
180	4536	8540	3365	3769	8850	2426	6556	8350	14415
9617	71668	85745	79798	17385	102801	59371	94059	80695	228392
48	313	2335	802	42	1360	79	1125	274	4719
28		627	3	1	3	13	65	122	849
513	1155	1536	30	373	1980	1608	826	440	7771
9151	70278	88578	80573	17051	102218	58065	94115	80416	225923
2429	14286	13446	16762	3992	32215	17452	25517	17667	52708
35774	109471	366092	87075	24779	228325	148877	257643	490526	808477
157995	266205	364243	487998	236818	301701	235741	269888	227624	270458
17201	105805	221863	128040	75222	194295	139362	192419	193971	409705
4.7	7.4	2.5	5.4	1.4	3.8	2.7	4.1	2.7	4.7
8.8	11.1	6.3	8.5	6.1	7.3	6.5	8.4	6.5	8.4
45.5	47.8	69.6	55.0	57.8	42.4	43.2	37.4	43.6	32.9
63.2	69.4	57.0	44.8	56.7	63.6	59.4	71.5	58.0	59.6

14-4　劳务分包建筑业企业主要指标

Main Indicators of Labour Subcontractors in Construction Industry

指　　标	Item	2014	2015
企业个数(个)	Number of Construction Enterprises (unit)	27	22
建筑业总产值(万元)	Gross Output Value of Construction (10000 yuan)	18166	15689
#装饰装修产值	Output Value of Fitment	1930	1205
计算劳动生产率的平均人数(人)	Staff and Workers Annual Average (person)	3007	1254
年末从业人员(人)	Number of Employed Persons at the Year-end (person)	3608	1302
工程技术人员	Technologist in Employed Persons at the Year-end	406	110
现场施工工人(人)	Builder in Employed Persons at the Year-end (person)	1429	1110
固定资产原值(万元)	Original Value of Fixed Assets (10000 yuan)	3240	3381
#本年折旧	Draw Depreciation this Year	193	220
资产总计(万元)	Total Assets (10000 yuan)	15348	15877
负债合计(万元)	Total Liabilities (10000 yuan)	8931	9084
实收资本(万元)	Capitals Hold (10000 yuan)	5067	5132
营业收入(万元)	Total Revenue (10000 yuan)	13971	14710
#工程结算收入	Revenue of Project Settlement Accounts	13971	14710
营业成本(万元)	Operating Costs (10000 yuan)	11429	12017
#工程结算成本	Costs of Project Settlement Accounts	11419	11984
营业税金及附加(万元)	Business Tax and Extra (10000 yuan)	929	600
#工程结算税金及附加	Taxes and Extra Charges on Project Settle Accounts	894	584
费用合计(万元)	Total Charges (10000 yuan)	1125	1304
营业利润(万元)	Profits of Business (10000 yuan)	842	1005
利润总额(万元)	Total Profits (10000 yuan)	840	1000
从业人员劳动报酬(万元)	Labour Reward of Employed Persons(10000 yuan)	10478	6426

主要统计指标解释

建筑业统计单位 指从事房屋、构筑物建造和设备安装活动的法人企业。建筑业法人企业应同时具备的条件是：① 依法成立，有自己的名称、组织机构和场所，能够承担民事责任；②独立拥有和使用资产，承担负债，有权与其他单位 签订合同；③独立核算盈亏，能够编制资产负债表。

建筑业总产值 是以货币形式表现的建筑业企业在一定时期内生产的建筑业产品和提供的服务的总和。建筑业总产值包括：

⑴建筑工程产值：指列入建筑工程预算内的各种工程价值。

⑵安装工程产值：指设备安装工程价值，不包括被安装设备本身的价值。

⑶其他产值：建筑业总产值中除建筑工程、安装工程以外的产值。包括房屋构筑物修理产值、非标准设备制造产值、总包企业向分包企业收取的管理费以及不能明确划分的施工活动所完成的产值。

a.房屋构筑物修理产值：指房屋和构筑物修理所完成的产值，但不包括被修理房屋、构筑物本身价值和生产设备的修理产值。

b.非标准设备制造产值：指加工制造没有定型的非标准生产设备的加工费和原材料价值(如化工厂、炼油厂用的各种罐、槽，矿井生产统一使用的各种漏斗、三角槽、阀门等)以及附属加工厂为本企业承建工程制作的非标准设备的价值。

建筑业增加值 指建筑业企业在报告期内以货币形式表现的建筑业生产经营活动的最终成果。

从 2004 年第一次全国经济普查开始，建筑业现价增加值按生产法和分配法(收入法)两种方法计算，以收入法的计算结果为准，即从收入的角度出发，根据生产要素在生产过程中应得的收入份额计算。具体计算方法：经济普查年度建筑业增加值按照《经济普查年度 GDP 核算方案》计算，非经济普查年度建筑业增加值按照《非经济普查年度 GDP 核算方案》计算。

房屋建筑施工面积 指在报告期内施工的全部房屋建筑面积，包括本期新开工的房屋面积、上期施工跨入本期继续施工的房屋面积、上期停缓建在本期恢复施工的房屋面积、本期竣工的房屋面积及本期施工后又停缓建的房屋面积。

房屋建筑竣工面积 指在报告期内房屋建筑按照设计要求全部完工，达到了住人和使用条件，经验收鉴定合格，正式移交使用单位的房屋建筑面积。

自有机械设备年末总台数 指归本企业所有，属于本企业固定资产的生产性机械设备年末总台数。包括施工机械、生产设备、运输设备以及其他设备。

自有机械设备年末总功率 指本企业自有施工机械、生产设备、运输设备以及其他设备等列为在册固定资产的生产性机械设备年末总功率，按设定能力或查定能力计算。包括机械本身的动力和为该机械服务的单独动力设备，如电动机等。计算单位用千瓦，动力换算可按 1 马力＝0.735 千瓦折合成千瓦数。电焊机、变压器、锅炉不计算动力。

工程结算收入 指企业承包工程实现的工程价款结算收入，以及向发包单位收取的除工程价款以外的按规定列作营业收入的各种款项，如临时设施费、劳动保险费、施工机械调迁费等以及向发包单位收取的各种索赔款。

工程结算利润 指已结算工程实现的利润，如亏损以“－”号表示。计算公式为：

工程结算利润＝工程结算收入－工程结算成本－工程结算税金及附加

Explanatory Notes on Main Statistical Indicators

Statistical Unit in Construction refers to corporate enterprise engaged in the construction of buildings and structures and in the installation of equipment. A corporate construction enterprise should meet the following 3 requirements:①being set up in line with relevant legal basis, having its full name, organization and location, and capable of taking civil liabilities;②independently possessing and using its assets and assuming its liabilities, and entitled to sign contracts with other institutions; and ③ making independent accounts of its profits and losses, and capable of compiling its own balance sheet

Gross Output Value of Construction refers to total of construction products and services, expressed in money terms, produced or rendered by construction and installation enterprises during a given period of time. It includes:

(1) Output value of construction projects: the value of projects covered by the project budgets;

(2) Output value of installation projects: the value of the installation of equipment, (excluding the value of the equipment to be installed);

(3) Other output values: the output value of construction industry apart from that of construction projects and installation projects. It includes: output value of repair of buildings and structures; output value of non-standard equipment manufacturing; overhead expenses received by contracted enterprises from the sub-contracted enterprises and the completed output value of construction activities for which there is no clear definition.

a. Output value of repair of buildings and structures: the value created through the repairs of buildings or structures. It does not include the value of buildings or structures being repaired and the value of the repair of production equipment;

b. Output value of manufactured non-standard equipment: the value of non-standard production equipment, including raw materials and manufacturing cost, made for the construction project (i.e., chemical plant; kettles or tanks used by refineries; various fillers, triangle tanks, valves used by mines). It also includes the output value of equipment manufactured by subsidiary workshops.

Value-added of Construction refers to the final result of the activities of production and operation of enterprises of the construction industry in monetary terms during the reference period.

Starting from the 2004 economic census, value-added of construction is calculated by both production approach and income approach, with the figures from the income approach as the final figures., Under the income approach,, calculation starts from the perspective of income and is based on the share of income derived from the production process by the relevant factors of production.. Specifically, value-added of construction for the Census years is calculated in accordance with the *Programme of Compi*lation of GDP and National Accounts for the Year of Economic Census, and value-added of construction for other years is calculated in accordance with the Programme of Compilation of GDP and National Accounts for the Non Economic Census Years.

Floor Space of Buildings Under Construction refers to floor space of buildings under construction during the reference period, including newly started buildings, buildings started earlier and continued during the reference period, and buildings suspended earlier but restarted during the reference period, buildings completed during the reference period, and buildings under construction and then suspended during the reference period.

Floor Space of Buildings Completed refers to the floor space of buildings that are completed in the reference period in accordance with the requirements of the design, up to the standard for putting them into use, and have been checked and accepted by concerned departments as qualified ones.

Total Number of Machinery and Equipment Owned by the End of Year refers to the number of machines and equipment owned by the enterprises, and listed as the fixed assets of the enterprises by the end of the year, including machinery and equipment for construction, production and transportation.

Total Power of Machinery and Equipment Owned by the End of Year refers to the total power of machinery and equipment owned by the enterprises, and listed as the fixed assets of the enterprises by the end of the year, including machinery and equipment for construction, production and transportation. The power of the machinery is calculated on basis of the designed or verified capacity, covering the power of the machinery/equipment and the separate power equipment serving the machinery/equipment (such as electric motors), but excluding welders, transformers and boilers. The unit used for the calculation of power is kilowatt, with horsepower converted to kilowatt by 1 horsepower=0.735 kilowatt.

Income from Settlement of Projects refers to the income received by the construction enterprise from the contracted project through settlement procedures, and other charges to the contractee as operational costs in addition to the value of the project, such as temporary facility fee, labour insurance premium, moving cost of construction equipment, as well as various types of claims to the contractee.

Profit from Settlement of Projects refers to profit realized through settled projects. It is calculated with the following formula:

Profit from Settlement of Projects=Income from Settlement of Projects−Settled Cost−Settled Taxes and Other Cost.

15

交通运输、邮电通讯业

TRANSPORTATION,POSTAL AND TELECOMMUNICATIONS

◆375/384

资料整理及英文翻译：雷海清

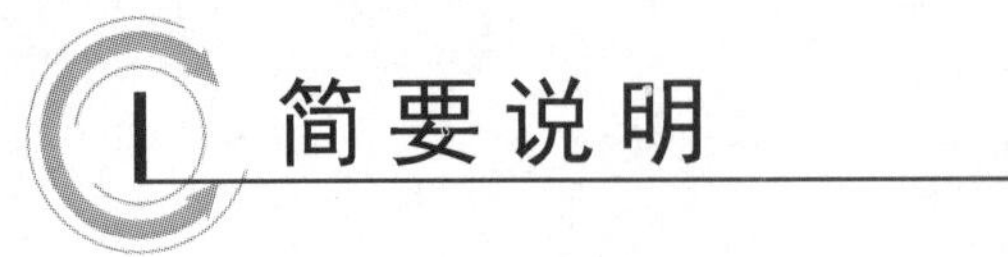

简要说明

一、本篇资料的主要内容

本篇资料反映了全省交通运输业和邮电通讯业发展的基本状况，主要包括各种运输方式的线路里程、各种运输方式完成的货物运输量和旅客运输量及周转量、邮政和电信基本情况、民用汽车拥有量等方面的内容。

二、本篇资料的来源

本篇资料中，交通运输资料分别来源于南昌铁路局、省交通厅、东方航空公司江西分公司、省公安厅交警总队，邮电通信业资料来源于省通信管理局和省邮政管理局。

Brief Introduction

Ⅰ.Main Contents

Data in this chapter present the development of transportation, post and telecommunication in Jiangxi province. They cover mainly the length of the routes of various means of transportation, freight traffic and passenger traffic accomplished by various means of transportation and turnover, basic conditions of post and telecommunications, and the possession of civil motor vehicles etc.

Ⅱ.Sources of Data

Data on transportation in this chapter are from Nanchang Railway Bureau, Jiangxi Provincial Communications Department, China Eastern Airlines Jiangxi Branch, and Jiangxi Provincial Department of Public Security Traffic Administrative Bureau. Data on post and telecommunication services come from Jiangxi Communication Administration, and Provincial Postal Administration.

15-1 运输线路长度

Length of Transportation Routes

单位：公里 (km)

指标	Item	1978	1980	1990	2000	2010	2014	2015
铁路营业里程	Length of Railways in Operation	1184	1335	1581	2197	2734	3602	3909
公路通车里程	Length of Highways	30245	29651	33203	60292	140597	155515	156625
等级公路	Expressway and Class I to IV Highways		12096	18561	34999	101455	128261	129948
#高速公路	Expressway				421	3088	4484	5058
一级公路	First Class Highways			15	314	1386	1902	1952
二级公路	Second Class Highways		169	1105	6471	9340	9941	10148
三级公路	Third Class Highways		521	2156	5581	6670	10619	11586
等外公路	Highways Below Class IV		17559	14642	25293	39142	27254	26676
内河通航里程	Length of Navigable Inland Waterways	6630	4937	4937	5537	5638	5638	5638
等级航道	Standard Waterways				2343	2349	2349	2349
等外航道	Substandard Waterways				3194	3289	3289	3289

注：1.2000年的公路通车里程根据公路普查作了调整。
2.公路通车里程从2006年开始包括村道。
a) The total Length of highways is adjusted according to the Highways Census in 2000.
b) The total length of highways have included the village road since 2006.

15-2 交通运输工具年末实有数

Actual Number of Transportation Facilities at Year-end

指标	Item	1990	2000	2010	2014	2015
民用汽车合计(辆)	Total Civil Motor Vehicles (unit)	110432	247000	1476011	2964699	3468363
#载货汽车	Trucks	74424	131147	401679	584035	599587
载客汽车	Passenger Vehicles	29473	100794	956480	2270238	2764815
其他汽车	Other Vehicles	6535	15059	117852	110426	103961
摩托车(辆)	Motorcycles(unit)	51630	891179	4172862	3517659	2578825
汽车挂车(辆)	Trailers (unit)	5209	1190	39684	64824	67957
运输船舶(艘)	Transport Vessels (unit)	8687	4856	4221	3775	3508
机动船(艘)	Motor Vessels (unit)	8051	4511	4184	3761	3499
(净载重量吨)	(Dead Weight Cargo Tonnage)	333989	356441	1962783	2346501	2374915
(客位)	(Number of Seats)	13362	16172	11811	9876	10697
驳 船(艘)	Barges (unit)	636	345	37	14	9
(净载重量吨)	(Dead Weight Cargo Tonnage)	76267	74504	17560	7611	5541
补充资料:	Supplementary Information:					
汽车驾驶员(人)	Drivers (person)	168842	791545	3911886	10272367	11373941

注：其他汽车从2006年起，将农业运输车放入民用汽车中其他汽车。
a) Since 2006,Other vehicles inclued farm vehicles.

15-3 公路里程年底到达数（2015年）

Length of Highways at Year-end (2015)

单位：公里 (km)

地 区	Region	合 计 Total	等级公路 Expressway and Class I to IV Highway	高速公路 Expressway	一 级 First Class
全 省	**Provincial Total**	**156625**	**129948**	**5058**	**1952**
南昌市	Nanchang	11199	9586	377	116
景德镇市	Jingdezhen	4711	4120	199	43
萍乡市	Pingxiang	6950	5585	118	51
九江市	Jiujiang	19537	14923	557	262
新余市	Xinyu	4355	3530	128	85
鹰潭市	Yingtan	4057	3197	89	46
赣州市	Ganzhou	29640	24536	1114	313
吉安市	Ji'an	22757	21208	636	272
宜春市	Yichun	18736	15094	637	315
抚州市	Fuzhou	14442	12235	586	194
上饶市	Shangrao	20239	15938	618	255

15-3 续表 continued

单位：公里 (km)

地 区	Region	二 级 Second Class	三 级 Third Class	四 级 Fourth Class	等外公路 Highway Below Class IV
全 省	**Provincial Total**	**10148**	**11586**	**101204**	**26676**
南昌市	Nanchang	671	494	7928	1614
景德镇市	Jingdezhen	348	462	3068	590
萍乡市	Pingxiang	506	430	4480	1364
九江市	Jiujiang	1098	1449	11557	4614
新余市	Xinyu	283	337	2697	826
鹰潭市	Yingtan	134	511	2417	861
赣州市	Ganzhou	1844	1630	19635	5104
吉安市	Ji'an	1697	1467	17136	1551
宜春市	Yichun	1436	1689	11017	3643
抚州市	Fuzhou	708	1179	9568	2208
上饶市	Shangrao	1425	1939	11701	4302

15-4 全社会运输量

Total Freight Traffic and Passenger Traffic

单位：万吨、万人 (10000 tons, 10000 persons)

指　标	Item	2010	2011	2012	2013	2014	2015
货物运输量	**Freight Traffic**	**100339**	**111576**	**127020**	**135036**	**151773**	**130279**
民　航	Civil Aviation	2	1.4	1.5	4.04	5.7	6.3
铁　路	Railways	5379	5769.1	5384.4	5077.2	4821.3	3942.7
公　路	Highways	88445	98358	113703	121279	137784	115436
水　运	Waterways	6513	7447	7931	8676	9162	10894
内　河	Inland Waterways	6081	6947	7426	8152	8655	10417
沿　海	Coastal	412	481	490	508	498	477
远　洋	Ocean	20.0	19	15	17	10	
旅客运输量	**Passenger Traffic**	**76633**	**79138**	**84459**	**65747**	**68728**	**63404**
民　航	Civil Aviation	186	208.3	219	681.1	930	985
铁　路	Railways	5588	6152.2	6335	6944.8	7839.6	8458.3
公　路	Highways	70628	72527	77650	57915	59676	53687
水　运	Waterways	231	251	255	206.6	282	274
内　河	Inland Waterways	231	251	255	206.6	282	274

注：2015年交通运输部开展全国公路、水路运输小样本抽样调查，对公路、水路运输统计口径进行了调整，与往年数据不可比。(下表同)
a) The sample survey on highway and water transport was carried out by The Ministry of Transports in 2015.Statistical caliber was adjusted according to the survey.Therefore,data of 2015 are not comparable to previous years. The same applies to the following table.

15-5 全社会运输周转量

Total Freight Ton-kilometers and Passenger-kilometers

单位：万吨公里、万人公里 (10000 ton-km, 10000 passenger-km)

指　标	Item	2010	2011	2012	2013	2014	2015
货物周转量	**Freight Ton-kilometers**	**27386993**	**30040231**	**34489670**	**36460456**	**38299712**	**37532370**
铁　路	Railways	7059000	7337700	6817500	6186600	5412900	4969574
公　路	Highways	18501965	20668297	25597786	28290235	30733082	30227179
水　运	Waterways	1824105	2032684	2072641	1983621	2153730	2335617
内　河	Inland Waterways	1147431	1267603	1329992	1430470	1518022	1825577
沿　海	Coastal	602711	694858	586569	485999	601710	510040
远　洋	Ocean	73963	70223	56080	67153	33998	
旅客周转量	**Passenger-kilometers**	**9127645**	**9625564**	**9798488**	**9306886**	**9713303**	**9538100**
铁　路	Railways	5648000	6001800	5840600	6226300	6545000	6687232
公　路	Highways	3304835	3409013	3718895	3076941	3164601	2847402
水　运	Waterways	3156	2985	3169	3645	3702	3466
内　河	Inland Waterways	3156	2985	3169	3645	3702	3466

15-6 铁路、港口主要指标

Main Indicators of Railways and Ports

指 标	Item	2000	2005	2010	2014	2015
铁 路	**Railway Transport**					
货车周转时间(天)	Turning Around Time of Freight Cars Locomotives(day)	1.9	2.6	2.6	2.5	2.6
平均每日装车数(辆)	Average Daily Loading Coaches (coach)	1456	2155	4111.7	3619	3030
货车平均静载重(吨)	Average Static Load of Freight Cars Locomotives (ton)	58.9		61.8	62.9	61.5
货物列车旅行速度(公里/小时)	Running Speed of Freight Trains (km/hour)	38.9	28.0	30.7	34.7	35.4
货运机车平均日产量(万吨公里)	Average Daily Ton-kilometers of Freight Locomotives (10000 ton-km)	107.0	106.0	109.7	107.9	104.5
内燃机车每万吨公里耗油(公斤)	Oil Consumption of Diesel Locomotives per 10000 ton-km(kg)	22.8	22.9	30.0	34.6	35.5
南昌直属站	**Nanchang Station**					
货物发送量(万吨)	Volume of Freight Dispatched (10000 tons)	1.3	0.4	12.4	0.3	0.3
旅客发送量(万人)	Number of Passenger Dispatched(10000 persons)	867.7	1217.7	1860.7	2630.6	2817.5
平均每日装车数(车)	Daily Loading Coach (coach)	0.7	0.4	5.2	0.1	0.1
平均每日卸车数(车)	Daily Unloading Coach (coach)	8.5	8.9	34.8	12.7	6.3
向塘直属站	**Xiangtang Station**					
货物发送量(万吨)	Volume of Freight Dispatched (10000 tons)	7.5	19.9	21.2	36.2	23.7
旅客发送量(万人)	Number of Passenger Dispatched(10000 persons)	82.4	82.4	63.4	48.7	52.2
平均每日装车数(车)	Daily Loading Coach (coach)	3.6	9.3	10.9	18.4	12.4
平均每日卸车数(车)	Daily Unloading Coach (coach)	18.0	19.7	21.9	26.5	21.6
#向塘西站平均每日办理车数(车)	Daily Transaction Coach (coach)	11769	14644	12495	12411	12851
鹰潭直属站	**Yingtan Station**					
货物发送量(万吨)	Volume of Freight Dispatched (10000 tons)	222.5	300.4	397.5	395.7	377.6
旅客发送量(万人)	Number of Passenger Dispatched(10000 persons)	364.0	376.6	459.9	533.2	516.1
平均每日装车数(车)	Daily Loading Coach (coach)	109.6	140.0	188.9	188.6	171.8
平均每日卸车数(车)	Daily Unloading Coach (coach)	174.0	283.3	240.4	355.2	305.6
#鹰潭站平均每日办理车数(车)	Daily Transaction Coach (coach)	10473	10527	8773	8423	9264
长航九江港务局	**Jiujiang Port Authority**					
旅客吞吐量(万人)	Volume of Passenger Traffic(10000 persons)	92.00	2.18	88.42	12.3	16.7
货物吞吐量(万吨)	Volume of Freight Handled(10000 tons)	623	928	3291	8036	10425

15-7 邮政电信业务主要指标

Principal Indicators of Postal and Telecommunications Services

指 标	Item	1995	2000	2010	2014	2015
邮政业务总量(亿元)	Business Volume of Postal Services(100Billion yuan)		5.45	36.85	51.40	69.70
电信业务总量(亿元)	Business Volume of Telecommunications(100Billion yuan)		75.9	661.2	394.6	549.4
邮路总长度(公里)	Length of Postal Routes(km)	46182	119905	98020	47727	56291
#铁路邮路	Railway Routes	5262	6507	7113	1775	1775
农村投递路线总长度(公里)	Length of Rural Delivery Routes(km)	120365	118555	97950	99595	90019
邮政汽车(辆)	Postal Cars(unit)	498	1098	2060	1147	1295
函 件(万件)	Number of Letters(10000 pcs)	23254	14010	17971	4771	3632
包 裹(万件)	Package(10000 pcs)		247	121	104	83
报刊累计数(万份)	Total Number of Newspapers and Magazines Subscribed(10000 copies)	56016	48881	54433	54062	57351
快递业务量(万件)	Pieces of Express Mail Services(10000 pcs)	157	283	2351	15994	23472
固定电话用户(万户)	Fixed Telephone Subscribers(10000 Subscribers)	74.1	354.1	709.6	577.3	568.4
#城市电话用户	Urban Fixed Telephone Subscribers	63.1	234.3	439.7	354.1	363.8
#住宅电话	Household Fixed Telephone Subscribers	45.7	191.4	235.6	189.0	165.8
农村电话用户	Rural Fixed Telephone Subscribers	11.0	119.8	269.8	223.3	204.6
#住宅电话	Household Fixed Telephone Subscribers		108.9	233.9	187.7	171.1
移动电话用户(万户)	Number of Mobile Telephone Subscribers (10000 Subscribers)		140	1811	2939	3056
互联网宽带用户数(万户)	Number of DSL Services Subscribers (10000 Subscribers)		27.0	253.4	434.2	442.0
长途光缆线路长度(公里)	Length of Long-distance Optical Cable Lines(km)			21201	19998	21115
本地中继线光缆线路长度(公里)	Length of Local Optical Cable Lines(km)			247494	446688	454666
长途电话交换机容量(路端)	Capacity of Long Distance Telephone Exchanges (circuit)	118311	190330	554829	207480	208000
移动电话交换机容量(万门)	Capacity of Mobile Telephone Exchanges (10000 line)			3333	4086	4086

注：1.2003年以后"固定电话用户"包括小灵通用户。

2.互联网宽带用户数不包括中国移动数据。

a) The fixed telephone subscribers includes PHS subscribers since 2003.

b)Number of CMCC Subscribers are not included in Number of DSL Services Subscribers.

15-8　各设区市交通运输工具年末实有数（2015年）

Actual Number of Transportation Facilities at Year-end (2015)

地　区	Region	民用汽车合计(辆) Total Civil Motor Vehicles (unit)	载货汽车 Trucks	载客汽车 Passenger Vehicles	其他汽车 Other Vehicles	摩托车(辆) Motorcycles (unit)	汽车挂车(辆) Trailers (unit)	运输船舶(艘) Transport Vessels (unit)
全　省	**Provincial Total**	**3468363**	**599587**	**2764815**	**103961**	**2578825**	**67957**	**3508**
南昌市	Nanchang	738616	59256	674553	4807	9071	988	255
景德镇市	Jingdezhen	156440	17151	137537	1752	21473	2493	46
萍乡市	Pingxiang	142913	19521	119031	4361	192145	1851	
九江市	Jiujiang	375081	58630	298509	17942	234985	3969	497
新余市	Xinyu	124460	29823	92365	2272	114425	10954	72
鹰潭市	Yingtan	95527	22959	71118	1450	58481	11572	201
赣州市	Ganzhou	560669	117092	431907	11670	1147170	1334	395
吉安市	Ji'an	265947	50901	198062	16984	204598	5291	456
宜春市	Yichun	412858	105771	296084	11003	252026	14853	1114
抚州市	Fuzhou	224356	55323	153239	15794	180174	7923	128
上饶市	Shangrao	358546	61976	281238	15332	162520	6729	344

15-9　邮政电信业务主要指标（2015年）

Principal Indicators of Postal and Telecommunications Services (2015)

地　区	Region	年末邮政局(所)数 Number of Postal Offices at Year-end (unit)	邮政业务总量(亿元) Business Volume of Postal Services (100Billion yuan)	电信业务总量(亿元) Business Volume of Telecommunications (100Billion yuan)	固定电话年末用户数(万户) Fixed Telephone Subscribers (10000 Subscribers)	移动电话年末用户数(万户) Number of Mobile Telephone Subscribers (10000 Subscribers)	互联网宽带接入用户数(万户) Number of DSL Services Subscribers (10000 Subscribers)
全　省	**Provincial Total**	**1830**	**69.7**	**549.4**	**568.4**	**3056.2**	**442.0**
南昌市	Nanchang	161	20.9	129.7	120.5	545.7	88.8
景德镇市	Jingdezhen	56	3.8	20.7	20.5	118.5	23.5
萍乡市	Pingxiang	55	2.1	22.2	27.5	134.2	20.6
九江市	Jiujiang	227	5.6	57.4	78.4	313.6	52.1
新余市	Xinyu	49	1.9	17.6	14.6	95.2	15.7
鹰潭市	Yingtan	46	2.3	13.1	15.3	88.2	13.2
赣州市	Ganzhou	362	10.0	93.1	94.2	564.7	71.1
吉安市	Ji'an	249	6.9	44.6	46.2	280.0	38.6
宜春市	Yichun	199	5.2	55.0	56.4	348.4	42.0
抚州市	Fuzhou	191	4.3	35.4	22.7	215.3	31.2
上饶市	Shangrao	235	6.8	60.5	72.1	352.4	45.2

注：互联网宽带接入用户数不包括中国移动数据。
a)Number of CMCC Subscribers are not included in Number of DSL Services Subscribers.

主要统计指标解释

铁路营业里程 指办理客货运输业务的铁路正线总长度。凡是全线或部分建成双线及以上的线路，以第一线的实际长度计算；复线、站线、段管线、岔线和特别用途线以及不计算运费的联络线都不计算营业里程。铁路营业里程是反映铁路运输业基础设施发展水平的重要指标，也是计算客货周转量、运输密度和机车车辆运用效率指标的基础资料。

公路里程 也称“公路通车里程”，是指实际达到《公路工程[WTB2]技术标准 JTJ01-88》规定的等级公路，并经主管部门的正式验收支付使用的公路里程数。它包括大中城市的郊区公路以及通过小城镇街道的公路里程，也包括桥梁、渡口的长度，但不包括城市的街道以及厂矿、林区和农业生产用道的里程。两条或多条公路共同经由同一路段，只计算一次，不重复计算里程长度。公路里程是反映公路建设发展规模的重要指标，也是计算运输网密度等指标的基础资料。

内河航道里程 也称“内河通航里程”，是指在枯水季节水深在 0.3 米及以上，能通航运输船舶及排筏的天然河流、湖泊水库、运河及通航渠道的长度。包括全年季节性通航累计三个月以上的航道，但不包括仅供零散流放竹木排的河道。内河航道里程是反映内河水运网规模、水平和发展情况的主要指标。

货（客）运量 指运输业实际运送的货物（旅客）数量。货运按吨计算，客运按人计算。货物不论运输距离长短，货物类别，均按实际重量统计；旅客不论行程远近或票价多少，均按一人一次作为客运量统计。半票价、小孩票，也按一人统计。货（客）运量是反映运输业为国民经济和人民生活服务的数量指标，也是制定和检查运输生产计划、研究运输展规模和速度的重要指标。

货物（旅客）周转量 指运输业运送的货物（旅客）数量与其相应运输距离的乘积之总和，通常以吨公里和人公里为计算单位。计算货物周转量通常按发出站与到达站之间的最短距离，也就是计费距离计算。它是反映运输业生产总成果的重要指标，也是编制和检查运输生产计划、计算运输效率、劳动生产率以及核算运输单位成本的主要基础资料。

铁路货运机车平均日产量 指平均每台货运机车在一昼夜内所完成的总重吨公里数。它既包括载运货物的重量，也包括车辆本身的自重，它是从时间和牵引能力两方面反映了机车运用效率的综合性指标。计算公式为:

$$货运机车平均日产量 = \frac{货运总重吨公里数}{货运机车台日数}$$

邮电业务总量 指以货币表现的邮电部门为用户传递信息和提供其他邮电服务的总量。它用各种邮电分类业务量，如函件件数、电报份数、长话张数、市内电话和农村电话的年均户数、订销报刊累计份数等，分别乘以相应的不变单价加总后再加上出租电路和设备的收入、代用户维护电话交换机和线路等设备的收入、其他业务收入求得。邮电业务总量综合反映了一定时期邮电工作的总成果，是研究邮电业务量构成和发展趋势的重要指标。

Explanatory Notes on Main Statistical Indicators

Length of Railways in Operation refers to the total length of the trunk line for passenger and freight transportation (including both full operation and temporary operation). The calculation is based on the actual length of the first line if this line has a full or partial double (or more). Not included are double tracks, station sidings, tracks under the charge of stations, branch lines, special-purpose lines and non-payable connecting lines. The length of railways in operation is an important indicator to show the development of the infrastructure of railway transport. It is also essential data to calculate volume of passenger freight transport, traffic density and utilization efficiency of locomotives and carriages.

Length of Highways refers to the length of highways which are built in conformity with the grades specified by the highway engineering standard [Highways WTBZ-Technical Standard JTJ01-88]formulated by the Ministry of Communications, and have been formally checked and accepted by the departments of highways and put into use. The length of highways includes that of the suburb highways at large and medium-sized cities, highways passing through streets at small cities and towns, and also the length of bridges and ferry piers. It does not include the length of streets in big and medium-sized cities and highways built for the production purpose at factories, mines, forest areas and agricultural areas. If two or more highways go the same section of the way, the length of the section is only calculated for once and no duplication is allowed. The length of highways is an indicator to show the development of the scale of highway construction and to provide essential information to calculate the transport network density.

Length of Navigable Inland Waterways is an indicator reflecting the size and development of inland water network. It refers to the length of the natural rivers, lakes, reservoirs, canals, and ditches open to navigation during a given period, which enables transportation by ships and rafts. It includes the channels open to navigation for over an accumulated period of 3 months in a year, yet this does not include the river courses which are only used to float odd logs and bamboo rafts. This indicator can reflect the scale, level and development situation of the inland waterway network.

Freight (Passenger) Traffic refers to the volume of freight (passenger) transported with various means within a specific period of time. This indicator reflects the service of the transport industry towards the national economy and people's living conditions, as well as an important indicator used in formulating and monitoring transport production plans and research into the scale and pace of transport development. Freight transport is calculated in tons and passenger traffic is calculated in terms of number of persons. Freight transport is calculated in terms of the actual weight of the goods and takes no account of the type of freight and distance of travel. Passenger traffic is calculated by the principle that one person can be counted only once in one trip and takes no account of the travelling distance and ticket price. The passengers who travel with a half price ticket or a child's ticket is also calculated as one person.

Freight Ton-kilometres (Passenger-kilometres) refers to the sum of the product of the volume of transported cargo (passengers) multiplied by the transport distance. It is an important indicator to reflect the achievement of the transportation industry. This is an important indicator to show the total results of the transport industry; to prepare and examine the transport plan; and to serve as the main basic data for calculating the efficiency, labour productivity and unit cost of transport. Normally, the shortest distance between the departure station and the destination station (i.e., the payable distance) is the basis in calculating the freight ton-kilometres.

Average Daily Haul of Freight Locomotives refers to the average total ton-kilometres accomplished by each freight transport locomotive over one day and night during a given period of time. It includes both the weight of the goods carried and the dead weight of the train itself. It is a comprehensive indicator reflecting the locomotive efficiency in terms of both time and the pulling force.

$$\begin{array}{c}\text{Average daily haul of}\\ \text{freight transport locomotive}\\ \text{(ton - kilometre)}\end{array} = \frac{\begin{array}{c}\text{Total ton - kilometres}\\ \text{of freight}\end{array}}{\begin{array}{c}\text{Daily number of freight}\\ \text{transport locomotive}\end{array}}$$

Business Volume of Post and Telecommunications refers to the total amount of postal and telecommunication services, expressed in value terms, provided by the post and telecommunications departments for society. Postal and telecommunication services can be classified as letters, parcels, remittance, issue of newspapers and magazines, fast mail service, express mail service, savings deposits, stamps for collection, facsimiles, long-distance telephone service, leasing of telephone lines, mobile telephone service, data transmission, income from leasing, maintenance, etc. The accounting approach is to multiply the service products of all types with their average unit price (constant price) to get the total business value, and to add to it income from other services such as leasing of telephone lines and equipment and maintenance of telephone switchboards and lines on behalf of customers. This indicator reflects the overall results of postal and telecommunication services during a given period, and is important for studying the composition of business service and the trend of development of postal and telecommunication services.

16

国内贸易和旅游

DOMESTIC TRADE AND TOURISM

◆385/417

资料整理及英文翻译：王杨帆、王惠媗

简要说明

一、本篇资料的主要内容

本篇资料主要反映全省国内贸易基本情况、零售市场的发展和批发和零售业商品流转情况、住宿和餐饮业经营情况以及主要财务状况；旅游的历年概况等。主要内容包括：社会消费品零售总额及其分组指标；城乡个体私营批发零售贸易、住宿餐饮业基本情况；限额以上批发和零售业、住宿和餐饮业基本情况、商品流转和经营情况、财务状况；亿元商品交易市场成交情况；旅游统计资料等。

二、本篇资料的统计范围

从事批发和零售业、住宿和餐饮业的法人企业、产业活动单位和个体户，以及年成交额在亿元以上的商品交易市场。

根据国家统计局对社会消费品零售总额指标调整的要求，我们对社会消费品零售总额进行了调整，即：1993年以后社会消费品零售总额指标不包括农业生产资料；1997年以后社会消费品零售总额指标不包括居民购买住房；2003年以后社会消费品零售总额指标不包括有各种经济类型的制造业法人企业、产业活动单位和个体工业，直接售给城乡居民（包括本企业职工）和社会集团的商品以及农民在田间地头出售的农产品。

限额以上批发和零售业、住宿和餐饮业统计限额标准：批发业，年主营业务收入2000万元及以上；零售业，年主营业务收入500万元及以上；住宿业、餐饮业，年主营业务收入200万元及以上。

国际旅游和国内旅游资料。

三、本篇的资料来源

本篇资料国内贸易部分是江西省统计局贸易外经处根据国家统计局制定的《批发和零售业、住宿和餐饮业统计报表制度》进行搜集和加工整理而得；城乡个体私营批发零售贸易、住宿餐饮业基本情况资料由省工商局提供；旅游资料来自省旅游局。

四、本篇的统计调查方法

本篇资料中限额以上批发和零售业、住宿和餐饮业法人企业资料和限额以下批发和零售业、住宿和餐饮企业及个体户的资料采用全面调查和抽样调查的方法取得；国际、国内旅游收入和旅游人数等指标采取抽样调查方法取得。

Brief Introduction

I. Main Contents

Data in this chapter reflect the development for the whole province of domestic market, development of retail trade, and circulation of commodities through wholesale and retail trades, and the operation, management and financial situation of hotels catering services and annual tourism. Main contents include total retail sales of consumer goods and its indicators by group; the basic conditions of private enterprises in wholesale and retail trades and catering services in urban and rural areas; the basic statistics of the wholesale and retail trades, hotels and catering services above designated size; circulation of commodities (in operation and financial terms); turnover of large commodity transaction markets with transaction over 100 million yuan;. statistical information of tourism.

II. Scope of Statistics

Included in this chapter are corporation enterprises, economic active establishments and self-employed individuals of wholesale and retail trades; hotels and catering services and large commodity markets with transaction value over 100 million yuan.

Based on requests from national bureau of statistics, adjustments have been made for total retail sales of consumer goods. Starting from 1993, this indicator does not include means of agricultural production; starting from 1997, this indicator does not include purchase of houses by residents. Since 2003, this indicator does not include commodities sold to urban and rural households (including their own employees) and institutions directly by manufacturing corporations, establishments and individual manufacturers, nor farm products sold by farmers in the fields.

Criteria for wholesale and retail sale trades, hotels and catering services above designated size are as follows: wholesale trade, wholesale trade with annual principal business sales over 20 million yuan; retail trade, with annual principal business sales over 5 million yuan. The statistical unit of enterprises of hotel and catering services above the designated size is the annual income of main business at and over 2 million yuan.

Statistical information of home and aboard tourism.

III. Sources of Data

Data on domestic trade in this chapter are collected and processed in accordance with The Statistical Reporting Form System on Wholesale and Retail Trades, Hotels and Catering Services of the National Bureau of Statistics by the Department of Trade and External Economic Relations of Jiangxi Provincial Bureau of Statistics. Data on private enterprises in wholesale and retail trades and catering services in urban and rural areas are provided by Industry and Commerce Bureau of Jiangxi Province. Data on tourism are provided by Tourism Bureau of Jiangxi Province.

IV. Methods of Survey

Data on basic conditions for all corporate enterprises of wholesale and retail trades, hotels and catering services above designated size and enterprises and individual enterprises below the designated size are collected through comprehensive reporting form system and sample surveys. Data are reported to their next higher level. Data on private enterprises in wholesale and retail trades and catering services in urban and rural areas are offered by Jiangxi Administration for Industry and Commerce. Data on revenue and population of home and aboard tourism are collected from sample surveys.

16-1 社会消费品零售总额

Total Retail Sales of Consumer Goods

单位：万元 (10000 yuan)

年 份 Year	社会消费品零售总额 Total Retail Sales of Consumer Goods	按行业分 Gruped by Sector				按所在地分 Grouped by Location		
		批发零售贸易业 Wholesale and Retail Trades	住宿餐饮业 Hotels and Catering Services	制造业 Manufacturing Industry	其他行业 Others	市 City	县 County	县以下 Below County Level
1980	454837	394464	14716	11925	33732	136117	124878	193842
1985	857101	624672	29833	67896	134700	284121	241686	331294
1990	1519351	992798	67288	123838	335427	565455	416650	537246
1991	1691914	1104809	76691	124733	385681	652942	452991	585981
1992	1976150	1252247	95006	140292	488605	773815	552926	649409
1993	2436197	1558161	133924	182450	561662	993276	647603	795318
1994	3309488	2170230	190318	225022	723918	1417590	842239	1049659
1995	4108625	2621800	240923	339499	906403	1754824	1032896	1320905
1996	4904426	3097082	324083	415364	1067896	2136075	1160310	1608041
1997	5585484	3393320	434171	422694	1335299	2509674	1328683	1747127
1998	6050877	3663941	487089	455056	1444791	2783772	1416479	1850626
1999	6504678	3976504	529461	472388	1526325	3024481	1504438	1975759
2000	7048677	4332119	601080	482100	1633378	3336519	1597858	2114300
2001	7633414	4719534	668622	505988	1739270	3689149	1712064	2232201
2002	8327099	5208415	750374	533849	1834461	4062171	1867732	2397196
2003	9232088	8120182	852549		259357	4553077	2066072	2612939
2004	10744928	9516427	1064138		164363	5545548	2358081	2841299
2005	12448931	11020953	1270375		157603	6449814	2737685	3261432
2006	14481923	12805426	1512142		164355	7594410	3170514	3716999
2007	17189295	15175878	1834720		178697	9097512	3736589	4355194
2008	21417862	18879278	2335508		203076	11464236	4583190	5370436
2009	24844266	21855608	2785850		202808	13305829	5317196	6221240

16-1 续表 continued

单位：万元 (10000 yuan)

年份 Year	社会消费品零售总额 Total Retail Sales of Consumer Goods	按行业分 Gruped by Sector				按所在地分 Grouped by Location		
		批发业 Wholesale Trades	零售业 Retail Trades	住宿业 Hotels Services	餐饮业 Catering Services	城镇 City and Town	城区 County Proper	乡村 Below County Level
2010	29562073	4740892	21340866	358522	3121793	24659839	14614792	4902234
2011	34850588	6752635	23783941	473411	3840601	28868099	17644019	5982489
2012	40272499	7763189	27231773	576698	4700839	33522324	20787583	6750175
2013	45760501	8818983	31072897	641288	5227333	38105503	23798971	7654998
2014	52926290	10185926	36168150	717601	5854613	44222325	28362972	8703965
2015	59255007	8525589	43724881	688651	6315887	49150612	31187097	10104395
南昌市 Nanchang	16711895	2459037	12991416	150967	1110475	15575945	11549606	1135950
景德镇市 Jingdezhen	2696077	1248618	1106129	21007	320323	2342586	1745420	353491
萍乡市 Pingxiang	3045746	486534	2144699	27273	387240	2200365	1226932	845381
九江市 Jiujiang	5814539	752372	4263440	111822	686905	4523441	2909113	1291098
新余市 Xinyu	2148174	369852	1255511	20357	502453	1898079	1195232	250095
鹰潭市 Yingtan	1725733	534655	899393	20870	270815	1551581	1345156	174152
赣州市 Ganzhou	7087388	2015161	4409373	85399	577455	5888769	2654827	1198619
吉安市 Ji'an	3984653	450512	3082052	81347	370742	3295495	1532700	689158
宜春市 Yichun	5333147	1271638	3436807	592095	32607	4239821	2928913	1093326
抚州市 Fuzhou	4303478	769085	2997923	45218	491252	3501281	1839679	802197
上饶市 Shangrao	6404178	1469709	4253067	109803	571598	4616924	2879763	1787254

注：2010年国家统计制度作了修订，社会消费品零售总额统计分组发生变化。
a)Data classify of Total Retail Sales of Consumer Goods have changed due to national statistical system in 2010 revised.

16-2 限额以上批发零售贸易法人企业商品购进、销售、库存总额（2015年）

单位：万元

指 标	Item	购进总额 Total Purchases	#进 口 Imports
总 计	**Total**	**31831623**	**476691**
批发业	**wholesale Trade**	**17104370**	**255284**
按登记注册类型分	**By Types of Registration**		
内资企业	Domestic Funded Enterprises	16599628	178468
国有企业	State-owned Enterprises	3323310	
集体企业	Collective-owned Enterprises	31359	
有限责任公司	Limited Liability Corporations	9611550	145697
国有独资公司	State Sole Funded Corporations	572078	
其他有限责任公司	Other Limited Liability Corporations	9039472	145697
股份有限公司	Share-holding Corporations Ltd.	1518625	
私营企业	Private Enterprises	2107969	32772
#私营有限责任公司	Private Limited Liability Corporations	1921194	32772
私营股份有限公司	Private Share-holding Corporations Ltd.	105899	
其他企业	Other Enterprises	6814	
港澳台商投资企业	Enterprises with Funds from Hong Kong, Macao and Taiwan	167781	65712
与港澳台商合资经营企业	Joint-venture Enterprises	9207	
港澳台商独资企业	Enterprises with Sole Funds	155941	65712
港澳台商投资股份有限公司	Share-holding Corporations Ltd. with Funds	2633	
外商投资企业	Foreign Funded Enterprises	336962	11104
#中外合资经营企业	Joint-venture Enterprises	260310	11104
外资企业	Enterprises with Sole Foreign Funds	51851	
按国民经济行业分	**By Sector**		
农、林、牧产品批发业	Wholesale of Farm Produce and Livestock Products	439221	65745
食品、饮料及烟草制品批发业	Wholesale of Food, Beverages and Tobaccos	3957731	10107
#米、面制品及食用油批发业	Wholesale of Rice, Flour and Edible Oil	126001	
烟草制品批发业	Whole of Tobaccos	3015864	
纺织、服装及家庭用品批发业	Wholesale of Textiles, Garments and Daily Consumer Articles	952172	7797
#服装批发业	Wholesale of Garments	168815	
家用电器批发业	Wholesale of Household Electrical Appliances	569985	
文化、体育用品及器材批发业	Wholesale of Culture, Sports Appliances and Equipments	38616	
医药及医疗器材批发业	Wholesale of Medicines and Medical Appliances	3098181	
矿产品、建材及化工产品批发业	Wholesale of Mineral Products, Building Materials and Chemical Products	6386870	159815
#煤炭及制品批发业	Wholesale of Coal and Related Products	1149858	
石油及制品批发业	Wholesale of Petrolem and Related Products	2341649	
金属及金属矿批发业	Wholesale of Metal Materials	1883652	159815
建材批发业	Wholesale of Building Materials	296737	
化肥批发业	Wholesale of Chemical Fertilizer	145182	
机械设备、五金交电及电子产品批发业	Wholesale of Machinery, Hardware and Electronic Equipment	1896273	11104
#汽车、摩托车及零配件批发业	Wholesale of Motor Vehicles, Motorcycles and Parts	1071792	11104
计算机、软件及辅助设备批发业	Wholesale of Computer, Software and Assistant Appliances	33577	
贸易经纪与代理	Trade Broker and Agency	30594	
其他批发业	Other Wholesale not Classified Elsewhere	304711	716

Total Purchases,Sales and Inventory of Enterprise above Designated Size in Wholesale and Retail Sale Trades (2015)

(10000 yuan)

销售总额 Total Sales	批发 wholesale Trade	#出口 Exports	零售 Retail Trade	年末库存总额 Inventory (year-end)
38751019	**18666598**	**742490**	**20084646**	**3807159**
22245213	**17046935**	**723887**	**5198278**	**2157544**
21731404	16658882	482453	5072522	2132370
4850395	4676588	16900	173806	362454
34204	29290		4913	2150
10812335	9390019	328293	1422316	851453
599785	269964		329821	18331
10212550	9120055	328293	1092495	833122
3637713	515697		3122017	785602
2385297	2035827	132612	349470	130702
2161025	1836079	124961	324946	123793
140917	116685	7650	24232	4178
11461	11461	4649		8
176495	56039		120456	24629
10013	6018		3995	3046
163885	47671		116215	21543
2597	2350		247	39
337314	332015	241433	5299	546
241433	241433	241433		523
71027	65728		5299	12
451854	331253	20556	120601	183968
5561057	5372269	69395	188788	470608
148267	128892		19375	102255
4329804	4303186		26618	214117
987174	947355	212855	39819	89634
177443	170372	111800	7071	7730
567957	558484		9473	74425
42436	40403		2033	1574
3521661	3162497	61917	359164	194267
9197212	4937225	52011	4259987	1014564
1190589	1133543		57046	22760
4796180	693439		4102740	792130
2090642	2039805	4162	50837	106292
325668	288174	2054	37494	42408
150616	143330		7287	24379
1997292	1840875	266775	156417	183026
1111178	1031770	244029	79407	133942
35511	32136		3375	4552
32830	30467	6066	2363	855
453699	384592	34312	69107	19050

16-2 续表

单位：万元

指 标	Item	购进总额 Total Purchases	#进 口 Imports
零售业	**Retail Trade**	**14727252**	**221408**
按登记注册类型分	**By Types of Registration**		
内资企业	Domestic Funded Enterprises	13766807	221195
国有企业	State-owned Enterprises	104028	
股份合作企业	Cooperative Enterprises	20210	
有限责任公司	Limited Liability Corporations	7258515	179345
国有独资公司	State Sole Funded Corporations	34121	
其他有限责任公司	Other Limited Liability Corporations	7224394	179345
股份有限公司	Share-holding Corporations Ltd.	1533523	1352
私营企业	Private Enterprises	4773112	40497
私营独资企业	Private-funded Enterprises	519852	
私营合伙企业	Private Share-holding Corporations Ltd.	23473	
私营有限责任公司	Private Limited Liability Corporations	3993392	40497
私营股份有限公司	Private Share-holding Corporations Ltd.	236395	
其他企业	Other Enterprises	35123	
港澳台商投资企业	Enterprises with Funds from Hong Kong, Macao and Taiwan	462941	213
#与港澳台商合资经营企业	Joint-venture Enterprises	16374	
港澳台商独资企业	Enterprises with Sole Funds	444462	213
外商投资企业	Foreign Funded Enterprises	497504	
中外合资经营企业	Joint-venture Enterprises	162876	
外资企业	Enterprises with Sole Foreign Funds	283782	
按国民经济行业分	**By Sector**		
综合零售业	Integrated Retail	2459982	36184
#百货零售业	Retail of General Merchandise	1363388	56
超级市场零售业	Retail of Supermarkets	1053345	36128
食品、饮料及烟草制品专门零售业	Retail of Food, Beverages and Tobaccos	447007	516
纺织、服装及日用品专门零售业	Special Retail of Textiles, Garments and Daily Consumer Articles	277797	487
#服装零售业	Retail of Garments	162188	
文化、体育用品及器材专门零售业	Retail of Culture, Sports Appliances and Equipments	835522	12
#图书、报刊零售业	Wholesale of Books, Newspapers and Periodicald	593328	
医药及医疗器材专门零售业	Retail of Medicines and Medical Appliances	1389800	230
#药品零售业	Retail of Medicines	1366444	230
汽车、摩托车、燃料及零配件专门零售业	Retail of Motor Vehicles, Motorcycles, Fuel and Parts	7210085	173604
#汽车零售业	Retail of Motor Vehicles	6249500	173604
机动车燃料零售业	Retail of Fuel of Motor Vehicles	867722	
家用电器及电子产品专门零售业	Special Retail of Household Electric Appliances and Electronic Products	1330954	6093
#家用电器零售业	Retail of Household Electric Appliances	773591	
计算机、软件及辅助设备零售业	Retail of Computer, Software and Assistant Appliances	209459	
通讯设备零售业	Retail of Communication Equipments	107922	6093
五金、家具及室内装修材料专门零售业	Special Retail of Hardware, Furniture and Decoration Materials	360358	
货摊、无店铺及其他零售业	Non-shop and Other Retails	415748	4282

continued

(10000 yuan)

销售总额 Total Sales	批发 wholesale Trade	#出口 Exports	零售 Retail Trade	年末库存总额 Inventory (year-end)
16505806	**1619663**	**18603**	**14886368**	**1649615**
15370102	1569135	16769	13801192	1571528
109124	11836	3149	97288	7416
26122	4727	4338	21395	1081
8204571	854820	8847	7349976	776686
59443	3354		56089	7769
8145128	851467	8847	7293886	768917
1633119	188361		1444758	252944
5316581	504902	435	4811679	525699
549887	232132		317755	37951
24477	287		24190	3004
4480455	263716	435	4216739	466918
261763	8768		252995	17826
36294	1896		34398	3078
534447	35561		498886	31200
15096	3257		11838	1320
516828	32191		484638	28609
601257	14966	1834	586291	46888
159726	11281		148446	26423
382817	1852		380966	15832
3013948	115008		2898941	337191
1787898	90553		1697345	161469
1171131	20493		1150638	153389
539012	143767	2019	395245	37823
315030	36358	11496	278672	81891
165102	17302	11496	147800	71373
887102	305413		581689	68745
595868	238431		357437	26649
1502153	397234		1104919	260442
1465943	374032		1091911	256152
7945450	224850		7720600	676596
6954094	179283		6774810	657109
896439	34844		861595	9274
1434350	282826		1151749	133345
847204	134851		712577	87771
221203	74268		146935	13233
112144	13965		98179	16745
413614	34817		378797	25871
455148	79390	5088	375758	27712

16-3 限额以上批发零售贸易法人企业主要财务指标（2015年）

单位：万元

类别	Type	资产合计 Total Assets
总计	**Total**	**28463962**
批发业	**Wholesale Trade**	**18171147**
按登记注册类型分	**By Types of Registration**	
内资企业	Domestic Funded Enterprises	17834401
国有企业	State-owned Enterprises	1957495
集体企业	Collective-owned Enterprises	18078
有限责任公司	Limited Liability Corporations	13118919
国有独资公司	State Sole Funded Corporations	389219
其他有限责任公司	Other Limited Liability Corporations	12729700
股份有限公司	Share-holding Corporations Ltd.	1787860
私营企业	Private Enterprises	946203
#私营独资企业	Private-funded Enterprises	7271
私营有限责任公司	Private Limited Liability Corporations	886708
港澳台商投资企业	Enterprises with Funds from Hong Kong, Macao and Taiwan	71707
#港澳台商独资企业	Enterprises with Sole Funds	62249
外商投资企业	Foreign Funded Enterprises	265040
#中外合资经营企业	Joint-venture Enterprises	161313
外资企业	Enterprises with Sole Foreign Funds	92264
按国民经济行业分	**By Sector**	
农、林、牧产品批发业	Wholesale of Farm Produce and Livestock Products	303771
食品、饮料及烟草制品批发业	Wholesale of Food, Beverages and Tobaccos	9653210
#米、面制品及食用油批发业	Wholesale of Rice, Flour and Edible Oil	113065
烟草制品批发业	Wholesale of Tobaccos	1630332
纺织、服装及家庭用品批发业	Wholesale of Textiles, Garments and Daily Consumer Articles	643507
#服装批发业	Wholesale of Garments	104210
家用电器批发业	Wholesale of Household Electrical Appliances	430631
文化、体育用品及器材批发业	Wholesale of Culture, Sports Appliances and Equipments	28621
医药及医疗器材批发业	Wholesale of Medicines and Medical Appliances	1471007
矿产品、建材及化工产品批发业	Wholesale of Mineral Products, Building Materials and Chemical Products	5228853
#煤炭及制品批发业	Wholesale of Coal and Related Products	1383063
石油及制品批发业	Wholesale of Petrolem and Related Products	2062168
金属及金属矿批发业	Wholesale of Metal Materials	877936
建材批发业	Wholesale of Building Materials	319386
化肥批发业	Wholesale of Chemical Fertilizer	72514
机械设备、五金交电及电子产品批发业	Wholesale of Machinery, Hardware and Electronic Equipment	660317
#汽车、摩托车及零配件批发业	Wholesale of Motor Vehicles, Motorcycles and Parts	365111
计算机、软件及辅助设备批发业	Wholesale of Computer, Software and Assistant Appliances	24025
贸易经纪与代理	Trade Broker and Agency	31601
其他批发业	Other Wholesale not Classified Elsewhere	150261

Size in Wholesale and Retail Trade (2015)

(10000 yuan)

流动资产合计 Working Capitals	固定资产原价 Original Value of Fixed Assets	负债合计 Total Liabilities	所有者权益合计 Total Owners' Equities	主营业务收入 Revenue from Principal Business	主营业务成本 Cost of Principal Business
22169383	**4183492**	**16672561**	**11791401**	**35541324**	**31420110**
14520005	**2273213**	**8672496**	**9498651**	**20534603**	**18032493**
14216694	2247500	8458082	9376319	20024362	17569618
1564164	466846	567739	1389756	4485119	3316926
8380	6792	8376	9701	33460	29278
10780726	1344157	6000656	7118263	10057040	9195645
338155	34381	346177	43042	545248	522142
10442571	1309776	5654479	7075221	9511792	8673503
1071741	312845	1211919	575941	3157544	2937458
786670	116027	664442	281761	2281142	2080584
7178	104	5952	1319	22558	21444
744386	104504	617421	269287	2062862	1876088
61121	14187	54550	17157	153848	140882
53503	10121	45776	16473	140627	129282
242190	11526	159865	105176	356393	321993
138645	11415	146299	15014	272371	257002
92214	110	5689	86575	59914	44313
184613	110110	234983	68788	425233	396379
8127909	1100856	2273355	7379855	5199638	3842349
74615	35056	70489	42577	148342	139645
1365286	331055	309609	1320724	3989462	2862294
596651	17693	488565	154942	903259	843077
90484	7000	88295	15915	171185	162625
410690	1092	331424	99207	498928	468943
27931	1226	16156	12465	40637	35605
1274538	94142	1154487	316521	3309375	2853821
3583855	861502	3802437	1426416	8293962	7872616
748462	414034	925289	457773	1228486	1164682
1221503	396801	1370699	691469	4116649	3859835
824400	20052	774053	103883	1899231	1866803
263695	7809	217216	102170	307146	274081
62238	8434	55139	17375	156687	149034
583000	61121	590429	69888	1874112	1738705
328498	24560	360680	4431	1058163	979037
19582	915	15391	8634	31477	29926
22328	1036	20256	11344	29401	26175
119180	25528	91829	58433	458984	423766

16-3 续表1

单位：万元

类　别	Type	资产合计 Total Assets
零售业	**Retail Trade**	**10292815**
按登记注册类型分	**By Types of Registration**	
内资企业	Domestic Funded Enterprises	9856641
国有企业	State-owned Enterprises	42749
股份合作企业	Cooperative Enterprises	4983
有限责任公司	Limited Liability Corporations	6160350
国有独资公司	State Sole Funded Corporations	19692
其他有限责任公司	Other Limited Liability Corporations	6140658
股份有限公司	Share-holding Corporations Ltd.	1224357
私营企业	Private Enterprises	2391275
私营独资企业	Private-funded Enterprises	291290
私营合伙企业	Private Partnership Enterprises	10184
私营有限责任公司	Private Limited Liability Corporations	1938583
私营股份有限公司	Private Share-holding Corporations Ltd.	151218
其他企业	Other Enterprises	20798
港澳台商投资企业	Enterprises with Funds from Hong Kong, Macao and Taiwan	255114
#与港澳台商合资经营企业	Joint-venture Enterprises	6898
港澳台商独资企业	Enterprises with Sole Funds	246470
外商投资企业	Foreign Funded Enterprises	181060
中外合资经营企业	Joint-venture Enterprises	37672
外资企业	Enterprises with Sole Foreign Funds	127710
按国民经济行业分	**By Sector**	
综合零售业	Integrated Retail	1784759
#百货零售业	Retail of General Merchandise	1197851
超级市场零售业	Retail of Supermarkets	557701
食品、饮料及烟草制品专门零售业	Retail of Food, Beverages and Tobaccos	1093354
纺织、服装及日用品专门零售业	Special Retail of Textiles, Garments and Daily Consumer Articles	228461
#服装零售业	Retail of Garments	148106
文化、体育用品及器材专门零售业	Retail of Culture, Sports Appliances and Equipments	1194589
#图书、报刊零售业	Wholesale of Books, Newspapers and Periodicald	673682
医药及医疗器材专门零售业	Retail of Medicines and Medical Appliances	805234
药品零售业	Retail of Medicines	783001
汽车、摩托车、燃料及零配件专门零售业	Retail of Motor Vehicles, Motorcycles, Fuel and Parts	4242908
#汽车零售业	Retail of Motor Vehicles	2701655
机动车燃料零售业	Retail of Fuel of Motor Vehicles	244616
家用电器及电子产品专门零售业	Special Retail of Household Electric Appliances and Electronic Products	609400
#家用电器零售业	Retail of Household Electric Appliances	320271
计算机、软件及辅助设备零售业	Retail of Computer, Software and Assistant Appliances	172946
通讯设备零售业	Retail of Communication Equipments	37722
五金、家具及室内装修材料专门零售业	Special Retail of Hardware, Furniture and Decoration Materials	165528
货摊、无店铺及其他零售业	Non-shop and Other Retails	168583

continued

(10000 yuan)

流动资产合计 Circulating Funds	固定资产原价 Original Value of Fixed Assets	负债合计 Total Liabilities	所有者权益合计 Total Creditors' Equity	主营业务收入 Revenue from Principal Business	主营业务成本 Cost of Principal Business
7649378	**1910279**	**8000065**	**2292750**	**15006721**	**13387617**
7389269	1774797	7645192	2211449	14016926	12509179
26734	12924	41249	1500	101172	93135
3422	1473	1074	3909	33051	27353
4988510	911440	5168986	991364	7506976	6689207
17987	1906	8393	11299	58094	53486
4970523	909534	5160593	980065	7448883	6635721
655164	353116	721455	502901	1357485	1191336
1692363	488074	1690117	701158	4939266	4440877
216374	10312	242381	48909	475934	448698
3062	3920	3286	6898	25078	20284
1365957	430157	1356947	581636	4190910	3771435
106969	43684	87504	63715	247345	200460
14606	5350	13897	6901	34767	30060
129356	74737	213995	41119	481875	431045
6428	634	2684	4214	13986	12278
121182	74095	210097	36373	465365	416662
130753	60744	140878	40182	507920	447394
25881	22786	42668	-4996	152392	135656
96404	34977	89501	38209	305079	267904
978746	656354	1291046	493713	2697908	2303906
675802	368891	838785	359067	1549306	1354828
295661	267883	429814	127887	1094721	905238
972367	78100	889498	203855	474134	379033
183757	27524	131120	97342	315738	241613
121951	14138	80995	67111	170796	133068
805703	296775	546671	647918	874279	693603
458688	75984	199952	473731	597148	475756
639953	62084	675746	129488	1319894	1201235
625721	61424	658637	124364	1288791	1172979
3323747	666641	3885665	357243	7159391	6660366
2011754	431592	2056748	644908	6356464	5913186
60311	85086	145830	98787	701514	653329
516372	49153	414771	194629	1329711	1198244
264545	33302	218841	101429	778124	704021
145451	9593	100667	72279	225324	198500
33456	1431	26075	11647	97798	92623
104338	39389	75870	89658	398628	342476
124395	34259	89679	78905	437038	367142

16-3 续表2

单位：万元

类 别	Type	主营业务税金及附加 Taxes and Other Charges on Principal Business
总 计	**Total**	**620341**
批发业	**Wholesale Trade**	**462706**
按登记注册类型分	**By Types of Registration**	
内资企业	Domestic Funded Enterprises	461475
国有企业	State-owned Enterprises	404069
集体企业	Collective-owned Enterprises	998
有限责任公司	Limited Liability Corporations	32267
国有独资公司	State Sole Funded Corporations	672
其他有限责任公司	Other Limited Liability Corporations	31596
股份有限公司	Share-holding Corporations Ltd.	4378
私营企业	Private Enterprises	19672
#私营独资企业	Private-funded Enterprises	15
私营有限责任公司	Private Limited Liability Corporations	18186
港澳台商投资企业	Enterprises with Funds from Hong Kong, Macao and Taiwan	584
#港澳台商独资企业	Enterprises with Sole Funds	397
外商投资企业	Foreign Funded Enterprises	647
#中外合资经营企业	Joint-venture Enterprises	320
外资企业	Enterprises with Sole Foreign Funds	327
按国民经济行业分	**By Sector**	
农、林、牧产品批发业	Wholesale of Farm Produce and Livestock Products	3014
食品、饮料及烟草制品批发业	Wholesale of Food, Beverages and Tobaccos	412225
#米、面制品及食用油批发业	Wholesale of Rice, Flour and Edible Oil	409
烟草制品批发业	Wholesale of Tobaccos	403209
纺织、服装及家庭用品批发业	Wholesale of Textiles, Garments and Daily Consumer Articles	2194
#服装批发业	Wholesale of Garments	542
家用电器批发业	Wholesale of Household Electrical Appliances	1100
文化、体育用品及器材批发业	Wholesale of Culture, Sports Appliances and Equipments	69
医药及医疗器材批发业	Wholesale of Medicines and Medical Appliances	14197
矿产品、建材及化工产品批发业	Wholesale of Mineral Products, Building Materials and Chemical Products	20799
#煤炭及制品批发业	Wholesale of Coal and Related Products	5071
石油及制品批发业	Wholesale of Petrolem and Related Products	6217
金属及金属矿批发业	Wholesale of Metal Materials	6307
建材批发业	Wholesale of Building Materials	1359
化肥批发业	Wholesale of Chemical Fertilizer	1386
机械设备、五金交电及电子产品批发业	Wholesale of Machinery, Hardware and Electronic Equipment	6990
#汽车、摩托车及零配件批发业	Wholesale of Motor Vehicles, Motorcycles and Parts	4071
计算机、软件及辅助设备批发业	Wholesale of Computer, Software and Assistant Appliances	45
贸易经纪与代理	Trade Broker and Agency	281
其他批发业	Other Wholesale not Classified Elsewhere	2939

continued

(10000 yuan)

其他业务利润 Other Business Profits	营业利润 Profits	利润总额 Total Profits	本年应交增值税 Valued Added Payable	利税总额 Total Pre-Tax Profits
242821	**1116143**	**1316402**	**714651**	**2651395**
102147	**835325**	**921604**	**443689**	**1827999**
94311	810816	894881	438045	1794401
77693	517226	572484	213089	1189642
39	2879	1366	25	2389
14631	208940	238932	148811	420010
604	8001	10415	5929	17015
14028	200939	228517	142882	402995
-1021	31793	38347	35980	78705
2968	49940	43711	40141	103524
	199	200	124	339
2936	45977	41690	30650	90526
6700	7175	7710	1127	9421
6700	7365	7909	929	9236
1137	17335	19013	4517	24178
749	2867	4058	1788	6166
388	12555	13041	2729	16097
811	-9408	10200	875	14088
77510	640246	670336	235562	1318123
19	-2603	2914	270	3593
76768	531605	559767	192743	1155719
7532	22643	24760	7633	34587
58	1502	1673	474	2689
394	12415	13055	4754	18909
	1405	1445	570	2084
3994	86014	91225	83324	188746
9737	60173	93194	89566	203559
8392	-10707	8578	24976	38625
-1466	43474	55308	55542	117067
-54	7750	10143	-5158	11292
864	20269	20044	9582	30984
347	1650	1537	20	2943
2279	17260	16198	16672	39860
851	11511	12813	7311	24195
1198	-569	-401	337	-19
	1651	1759	297	2337
284	15341	12487	9190	24616

16-3 续表3

单位：万元

类 别	Type	主营业务税金及附加 Taxes and Other Charges on Principal Business
零售业	**Retail Trade**	**157635**
按登记注册类型分	**By Types of Registration**	
内资企业	Domestic Funded Enterprises	153337
国有企业	State-owned Enterprises	312
股份合作企业	Cooperative Enterprises	214
有限责任公司	Limited Liability Corporations	37689
国有独资公司	State Sole Funded Corporations	89
其他有限责任公司	Other Limited Liability Corporations	37600
股份有限公司	Share-holding Corporations Ltd.	81551
私营企业	Private Enterprises	32893
私营独资企业	Private-funded Enterprises	1018
私营合伙企业	Private Partnership Enterprises	642
私营有限责任公司	Private Limited Liability Corporations	26184
私营股份有限公司	Private Share-holding Corporations Ltd.	5050
其他企业	Other Enterprises	472
港澳台商投资企业	Enterprises with Funds from Hong Kong, Macao and Taiwan	2874
#与港澳台商合资经营企业	Joint-venture Enterprises	30
港澳台商独资企业	Enterprises with Sole Funds	2807
外商投资企业	Foreign Funded Enterprises	1425
中外合资经营企业	Joint-venture Enterprises	414
外资企业	Enterprises with Sole Foreign Funds	980
按国民经济行业分	**By Sector**	
综合零售业	Integrated Retail	24334
#百货零售业	Retail of General Merchandise	11907
超级市场零售业	Retail of Supermarkets	11962
食品、饮料及烟草制品专门零售业	Retail of Food, Beverages and Tobaccos	3555
纺织、服装及日用品专门零售业	Special Retail of Textiles, Garments and Daily Consumer Articles	3040
#服装零售业	Retail of Garments	2033
文化、体育用品及器材专门零售业	Retail of Culture, Sports Appliances and Equipments	7795
#图书、报刊零售业	Wholesale of Books, Newspapers and Periodicald	721
医药及医疗器材专门零售业	Retail of Medicines and Medical Appliances	3007
#药品零售业	Retail of Medicines	2956
汽车、摩托车、燃料及零配件专门零售业	Retail of Motor Vehicles, Motorcycles, Fuel and Parts	102361
#汽车零售业	Retail of Motor Vehicles	28122
机动车燃料零售业	Retail of Fuel of Motor Vehicles	73113
家用电器及电子产品专门零售业	Special Retail of Household Electric Appliances and Electronic Products	6152
#家用电器零售业	Retail of Household Electric Appliances	3246
计算机、软件及辅助设备零售业	Retail of Computer, Software and Assistant Appliances	2140
通讯设备零售业	Retail of Communication Equipments	145
五金、家具及室内装修材料专门零售业	Special Retail of Hardware, Furniture and Decoration Materials	4713
货摊、无店铺及其他零售业	Non-shop and Other Retails	2679

continued

(10000 yuan)

其他业务利润 Other Business Profits	营业利润 Profits	利润总额 Total Profits	本年应交增值税 Valued Added Payable	利税总额 Total Pre-tax Profits
140674	**280817**	**394798**	**270962**	**823396**
112849	274294	387497	259011	799845
472	-487	540	468	1320
16	3385	585	46	845
63604	80912	229358	125959	393005
56	1839	1946	2405	4440
63548	79073	227411	123554	388566
20581	56841	48707	27017	157275
27992	131529	104981	104220	242094
787	4636	4047	3855	8920
8	1457	256	283	1181
27030	97634	90899	97176	214259
167	27802	9778	2905	17733
7	241	1322	497	2291
19726	4352	4793	5879	13546
28	1045	1048	90	1168
19698	3171	3745	5728	12280
8099	2172	2508	6072	10005
2135	-3306	-3069	1190	-1466
1215	4089	4168	4871	10019
67917	56487	55052	37804	117190
39158	37771	44173	22771	78851
27609	16751	8685	14732	35379
12179	-17891	16749	5526	25831
1044	13323	11649	9440	24129
54	3825	2653	4628	9313
5023	84803	80774	13535	102103
4814	58188	55042	1124	56887
3568	16285	16552	16083	35641
3563	15982	16243	15636	34835
25994	54442	146677	138067	387105
25727	102991	135848	124593	288563
170	7437	8479	12835	94427
13344	26195	23887	41146	71186
11024	15025	12652	15809	31706
163	8520	8894	22450	33485
316	117	49	474	668
5577	25878	25142	2444	32299
6029	21295	18316	6919	27915

16-4 限额以上餐饮法人企业主要财务指标（2015年）

单位：万元

类　　别	Type	资产合计 Total Assets	流动资产合计 Working Capitals	固定资产原价 Original Value of Fixed Assets
总　　计	**Total**	**731170**	**197311**	**248870**
按登记注册类型分组	**By Types of Registration**			
内资企业	Domestic Funded Enterprises	646172	172825	205946
国有企业	State-owned Enterprises	15599	4361	10003
股份合作企业	Cooperative Enterprises	3934	3513	834
有限责任公司	Limited Liability Corporations	230337	91525	79312
其他有限责任公司	Other Limited Liability Corporations	226548	89706	79294
股份有限公司	Share-holding Corporations Ltd.	20818	4544	5123
私营企业	Private Enterprises	372938	67236	108952
私营独资企业	Privat-funded Enterprises	13056	6421	7129
私营合伙企业	Private Partnership Enterprises	3662	745	2533
私营有限责任公司	Private Limited Liability Corporations	341144	50266	93297
私营股份有限公司	Private Share-holding Corporations Ltd.	15076	9804	5993
其他企业	Other Enterprises	2546	1646	1722
港澳台商投资企业	Enterprises with Funds from Hong Kong, Macao and T	64750	22749	37005
#与港澳台商合资经营企业	Joint-venture Enterprises	20913	19900	2360
港澳台商独资企业	Enterprises with Sole Funds	43322	2571	34379
外商投资企业	Foreign Funded Enterprises	20248	1737	5918
中外合资经营企业	Joint-venture Enterprises	103	62	190
外资企业	Enterprises with Sole Foreign Funds	19681	1595	5331
外商投资股份有限公司	Share-holding Corporations Ltd. with Foreign Funds	464	80	397
按国民经济行业分组	**By Sector**			
正餐服务业	Dinner	705846	193065	240563
快餐服务业	Snack	25142	4210	8131

Main Financial Indicators of Enterprises above Designated Size in Catering Services (2015)

(10000 yuan)

负债合计 Total Liabilities	所有者权益合计 Total Owners Equity	主营业务收入 Revenue from Principal Business	主营业务成本 Cost of Principal Business	主营业务税金及附加 Taxes and Other Charges on Principal Business	其他业务利润 Profits From Other Business	营业利润 Profits	利润总额 Total Profits	利税总额 Total Pre-tax Profits
283263	**374684**	**825232**	**512817**	**43094**	**5951**	**-20611**	**-37764**	**5330**
219222	362474	752766	477146	38893	5951	-22239	-40215	-1323
5788	9404	13371	7310	687	1041	596	59	746
4616	-682	2143	1025	84		58	15	98
106845	74428	123947	62390	6062	3328	-310	-2732	3330
104838	72647	123398	62115	6048	3328	-409	-2806	3242
3039	13129	9368	5634	524	4	211	205	728
98806	263776	600193	398181	31314	1577	-23130	-38060	-6746
5911	6885	23297	14787	784		1478	803	1588
480	2873	4766	2542	302	14	629	552	854
88716	242822	564271	376021	29881	1513	-26328	-40278	-10397
3699	11197	7858	4831	346	51	1090	863	1209
128	2418	3745	2607	223		336	298	521
51897	4539	14521	8310	1036		-2650	-1822	-786
21427	-569	6543	4075	353		-863	24	377
30062	5001	7668	4113	671		-1787	-1845	-1175
12143	7671	57945	27361	3166		4277	4273	7438
2	101	353	231	20		-28	-28	-8
11726	7521	57346	26999	3132		4568	4564	7696
415	49	246	131	14		-263	-263	-250
269892	363696	760631	482053	39656	5788	-25436	-42489	-2832
13356	10822	64436	30652	3437	163	4825	4689	8126

16-5 限额以上住宿法人企业主要财务指标（2015年）

单位：万元

类　别	Type	资产合计 Total Assets	流动资产合　计 Working Capitals	固定资产原　价 Original Value of Fixed Assets
总　计	**Total**	**2876001**	**930202**	**1437377**
按登记注册类型分组	**By Types of Registration**			
内资企业	Domestic Funded Enterprises	2044962	709358	1096780
国有企业	State-owned Enterprises	258986	66567	224441
集体企业	Collective-owned Enterprises	1091	146	1000
股份合作企业	Cooperative Enterprises	2849	447	3301
有限责任公司	Limited Liability Corporations	1113461	419666	483334
其他有限责任公司	Other Limited Liability Corporations	986482	384017	452044
股份有限公司	Share-holding Corporations Ltd.	136969	32492	97708
私营企业	Private Enterprises	520169	185929	281371
私营独资企业	Private-funded Enterprises	9748	5928	4619
私营合伙企业	Private Partnership Enterprises	5864	1528	3828
私营有限责任公司	Private Limited Liability Corporations	476115	171140	249034
私营股份有限公司	Private Share-holding Corporations Ltd.	28442	7334	23890
其他企业	Other Enterprises	11436	4111	5625
港澳台商投资企业	Enterprises with Funds from Hong Kong, Macao and Taiwan	65646	10406	47377
与港澳台商合资经营企业	Joint-venture Enterprises	21143	3171	17994
与港澳台商合作经营企业	Cooperation Enterprises	16543	1466	11734
港澳台商独资企业	Enterprises with Sole Funds	27961	5768	17648
外商投资企业	Foreign Funded Enterprises	34223	13128	44350
中外合资经营企业	Joint-venture Enterprises	18328	9393	10256
外资企业	Enterprises with Sole Foreign Funds	15398	3685	33594
按国民经济行业分组	**By Sector**			
旅游饭店	Tourism Hotel	1797701	615459	990538
一般旅馆	General Hotel	329561	112608	189601
其他住宿服务	Other Residential Services	17569	4825	8369

Main Financial Indicators of Star-ranking Hotels (2015)

(10000 yuan)

负债合计 Total Liabilities	所有者权益合计 Total Owners Equity	主营业务收入 Revenue from Principal Business	主营业务成本 Cost of Principal Business	主营业务税金及附加 Taxes and Other Charges on Principal Business	其他业务利润 Profits From Other Business	营业利润 Profits	利润总额 Total Profits	利税总额 Total Pre-tax Profits
1239203	**1063773**	**1419805**	**769275**	**73866**	**14613**	**-56679**	**-70540**	**3326**
905554	656123	563194	246533	29078	8641	-35532	-31144	-2066
86618	157128	73896	31356	4368	584	-4777	-896	3473
234	437	817	488	24		271	66	90
2597	252	3464	1142	174		740	740	914
494670	292366	274413	108340	14024	4883	-24663	-24911	-10888
425272	245646	254837	101643	13199	4829	-23497	-23711	-10512
102045	29127	34883	18702	1748	530	-4726	-2129	-381
211844	173050	167691	81729	8354	2644	-3354	-4730	3625
4507	4930	7707	4921	329	55	737	488	817
1374	4242	4659	2444	140	96	907	636	776
199254	150361	139822	66973	7314	2493	-7518	-8391	-1078
6710	13517	15503	7392	571		2521	2538	3110
7547	3763	8031	4776	386		977	715	1101
39617	25556	17946	6721	942	22	-425	-1415	-473
17114	4029	3921	1379	148		-342	-1531	-1383
5848	10695	5971	1406	305		-565	-565	-260
16655	10833	8053	3937	488	22	482	681	1170
10769	7409	13433	3204	752		-110	-217	535
3888	1341	4548	1541	273		-259	-262	11
6829	5624	8197	1163	467		44	-59	409
800444	548819	469995	193333	24579	8311	-34934	-30207	-5628
151123	128539	118220	60708	5838	345	-1199	-2644	3194
4373	11730	6357	2417	355	7	65	76	430

16-6 限额以上住宿业经营情况（2015年）

Business of Star-ranking Hotels (2015)

单位：万元 (10000 yuan)

类别	Type	法人企业（个）Number of Corporation (unit)	从业人数（人）Persons Employed (person)	营业额 Business Revenue	#客房收入 Revenue from Hotel Rooms	#餐费收入 Revenue from Meals	#商品销售收入 Revenue from Commodities
总计	**Total**	**438**	**41345**	**597444**	**302371**	**243988**	**16985**
按登记注册类型分	**By Types of Registration**						
内资企业	Domestic Funded Enterprises	420	39325	565619	286313	231991	16288
国有企业	State-owned Enterprises	60	6179	75399	39185	29760	1978
集体企业	Collective-owned Enterprises	1	15	818	525	208	69
股份合作企业	Cooperative Enterprises	2	35	3464	1522	1605	222
有限责任公司	Limited Liability Corporations	156	18071	271602	132422	112983	8383
其他有限责任公司	Other Limited Liability Corporations	147	16658	252012	123129	103473	8135
股份有限公司	Share-holding Corporations Ltd.	28	2309	36386	17954	15884	1211
私营企业	Private Enterprises	163	12182	169699	89929	68493	4086
私营独资企业	Private-funded Enterprises	12	677	7633	3547	2737	132
私营合伙企业	Private Partnership Enterprises	7	349	5301	2488	2655	70
私营有限责任公司	Private Limited Liability Corporations	134	10400	141253	77249	54870	3250
私营股份有限公司	Private Share-holding Corporations Ltd.	10	756	15512	6646	8232	635
其他企业	Other Enterprises	10	534	8250	4775	3058	337
港澳台商投资企业	Enterprises with Funds from Hong Kong, Macao and Taiwan	11	1238	18138	7692	7750	206
与港澳台商合资经营企业	Joint-venture Enterprises	4	250	3943	1064	1414	
与港澳台商合作经营	Cooperation Enterprises	2	442	6054	2668	2540	122
港澳台商独资企业	Enterprises with Sole Funds	5	546	8141	3961	3796	84
外商投资企业	Foreign Funded Enterprises	7	782	13688	8366	4247	491
中外合资经营企业	Joint-venture Enterprises	3	228	4543	2829	987	473
外资企业	Enterprises with Sole Foreign Funds with Foreign Funds	3	442	8456	5073	3036	18
按国民经济行业分	**By Sector**						
旅游饭店	Tourism Hotel	294	31334	471989	227590	201488	12827
一般旅馆	General Hotel	137	9582	119057	71531	39488	4149
其他住宿服务	Other Residential Hotel	7	429	6398	3250	3013	9

16-7 限额以上餐饮法人企业经营情况（2015年）

Business of Catering Services above Designated Size (2015)

单位：万元 (10000 yuan)

类别	Type	法人企业（个）Number of Corporation (unit)	从业人数（人）Persons Employed (person)	营业额 Business Revenue	#客房收入 Revenue from Hotel Rooms	#餐费收入 Revenue from Meals	#商品销售收入 Revenue from Commodities
总计	**Total**	**294**	**22542**	**641952**	**44471**	**573424**	**21407**
按登记注册类型分	**By Types of Registration**						
内资企业	Domestic Funded Enterprises	282	19380	568636	42330	503383	20273
国有企业	State-owned Enterprises	10	845	12797	3095	9200	474
股份合作企业	Cooperative Enterprises	3	175	2116		1676	440
有限责任公司	Limited Liability Corporations	112	9166	122315	16289	97416	7623
其他有限责任公司	Other Limited Liability Corporations	111	9091	121518	15892	97036	7623
股份有限公司	Share-holding Corporations Ltd.	9	945	8903	1438	5905	1129
私营企业	Private Enterprises	144	8117	418760	21100	385916	10545
私营独资企业	Private-funded Enterprises	25	872	23347	2357	19228	1181
私营合伙企业	Private Partnership Enterprises	7	392	4783	438	4184	152
私营有限责任公司	Private Limited Liability Corporations	105	6392	382772	17465	356431	8268
私营股份有限公司	Private Share-holding Corporations Ltd.	7	461	7858	841	6073	944
其他企业	Other Enterprises	4	132	3745	408	3270	62
港澳台商投资企业	Enterprises with Funds from Hong Kong, Macao and Taiwan	8	1058	15372	2141	12298	933
与港澳台商合资经营企业	Joint-venture Enterprises	3	563	6543		5610	933
港澳台商独资企业	Enterprises with Sole Funds	4	467	8559	2073	6486	
外商投资企业	Foreign Funded Enterprises	4	2104	57945		57744	201
中外合资经营企业	Joint-venture Enterprises	1	16	353		213	141
外资企业	Enterprises with Sole Foreign Funds	2	2050	57346		57346	
外商投资股份有限公司	Share-holding Corporations Ltd. with Foreign Funds	1	38	246		185	61
按国民经济行业分组	**By Sector**						
正餐服务业	Dinner	275	19911	577262	44471	509071	21142
快餐服务业	Snack	17	2581	64568		64230	265

16-8 各地区限额以上批发零售贸易法人企业主要指标（2015年）

Main Indicators of Domestic Trade by Region (2015)

地 区	Region	法人企业(个) Number of Corporation Unit	批发企业 Wholesale Trade	零售企业 Retail Trade	产业活动单位(个) Number of Economic Active Units (unit)	年末从业人数(人) Persons Employed (person)	销售合计(万元) Total Purchase Value (10000 yuan)
全 省	**Provincial Total**	**2594**	**770**	**1824**	**6070**	**213959**	**38751019**
南昌市	Nanchang	690	302	388	1834	87809	18329949
景德镇市	Jingdezhen	68	13	55	205	5002	815388
萍乡市	Pingxiang	81	31	50	205	5961	933157
九江市	Jiujiang	262	43	219	494	17416	3030226
新余市	Xinyu	70	16	54	142	4445	951841
鹰潭市	Yingtan	131	37	94	202	4214	1094259
赣州市	Ganzhou	284	58	226	781	19499	3306216
吉安市	Ji'an	258	54	204	739	14934	1855131
宜春市	Yichun	255	104	151	542	23932	4002181
抚州市	Fuzhou	164	61	103	376	11789	1563947
上饶市	Shangrao	331	51	280	550	18958	2868725

16-8 续表 continued

单位：万元 (10000 yuan)

地 区	Region	批发额 Wholesale Value	#出口 Exports	零售额 Retail Value	主营业务收入 Revenue from Principal Business	主营业务成本 Cost of Principal Business	主营业务税金及附加 Taxes and Other Charges on Principal Business	营业利润 Profits
全 省	**Provincial Total**	**18666598**	**742490**	**20084646**	**35541324**	**31420110**	**620341**	**1116143**
南昌市	Nanchang	9217658	571458	9112291	16471014	14886768	113456	273706
景德镇市	Jingdezhen	290683		524705	835476	714957	27150	36865
萍乡市	Pingxiang	388988	19100	544170	824931	705227	24968	52716
九江市	Jiujiang	1057160		1973066	2769639	2424782	60377	102911
新余市	Xinyu	337305		614536	882792	784703	18004	28662
鹰潭市	Yingtan	665990	500	428270	1049301	954551	16413	21765
赣州市	Ganzhou	1169502	29804	2136938	3088401	2670289	68517	87919
吉安市	Ji'an	806106	1652	1049024	1806065	1554640	116141	70559
宜春市	Yichun	2581298	55432	1420883	3693358	3175521	61232	220746
抚州市	Fuzhou	780842	64295	783105	1407498	1218609	35992	73760
上饶市	Shangrao	1371067	250	1497657	2712849	2330064	78090	146532

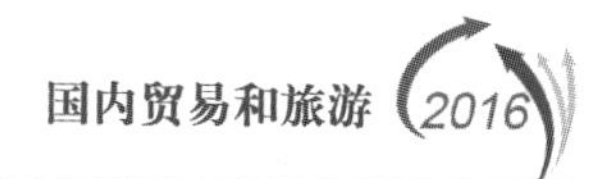

16-9 各地区限额以上住宿餐饮法人企业主要指标（2015年）

Main Indicators of Hotels and Catering Sevices (2015)

地　区	Region	法人企业（个） Number of Corporation Units (unit)	住宿企业 Hotels	餐饮企业 Catering Sevices	产业活动单位(个) Number of Economic Active Units (unit)	年末从业人数(人) Persons Employed (person)	营业额（万元） Business Revenue (10000 yuan)	#客房收入 Revenue from Hotel Rooms
全　省	**Provincial Total**	**732**	**438**	**294**	**150**	**63887**	**1239397**	**346842**
南昌市	Nanchang	166	101	65	98	18629	571995	97371
景德镇市	Jingdezhen	32	22	10	4	2711	27565	11873
萍乡市	Pingxiang	22	6	16		1107	18198	3728
九江市	Jiujiang	75	43	32	9	7099	129024	39734
新余市	Xinyu	27	10	17	13	3480	77100	11393
鹰潭市	Yingtan	35	18	17	2	2541	26454	9911
赣州市	Ganzhou	89	54	35		7549	101073	40332
吉安市	Ji'an	109	64	45	13	5151	64506	31211
宜春市	Yichun	51	34	17	9	5217	60417	27683
抚州市	Fuzhou	32	22	10		2780	28268	14322
上饶市	Shangrao	94	64	30	2	7623	134798	59284

16-9 续表 continued

单位：万元 (10000 yuan)

地　区	Region	餐费收入 Revenue from Meals	商品销售收入 Revenue from Commodities	主营业务收入 Revenue from Principal Business	主营业务成本 Cost of Principal Business	主营业务税金及附加 Taxes and Other Charges on Principal Business	营业利润 Profits
全　省	**Provincial Total**	**817412**	**38392**	**1419805**	**769275**	**73866**	**-56679**
南昌市	Nanchang	446193	18327	757845	436901	41443	-53983
景德镇市	Jingdezhen	14445	650	27418	9159	1516	-975
萍乡市	Pingxiang	10447	3827	18057	9383	940	-36
九江市	Jiujiang	77856	2274	129331	73318	5670	4202
新余市	Xinyu	65228	167	76114	47098	2324	2553
鹰潭市	Yingtan	14230	1723	26911	13235.9	1287	-6139
赣州市	Ganzhou	57557	1398	96036	38162	5239	-1086
吉安市	Ji'an	29710	954	62477	29361	3006	-695
宜春市	Yichun	23947	872	58336	30057	3143	-6046
抚州市	Fuzhou	12578	474	28344	14578	1327	-325
上饶市	Shangrao	65221	7728	138936	68023	7971	5851

16-10 亿元以上商品交易市场摊位成交额情况（2015年）

Turnover of Commodity Exchange Markets of Transaction Value over 100 Million Yuan (2015)

类　　别	Classification	摊位数（个）Number of Booths (unit)	成交额（万元）Turnover (10000yuan)
全　省	**Total**	**70449**	**18087331**
食品、饮料、烟酒类	Food,Beverages,Tobacco and Liquor	20553	7891918
#食品类	Food	2480	1289700
#粮油类	Grain and Oil	4579	1799994
肉禽蛋类	Meat,Poultry and Eggs	1654	661146
水产品类	Aquatic Products	7421	1617589
蔬菜类	Vegetables	3770	2077231
干鲜果品类	Dried and Fresh Melons and Fruits	964	223656
饮料类	Beverages	1267	436122
烟酒类	Tobacco and Liquor	15191	3260607
服装、鞋帽、针纺织品类	Clothing,shoes,Hats and Textiles	8513	2093974
#服装类	Clothing	3221	510385
鞋帽类	Footwear and Hats	3457	656248
针纺织品类	Knitwear and Textiles	688	73338
化妆品类	Cosmetics	115	41630
金银珠宝类	Gold silver and Jeweller	2934	331967
日用品类	Articles for Daily Use	671	98278
#儿童玩具类	Children Toys	1765	458656
五金、电料类	Hardware & Electrical Materials	140	12316
体育、娱乐用品类	Sports & Recreational Articles	11	917
书报杂志类	Newspapers and Magazines	109	7679
电子出版物及音像制品类	E-journal and Video Products	205	28741
家用电器和音像器材类	Household Appliances and Video Equipments	1778	317074
中西药品类	Traditional Chinese and Western Medicine	495	412758
#西药类	Western Medicine	33	10660
中草药及中成药类	Traditional Chinese	392	385993
文化办公用品类	Cultural and official Goods	886	100746
家俱类	Furniture	180	7308
通讯器材类	Communication Appliances	2745	387697
煤炭及制品类	Coal and Coal Products	74	12570
木材及制品类	Wood and Wooden Products	427	40012
化工材料及制品类	Raw Chemical Materials and Related Products	2	195
#化肥类	Fertilizer	334	38688
金属材料类	Metal Materials	41	8805
建筑及装潢材料类	Building and Decoration Materials	992	67828
机电产品及设备类	Mechanical & Electrical Products	11186	1424245
#农机类	Agricultural Machinery	890	439974
汽车类	Automobile	467	206375
种子饲料类	Seed and Feedstuff	2323	1883868
棉麻类	Cotton and Hemp	137	19222
其他类	Others	167	7964

16-11 各地区亿元以上商品交易市场基本情况（2015年）

Basic Statistics on Commodity Exchange Markets of Transaction Value over 100 Million Yuan by Region (2015)

地区	Region	市场数量（个）Number of Markets (unit)	摊位数（个）Number of Booths (unit)	营业面积（平方米）Operating Area (sq.m)	成交额（万元）Turnover (10000yuan)
全省	**Provincial Total**	**93**	**76737**	**4135120**	**18087331**
南昌市	Nanchang	31	27727	1453350	9626063
景德镇市	Jingdezhen	5	5347	378856	420354
萍乡市	Pingxiang	3	2667	36900	298811
九江市	Jiujiang	8	5392	475720	1573086
鹰潭市	Yingtan	3	2020	32399	352121
赣州市	Ganzhou	10	6217	592366	2453736
吉安市	Ji'an	4	6079	249588	667691
宜春市	Yichun	7	4938	188746	1223109
抚州市	Fuzhou	4	3940	60402	140686
上饶市	Shangrao	18	12410	666793	1331674

16-12 旅游业发展情况

Development of Tourism

年份 Year	旅游总收入（亿元）Total Tourism Earnings (100 million yuan)	为全省地区生产总值（%）As Percentage of the Province's GDP (%)	为全省地区生产总值中第三产业（%）As Percentage of Tertiary Industry in the Province's GDP(%)
1991	4.30	0.90	3.04
1992	4.81	0.84	2.79
1993	5.31	0.73	2.47
1994	6.33	0.67	2.14
1995	8.39	0.67	2.14
1996	50.15	3.31	10.27
1997	79.35	4.63	13.64
1998	81.64	4.41	12.35
1999	111.29	5.67	15.03
2000	134.6	6.72	16.47
2001	161.4	7.42	18.31
2002	191.1	7.80	19.85
2003	197.47	6.98	18.93
2004	240.81	6.97	19.65
2005	320.02	7.89	22.67
2006	390.89	8.37	25.00
2007	463.67	8.43	26.44
2008	559.38	8.63	27.90
2009	675.61	8.83	25.62
2010	818.32	8.66	26.22
2011	1105.93	9.45	28.20
2012	1402.59	10.83	31.27
2013	1896.06	13.22	37.69
2014	2649.70	16.86	45.82
2015	3637.65	21.75	55.63

16-13 国际旅游收入情况

Income from International Turism

单位：万美元 (USD 10000)

指　标	Item	2011	2012	2013	2014	2015
合　计	**Total**	**41500**	**48473**	**52508**	**55687**	**56700**
长途交通	Long Distance Transportation	14899	15463	16803	18042	20374
民　航	Civil Aviation	9296	7659	8926	10970	11657
铁　路	Railway	2241	4266	3623	4065	3121
汽　车	Highway	2490	2472	2888	1838	1938
轮　船	Waterway	872	1066	1365	1169	3659
游　览	Sightseeing	1992	3296	3255	3230	2204
住　宿	Accommodation	3984	4460	5828	5624	5617
餐　饮	Food and Beverage	2532	2908	4201	4344	3938
娱　乐	Entertainment	1411	2521	2363	2951	2025
购　物	Shopping	12409	13427	13705	16316	16272
邮电通讯	Post and Communication Services	871	969	1470	1225	1191
市内交通	Local Transportation	705	921	1050	1281	1235
其　他	Others	2697	4508	3833	2673	3844

16-14 入境旅游情况

Condition of Oversea Visitor Arrivals

指　标	Item	2005	2010	2014	2015
旅游人数(人次)	**Number of Oversea Visitor Arrivals (person-time)**	**372513**	**1140792**	**1716759**	**1552833**
外国人	Foreigners	136270	399449	549175	448810
#印度尼西亚	Indonesia	1982	12251	11641	11954
日　本	Japan	23945	34956	17971	25124
马来西亚	Malaysia	3639	12113	12481	15124
菲律宾	Philippines	1794	8320	9906	7156
新加坡	Singapore	8271	20249	20228	22060
韩　国	Korea Rep.	10809	36240	40078	49150
泰　国	Thailand	1716	4271	8424	22337
英　国	United Kingdom	11543	21613	23531	23449
德　国	Germany	5943	21689	20426	18913
法　国	France	6488	15299	21343	21765
意大利	Italy	3320	9132	14938	11883
西班牙	Spain	3757	5551	8009	5219
瑞　典	Sweden	1131	6705	10187	6704
瑞　士	Switzerland	364	6748	11124	7505
俄罗斯	Russia	2329	16502	17726	17110
加拿大	Canada	4380	10886	19560	20105
美　国	United States	27235	52339	44831	43509
澳大利亚	Australia	4622	11888	15321	15616
新西兰	New Zealand	1486	2911	12087	8428
港澳同胞	Chinese Compatriots from Hong Kong and Macao	154885	534537	862927	825395
台湾同胞	Chinese Compatriots fromTaiwan Province	81358	206806	304657	278628
旅游外汇收入(万美元)	**Foreign Exchange Earnings from International Tourism (USD 10000)**	**10395**	**34630**	**55687**	**56700**

注：外国人包括了华侨人数。2015年入境旅游者人数为入境过夜游客人数，不包括一日游人数。

a) Overseas Chinese are included in foreigners.

16-15 各地区旅游情况（2015年）
Condition of Tourism by Region (2015)

地区	Region	入境游客（万人次）Number of Oversea Visitor Arrivals (10000 Person-times)	国际旅游外汇收入（万美元）Foreign Exchange Earnings from International Tourism (USD 10000)	国内游客（万人次）Number of Domestic Visitors (10000 Person-times)	国内旅游收入（亿元）Earnings from Domestic Tourism (100 million yuan)	星级饭店数（个）Number of Star-rated Hotel (unit)
全省	**Provincial Total**	**155.28**	**56700.15**	**38392.18**	**3600.45**	**433**
南昌市	Nanchang	20.45	7272.65	5271.22	531.89	49
景德镇市	Jingdezhen	22.85	8935.16	3098.83	269.02	21
萍乡市	Pingxiang	6.59	2571.13	2649.39	209.45	12
九江市	Jiujiang	25.80	11277.79	5270.05	527.61	73
新余市	Xinyu	2.81	809.95	1300.21	120.63	11
鹰潭市	Yingtan	4.24	1239.66	2309.17	201.86	17
赣州市	Ganzhou	14.06	5115.11	3749.07	366.95	75
吉安市	Ji'an	19.02	6334.36	4650.31	410.28	41
宜春市	Yichun	9.09	2923.06	2720.88	258.22	50
抚州市	Fuzhou	5.14	2342.97	2099.63	185.05	31
上饶市	Shangrao	25.22	7878.31	5273.42	529.49	53

注：2015年入境旅游者人数为入境过夜游客人数，不包括一日游人数。
a) One-day tour visitors are not included in number of oversea visitor arrival of 2015.

16-16 各地区"春节、五一、十一"旅游情况（2015年）
Condition of Tourism by Region in Spring Festival, May Day or National Day Holidays (2015)

地区	Region	旅游人数（万人次）Number of Visitors (10000 person-times)			旅游收入（万元）Tourism Earnings (1000yuan)		
		春节 Spring Festival	五一 Labor Day	十一 National Day	春节 Spring Festival	五一 Labor Day	十一 National Day
全省	**Provincial Total**	**1182.99**	**1858.95**	**3937.01**	**526292**	**970100**	**2036600**
南昌市	Nanchang	166.80	281.50	674.80	91372	117500	271600
景德镇市	Jingdezhen	67.55	159.74	320.15	37828	154200	217000
萍乡市	Pingxiang	31.10	152.64	218.55	14435	31900	168700
九江市	Jiujiang	160.23	183.74	474.11	80716	114900	275800
新余市	Xinyu	46.33	82.00	149.70	13853	24500	58700
鹰潭市	Yingtan	66.43	95.32	267.80	37855	31200	57100
赣州市	Ganzhou	238.06	137.39	361.55	93592	67200	172600
吉安市	Ji'an	79.20	149.67	267.80	31585	133600	57100
宜春市	Yichun	111.09	156.25	426.25	29800	48100	193500
抚州市	Fuzhou	63.50	70.00	208.00	20458	18000	91800
上饶市	Shangrao	152.70	390.70	568.30	74797	229000	472700

主要统计指标解释

批发业 指批发商向批发、零售单位及其他企事业、机关单位批量销售生活用品和生产资料的活动，以及从事进出口贸易和贸易经纪与代理的活动。批发商可以对所批发的货物拥有所有权，并以本单位、公司的名义进行交易活动；也可以不拥有货物的所有权，而以中介身份做代理销售商。还包括各类商品批发市场中固定摊位的批发活动。

零售业 指百货商店、超级市场、专门零售商店、品牌专卖店、售货摊等主要面向最终消费者（如居民等）的销售活动。包括以互联网、邮政、电话、售货机等方式的销售活动，还包括在同一地点，后面加工生产，前面销售的店铺（如前店后厂的面包房）。不包括：谷物、种子、饲料、牲畜、矿产品、生产用原料、化工原料、农用化工产品、机械设备（乘用车、计算机及通信设备等除外）等生产资料的销售（列入批发业）；非零售单位附带的零售活动，如汽车修理单位销售汽车零件（列入单位主业所对应的行业类别中）；商业零售单位所在商厦的物业管理（列入物业管理）；商业零售单位所在的商品市场、商业大厦的市场管理活动（列入市场管理）。

批发和零售业商品购进、销售、库存额 指各种登记注册类型的批发和零售业企业(单位)以本企业(单位)为总体的，从国内、国外市场购进的商品总量，销售和出口的商品总量，库存的商品总量等情况。该指标可以反映商品流转过程中商品的购进、销售、库存之间的比例关系和存在的问题。

商品购进额 指从本企业以外的单位和个人购进（包括从国外直接进口）作为转卖或加工后转卖的商品金额（含增值税）。商品购进包括：（1）从工农业生产者、批发和零售业企业、住宿和餐饮业企业、出版社或报社的出版发行部门和其他服务业企业购进的商品；（2）从机关团体、事业单位购进的商品；（3）从海关、市场管理部门购进的缉私和没收的商品；（4）从居民收购的废旧商品等。不包括：（1）企业为本单位自身经营用，不是作为转卖而购进的商品，如材料物资、包装物、低值易耗品、办公用品等；（2）未通过买卖行为而收入的商品，如接受其他部门移交的商品、借入的商品、收入代其他单位保管的商品、其他单位赠送的样品、加工回收的成品等；(3) 经本单位介绍，由买卖双方直接结算，本单位只收取手续费的业务；(4) 销售退回和买方拒付货款的商品；（5）商品溢余。

商品销售额 指对本单位以外的单位和个人出售的商品金额（包括售给本单位消费用的商品，含增值税）。商品销售包括（1）售给城乡居民和社会集团消费用的商品；（2）售给农业、工业、建筑业、运输邮电业、服务业、公用事业等国民经济各行业用于生产、经营用的商品，包括售予批发和零售业作为转卖或加工后转卖的商品；（3）对国（境）外直接出口的商品。不包括：（1）未通过买卖行为付出的商品，如随机构变动移交给其他企业单位的商品、借出的商品、归还受其他单位委托代保管的商品、付出的加工原料和赠送给其他单位的样品等；（2）经本单位介绍，由买卖双方直接结算，本单位只收取手续费的业务；（3）购货退回的商品；（4）商品损耗和损失；（5）出售本单位自用的废旧物资。

商品库存额 指报告期末各种登记注册类型的批发和零售业企业(单位)已取得所有权的商品。它反映批发和零售业企业(单位)的商品库存情况和对市场商品供应的保证程度。商品库存包括：(1)存放在批发和零售业经营单位(如门市部、批发站、采购站、经营处)的仓库、货场、货柜和货架中的商品；(2)挑选、整理、包装中的商品；(3)已记入购进而尚未运到本单位的商品，即发货单或银行承兑凭证已到而货未到的商品；(4)寄放他处的商品，如因购货方拒绝付款而暂时存在购货方的商品；(5)委托其他单位代销(未作销售或调出)尚未售出的商品；(6)代其他单位购进尚未交付的商品。不包括：所有权不属于本单位的商品；委托外单位加工的商品；外贸企业代理其他单位从国外进口尚未付给订货单位的商品；代国家物资储备部门保管的商品等。

连锁总店（总部） 指负责连锁企业资源（商号、商誉、经营模式、服务标准、管理模式等等）的开发、配置、控制或使用等功能的企业核心管理机构。连锁经营是指经营同类商品或服务，使用统一商号的若干店铺，在同一总店（总部）的管理下，采取统一采购或特许经营等方式，实现规模效益的组织形式，包括直营连锁、特许连锁和自愿连锁三种形式。其中，直营连锁是指连锁店铺由连锁公司全资或控股开设，在总部的直接控制下，开展统一经营的连锁经营形式；特许连锁是指拥有注册商标、企业标志、专利、专有技术等经营资源的企业（特许人），以合同形式将其拥有的经营资源许可其他经营者（被特许人）使用，被特许人按合同约定在统一的经营模式下开展经营，并向特许人支付特许经营费用的连锁经营形式；自愿连锁是指若干个店铺或企业自愿组合起来，在不改变各自资产所有权关系的情况下，以同一个品牌形象面对消费者，以共同进货为纽带开展的连锁经营形式。

亿元以上商品交易市场 指年成交额在亿元及以上的商品交易市场。商品交易市场是指经有关部门和组织批准设立，有固定场所、设施，有经营管理部门和监管人员，若干市场经营者入内，常年或实际开业三个月以上，集中、公开、独立地进行生活消费品、生产资料等现货商品交易以及提供相关服务的交易场所，包括各类消费品市场、生产资料市场等。

住宿业 指有偿为顾客提供临时住宿的服务活动。不包括提供长期住宿场所的活动，如出租房屋、公寓等（列入房地产开发经营）。

餐饮业 指在一定场所，对食物进行现场烹饪、调制，并出售给顾客主要供现场消费的服务活动。

营业额 指住宿和餐饮业单位在经营活动中因提供服务或销售商品等取得的收入。包括：客房收入、餐费收入、商品销售额和其他收入。其中，客房收入指住宿和餐饮业单位在经营活动中因提供住宿服务取得的收入。餐费收入指住宿和餐饮业单位因为顾客提供就餐服务取得的收入，包括经烹饪、调制加工后出售的各种食品，如主食、炒菜、凉拌菜等的收入。

社会消费品零售总额 指企业（单位、个体户）通过交易直接售给个人、社会集团非生产、非经营用的实物商品金额，以及提供餐饮服务所取得的收入金额。个人包括城乡居民和入境人员，社会集团包括机关、社会团体、部队、学校、企事业单位、居委会或村委会等。

旅游人数

(1)入境游客 指报告期内来中国（大陆）观光、度假、探亲访友、就医疗养、购物、参加会议或从事经济、文化、体育、宗教活动的外国人、港澳台同胞等游客(即入境旅游人数)。统计时，入境游客按每入境一次统计 1 人次。入境旅游人数包括入境过夜游客和入境一日游游客。

(2)国内游客 指在报告期内在中国（大陆）观光游览、度假、探亲访友、就医疗养、购物、参加会议或从事经济、文化、体育、宗教活动的中国（大陆）居民人数，其出游的目的不是通过所从事的活动谋取报酬。统计时，国内游客按每出游一次统计 1 人次。

国际旅游(外汇)收入 指入境游客在中国（大陆）境内旅行、游览过程中用于交通、参观游览、住宿、餐饮、购物、娱乐等全部花费。

国内旅游收入 指国内游客在国内旅行、游览过程中用于交通、参观游览、住宿、餐饮、购物、娱乐等全部花费。

星级饭店 指设备、设施、服务符合《旅游饭店星级的划分与评定》（GB/T14308-2003），通过相关旅游管理部门评定，并取得星级饭店称号的饭店（含预备星级饭店）。

Explanatory Notes on Main Statistical Indicators

Wholesale Trade refers to the activities of wholesaler selling at wholesale commodities for daily use and capital goods to enterprises of wholesale and retail trades and other enterprises, institutions and government offices, including the activities of wholesaler engaged in import and export and acting as a trade agent. The wholesaler may have the right of ownership over the commodities of wholesale and trade in the name of its owns or a company, the wholesaler may not have the right of ownership, only acts an agent. The wholesale trade also include the activities of wholesaler at the fixed stalls of the wholesale market of different commodities.

Retail Trade refers to the activities of department store, supermarket, franchised store, brand store, retail stall and on-the-spot-making-selling store selling commodities to the final consumers (citizens) by any means including internet, post, telephone, sales machine. Retail trade excludes the activities of sales of capital goods such a grain, seed, feed, livestock, mineral products, raw material for production, industrial chemicals, chemical products for farm, machine and equipment (vehicle, computer and communication equipment), and the activities of supplementary sales of non-retailer such as the sales of spare parts of car repair business (listed as branch in correspondence with principle business), property management of buildings of retail units (listed as property management); market management of commercial markets and buildings of retail units (listed as market management) .

Purchase, Sales and Stock of Commodities by Wholesale and Retail Trades refer to the total volume of commodities purchased, total volume of sales and exports, and the stock of commodities by wholesale and retail enterprises (establishments) of different status of registration from domestic and overseas markets. This indicator reflects the relationship among purchase, sales and stock of commodities in the circulation of goods and reveals the existing problems.

Total Purchases of Commodities refer to the total value of purchases of commodities by enterprises (establishments) from other establishments or individuals (including direct import from abroad) for the purpose of re-selling, either with or without further processing of the commodities purchased. The commodities include: (1) commodities purchased from agricultural and industrial producer, wholesaler, retailer, publishing house and other service business; (2) commodities purchased from institutions and government departments; (3) confiscated goods purchased from the customs authorities or market management agencies; (4) second-hand goods and wastes purchased from residents; The commodities exclude 1. commodities purchased by enterprises (establishments) for use in their own business operation, commodities obtained without buying or selling procedures such as materials, consumable goods of low value, office appliance, etc. 2. received goods without trading, such as goods handed over from others, borrowed goods, preserved goods for others, donated goods from others, processed and retrieved goods, etc. 3. goods of direct settlement between buyer and seller with handling fees introduced by others, 4. goods returned or refused to pay by the buyer, 5. excessive goods.

Total Sales of Commodities refer to value of commodities sold by the establishments to other establishments and individuals (including goods sold for self consumption, including the value-added tax). The commodities include: (1) commodities sold to urban and rural residents and social groups for their consumption; (2) commodities sold to establishments in all industries for their production and operation, including agriculture, industry, construction, transportation, post and telecommunications, catering services, and public utility including commodities sold to wholesale and retail establishments for re-selling, with or without further processing; and (3) commodities for direct export to abroad. Excluded are (1) extended commodities without trading, such as goods handed over to other enterprises and institutions because of the change of organizations, lent goods, returned goods preserved for others, extended processing materials and samples donated to others, (2) goods of direct settlement between buyer and seller with handling fees introduced by others, 3. goods returned after purchase, (4) damaged and spoiled goods, (5) waste and used goods of self use,

Total Stock of Commodities refers to total commodities possessed by wholesaler and retailer of various types of registration status at the end of the reference period, reflecting the commodity stock level of various wholesaler and retailer and the potential for market supply. It includes: (1) commodities located in storage, garages, counters, and shelves of operating places of wholesale and retail trades (such as sale stores, wholesale centers, procurement stations and operating offices); (2) commodities in the process of being selected, sorted, and packed; (3) commodities not arrived but recorded as purchase in the account, i.e. commodities not arrived but payment receipts for the commodities from the sellers or the banks arrived; (4) commodities deposited in other places rather than places mentioned above, for instance: commodities in the hold of purchasers temporarily due to the refusal of payment; (5) commodities entrusted to other units to sell but not sold yet; (6) commodities purchased for other units but not delivered yet. Commodities not included as stock are those not owned by the enterprises (units), commodities on commission for processing, imported commodities of agency of foreign trade enterprise but not yet delivered to ordering units and finally those put in stock on behalf of the state material reserves units.

Chain Head Stores (headquarter) refer to the core leading stores responsible for development, allocation, administration and utilization of resources (name of stores, brand of stores, operation model, service standard, management way, etc.) of chain stores. Chain stores refers to the stores engaged in providing homogeneous commodities or services, with the central leadership of head store (headquarters) and guided by common policies, conduct centralized purchase and distributed selling of commodities, in order to gain better efficiency through standardized operation. The chain stores include regular chain stores, franchise chain stores and voluntary chain stores.

Regular Chain store refers to chain stores that are invested or controlled by the headquarters. They operate under direct and unified management from the headquarters.

Franchise chain store refers to the chain stores (franchisees) which are franchised with operation resources such as trade marks, names, patent and operation know-how by the franchisors in form of contract and pay the operation fees to the franchisors.

Voluntary chain store refers to the stores operate jointly on the voluntary bases while maintaining their status of independent legal entities with full ownership of their assets. They sell goods of same brand from same channel of resource to the consumers.

Large Commodity Markets with Transaction Value over 100 Million Yuan refers to the commodity markets with an annual transaction at and above 100 million. The commodity market refers to the markets approved and managed by related departments, where there are fixed sites, facilities, managers and administration offices, where there are a certain number of traders to operate for three month and above or all the year, where the commodities including the articles for daily consumption and capital goods and services are traded in a centralized, independent and open way. Such market includes markets of daily goods and market of capital goods, etc.

Hotel Services refer to the charged accommodation services provided to customers, excluding the long term accommodation service activities such as rental housing and apartments(it is under real estate development and management).

Catering Services refer to the activities of enterprises providing on-the-spot services of selling food cooked and prepared to the customer in certain sites

Business Revenue refers to revenue of hotels and catering services received from providing services or selling commodities through business activities, including income from hotels, from catering services, from selling of commodities and from other services. Income from hotels refers to income of hotels and catering services by providing lodging services through business activities. Income from catering services refers to income of hotels and catering services by providing catering services, including selling of cooked or prepared foods, such as staple food, cooked dishes, or cold dishes.

Total Retail Sales of Consumer Goods refer to the amount obtained by enterprises (units, self-employed individuals) through direct sales of non-production and non-business physical commodity to individuals, social institutions, and revenue from providing catering services. Individuals include rural and urban households, population from abroad, social institutions include government agencies, social organizations, military units, schools, institutions, neighborhood (village) committees.

Number of Tourists

(1) **Visitor arrivals** refer to the number of tourists of foreigners, Chinese compatriots from Hong Kong, Macao and Taiwan who come to China (mainland) within the reference period for sight-seeing, vacation, visiting relatives, medical treatment, shopping, attending conference, or to engage in economic, cultural, sports and religious activities. Each entry of one visitor counts as one person-time. Visitor arrivals include both overnight-trippers and day-trippers.

(2) **Number of domestic tourists** refers to the number of Chinese (mainland) residents who travel within China (mainland) for sight-seeing, vacation, visiting relatives, medical treatment, shopping, attending conference, or to engage in economic, cultural, sports and religious activities. In compiling statistics, each time of travelling is counted as one person-time.

Foreign Exchange Earnings from International Tourism refer to the total expenditure of foreigners, overseas Chinese, Chinese compatriots from Hong Kong, Macao and Taiwan during their stay in the mainland of China on transportation, sighting, accommodation, food, shopping and entertainment.

Income from Domestic Tourism refer to expenditure of domestic tourists on transportation, sighting, accommodation, food, shopping and entertainment while they travel.

Star-rated Hotels refer to hotels rated with stars as assessed by the relevant tourism authorities according to GB/T14308-2003 standard with reference to their infrastructure, facilities and service levels.

17

金融业

FINANCIAL INDUSTRY

◆419/428

简要说明

本篇资料主要反映全省金融、保险、证券等方面的基本情况。

金融资料由中国人民银行南昌中心支行提供。

保险业务资料由江西省保险学会提供。

证券资料由江西省证监局提供。

Brief Introduction

The data in this chapter show the basic conditions of local government banking，insurance and stocks of the whole province.

The data on banking are provided by Nanchang Branch of the People's Bank of China.

The data on insurance are provided by Insurance Institute of Jiangxi Province.

The data on stocks are provided by Securities Regulatory Bureau of Jiangxi Province.

17-1 金融机构本外币信贷资金平衡表年末余额（2015年）

Balance Sheet of Credit Funds of RMB and Foreign Currency of Financial Institutions at Year-end (2015)

单位：万元

(10000 yuan)

指　　标	Item	年末余额 Balance	比年初增减 Over Beginning of Year	比年初增长(%) Growth Rate (%)
各项存款	**Total Deposits**	**250429725**	**30539378**	**13.9**
境内存款	Domestic Deposits	250321010	30542012	13.9
住户存款	Resident Deposits	124404864	13586712	12.3
活期存款	Current Deposits	51234128	5733915	12.6
定期及其他存款	Fixed and Other Deposits	73170736	7852797	12.0
非金融企业存款	Deposits of Non-financial Enterprises	68932135	9648362	16.3
活期存款	Current Deposits	33609531	7138397	27.0
定期及其他存款	Fixed and Other Deposits	35322603	2509965	7.6
广义政府存款	Generalized Government Deposits	47248517	3246600	7.4
财政性存款	Budgetary Deposits	5211669	-952396	-15.5
机关团体存款	**Deposits of Non-profit Institutions**	**42036849**	**4198996**	**11.1**
非银行业金融机构存款	Deposits of Non-banking Financial Institutions	9735494	4060338	71.5
境外存款	Overseas Deposits	108715	-2634	-2.4
各项贷款	**Total Loans**	185610896	28633354	**18.2**
境内贷款	Demestic Loans	185420514	28631756	18.3
住户贷款	Resident Loans	69282992	9262143	15.4
短期贷款	Short-term Loans	27179844	2701926	11.0
长期贷款	Long-term Loans	42103148	6560217	18.5
非金融机构及机关团体贷款	Loans of Non-financial Institutions and Non-Profit Institutions	116135564	19376877	20.0
短期贷款	Short-term Loans	46293331	4586037	11.0
长期贷款	Long-term Loans	61194307	10594237	20.9
票据融资	Bill financing	8054399	3833693	90.8
融资租赁	Financial Lease	180120	180120	
各项垫款	Money Advanced	413407	182790	79.3
非银行业金融机构贷款	Loans of Non-banking Financial Institutions	1958	-7264	-78.8
境外贷款	Overseas Loans	190382	1598	0.8

注：本表统计口径包括中国人民银行、政策性银行、国有独资商业银行、邮政信汇局、其他商业银行、农村合作银行、城市信用社、农村信用社、信托投资公司、财务公司等金融机构。后同。

a) The statistical scope in the table include the People's Bank of China,policy banks,state-owned commercial banks,postal savings bureau,other commercial banks,rural cooperative banks,urban credit cooperatives,rural credit cooperatives,financial trust and investment companies,finance companies. The same applies to the following tables.

17-2　金融机构人民币信贷资金平衡表年末余额（2015年）

Balance Sheet of Credit Funds of Financial Institutions at Year-end (2015)

单位：万元　　(10000 yuan)

指　　标	Item	年末余额 Balance	比年初增减 Over Beginning of Year	比年初增长(%) Growth Rate (%)
各项存款	**Total Deposits**	**247851457**	**30136974**	**13.8**
境内存款	Domestic Deposits	247752750	30145309	13.9
住户存款	Resident Deposits	123897306	13430502	12.2
活期存款	Current Deposits	50965447	5652883	12.5
定期及其他存款	Fixed and Other Deposits	72931859	7777619	11.9
非金融企业存款	Deposits of Non-financial Enterprises	66933572	9293042	16.1
活期存款	Current Deposits	32674873	6664305	25.6
定期及其他存款	Fixed and Other Deposits	34258699	2628737	8.3
广义政府存款	Generalized Government Deposits	47195117	3212533	7.3
财政性存款	Budgetary Deposits	5211669	-952396	-15.5
机关团体存款	Deposits of Non-profit Institutions	41983448	4164929	11.0
非银行业金融机构存款	Deposits of Non-banking Financial Institutions	9726756	4209233	76.3
境外存款	Overseas Deposits	98706	-8335	-7.8
各项贷款	**Total Loans**	**183479955**	**28809640**	**18.6**
境内贷款	Demestic Loans	183469744	28810074	18.6
住户贷款	Resident Loans	69280532	9262224	15.4
短期贷款	Short-term Loans	27177613	2702000	11.0
长期贷款	Long-term Loans	42102919	6560224	18.5
非金融机构及机关团体贷款	Loans of Non-financial Institutions and Non-Profit Institutions	114187254	19555114	20.7
短期贷款	Short-term Loans	44842655	4957660	12.4
长期贷款	Long-term Loans	60721857	10401554	20.7
票据融资	Bill financing	8054399	3833693	90.8
融资租赁	Financial Lease	180120	180120	
各项垫款	Money Advanced	388223	182089	88.3
非银行业金融机构贷款	Loans of Non-banking Financial Institutions	1958	-7264	-78.8
境外贷款	Overseas Loans	10211	-434	-4.1

17-3 各地区金融机构(含外资)本外币信贷主要指标（2015年）

Main Indicators on RMB and Foreign Currency Trust of Financial Institutions (Foreign Capital Included) by Region(2015)

单位：亿元 (100 million yuan)

地 区	Region	各项存款 Savings Deposits in Various Forms			各项贷款 Loans in Various Forms		
		年末余额 Balance	比年初增减 Over Beginning of Year	增长(%) Growth Rate (%)	年末余额 Balance	比年初增减 Over Beginning of Year	增长(%) Growth Rate (%)
全 省	**Provincial Total**	**25042.97**	**3053.94**	**13.9**	**18561.09**	**2863.34**	**18.2**
南昌市	Nanchang	8534.34	919.46	12.1	7556.91	1057.19	16.3
景德镇市	Jingdezhen	815.10	62.70	8.3	499.78	74.30	17.5
萍乡市	Pingxiang	793.02	110.84	16.3	543.99	85.78	18.7
九江市	Jiujiang	2184.57	306.37	16.3	1460.66	230.01	18.7
新余市	Xinyu	906.01	160.35	21.5	668.67	66.16	11.0
鹰潭市	Yingtan	597.72	19.54	3.4	451.88	52.36	13.1
赣州市	Ganzhou	3367.67	468.67	16.2	2304.14	369.98	19.1
吉安市	Ji'an	1944.29	242.33	14.2	1058.15	177.87	20.2
宜春市	Yichun	2147.37	227.77	11.9	1319.26	219.98	20.0
抚州市	Fuzhou	1436.14	169.09	13.3	939.96	183.76	24.3
上饶市	Shangrao	2266.43	354.06	18.5	1477.64	241.87	19.6

17-4 财产保险公司主要指标

Main Indicators of Property Insurance Companies

单位：万元 (10000 yuan)

指 标	Item	保费收入 Premium Income		赔款支出 Indemnity Expenditure	
		2014	2015	2014	2015
合 计	**Total**	**1459035**	**1712123**	**761704**	**857669**
企业财产保险	Enterprise Property Insurance	42063	43902	18047	21519
机动车辆保险	Motor Vehicle Insurance	1173235	1359116	634193	709308
货物运输保险	Freight Transport Insurance	6921	7062	3433	2387
责任保险	Liability Insurance	40534	49428	18984	19824
信用保证保险	Credit Insurance	27072	55424	6104	10407
农业保险	Agriculture Insurance	73848	77274	43597	41343
其它财产保险	Other Insurance	95361	119918	37347	52882

17-5 人寿保险公司主要指标

Main Indicators of Life Insurance Companies

单位：万元 (10000 yuan)

指　　标	Item	2010	2011	2012	2013	2014	2015
原保险保费收入	**Original Premium Incomes**	**1696637**	**1637678**	**1701491**	**1965029**	**2544629**	**3372161**
寿险小计	Life Insurance in Total	1411825	1334640	1339074	1442034	1533897	1489765
普通寿险	Ordinary Life Insurance	136531	133679	134956	175409	708121	711855
分红寿险	Participating Life Insurance	1265474	1193419	1196501	1258087	816392	767550
投资连结保险	Investment-linked Life Insurance	269	190	162	158	155	153
万能寿险	Universal Life Insurance	9551	7353	7456	8381	9229	10207
年金保险	Annuities Insurance	184056	185220	213346	333204	692137	1460478
意外伤害险	Accident Insurance	31893	38599	44064	53236	63162	63815
健康险	Health Insurance	68864	79219	105007	136555	255434	358102
赔付支出	**Compensation Expenses**	**284174**	**317214**	**349065**	**580825**	**658874**	**922922**
赔款支出	Lose Payment	31504	32220	32341	39511	68799	124142
死伤医疗给付	Medical Care Payment	23208	27448	33160	41649	48762	56595
满期给付	Expire Payment	195890	221574	224051	441822	483762	643882
年金给付	Annuities Payment	33572	35972	59513	57844	57551	98303

17-6 各地区保险业务情况（2015年）

Insurance Business Conditions by Region (2015)

单位：万元 (10000 yuan)

地区	Region	全部业务 Insurance Total Business		财产保险公司业务 Property Insurance Business		人身保险公司业务 Life Insurance Business	
		保费收入 Premium Income	比上年增长(%) Growth Rate over Preceding year (%)	保费收入 Premium Income	比上年增长(%) Growth Rate over Preceding year (%)	保费收入 Premium Income	比上年增长(%) Growth Rate over Preceding year (%)
全省	**Provincial Total**	**5084284**	**26.99**	**1712123**	**17.35**	**3372161**	**32.52**
南昌市	Nanchang	1248466	21.99	440600	32.42	807866	16.96
景德镇市	Jingdezhen	147589	20.26	55320	10.79	92269	26.75
萍乡市	Pingxiang	192619	26.96	66033	12.54	126586	36.06
九江市	Jiujiang	488473	32.64	155646	13.15	332827	44.27
新余市	Xinyu	167115	21.46	58215	6.57	108900	31.27
鹰潭市	Yingtan	137027	31.00	43580	6.63	93446	46.64
赣州市	Ganzhou	772751	25.77	268009	14.74	504742	32.54
吉安市	Ji'an	513203	28.96	138798	14.64	374405	35.23
宜春市	Yichun	585316	30.67	211256	11.46	374060	44.75
抚州市	Fuzhou	347018	30.05	100438	14.69	246580	37.55
上饶市	Shangrao	482096	31.62	172079	13.79	310017	44.15

17-6 续表 continued

单位：万元 (10000 yuan)

地区	Region	保险密度(元) Density of Insurance (yuan)			保险深度(%) Deep of Insurance (%)		
		全部业务 Total Insurance Business	财产险 Property Insurance	人身险 Life Insurance	全部业务 Total Insurance Business	财产险 Property Insurance	人身险 Life Insurance
全省	**Provincial Total**	**1116.47**	**375.97**	**740.50**	**3.04**	**1.02**	**2.02**
南昌市	Nanchang	2368.31	835.81	1532.50	3.12	1.10	2.02
景德镇市	Jingdezhen	902.61	338.32	564.29	1.91	0.72	1.20
萍乡市	Pingxiang	1016.17	348.36	667.81	2.11	0.72	1.39
九江市	Jiujiang	1014.20	323.16	691.04	2.57	0.82	1.75
新余市	Xinyu	1436.00	500.23	935.77	1.77	0.61	1.15
鹰潭市	Yingtan	1191.07	378.81	812.26	2.14	0.68	1.46
赣州市	Ganzhou	906.21	314.30	591.92	3.91	1.36	2.56
吉安市	Ji'an	1049.48	283.84	765.64	3.86	1.04	2.82
宜春市	Yichun	1063.70	383.92	679.78	3.61	1.30	2.31
抚州市	Fuzhou	870.88	252.06	618.82	3.14	0.91	2.23
上饶市	Shangrao	719.38	256.77	462.61	2.92	1.04	1.88

注：保险密度=年保费收入/国民年平均人口；保险深度=年保费收入/年国内生产总值。

a) Density of insurance=The annualy premium income/The National annual owerage population.
Deep of insurance=The annualy premium income/The annual Gross Domestic Product.

17-7 江西省上市公司数量

Jangxi Summary for Number of Listed Companies

单位：个 (unit)

地 区	Region	2010	2011	2012	2013	2014	2015
全 省	**Total**	**30**	**31**	**33**	**33**	**32**	**35**
南 昌 市	Nanchang	16	17	17	16	16	17
景德镇市	Jingdezhen	3	3	3	3	2	4
萍 乡 市	Pingxiang	1	1	1	1	1	1
九 江 市	Jiujiang						
新 余 市	Xinyu	2	2	2	2	2	2
鹰 潭 市	Yingtan	2	2	2	2	2	2
赣 州 市	Ganzhou	2	2	2	3	3	3
吉 安 市	Ji'an						
宜 春 市	Yichun	3	3	2	2	2	2
抚 州 市	Fuzhou			1	1	1	1
上 饶 市	Shangrao	1	1	3	3	3	3

17-8 股票发行量和筹资额

Issued Share and Raised Capital

年份 Year	股票发行量 (亿股) Issued Share (100million shares)	A股 A Shares	H股 H Shares	B股 B shares	股票筹资额 (亿元) Raised Capital (100milln shares)	A股 A Shares	配股 Rights Issued	B股 B Shares
2010	10.74	10.74			153.00	153.00		
2011	5.04	5.04			49.50	49.50		
2012	7.98	4.90	3.08		65.35	60.48		4.87
2013	4.03	4.03			33.63	33.63		
2014	5.60	5.60			37.27	37.27	5.66	
2015	7.31	7.31			81.46	81.46	5.90	

17-9　江西省证券市场基本情况
Jiangxi General Statistics on Securities Markets

指　标	Item	2012	2013	2014	2015
证券法人公司(个)	Securities Company corporation(unit)	2	2	2	2
证券营业部(个)	Security Exchange(unit)	126	133	250	275
证券投资者开户数(万户)	Security Accounts Established (10000 units)	231.31	241.81	255.12	351.09
A股成交金额(亿元)	Stock A turnover value(100 million yuan)	11076.06	13722.46	29427.48	76940.00
B股成交金额(亿元)	Stock B turnover value(100 million yuan)	33.24	12.62	10.58	47.46
上市公司总股本(亿股)	Total Share Capital of Listed Company(100 million shares)	212.35	226.21	222.81	251.67
A股	Stock A	195.03	208.89	205.49	234.36
B股	Stock B	3.44	3.44	3.44	3.44
流通股本(亿股)	Share Capital in Circulation(100 million shares)	166.15	203.91	209.00	235.42
股票市价总值(亿元)	Total Market Capitalization(100 million yuan)	2287.44	2366.95	2631.64	4004.31
A股	Stock A	2008.87	2136.06	2399.6	3819.7
B股	Stock B	49.06	78.16	84.42	77.79
股票流通市值(亿元)	Negotiable Market Capitalization(100 million yuan)	1877.95	2002.92	2455.99	3552.27
A股	Stock A	1599.38	1772.04	2223.95	3367.66
B股	Stock B	49.06	78.16	84.42	77.79
期货投资者开户数(万户)	Future Accounts Established (10000 units)	2.62	2.89	3.45	3.80
期货总成交量(万手)	Trading Volume of Future(10000 transactions)	2267.51	3256.26	3929.82	4484.15
期货总成交额(亿元)	Trading Turnover of Future(100 million yuan)	24234.81	34783.37	52191.29	91327.34

主要统计指标解释

信贷资金 国家银行用于发放贷款的资金叫信贷资金。中国人民银行信贷资金的来源有各项存款、对国际金融机构负债、流通中货币、银行自有资金及当年结益等。信贷资金的运用有各项贷款、黄金占款、外汇占款、财政借款及在国际金融机构中的资产等。

存款 企业、机关、团体或居民根据可以收回的原则，把货币资金存入银行或其他信用机构保管并取得一定利息的一种信用活动形式。根据存款对象的不同可划分：企业存款、财政存款、机关团体存款、对外贸易存款、城乡居民储蓄存款和农村存款等科目，它是银行信贷资金的主要来源。

贷款 银行或其他信用机构根据必须归还的原则，按一定利率，为企业、个人等提供资金的一种信用活动形式。我国银行贷款，分流动资金贷款、固定资产贷款、城乡个体工商户贷款以及农业贷款等科目。

保险金额 指保险人承担赔偿或者给付保险金责任的最高限额。

保费 指投保人为取得保险人在约定范围内所承担赔偿责任而支付给保险人的费用。

赔偿 指保险人根据保险合同的规定，向被保险人支付的赔偿保险责任损失的金额。

Explanatory Notes on Main Statistical Indicators

Credit Funds refer to the monetary funds accumulated and distributed in the means of credit by the financial institutions. The sources of credit funds include various deposits, financial bonds, liabilities to international financial institutions, currency in circulation, other items. The uses of credit funds include loans, securities and investment, position for bullion and silver purchase, position for foreign exchange purchase, advances to treasury, and assets with international financial institutions.

Deposit is a form of credit by which enterprises, institutions, organizations or households can put money into banks and other credit institutions for safekeeping and interest earning under the principle of free withdrawal. According to different depositors, deposits are divided into enterprise deposits, fiscal deposits, deposits of government agencies and organizations, savings deposits of rural and urban households, agricultural savings deposits, entrusted deposits and other deposits. Deposits are major sources of the credit funds of banks.

Loan is a form of credit by which banks and other credit institutions provide funds at certain interest rate to enterprises and individuals in the light of the principle of unconditional repayment. Loans from Chinese banks include short-term loan, medium- term and long-term loans, entrusted loans, and other loans.

Amount Insured refers to the maximum that the insurant will get for the claim of the case insured.

Premium is the fee paid by the insurant to the insurer to obtain the obligation of compensation from the insurance within the agreed terms.

Settled Claim is the compensation paid by the insurer to the insurant in accordance with the insurance contract.

18

房地产开发

REAL ESTATE DEVELOPMENT

◆429/442

资料整理及英文翻译：石　磊

Ⅰ 简要说明

房地产开发统计资料的主要内容包括：全省房地产开发建设方面的基本情况，包括11个设区市的主要房地产统计数据。如：房地产开发投资额、房屋施工面积、房屋竣工面积、商品房销售面积、商品房销售额、房地产开发投资资金来源等。

统计范围：房地产开发投资统计的统计范围为各种登记注册类型的房地产开发公司、商品房建设公司及其他房地产开发单位统一开发的包括统代建、拆迁还建的住宅、厂房、仓库、饭店、宾馆、度假村、写字楼、办公楼等房屋建筑物和配套的服务设施、土地开发工程，如道路、给水、排水、供电、供热、通讯、平整场地等基础设施工程。包括实际从事房地产开发或经营活动的附营房地产开发单位。

资料来源：根据国家统计局制定的《房地产开发投资统计报表制度》搜集资料，由省统计局固定资产投资处整理汇总。

统计调查方法：由各级统计部门采取全面调查方法，执行企业一套表，由企业网上直报。

Ⅰ Brief Introduction

Main Contents of Real Estate Statistic: Datas in this chapter show the general situation and the development of real estate, They cover the situation of real estate of the 11 cities in the whole Jiangxi Province. For instance,the value of real estate development, floor space under construction, floor space completed, floor space sold, value of house sold,the sourse of funds for the development of construction.

Scope of Statistics: The scope of the development of real estate statistics covers the investment by the real estate development companies, commercial buildings construction companies and other real estate development units of various types of ownership in the construction of house buildings, such as residential buildings, factory buildings, warehouses, hotels, guesthouses, holiday villages, office buildings, and the complementary service facilities and land development projects, such as roads, water supply, water drainage, power supply, heating, telecommunications, land leveling and other projects of infrastructure. It includes practical in the real estate development or business activities of the business of real estate development unit.

Sources of Data: Datas on Real Estate Statistic are collected in accordance with the Reporting Form System of the Development of Real Estate Statistics stipulated by the National Bureau of Statistics and provided by Fixed Assets Investment Division of Jiangxi Provincial Bureau of Statistics.

Methods of Survey The Data are from comprehensive collection and report by local level statistical bureans.

18-1 房地产开发与经营主要指标

Main Indicators of Enterprises for Real Estate Development

指 标	Item	2000	2005	2010	2014	2015
企业个数(个)	**Number of Enterprises**	**539**	**1824**	**2141**	**2077**	**2187**
房地产开发投资(万元)	**Total Investment in Real Estate Development(10000 yuan)**	**423705**	**3010982**	**7068222**	**13224909**	**15200985**
按登记注册类型分	Grouped by Registration Status					
内 资	Domestic Funds	319440	2596827	6355494	12528103	14579617
#国 有	State-Owned Units	143139	201199	378676	164216	270560
集 体	Collective-Owned Units	39137	33198	20283	2503	
股份合作	Cooperative Units	16395	49932	31746	5565	21623
联 营	Joint Ownership Units	627	4280	10683		
有限责任公司	Limited liability Corporations	29918	1053487	3037481	7068110	8750866
股份有限公司	Share-holding Corporations Ltd.	16114	333554	779993	696300	585573
私 营	Private Enterprises	73810	854028	2033226	4575744	4927575
其 他	Others	300	67149	63406	15665	23420
港澳台商投资	Funds from Hong Kong,Macao and Taiwan	63317	243112	552561	546515	545447
外商投资	Foreign Funds	40948	171043	160167	150291	75921
按构成分	Grouped by Use of Funds					
建筑工程	Construction	294410	2089989	4920441	9411069	10448626
安装工程	Installation	10658	97839	422486	1241277	1821665
设备工器具购置	Purchase of Equipment and Instruments	2704	23842	135226	176563	231538
其他费用	Others	115933	799312	1590069	2396000	2699156
#土地购置费	Land Purchase	66281	593283	1098952	1796430	2105429
按工程用途分	Grouped by Use of Projects					
住 宅	Residential Buildings	264555	2081628	5447742	9719227	11130924
#别墅、高档公寓	Villas、High-grade Apartments	14316	55694	181581	338386	333958

18-1 续表 continued

指　　标	Item	2000	2005	2010	2014	2015
办公楼	Office Buildings	14324	44861	110064	539721	521100
商业营业用房	Houses for Bussiness Use	67984	456512	781411	1986456	2393860
其　他	Others	76842	427981	729005	979505	1155101
本年新增固定资产	**Newly Increased Fixed Assets this Year**	**294124**	**1486566**	**3898732**	**6043879**	**6676396**
土地开发(万平方米)	**Land Space Developed (10000 sq.m)**					
本年购置土地面积	Land Space Purchased this Year	287.81	1517.92	777.15	918.20	542.89
资金来源(万元)	**Sources of Funds(10000 yuan)**					
本年资金来源小计	Sources of Funds This Year	444086	3295995	10081606	19458480	21013298
国内贷款	Domestic Loans	71414	460301	1464036	2559744	2308154
#银行贷款	Bank Loans		449328	1412902	2327578	2063823
非银行金融机构贷款	Non-banking Financial Institutions Loans		10973	51134	232166	244331
利用外资	Foreign Investment	33925	38527	28979	3885	61412
#外商直接投资	Foreign Direct Investment	32997	25605	28979	3885	61412
自筹资金	Self-raising Funds	134697	1448201	3912925	6065001	7307833
#自有资金	Enterprises and Institutions Self-own Fund	68906	969826	1688924	2223512	2639608
其他资金来源	Others	202730	1348966	4675666	10829850	11335899
#定金及预付款	Deposit and Advance Payment	164019	1091048	2542706	5494382	5852983
个人按揭贷款	Individual Credit		43322	1460827	3554048	4479961
房屋施工、竣工和销售、出租情况(万平方米)	**Floor Space of Buildings Under Construction and Completed、 On Sale and for Rent(10000 sq.m)**					
房屋施工面积	Floor Space under Construction	896.62	4508.16	7229.94	13332.64	15293.60
#新开工面积	Started this Year	490.92	2490.82	2344.98	3348.42	3704.87
房屋竣工面积	Floor Space Completed	402.80	1561.54	1817.74	1871.79	1907.89
商品房销售面积	Floor Space of Commercialized Buildings Sold	286.69	1650.12	2469.73	3067.16	3478.23
商品房销售额(万元)	Total Sales of Commercialized Buildings(10000 yuan)	272008	2522496	7764058	16217649	18636712
商品房出租面积	Floor Space of Commercialized Buildings for Rent	4.67	168.94	23.66	13.66	5.96
商品房待售面积	Eloor Space of Commercialized Bulidings Lying Idle	102.90	228.89	357.99	1179.99	1496.06

18-2 房地产开发房屋施工、竣工、销售与出租情况（2015年）

Residential Buildings under Construction，Completed，Sale and for Rent of Real Estate Development (2015)

指　　标	Item	合 计 Total	住　宅 Residential Budildings	#90平方米及以下住房 Housing of 90 Squre Metres and Below
房屋施工面积(平方米)	Floor Space under Construction(sq.m)	152936025	111577446	20297672
#新开工面积	Started This Year	37048704	26032558	4497374
房屋竣工面积(平方米)	Floor Space Completed(sq.m)	19078851	15313553	2706441
房屋竣工价值(万元)	Value of Buildings Completed(10000 yuan)	5058966	3938707	684717
商品房销售面积(平方米)	Floor Space of Commercialized Buildings Sold (sq.m)	34782264	31458323	4549858
#现房销售面积	Floor Space of Marketable Housing Sold	6907877	5966916	975375
期房销售面积	Floor Space of Future Marketable Housing Sold	27874387	25491407	3574483
出租房屋面积(平方米)	Floor Space for Rent (sq.m)	59626		
不可销售面积(平方米)	Floor Space Unsalable (sq.m)	487347	121861	39125
待售面积(平方米)	Floor Space Lying Idle (sq.m)	14960599	10321301	1351825
商品房销售额(万元)	Total Sales of Commarcialized Buildings (10000 yuan)	18636712	16066662	2450615
#现房销售额	Sale of Marketable Housing	3391870	2700365	458028
期房销售额	Sale of Futures Marketable Housing	15244842	13366297	1992587

18-2 续表 continued

指　　标	Item	#别墅、高档公寓 Villas, High-grade Apartments	办公楼 Office Buildings	商业营业用房 Houses for Bussiness Use	其　他 Other
房屋施工面积(平方米)	Floor Space under Construction(sq.m)	3261000	5337082	21938201	14083296
#新开工面积	Started This Year	481275	988897	6632695	3394554
房屋竣工面积(平方米)	Floor Space Completed(sq.m)	392070	283871	2396953	1084474
房屋竣工价值(万元)	Value of Buildings Completed(10000 yuan)	193381	94391	779344	246524
商品房销售面积(平方米)	Floor Space of Commercialized Buildings Sold (sq.m)	427795	506063	2204318	613560
#现房销售面积	Floor Space of Marketable Housing Sold	160072	119319	695253	126389
期房销售面积	Floor Space of Future Marketable Housing Sold	267723	386744	1509065	487171
出租房屋面积(平方米)	Floor Space for Rent (sq.m)		4875	54751	
不可销售面积(平方米)	Floor Space Unsalable (sq.m)	208	11628	105905	247953
待售面积(平方米)	Floor Space Lying Idle (sq.m)	487339	322148	3504013	813137
商品房销售额(万元)	Total Sales of Commarcialized Buildings (10000 yuan)	332295	343340	1913901	312809
#现房销售额	Sale of Marketable Housing	105574	81395	555610	54500
期房销售额	Sale of Futures Marketable Housing	226721	261945	1358291	258309

18-3 按登记注册类型分的房地产开发投资（2015年）

单位:万元

指 标	Item	合 计 Total	内 资 Domestic Funds	国 有 State-Owned Units
投资总额	**Total Investment**	**15200985**	**14579617**	**270560**
按构成分	Grouped by Use of Funds			
建筑工程	Construction	10448626	10016646	212333
安装工程	Installation	1821665	1723491	6379
设备工器具购置	Purchase of Equipment and Instruments	231538	215128	1660
其他费用	Others	2699156	2624352	50188
按工程用途分	Grouped by Use of Projects			
住 宅	Residential Buildings	11130924	10722728	213660
#90平方米及以下住房	Housing of 90 Square Metres and below	2672260	2518611	71871
别墅、高档公寓	Villas、High-grade Apartments	333958	306686	1559
办公楼	Office Buildings	521100	478792	9005
商业营业用房	Houses for Bussiness Use	2393860	2280227	20421
其 他	Others	1155101	1097870	27474
本年资金来源合计	**Total Sources of Funds**	**28781844**	**26410535**	**334027**
上年末结余资金	Surplus Funds last Year	7768546	6636110	59263
本年资金来源小计	Sources of Funds This Year	21013298	19774425	274764
国内贷款	Domestic Loans	2308154	2254854	82297
#银行贷款	Bank Loans	2063823	2032823	81697
非银行金融机构贷款	Non-banking Financial Institutions Loans	244331	222031	600
利用外资	Foreign Investment	61412		
#外商直接投资	Foreign Direct Investment	61412		
自筹资金	Self-raising Funds	7307833	6966887	121881
#自有资金	Enterprises and Institutions Self-own Fund	2639608	2536788	47926
其他资金来源	Others	11335899	10552684	70586
#定金及预付款	Deposit and Advance Payment	5852983	5429039	29983
个人按揭贷款	Individual Credit	4479961	4132473	13078

Investment in Real Estate Development by Registration Status (2015)

(10000 yuan)

集 体 Collective-Owned Units	联 营 Joint Ownership Units	股份有限公司 Share-holding Corporations Ltd.	私营及个体投资 Private & Self-employed	其他内资 Others	港澳台商投资 Funds from Hong Kong, Macao and Taiwan	外商投资 Foreign Funds
		585573	**4927575**	**23420**	**545447**	**75921**
		436393	3414543	15198	374580	57400
		49197	589412	271	86822	11352
		7238	85139		15594	816
		92745	838481	7951	68451	6353
		440666	3580397	20293	344527	63669
		140044	650604	1580	132281	21368
		5937	90770		25746	1526
		42720	82849	126	41764	544
		59806	932519	323	104179	9454
		42381	331810	2678	54977	2254
215		**942208**	**8658248**	**31875**	**1826766**	**544543**
		173758	2125374	1513	767946	364490
215		768450	6532874	30362	1058820	180053
		63890	579932	8800	52300	1000
		53294	512624	8800	30000	1000
		10596	67308		22300	
					61412	
					61412	
		274511	2358375	9341	288094	52852
		167951	832896	6741	67288	35532
215		430049	3594567	12221	657014	126201
60		192204	1783926	5232	372213	51731
155		127074	1587678	5678	277619	69869

18-4 各地区房地产开发和经营指标（2015年）

指标	Item	全省 Total	南昌市 Nanchang	景德镇市 Jingdezhen
企业个数(个)	**Number of Enterprises (unit)**	**2187**	**528**	**76**
投资额和新增固定资产(万元)	**Investment And Newly Increased Fixed Assets(10000 yuan)**			
投资额	**Investment**	**15200985**	**4853714**	**274370**
按登记注册类型分	Grouped by Registration Status			
内资	Domestic Funds	14579617	14579617	4442265
#国有	State-Owned Units	270560	270560	25541
集体	Collective-Owned Units			
私营及个体	Individuals	4927575	4927575	734703
联营	Joint Ownership Units			
股份有限公司	Share-holding Corporations Ltd.	585573	585573	133176
其他内资	Others	23420	23420	16429
港澳台商投资	Funded by Entrepreneurs from Hong Kong, Macao and Taiwa	545447	545447	352570
外商投资	Enterprises with Foreign Investment	75921	75921	58879
按构成分	Grouped by Use of Funds			
建筑工程	Construction	10448626	3210569	220527
安装工程	Installation	1821665	732178	37369
设备工器具购置	Purchase of Equipment and Instruments	231538	42035	3605
其他费用	Others	2699156	868932	12869
#土地购置费	Land Purchase	2105429	676469	7387
按工程用途分	Grouped by Use of Projects			
住宅	Residential Buildings	11130924	3605633	238247
#90平方米及以下住房	Housing of 90 Square Metres and below	2672260	1197749	91176
别墅、高档公寓	Villas, High-grade Apartments	333958	137832	1000
办公楼	Office Buildings	521100	320358	2850
商业营业用房	Houses for Bussiness Use	2393860	581139	23847
其他	Others	1155101	346584	9426
本年新增固定资产(万元)	**Newly Increased Fixed Assets this Year (10000 yuan)**	**6676396**	**1382077**	**177446**
土地开发情况(平方米)	**Land Space Developed(Hectare)**			
本年购置土地面积	Land Space Purchased this Year	5428939	897012	50692
资金来源(万元)	**Source of Funds(10000 yuan)**			
本年资金来源小计	**Source of Funds this Year (10000 yuan)**	**21013298**	**7310396**	**495383**
国内贷款	Domestic Loans	2308154	1021177	57300
#银行贷款	Bank Loans	2063823	928437	57200
非银行金融机构贷款	Non-banking Financial Institutions Loans	244331	92740	100
利用外资	Foreign Investment	61412	61412	
#外商直接投资	Foreign Direct Investment	61412	61412	
自筹资金	Self-raising Funds	7307833	2025186	193461
#自有资金	Enterprises and Institutions Self-own Fund	2639608	941993	25972
其他资金来源	Others	11335899	4202621	244622
#定金及预付款	Deposit and Advance Payment	5852983	2433855	65641
个人按揭贷款	Individual Credit	4479961	1405240	107108
房屋施工、竣工和销售、出租情况(平方米)	**Floor Space of Buildings Under Construction and Completed, on Sale and for Rent**			
房屋施工面积	**Floor Space of Buildings under Construction(sq.m)**	**152936025**	**44589329**	**4028400**
住宅	Residential Buildings	111577446	30840042	3084845
#90平方米及以下住房	Housing of 90 square metres and below	20297672	8803301	846470
别墅、高档公寓	Villas, High-grade Apartments	3261000	1031122	5509
办公楼	Office Buildings	5337082	3513683	18637
商业营业用房	Houses for Bussiness Use	21938201	5052899	632723
其他	Others	14083296	5182705	292195

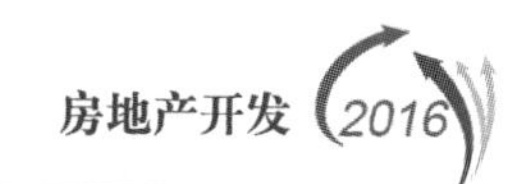

Development and Operating Indicators for Real Estate by Region (2015)

萍乡市 Pingxiang	九江市 Jiujiang	新余市 Xinyu	鹰潭市 Yingtan	赣州市 Ganzhou	吉安市 Ji'an	宜春市 Yichun	抚州市 Fuzhou	上饶市 Shangrao
78	**226**	**93**	**65**	**358**	**153**	**215**	**172**	**223**
454646	**1329104**	**263328**	**577610**	**2743545**	**820018**	**1490782**	**1100013**	**1293855**
274298	454646	1310355	248622	577350	2686364	784768	1422226	1084868
		9985			58402	128327	7500	36540
72484	179476	405121	114021	329739	1052886	340830	733413	348830
43700	30528	11628	33543	61190	11383	35104	46897	71086
					6741			250
		18734	14 706		53998	35250	55074	15115
72		15		260	3183		13482	30
332693	974203	217507	403233	1773104	621909	1036161	761435	897285
44162	119225	31241	50059	303092	86857	133850	157275	126357
2577	16364	3244	19857	53342	15826	41021	20308	13359
75214	219312	11336	104461	614007	95426	279750	160995	256854
49427	142823	4302	91123	513091	69700	228141	117803	205163
323008	951650	213490	426009	1795804	587034	1134413	884112	971524
82760	292065	36374	76430	229590	122291	168275	162208	213342
26376	6946	2140	8010	44867	5995	56050	16225	28517
270	14722	2367	3646	94038	25365	16516	13725	27243
109594	250173	28327	99412	525443	159785	283092	160092	172956
21774	112559	19144	48543	328260	47834	56761	42084	122132
206343	**457087**	**164029**	**398351**	**1071833**	**520280**	**1238400**	**529148**	**531402**
201959	654699	105301	452738	853784	264969	636510	723763	587512
713327	**1802793**	**393838**	**626579**	**3457769**	**1277586**	**1861197**	**1500356**	**1574074**
65150	198058	40491	21203	318775	167502	195667	88008	134823
65100	192058	37485	21203	235351	141741	193567	72408	119273
50	6000	3006		83424	25761	2100	15600	15550
276326	710888	87468	370297	1042750	514176	828694	591735	666852
108780	193544	18091	74916	269995	184336	341909	192100	287972
371851	893847	265879	235079	2096244	595908	836836	820613	772399
239300	507439	133931	123859	882779	311095	411009	380795	363280
94541	324978	113950	101973	1072116	203033	394438	293805	368779
4814585	**13267043**	**6288290**	**5626477**	**27978291**	**10340851**	**14544658**	**10731817**	**10726284**
3507012	10069780	4672200	4467318	18812507	7584426	11773587	8749406	8016323
631692	1563863	588743	666170	2055323	1131719	1309870	1445457	1255064
124550	167891	89078	138450	592231	50351	635162	78937	347719
13433	212531	71337	21383	751736	275970	161161	98351	198860
1007613	2215585	948104	566456	4744563	1732389	1904391	1423935	1709543
286527	769147	596649	571320	3669485	748066	705519	460125	801558

18-4 续表

指 标	Item	全 省 Total	南昌市 Nanchang	景德镇市 Jingdezhen
房屋新开工面积(平方米)	**Floor Space Started this Year(sq.m)**	**37048704**	**8545477**	**632041**
住 宅	Residential Buildings	26032558	5954560	554704
#90平方米及以下住房	Housing of 90 Square Metres and Below	4497374	1749560	141328
别墅、高档公寓	Villas、High-grade Apartments	481275	33438	1009
办公楼	Office Buildings	988897	477684	
商业营业用房	Houses for Bussiness Use	6632695	1125409	41234
其 他	Others	3394554	987824	36103
房屋竣工面积(平方米)	**Floor Space Completed(sq.m)**	**19078851**	**4338225**	**550158**
住 宅	Residential Buildings	15313553	3463131	367751
#90平方米及以下住房	Housing of 90 Square Metres and Below	2706441	1059604	149158
别墅、高档公寓	Villas、High-grade Apartments	392070	247518	4500
办公楼	Office Buildings	283871	167312	
商业营业用房	Houses for Bussiness Use	2396953	385153	147888
其 他	Others	1084474	322629	34519
竣工房屋价值(万元)	**Value of Buildings Completed(10000 yuan)**	**5058966**	**1128209**	**165461**
住 宅	Residential Buildings	3938707	913108	102172
#90平方米及以下住房	Housing of 90 Square Metres and Below	684717	264739	45088
别墅、高档公寓	Villas、High-grade Apartments	193381	108547	1500
办公楼	Office Buildings	94391	60170	
商业营业用房	Houses for Bussiness Use	779344	110693	50117
其 他	Others	246524	44238	13172
商品房销售面积(平方米)	**Floor Space Sold of Commercialized Buildings(sq.m)**	**34782264**	**9010158**	**676565**
住 宅	Residential Buildings	31458323	8159902	655997
#90平方米及以下住房	Housing of 90 Squre Metres and Below	4549858	1810327	118849
别墅、高档公寓	Villas、High-grade Apartments	427795	192405	
办公楼	Office Buildings	506063	305578	
商业营业用房	Houses for Bussiness Use	2204318	481189	19400
其 他	Others	613560	63489	1168
商品房出租面积(平方米)	**Floor Space for rent(sq.m)**	**59626**	**13530**	**11750**
住 宅	Residential Buildings			
#90平方米及以下住房	Housing of 90 Squre Metres and Below			
别墅、高档公寓	Villas、High-grade Apartments			
办公楼	Office Buildings	4875		
商业营业用房	Houses for Bussiness Use	54751	13530	11750
其 他	Others			
商品房待售面积(平方米)	**Floor Space Lying Idle (sq.m)**	**14960599**	**1982458**	**788191**
住 宅	Residential Buildings	10321301	1307791	586204
#90平方米及以下住房	Housing of 90 Square Metres and Below	1351825	330753	120351
别墅、高档公寓	Villas、High-grade Apartments	487339	191716	
办公楼	Office Buildings	322148	218508	1025
商业营业用房	Houses for Bussiness Use	3504013	365313	123108
其 他	Others	813137	90846	77854
商品房销售额(万元)	**Floor Space Sales(10000 yuan)**	**18636712**	**6420309**	**282914**
住 宅	Residential Buildings	16066662	5675529	264000
#90平方米及以下住房	Housing of 90 Square Metres and Below	2450615	1190186	49562
别墅、高档公寓	Villas、High-grade Apartments	332295	187399	
办公楼	Office Buildings	343340	214452	
商业营业用房	Houses for Bussiness Use	1913901	481482	18311
其 他	Others	312809	48846	603

continued

萍乡市 Pingxiang	九江市 Jiujiang	新余市 Xinyu	鹰潭市 Yingtan	赣州市 Ganzhou	吉安市 Ji'an	宜春市 Yichun	抚州市 Fuzhou	上饶市 Shangrao
1424959	**2849704**	**1146986**	**1793530**	**7967021**	**2459718**	**4156915**	**3035835**	**3036518**
781609	2037606	850038	1265774	5290998	1730252	3000845	2321673	2244499
130848	433440	152138	176595	404332	195564	378901	391779	342889
33753	20027		113543	98722	1700	130700	17 635	30748
	10263	32820	9572	140047	137685	82892	83043	14891
614123	672571	123783	267846	1655860	504535	696095	470818	460421
29227	129264	140345	250338	880116	87246	377083	160301	316707
533359	**1603967**	**485557**	**923180**	**3344854**	**1371677**	**2996165**	**1348140**	**1583569**
436516	1438085	381762	770795	2345772	1012902	2656408	1121422	1319009
142607	156363	20968	41478	257088	262397	270240	209208	137330
	56927			18093		16339		48693
	6909		6 242	15188	42695	11301	26012	8212
71336	124559	68855	97837	653392	238577	225993	180686	202677
25507	34414	34940	48306	330502	77503	102463	20020	53671
141426	**369964**	**99673**	**298683**	**888437**	**404784**	**793773**	**367646**	**400910**
111472	321258	75330	241486	575464	318521	666453	298299	315144
35617	28380	4403	14474	64496	61496	77991	54665	33368
	43200			9453		4825		25856
	4185		1 474	4377	12143	2841	7447	1754
26719	39394	15661	41768	216181	55501	99344	56286	67680
3235	5127	8682	13955	92415	18619	25135	5614	16332
895024	**3548528**	**996895**	**1295801**	**6697274**	**2088721**	**3219261**	**3564857**	**2789180**
796695	3272325	872782	1247014	5785008	1796973	3049421	3330395	2491811
92963	456416	62625	112812	434045	197092	331707	527160	405862
32541	24257	7791	13252	36988	33626	46922	7 168	32845
49 000	5019	32820		24573	38083	80	20295	30615
45869	229065	84424	44039	575252	207215	146493	189009	182363
3460	42119	6869	4748	312441	46450	23267	25158	84391
2504	**7916**					**5 051**	**14 000**	**4875**
								4 875
2504	7916					5 051	14 000	
852253	**2132982**	**1111102**	**474941**	**1788845**	**1103409**	**2262722**	**861897**	**1601799**
690178	1736146	726292	349922	920394	603024	1617334	565746	1218270
193845	175832	70350	10931	138151	34161	160512	41221	75718
22759	15 032	29693	13046	12268	29093	52144	7661	113927
1140	19070		6 130	32535	29724	2152	11 221	643
149192	346222	331948	63240	641329	311842	590315	257286	324218
11743	31544	52862	55 649	194587	158819	52921	27644	58668
433578	**1507982**	**414359**	**646265**	**3611884**	**921697**	**1383520**	**1645068**	**1369136**
337085	1322713	349531	599107	2883769	769707	1273754	1464252	1127215
42058	213666	28348	54090	221386	85112	163271	235000	167936
22683	18245	5162	8644	19422	14189	29797	4 516	22238
48 020	1997	16410		18983	10663	100	11749	20966
47040	171096	45537	44705	542524	124982	96774	150516	190934
1433	12176	2881	2453	166608	16345	12892	18551	30021

主要统计指标解释

房地产业 是指从事房地产开发、建设、经营、租赁及维修等活动的经济部门。按照国民经济行业划分的规定，房地产业包括房地产开发与经营、房地产管理和房地产经纪与代理业三部分内容。

房地产开发业 是房地产业的一个重要组成部分，是指进行商品房屋建设和土地开发及经营活动的企业和单位。

房地产开发投资额 是以货币形式表现的房地产开发企业（单位）在一定时期内进行房屋建设及土地开发所完成的工作量及有关费用的总称。

建筑工程 指各种房屋、建筑物的建造工程，又称建筑工作量。这部分投资额必须兴工动料，通过施工活动才能实现。

安装工程 指各种设备、装置的安装工程，又称安装工作量。

设备、工器具购置 指工业企业生产的产品转化为固定资产的购置活动，包括建设单位或企、事业单位购置或自制的，达到固定资产标准的设备、工具、器具的价值。

商品住宅 指房地产开发企业(单位)建设并出售、出租给使用者，仅供居住用的房屋。

别墅、高档公寓 指建筑造价和销售价格明显高于一般商品住宅的商品住宅。别墅一般指地处郊区，独立成栋的商品住宅；高档公寓一般指地处市内高尚社区，高层或多层的商品住宅。别墅、高档公寓的确定标准：一是经有房地产投资计划审批权的主管部门审批建设的别墅、高档公寓开发项目；二是销售价格高于当地同等地段商品住宅平均销售价格一倍以上的别墅、公寓开发项目。该指标可以分析房地产投资结构，反映高收入家庭商品住宅的供求平衡情况。

办公楼 指企业、事业、机关、团体、学校、医院等单位使用的各类办公用房(又称写字楼)。

本年新增固定资产 指在报告期已经完成建造和开发过程并交付使用的房屋和土地开发面积的价值。指房地产开发公司进行开发经营活动的最终成果，即为社会提供的固定资产，而且是在报告期内新增加的。不是反映房地产开发企业本身固定资产的增加。

本年资金来源合计 指房地产开发企业(单位)在本年内收到的可用于房地产开发和经营的各种资金来源数之和，包括上年末结余资金、本年度内拨入、借入或以各种方式筹集的资金。

上年末结余资金 指上年资金来源中没有形成投资额而结余的资金。包括尚未用到工程上去的材料价值、未开始安装的需要安装设备价值及结存的现金和银行存款等。可根据有关财务数字填报。上年末结余资金不能出现负数，即不能把上年应付工程、材料款作为上年末结余资金的负数来处理。

本年资金来源小计 指房地产开发企业(单位)实际拨入的，用于房地产开发的各种货币资金。包括国内贷款、利用外资、自筹资金和其他资金。

国内贷款 指报告期房地产开发企业(单位)向银行及非银行金融机构借入的用于房地产开发与经营的各种国内借款，包括银行利用自有资金及吸收的存款发放的贷款、上级主管部门拨入的国内贷款、国家专项贷款(包括煤代油贷款、劳改煤矿专项贷款等)，地方财政专项资金安排的贷款、国内储备贷款、周转贷款等。

银行贷款 指向各商业银行、政策性银行借入的用于房地产开发与经营的各项贷款。

利用外资 指报告期收到的用于房地产开发与经营的境外资金(包括外国及港澳台地区)，包括外商直接投资、对外借款(外国政府贷款、国际金融组织贷款、出口信贷、外国银行商业贷款、对外发行债券和股票)及外商其他投资(包括补偿贸易和加工装配由外商提供的设备价款、国际租赁)。不包括我国自有外汇资金(包括国家外汇、地方外汇、留成外汇、调剂外汇和中国银行自有资金发行的外汇贷款等)。各类外资按报告期的外汇牌价(中间价)折成人民币“万元”计算。

自筹资金 指各地区、各部门及企事业单位筹集用于房地产开发与经营的预算外资金。

其他资金来源 指在报告期收到的除以上各种资金之外其他用于房地产开发与经营的资金。包括国家预算内资金、债券、社会集资、个人资金、无偿捐赠的资金及用征地迁移补偿费、移民费等进行房地产开发的资金。

房屋施工面积 指报告期内施工的全部房屋建筑面积。包括本期新开工的面积和上年开工跨入本期继续施工的房屋面积，以及上期已停建在本期恢复施工的房屋面积。本期竣工和本期施工后又停建缓建的房屋面积仍包括在施工面积中，多层建筑应填各层建筑面积之和。

房屋竣工面积 指报告期内房屋建筑按照设计要求已全部完工，达到住人和使用条件，经验收鉴定合格或达到竣工验收标准，可正式移交使用的各栋房屋建筑面积的总和。

竣工房屋价值 指在报告期内竣工房屋本身的建造价值。

竣工房屋的价值一般按房屋设计和预算规定的内容计算。包括竣工房屋本身的基础、结构、屋面、装修以及水、电、卫等附属工程的建筑价值，也包括作为房屋建筑组成部分而列入房屋建筑工程预算内的设备(如电梯、通风设备等)的购置和安装费用；不包括厂房内的工艺设备、工艺管线的购置和安装，工艺设备基础的建造；办公和生活用家具的购置等费用；购置土地的费用；迁移补偿费和场地平整的费用及城市建设配套投资。竣工房屋价值一般按结算价格计算。

出租房屋面积 指在报告期期末房屋开发单位出租的商品房屋的全部面积。

商品房销售面积 指报告期内出售商品房屋的合同总面积(即双方签署的正式买卖合同中所确定的建筑面积)。由现房销售建筑面积和期房销售建筑面积两部分组成。

商品房销售额 指报告期内出售商品房屋的合同总价款(即双方签署的正式买卖合同中所确定的合同总价)。该指标与商品房销售面积同口径，由现房销售额和期房销售额两部分组成。

待售面积 指报告期末已竣工的可供销售或出租的商品房屋建筑面积中，尚未销售或出租的商品房屋建筑面积，包括以前年度竣工和本期竣工的房屋面积，但不包括报告期已竣工的拆迁还建、统建代建、公共配套建筑、房地产公司自用及周转房等不可销售或出租的房屋面积。

本年购置土地面积 指在本年内通过各种方式获得土地使用权的土地面积。

Explanatory Notes on Main Statistical Indicators

Real Estate Industry refers to those engaged in real estate development,construction,management,leasing and maintenance activities in the sectors of the economy. In accordance with the provisions of the national economy sectors, the real estate industry including real estate development and management, property management and real estate brokers and agents part of the contents of the three.

Real Estate Development Industry is an important component of real estate industry ,refers to enterprises and units engaged in housing construction and land development and management.

Value of Real Estate Development Investment is in the form of money in real estate development enterprises (units) in a certain period for housing construction and land development by the workload and related costs.

Construction refers to the construction of houses and buildings,also called work volume of construction.This part of investment can only be realized under construction.

Installation refers to the installation of various kinds of equipment and instruments,also called work volume of installation.

Purchase of Equipment and Instruments Purchase of equipment and instruments refers to the total value of equipment, tools, and instruments purchased or self-produced which come up to the cut-off point for fixed assets by the construction units or investing enterprises or institutions.

Residential Buildings refers to buildings built and sod, least to users, only used for living .

Villas、High-grade Apartments refers to commercial houses whose construction costs and marketing prices are significantly higher than ordinary housing.Villas are independent structures generally located in the suburbs;high-grade apartments are multi-story buildings located in elegant urban neighborhoods.Criteria for villas and high-grade apartments include:1） projects for the construction of villas or high-grade apartments have to be approved by comprtent departments in charge of real estate development and investment plans,and 2)prices for projects on villas or high-grade apartments are higher by over 100% compared with the average prices of ordinary commercial housing projects in similar location.This indicator helps to analyze the investment structure of the real estate industry and the demand and supply of housing for high-income households.

Office Buildings refers to office space for enterprise, business, institutions, organizations, schools, hospitals and other units .

Newly Increased Fixed Assets This year refer to the newly increased value of fixed assets,constructed or purchased,that have been transferred to the investors.This is an indicator that demonstrates the results of investment in fixed assets in monetary terms,and an important indicator to reflect the speed of construction and to calculate the efficiency of investement.

Total source of funds refers to the various funds received by real estate enterprises in this year for the purpose of construction and purchase of investment in real estate. It includes balance of funds brought forward from the previous year, funds appropriated and brought in this year, and funds collected by various ways.

Surplus Funds Last Year refers to the surplus funds which didn't form the investment in fixed assets in the sources of funds in previous year. It includes material values that will be used in the projects, facilities values that must be and will be installed, and surplus cashes and deposits in bank.

Sources of Funds This Year refers to the monetary funds received by investing enterprises during the reference period for the purpose of investment in fixed assets. It includes funds from domestic loans, foreign investment, self-raised funds, and others.

Domestic Loans refer to loans of various forms borrowed by investing units from banks and non-bank financial institutions during the reference period, including loans issued by banks from their self-owned funds and deposit, loans appropriated by higher responsible authorities, special loans by government (including loan for substituting petroleum with coal, special loan for reform-through-labour coal mines), loans arranged by local government from special funds, domestic reserve loan, and working loan, etc.

Bank Loans refers to loans for real estate development and management brought from commercial banks and policy banks.

Foreign Investment refers to foreign funds received during the reference period for investment in fixed assets (covering equipment, materials and technology), including foreign direct investment, foreign borrowings (loans from foreign governments and international financial institutions, export credit, commercial loans from foreign banks, issuance of bonds and stocks overseas), and other foreign investment (covering facilities' funds provided by foreign investment by compensation trade and processing & assembly, as well as international lease).

Self-raising Funds refer to extra-budgetary funds for investment in fixed assets received by investing units from central government ministries, local governments, enterprises and institutions during the reference period.

Others Sources of Funds refer to funds for investment in fixed assets received from the sources other than those listed above, including funds raised from social and individuals, through donations, and funds transferred from other units.

Floor Space under Construction refers to total floor space of all buildings under construction during the reference period, including floor space of newly started buildings during the reference period, floor space of construction extended from the previous period to the current period, and floor space of construction suspended during the previous period and resumed in the current period. Floor space of construction completed in the current period, and floor space of construction started and then suspended in the current period are also included in the floor space under construction of the current year.

Floor Space Completed refers to the floor space of all buildings completed in the reference period, which have been appraised and accepted (or come up to the designed standards) and have been transferred to owner units.

Value of Buildings Completed refers to the intrinsic construction value of buildings completed in the reference period. It is figured by the rules of buildings design and budget, which not only includes the construction value of foundations, structure, furnishings, subsidiary projects such as water, electricity, toilet, etc. but also includes purchase and installation expenditures of facilities (such as lift, ventilation, etc.) listed into buildings budget as component of building construction. It excludes the purchase and installation of technical facilities, leads and lines in factories, construction of technical facilities' basis, expenditures of environment projects such as water, eructate, electricity, toilet, road projects, wall fended to earth outside, purchase of furniture in office or house, purchase of lands, as well as expenditures of move compensation and land leveling etc.

Floor Space of Buildings for rent refers to the total area for rent in the end of the reference period.

Floor Space of Commercialized Buildings Sold refers to total contracted area of commercialized housing (i.e. area of floor space as designated in the formal contracts signed by both sides) during the reference time. It constitutes floor space of completed housing and floor space of future housing.

Total Sales of Commercialized Buildings Sold refers to the total contracted value (i.e. value of sales/purchase for selling/purchase of commercialized housing as designated in the contract signed by both sides) during the reference time. This indicator has the same coverage as the area of commercialized housing sold, which constitutes floor space of completed housing and floor space of housing yet to be completed.

Floor Space Lying Idle refers he area has not yet sold or rent, including the housing area completed in the current period the previous year, but does not include demolition re-construction,united construction and the building of agents, public supporting the construction, real estate companies, such as swing space for personal use and not for sale or rental of housing area. has been completed in the reporting period.

Land Space Purchased This Year refers to the land area accessible by various means in current year.

19

科技、教育、文化

SCI-TECH,EDUCATION AND CULTURE

◆443/480

资料整理及英文翻译：黄小平(女)、万　玲、张家琦、曹淳隽

简要说明

本篇资料主要分为科技、教育、文化、新闻出版、广播电视四部分。

科技统计资料主要内容包括：国有企事业单位专业技术人员情况；独立核算的科研机构、高校及各类企事业单位的科技活动人员、研究与试验发展（R&D）活动、科技成果及奖励等情况；专利申请和授权情况；技术市场技术合同成交情况；科协系统科技活动情况等。

统计范围：科技活动统计资料包括全社会有科技活动的企事业单位，具体为：规模以上工业企业、独立核算的科研机构、普通高等学校以及国民经济其他行业中有研发活动的企业（单位）等。

资料来源：全省科技综合资料、各类企业科技资料由省统计局调查提供；独立核算的科研机构资料、技术市场资料由省科技厅调查提供；高校科技活动资料由省教育厅调查提供；国防科研机构资料由省国防科工委调查提供；专业技术人员资料由省人力资源保障厅调查提供；科协系统科技活动资料由省科协调查提供；专利由省知识产权局调查提供。

统计调查方法：规模以上工业企业、独立核算的科研机构、高校的科技活动资料采用全数调查取得，国民经济其他行业中有研发活动的企业（单位）数据为第二次R&D资源清查资料。

教育统计资料包括研究生教育、高等教育(普通教育本专科、成人教育本专科)、中等教育(高中阶段教育和初中阶段教育)、初等教育(小学)、学前教育、特殊教育(盲聋哑和弱智儿童学校等)以及教育经费等资料。主要指标包括学校数、在校学生数、招生数、毕业生数、教职工数和专任教师数等。资料来源于省教育厅，技工学校资料来源于省人力资源和社会保障厅。

文化统计资料主要包括艺术表演团体、艺术表演场所、公共图书馆、博物馆、文化馆、文化站、文物、文化产业、新闻出版、广播电视等资料，资料来源于省文化厅、省新闻出版广电局、省统计局。

新闻出版.广播电视资料主要包括各类报纸杂志、图书出版数量，全省广播电台、电视台数量，广播电视人口覆盖率，有线电视人口覆盖等资料。资料来源于省新闻出版广电局。

Brief Introduction

This chapter includes four parts: technology, education culture,Radio,Film and Television.

Data on technology mainly include: condition of professional scientific and technological personnel of state-owned enterprises and institutions; scientific and technological institutions with independent accounting system, scientific and technological personnel in universities and colleges and various enterprises or institutions, activities of R&D and scientific and technological achievements and prizes; condition on applied and certified patent applications domestically and overseas; the situation of signed technological contracts on technological market; scientific and technological activities within scientific and technological system.

Statistical scope: data on scientific and technological activities include all institutions of the society engaged in those activities. They are mainly: industrial enterprises above designed size, scientific and technological institutions with independent accounting system, universities and colleges enterprises with scientific and technological activities in other national economic industries.

Sources of data: Scientific and technological data on provincial level and various enterprises are from Jiangxi Bureau of Statistics. Data on scientific and technologic research institutions, technological markets and high and new-tech industrial zones are from Bureau of Science and Technology; Data on scientific and technological activities in universities and colleges are from Ministry of Education; Data on scientific research institutions for defense are from Commission of Science, Technology and Industry for Provincial Defense. Department of Human Resources and Social Security provide the data on the number of scientific and technological personnel. Jiangxi Science Association provides data on the scientific and technological activities. Data on supervision and checking of the products quality and patents are provided by Inspection and Quarantine and State Intellectual Property Office.

Statistical methodology: data on industrial enterprises above designed size, scientific and technological institutions with independent accounting system and scientific and technological activities of universities and colleges are collected through comprehensive reporting system. Data on enterprises with scientific and technological activities in other national economic industries are collected through the 2rd R&D survey.

The data on education cover the situations on postgraduates, higher education (universities and colleges), secondary education (senior and junior high schools), elementary education (primary schools), preschool education, special education (schools for the blind, deaf-mutes, and the retarded) and expenditure on education. The main indicators cover the number of schools, the number of students enrolled, the number of new students enrolled, the number of graduates, the number of staff and workers, the number of full-time teachers, sources and outlay of education fund, education expenditure from the state budget. The data are mainly provided by Bureau of Education. Data on the technical training schools are provided by the Bureau of Labor and Social Security.

Data on culture industry include show groups, art places, public libratories, museums, culture centers, culture satiations, relics, publishing and broadcasting. Data source from Jiangxi Bureau of Culture, Press Publication and Broadcasting Bureau, Bureau of Statistics.

Data on press and publication, radio and television mainly include publication of newspapers, magazines and books, number of radio and television stations, wire-TV coverage, and so on. Data source from Jiangxi Press and Publication Bureau of Radio and Television.

19-1 R&D 经费内部支出
R&D Internal Expenditure

年份 Year	R&D经费内部支出(万元) R&D Internal Expenditure (10000 yuan)	企业 Enterprises	#工业企业 Industrial Enterprises	科研机构 Science Institutions	高等院校 High Educations	其他 Others	R&D经费内部支出与GDP比值 Proportion of R&D Internal Expenditure in GDP (%)
2005	288244	219157	210844	34437	32253	2397	
2010	860691	671849	659161	93819	74108	20914	0.92
2011	967529	783482	769834	82488	79950	21609	0.83
2012	1136552	939633	925985	90599	85676	20644	0.88
2013	1354972	1115772	1106443	122711	95126	21363	0.94
2014	1531114	1295464	1284642	114192	100738	20721	0.97
2015	1731820	1484984	1474968	122029	103843	20963	1.04

19-2 研究与试验发展(R&D)情况（2015年）
Basic Statistics on Research and Experimental Development (2015)

项目	Item	总计 Total	企业 Enterprises	#工业企业 Industrial Enterprises	科研机构 Science Institutions	高等院校 High Educations	其他 Others
有R&D活动单位(个)	R&D Institutions(unit)	1531	1326	1282	74	60	71
R&D人员(人)	R&D Personnel (person)	78771	53488	51750	6040	13083	6160
#研究人员	Research Personnel	36726	18950	18110	4131	10576	3069
全时人员	Full-time	49318	35274	34288	5042	5516	3486
非全时人员	Non Full-time	29453	18214	17462	998	7567	2674
R&D人员折合全时当量(人年)	Full-time Equivalent of R&D Personnels (person-year)	46548	32321	31321	5361	5743	3123
R&D经费内部支出(万元)	R&D Interal Expenditure(10000 yuan)	1731820	1484984	1474968	122029	103843	20963
日常性支出	Routine	1450508	1276470	1267287	89717	70171	14150
#人员劳务费	Labour	411596	343057	336580	38973	17519	12047
资产性支出	Asset	281312	208514	207682	32312	33673	6814
#仪器和设备	Instruments and Facilities	263919	203991	203195	24867	28322	6740
政府资金	Government Funded	259870	61102	59554	110979	71121	16668
企业资金	Enterprises Funded	1432210	1402991	1394677	5140	21529	2551
境外资金	Overseas Fund	2741	2340	2340		357	44
其他资金	Other Funds	36999	18552	18398	5910	10837	1700
R&D经费外部支出(万元)	R&D External Expenditure(10000yuan)	80196	66351	66089	7986	5751	108

19-3 研究与试验发展(R&D)项目(课题)情况（2015年）
R&D Projects (2015)

指 标	Item	项目(课题)数（项） Number of Projects (item)	项目(课题)参加人员折合全时当量(人年) Full-time Equivalent of Project Personnel (person-year)	研究人员 Research Personel	项目(课题)经费内部支出(万元) Expenditure (10000 yuan)
总 计	**Total**	**25100**	**39636**	**16931**	**1563864**
企 业	Enterprises	4542	26868	8454	1384886
#工业企业	Enterprises Industrial	4403	26182	8074	1377970
科研机构	Science Institutions	1016	5092	3755	76222
高等院校	High Educations	18902	5723	4539	90609
其 他	Others	640	1954	183	12147

19-4 研究机构情况（2015年）
Scientific Research Institutions (2015)

指 标	Item	机构数（个） Number of Institutions (unit)	R&D人员（人） R&D Personnel (person)	#博士毕业 Doctor Graduates	#硕士毕业 Master Graduates	R&D经费支出（万元） Expenditure on R&D Activities (10000 yuan)	科研用仪器设备原价（万元） Prime Cost of Research Instruments (10000 yuan)
总 计	**Total**	**1376**	**28806**	**1851**	**4615**	**718588**	**968497**
企 业	Enterprises	914	19541	403	2282	568969	694583
#工业企业	Enterprises Industrial	838	18998	395	2250	566096	691298
科研机构	Science Institutions	118	6040	279	1427	122029	98095
高等院校	High Educations	298	2402	1150	762	24518	164846
其 他	Others	46	823	19	144	3072	10974

19-5 规模以上工业企业研究与试验发展情况

R&D Activities of Industrial Enterprises above Designated Size

指　　标	Item	2014	2015
企业基本情况	Basic Statistics		
企业数(个)	Number of Industrial Enterprises above Designated Size (unit)	9010	9954
#有R&D活动企业数	Enterprises with R&D Activties	1032	1282
#有研发机构企业数	Enterprises with Reserach Institutions	705	687
R&D活动人员情况	R&D Personnel		
R&D人员合计(人)	R&D Personnel (person)	50001	53000
#参加项目人员	Project Participated	44171	44819
管理和服务人员	Management and Service Personnel	5830	8181
#女性	Female	9831	11390
#研究人员	Researchers	18061	36931
#全时人员	Full-time	32734	38859
非全时人员	Non Full-time	17267	14141
R&D人员折合全时当量合计(人年)	Full-time Equivalent of R&D Personnels (person-year)	28803	32100
#研究人员	Researchers	10707	23321
#基础研究人员	Basic Research	6	
应用研究人员	Applied Research	416	932
试验发展人员	Experimental Research	28381	31168
R&D活动经费支出情况	R&D Expenditure		
R&D经费内部支出合计(万元)	R&D Interal Expenditure(10000 yuan)	1284642	1474968
#经常费支出	Routine	1092355	1267287
#人员劳务费	Labour	263954	354286
资产性支出	Asset	192287	207682
土建工程	Building Projects	4516	4487
仪器和设备	Instruments and Facilities	187771	203195
#基础研究支出	Basic Research	70	
应用研究支出	Applied Research	20806	38726
试验发展支出	Experimental Research	1263766	1436243
#政府资金	Government Funded	69038	59554
企业资金	Enterprises Funded	1192920	1394677
境外资金	Overseas Fund	1877	2340
其他资金	Other funds	20808	18398
R&D经费外部支出合计(万元)	R&D External Expenditure (10000 yuan)	79693	66089
#对境内研究机构支出	to Domestic Research Institutions	26005	27496
对境内高等学校支出	to Domestic Higher Education	8793	9370
对境内企业支出	to Domestic Enterprises		26828
对境外支出	to Foreign Institutions	2621	2396
全部R&D项目情况	R&D Projects		
项目数(个)	R&D Projects (unit)	4385	4403
项目人员折合全时当量(人年)	Participants (person-year)	25019	26982
项目经费内部支出	Expenditure (10000 yuan)	1102030	1377970
企业办研发机构情况	Scientific Research Institutions		
期末机构数	Institutions (unit)	845	838

19-5 续表 continued

指　　标	Item	2014	2015
机构人员合计(人)	Personnel (person)	35453	32304
#博士毕业	Doctors	682	687
硕士毕业	Masters	3278	3648
本科毕业	Undergraduates	21791	19399
机构经费支出(万元)	Expenditure on S&T Institutions (10000 yuan)	748648	745362
期末仪器和设备原价(万元)	Equipment (10000 yuan)	647170	691298
#进口	Exports	43013	69143
科技活动产出及相关情况	S&T Output		
自主知识产权情况	Proprietary Intellectual Property Rights		
专利申请数(件)	Numbers of Patent Applications (unit)	6825	8561
#发明专利	Inventions	2516	2522
期末有效发明专利数(件)	Numbers of Patent Applications Granted (unit)	3383	4765
#境外授权	Authorized Abroad	47	52
#已被实施	Implemented	1310	2562
专利所有权转让及许可数(件)	Ownership Transfer of Patent and License (unit)	395	140
专利所有权转让与许可收入(万元)	Revenue from Ownership Transfer of Patent and License (10000 yuan)	4286	1960
新产品开发、生产及销售情况	New Products Development, Production and Sale		
新产品开发项目数(个)	New Products (unit)	5139	4635
新产品开发经费支出(万元)	Expenditure on New Products Development (10000 yuan)	1291820	1445062
新产品产值(万元)	New Products Output (10000 yuan)	18719271	21408888
新产品销售收入(万元)	Sale Revenue of New Products (10000 yuan)	17563827	20586019
#出口	Exports	1668647	2165579
其他情况	**Others**		
发表科技论文	Number of S&T Paper Published (piece)	1583	1619
期末拥有注册商标(件)	Registered Trademarks Owned at Year-end (unit)	4934	5349
#境外注册	Registered Abroad	269	384
形成国家或行业标准(个)	National and Industrial Standards (item)	357	276
其他情况	**Others**		
政府相关政策落实情况	Government Policy Implementation		
使用来自政府部门的科技活动资金(万元)	S&T Funds from Government (10000 yuan)	93031	77120
研究开发费用加计扣除减免税(万元)	Tax Reliefs of R&D Expenditure Additional Deduction (10000 yuan)	46968	53063
高新技术企业减免税(万元)	Tax Reliefs of High-tech Enterprises (10000 yuan)	94783	84316
技术获取和技术改造情况(万元)	Technology Acquisititon and Renovation (10000 yuan)		
引进境外技术经费支出(万元)	Expenditure for Acquisition of Foreign Technology (10000 yuan)	38327	58442
引进技术的消化吸收经费支出(万元)	Expenditure for Assimilation of Technology (10000 yuan)	34281	19059
购买境内技术经费支出(万元)	Expenditure for Purchase of Domestic Technology (10000 yuan)	149268	90482
技术改造经费支出(万元)	Expenditure for Technical Renovation (10000 yuan)	953638	639762

19-6 各地区规模以上工业企业研发情况（2015年）

Main Statistics on R&D of Industrial Enterprises above Designated Size by Region (2015)

地区	Region	有R&D活动单位数（个）Enterprises with R&D Activties (unit)	R&D人员（人）R&D Personnel (person)	R&D内部经费支出（万元）R&D Interal Expenditure (10000 yuan)	R&D 项目数（项）R&D Projects (items)	研发机构数（个）R&D Institutions (unit)
全　省	**Provincial Total**	**1282**	**53000**	**1474968**	**4403**	**838**
南昌市	Nanchang	186	17544	433487	1295	146
景德镇市	Jingdezhen	72	4217	122089	271	45
萍乡市	Pingxiang	76	2133	40895	152	34
九江市	Jiujiang	138	3560	99311	352	72
新余市	Xinyu	52	3793	90065	215	38
鹰潭市	Yingtan	56	2995	232287	274	24
赣州市	Ganzhou	224	5210	151856	519	96
吉安市	Ji'an	124	3692	77040	263	108
宜春市	Yichun	169	5186	118396	547	160
抚州市	Fuzhou	113	2395	44526	359	69
上饶市	Shangrao	72	2275	65016	156	46

注：本表中专利授权量未包括工业企业。

a) Patent applications of industrial enterprises are not included in this table.

19-7 地方企事业单位专业技术人员(一)

Professional Technical Personnel in Local Institutions and Enterprises (I)

单位：人 (person)

类别	Type	2000	2005	2010	2014	2015
总　计	**Total**	**693530**	**693932**	**695946**	**719536**	**729989**
工程技术人员	Engineering	91360	74607	67728	73969	77911
农业技术人员	Agriculture	19470	19733	20391	20046	18337
卫生技术人员	Health Care	99631	110834	119861	125756	127305
科学研究人员	Scientific Research	2333	3840	2840	3303	2719
教学人员	Teaching	360818	399404	414664	434519	441951
其他人员	Others	119918	85514	70462	61943	61766

注：本表中事业单位专业技术人员不包含聘用人员。表19-8同。

a) Personnel contracts are not included in institution personnel in this table.The same applies to table 19-8.

19-8 地方企事业单位专业技术人员(二)
Professional Technical Personnel in Local Institutions and Enterprises (II)

类别	Type	人数(人) Personnel (person) 2014	2015	比重(%) Percentage (%) 2014	2015	平均每万人口专业技术人员(人) Professional Technical Staff per 10000 Population (person) 2014	2015	平均每万在岗职工专业技术人员(人) Professional Technical Staff per 10000 Staff and Workers (person) 2014	2015
总计	**Total**	**719536**	**729989**	**100.0**	**100.0**	**158**	**160**	**1810**	**1659**
工程技术人员	Engineering	73969	77911	10.3	10.7	16	17	186	177
农业技术人员	Agriculture	20046	18337	2.8	2.5	4	4	50	42
卫生技术人员	Health Care	125756	127305	17.5	17.4	28	28	316	289
科学研究人员	Scientific Research	3303	2719	0.5	0.4	1	1	8	6
教学人员	Teaching	434519	441951	60.4	60.5	96	97	1094	1004
其他人员	Others	61943	61766	8.6	8.5	14	13	156	140

19-9 地方企事业单位分行业专业技术人员（2015年）
Professional Technical Personnel in Local Institutions and Enterprises by Sector (2015)

单位：人 (person)

行业	Sector	合计 Total	事业单位 Institutions	企业单位 Enterprises
总计	**Total**	**729989**	**658125**	**71864**
农林牧渔业	Agriculture,Forestry,Animal Husbandry and Fishery	28418	25274	3144
采矿业	Mining	17166		17166
制造业	Manufacturing	18634	91	18543
电力、热力、燃气及水生产和供应业	Production and Supply of Electric Power,Gas and Water	2543	21	2522
建筑业	Construction	7378	453	6925
批发和零售业	Wholesale and Retail Trade	1486	102	1384
交通运输、仓储和邮政业	Transport,Storage and Post	15237	7596	7641
住宿和餐饮业	Hotel and Catering	253	92	161
信息传输、软件和信息技术服务业	Information Transmission,Computer Services and Software	526	526	
金融业	Financial Intermediation	8547		8547
房地产业	Real Estate	2481	1854	627
租赁和商务服务业	Leasing and Business Services	914	234	680
科学研究和技术服务业	Scientific Research,Technical Service and Geologic Prospecting	17411	15918	1493
水利、环境和公共设施管理业	Management of Water Conservancy,Environment and Public Facilities	9901	9345	556
居民服务、修理和其他服务业	Services to Households and Other Services	1834	713	1121
教育	Education	442316	442316	
卫生和社会工作	Health and Social Work	123119	123119	
文化、体育和娱乐业	Culture, Sports and Entertainment	13394	12040	1354
公共管理、社会保障和社会组织	Public Management, Social Welfare and Social Organization	18431	18431	

注：本表中事业单位专业技术人员包含聘用人员。表19-12同。

a)Personnel contract are included in institution personnel in this table.The same applies to table 19-12.

19-10 地方企业单位单位技术人员(一)(2015年)

Professional Technical Personnel in Local Enterprises(I) (2015)

单位：人 (person)

类别	Type	合 计 Total	高级职务 Senior	#正高级职务 High Senior	中级职务 Middle	初级职务 Junior	未聘任专业技术职务 Un-titled
合 计	**Total**	**71864**	**5514**	**325**	**19372**	**34379**	**12599**
按学历分	**by Schooling**						
研究生	Postgraduate	2815	674	76	1065	461	615
大学本科	Undergraduate	30044	4023	243	8827	12163	5031
大学专科	Junior College	24949	678	6	7104	12617	4550
中 专	Junior Secondary School	8296	104		1911	5416	865
高中及以下	Senior Secondary School and below	5760	35		465	3722	1538
按年龄分	**by Age**						
35岁及以下	35 and below	27657	198		4792	14423	8244
36岁至40岁	36-40	12398	640	6	3929	6145	1684
41岁至45岁	41-45	11442	1201	43	3770	5489	982
46岁至50岁	46-50	10384	1572	108	3500	4476	836
51岁至54岁	51-54	6474	1236	111	2363	2394	481
55岁及以上	55 and over	3509	667	57	1018	1452	372

19-11 地方企业单位单位技术人员(二)(2015年)

Professional Technical Personnel in Local Enterprises(II) (2015)

单位：人 (person)

类别	Type	合 计 Total	工程技术人员 Engineering	农业技术人员 Agriculture	卫生技术人员 Health Care	科学研究人员 Scientific Research	教学人员 Teaching	其 他 Others
合 计	**Total**	**71864**	**37787**	**482**	**3859**	**193**	**645**	**28898**
按学历分	**by Schooling**							
研究生	Postgraduate	2815	1832	1	49	51	27	855
大学本科	Undergraduate	30044	16657	55	1358	104	331	11539
大学专科	Junior College	24949	13203	151	1347	26	207	10015
中 专	Junior Secondary School	8296	4004	145	1014	11	64	3058
高中及以下	Senior Secondary School and below	5760	2091	130	91	1	16	3431
按年龄分	**by Age**							
35岁及以下	35 and below	27657	18222	60	1762	97	127	7389
36岁至40岁	36-40	12398	6186	92	585	21	74	5440
41岁至45岁	41-45	11442	4941	112	556	18	112	5703
46岁至50岁	46-50	10384	4313	95	525	31	148	5272
51岁至54岁	51-54	6474	2818	78	345	21	123	3089
55岁及以上	55 and over	3509	1307	45	86	5	61	2005

19-12 地方事业单位单位技术人员(一)(2015年)

Professional Technical Personnel in Local Institutions (I)(2015)

单位：人 (person)

类别	Type	合计 Total	工程技术人员 Engineering	农业技术人员 Agriculture	卫生技术人员 Health Care	科学研究人员 Scientific Research	教学人员 Teaching	其他 Others
合计	**Total**	**658125**	**40124**	**17855**	**123446**	**2526**	**441306**	**32868**
按学历分	**by Schooling**							
研究生	Postgraduate	29789	1742	252	5881	979	20312	623
大学本科	Undergraduate	280561	19750	4517	42371	1041	199345	13537
大学专科	Junior College	235743	13255	6831	41530	398	161161	12568
中专	Junior Secondary School	98590	4417	5143	29447	82	55466	4035
高中及以下	Senior Secondary School and below	13442	960	1112	4217	26	5022	2105
按年龄分	**by Age**							
35岁及以下	35 and below	246055	15399	4436	47812	811	167807	9790
36岁至40岁	36-40	116689	7687	4391	22606	478	74466	7061
41岁至45岁	41-45	100116	6182	3567	18223	337	65421	6386
46岁至50岁	46-50	91968	5718	2868	16776	408	61281	4917
51岁至54岁	51-54	62625	3551	1699	12586	320	41323	3146
55岁及以上	55 and over	40672	1587	894	5443	172	31008	1568

19-13 地方事业单位单位技术人员(二)(2015年)

Professional Technical Personnel in Local Institutions (II)(2015)

单位：人 (person)

类别	Type	合计 Total	高级岗位 Senior	中级岗位 Middle	初级岗位 Junior	其他等级人员 Others
合计	**Total**	**657726**	**91225**	**266963**	**285784**	**13754**
按学历分	**by Schooling**					
研究生	Postgraduate	29475	8024	12529	7258	1664
大学本科	Undergraduate	280485	59403	108310	106723	6049
大学专科	Junior College	235734	22211	98336	110732	4455
中专	Junior Secondary School	98590	1407	44722	51306	1155
高中及以下	Senior Secondary School and below	13442	180	3066	9765	431
按年龄分	**by Age**					
35岁及以下	35 and below	246055	1731	52971	178366	12987
36岁至40岁	36-40	116687	9240	61540	45578	329
41岁至45岁	41-45	100100	21009	55252	23690	149
46岁至50岁	46-50	91885	28587	43974	19209	115
51岁至54岁	51-54	62470	20700	30727	10952	91
55岁及以上	55 and over	40529	9958	22499	7989	83

19-14 政府部门属科技机构情况（2015年）

Government Administratied Science Institutions (2015)

类别	Type	机构数（个）Number of Institutions (unit)	从业人员总数（人）Total Number of Employees (person)	#单位在职科技活动人员 Personnel Engaged in S&T Activities	经费收入总额（千元）Total Income (1000yuan)	经费支出总额（千元）Total Expenditures (1000yuan)	#科技经费支出 On Science and Technology
总计	**Total**	**115**	**9046**	**6049**	**1736719**	**1724441**	**986356**
按隶属关系分	**Grouped by Jurisdiction of Management**						
中央部门属	Central Department Administratied	1	258	90	81038	77184	30229
地方部门属	Local Department Administratied	114	8788	5959	1655681	1647257	956127
省级部门属	Provincial Department Administratied	58	6098	4290	1380393	1380945	788969
地市级部门属	Municipal Departments Administratied	56	2690	1669	275288	266312	167158
按国民经济行业分	**Group by Sector**						
农、林、牧、渔业	Agriculture,Forestry,Animal Husbandry and Fishery	45	4160	2304	595979	574058	364218
采矿业	Mining	1	49	40	8017	8000	5809
制造业	Manufacturing	18	1032	769	208686	195292	92881
建筑业	Construction	2	137	86	53480	51520	8013
交通运输、仓储和邮政业	Transport,Storage and Post	1	262	147	61115	41714	13856
信息传输、软件和信息技术服务业	Information Transmission, Software and Information Technical Service	1	78	72	18183	15037	9815
科学研究和技术服务业	Scientific Research and Technical Service	37	2457	1954	513611	549412	361771
水利、环境和公共设施管理业	Management of Water Conservancy, Environment and Public Facilities	5	520	397	183852	209316	94689
卫生、社会工作	Health and Social Affairs	4	334	271	90391	76714	31959
文化、体育和娱乐业	Culture,Sports and Entertainment	1	17	9	3405	3378	3345
按学科领域分	**Grouped by Field of Study**						
自然科学领域	Natural Science	5	262	233	66345	75451	61804
农业科学领域	Agriculture Science	46	4414	2411	665509	678115	388765
医学科学领域	Medical Science	8	571	484	154629	131857	76368
工程科学与技术领域	Engineering Science and Technology	40	3270	2481	739595	731120	375925
社会、人文科学领域	Social and Human Science	16	529	440	110641	107898	83494
按地区分	**Grouped by Region**						
南昌市	Nanchang	58	5828	4246	1356399	1351248	765677
景德镇市	Jingdezhen	6	275	194	27997	28061	17986
萍乡市	Pingxiang	7	172	155	19544	19115	14298
九江市	Jiujiang	10	928	334	79695	83852	55301
新余市	Xinyu	3	293	123	88630	84776	34567
鹰潭市	Yingtan	2	27	24	2341	5681	5402
赣州市	Ganzhou	10	732	422	77790	76719	39458
吉安市	Ji'an	5	210	161	12150	12240	8150
宜春市	Yichun	4	159	130	35084	33138	23374
抚州市	Fuzhou	6	194	129	18771	18810	14845
上饶市	Shangrao	4	228	131	18318	10801	7298

19-15 县以上政府部门属自然科学研究与开发机构情况（2015年）

County and above Departments Administratied Natural Science Research and Development Institutions (2015)

类别	Type	机构数（个） Number of Institut-ions (unit)	从业人员 总数（人） Total Num-ber of Employ-ees (person)	#单位在职科技活动人员 Personnel Engaged in S&T Activities	经费收入 总额（千元） Total Income (1000yuan)	经费支出 总额（千元） Total Expe-nditures (1000yuan)	#科技经费支出 On Science and Techno-logy
总计	**Total**	**100**	**8532**	**5615**	**1630137**	**1621652**	**906850**
按隶属关系分	**Grouped by Jurisdiction of Management**						
中央部门属	Central Department Administratied	1	258	90	81038	77184	30229
地方部门属	Local Department Administratied	99	8274	5525	1549099	1544468	876621
省级部门属	Provincial Department Administratied	54	5791	4041	1302716	1305524	729010
地市级部门属	Municipal Departments Administratied	45	2483	1484	246383	238944	147611
按国民经济行业分	**Group by Sector**						
农、林、牧、渔业	Agriculture,Forestry,Animal Husbandry and Fishery	45	4160	2304	595979	574058	364218
采矿业	Mining	1	49	40	8017	8000	5809
制造业	Manufacturing	18	1032	769	208686	195292	92881
建筑业	Construction	2	137	86	53480	51520	8013
交通运输、仓储和邮政业	Transport,Storage and Post	1	262	147	61115	41714	13856
信息传输、软件和信息技术服务业	Information Transmission, Software and Information Technical Service	1	78	72	18183	15037	9815
科学研究和技术服务业	Scientific Research and Technical Service	23	1960	1529	410434	450001	285610
水利、环境和公共设施管理业	Management of Water Conservancy, Environment and Public Facilities	5	520	397	183852	209316	94689
卫生、社会工作	Health and Social Affairs	4	334	271	90391	76714	31959
按学科领域分	**Grouped by Field of Study**						
自然科学领域	Natural Science	4	226	197	60884	70893	57607
农业科学领域	Agriculture Science	46	4414	2411	665509	678115	388765
医学科学领域	Medical Science	8	571	484	154629	131857	76368
工程科学与技术领域	Engineering Science and Technology	40	3270	2481	739595	731120	375925
社会、人文科学领域	Social and Human Science	2	51	42	9520	9667	8185
按地区分	**Grouped by Region**						
南昌市	Nanchang	53	5485	3961	1273261	1271269	701521
景德镇市	Jingdezhen	5	253	172	24916	25259	16006
萍乡市	Pingxiang	6	159	142	18009	17599	13380
九江市	Jiujiang	9	904	316	76975	81151	53943
新余市	Xinyu	2	276	106	86092	82238	32525
鹰潭市	Yingtan	1	16	16	1325	4336	4252
赣州市	Ganzhou	9	709	399	75206	73433	37143
吉安市	Ji'an	4	199	151	11016	11106	7272
宜春市	Yichun	3	138	118	30320	29039	21037
抚州市	Fuzhou	5	179	117	16647	16779	13364
上饶市	Shangrao	3	214	117	16370	9443	6407

19-16 高等学校科技人力资源情况（2015年）

Basic Statistics on Higher Education for Human Resource (2015)

单位：人 (person)

类别	Type	总计 Total	高级 Senior	中级 Medium	初级 Junior	技术员 Technician	辅助人员 Assistant
合计	**Total**	**23993**	**7309**	**9666**	**6229**	**320**	**469**
按学科分	**Grouped by Field of Study**						
自然科学	Natural Science	3859	1500	1727	606	4	22
工程与技术	Engineering and Technology	8056	2810	3571	1556	61	58
医药科学	Medical Science	10264	2465	3676	3629	207	287
农业科学	Agricultural Science	493	234	219	39	1	
其他	Others	1321	300	473	399	47	102
按学历分	**Grouped by Schooling**						
博士研究生	Doctor-graduate	3506	1764	1623	117	2	
硕士研究生	Post-graduate	7654	1859	3615	2082	98	
大学本科	Undergraduate	8901	3358	3168	2155	220	
大学专科	Junior College	3107	257	974	1602		274
中专	Secondary Technical School	655	36	270	261		88
高中及以下	Senior Secondary School and below	170	35	16	12		107

注：本表数据为高校理工院校。表19-17同。
a) The data refers to polytechnic colleges in this table.The same applies to table 19-17.

19-17 高等学校科技项目情况（2015年）

Statistics on Scientific Projects in Schools of Higher Education (2015)

类别	Type	课题数(项) Number of Project (item)	当年投入(万元) Input This Year (10000 yuan)	当年支出经费(万元) Expenditures This Year (10000 yuan)	当年投入人员(人年) Staff Input This Year (person-year)	高级职务 Senior Title	中级职务 Middle Title	初级职务 Junior Title	其他 Others
总计	**Total**	**9883**	**121827**	**101361**	**5130.2**	**1814.9**	**2222.7**	**1017.7**	**74.9**
基础研究	Basic Research	3764	41850	35539	1800.0	638.2	773.3	364.2	24.3
应用研究	Applied Research	3936	45311	36671	2297.1	802.4	1020.3	445.2	29.2
试验发展	Experimental Development	840	14088	11252	463.3	171.7	145.9	135.3	10.4
R&D成果应用	R&D Production Application	573	9412	8060	282.9	106.5	130.1	36.3	10.0
其他科技服务	Other Scientific Services	770	11166	9840	286.9	96.1	153.1	36.7	1.0

19-18 科协系统科技活动情况（2015年）

Basic Statistics on S&T Activities of S&T Associations (2015)

指标	Item	科协合计 Total Number of Associations	省科协 Provincial Associations	市科协 Prefectural Associations	县科协 County Associations	省学会合计 Total Number of Learned Societies
机构与人员	**Number of Associations or Academic Societies and Personnel**					
机构数(个)	Number of Associations (unit)	112	1	11	100	114
人员数(人)	Number of Personnel (person)	636	33	134	469	637
举办学术交流活动	**Academic Exchange**					
次　数(次)	Number of Academic Meetings (time)	99	21	62	16	458
参加人数(人次)	Number of Participants (person-time)	13559	2200	9682	1677	48545
科普活动	**S&T Popularization Activities**					
科普宣讲活动(次)	Number of S&T Popularization Lectures (time)	2581	152	488	1941	610
受众人次(万人次)	Number of Participants (10 thousand person-time)	188.5	11.7	49.5	127.3	116.8
科普展览次数(次)	Number of S&T Popularization Exhibitio (time)	939	28	184	727	108
参观人次(万人次)	Number of Participants (10 thousand pers	202.0	125.0	23.7	53.3	1.4
出　版	**S&T Media**					
科技期刊种数(种)	Number of S&T Journals (kind)	8	2	3	3	45
科技期刊年发行总数(万册)	Printed Copies (copy)	6.1	2.8	2.4	0.9	53.4
科技挂图种数(种)	Number of S&T Hanging Charts (kind)	24	24			
科技挂图总印数(张)	Printed Copies (copy)	28.2	28.2			

19-19 技术市场基本情况

Basic Statistics on Technology Market

类别	Type	项数（项） Item (item)			成交额（万元） Transation Value (10000yuan)		
		2013	2014	2015	2013	2014	2015
总　计	**Total**	**1949**	**1429**	**1136**	**413688**	**507593**	**648282**
按签订的技术合同类别分	**Grouped by Signed Technological Contracts**						
技术开发合同	Technological Development Contract	1163	933	737	306093	259547	199664
技术转让合同	Technological Transfer Contract	231	192	174	63843	177299	238071
技术咨询合同	Technological Consultation Contract	205	90	61	10147	1124	85897
技术服务合同	Technological Service Contract	350	214	164	33604	69624	124650

19-20 专利申请受理量和授权量

Patents Application Accepted and Granted

单位：项 (unit)

类别	Type	受理量 Number of Patent Applications Examined					授权量 Number of Patent Applications Granted				
		2000	2005	2010	2014	2015	2000	2005	2010	2014	2015
总计	**Total**	**1557**	**2815**	**6307**	**25594**	**36936**	**1072**	**1361**	**4351**	**13831**	**24161**
按种类分	**Grouped by Types**										
发明	Inventions	267	713	1968	4689	5721	67	142	411	1033	1639
实用新型	Utility Models	806	1280	2947	11596	18621	690	717	2588	7637	13408
外观设计	Designs	484	822	1392	9309	12594	315	502	1352	5161	9114
按申请者分	**Grouped by Applicants**										
个人	Individuals	1303	2180	2960	9844	13938	854	1089	2313	5773	8615
大专院校	Universities and Colleges	6	62	855	3063	4072	6	12	428	1492	2558
科研单位	Research Institutions	18	19	90	370	494	11	11	58	188	250
工矿企业	Industrial and Mining Enterprises	222	546	2375	12180	18197	193	247	1539	6350	12671
机关团体	Government Agencies and Organizations	8	8	27	137	235	8	2	13	28	67

19-21 获国家级、省级科技奖项数

National-level and Provincial-level S&T Awards

单位：项 (unit)

类别	Type	2005	2010	2014	2015
国家级科学技术奖	National-level S&T Advancement Award	4	8	7	12
省级奖项合计	Total Provincial-level Awards	79	102	108	108
特别贡献奖	Special Contribution Award				1
国际合作奖	International Cooperation Award			2	
自然科学奖	Natural Science Award	8	11	19	14
一等奖	First Prize	1	2	2	
二等奖	Second Prize	3	3	7	6
三等奖	Third Prize	4	6	10	8
技术发明奖	Technology Invention Award	2	5	10	14
一等奖	First Prize	1	1		1
二等奖	Second Prize		1	6	6
三等奖	Third Prize	1	3	4	7
科技进步奖	S&T Advancement Award	69	86	77	79
一等奖	First Prize	4	5	5	7
二等奖	Second Prize	17	19	26	31
三等奖	Third Prize	48	62	46	41

19-22 各类全日制学校基本情况（2015年）

Total Enrollment of Full-time Schools by Type of School (2015)

单位：人 (person)

类别	Type	学校数（所） Number of Schools (unit)	在校学生数 Total Enrollment	招生数 New Enrollment	毕业生数 Graduates	教职工数 Teachers and Staff	#专任教师 Full-time Teachers
研究生	Post-graduates		28868	10313	8829		6889
普通高等学校	Regular Institutions of Higher Education	97	984489	309992	234541	78938	57271
普通中专学校	Regular Specialized Secondary School	75	249810	85644	82176	6953	5314
普通中学	Regular Secondary Schools	2591	2693114	921110	843369	210511	173885
高　中	Senior Secondary Schools	460	929129	320383	286870	86343	53156
初　中	Junior Secondary Schools	2131	1763985	600727	556499	124168	120729
职业中学	Secondary Vocational Schools	238	171793	66881	54826	9686	7845
高　中	Senior Secondary Vocational Schools	238	171193	66881	54826	9686	7845
技工学校	Technical Schools	97	122254	48032	35500	8904	6952
小　学	Primary Schools	9465	4223124	715910	593894	199618	215906
特殊教育学校	Special Education Schools	88	23761	4745	1925	1333	1221
幼儿园	Kindergartens	11870	1662501	946900	693719	123459	73221
工读学校	Schools for Juvenile Delinquents	2	305	251	112	36	31

19-23 各类全日制学校在校学生数

Total Enrollment of Full-time Schools by Type of School

类别	Type	1980	1990	2000	2010	2014	2015
研究生(人)	Post-graduates (person)	58	479	2118	21313	27660	28868
普通高等学校(人)	Regular Institutions of Higher Education (person)	35623	56608	144293	816484	916415	984489
普通中专学校(人)	Regular Specialized Secondary School (person)	40800	61675	160022	238744	258644	249810
普通中学(万人)	Regular Secondary Schools (10000 persons)	154.86	181.06	259.22	273.96	265.48	269.31
高　中	Senior Secondary Schools	28.01	26.23	38.53	73.96	90.47	92.91
初　中	Junior Secondary Schools	126.85	154.83	220.69	199.99	175.01	176.4
职业中学(万人)	Secondary Vocational Schools (10000 persons)	0.51	11.69	12.71	36.69	16.96	17.18
高　中	Senior Secondary Vocational Schools	0.15	9.17	10.72	36.64	16.96	17.18
初　中	Junior Secondary Vocational Schools	0.36	2.52	1.99	0.05		
技工学校(人)	Technical Schools (person)	13370	34237	34617	169564	141968	122254
小　学(万人)	Primary Schools (10000 persons)	529.3	450.44	422.68	426.02	412.98	422.31
特殊教育学校(人)	Special Education Schools (person)	485	1195	13142	23741	19765	23761
幼儿园(万人)	Kindergartens (10000 persons)	30.61	36.26	62.06	123.51	159.35	166.25

19-24 各类全日制学校毕业生数

Graduates in Full-time Schools by Type of School

类　别	Type	1980	1990	2000	2010	2014	2015
研究生(人)	Post-graduates (person)		215	409	4568	8122	8829
普通高等学校(人)	Regular Institutions of Higher Education (person)	3363	13616	24449	225943	240289	234541
普通中专学校(人)	Regular Specialized Secondary School (person)	11296	21040	45776	70542	74975	82176
普通中学(万人)	Regular Secondary Schools (10000 persons)	34.82	49.02	73.79	79.92	82.82	84.34
高　中	Senior Secondary Schools	15.83	8.39	9.19	26.25	27.70	28.69
初　中	Junior Secondary Schools	18.99	40.63	64.60	53.68	55.11	55.65
职业中学(万人)	Secondary Vocational Schools (10000 persons)	0.12	3.03	4.62	11.30	7.08	5.48
高　中	Senior Secondary Vocational Schools	0.08	2.39	3.88	11.27	7.08	5.48
初　中	Junior Secondary Vocational Schools	0.04	0.64	0.74	0.03		
技工学校(人)	Technical Schools(person)	297	9457	14740	51359	38795	35500
小　学(万人)	Primary Schools (10000 persons)	60.89	86.02	85.61	67.85	59.65	59.39
特殊教育(人)	Special Education Schools (person)	65	98	1073	2476	1638	1925

19-25 普通高等学校分学科学生情况（2015年）

Basic Statistics on Students in Regular Institutions of Higher Education by Field of Study (2015)

单位：人 (person)

类别	Type	在校学生数 Total Enrollment	招生数 New Enrollment	毕业生数 Graduates
总计	**Total**	**984489**	**309992**	**234541**
#女	Female	467697	148645	109105
本科	Undergraduate course	506759	126326	114970
#女	Female	245762	63262	54698
哲学	Philosophy	220	70	82
经济学	Economics	27144	6881	6336
法学	Law	13926	3572	3435
教育学	Education	18274	4544	3801
文学	Literature	45789	11306	12093
#外语	Foreign Language	27284	6671	7494
历史学	History	2138	606	397
理学	Science	26141	6573	6535
工学	Engineering	166474	40993	39118
农学	Agriculture	6343	1737	1325
医学	Medicine	42218	9194	8903
管理学	Management	99848	25358	22276
艺术学	Art	58244	15492	10669
专科	Specialized Undergraduate Courses	477730	183666	119571
#女	Female	221935	85383	54407
农林牧渔大类	Farming,Forestry,Husbandry and Fishing	5059	2093	1173
交通运输大类	Communication and Transportation	20060	7649	4336
生化与药品大类	Biochemistry and Medicine	2699	1191	753
资源开发与测绘大类	Resources Exploration,Surveying & Mapping	4541	1522	1349
材料与能源大类	Material and Energy	8567	3340	2335
土建大类	Civil Engineering	66933	21185	16153
水利大类	Water Conservancy	1861	744	161
制造大类	Manufactures	52276	20440	13080
电子信息大类	Electronic Information	42396	18332	9165
环保、气象与安全大类	Environmental Protection,Meteorology & Safety	1599	533	491
轻纺食品大类	Industrial Textiles and Food	7978	2634	2403
财经大类	Financial Economics	109936	43316	27357
医药卫生大类	Medicine and Health	46280	17870	12351
旅游大类	Tourism	9398	3433	2966
公共事业大类	Public Affairs	3522	1184	902
文化教育大类	Cultural Education	64694	26370	17636
艺术设计传媒大类	Art Design and Media	21481	8758	4179
公安大类	Public Security	2682	904	955
法律大类	Law	5768	2168	1826

注：本表中学生数不含在成人高校接受普通高等教育的学生数。
a) Students getting regular higher education in adult higher educaton are included in students of regular institutions of higher education.

19-26 普通中专学校分科学生数（2015年）

Number of Students in Regular Specialized Secondary School by Field of Study (2015)

单位：人 (person)

类别	Type	在校学生数 Total Enrollment	招生数 New Enrollment	#招收应届毕业生数 This Year's Graduates	#招收初中毕业生数 Junior Middle School Graduates	毕业生数 Graduates	专任教师 Full-time Teachers
总计	**Total**	**249756**	**85644**	**81404**	**80246**	**82176**	**5314**
#女	Female	153259	50188	48133	47591	53422	2580
农林牧渔类	Farming,Forestry,Husbandry and Fishing	4230	1117	1114	1109	2378	104
资源与环境类	Resources and Environment	765	74	74	66	624	23
能源与新能源类	Energy and New Energy	190	60	52	50	412	21
土木水利类	Civil and Hydraulic Engineering	12343	2878	2656	2487	4435	119
加工制造类	Manufacturing	24531	8677	8083	8025	8159	475
石油化工类	Petrochemical Industry	1199	360	360	360	686	11
轻纺食品类	Textile and Food	906	293	293	293	233	20
交通运输类	Communication & Transportation	14016	6041	5772	5693	3073	60
信息技术类	Information Technologies	31128	11601	11060	10961	10176	584
医药卫生类	Medicine and Health	64761	19579	17979	17464	24268	551
休闲保健类	Recreation and Health Care	546	166	156	156	235	10
财经商贸类	Finance Economics and Trade	24150	10308	9906	9776	6035	230
旅游服务类	Tourism and Service	6021	2722	2652	2649	1134	61
文化艺术类	Culture and Arts	6016	1790	1697	1642	1405	296
体育与健身	Physical Fitness	1315	480	480	464	367	167
教育类	Education	53285	17630	17203	17187	17504	251
司法服务类	Legal Service	1101	499	499	499	269	28
公共管理与服务类	Public Affairs and Services	1068	585	585	582	356	24
其他	Others	2185	784	783	783	427	2279

注：普通中等专业学校在校学生数含在普通高校接受普通中专教育的学生数。

a) Number of students in regular specialized secondary school include regular specialized secondary education in regular institutions of higher education.

19-27 各地区普通中专教育基本情况（2015年）

Basic Statistics on Regular Specialized Secondary School by Region (2015)

单位：人 (person)

地区	Region	学校数(所) Number of Schools(unit)	在校学生数 Total Enrollment	招生数 New Enrollment	毕业生数 Graduates	教职工数 Teachers and Staff	#专任教师 Full-time Teachers
全省	**Provincial Total**	**75**	**249756**	**81404**	**82176**	**6953**	**5314**
南昌市	Nanchang	33	99589	31479	30827	2631	1874
景德镇市	Jingdezhen	4	6556	2018	1645	446	345
萍乡市	Pingxiang	2	12172	4414	5097	516	413
九江市	Jiujiang	7	20085	7268	7617	566	460
新余市	Xinyu	5	4400	1395	1522	385	255
鹰潭市	Yingtan	2	5257	1452	1928	182	131
赣州市	Ganzhou	3	27089	8493	10304	346	296
吉安市	Ji'an	9	22045	7556	7758	772	653
宜春市	Yichun	1	11115	3610	2613	58	23
抚州市	Fuzhou	1	15487	5894	4093	198	178
上饶市	Shangrao	8	25961	7825	8772	853	686

19-28 各地区普通中学基本情况（2015年）

Basic Statistics on Regular Secondary Schools (2015)

单位：人 (person)

类 别	Type	学校数（所） Number of Schools (unit)	在校学生数 Total Enrollment	初中 Junior Secondary Schools	高中 Senior Secondary School	招生数 New Enrollment	初中 Junior Secondary Schools
全 省	**Provincial Total**	**2591**	**2693114**	**1763985**	**929129**	**921110**	**600727**
#女	Female		1194442	790832	403610	407587	266727
南昌市	Nanchang	285	293519	190085	103434	95977	61216
景德镇市	Jingdezhen	101	88512	56990	31522	31258	19486
萍乡市	Pingxiang	106	98534	63900	34634	33316	21433
九江市	Jiujiang	285	266672	164469	102203	91750	57148
新余市	Xinyu	40	64891	39082	25809	22271	13498
鹰潭市	Yingtan	82	60565	40355	20210	21927	14591
赣州市	Ganzhou	462	594467	406590	187877	201711	135924
吉安市	Ji'an	306	262434	167851	94583	90417	58203
宜春市	Yichun	243	319402	210891	108511	111974	72962
抚州市	Fuzhou	221	233469	150193	83276	75584	50090
上饶市	Shangrao	460	410649	273579	137070	144925	96176

注：初中各项指标中均含职业初中数据。
a) Data on junior secondary vocational schools are included in junior secondary vocational schools.

19-28 续表 continued

单位：人 (person)

类 别	Type	高中 Senior Secondary Schools	毕业学生数 Graduates	初中 Junior Secondary Schools	高中 Senior Secondary Schools	教职工数 Teachers and Staff	#专任教师 Full-time Teachers
全 省	**Provincial Total**	**320383**	**843369**	**556499**	**286870**	**210511**	**173885**
#女	Female	140860	376073	254265	121808	89671	68998
南昌市	Nanchang	34761	97585	64947	32638	26087	19634
景德镇市	Jingdezhen	11772	28187	18524	9663	7835	6898
萍乡市	Pingxiang	11883	32578	20910	11668	9448	7442
九江市	Jiujiang	34602	84413	51353	33060	20773	17396
新余市	Xinyu	8773	21081	13000	8081	4954	4238
鹰潭市	Yingtan	7336	18099	11581	6518	6320	4652
赣州市	Ganzhou	65787	184236	126877	57359	40113	35075
吉安市	Ji'an	32214	82669	52487	30182	21161	18242
宜春市	Yichun	39012	95664	64766	30898	22387	19169
抚州市	Fuzhou	25494	73648	48162	25486	16302	14359
上饶市	Shangrao	48749	125209	83892	41317	35131	26780

19-29 中等职业学校基本情况（2015年）
Basic Statistics on Secondary Vocational Education by Type of School (2015)

单位：人 (person)

类别	Type	学校数(所) Number of Schools (unit)	在校学生数 Total Enrollment	招生数 New Enrollment	毕业生数 Graduates	教职工数 Teachers and Staff	#专任教师 Full-time Teachers
总计	**Total**	**400**	**431 205**	**157100**	**139595**	**19216**	**14921**
#女	Female		238730	83274	79596	8038	6359
全日制	Full-time		428133	155678	138271		
非全日制	Part-time		3072	1422	1324		
按办学类型分:	Grouped by School Types						
普通中等专业学校	Regular Specialized Secondary School	75	165711	57860	58285	6953	5314
成人中等专业学校	Adult Specialized Secondary School	87	8053	3311	1554	2382	1591
职业高中学校	Vocational Junior Secondary School	238	169303	65794	54547	9686	7845
其他机构	Others		1843	144	1539	195	171
附设中职班	Secondary Vocational School Attached		86295	29991	23670		
按举办部门分:	Grouped by Administrative Department						
中央部门	Central Department	1	266	59	61	34	17
地方部门	Regional Department	261	369802	132844	118128	15349	12273
教育部门	Educational Department	220	246101	92341	76049	11359	9490
其他部门	Other Departments	40	120763	39349	41841	3854	2688
地方企业	Local Enterprise	1	2938	1154	238	136	95
民办	Privately-run	138	61137	24197	21406	3833	2631

19-30 各地区职业高中基本情况（2015年）
Basic Statistics on Vocational Secondary Schools by Region (2015)

单位：人 (person)

地区	Region	学校数(所) Number of Schools (unit)	在校学生数 Total Enrollment	招生数 New Enrollment	毕业生数 Graduates	教职工数 Teachers and Staff	#专任教师 Full-time Teachers
全省	**Provincial Total**	**238**	**171793**	**66881**	**54826**	**9686**	**7845**
#女	Female		80306	30901	24590	3697	3029
南昌市	Nanchang	18	8529	3186	2319	488	315
景德镇市	Jingdezhen	11	1453	583	381	134	120
萍乡市	Pingxiang	14	11806	3990	4082	667	549
九江市	Jiujiang	21	12556	5117	5064	958	774
新余市	Xinyu	12	13011	4727	3636	640	484
鹰潭市	Yingtan	7	2245	567	1066	211	187
赣州市	Ganzhou	48	57068	23009	17056	2883	2245
吉安市	Ji'an	30	14354	6088	5907	653	552
宜春市	Yichun	25	21415	8542	5934	1422	1252
抚州市	Fuzhou	25	13772	4728	4842	844	751
上饶市	Shangrao	27	15584	6344	4539	786	616

19-31 职业高中分科学生情况（2015年）

Students of Senior Secondary Vocational School by Field of Study (2015)

单位：人 (person)

类　　别	Type	在校学生数 Total Enrollment	招 生 数 New Enrollment	毕业生数 Graduates
总　　计	**Total**	**171793**	**66881**	**54826**
#女	Female	80306	30901	24590
农林牧渔类	Farming,Forestry,Husbandry and Fishing	7979	2855	3916
资源环境类	Resources and Environment	104		21
能源与新能源类	Energy and New Energy			
土木水利类	Civil and Hydraulic Engineering	1300	525	104
加工制造类	Manufacturing	24582	8693	8967
石油化工类	Petrochemical Industry	22	22	
轻纺食品类	Textile and Food	1818	366	745
交通运输类	Communication & Transportation	19695	8366	4218
信息技术类	Information Technologies	52224	20372	18697
医药卫生类	Medicine and Health	1843	641	582
休闲保健类	Recreation and Health Care	121	45	86
财经商贸类	Finance Economics and Trade	9619	4696	2254
旅游服务类	Tourism and Service	8435	2998	2664
文化艺术类	Culture, Arts and Physical Education	5857	2000	2334
体育与健身类	Physical Fitness	1290	534	210
教育类	Education	26451	10401	6818
司法服务类	Legal Service	4952	1985	1065
管理与服务类	Public Affairs and Services	4246	1728	1644
其他	Others	1255	654	501

19-32 小学、特殊教育基本情况（2015年）
Basic Statistics on Primary Schools, Special Education (2015)

单位：人 (person)

类别	Type	学校数(所) Number of Schools (unit)	在校学生数 Total Enrollment	招生数 New Enrollment	毕业生数 Graduates	教职工数 Teachers and Staff	专任教师 Full-time Teachers
小学	**Primary Schools**	**9465**	**4223124**	**715910**	**593894**	**199618**	**215906**
#女	Female		1899794	325499	264057	115019	127311
民办	Non-public	53	136172	16863	27039	2196	1487
按城乡分	Grouped by Residence						
城市	Cities	702	838932	143329	119520	32909	38652
县镇	Counties and Towns	2337	1979276	319599	300477	82885	89303
农村	Rural Areas	6426	1404916	252982	173897	83824	87951
按地区分	Grouped by Region						
南昌市	Nanchang	904	406742	70540	60769	17788	22131
景德镇市	Jingdezhen	433	151592	27816	19156	6569	6930
萍乡市	Pingxiang	384	151431	26671	21245	7399	8198
九江市	Jiujiang	936	408572	69386	55357	19575	21491
新余市	Xinyu	101	100728	16142	13387	4660	5084
鹰潭市	Yingtan	255	112735	19542	14645	5101	5869
赣州市	Ganzhou	1953	915859	148853	135442	42558	43863
吉安市	Ji'an	735	455248	81130	57038	19700	21303
宜春市	Yichun	908	489862	84830	70577	24004	25398
抚州市	Fuzhou	963	349180	57482	48643	19210	20169
上饶市	Shangrao	1893	681175	113518	97635	33054	35470
特殊教育	**Special Education**	**88**	**23761**	**4745**	**1925**	**1333**	**1221**
#女	Female		8063	1658	574	968	898

19-33 平均每万人口在校学生数
Number of Students Per 10000 Population by Level

指标	Item	1980	1990	2000	2010	2014	2015
各类学校在校学生占全省人口比重(%)	Schools of All Types of Students in the Proportion of the Population of the Province (%)	21.21	17.28	17.57	22.34	22.11	22.81
平均每万人口在校学生数	Number of Students Per 10000 population by Level						
普通高等学校(人)	Regular Institutions of Higher Education (person)	10.91	14.98	35.29	187.98	207.85	252.40
中等学校(人)	Secondary Education (person)	491.67	530.97	702.41	788.66	710.02	714.79
中等专业学校	Specialized Secondary Schools	12.48	16.18	38.57	53.57	56.94	57.11
普通中学	Regular Secondary Schools	473.55	475.13	624.84	614.71	584.48	592.93
职业中学	Vocational Secondary Schools	1.55	30.68	30.65	82.33	37.35	37.82
技工学校	Technical Schools	4.09	8.98	8.35	38.05	31.26	26.93
小学(人)	Primary Schools (person)	1618.56	1182.05	1018.85	955.90	909.22	929.79

注：普通高等学校包括研究生。后同。

a) Number of regular institutions of higher education include the number of post-graduates. The same applies to the tables following.

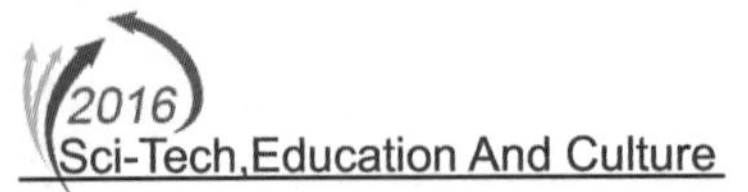

19-34 初中毕业生、小学毕业生升学率

Proportion of Students Entering into Junior and Senior Secondary Schools

年 份 Year	初 中 Junior Secondary School			小 学 Primary School		
	毕业生数 (万人) Graduates (10000 persons)	高级中等学校招生人数(万人) New Enrollment of Senior Secondary Schools (10000 persons)	升学率 (%) Rate of Entering the Higher School (%)	毕业生数 (万人) Graduates (10000 persons)	初级中等学校招生数(万人) New Enrollment of Junior Secondary Schools (10000 persons)	升学率 (%) Rate of Entering the Higher School (%)
1978	41.77	20.69	49.53	72.03	56.36	78.25
1979	39.55	21.36	54.01	61.41	45.49	74.08
1980	19.03	10.78	56.65	60.89	41.23	67.71
1981	33.88	15.22	44.92	64.86	41.13	63.41
1982	31.71	12.40	39.10	67.30	39.89	59.27
1983	29.99	12.64	42.15	69.90	41.20	58.94
1984	28.75	14.26	49.60	67.85	42.58	62.76
1985	30.04	13.42	44.67	71.75	45.50	63.41
1986	34.07	14.68	43.09	76.41	50.10	65.57
1987	37.32	15.14	40.57	83.68	52.55	62.80
1988	40.35	15.46	38.31	88.94	54.07	60.79
1989	41.18	14.88	36.13	86.96	53.83	61.90
1990	41.27	15.88	38.48	86.02	56.65	65.86
1991	43.41	16.38	37.73	85.44	57.66	67.49
1992	45.83	17.10	37.31	79.45	57.18	71.97
1993	47.51	18.36	38.64	71.50	57.87	80.94
1994	48.44	19.26	39.76	67.99	58.23	85.64
1995	46.99	20.57	43.78	70.05	63.08	90.04
1996	51.27	20.96	40.88	73.70	68.44	92.86
1997	55.51	21.38	38.52	77.20	72.88	94.39
1998	59.55	21.99	36.92	80.35	75.70	94.21
1999	62.28	25.53	40.99	83.90	78.57	93.65
2000	65.34	26.57	40.67	85.61	81.23	94.89
2001	65.49	30.53	46.62	85.47	81.00	94.77
2002	67.15	38.81	57.80	82.15	81.25	98.91
2003	68.66	43.30	63.06	75.74	75.96	100.29
2004	72.42	48.69	67.23	67.68	67.72	100.06
2005	74.32	57.88	77.88	64.88	64.53	99.46
2006	69.48	57.63	82.94	53.84	53.54	99.44
2007	62.06	54.81	88.32	54.28	54.73	100.82
2008	60.09	55.90	93.03	65.48	66.83	102.06
2009	51.90	51.67	99.56	69.48	69.69	100.30
2010	53.68	49.05	91.37	67.85	68.39	100.80
2011	63.12	57.52	91.13	66.79	67.56	101.15
2012	65.18	56.26	87.08	67.01	65.59	97.88
2013	62.60	52.11	83.24	65.59	61.06	93.09
2014	55.11	45.41	82.40	59.65	59.47	99.70
2015	55.65	52.55	94.43	59.39	60.07	101.14

注：高级中等学校招生人数包括中等职业教育学校、技工学校和高中招生数。

a) Number of new enroument of senior secondary schools in 2009 include the number of secondary vocational educations, technician training schools and senior secondary schools.

19-35 小学学龄儿童数和入学率

Number of School-age Children and Rate of Entering the Primary Schools

单位：万人 (10000 persons)

年份 Year	学龄儿童数 School-age Children	#农村 Rural	已入学学龄儿童数 School-age Children Enrollment	#农村 Rural	入学率（%） Rate of School Enrollment Primary Schools(%)	#农村 Rural
1978	436.66	391.79	411.10	366.48	94.15	93.54
1979	441.58	398.05	410.82	367.76	93.03	92.39
1980	443.15	397.47	415.07	369.60	93.66	92.99
1981	445.81	398.40	416.46	368.27	93.42	92.44
1982	456.45	406.80	426.33	376.98	93.40	92.67
1983	462.17	413.08	437.56	388.56	94.67	94.06
1984	458.27	409.40	440.82	392.12	96.19	95.78
1985	464.66	412.84	450.19	398.32	96.89	96.48
1986	459.05	409.02	445.54	395.65	97.06	96.73
1987	435.42	385.39	423.66	373.92	97.30	97.02
1988	403.31	355.63	392.06	344.68	97.21	96.92
1989	378.45	328.56	370.01	320.33	97.77	97.50
1990	358.31	318.24	351.99	312.00	98.24	98.04
1991	349.80	264.94	343.78	260.00	98.28	98.14
1992	351.62	261.22	347.18	257.64	98.74	98.63
1993	363.71	258.84	359.45	255.31	98.83	98.64
1994	370.48	255.01	367.15	252.49	99.10	99.01
1995	389.04	257.54	386.78	255.89	99.42	99.36
1996	404.23	252.15	402.80	251.07	99.65	99.57
1997	413.80	244.25	411.99	243.08	99.56	99.52
1998	416.12	238.82	414.31	237.74	99.57	99.55
1999	405.52	223.09	403.96	222.11	99.61	99.56
2000	390.24	206.64	388.58	205.57	99.58	99.49
2001	370.61	208.59	359.15	204.23	96.91	96.41
2002	355.09	186.25	349.84	183.33	98.53	98.44
2003	350.83	205.58	347.34	203.57	99.01	99.00
2004	349.19	202.63	345.84	200.59	99.04	98.99
2005	348.46	233.24	345.02	230.92	99.01	99.00
2006	364.24	256.56	362.93	255.61	99.64	99.63
2007	378.85	246.15	378.22	245.69	99.83	99.81
2008	390.71	248.94	390.42	248.74	99.93	99.92
2009	396.68	267.64	396.26	267.35	99.89	99.89
2010	403.69	273.26	403.40	273.08	99.93	99.93
2011	416.09	195.83	415.11	191.17	99.76	97.62
2012	417.58	179.22	417.58	179.22	99.85	99.85
2013	389.14	149.94	389.14	149.94	99.99	99.88
2014	398.35	142.73	397.68	142.73	99.83	99.89
2015	409.34	136.77	409.01	136.06	99.92	99.48

注：农村入学率为教育部门推算数据。

a) Rate of rural school enrollment is estimated by Provincial Department of Education.

19-36 幼儿园基本情况

Basic Statstics on Kindergartens

单位：人 (person)

年份 Year	幼儿园数（所） Number of Kindergartens(unit)	入园幼儿数 New Enrollment	在园幼儿数 Total Enrollment	教职工数 Teachers and Staff	#教师 Teachers
1978	2104		105914	6278	4159
1979	3854		172476	8304	6509
1980	7204		306055	13565	11184
1981	6364		300231	14366	11853
1982	5488		300630	15638	12693
1983	1857		296400	16000	12923
1984	4987		310300	15257	13454
1985	5208		323021	14778	12998
1986	5866	190318	318347	17744	14147
1987	5406	194370	329718	18229	14259
1988	4547	182034	327540	18471	14579
1989	4520	187932	330680	18953	14574
1990	4827	208294	362621	19798	15492
1991	4141	283249	394487	20013	15780
1992	4490	294967	450005	21050	16983
1993	3856	337689	491055	21365	17271
1994	4123		505530	21058	17755
1995	4600	419190	525330	22284	18976
1996	5084	462715	584601	23757	19822
1997	5986	496134	609026	26124	21764
1998	6626	518683	619048	26879	22321
1999	7602	514200	626009	29179	24124
2000	6573	500453	620624	26472	21154
2001	2894	428073	488380	18519	12335
2002	3469	475561	574756	21526	14275
2003	4478	504672	633073	26515	17612
2004	4370	507222	658093	28406	18228
2005	4870	526960	716760	32367	20742
2006	5848	594627	806287	37453	24235
2007	6245	648555	881690	41853	27093
2008	6620	649104	924488	47920	30447
2009	8326	728337	1123138	60102	39541
2010	8518	812046	1235056	69186	43349
2011	9431	894446	1455048	86222	52895
2012	10560	902810	1521149	94067	57338
2013	11485	944893	1563241	102917	61588
2014	11448	946767	1593532	111715	67360
2015	11870	946900	1662501	123459	73221

19-37 按城乡、按地区分幼儿园基本情况（2015年）

Basic Statstics on Kindergartens by Residence and Region (2015)

单位：人 (person)

类别	Type	园数(所) Number of Kindergarten	入园幼儿数 New Enrollment	在园幼儿数 Total Enrollment	离园幼儿数 Dropout	教职工数 Teachers and Staff	#教师 Teachers
全省	**Provincial Total**	**11870**	**946900**	**1662501**	**693719**	**123459**	**73221**
#女	Female		432694	751384	323194	115489	72505
民办	Non-public	10409	641249	1218234	437733	105512	61449
按城乡分	**Grouped by Residence**						
城市	Cities	2290	165233	375602	125729	39761	22636
县镇	Counties and Towns	5048	468156	813792	336770	60631	37194
农村	Rural Areas	4532	313511	473107	231220	23067	13391
按地区分	**Grouped by Region**						
南昌市	Nanchang	808	77084	141427	50906	15301	8646
景德镇市	Jingdezhen	539	33254	56679	22185	5137	3107
萍乡市	Pingxiang	587	49073	74243	32757	6011	3222
九江市	Jiujiang	1031	85759	160928	61166	13870	7287
新余市	Xinyu	309	18899	50828	17216	5218	2691
鹰潭市	Yingtan	285	18507	39801	18660	3879	2121
赣州市	Ganzhou	2727	208903	359079	155297	24311	16016
吉安市	Ji'an	1683	108982	190796	76437	11772	7197
宜春市	Yichun	1199	142233	228917	101809	14047	8605
抚州市	Fuzhou	584	62312	116851	44895	8587	4964
上饶市	Shangrao	2118	141894	242952	112391	15326	9365

19-38 成人教育基本情况

Basic Statistics on Adult Educations

单位：人 (person)

类别	Type	1990	2000	2010	2014	2015
成人高等教育	**Adult Institutions of Higher Education**					
成人高校数(所)	Number of Schools(unit)	28	18	9	8	8
在校学生数	Total Enrollment	37525	85953	120348	198566	192087
招生数	New Enrollment	14191	39761	47336	66512	57319
毕业生数	Graduates	11156	20461	37056	45148	57398
教职工数	Teachers and Staff	4732	4015	2302	1558	1469
#专任教师	Full-time Teachers	2165	1875	1445	889	884
成人中等专业学校	**Adult Specialized Secondary School**					
在校学生数	Total Enrollment	28215	27552	12907	8634	9602
招生数	New Enrollment	11318	7839	5422	3436	4575
毕业生数	Graduates	6822	12946	5214	8309	2593

注：成人高等教育在校学生数、招生数、毕业生数包括普通高等学校举办的成人教育学生数。

a) Number of total Enrollment,New Enrollment,Graduates of Adult Institutions of Higher Education in 2009 do not include the number of institutions of Higher Education.

19-39 文化事业机构与人员数

Number of Institutions and Staff Personnel for Cultural Undertakings

指　　标	Item	1980	1990	2000	2010	2014	2015
机构数(个)	**Number of Institutions (unit)**						
艺术表演团体	Art Performance Troupes	118	86	79	103	219	236
#公有制艺术表演团体	Public Ownership						84
艺术表演场所	Art Performance Places	59	77	62	55	49	57
#公有制艺术表演场馆	Public Ownership						49
公共图书馆	Libraries	49	104	104	108	114	114
文 化 馆	Cultural Centers	102	101	101	103	118	118
文 化 站	Cultural Stations	637	1983	1887	1719	1762	1763
#乡镇综合文化站	Village and Town						1632
艺术展览创作机构	Art Exhibition and Creation Institutions						33
#美术馆	Gallery						30
艺术教育业	Art Education Institutions						3
文化科研机构	Art Research Institutions						14
文化市场经营机构(不包括非公有制院团和场馆)	Cultural Market Management Institutions						6891
文化行政主管部门	Cultural Administrative Departments						115
其他文化机构	Other Culture Institutions						53
#文化市场执法机构	Enforcing Authorities of Art Market						3
博 物 馆	Museums	52	82	81	102	137	137
文物保护管理所	Agencies of Historical Relics Preservation	10	33	44	65	66	66
文物科研机构	Scientific and Research Historical Relics Agencies				2	2	2
文物商店	Cultural Relic Shops	3	4	4	4	4	4
其他文物机构	Other Historical Relics Agencies		1	2	2	26	26
人员数(人)	**Number of Staff (person)**						
艺术表演团体	Art Performance Troupes	7747	4384	3949	4082	6000	6177
#公有制艺术表演团体	Public Ownership						2578
艺术表演场所	Art Performance Places	107	874	919	604	754	816
#公有制艺术表演场馆	Public Ownership						724
公共图书馆	Libraries						1395
文 化 馆	Cultural Centers	1434	1484	1486	1664	2018	1964
文 化 站	Cultural Stations	862	3635	2594	2296	3918	4023
#乡镇综合文化站	Village and Town						3691
艺术展览创作机构	Art Exhibition and Creation Institutions						281
#美术馆	Gallery						243
艺术教育业	Art Education Institutions						277
文化科研机构	Art Research Institutions						334
文化市场经营机构(不包括非公有制院团和场馆)	Cultural Market Management Institutions						33571
文化行政主管部门	Cultural Administrative Departments						2514
其他文化机构	Other Culture Institutions						2413
#文化市场执法机构	Enforcing Authorities of Art Market						49
博 物 馆	Museums	764	1134	1324	1917	2873	2985
文物保护管理所	Agencies of Historical Relics Preservation	292	510	242	217	593	569
文物科研机构	Scientific and Research Historical Relics Agencies				44	54	54
文物商店	Cultural Relic Shops	47	136	126	69	70	55
其他文物机构	Other Historical Relics Agencies		280	292	316	551	622

注：1.从2013年起艺术馆表演团体包括市场艺术团体。
2.从2014年起，文化馆包含群众艺术馆。

a) Mass Art Centers are included in Cultural Centers since 2014.

b) Market art performance troupes are included in art performance troupes since 2013.

19-40 各地区文化事业单位数（2015年）

Number of Institutions for Cultural Undertakings by Region (2015)

单位: 个 (unit)

地 区	Region	艺术表演团体 Art Performance Troupes	艺术表演场所 Art Performance Places	群众艺术馆文化馆 Cultural Centers and Mass Art Centers	公共图书馆 Public Libraries	#总藏量(万册) Total Collections (10000 copies)	博物馆 Museums	文物保护管理所 Agencies of Historical Relics Preservation
全 省	**Provincial Total**	**236**	**86**	**118**	**114**	**2158.88**	**137**	**66**
省 级	Provincial	6	6	1	1	344.88	5	
南 昌 市	Nanchang	61	6	10	10	177.96	17	4
景德镇市	Jingdezhen	2	5	6	5	82.06	15	3
萍 乡 市	Pingxiang	7	4	6	6	99.97	4	4
九 江 市	Jiujiang	9	6	15	15	212.14	17	11
新 余 市	Xinyu	1	1	4	3	71.07	2	1
鹰 潭 市	Yingtan	7	2	4	4	47.38	5	5
赣 州 市	Ganzhou	34	19	19	19	351.08	16	11
吉 安 市	Ji'an	24	11	15	15	286.28	14	5
宜 春 市	Yichun	20	13	11	11	143.08	12	9
抚 州 市	Fuzhou	42	4	14	12	140.89	10	7
上 饶 市	Shangrao	23	9	13	13	202.09	20	6

注：文物保护管理所包括其它文物机构。

a) Data on agency of historical relics preservations include data on other historical relics institutions.

19-41 文化产业机构基本情况（2015年）

Basic Statistics on Cultural Industry Institutions (2015)

单位: 个 (unit)

指 标	Item	合计 Total	文化部门 Culture Department	其他部门 Other Departments
总 计	**Total**	**9632**	**2542**	**7090**
文化合计	Cultural Industry	9397	2325	7072
艺术业	Art Industry	293	117	176
图书馆业	Museum Industry	114	114	
群众文化业	Mass Art Industry	1881	1881	
艺术展览创作机构	Art Exhibition and Creation Institutions	33	33	
艺术教育业	Art Education Industry	3	3	
文艺科研	Art Research	14	14	
文化市场经营业	The Cultural Market	6891		6891
文化行政主管部门	Cultural Administrative Departments	115	115	
其他文化机构	Other Cultural Institutions	53	48	5
文物合计	Cultural Relic Industry	235	217	18

注：有关文化产业的指标仅含文化厅本系统的数据。后同。

a) Data on indicators of cultural industry include only data from culture system.The same applies to the tables following.

19-42 文化产业从业人员基本情况（2015年）

Basic Statistics on Employed Persons of Cultural Industry (2015)

单位：人 (person)

指标	Item	总计 Total	#正高级职称 Senior Title	#副高级职称 Sub-senior Title	中级职称 Middle Title	文化部门合计 Cultural Department	#正高级职称 Senior Title	#副高级职称 Sub-senior Title	中级职称 Middle Title
总计	**Total**	**58050**	**161**	**698**	**2493**	**19287**	**130**	**659**	**2347**
文化合计	Cultural Industry	53765	87	557	2017	15189	84	536	1895
艺术业	Art Industry	6993	24	203	791	2834	21	182	669
图书馆业	Museum Industry	1395	16	92	369	1395	16	92	369
群众文化业	Mass Art Industry	5987	15	110	500	5987	15	110	500
艺术展览创作机构	Art Exhibition and Creation Institutions	281	9	28	48	281	9	28	48
艺术教育业	Art Education Industry	277	9	60	76	277	9	60	76
文艺科研	Art Research	334	10	42	141	334	10	42	141
文化市场经营业	The Cultural Market	33571							
文化行政主管部门	Cultural Administrative Departments	2514				2514			
其他文化机构	Other Cultural Institutions	2413	4	22	92	1567	4	22	92
文物合计	Cultural Relic Industry	4285	74	141	476	4098	46	123	452

19-42 续表 continued

单位：人 (person)

指标	Item	#其他部门合计 Others	#正高级职称 Senior Title	#副高级职称 Sub-senior Title	中级职称 Middle Title
总计	**Total**	**38763**	**31**	**39**	**146**
文化合计	Cultural Industry	38576	3	21	122
艺术业	Art Industry	4159	3	21	122
图书馆业	Museum Industry				
群众文化业	Mass Art Industry				
艺术展览创作机构	Art Exhibition and Creation Institutions				
艺术教育业	Art Education Industry				
文艺科研	Art Research				
文化市场经营业	The Cultural Market	33571			
文化行政主管部门	Cultural Administrative Departments				
其他文化机构	Other Cultural Institutions	846			
文物合计	Cultural Relic Industry	187	28	18	24

19-43 文化产业机构人员情况（2015年）

Basic Statistics on Personnel of Cultural Industry Institutions (2015)

单位：人 (person)

指　　标	Item	合　计 Total	文化部门 Culture Department	其他部门 Other Departments
总　　计	**Total**	**58050**	**19287**	**38763**
文化合计	Cultural Industry	53765	15189	38576
艺术业	Art Industry	6993	2834	4159
图书馆业	Museum Industry	1395	1395	
群众文化业	Mass Art Industry	5987	5987	
艺术展览创作机构	Art Exhibition and Creation Institutions	281	281	
艺术教育业	Art Education Industry	277	277	
文艺科研	Art Research	334	334	
文化市场经营业	The Cultural Market	33571		33571
文化行政主管部门	Cultural Administrative Departments	2514	2514	
其他文化机构	Other Cultural Institutions	2413	1567	846
文物合计	Cultural Relic Industry	4285	4098	187

19-44 报纸、杂志、图书出版种数

Publication of Newspapers, Magazines and Books

单位：种 (item)

指　　标	Item	1980	1990	2000	2005	2010	2014	2015
报　　纸	Newspapers Published	6	28	65	65	63	74	74
综 合 报	General Newspapers	2	18	28	31	29	30	29
专 业 报	Special Newspapers	4	10	37	34	34	44	45
期　　刊	Magazines Published	84	141	167	163	163	163	164
综　　合	General Magazines	6	1	1	1	5	5	5
哲学、社会科学	Philosophy and General Social Sciences	10	33	52	42	39	41	41
自然科学、技术	Natural Sciences and Technology	47	63	78	73	71	72	73
文化、教育	Culture and Education	9	27	21	28	29	27	27
少年儿童读物	Children's Books	2	3	7	8	7	7	7
文学、艺术	Literature and Art	10	13	8	9	10	10	9
画　　刊	Picture Books		1		2	2	1	2
图　　书	Books	362	1264	2158	3011	3869	6134	6743
#课　　本	Textbooks	134	329	583	839	689	442	394

19-45 报纸、杂志、图书出版数量

Pieces of Newspapers, Magazines and Books Published

单位: 万份 (10000 copies)

指 标	Item	1980	1990	2000	2005	2010	2014	2015
报 纸	Newspapers Published	17048	58930	39929	62263	70449	113590	114169
综合报	General Newspapers	16506	38936	33273	56059	60771	65917	62645
专业报	Special Newspapers	542	19994	6657	6204	9678	47673	51524
期 刊	Magazines Published	584	2714	9060	5623	7060	7616	7476
综 合	General Magazines	23	54	2	48	46	92	93
哲学社会科学	Philosophy and General Social Sciences	18	933	3239	755	577	916	803
自然科学技术	Natural Sciences and Technology	119	241	830	506	576	366	343
文化、教育	Culture and Education	210	679	2401	1143	1696	1439	1493
少年儿童读物	Children's Books	30	417	1850	2416	3715	4495	4500
文学艺术	Literature and Art	184	384	738	667	420	272	217
画 刊	Picture Books		6		89	30	36	27
图 书	Books	8474	19216	20300	16907	16039	19662	19175
#课 本	Textbooks	4861	10935	10490	9953	6945	7514	7196

19-46 广播、电视事业基本情况

Basic Statistics on Radio and Television Stations

指 标	Item	1980	2000	2010	2014	2015
广播台(站)	All Number of Broadcasting Stations (station)					
广播电台(座)	Number of Stations (set)	3	10	12	8	8
节目套数(套)	Number of Programs (set)	3	72	103	107	108
全年广播剧播出部数(部)	Pieces of Radio Seplay Programs (piece)			2359		
全年广播剧播出集数(集)	Episodes of Radio Seplay Programs (episode)			30027		
中短波转播发射台(座)	FM&AM Radio Broadcasting Stations (set)	17	15	16	15	19
广播人口覆盖率(%)	Radio Coverage of Population (%)	38.5	89.49	96.78	97.51	97.62
#农村广播人口覆盖率(%)	Radio Coverage of Rural Population (%)			96.23	96.98	
电视台(座)	Television Stations (set)	1	12	12	8	8
节目套数(套)	Number of Programs (set)		42	113	113	116
全年电视剧播出部数(部)	Pieces of TV Series Broadcast (piece)			9318	9777	9273
全年电视剧播出集数(集)	Episodes of TV Series Broadcast (episode)			247239	295122	282163
全年动画电视播出部数(部)	Pieces of Cartoons Broadcast (piece)			782		
全年动画电视播出集数(集)	Episodes of Cartoons Broadcast (episode)			28192		
电视转播发射机台数(座)	TV Transmission Facilities (set)	58	493	301	237	
电视人口覆盖率(%)	TV Coverage of Household (%)	50.5	92.67	97.96	98.55	98.46
#农村电视人口覆盖率	TV Coverage of Rural Household			97.55	98.19	
广播电视卫星收转站(座)	TV Transmission Stations and Relaying Stations (set)		8315	329759		
有线电视入户率(%)	CATV Coverage of Household (%)			34.00	48.64	46.93

注：1.1995年以前中短波广播发射台数是指广播发射台及转播台数。
2.2000年以前电视台是指无线电视台，2001年无线电视台与有线电视台合并。

a) Before 1995,number of FM&AM Radio Broadcasting Stations refer to the number of both radio broadcasting stations and transmission

b) Before 2000,number of TV Stations refer to number of Wireless TV. Wirless TV and CATV Merged in 2001.

19-47 各地区广播电视主要统计指标（2015年）

Basic Statistics on Radio and Television by Region (2015)

地　区	Region	广播电视台(座) Number of Broadcasting and TV Stations (set)	中、短波转播发射台 Medium and short wave broadcast transmitters(set)	广播电视人口覆盖率(%) Radio &TV Coverage of Population (%)	电视综合人口覆盖率(%) General TV Coverage of Household (%)
全　省	**Provincial Total**	**86**	**19**	**97.62**	**98.64**
南昌市	Nanchang	4	3	97.65	98.93
景德镇市	Jingdezhen	2	2	99.30	99.64
萍乡市	Pingxiang	3	2	99.09	99.81
九江市	Jiujiang	13		97.40	98.66
新余市	Xinyu	2	1	99.65	99.72
鹰潭市	Yingtan	2		95.63	97.45
赣州市	Ganzhou	17	6	95.52	97.78
吉安市	Ji'an	11	2	95.78	98.25
宜春市	Yichun	10	1	99.14	98.37
抚州市	Fuzhou	11	1	98.44	99.80
上饶市	Shangrao	11	1	98.68	98.76

19-48 各部门、各地区广播电视主要经济指标（2015年）

Basic Statistics on Radio and Television by Region and Department (2015)

地　区	Region	从业人员(人) Number of Employees (person)	总收入(万元) Total Income (10000 yuan)	实际创收收入(万元) Actual Income (10000 yuan)	广告收入(万元) Advertisement (10000 yuan)	广播广告收入(万元) Broadcasting Advertisement (10000 yuan)	电视广告收入(万元) TV Advertisement (10000 yuan)
全　省	**Provincial Total**	**21005**	**703152**	**607894**	**187307**	**38113**	**145640**
江西广播电视台	Jiangxi Broadcasting and TV Station	10426	494505	481145	116893	79	116086
江西省新闻出版广电局	Jiangxi Press Publication and Broadcasting Bureau	197	13367	295			
江西省广电系统外	Outside of Radio,Film and Television System	458	36809	36782	31323	31323	
南昌市	Nanchang	945	39294	35738	11055	1866	7468
景德镇市	Jingdezhen	264	3021	1531	1521	210	1280
萍乡市	Pingxiang	317	6671	5138	1240	355	750
九江市	Jiujiang	299	5152	2592	2563	1032	1531
新余市	Xinyu	156	2353	1390	1227	221	693
鹰潭市	Yingtan	160	1955	569	560	60	397
赣州市	Ganzhou	503	8126	4024	3395	669	2709
吉安市	Ji'an	335	4366	2102			
宜春市	Yichun	343	4758	1657	1538	72	1310
抚州市	Fuzhou	292	2757	1447	975	88	825
上饶市	Shangrao	197	3556	2343	2275	795	1480

19-49 测绘生产完成情况

Statistics on Projects Completed by Surveying and Mapping Departments

年 份 Year	大地测量 Geodesy		测图合计	地图数字化	地图编制 Cartography		
	GPS测量 (点) Global Positioning System Survey (point)	水准测量 (公里) Leveling (kilometer)	(幅) Mapping (unit)	(幅) Digital Map (unit)	地形图 (幅) Topographic Map (unit)	专题地图 (幅/册) Special Map (unit/Volume)	地图集 (册) Atlas (Volume)
2001	528	336	1941	1416	440	61	2
2002	500	481	2219	1091		372	
2003	189	100	2068	1887		23	1
2004	796	5031	3051	2754		44	
2005	576	800	2509			36	
2006	1840	200	6418	999		35	
2007	1940	286	6127	288	10	30	1
2008	2150	400	13360	286	41	33	1
2009	632	1978	5114		25	607	2
2010	1009	2022	6971	4579	58	66	1
2011	62	943	3104	2078	194		
2012	462	1281	19767		16	210	1
2013	658	327	6469		5	42	
2014	60	3500	31722		3	35	
2015	100	7000	1046		1	21	2

19-50 测绘资料提供情况

Statistics on Output of Surveying and Mapping Materials

年 份 Year	地形图合计 (张) Topographic Map (unit)	1:10000 (scale)	1:50000 (scale)	大地成果(点) Geodetic Results (point)	航摄成果(片) Aerial Photograph (piece)	挂 图(张) Wall Map (unit)	地图集 (册) Atlas (volume)
2000	8904	7266	1638	377	281		
2001	10704	8785	1919	1611		66	217
2002	8294	7287	1007	173	120	40	48
2003	10048	8656	1392	47372	8411		
2004	5868	3959	1909	563	29000		
2005	5815	4231	1584	1327	48126	5	
2006	7926	5058	2868	17010	15865	112	20
2007	15035	12754	2281	24221	22631		
2008	17352	15336	2016	7929	12355		
2009	5523	4909	614	5554	22803		
2010	5469	4441	1028	31121	5329	628	731
2011	8153	7498	655	3687	7994	12	15
2012	10444	9162	1282	8992	52354	1035	79
2013	2886	2440	446	4880	133567	951	1500
2014	2940	2648	244	2598	120734	1700	2648
2015	6408	5328	1080	2641	364834	10	540

注：航摄成果这个指标从2014年起以平方千米作计量单位。

a)The unit of measurement of aerial photograph is adjusted to sq.km since 2014.

19-51 各地区产品质量监督检查情况（2015年）

Results of Supervision and Sampling Check on the Quality of Products by Region (2015)

地　区	Region	抽查产品（种） Production Supervised (kinds)	抽查企业（家） Number of Enterprises Supervised (units)	抽查产品（批） Production Supervised(times)	不合格产品（批） Production Unqualified (times)
全　省	**Provincial Total**	**109**	**5346**	**5907**	**438**
省本级	Provincial class	82	2546	2754	208
南昌市	Nanchang	8	101	106	3
景德镇市	Jingdezhen	24	152	177	2
萍乡市	Pingxiang	25	326	361	3
九江市	Jiujiang	34	335	437	43
新余市	Xinyu	17	106	120	18
鹰潭市	Yingtan	6	42	43	
赣州市	Ganzhou	15	515	534	50
吉安市	Ji'an	15	467	471	49
宜春市	Yichun	19	560	579	50
抚州市	Fuzhou	6	37	45	2
上饶市	Shangrao	22	159	280	10

注：抽查产品合计相加不等于总数。

a)The subtotal of production supervised is not equal to gross total.

主要统计指标解释

科技活动 指在自然科学、农业科学、医药科学、工程与技术科学、人文与社会科学领域(简称科学技术领域)中，与科技知识的产生、发展、传播和应用密切相关的有组织的活动。可分为研究与试验发展(R&D)、研究与试验发展成果应用及相关的科技服务三类活动。该定义是联合国教科文组织考虑成员国特别是发展中国家开展科技统计工作的需要，而对科技活动所作的统计界定。

科技活动人员 指直接从事科技活动、以及专门从事科技活动管理和为科技活动提供直接服务，累计的实际工作时间占全年制度工作时间10%及以上的人员。(1)直接从事科技活动的人员包括：在独立核算的科学研究与技术开发机构、高等学校、各类企业及其他事业单位内设的研究室、实验室、技术开发中心及中试车间(基地)等机构中从事科技活动的研究人员、工程技术人员、技术工人及其它人员；虽不在上述机构工作，但编入科技活动项目(课题)组的人员；科技信息与文献机构中的专业技术人员；从事论文设计的研究生等。(2)专门从事科技活动管理和为科技活动提供直接服务的人员，包括：独立核算的科学研究与技术开发机构、科技信息与文献机构、高等学校、各类企业及其他事业单位主管科技工作的负责人，专门从事科技活动的计划、行政、人事、财务、物资供应、设备维护、图书资料管理等工作的各类人员，但不包括保卫、医疗保健人员、司机、食堂人员、茶炉工、水暖工、清洁工等为科技活动提供间接服务的人员。该指标用来反映投入科技活动人力的规模。

研究与试验发展(R&D) 指在科学技术领域，为增加知识总量，以及运用这些知识去创造新的应用进行的系统的创造性的活动，包括基础研究、应用研究、试验发展三类活动。国际上通常采用R&D活动的规模和强度指标反映一国的科技实力和核心竞争力。

基础研究 指为了获得关于现象和可观察事实的基本原理的新知识(揭示客观事物的本质、运动规律，获得新发现、新学说)而进行的实验性或理论性研究，它不以任何专门或特定的应用或使用为目的。其成果以科学论文和科学著作为主要形式。用来反映知识的原始创新能力。

应用研究 指为获得新知识而进行的创造性研究，主要针对某一特定的目的或目标。应用研究是为了确定基础研究成果可能的用途，或是为达到预定的目标探索应采取的新方法(原理性)或新途径。其成果形式以科学论文、专著、原理性模型或发明专利为主。用来反映对基础研究成果应用途径的探索。

试验发展 指利用从基础研究、应用研究和实际经验所获得的现有知识，为产生新的产品、材料和装置，建立新的工艺、系统和服务，以及对已产生和建立的上述各项作实质性的改进而进行的系统性工作。其成果形式主要是专利、专有技术、具有新产品基本特征的产品原型或具有新装置基本特征的原始样机等。在社会科学领域，试验发展是指把通过基础研究、应用研究获得的知识转变成可以实施的计划(包括为进行检验和评估实施示范项目)的过程。人文科学领域没有对应的试验发展活动。主要反映将科研成果转化为技术和产品的能力，是科技推动经济社会发展的物化成果。

专业技术人员 指从事专业技术工作和专业技术管理工作的人员，即企事业单位中已经聘任专业技术职务从事专业技术工作和专业技术管理工作的人员，以及未聘任专业技术职务，现在专业技术岗位上工作的人员。包括工程技术人员，农业技术人员，科学研究人员，卫生技术人员，教学人员，经济人员，会计人员，统计人员，翻译人员，图书资料、档案、文博人员，新闻出版人员，律师、公证人员，广播电视播音人员，工艺美术人员，体育人员，艺术人员及企业政治思想工作人员，共十七个专业技术职务类别。用来反映科技人力资源情况。

专利 是专利权的简称，是对发明人的发明创造经审查合格后，由专利局依据专利法授予发明人和设计人对该项发明创造享有的专有权。包括发明、实用新型和外观设计。反映拥有自主知识产权的科技和设计成果情况。

普通高等学校 指按照国家规定的设置标准和审批程序批准举办的，通过全国普通高等学校统一招生考试，招收高中毕业生为主要培养对象，实施高等教育的全日制大学、独立设置的学院和高等专科学校、高等职业学校和其他机构。

成人高等学校 指按照国家规定的设置标准和审批程序批准举办的，通过全国成人高等学校统一招生考试，招收具有高中毕业或同等学历的在职从业人员为主要培养对象，利用函授、业余、脱产等多种形式对其实施高等学历教育的学校。包括职工高等学校、农民高等学校、管理干部学院、教育学院、独立函授学院、广播电视大学、其他机构等。其他机构是承担国家成人招生计划任务不计校数的机构。

小学学龄儿童净入学率 指调查范围内已入小学学习的学龄儿童占校内外学龄儿童总数(包括弱智儿童，不包括盲聋哑儿童)的比重。计算公式为:

$$\text{小学学龄儿童净入学率}=\frac{\text{已入学的小学学龄儿童数}}{\text{校内外小学学龄儿童总数}}\times 100\%$$

文化事业机构 指从事专业文化工作和为专业文化工作服务的独立建制的单位。不包括这些单位另外举办独立核算的其他机构和各部门的业余文化组织。该指标主要反映文化事业机构发展规模水平。

艺术表演团体 指从事戏曲、音乐、舞蹈、杂技等专业艺术表演，有独立帐户的单位，不包括半工半艺、半农半艺和民间职业剧团。该指标主要反映全国专业艺术表演团体发展规模水平。

艺术表演观众人数(人次) 指售票、包场演出或民族地区免费演出的艺术表演观众人次数，不包括彩排审查和内部观摩演出的观看人次数。该指标主要反映全国观看专业艺术表演团体演出的效益规模。

Explanatory Notes on Main Statistical Indicators

Scientific and Technological Activities (S&T Activities) refer to organized activities which are closely related with the creation, development, dissemination and application of the scientific and technical knowledge in the fields of natural sciences, agricultural science, medical science, engineering and technological science, humanities and social sciences (referred to as scientific and technological fields). S&T activities can be classified into 3 categories: research and development (R&D) activities, application of R&D results, and related S&T services. This statistical definition is made by UNICHIEF for scientific and technological activities to meet the need of carrying out statistical work in this field for its member countries particularly the developing countries.

Personnel Engaged in S&T Activities refer to personnel directly engaged in S&T activities, in the management of S&T activities, and in providing direct service to S&T activities, with over 10% of the total working hours in a year spent on S&T activities. (1) Personnel directly engaged in S&T activities include researchers, engineers, technicians and other related personnel engaged in S&T activities in independent-accounting R&D institutions, institutions of higher learning, and in research institutes, laboratories, technology development centres and central experiment workshops under enterprises and institutions. Also included are people working in S&T research project teams, professional and technical personnel working in S&T information archiving institutes, and graduate students working on the design of their thesis. (2) Personnel engaged in the management of S&T activities and in providing direct service to S&T activities include senior management people responsible for S&T activities in independent-accounting R&D institutions, S&T information archiving institutes, institutions of higher learning and in enterprises and institutions where S&T activities are undertaken. Also included are people responsible for the planning, administration, personnel management, financial management, logistics supply, equipment maintenance, information and library management that are related with S&T activities. People providing indirect services are excluded, such as security, medical service, drivers, plumbers, cleaners and those providing catering and related service. This indicator reflects the size of personnel engaged in S&T activities.

Research and Development (R&D) refers to systematic and creative activities in the field of science and technology aiming at increasing the knowledge and using the knowledge for new application. R&D includes 3 categories of activities: basic research, applied research and experimentation for development. The scale and intensity of R&D are widely used internationally to reflect the strength of S&T and the core competitiveness of a country in the world.

Basic Research refers to empirical or theoretical research aiming at obtaining new knowledge on the fundamental principles regarding phenomena or observable facts to reveal the intrinsic nature and underlying laws and to acquire new discoveries or new theories. Basic research takes no specific or designated application as the aim of the research. Results of basic research are mainly released or disseminated in the form of scientific papers or monographs. This indicator reflects the innovation capacity for original knowledge.

Applied Research refers to creative research aiming at obtaining new knowledge on a specific objective or target. Purpose of the applied research is to identify the possible uses of results from basic research, or to explore new (fundamental) methods or new approaches. Results of applied research are expressed in the form of scientific papers, monographs, fundamental models or invention patents. This indicator reflects the exploration of ways to apply the results of basic research.

Experiments and Development refer to systematic activities aiming at using the knowledge from basic and applied researches or from practical experience to develop new products, materials and equipment, to establish new production process, systems and services, or to make substantial improvement on the existing products, process or services. Results of experiment and development activities are embodied in patents, exclusive technology, and monotype of new products or equipment. In social sciences, experiment and development activities refer to the process of converting the knowledge from basic or applied researches into feasible programmes (including conduct of demonstration projects for assessment and evaluation). There are no experiment and development activities in the science of humanities. This indicator reflects the capability of transferring the results of S&T into technique and products, and measures the realization of S&T in spearheading the economic and social development.

Professional and Technical Personnel refer to persons engaged in professional and technical work or in the management of professional and technical activities, i.e., people with professional or technical positions who are engaged in professional and technical work or in the management of professional and technical activities, and people without professional or technical positions but are working on professional or technical posts. They include professionals and technicians working in 17 categories of technical occupations including engineering, agriculture, scientific researches, medical service, teaching, economic research and application, accounting, statistics, translation, libraries, archives, cultural and museum service, journalism and publication, lawyers, notarization service, radio and television broadcasting, handicraft and fine arts, sports, performing art, and political workers in enterprises. This indicator reflects the condition of human resources in S&T.

Patent is an abbreviation for the patent right and refers to the exclusive right of ownership by the inventors or designers for the creation or inventions, given from the patent offices after due process of assessment and approval in accordance with the Patent Law. Patents are granted for inventions, utility models and designs. This indicator reflects the achievements of S&T and design with independent intellectual property.

Regular Institutions of Higher Learning refer to educational establishments set up according to the government evaluation and approval procedures, enrolling graduates from senior secondary schools and providing higher education courses and training for senior professionals. They include full-time universities, colleges, institutions of higher professional education, institutions of higher vocational education and others.

Institutions of Higher Learning for Adults refer to educational establishments, set up in line with relevant rules approved by the government, enrolling staff and workers with senior secondary school or equivalent education, and providing higher education courses in many forms of correspondence, spare time, or full time for adults. Professionals thus trained receive a qualification equivalent to graduates studying regular courses at regular universities, colleges and professional colleges. Institutions of higher learning for adults include schools of higher education for staff and workers, schools of higher education for peasants, colleges for management cadres, pedagogical colleges, independent correspondence colleges, Radio and TV universities and other educational establishments. Other educational establishments have undertakings to enrol adult students but not enumerated in the schools under the State Plan.

Enrolment Rate of Primary School Age Children refers to the proportion of school age children enrolled at schools to the total number of school age children both in and outside schools (including retarded children, but excluding blind, deaf and mute children). The formula is:

$$\begin{array}{c}\text{Enrolment Rate}\\ \text{of Primary}\\ \text{School - age Children}\end{array} = \frac{\begin{array}{c}\text{Total Primary School - age}\\ \text{Children at Schools}\end{array}}{\begin{array}{c}\text{Total Primary School - age}\\ \text{Children Whether or}\\ \text{Not Attending School}\end{array}} \times 100\%$$

Cultural Institutions refer to units which have their own organizational system and independent accounting system and specialize in cultural work or service cultural work. They do not include other establishments run by these units with separate accounting system and amateur cultural groups established by various departments. The statistics reflect the scale and level of development of institutions engaged in cultural undertakings.

Art Troupes refer to the troupes which are engaged in drama, opera, music, dance, acrobatics or other art performance, have independent accounts with banks and have self-supporting accounting system. Troupes which are engaged partly in industrial or agricultural activities, partly in art performance and the professional troupes organized by the mass are not included. The statistics reflect the scale and level of development of professional art troupes nationally.

Number of Audience at Art Performance refers to the number of spectators at commercial shows, privately organized shows or free shows given in ethnic minority areas, and does not include the number of spectators at rehearsals and internal viewings. This indicator mainly reflects the scale and effects of viewing of performances given by professional art troupes across the country.

20

卫生、体育、社会福利和其他

PUBLIC HEALTH,SPORTS,SOCIAL WELFARE AND OTHERS

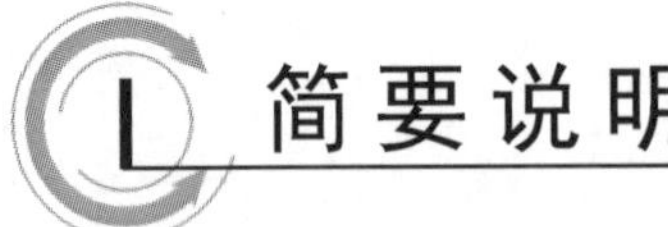

简要说明

本篇资料主要分为卫生、体育、社会福利及其他三部分。

卫生统计资料包括卫生机构、人员、床位数；医院门诊诊疗人次及入院人数；医院住院治疗情况；医院病床使用情况等，资料来源于省卫生厅。

体育统计资料包括举办运动会次数；全民健身活动人数；健身设施和俱乐部；国际国内比赛中获奖情况；少年儿童业余体校情况等，资料来源于省体育局。

社会福利及其他统计资料主要包括社会福利企事业机构、人员情况、优抚、福利类收养情况；社会救济情况；城镇社区服务情况；社会捐赠情况；福利彩票发行情况；婚姻登记情况等，资料来源于省民政厅。计划生育及育龄妇女节育、晚婚情况，资料来源于省人口和计划生育委员会。社会活动参与（包括全省人大代表和政协委员情况，工会组织情况，共青团组织情况，妇联系统组织情况），资料来源分别为省人大、省政协、省总工会、团省委、省妇联。

公检法司（包括律师、公证、调解工作情况，各类事故伤亡情况），资料来源分别为省司法厅、省安全生产监督管理局。

以上资料均由省统计局社科文处整理提供。

Brief Introduction

Data in this chapter show statistics on public health, sports, social welfare and other statistic data.

Data on public health include mainly the number of institutions, personnel, hospital beds, number of patients treated and in-patients, hospital inpatient treatment; use of hospital beds, etc. Data source from Jiangxi Public Heath Department.

Data on sports cover the number of games held, mass sports, the number of fitness facilities and clubs; domestic and international competition prizes; amateur sports schools, etc. Data source from Jiangxi Sport Bureau.

Data on social welfare and other statistic data include: condition of institutions and personnel, budget, social welfare relief, urban welfare facilities, social donations, lottery, marriage registration, etc. Data source from Civil Administration Office in Jiangxi Province. Data on family planning and reproductive, later marriage, are from National Population and Family Planning Commission of Jiangxi. Data on participation (cover mainly information on representatives to Provincial People's Congress, CPPCC Provincial Committee, and Trade Unions Communist Youth League, Women's Federations) are separately from Provincial People's Congress, CPPCC Provincial Committee, the Provincial Federation of Trade Unions, Provincial Party Committee and Provincial Women's Federation.

Data on public security (mainly cover statistics on lawyers, notarization and mediation, various accidents casualties) are separately from Department of Justice of Jiangxi Province, Administration of Work Safety of Jiangxi Province.

Data above are provided by Division of Science,Technology and Culture ,Jiangxi Bureau of Statistics.

20-1 卫生机构、床位及人员数
Number of Health Institutions, Beds and Personnels

年份 Year	机构数(个) Number of Institutions (unit)	#医院卫生院 Hospitals and Health Centers	床位数(张) Number of Beds (unit)	#医院卫生院 Hospitals and Health Centers	人员数(人) Number of Personnels (person)	#卫生技术人员 Medical Technical Personnel	#医生 Doctor
1978	5178	2107	72289	65237	87018	70247	30430
1979	5268	2157	74314	67398	92090	73868	31054
1980	5373	2189	76924	69716	97831	79014	32675
1981	5474	2195	78630	70876	111364	90812	37021
1982	5615	2199	81011	72471	115000	93392	38578
1983	5624	2205	82098	72963	119748	97661	40628
1984	5587	2217	82623	73510	126059	100673	40865
1985	5538	2206	84134	75203	127679	102209	43322
1986	5597	2221	86431	76779	131342	105401	45012
1987	5614	2234	89227	79304	134846	108065	46109
1988	5583	2253	90151	80342	138238	111765	48801
1989	5613	2283	92194	82059	141587	114402	50525
1990	5632	2305	92274	82601	144583	116786	51994
1991	5632	2308	92745	83190	146418	117903	51893
1992	5620	2321	93291	83619	147375	118708	52304
1993	5389	2276	93315	82625	147217	118318	52619
1994	5432	2304	94372	83911	149247	120503	54212
1995	5423	2313	93669	83625	151246	122649	55095
1996	7966	2302	88509	81323	147057	118700	50876
1997	8056	2310	90251	82489	148605	120072	51864
1998	7972	2305	91641	83349	149356	121119	52498
1999	7953	2298	91230	82326	152264	122321	53147
2000	8048	2282	90930	83300	151985	123192	54437
2001	7594	2266	91091	83484	151518	122858	53717
2002	11286	2146	90019	83817	139076	114513	46756
2003	11401	2083	85537	79790	141287	117755	49289
2004	12080	2047	84036	78211	141244	118196	46468
2005	10664	2007	85086	79292	138697	115986	46093
2006	10210	2032	88260	81585	142682	119761	51436
2007	9456	2028	94862	85502	153238	126598	51828
2008	8229	2036	105156	93890	168472	139764	55187
2009	7102	2077	123086	104700	176720	146990	56325
2010	7172	2092	127915	103075	184139	154733	59264
2011	7121	2131	136512	132319	196317	166069	62888
2012	7137	2134	157660	142436	210887	179797	67168
2013	7250	2140	174299	158096	269848	190234	70276
2014	38873	2158	186857	170042	280681	201327	74605
2015	38557	2201	197873	184120	291571	210946	76814

注：1.从1996年起卫生年报统计口径变动，机构数中包括个体机构。
2.2002年卫生年报统计口径调整，数据变化较大。后同。
3.2007年卫生年报统计口径变动。后同。
4.从2013起卫生技术人员数据不包括乡村医生和卫生员。后同。
5.从2014年起机构合计中包括村卫生室。

a) Statistical standards in health report have changed since 1996, individual institutions are included in total number of institutions.
b) Statistical standards in health report have changed since 2002, there have been great amount of changes in data. The same applies to the following tables.
c) Statistical standards in health report have changed since 2007. The same applies to the following tables.
d) Village doctors and assistant nurses are not included in technical personnel in health institutions since 2013 The same applies to the following tables
e) Village clinics are included in number of institutions.

20-2 各类卫生机构、床位、人员数（2015年）

Number of Health Institutions, Beds and Personnels by Type (2015)

类 别	Type	机构数 (个) Total (unit)	#国有 State-owned	床位数 (张) Beds (unit)	#国有 State-owned	人员数 (人) Personnel (person)	#卫生技术人员 Medical Technical Personnel
全 省	**Provincial Total**	**38557**	**3519**	**197873**	**173285**	**291571**	**210946**
医 院	Hospital	568	330	134278	115049	146319	125725
#综合医院	General Hospital	364	215	94494	81329	105269	91109
中医医院	Hospital Specialized in Traditional	101	83	24114	22157	25839	22409
中西医结合医院	Combined Chinese and Western Medicine Hospital	8	5	1122	1030	1572	1269
专科医院	Specialized Hospital	95	27	14548	10533	13639	10938
疗养院	Sanatoriums	3	3	1810	1810	577	288
社区卫生服务中心(站)	Health Service Center for Community	610	273	3911	2769	8814	7607
卫生院	Township Hospital	1591	1459	45931	42020	45473	39428
村卫生室	Village Clinic	30697	315			52672	6581
门诊部	Outpatient Department	192	21	267	88	1558	1371
诊所、卫生所、医务室、护理站	Clinic, Medical Center, Nursing Station	3976	213			6764	6574
急救中心(站)	Emergency Center	9	9			340	198
采供血机构	Institution for Blood Collection and Supplyment	13	12			794	588
妇幼保健院(所、站)	MCH Center	112	111	8800	8673	13794	11858
专科疾病防治院(所、站)	Specialized Disease Prevention &Treatment Institute	111	109	2876	2876	3058	2414
疾病预防控制中心(防疫站)	Disease Prevention & Control Center	148	147			5193	3997
卫生监督所	Health Supervision Institution	110	110			1933	1565
医学科学研究机构	Research Institution of Medical Science	5	5			367	244
医学在职培训机构	Medical-service Training Institution	3	3			22	2
健康教育所(站、中心)	Health Education Center	5	5			70	22
计划生育技术服务机构	Technical Service Centers for Birth Control	304	303			2503	1576
临床检验中心	Clinical Laboratory Center	3				274	199
其他	Other Health Institutions	97	91			1046	709

注：1.本表人员合计中包括乡村医生和卫生员。
2.不含乡镇卫生院在村卫生室工作的执业(助理)医师、注册护士数。

a) Village doctors and assistant nurses are included in personnels.

b) Licensed (assistant) physicians and nurses of country health stations working in village health stations are not included in personels.

20-3 卫生机构人员数

Number of Employed Persons in Health Institutions

单位：人 (person)

类　　别	Type	1990	2000	2005	2010	2014	2015
全　　省	**Provincial Total**	**144583**	**151985**	**138697**	**184139**	**233882**	**291571**
卫生技术人员	Medical Technical Personnel	116786	123192	115986	154733	201327	210946
执业医师	Certified Doctors	51994	54437	39522	50737	62017	63711
执业助理医师	Certified Assistant Doctors			10179	8527	12588	13103
注册护士	Registerd Nurses	1774	1764	35679	57703	84140	89584
药剂师(士)	Pharmacists	1237	611	11379	12223	13701	14022
技师(士)	Technical Personnel				10584	13209	14199
#检验师	Chemist	891	444	6254	7229	9173	9838
其　他	Others	5921	4351	12973	14959	15672	16327
其他技术人员	Other Technical Personnel	1229	4340	5787	6523	7333	8147
管理人员	Managerial Personnel		5004	6233	7644	8024	8202
工勤技能人员	Ground Skilled Staff	10498	12903	10691	15239	17198	18185
乡村医生和卫生员	Country Doctor and Health Worker						46091
平均每千人中有卫生技术人员	Number of Medical Technical Personnel Per 1000 Population	3.06	2.97	2.69	3.47	4.40	4.62
#执业医生	Doctors	1.36	1.31	1.15	1.33	1.37	1.68

注：1.本表总数中不包含村卫生室人员，乡村医生和卫生人员，2007年卫生统计口径改变,故指标有所变化。
2.2015年起本表总数中包括了村卫生室人员，还包括了乡村医生和卫生人员。

a)Village clinic staff, rural doctors and health workers are not included in total. New statisical standard in health care varies in 2007. Indicators vary accordingly.

b) Country doctors and health workers are included in number of employed persons in health institutions since 2015.

20-4 各地区卫生事业基本情况（2015年）

Basic Statistics on Health Institutions by Region (2015)

地　区	Region	机构数 (个) Total (unit)	#医院、卫生院 Hospitals and Health Centers	床位数 (张) Number of Beds (unit)	#医院、卫生院 Hospitals and Health Centers	人员数 (人) Number of Personnel (person)
全　　省	**Provincial Total**	**38557**	**2201**	**197873**	**184120**	**291571**
南昌市	Nanchang	2119	244	30169	28534	46327
景德镇市	Jingdezhen	1074	79	7608	7085	11430
萍乡市	Pingxiang	1414	87	10717	9895	16301
九江市	Jiujiang	2721	277	23779	20955	34522
新余市	Xinyu	1199	60	5324	4990	8637
鹰潭市	Yingtan	978	80	5016	4902	7049
赣州市	Ganzhou	8839	360	36171	33345	47465
吉安市	Ji'an	4781	262	20687	19660	27354
宜春市	Yichun	4683	249	22672	20797	31824
抚州市	Fuzhou	2323	202	10583	10267	20014
上饶市	Shangrao	8426	301	25147	23690	40648

注：1. 人员数包括乡村医生和卫生员

a) Village doctors and assistant nurses are included.

20-5 各地区卫生技术人员数（2015年）

Technical Personnel in Health Institutions by Region (2015)

单位：人 (person)

地区	Region	合计 Total	医生 Doctors	执业医师 Certified Doctors	执业助理医师 Certified Assistant Doctors	注册护士 Registerd Nurses	其他 Others
全省	**Provincial Total**	**210946**	**76814**	**63711**	**13103**	**89584**	**44548**
南昌市	Nanchang	35755	12851	11825	1026	16115	6789
景德镇市	Jingdezhen	8683	2984	2499	485	3879	1820
萍乡市	Pingxiang	12160	4273	3595	678	5500	2387
九江市	Jiujiang	25015	9399	7650	1749	10588	5028
新余市	Xinyu	6764	2451	2072	379	3077	1236
鹰潭市	Yingtan	5540	2346	1974	372	1996	1198
赣州市	Ganzhou	34784	11685	9211	2474	14813	8286
吉安市	Ji'an	19629	7694	6175	1519	7910	4025
宜春市	Yichun	22351	7863	6636	1227	9349	5139
抚州市	Fuzhou	13292	4872	4131	741	5542	2878
上饶市	Shangrao	26973	10396	7943	2453	10815	5762

注：其他卫生技术人员中包括药师(士)、技师(士)和见习医师等。
a)Pharmacists,technical personnel and interns included.

20-6 各类医院机构、床位及人员数（2015年）

Beds and Personnel in Health Institutions by Specializations (2015)

类别	Type	机构数（个） Number of Institutions (unit)	床位数（张） Number of Beds (unit)	人员数（人） Number of Personnel (person)	#卫生技术人员 Medical Technical Personnel	执业医师 Certified Doctors	执业助理医师 Certified Assistant Doctors
全省	**Provincial Total**	**568**	**134278**	**146319**	**125725**	**37716**	**2377**
综合医院	General Hospital	364	94494	105269	91109	27021	1624
中医医院	Hospital Specialized in Traditional Chinese Medicine	101	24114	25839	22409	7328	551
中西医结合医院	Combined Chinese and Western Medicine Hospital	8	1122	1572	1269	433	19
专科医院	Specialized Hospital	95	14548	13639	10938	2934	183
口腔医院	Stomatological Hospital	4	42	299	258	131	6
眼科医院	Ophtalmology Hospital	6	325	547	351	75	7
耳鼻喉科医院	Otolaryngology Hospital	1	90	132	84	13	2
肿瘤医院	Tumor Hospital	2	1996	1925	1694	451	2
妇产(科)医院	Obstetrics and Gynecology Hospital	7	273	477	338	81	10
儿童医院	Children's Hospital	1	1482	1679	1470	451	1
精神病医院	Psychiatry Hospital	24	6687	3567	2814	675	54
传染病医院	Hospital for Infectious Diseases	3	530	864	757	212	1
皮肤病院	Dermatology Hospital	4	230	586	483	139	6
结核病医院	Tuberculosis Hospital	2	758	850	689	193	2
骨科医院	Orthopedics Hospital	8	606	670	550	142	41
康复医院	Rehabilitation Hospital	2	110	44	37	14	2
美容医院	Plastic Surgery Hospital	4	65	172	116	34	6
其他专科医院	Other Specialized Hospitals	27	1354	1827	1297	323	43

20-7 各类医疗机构病床使用情况（2015年）
Bed Utilization of Medical Institutions (2015)

类别	Type	实际占用总床日数(日) Actual Number of Bed-occupying Days (day)	病床周转次数(次) Hospital Bed Turnover (time)	病床工作日(日) Hospital Bed Using Days (day)	病床使用率(%) Utilization Rate (%)	出院者平均住院日(日) Average Staying Days in Hospital (day)	出院者占用总床日数(日) Total Number of Bed-occupying Days (day)
全　　省	**Provincial Total**	**57440503**	**37.7**	**305.5**	**83.71**	**7.8**	**55376900**
医　　院	**Hospital**	42386624	34.9	329.8	90.35	9.1	40864310
综合医院	General Hospital	29581531	37.2	329.5	90.27	8.5	28460858
中医医院	Hospital Specialized in Traditional Chinese Medicine	7684686	34.1	327.2	89.64	9.3	7463426
中西医结合医院	Combined Chinese and Western Medicine Hospital	374987	28.3	338.4	92.72	12.0	375612
专科医院	**Specialized Hospital**	4745420	21.8	335.4	91.89	14.8	4564414
口腔医院	Stomatological Hospital	5345	24.5	184.9	50.66	7.6	5372
眼科医院	Ophtalmology Hospital	65598	57.6	202.3	55.44	3.0	56199
耳鼻喉科医院	Otolaryngology Hospital	20766	51.9	230.7	63.21	5.3	24951
肿瘤医院	Tumor Hospital	695647	25.8	348.5	95.49	12.2	625580
妇产(科)医院	Obstetrics and Gynecology Hospital	44527	27.5	163.2	44.71	5.6	41971
儿童医院	Children's Hospital	520055	51.0	350.9	96.14	6.8	515238
精神病医院	Psychiatry Hospital	2376697	6.8	367.3	100.64	51.3	2268631
传染病医院	Hospital for Infectious Diseases	156927	19.1	296.1	81.12	15.9	160820
皮肤病医院	Dermatology Hospital	57045	34.3	248.0	67.95	7.2	57083
结核病医院	Tuberculosis Hospital	311506	32.0	429.2	117.60	14.8	344039
骨科医院	Orthopedics Hospital	146304	32.7	255.1	69.89	7.7	144700
康复医院	Rehabilitation Hospital	34156	31.2	313.4	85.87	8.4	28511
美容医院	Plastic Surgery Hospital	16	0.7	0.7	0.19	1.0	16
其他专科医院	Other Specialized Hospitals	310831	33.0	240.4	65.85	6.8	291303
疗养院	Sanitarium	224616	20.6	139.5	38.22	4.1	135116
社区卫生服务中心(站)	Health Service Center for Community	621459	21.1	196.7	53.90	7.2	484067
卫生院	Township Hospital	11308661	45.7	257.8	70.64	5.5	10945873
#中心卫生院	Center Township Hospital	5346228	46.0	269.3	73.78	5.7	5218814
乡卫生院	Rural Township Hospital	5948482	45.5	248.5	68.08	5.2	5713735
妇幼保健院(所、站)	Maternity and Child Care Center (Station)	2381959	51.1	281.7	77.18	5.6	2431592
#妇幼保健院	Maternity and Child Care Center	2189621	51.5	289.3	79.26	5.8	2252579
专科疾病防治院(所、站)	Specialized Disease Prevention & Treatment Institute	517184	28.4	216.2	59.23	7.6	515942

20-8 各类医疗机构门诊诊疗情况（2015年）

Out-patient Clinics in Hospitals in Medical Institutions(2015)

类别	Type	诊疗人次（人次）Visits (person-time)	#门、急诊 Clinics	预约诊疗人次占总诊疗人次百分比(%) Percentage in Appointment in Total Treatment	观察室留观病人（人）Patients in Observation Room (person)	健康检查（人）Health Examine (person)
全省	**Provincial Total**	**117936819**	**113861528**	**1.27**	**1773839**	**11861498**
医院	Hospital	58852366	56953946	3.95	905622	2824270
综合医院	General Hospital	42174835	40726410	4.03	669694	2022064
中医医院	Hospital Specialized in Traditional Chinese Medicine	11957748	11601046	1.27	151908	609015
中西医结合医院	Combined Chinese and Western Medicine Hospital	872976	834408	21.87	15159	40830
专科医院	Specialized Hospital	3846807	3792082	7.29	68861	152361
口腔医院	Stomatological Hospital	266045	266045			
眼科医院	Ophtalmology Hospital	188585	172657	1.83	500	7812
耳鼻喉科医院	Otolaryngology Hospital	20461	20461			
肿瘤医院	Tumor Hospital	174456	172387	0.29	10	12280
妇产(科)医院	Obstetrics and Gynecology Hospital	54509	50129	22.93	1020	3601
儿童医院	Children's Hospital	1138932	1138932	9.13	28501	36441
精神病医院	Psychiatry Hospital	509004	501548	4.90	25	8419
传染病医院	Hospital for Infectious Diseases	246217	245747	22.84	21274	35339
皮肤病医院	Dermatology Hospital	440662	440662	1.52	16967	
结核病医院	Tuberculosis Hospital	163410	163410	41.57	401	22745
骨科医院	Orthopedics Hospital	190227	186731			19000
康复医院	Rehabilitation Hospital	10308	10230			
美容医院	Plastic Sergury Hospittal	36318	36318	2.46		
其他专科医院	Other Specialized Hospitals	407673	386825	0.84	163	6724
疗养院	Sanitarium	65505	59985	0.39	172	254
社区卫生服务中心(站)	Health Service Center for Community	6851374	6534250		216912	1333760
卫生院	Township Hospital	31310166	29742802		452252	6856809
门诊部	Clinic	939469	920050			
诊所、卫生所、医务室	Clinic, Medical Center, Nursing Station	10584405	10443589			
妇幼保健院(所、站)	Maternity and Child Care Center (Station)	8394311	8292513	3.74	198396	775082
#妇幼保健院	Maternity and Child Care Center	7439896	7368841	4.15	198311	566057
专科疾病防治院(所、站)	Specialized Disease Prevention & Treatment Institute	939223	914393	0.09	485	71323

注：本表数据没有包括村卫生室和急救中心(站)数据。后同。

a) Country health stations and emergency health centres (stations) are not included. The same applies to the tables following.

20-9 各类医疗机构住院治疗情况（2015年）

Basic Statistics on Inpatients Treatments in Medical Institutions(2015)

类　别	Type	入院人数 (人) Inpatients (person)	出院人数 (人) Out-patients (person)	住院病人手术人次 (人次) Inpatients Operation (person-time)	每百门急诊的入院人数 (人) Number of Admissions Per 100 Outpatient Emergency Treatment (person)
全　省	**Provincial Total**	**7117209**	**7093059**	**1176849**	**6.94**
医　院	Hospital	4503479	4483432	1037227	7.91
综合医院	General Hospital	3358436	3341325	797798	8.25
中医医院	Hospital Specialized in Traditional Chinese Medicine	803409	801826	145205	6.93
中西医结合医院	Combined Chinese and Western Medicine Hospital	31283	31364	7018	3.75
专科医院	Specialized Hospital	310351	308917	87206	8.18
口腔医院	Stomatological Hospital	705	707	634	0.26
眼科医院	Ophtalmology Hospital	19593	18684	12758	11.35
耳鼻喉医院	Otolaryngology Hospital	4548	4675	3219	22.23
肿瘤医院	Tumor Hospital	51327	51420	11712	29.77
妇产(科)医院	Obstetrics and Gynecology Hospital	7620	7500	1684	15.20
儿童医院	Children's Hospital	75655	75635	22750	6.64
精神病医院	Psychiatry Hospital	45061	44231	2780	8.98
传染病医院	Hospital for Infectious Diseases	10027	10110	4171	4.08
皮肤病医院	Dermatology Hospital	7877	7882	301	1.79
结核病医院	Tuberculosis Hospital	23194	23227	1371	14.19
骨科医院	Orthopedics Hospital	18356	18735	7679	9.83
康复医院	Rehabilitation Hospital	3423	3404	510	33.46
美容医院	Plastic Sergury Hospital	16	16		0.04
其他专科医院	Other Specialized Hospitals	42949	42691	17637	11.10
疗养院	Sanitarium	33600	33145	115	56.01
社区卫生服务中心	Health Service Center for Community	68523	66776		1.05
卫生院	Township Hospital	2006526	2005621		6.75
#街道卫生院	Institutes of Health, Subdistrict	3857	3856		10.62
乡镇卫生院	Institutes of Health, Rural	2002669	2001765		6.74
门诊部	Clinic	4108	4108		
妇幼保健院(所、站)	Maternity and Child Care Center (Station)	432083	432090	138548	5.21
#妇幼保健院	Maternity and Child Care Center	388969	389606	131077	5.28
专科疾病防治院(所、站)	Specialized Disease Prevention & Treatment Institute	68890	67887	959	7.53

20-10 各地区医院门诊诊疗情况（2015年）
Out-patient Clinics in Hospitals by Region (2015)

地 区	Region	诊疗人次 (人次) Visits (person-time)	#门、急诊 Clinics	门急诊人次占总人次 (%) Percentages of Out-patients in Total Number (%)	观察室留观病人 (人) Patients in Observation Room (person)	观察室病死率 (%) Observation Room Mortality (%)	健康检查 (人) Health Examine (person)
全 省	**Provincial Total**	**58852366**	**56953946**	**96.77**	**905622**	**0.04**	**2824270**
南 昌 市	Nanchang	13384973	13099724	97.87	77862	0.11	503996
景德镇市	Jingdezhen	1974132	1939726	98.26	118831	0.01	113450
萍 乡 市	Pingxiang	2767648	2525323	91.24	64790		133301
九 江 市	Jiujiang	6184531	5785605	93.55	94753	0.05	340092
新 余 市	Xinyu	1929961	1850255	95.87	7799	0.03	167075
鹰 潭 市	Yingtan	1241882	1207722	97.25	30149		83835
赣 州 市	Ganzhou	10021750	9901372	98.80	112461	0.07	486657
吉 安 市	Ji'an	5559966	5406123	97.23	28189	0.20	249229
宜 春 市	Yichun	5026956	4834664	96.17	328675	0.02	196474
抚 州 市	Fuzhou	4535493	4439623	97.89	36805	0.02	211913
上 饶 市	Shangrao	6225074	5963809	95.80	5308	0.45	338248

注：本表数据包含村级卫生医疗情况。
a) Data on village health service are included.

20-11 各地区医院病床使用情况（2015年）
Utilization of Hospital Beds by Region (2015)

地 区	Region	医院 Total			#政府办医院 Government-conducted Hospital		
		病床周转次数 (次) Hospital Bed Turnover (time)	病床使用率 (%) Utilization Rate (%)	出院者平均住院日 (日) Average Staying Days in Hospital (day)	病床工作日 (日) Hospital Bed Utilization (day)	病床使用率 (%) Utilization Rate (%)	出院者平均住院日 (日) Average Staying Days in Hospital (day)
全 省	**Provincial Total**	**34.9**	**90.35**	**9.1**	**338.8**	**92.82**	**7.13**
南 昌 市	Nanchang	33.6	94.11	10.0	353.6	96.87	10.37
景德镇市	Jingdezhen	36.9	87.42	8.4	323.8	88.72	8.37
萍 乡 市	Pingxiang	32.3	89.81	9.7	343.6	94.13	9.91
九 江 市	Jiujiang	32.4	87.46	9.4	325.2	89.10	9.65
新 余 市	Xinyu	27.6	93.04	11.0	350.0	95.89	10.87
鹰 潭 市	Yingtan	24.1	81.64	10.9	295.4	80.92	10.33
赣 州 市	Ganzhou	33.9	88.73	9.2	333.4	91.35	9.39
吉 安 市	Ji'an	35.9	89.53	8.9	330.4	90.52	9.21
宜 春 市	Yichun	35.4	96.74	9.9	360.8	98.84	10.11
抚 州 市	Fuzhou	41.8	88.42	7.4	333.5	91.36	7.47
上 饶 市	Shangrao	40.7	88.84	7.5	338.1	92.63	8.02

20-12 各地区育龄妇女节育、晚婚情况（2015年）

Birth-Control and Later-Marriage of Childbearing-age Women by Region (2015)

地 区	Region	已婚育龄妇女人数（人）Married Childbearing-age Women (person)	采取各种避孕节育措施人数（人）Number of Women Taking Birth-Control (person)	综合避孕节育率（%）General Birth-Control Rate (%)	晚婚人数（人）Number of Later-Marriage (person)	晚婚率（%）Later-Marriage Rate (%)
全 省	**Provincial Total**	**10078739**	**8584698**	**85.18**	**179102**	**59.32**
南昌市	Nanchang	1094513	933694	85.31	18345	61.93
景德镇市	Jingdezhen	362454	306388	84.53	5411	54.36
萍乡市	Pingxiang	392784	331956	84.51	6645	65.28
九江市	Jiujiang	1077143	892983	82.90	22070	64.34
新余市	Xinyu	246029	208480	84.74	3553	64.99
鹰潭市	Yingtan	261836	220804	84.33	4121	53.23
赣州市	Ganzhou	1904880	1635719	85.87	35475	57.66
吉安市	Ji'an	1047511	893067	85.26	21424	64.02
宜春市	Yichun	1181363	1004573	85.04	19433	54.78
抚州市	Fuzhou	911491	782221	85.82	14922	56.71
上饶市	Shangrao	1598735	1374813	85.99	27703	57.86

20-13 各地区计划生育情况（2015年）

Basic Statistics on Family Planning by Region (2015)

地 区	Region	现有一孩育龄妇女人数（人）Married Childbearing-age Women with One Child (person)	现有一孩育龄妇女占已婚育龄妇女比重(%) Percentage of Married Childbearing-age Women with One Child in Total Married Women (%)	累计领取独生子女证人数（人）Number of Women Receiving Single-child Permit (person)	领取独生子女证人数占一孩育龄妇女比重(%) Percentage of Women Receiving Single-child Permit in Married Childbearing-age Women with One Child (%)	出生政策符合率（%）Birth-control Rate (%)
全 省	**Provincial Total**	**3615190**	**35.87**	**1393839**	**38.56**	**80.04**
南昌市	Nanchang	480885	43.94	204502	42.53	84.86
景德镇市	Jingdezhen	156467	43.17	79762	50.98	84.58
萍乡市	Pingxiang	168512	42.90	68785	40.82	77.76
九江市	Jiujiang	419680	38.96	145724	34.72	81.30
新余市	Xinyu	124239	50.50	69223	55.72	88.15
鹰潭市	Yingtan	95217	36.37	37090	38.95	80.71
赣州市	Ganzhou	585544	30.74	240602	41.09	76.57
吉安市	Ji'an	366512	34.99	162196	44.25	75.22
宜春市	Yichun	381760	32.32	141359	37.03	81.15
抚州市	Fuzhou	328136	36.00	130822	39.87	81.13
上饶市	Shangrao	508238	31.79	113774	22.39	80.92

注：国家人口计生委在2008年将“计划生育率”指标改为“出生政策符合率”。
a)"Birth-control Rate" instead of " Plan-birth" since 2008.

20-14　体育事业基本情况

Basic Statistics on Sports

指　　标	Item	1990	2000	2005	2010	2014	2015
村级农民体育健身工程	Sports and Fitness Program for Rural Residents in Village-level						1340
乡镇农民体育健身工程	Sports and Fitness Program for Rural Residents in Town-level						139
城市社区多功能运动场	Urban Community Multi-Function Stadium						65
青少年俱乐部(个)	Youth Club (unit)			64	108	112	146
等级裁判员发展人数(人)	Ranked Referees Developed (person)	2008	2223	1465	567	3254	4033
等级运动员发展人数(人)	Ranked Athletes Developed (person)	1517	1624	785	195	1078	1123
在国际国内比赛中获奖牌数(枚)	Medals Won in National and International Competitions (piece)	90	71	80	95	116	169
金　牌	Gold	28	25	44	36	41	71
银　牌	Silver	33	27	21	26	36	49
铜　牌	Bronze	29	19	15	33	39	49

20-15　少年儿童业余体育学校基本情况

Basic Statistics on Amateur Sports School for Children and Adolescents

指　　标	Item	1990	2000	2005	2010	2014	2015
学　校　数(所)	Number of Schools (unit)	133	105	92	89	97	99
在校学生数(人)	Total School Enrollments (person)	7122	7417	8955	10113	12154	12664
专职教练员人数(人)	Full-time Coaches (person)	400	439	436	462	582	592
#专科以上	Above Specialized Courses		238	330	410	552	557

20-16 历届全省人民代表大会的代表人数

Number of Deputies to All the Previous Provincial People's Congresses

届 别	Congress	年 份 Year	代表总数 (人) Total Number of Deputies (person)	#女代表 Female Deputies	占代表总数(%) As Percentage to Total Deputies (%)	#少数民族代表 Ethnic Minority Deputies	占代表总数(%) As Percentage to Total Deputies (%)
一 届	First Congress	1954	404				
二 届	Second Congress	1958	500	76	15.2		
三 届	Third Congress	1963	613	129	21.0	7	1.1
五 届	Fifth Congress	1978	1200	261	21.8	9	0.8
六 届	Sixth Congress	1983	958	184	19.2	17	1.8
七 届	Seventh Congress	1988	583	99	17.0	15	2.6
八 届	Eighth Congress	1993	615	108	17.6	12	2.0
九 届	Ninth Congress	1998	603	136	22.6	11	1.8
十 届	Tenth Congress	2003	604	146	24.2	14	2.3
十一届	Eleventh Congress	2008	608	148	24.3	16	2.6
十二届	Twelfth Congress	2013	609	148	24.3	21	3.4

注：1968年1月成立的江西省革命委员会作为江西省第四届人民代表大会的届次计算。

a) Revolutionary Committee of Jiangxi Province which was founded in Jun.1968 is complied as 4th Provincial People's Congresses.

20-17 历届全省政治协商会议的委员人数

Number of Deputies to All the Previous Provincical People's Political Consultative Conferences

届 别	Congress	年 份 Year	委员总数 (人) Total Number of Deputies (person)	#中国共产党委员 Deputies from the Communist Party of China	占委员总数(%) As Percentage to Total Deputies (%)	#少数民族委员 Ethnic Minority Deputies	占委员总数(%) As Percentage to Total Deputies (%)
一 届	First Congress	1955	159	50	31.5	6	3.8
二 届	Second Congress	1959	571	227	39.8	11	1.9
三 届	Third Congress	1964	601	266	44.3	10	1.7
四 届	Fourth Congress	1978	752	340	45.3	12	1.6
五 届	Fifth Congress	1983	760	259	34.1	17	2.2
六 届	Sixth Congress	1988	755	258	36.0	22	2.9
七 届	Seventh Congress	1993	704	281	39.9	17	2.4
八 届	Eighth Congress	1998	649	274	42.2	19	2.9
九 届	Ninth Congress	2003	683	273	40.0	16	2.4
十 届	Tenth Congress	2008	690	276	40.0	13	1.9
十一届	Eleventh Congress	2013	691	275	39.8	11	1.6

20-18 工会组织情况

Basic Statistics on Trade Unions

年份 Year	工会基层组织数（万个）Number of Grassroots Trade Unions (10000 units)	全省已建工会组织的基层单位的职工和会员人数（万人）Membership and Staff and Workers in Grassroot Trade Unions (10000 persons)				工会专职工作人员人数（万人）Full-time Staff (10000 persons)
		职工人数 Staff and Workers	#女职工 Female	会员人数 Membership	#女会员 Female	
1980	1.28	193.33	57.67	162.17		0.70
1985	1.78	260.16	90.84	229.87	77.46	1.55
1986	1.87	265.37	90.04	234.39	79.74	1.28
1987	1.95	274.43	96.85	243.38	84.88	1.29
1988	2.01	283.54	101.39	250.24	89.69	1.29
1989	2.10	293.33	102.66	260.64	93.71	1.45
1990	2.14	299.93	107.36	271.76	97.41	1.56
1991	2.16	305.12	111.02	278.47	100.88	1.60
1992	2.19	311.86	115.47	282.70	102.99	1.66
1993	2.14	300.12	111.29	272.28	99.72	1.58
1994	2.14	312.54	116.58	289.86	102.84	1.61
1995	2.01	306.17	112.10	281.77	100.15	0.91
1996	2.14	318.51	120.94	286.57	107.94	1.37
1997	1.76	243.00	91.08	222.57	81.72	1.40
1998	1.70	251.32	94.22	232.77	86.34	1.18
1999	1.56	242.01	88.92	230.59	80.78	1.16
2000	1.82	267.12	82.61	237.31	74.71	1.79
2001	3.84	288.89		273.76		1.79
2002	2.21	513.82	152.96	363.01	116.65	1.44
2003	2.24	288.55	100.68	260.36	92.68	1.04
2004	3.08	373.30	116.26	347.41	109.06	0.97
2005	3.77	391.00	139.14	375.89	131.48	1.11
2006	4.11	459.93	157.68	438.81	149.97	1.32
2007	4.60	517.76	158.07	495.92	151.90	1.55
2008	5.17	572.04	203.97	551.60	199.17	1.80
2009	5.54	600.01	218.20	581.00	212.82	2.60
2010	5.92	647.36	242.81	611.04	231.69	3.80
2011	6.48	673.36	250.61	646.86	240.67	5.42
2012	7.37	736.82	274.40	714.60	266.37	5.93
2013	7.73	750.77	276.69	730.94	270.54	4.49
2014	7.92	777.48	288.63	755.33	283.07	5.13
2015	8.23	821.84	306.30	788.59	298.61	4.69

注：2001年为工会四季度报表数据,空白指标数据未作统计。

a) In 2001,the data is fourth quarter of Trade Union.Blanks have no Statistic.

20-19 共青团组织情况

Basic Statistics on the Communist Youth League

年份 Year	基层团支部（万个） Grassroot CYL Branch (10000 units)	共青团员（万人） CYL Members (10000 persons)	#女团员 Female	团干部（人） League Cadre (person)
1978	11.10	133.22	49.87	4342
1979	11.51	125.81		
1980	10.56	124.04	41.80	4732
1981	8.75	123.62	46.22	5323
1982	6.47	124.05	45.27	5713
1983	6.26	126.96	46.66	5839
1984	6.12	131.67	46.23	5903
1985	6.48	152.69	53.00	6473
1986	6.64	169.37	56.83	6729
1987	6.75	183.48	60.62	6542
1988	6.78	181.34	58.23	6337
1989	6.88	161.66	50.39	6074
1990	6.75	162.03	53.60	6725
1991	6.77	160.19	55.06	7156
1992	6.39	157.53	52.54	6821
1993	6.55	156.32	53.66	6801
1994	10.31	238.38	83.32	10339
1995	10.40	248.42	85.93	8752
1996	12.00	219.78	81.46	7855
1997	11.13	222.37	78.98	9759
1998	8.52	212.80	72.73	7909
1999	6.98	187.68	68.39	7362
2000	6.80	187.98	68.53	7015
2001	6.83	182.30	68.27	6627
2002	7.49	191.29	79.50	7444
2003	3.83	194.10	42.81	7444
2004	6.15	213.63	68.73	15680
2005	6.41	246.62	71.42	10370
2006	6.42	248.61	72.41	10370
2007	6.42	248.71	72.41	10370
2008	6.42	248.79	72.42	10470
2009	6.53	250.75	83.57	11812
2010	6.51	240.12	81.76	11756
2011	5.81	440.17	181.54	12888
2012	9.38	247.90	82.10	10146
2013	9.71	245.86	81.42	9714
2014	9.75	245.93	81.54	188736
2015	10.22	244.36	81.44	195307

注：1.2011年共青团员数含驻赣部队团员及省外流动团员。

2.从2014年起不统计专职团干部。只统计团干部数。2014年以前的数是专职团干部

a) Members of the CYL included those of PLA Garrison Force and migrations due to change in coverage.

b) Statistical caliber of league cadre is adjusted to full-time cadres since 2014.

20-20 妇联系统组织情况

Basic Statistics of Women's Federations

单位：个 (unit)

年 份 Year	基层妇代会 Grassroot Women's Conference	城市 Urban	农村 Rural	机关、事业单位妇委会 Women's Federations of Institutions and Agencies
2000	22727	2445	20282	3484
2001	21519	1747	19772	
2002	19691	1695	17996	3069
2003	19189	2181	17008	2252
2004	18591	2761	15830	2539
2005	17474	2010	15464	4333
2006	18753	1830	16923	3737
2007	18695	2250	16445	3714
2008	18805	2627	16178	3911
2009	19878	2397	17481	4523
2010	19881	2399	17483	4521
2011	18222	2410	15812	4682
2012	20107	2538	17569	4864
2013	20487	2628	17859	4887
2014	21071	2843	18228	5097

注：2015年起省妇联不统计基层妇代会数据。启用“妇联组织”指标。2015年省、市、县妇联组织118个，乡镇妇联1471个，街道妇联190个，村级妇联(含妇代会)17844个，社区妇联(含妇代会)2984个.

a) Data on number of Women’s Conference are no longer included in statistical statements of Women’s Federations. Therefore data on number of Women’s Federations are taken instead.At the end of 2015,There are in total 118 province-level,city-level and county-level Women’s Federations,1784 village-level Women’s Federations (including Women’s Conference), 2984 community-level Women’s Federations (including Women’s Conference).

20-21 各地区城镇社区服务情况（2015年）

Basic Conditions of Urban Community Service by Region (2015)

单位：个 (unit)

地 区	Region	城镇社区服务设施 Urban Community Service Facilities	城镇便民利民服务网点 Convenience Stores in Urban Areas	社区服务志愿者组织数 Voluntary Organizations for Community Services
全 省	**Provincial Total**	**3339**	**1650**	**697**
南昌市	Nanchang	319		
景德镇市	Jingdezhen	131	140	
萍乡市	Pingxiang	57	23	297
九江市	Jiujiang	438	4	7
新余市	Xinyu	51	12	
鹰潭市	Yingtan	445	256	129
赣州市	Ganzhou	355	530	136
吉安市	Ji'an	290	5	5
宜春市	Yichun	583	59	3
抚州市	Fuzhou	438	611	20
上饶市	Shangrao	232	10	100

20-22 社会福利事业基本情况(2015年)

Basic Statistics on Social Welfare(2015)

指　　标	Item	2014	2015
提供住宿的社会服务机构(个)	Residental Institutions of Social Service (unit)	2033	1667
#老年人与残疾人服务机构(个)	Service Institutions for The Elderly and The Disabled (unit)	1906	1537
#社会福利院	Social Welfare Homes	136	105
光荣院	Homes for Disabled Veterans	203	177
养老服务机构	Residental Institutions for Aging Population	1548	1236
#农村	Rural	1334	1058
智障与精神疾病服务机构(个)	Service Institutions for Mental Retardation and Mental Illness (unit)	4	4
儿童收养救助服务机构(个)	Service Institutions for Adoption and Salvation of Children (unit)	17	17
其他提供住宿的社会服务机构(个)	Other Residental Institutions of Social Service (unit)	106	109
年末在院人数(人)	Number of Persons Housed at Year-end (person)		
#老年人与残疾人服务机构	Service Institutions for The Elderly and The Disabled	157439	102172
#社会福利院	Social Welfare Homes	13585	9300
光荣院	Homes for Disabled Veterans	12321	12301
养老服务机构	Residental Institutions for Aging Population	128990	77997
#农村	Rural	121440	69681
智障与精神疾病服务机构	Service Institutions for Mental Retardation and Mental Illness	372	357
儿童收养救助服务机构	Service Institutions for Adoption and Salvation of Children	746	614
城市居民最低生活保障人数(人)	Number of Persons Receiving Minimum Living Allowance in Urban Areas (person)	983274	924083
农村最低生活保障人数(人)	Number of Persons Receiving Minimum Living Allowance in Rural Areas (person)	1701223	1692827
民政部门资助参保人数(人)	Number of Insurance Paticipation Funded by Civil Affairs Departments (person)	1012542	719578
民政部门资助参合人数(人)	Number of NCMS Paticipation Funded by Civil Affairs Departments (person)	2512733	1970422
民政部门直接救助人次数(人次)	Number of Persons Directly Receiving Medical Salvation from Civil Affairs Departments(person-time)	1549447	1676686
临时救助(户次)	Number of Poor Persons Receiving Temporary Relief (household-time)	129688	124923

20-23 各地区社会捐赠情况（2015年）

Basic Statistics on Social Donations by Region (2015)

地 区	Region	直接接收捐赠 Directly accepting donations		间接接收捐赠 Indirectly accepting donations		受益人次数(人次) Beneficiaries (person-time)	社会捐赠接收工作站、点(个) Social Donations Receiving Centers (stations) (unit)
		社会捐赠款数(万元) Social Donations (10000 yuan)	捐赠衣被(万件) Donated Clothing (10000 pieces)	其他部门转入的社会捐赠款数(万元) Donations from Other Department (10000 yuan)	其他部门转入的捐赠衣被总数(万件) Donated Clothing from Other Department (10000 pieces)		
全 省	**Provincial Total**	**7822.3**	**148.1**	**654.0**	**0.6**	**208963**	**542**
省本级	Provincial	2295.5	0.4			20000	1
南昌市	Nanchang	2674.8	147.6	20.0		30810	249
景德镇市	Jingdezhen	74.0				3200	8
萍乡市	Pingxiang	206.2				26330	20
九江市	Jiujiang	163.0		604.0		5046	56
新余市	Xinyu	354.3				2725	
鹰潭市	Yingtan	428.0				2140	41
赣州市	Ganzhou	129.0		14.0	0.6	74037	23
吉安市	Ji'an	527.4		2.5		9020	56
宜春市	Yichun	276.0		13.5		744	72
抚州市	Fuzhou	633.4	0.1			34911	16
上饶市	Shangrao	60.7					

20-24 各地区福利彩票发行情况（2015年）

Statistics on Welfare Lottery by Region (2015)

地 区	Reigon	机构数(个) Number of Institutions (unit)	年末职工人数(人) Number of Staff and Workers at Year-end (person)	增加值(万元) Value Added (10000 yuan)	收 入(万元) Revenues (10000 yuan)	支 出(万元) Expenditures (10000 yuan)
全 省	**Provincial Total**	**45**	**153**	**3525.6**	**18641.8**	**13250.0**
省本级	Provincial	1	9	2759.9	17006.0	11628.8
南昌市	Nanchang	1	5	87.4	124.0	127.0
景德镇市	Jingdezhen	1	1	0.5	80.0	80.0
萍乡市	Pingxiang	2	15	2.9	95.1	95.1
九江市	Jiujiang	6	18	176.3	382.0	381.6
新余市	Xinyu	2	6	17.5	42.0	39.3
鹰潭市	Yingtan	4	9	41.4	50.0	50.0
赣州市	Ganzhou	12	37	194.1	567.0	550.0
吉安市	Ji'an	3	4	3.0		3.0
宜春市	Yichun	5	23	222.0	218.0	218.0
抚州市	Fuzhou	3	11	17.3	71.7	71.7
上饶市	Shangrao	5	15	3.4	6.0	6.0

20-25 社会保障情况
Situations of Social Security

单位：万人 (10000 persons)

年份 Year	养老保险 Pension Insurance		失业保险 Unemployment Insurance		医疗保险参保人数 Number of Joining Medical Care Insurance
	职工人数 Number of Staff and Workers	离退休、退职人数 Number of Retired Persons	参加失业保险人数 Number of Joining Unemployment Insurance	领取失业保险金人数 Number of Beneficiaries of Unemployment Insurance	
1990	144.65	29.21	153.96		
1991	146.59	30.05	158.29	0.01	
1992	204.22	42.40	167.15	0.08	
1993	205.92	45.20	166.60	0.16	
1994	199.96	45.21	170.92	0.43	
1995	193.32	45.09	183.44	0.14	
1996	203.25	47.45	183.03	0.56	
1997	196.14	48.50	152.24	0.39	
1998	235.67	64.06	182.76	0.80	
1999	246.53	66.72	209.60	0.96	
2000	254.85	72.58	231.59	0.81	61.44
2001	250.60	78.16	234.53	2.52	71.62
2002	257.13	82.65	226.67	5.16	106.60
2003	262.51	88.44	215.54	5.91	188.21
2004	271.83	99.92	226.56	10.18	250.42
2005	281.96	105.48	230.74	10.61	276.74
2006	303.34	111.63	241.05	9.98	313.34
2007	356.53	118.50	251.46	8.73	403.42
2008	421.87	128.46	266.29	6.79	503.16
2009	446.02	135.91	275.47	6.41	515.12
2010	462.08	145.52	265.33	10.69	532.13
2011	484.31	168.72	263.48	8.83	535.85
2012	518.26	189.12	267.44	7.86	546.76
2013	547.14	207.05	271.06	3.74	569.94
2014	562.81	221.08	271.75	2.43	579.21
2015	587.86	235.24	281.49	2.84	584.97
南昌市 Nanchang	116.24	47.57	61.04	0.65	98.19
景德镇市 Jingdezhen	29.55	12.77	14.21	0.17	32.38
萍乡市 Pingxiang	26.73	9.91	15.50	0.42	46.26
九江市 Jiujiang	66.40	21.97	35.15	0.15	63.82
新余市 Xinyu	17.96	9.15	11.05	0.09	27.57
鹰潭市 Yingtan	14.52	5.83	8.11	0.09	14.77
赣州市 Ganzhou	65.80	23.09	36.21	0.53	68.24
吉安市 Ji'an	47.92	15.54	22.64	0.13	49.63
宜春市 Yichun	56.03	22.65	27.05	0.26	70.49
抚州市 Fuzhou	42.28	15.84	20.50	0.16	37.99
上饶市 Shangrao	61.48	28.21	30.03	0.19	62.09

20-26 劳动争议处理基本情况（2015年）

Basic Situations of Disposal of Labor Disputes (2015)

指标	Item	合计 Total	国有企业 State-owned Enterprises	集体企业 Collective-owned Ent-erprises	港澳台及外资企业 Enterprises with Funds from Hong Kong, Macao&Taiwan and Foreign Funded Enterprises	私营企业 Private Enterprises	其他 Others
案件受理情况	**Situations of Cases Accepted**						
案件数(件)	Number of Cases (case)	9389	485	160	330	8089	325
#劳动者申诉案件数	Number of Cases Appealed by Laborer	8783	478	157	307	7549	292
劳动者当事人人数(人)	Number of Laborers Involved(Person)	13351	631	250	332	11760	378
争议原因(件)	**Reasons of Disputes(case)**						
#劳动报酬	Earning	2830	216	84	162	2351	17
保险	Insurance	3109	148	48	81	2732	100
解除劳动合同	Relief from the Labor Contract	1920	49	12	59	1665	135
案件处理情况(件)	**Disposal of Cases(case)**						
结案案件数	Number of Cases Settled	9728	482	160	328	8393	365
用人单位胜诉	Recovered by Units	1252	158	10	47	940	97
劳动者胜诉	Recovered by Laborers	5130	237	103	124	4506	160
双方部分胜诉	Recovered Partly by Both Parties	2688	82	46	144	2339	77
本期未结案数	Number of Cases Unsettled This Period	421	22	4	14	367	14

20-27 律师、公证及调解工作基本情况

Basic Statistics on Lawyers, Notarization and Mediation

指标	Item	1990	2000	2005	2010	2014	2015
律师工作	**Lawyers**						
律师事务所(个)	Number of Law Offices (unit)	118	272	282	332	373	408
律　　师(人)	Number of Lawyers (person)	1820	2830	1963	3247	4043	4488
#专职律师	Full-time Lawyers	792	1618	1869	2800	3551	3926
担任法律顾问(家)	Legal Adivisors (unit)	4124	8218	6184	7536	11982	14176
民事案件诉讼代理(件)	Agent of Civil Cases (case)	11688	11197	17857	26618	35801	47107
行政案件诉讼代理(件)	Agent of Administrative Action (case)		513	970	1574	785	531
刑事诉讼辩护及代理(件)	Defender and Agent of Criminal Cases (case)	7952	8202	8434	14125	16734	14085
非诉讼法律事务(件)	Agent of Non-Litigious Legal Affairs (case)	32652	28850	14844	14108	9028	13127
解答法律咨询(万人次)	Legal Advisory Services (10000 person-cases)	9.20	6.10	12.10	8.91	13.5	14.7
代写法律事务文书(万件)	Agent of Legal Doucuments Written on Behalf of Chients (10000 cases)	2.00	2.10	3.46	1.49	1.48	1.26
公证工作	**Notarization**						
公证处(个)	Number of Notary Offices (unit)	104	111	111	111	111	112
#涉外公证处	Number of Foreign-related Notary Offices	12	27	45	55	56	56
公证人员(人)	Notarial Personnel (person)	537	603	557	559	705	693
#公证员	Nortaries	331	382	351	319	355	345
公证员助理(人)	Assistant Nortaries (person)	74	43	52	87	223	201
办理公证文书(件)	Number of Notarized Documents (case)	221620	222407	257375	164764	161477	164779
国内公证文书	Number of Domestic Notarization	218416	193717	216375	123881	118908	122366
涉外公证文书	Number of Foreign-related Notarization	3204	25053	36572	35091	37731	37887
港台澳公证文书	Number of Hong Kong,Macao, Taiwan Notarization		3637	4428	5792	4838	4526
基层工作	**People's Mediation**						
法律服务所(个)	Agent of Legal Affairs (unit)		1178	686	666	677	624
法律工作者(人)	Personnel of Legal Affairs (person)		3126	2153	1789	1866	1864
法律服务所调解民间纠纷(件)	Number of Civil Disputes Mediated (case)		38004	28263	23995	28580	32922
司法所(个)	Number of Judicial Offices (unit)		1188	1629	1630	1707	1707
司法人员(人)	Judicial Personnel (person)		3113	3888	3139	3371	3491
#专职司法助理员	Number of Full-time Judicial Assistants	1461	1604	1831	2042	2517	2528
协助基层政府处理民间纠纷(件)	Help Grass-roots Government's Handling of Civil Disputes (case)		28256	17319	24124	23285	37430
#处理成功率(%)	Success Rate (%)			94.61	96.70	95.62	96.46
人民调解委员会(万个)	Number of People's Mediation Committees (10000 units)	2.70	2.70	2.27	2.30	2.41	2.43
调解人员(万人)	Number of Mediators (10000 persons)	20.90	24.50	11.86	14.35	11.21	11.14
司法所调解民间纠纷(万件)	Number of Civil Disputes Mediated (10000 case)		13.17	11.44	13.83	20.05	18.75
#调解成功率(%)	Success Rate (%)	96.50	93.00	97.69	97.71	97.14	97.71

20-28 婚姻登记情况（2015年）

Numbers of Marriages and Divorces (2015)

年份 Year	准予登记结婚（对） Total Number of Registered Marriage (couple)	初婚（人） First Marriage (person)	再婚（人） Re-marriage (person)	离婚（对） Divorces (couple)
1978	159661	150186		7387
1979	127242	239747	14737	6844
1980	148365	284253	12477	10200
1981	210132	402171	18093	5717
1982	213296			6487
1983	174610			4791
1984	223765			5666
1985	232469	453632	11306	11113
1986	231917	453021	10813	11241
1987	258275	504338	12212	12473
1988	250353	488228	12478	14063
1989	283406	551914	13075	16391
1990	334773	652052	17494	17637
1991	261054	508724	13384	17376
1992	255777	496201	15353	17682
1993	236384	458275	14493	19291
1994	249091	483833	14349	18979
1995	260573	502791	18355	19751
1996	271049	526016	16082	20037
1997	272364	525087	19641	21087
1998	278088	539122	17054	21502
1999	289370	558788	17454	26935
2000	295766	570202	18296	24229
2001	293852	548757	35569	26090
2002	283391	540779	21617	31762
2003	269708	507607	27805	29700
2004	296058	560260	28418	39897
2005	295282	553628	36936	39441
2006	315513	594219	36807	45291
2007	356154	665248	47060	51240
2008	391221	719684	62758	56030
2009	408061	738330	77792	45495
2010	361099	695884	26134	48891
2011	373001	703739	42263	54360
2012	421144	781537	60751	60006
2013	393733	713805	73661	70247
2014	371233	658658	83808	72909
2015	306158	527676	84640	79099

注：1.1978、1979年和1981年至1984年离婚对数中未包括法院离婚数。
2.1999年以后华侨、港澳台居民登记结婚中未分初婚、再婚人数。后同。

a) Number of divorced Couples in 1978,1979,and from 1981 to 1984 didn't include number of court divorces.

b) Since 1999,Number of registered marriage of overseas Chinese, Hong Kong, Macao residents do not distinct first-marriage and re-marriage.The same applies to the tables following.

20-29 各地区婚姻登记情况（2015年）

Number of Marriages and Divorces by Region (2015)

地 区	Region	登记结婚件数 (对) Total Number of Registered Marriage (couple)	#内地居民 Registered Marriages of Mainland	登记结婚人数 (人) Total Number of Registered Marriage (person)	初 婚 First Marriage	再 婚 Re-marriage	#恢复结婚件数 (对) Resumption of Marriage(couple)	离婚登记 (对) Divorces (couple)
全 省	**Provincial Total**	**306158**	**305234**	**612316**	**527676**	**84640**	**10374**	**79099**
南昌市	Nanchang	31735	31735	63470	51076	12394	2520	12155
景德镇市	Jingdezhen	7344	7344	14688	13947	741	53	2730
萍乡市	Pingxiang	12203	12203	24406	19723	4683	304	3620
九江市	Jiujiang	38108	38108	76216	65786	10430	1245	10867
新余市	Xinyu	7612	7612	15224	11800	3424	599	2329
鹰潭市	Yingtan	10112	10112	20224	17638	2586	308	2508
赣州市	Ganzhou	62059	62059	124118	109297	14821	1334	13026
吉安市	Ji'an	32936	32936	65872	57122	8750	1006	6387
宜春市	Yichun	29002	29002	58004	48900	9104	1077	7561
抚州市	Fuzhou	24522	24522	49044	43606	5438	633	6255
上饶市	Shangrao	49601	49601	99202	87487	11715	1292	11568

注：各设区加总不等于合计数，是因为总数中没有包括省本级。
a) Number of divorce in provincial-level is not included in total. Therefore, the sum of 11 municipalitie does not add up to total.

20-30 各类事故伤亡情况

Basic Statistics on Accidents

指 标	Item	1990	2000	2005	2010	2014	2015
事故死亡总人数(人)	**Total (person)**		**4543**	**3321**	**1924**	**1682**	**1675**
#工矿商贸企业事故死亡人数	Mortality of Industry, Mining, Commerce and Trade Enterprises	396	531	365	233	195	166
铁路交通事故死亡人数	Mortality of Railway Traffic Accident		695	438	58	48	38
水上交通事故死亡人数	Mortality of Water Traffic Accident		20	17	9	3	2
道路交通事故情况	**Traffic Accidents**						
起 数(起)	Traffic Accidents (case)	5326	17591	8585	4126	2873	3014
死亡人数(人)	Mortalities (person)	1387	3222	2428	1603	1389	1418
受伤人数(人)	Injures (person)	3343	13988	8370	4938	2900	3129
经济损失(万元)	Losses Converted into Cash (10000 yuan)	573	7225	7698	4184	4011	5120
火灾情况	**Fire Accidents**						
起 数(起)	Fire Accidents (case)	896	5354	6105	4721	8330	6890
死亡人数(人)	Mortalities (person)	63	93	42	21	47	51
受伤人数(人)	Injures (person)	87	137	51	11	35	33
经济损失(万元)	Losses Converted into Cash (10000 yuan)	1139	4039	3355	8074	17195	15226

20-31 各地区工矿商贸企业事故、火灾、道路交通事故情况（2015年）

Industry, Mining, Commerce and Trade Enterprises Accidents, Fire Accidents and Traffic Accidents by Region (2015)

地区	Region	工矿商贸企业事故死亡人数（人） Mortality of Industry, Mining,Commerce (person per 100 million) Accidents (person)	火灾 Fire Accidents				生产经营性道路交通事故 Traffic Accidents in Business Activities			
			起数（起） Fire Accidents (case)	死亡人数（人） Mortality (person)	受伤人数（人） Injures (person)	经济损失（万元） Losses Converted into Cash (10000 yuan)	起数（起） Fire Accidents (case)	死亡人数（人） Mortality (person)	受伤人数（人） Injures (person)	经济损失（万元） Losses Converted into Cash (10000 yuan)
全省	**Provincial Total**	**166**	**6890**	**51**	**33**	**15226**	**818**	**559**	**731**	**2745**
南昌市	Nanchang	14	2331	14	9	2281	105	93	82	57
景德镇市	Jingdezhen	8	127	1	1	1943	12	16	11	1
萍乡市	Pingxiang	13	200	2		317	32	16	37	40
九江市	Jiujiang	16	389	4	2	692	80	47	58	27
新余市	Xinyu	10	479	1	6	531	19	13	10	14
鹰潭市	Yingtan	3	166			360	23	17	13	7
赣州市	Ganzhou	43	1105	21	6	3447	131	98	99	10
吉安市	Ji'an	19	555	3		1196	64	40	50	28
宜春市	Yichun	11	820	3	3	1173	64	46	35	94
抚州市	Fuzhou	7	131	1	1	948	40	28	29	10
上饶市	Shangrao	22	587	1	5	2338	77	35	70	27
高速公路	Expressway						171	110	237	2430

注：各地区工矿商贸企业事故死亡人数不包括省煤炭集团，故小于总计。

a) Number of mortality of mining and trading enterprise by region does not include the number of mortality of Provincical Coal Cooperation. Therefore, the sum of 11 municipalitie does not add up to total.

20-32 各地区安全生产四项相对控制指标情况（2015年）

Four Safe Production Relatively Control Targets by Region (2015)

地区	Region	亿元GDP生产安全事故死亡率（人/亿元） 100Million GDP Production Safety Accidents Mortality Rate (person per 100 million)	工矿商贸企业从业人员10万人生产安全事故死亡率(人/10万) Production Safety Accidents Mortality Rate in Per Hundred Thousand Industry, Mining, Commerce and Trade Enterprises Employees (person per 100 thousand)	道路交通万车死亡率(人/万车) Traffic Accident Mortality Rate Per 10 Thousand Vehicles (person per 10 thousand units)	煤矿百万吨死亡率（人/百万吨） Coal Mining Mortality Rate Per Million Tons (person per million tons)
全省	**Provincial Total**	**0.10**	**0.91**	**2.31**	**2.56**
南昌市	Nanchang	0.06	0.52	3.75	
景德镇市	Jingdezhen	0.02	0.11	1.03	0.35
萍乡市	Pingxiang	0.05	0.14	0.00	
九江市	Jiujiang	0.09	0.74	2.51	
新余市	Xinyu	0.04	0.23	2.41	
鹰潭市	Yingtan	0.03	0.06	2.20	
赣州市	Ganzhou	0.08	1.14	0.81	10.00
吉安市	Ji'an	0.07	1.82	0.84	
宜春市	Yichun	0.03	0.49	1.42	0.97
抚州市	Fuzhou	0.10	0.52	1.77	
上饶市	Shangrao	0.08	0.72	2.14	7.95
省能源集团	Provincical Coal Cooperation				3.13

20-33 社会发展与妇女儿童基本情况

Basic Statistics on Social Development, Women and Children

指　　标	Item	2014	2015
卫生保健	**Health Care**		
出生人口性别比(以女孩为100)	Sex Ratio of Born Population (female=100)	115.08	114.19
婴儿死亡率(‰)	Infant Mortality Rate (‰)	8.19	6.87
#城市	Urban	3.84	5.77
农村	Rural	8.98	7.16
5岁以下儿童死亡率(‰)	Mortality Rate Under 5 (‰)	12.77	10.03
#城市	Urban	5.26	6.56
农村	Rural	14.16	10.95
孕产妇死亡率(1/10万)	Maternal Mortality Rate (per 100000 persons)	9.94	8.69
#城市	Urban	7.88	13.61
农村	Rural	10.40	7.64
农村高危孕产妇住院分娩率(%)	Hospital Delivery Rate for Rural High-risk Pregnant Women (%)	99.98	100.00
当年报告艾滋病病毒感染例数(例)	HIV Infections Reported at Current Year (case)	1227	1264
#女性	Female	272	249
教育	**Education**		
学前三年毛入园率(%)	Pre-primary Enrollment of 3 years in Pre-primary (%)	69.70	70.14
初中阶段毛入学率(%)	Secondary Gross Enrollment (%)	98.55	98.29
#男	Male	98.87	98.32
女	Female	98.28	98.25
九年义务教育在校学生数(万人)	Enrollment of 9-year Compulsory Education (person)	5879900	5987109
高中阶段毛入学率(%)	High School Gross Enrollment (%)	84.50	87.00
教育总投入(万元)	Total Input on Education (10000 yuan)	8942970	9745315
地区国家财政性教育经费(万元)	Regional State Financial Education Funds (10000 yuan)	7407692	8158648
地区公共财政教育支出(万元)	Regional Public Financial Expenditure on Education (10000 yuan)	7117164	7932615
地区国家财政性教育经费占地区生产总值比例(%)	Proportion of Regional State Financial Education Funds in GDP (%)	4.71	4.74
地区公共财政教育经费占地区公共财政支出比例(%)	Proportion of Education in Regional Public Financial Expenditure (%)	19.70	18.00
就业与社会保障	**Employment and Social Insurance**		
女性就业人员(万人)	Female Employments (10000 person)	1175.9	1131.3
城镇新增就业人员(万人)	Urban New Employments (10000 person)	55.0	55.3
安全与法律保护	**Security and Legal Protection**		
火灾事故	Fire Accidents		
发生数(起)	Cases (case)	8330	6890
死亡人数(人)	Mortalities (person)	47	51
受伤人数(人)	Injures (person)	35	33
直接经济损失(万元)	Direct Losses Converted into Cash (10000 yuan)	17195	15226
人口火灾发生率(1/10万)	Fire Accidents per 100 thousand person (case per 100 thousand person)	18.34	15.09

20-33 续表 continued

指　　标	Item	2014	2015
破获强奸案件数(起)	Rape Cases Solved (case)	565	550
破获拐卖妇女案件数(起)	Abducting Women Cases Solved (case)	42	46
破获拐卖儿童案件数(起)	Abducting Children Cases Solved (case)	56	26
破获组织、强迫、引诱、容留、介绍妇女卖淫案件数(起)	Prostitution-involved Cases Solved (case)	310	224
人民法院审结案件数(件)	Lawsuits Concluded by People's Court (case)	257539	301046
#刑事案件	Criminal Case	23925	28043
治安案件查处数(起)	Public Security Cases Investigated (case)	416741	386976
办理法律援助案件数(件)	Legal Aid (case)	30717	31187
妇女参政议政	**Women Empowerment**		
省级政府领导班子配有女干部的班子比例(%)	Rate of Women Cadres in Provincial Government Organs (%)	100.00	100.00
市级政府领导班子配有女干部的班子比例(%)	Rate of Women Cadres in Prefecture Government Organs (%)	81.82	81.82
县级政府领导班子配有女干部的班子比例	Rate of Women Cadres in County Government Organs (%)	82.00	78.00
省级政府工作部门领导班子配有女干部的班子比例(%)	Rate of Women Cadres in Provincial Government Services (%)	37.50	40.00
市级政府工作部门领导班子配有女干部的班子比例(%)	Rate of Women Cadres in Prefecture Government Services (%)	52.70	51.94
省级政府领导班子正职中女干部比例(%)	Rate of Principal Women Cadres in Provincial Government Organs (%)		
市级政府领导班子正职中女干部比例(%)	Rate of Principal Women Cadres in Prefecture Government Organs (%)		
县级政府领导班子正职中女干部比例(%)	Rate of Principal Women Cadres in County Government Organs (%)	14.29	15.10
省级政府工作部门领导班子配有正职女干部的班子比例(%)	Rate of Principal Women Cadres in Provincial Government Services (%)	10.00	10.00
市级政府工作部门领导班子配有正职女干部的班子比例(%)	Rate of Principal Women Cadres in Prefecture Government Services (%)	11.83	12.14
县级政府工作部门领导班子配有正职女干部的班子比例(%)	Rate of Principal Women Cadres in County Government Services (%)	10.12	8.89

主要统计指标解释

卫生机构 包括医疗机构、疾病预防控制中心(防疫站)、采供血机构、卫生监督及监测(检验)机构、医学科研和在职培训机构、健康教育所等。

医疗机构 包括医院、社区卫生服务中心(站)、疗养院、卫生院、门诊部、诊所(卫生所、医务室)、妇幼保健院(所、站)、专科疾病防治院(所、站)、急救中心(站)和临床检验中心。医疗机构分为非赢利性医疗机构和赢利性医疗机构。

医院 包括综合医院、中医医院、中西医结合医院、民族医院、各类专科医院和护理院。

卫生技术人员 指卫生机构中医生、护理人员 、药剂人员、检验人员等卫生技术人员。

医生 指在医疗、预防保健机构工作且取得《执业医师证书》的执业医师和执业助理医师。

社会福利事业单位 指集中收养社会孤老、残、幼的机构，包括由民政部门管理的社会福利院、儿童福利院、精神病人福利院和城镇集体举办的福利院及农村集体举办的敬老院以及优抚医院和具有收养能力的社区服务中心等。该指标主要反映我国社会福利性单位的投入水平。

社会福利事业单位收养人数 包括民政部门管理和城镇、农村集体举办的社会福利事业单位中收养的老人、少年儿童、缺乏生活自理能力的残疾人员和精神病人。该指标主要反映收养性社会福利单位的收养能力。

社会福利企业单位 指以安置城镇有一定劳动能力的盲、聋、哑和肢体残疾人员就业为目的，享受国家减免税待遇的国有或集体企业。包括福利工厂、福利商业和服务业、假肢厂和安置农场等单位。该指标主要反映我国对残疾人照顾的特殊政策。

行政事业单位离退休费和企业单位养老金平均水平 行政、事业和企业单位离休、退休、退职人员在一定时期内平均每人所得离休金、退休金、退职生活费用和养老金。

$$\text{行政事业单位离退休费和企业单位养老金平均水平}=\frac{\text{报告期行政、事业和企业单位实际支付的离休金、退休金、退职生活费用和养老金总额}}{\text{报告期行政、事业和企业单位离退休人员平均人数}}$$

律师 指依法取得律师执业证书，担任法律顾问，民事(刑事、行政)案件代理人、刑事案件辩护人、办理非诉讼业务，解答法律询问，代写法律事务文书等，为社会提供法律服务的人员。

公证人员 指在公证处工作的人员总称，包括公证处主任、副主任、公证员、公证员助理(助理公证员)和其他从事辅助性工作的人员。

公证文书 指公证处根据当事人申请，依照事实和法律，按照法定程序制作的，具有法律效力的司法证明文书。根据公证书用途和使用地，公证书分为国内公证书、国内经济公证书、涉外民事公证书、涉外经济公证书四类。

调解员 指在人民调解委员会担负调解民间纠纷工作的人员，包括调解委员会的委员和调解小组的调解员。该指标主要反映从事人民调解工作的人员数量。

调解民间纠纷 指调解委员会按照法律规定，根据自愿原则，用说服教育的方法调解民间发生的有关民事权利和义务争执的件数，包括调解成功数和调解未成功数。该指标主要反映人民调解委员会的工作量。

Explanatory Notes on Main Statistical Indicators

Health Care Institutions include: medical institutions, disease prevention and control centres (epidemic prevention stations), blood gathering and supplying institutions, health supervision and inspection (check up) institutions, medicinal scientific research and on-job training institutions, health education centres and so on.

Medical Organizations include: hospitals, health service centres (stations) in communities, sanatoria, health centres, out-patient clinics, clinics (health stations and infirmaries), maternity and child care agencies (centres and stations), special disease prevention and curing agencies (centres and stations), first aid centres (stations) and clinical inspection centres. Medical organizations are grouped by two types: profit-making and non-profit-making medical organizations.

Hospitals include: polyclinics, traditional Chinese medical hospitals, hospitals integrating traditional Chinese therapeutics and western therapeutics, ethnic hospitals, various specialist hospitals and nursing homes.

Medical Technical Personnel refers to doctors, nurses, pharmacists and laboratory technicians working in medical institutions.

Doctors refer to certified physicians and certified assistant physicians with certifications working in medical and health care and prevention agencies.

Social Welfare Institutions refer to institutions taking care of old people without children, handicapped people and orphans. They include social welfare institutions run by civil affairs departments, children welfare institutions, social welfare institutions for mental patients, collective-owned old people's homes in rural areas, convalescent homes and community service centers with the capacity of receiving those people. This indicator reflects the input in social welfare institutions.

Number of People Accommodated by Social Welfare Institutions refers to the number of old people, children, totally dependent handicapped people and mental patients Accommodated by social welfare institutions run by civil affairs departments and those run by collective units in urban and rural areas. This indicator reflects the capacity of social welfare institutions.

Social Welfare Enterprises are collective-owned enterprises which employ the blind, deaf-mute, and physically disabled people who are able to work in cities and towns and enjoy exemption from State taxes. They include welfare plants, welfare commercial services, artificial limb plants and farms, etc. This indicator reflects the preferential policies toward disabled persons.

Average Expenditure for Retired Persons in Administrative Department and Average Pension of Enterprise refers to average level of retirement pension, expenditures for living consumption after retirement and pension in money terms per person in the administrative department, institution and enterprise during a certain time of period.

$$\text{Average Expenditure for Retired Persons in Administrative Department and Average Pension of Enterprise} = \frac{\text{Total Expenditure for Retired Persons and Pension in Administrative Department Institution and Enterprise at Reference Period}}{\text{Average Number of Retirees in Administrative Department, Institution and Enterprise at Reference Period}}$$

Lawyers are certified legal workers according to law, and who are employed by legal counselling firms to act as legal advisers; agents in criminal or civil lawsuits; and defenders in criminal lawsuits; or to handle non-litigious legal affairs, to advise on matters of law or to write legal papers for others and provide service to the public.

Notary Personnel refers to people working for notary offices including: directors, deputy directors, notaries, assistant notaries and other people providing assistance.

Notary Documents refer to the judicial notary documents drawn up at the request of the interested party and are in accordance with facts and the law and following certain legal proceedings. According to usage and locality, notary documents are divided into the following 4 types: domestic notary documents, domestic economic notary documents, foreign-related civil notary documents and foreign-related economic notary documents.

Mediators refer to workers on people's mediation committees responsible for mediating in civil disputes and cases of slight infraction of the law. They include members of the mediation committees and mediators of mediation groups. This indicator reflects the number of people engaged in mediation.

Mediation of Civil Disputes refers to number of cases made by mediation committees in mediating in civil disputes concerning civil rights and duties through persuasion and education in accordance with the provisions of law on a voluntary basis, so as to solve disputes by helping the parties involved come to an agreement and understanding, including those unsuccessful ones. This indicator reflects the workload of the mediation committees.

21

各省、市、自治区主要经济指标

MAIN ECONOMIC INDICATORS OF PROVICES, AUTONOMOUS REGIONS AND MUNICIPALITIES DIRECTLY UNDER THE CENTRAL GOVERNMENT

资料整理及英文翻译：洪　安、王惠媗

21-1 各省(市、区)年末总人口

Total Population at Year-end of Provinces, Autonomous Regions and Municipalities

单位：万人 (10000 persons)

地　区	Region	2009	2010	2011	2012	2013	2014	2015
全　国	**National Total**	**133450**	**134091**	**134735**	**135404**	**136072**	**136782**	**137462**
北　京	Beijing	1860	1962	2019	2069	2115	2152	2171
天　津	Tianjin	1228	1299	1355	1413	1472	1517	1547
河　北	Hebei	7034	7194	7241	7288	7333	7384	7425
山　西	Shanxi	3427	3574	3593	3611	3630	3648	3664
内蒙古	Inner Mongolia	2458	2472	2482	2490	2498	2505	2511
辽　宁	Liaoning	4341	4375	4383	4389	4390	4391	4382
吉　林	Jilin	2740	2747	2749	2750	2751	2752	2753
黑龙江	Heilongjiang	3826	3833	3834	3834	3835	3833	3812
上　海	Shanghai	2210	2303	2347	2380	2415	2426	2415
江　苏	Jiangsu	7810	7869	7899	7920	7939	7960	7976
浙　江	Zhejiang	5276	5447	5463	5477	5498	5508	5539
安　徽	Anhui	6131	5957	5968	5988	6030	6083	6144
福　建	Fujian	3666	3693	3720	3748	3774	3806	3839
江　西	**Jiangxi**	**4432**	**4462**	**4488**	**4504**	**4522**	**4542**	**4566**
山　东	Shandong	9470	9588	9637	9685	9733	9789	9847
河　南	Henan	9487	9405	9388	9406	9413	9436	9480
湖　北	Hubei	5720	5728	5758	5779	5799	5816	5852
湖　南	Hunan	6406	6570	6596	6639	6691	6737	6783
广　东	Guangdong	10130	10441	10505	10594	10644	10724	10849
广　西	Guangxi	4856	4610	4645	4682	4719	4754	4796
海　南	Hainan	864	869	877	887	895	903	911
重　庆	Chongqing	2859	2885	2919	2945	2970	2991	3017
四　川	Sichuan	8185	8045	8050	8076	8107	8140	8204
贵　州	Guizhou	3537	3479	3469	3484	3502	3508	3530
云　南	Yunnan	4571	4602	4631	4659	4687	4714	4742
西　藏	Tibet	296	300	303	308	312	318	324
陕　西	Shanxi	3727	3735	3743	3753	3764	3775	3793
甘　肃	Gansu	2555	2560	2564	2578	2582	2591	2600
青　海	Qinghai	557	563	568	573	578	583	588
宁　夏	Ningxia	625	633	639	647	654	662	668
新　疆	Xinjiang	2159	2185	2209	2233	2264	2298	2360

21-2 各省(市、区)年末城镇人口比重

Urban Population Percentage of Provinces, Autonomous Regions and Municipalities

单位：% (%)

地 区	Region	2009	2010	2011	2012	2013	2014	2015
全 国	**National Total**	**48.34**	**49.95**	**51.27**	**52.57**	**53.73**	**54.77**	**56.10**
北 京	Beijing	85.00	85.96	86.20	86.20	86.30	86.35	86.50
天 津	Tianjin	78.01	79.55	80.50	81.55	82.01	82.27	82.64
河 北	Hebei	43.74	44.50	45.60	46.80	48.12	49.33	51.33
山 西	Shanxi	45.99	48.05	49.68	51.26	52.56	53.79	55.03
内蒙古	Inner Mongolia	53.40	55.50	56.62	57.74	58.71	59.51	60.30
辽 宁	Liaoning	60.35	62.10	64.05	65.65	66.45	67.05	67.35
吉 林	Jilin	53.32	53.35	53.40	53.70	54.20	54.81	55.31
黑龙江	Heilongjiang	55.50	55.66	56.50	56.90	57.40	58.01	58.80
上 海	Shanghai	88.60	89.30	89.30	89.30	89.60	89.60	87.60
江 苏	Jiangsu	55.60	60.58	61.90	63.00	64.11	65.21	66.52
浙 江	Zhejiang	57.90	61.62	62.30	63.20	64.00	64.87	65.80
安 徽	Anhui	42.10	43.01	44.80	46.50	47.86	49.15	50.50
福 建	Fujian	55.10	57.10	58.10	59.60	60.77	61.80	62.60
江 西	**Jiangxi**	**43.18**	**44.06**	**45.70**	**47.51**	**48.87**	**50.22**	**51.62**
山 东	Shandong	48.32	49.70	50.95	52.43	53.75	55.01	57.01
河 南	Henan	37.70	38.50	40.57	42.43	43.80	45.20	46.85
湖 北	Hubei	46.00	49.70	51.83	53.50	54.51	55.67	56.85
湖 南	Hunan	43.20	43.30	45.10	46.65	47.96	49.28	50.89
广 东	Guangdong	63.40	66.18	66.50	67.40	67.76	68.00	68.71
广 西	Guangxi	39.20	40.00	41.80	43.53	44.81	46.01	47.06
海 南	Hainan	49.13	49.80	50.50	51.60	52.74	53.76	55.12
重 庆	Chongqing	51.59	53.02	55.02	56.98	58.34	59.60	60.94
四 川	Sichuan	38.70	40.18	41.83	43.53	44.90	46.30	47.69
贵 州	Guizhou	29.89	33.81	34.96	36.41	37.83	40.01	42.01
云 南	Yunnan	34.00	34.70	36.80	39.31	40.48	41.73	43.33
西 藏	Tibet	22.30	22.67	22.71	22.75	23.71	25.75	27.74
陕 西	Shanxi	43.50	45.76	47.30	50.02	51.31	52.57	53.92
甘 肃	Gansu	34.89	36.12	37.15	38.75	40.13	41.68	43.19
青 海	Qinghai	41.90	44.72	46.22	47.44	48.51	49.78	50.30
宁 夏	Ningxia	46.10	47.90	49.82	50.67	52.01	53.61	55.23
新 疆	Xinjiang	39.85	43.01	43.54	43.98	44.47	46.07	47.23

注：2010年数据为当年人口普查数据推算数；其余年份数据根据年度人口抽样调查推算。

a)Data on 2010 sources from statistics of Population Census. Data on other years sources from Annual Survey on Population Changes.

21-3 各省(市、区)生产总值

GDP of Provinces,Autonomous Regions and Municipalities

单位：亿元 (100 million yuan)

地 区	Region	2009	2010	2011	2012	2013	2014	2015
全 国	**National Total**	**345629**	**408903**	**484124**	**534123**	**588019**	**635910**	**676708**
北 京	Beijing	12153	14114	16252	17879	19801	21331	22969
天 津	Tianjin	7522	9224	11307	12894	14442	15722	16538
河 北	Hebei	17235	20394	24516	26575	28443	29421	29806
山 西	Shanxi	7358	9201	11238	12113	12665	12759	12803
内蒙古	Inner Mongolia	9740	11672	14360	15881	16917	17770	18033
辽 宁	Liaoning	15212	18457	22227	24846	27213	28627	28743
吉 林	Jilin	7279	8668	10569	11939	13046	13804	14274
黑龙江	Heilongjiang	8587	10369	12582	13692	14455	15039	15084
上 海	Shanghai	15046	17166	19196	20182	21818	23561	24965
江 苏	Jiangsu	34457	41425	49110	54058	59753	65088	70116
浙 江	Zhejiang	22990	27722	32319	34665	37757	40154	42886
安 徽	Anhui	10063	12359	15301	17212	19229	20849	22006
福 建	Fujian	12237	14737	17560	19702	21868	24056	25980
江 西	**Jiangxi**	**7655**	**9451**	**11703**	**12949**	**14410**	**15715**	**16724**
山 东	Shandong	33897	39170	45362	50013	55230	59427	63002
河 南	Henan	19480	23092	26931	29599	32191	34939	37010
湖 北	Hubei	12961	15968	19632	22250	24792	27367	29550
湖 南	Hunan	13060	16038	19670	22154	24622	27048	29047
广 东	Guangdong	39483	46013	53210	57068	62475	67792	72813
广 西	Guangxi	7759	9570	11721	13035	14450	15673	16803
海 南	Hainan	1654	2065	2523	2856	3178	3501	3703
重 庆	Chongqing	6530	7926	10011	11410	12783	14265	15720
四 川	Sichuan	14151	17185	21027	23873	26392	28537	30103
贵 州	Guizhou	3913	4602	5702	6852	8087	9251	10503
云 南	Yunnan	6170	7224	8893	10309	11832	12815	13718
西 藏	Tibet	441	507	606	701	816	921	1026
陕 西	Shanxi	8170	10123	12512	14454	16205	17690	18172
甘 肃	Gansu	3388	4121	5020	5650	6331	6835	6790
青 海	Qinghai	1081	1350	1670	1894	2122	2301	2417
宁 夏	Ningxia	1353	1690	2102	2341	2578	2752	2912
新 疆	Xinjiang	4277	5437	6610	7505	8444	9264	9325

注：本表按当年价格计算。
a) Data in this table are calculated at current prices.

21-4 各省(市、区)生产总值指数

GDP Index of Provinces, Autonomous Regions and Municipalities

(上年=100) (preceding year=100)

地区	Region	2009	2010	2011	2012	2013	2014	2015
全国	**National Total**	**109.2**	**110.6**	**109.5**	**107.7**	**107.7**	**107.3**	**106.9**
北京	Beijing	110.2	110.3	108.1	107.7	107.7	107.3	106.9
天津	Tianjin	116.5	117.4	116.4	113.8	112.5	110.0	109.3
河北	Hebei	110.0	112.2	111.3	109.6	108.2	106.5	106.8
山西	Shanxi	105.4	113.9	113.0	110.1	108.9	104.9	103.1
内蒙古	Inner Mongolia	116.9	115.0	114.3	111.5	109.0	107.8	107.7
辽宁	Liaoning	113.1	114.2	112.2	109.5	108.7	105.8	103.0
吉林	Jilin	113.6	113.8	113.8	112.0	108.3	106.5	106.5
黑龙江	Heilongjiang	111.4	112.7	112.3	110.0	108.0	105.6	105.7
上海	Shanghai	108.2	110.3	108.2	107.5	107.7	107.0	106.9
江苏	Jiangsu	112.4	112.7	111.0	110.1	109.6	108.7	108.5
浙江	Zhejiang	108.9	111.9	109.0	108.0	108.2	107.6	108.0
安徽	Anhui	112.9	114.6	113.5	112.1	110.4	109.2	108.7
福建	Fujian	112.3	113.9	112.3	111.4	111.0	109.9	109.0
江西	**Jiangxi**	**113.1**	**114.0**	**112.5**	**111.0**	**110.1**	**109.7**	**109.1**
山东	Shandong	112.2	112.3	110.9	109.8	109.6	108.7	108.0
河南	Henan	110.9	112.5	111.9	110.1	109.0	108.9	108.3
湖北	Hubei	113.5	114.8	113.8	111.3	110.1	109.7	108.9
湖南	Hunan	113.7	114.6	112.8	111.3	110.1	109.5	108.6
广东	Guangdong	109.7	112.4	110.0	108.2	108.5	107.8	108.0
广西	Guangxi	113.9	114.2	112.3	111.3	110.2	108.5	108.1
海南	Hainan	111.7	116.0	112.0	109.1	109.9	108.5	107.8
重庆	Chongqing	114.9	117.1	116.4	113.6	112.3	110.9	111.0
四川	Sichuan	114.5	115.1	115.0	112.6	110.0	108.5	107.9
贵州	Guizhou	111.4	112.8	115.0	113.6	112.5	110.8	110.7
云南	Yunnan	112.1	112.3	113.7	113.0	112.1	108.1	108.7
西藏	Tibet	112.4	112.3	112.7	111.8	112.1	110.8	111.0
陕西	Shanxi	113.6	114.6	113.9	112.9	111.0	109.7	108.0
甘肃	Gansu	110.3	111.8	112.5	112.6	110.8	108.9	108.1
青海	Qinghai	110.1	115.3	113.5	112.3	110.8	109.2	108.2
宁夏	Ningxia	111.9	113.5	112.1	111.5	109.8	108.0	108.0
新疆	Xinjiang	108.1	110.6	112.0	112.0	111.0	110.0	108.8

注：本表按不变价格计算。

a) Data in this table are calculated at constant prices.

21-5 各省(市、区)人均生产总值

Per-capita GDP of Provinces, Autonomous Regions and Municipalities

单位：元 (yuan)

地区	Region	2009	2010	2011	2012	2013	2014	2015
全国	**National Total**	**25963**	**30567**	**36018**	**39544**	**43320**	**46612**	**49351**
北京	Beijing	66940	73856	81658	87475	94648	99995	106284
天津	Tianjin	62574	72994	85213	93173	100105	105231	107960
河北	Hebei	24581	28668	33969	36584	38909	39984	40255
山西	Shanxi	21522	26283	31357	33628	34984	35070	35017
内蒙古	Inner Mongolia	39735	47347	57974	63886	67836	71046	71903
辽宁	Liaoning	35149	42355	50760	56649	61996	65201	65524
吉林	Jilin	26595	31599	38460	43415	47428	50160	51852
黑龙江	Heilongjiang	22447	27076	32819	35711	37697	39226	39462
上海	Shanghai	69165	76074	82560	85373	90993	97370	103141
江苏	Jiangsu	44253	52840	62290	68347	75354	81874	87995
浙江	Zhejiang	43842	51711	59249	63374	68805	73002	77644
安徽	Anhui	16408	20888	25659	28792	32001	34425	35997
福建	Fujian	33437	40025	47377	52763	58145	63472	67966
江西	**Jiangxi**	**17335**	**21253**	**26150**	**28800**	**31930**	**34674**	**36724**
山东	Shandong	35894	41106	47335	51768	56885	60879	64168
河南	Henan	20597	24446	28661	31499	34211	37072	39131
湖北	Hubei	22677	27906	34197	38572	42826	47145	50654
湖南	Hunan	20428	24719	29880	33480	36943	40271	42968
广东	Guangdong	39436	44736	50807	54095	58833	63469	67503
广西	Guangxi	16045	20219	25326	27952	30741	33090	35190
海南	Hainan	19254	23831	28898	32377	35663	38924	40818
重庆	Chongqing	22920	27596	34500	38914	43223	47850	52330
四川	Sichuan	17339	21182	26133	29608	32617	35128	36836
贵州	Guizhou	10971	13119	16413	19710	23151	26437	29847
云南	Yunnan	13539	15752	19265	22195	25322	27264	29015
西藏	Tibet	15008	17027	20077	22936	26326	29252	31999
陕西	Shanxi	21947	27133	33464	38564	43117	46929	48023
甘肃	Gansu	13269	16113	19595	21978	24539	26433	26165
青海	Qinghai	19454	24115	29522	33181	36875	39671	41252
宁夏	Ningxia	21777	26860	33043	36394	39613	41834	43805
新疆	Xinjiang	19942	25034	30087	33796	37553	40648	40036

注：本表按当年价格计算。

a) Data in this table are calculated at current prices.

21-6 各省(市、区)人均生产总值指数

Per-capita GDP Index of Provinces, Autonomous Regions and Municipalities

(上年=100) (preceding year=100)

地　区	Region	2009	2010	2011	2012	2013	2014	2015
全　国	**National Total**	**108.7**	**110.1**	**109**	**107.2**	**107.2**	**106.7**	**106.3**
北　京	Beijing	104.6	104.8	103.8	104.9	105.2	105.2	105.5
天　津	Tianjin	111.1	111.7	110.9	109.2	108.0	106.2	106.6
河　北	Hebei	109.3	110.6	109.7	108.9	107.5	105.8	106.1
山　西	Shanxi	104.9	111.2	110.4	109.6	108.4	104.4	102.6
内蒙古	Inner Mongolia	116.2	114.4	113.8	111.1	108.7	107.5	107.4
辽　宁	Liaoning	112.5	113.4	111.7	109.3	108.6	105.7	103.1
吉　林	Jilin	113.4	113.6	113.5	111.9	108.3	106.4	106.5
黑龙江	Heilongjiang	111.4	112.6	112.2	110.1	107.9	105.6	106.0
上　海	Shanghai	104.6	106.4	105.0	105.7	106.2	106.0	106.9
江　苏	Jiangsu	111.8	112.0	110.3	109.8	109.3	108.4	108.3
浙　江	Zhejiang	107.7	109.5	107.2	107.7	107.9	107.3	107.6
安　徽	Anhui	112.8	118.8	112.6	111.8	109.9	108.4	107.7
福　建	Fujian	111.6	113.2	111.6	110.5	110.2	109.1	108.0
江　西	**Jiangxi**	**112.3**	**113.2**	**111.8**	**110.4**	**109.6**	**109.2**	**108.5**
山　东	Shandong	111.6	111.3	109.9	109.2	109.0	108.1	107.3
河　南	Henan	110.2	112.6	112.5	110.1	108.9	108.7	107.9
湖　北	Hubei	113.3	114.7	113.5	110.7	109.7	109.3	108.4
湖　南	Hunan	113.2	112.9	111.2	110.7	109.3	108.7	107.9
广　东	Guangdong	107.1	109.5	108.0	107.4	107.8	107.1	107.0
广　西	Guangxi	112.9	113.9	112.0	110.4	109.4	107.7	107.2
海　南	Hainan	110.4	115.0	111.1	108.0	108.7	107.5	106.9
重　庆	Chongqing	114.1	116.2	115.1	112.4	111.3	110.0	110.1
四　川	Sichuan	114.0	115.7	115.9	112.3	109.6	108.1	107.2
贵　州	Guizhou	112.9	114.7	116.1	113.5	111.9	110.4	110.3
云　南	Yunnan	111.4	111.6	112.9	112.3	111.5	107.5	108.0
西　藏	Tibet	111.1	110.8	111.3	110.4	110.5	109.1	108.9
陕　西	Shanxi	113.3	114.4	113.7	112.6	110.7	109.4	107.6
甘　肃	Gansu	110.2	111.6	112.3	112.2	110.4	108.6	107.7
青　海	Qinghai	109.6	114.5	112.3	111.3	109.9	108.2	107.2
宁　夏	Ningxia	110.6	112.2	110.8	110.3	108.6	106.8	106.9
新　疆	Xinjiang	106.5	109.3	110.7	110.8	109.6	108.4	106.6

注：本表按不变格计算。

a) Data in this table are calculated at constant prices.

21-7 各省(市、区)公共财政预算收入

Public Financial Revenue of the Local Government of Provinces, Autonomous Regions and Municipalities

单位: 亿元 (100 million yuan)

地　区	Region	2009	2010	2011	2012	2013	2014	2015
全　国	**National Total**	**32603**	**40613**	**52547**	**61077**	**68969**	**75877**	**82983**
北　京	Beijing	2027	2354	3006	3315	3661	4027	4724
天　津	Tianjin	821	1069	1455	1760	2078	2390	2667
河　北	Hebei	1066	1331	1737	2084	2292	2447	2649
山　西	Shanxi	806	970	1213	1516	1700	1821	1642
内蒙古	Inner Mongolia	851	1070	1359	1553	1720	1844	1964
辽　宁	Liaoning	1591	2005	2641	3104	3342	3193	2126
吉　林	Jilin	487	602	850	1041	1157	1203	1229
黑龙江	Heilongjiang	642	756	997	1163	1277	1301	1165
上　海	Shanghai	2540	2874	3430	3744	4110	4586	5520
江　苏	Jiangsu	3229	4080	5148	5861	6568	7233	8029
浙　江	Zhejiang	2142	2608	3151	3441	3797	4122	4810
安　徽	Anhui	864	1149	1463	1793	2074	2218	2454
福　建	Fujian	932	1151	1501	1776	2119	2362	2544
江　西	**Jiangxi**	**581**	**778**	**1053**	**1372**	**1621**	**1882**	**2166**
山　东	Shandong	2199	2749	3456	4059	4560	5027	5529
河　南	Henan	1126	1381	1722	2041	2413	2739	3010
湖　北	Hubei	800	1011	1471	1823	2176	2567	3005
湖　南	Hunan	845	1082	1456	1782	2030	2263	2516
广　东	Guangdong	3649	4516	5514	6228	7076	8065	9365
广　西	Guangxi	621	772	948	1166	1317	1422	1515
海　南	Hainan	178	271	340	409	481	555	628
重　庆	Chongqing	656	1018	1488	1705	1693	1922	2155
四　川	Sichuan	1174	1561	2044	2421	2784	3061	3349
贵　州	Guizhou	416	534	773	1014	1206	1367	1503
云　南	Yunnan	698	871	1111	1338	1611	1698	1808
西　藏	Tibet	30	37	55	87	95	124	137
陕　西	Shanxi	734	958	1499	1601	1747	1890	2060
甘　肃	Gansu	287	354	450	521	606	673	744
青　海	Qinghai	88	110	152	186	224	252	267
宁　夏	Ningxia	112	154	220	264	308	340	374
新　疆	Xinjiang	389	501	721	909	1128	1282	1331

21-8 各省(市、区)全社会固定资产投资

Investment in Fixed Assets of Provinces, Autonomous Regions and Municipalities

单位：亿元 (100 million yuan)

地 区	Region	2009	2010	2011	2012	2013	2014	2015
全 国	**National Total**	**224599**	**278122**	**311485**	**374695**	**446294**	**512021**	**562000**
北 京	Beijing	4617	5403	5579	6112	6847	6924	7496
天 津	Tianjin	4738	6278	7068	7935	9130	10518	11832
河 北	Hebei	12270	15083	16389	19661	23194	26672	29448
山 西	Shanxi	4943	6063	7073	8863	11032	12355	14074
内蒙古	Inner Mongolia	7337	8926	10365	11876	14217	17592	13702
辽 宁	Liaoning	12292	16043	17726	21836	25108	24731	17918
吉 林	Jilin	6412	7870	7442	9512	9979	11340	12705
黑龙江	Heilongjiang	5029	6813	7475	9695	11453	9829	10183
上 海	Shanghai	5044	5109	4962	5118	5648	6016	6353
江 苏	Jiangsu	18950	23184	26693	30854	36373	41939	46247
浙 江	Zhejiang	10742	12376	14185	17649	20782	24263	27323
安 徽	Anhui	8991	11543	12456	15426	18622	21876	24386
福 建	Fujian	6231	8199	9911	12440	15327	18178	21301
江 西	**Jiangxi**	**6643**	**8772**	**9088**	**10774**	**12850**	**15079**	**17388**
山 东	Shandong	19035	23281	26750	31256	36789	42496	48312
河 南	Henan	13705	16586	17769	21450	26087	30782	35660
湖 北	Hubei	7867	10263	12557	15578	19307	22915	26564
湖 南	Hunan	7703	9664	11881	14523	17841	21243	25045
广 东	Guangdong	12933	15624	17069	18752	22308	26294	30343
广 西	Guangxi	5237	7058	7991	9809	11908	13843	16228
海 南	Hainan	988	1317	1657	2145	2698	3112	3451
重 庆	Chongqing	5214	6689	7473	8736	10435	12285	14353
四 川	Sichuan	11372	13117	14222	17040	20326	23319	25526
贵 州	Guizhou	2412	3105	4236	5718	7374	9026	10946
云 南	Yunnan	4526	5529	6191	7831	9968	11499	13501
西 藏	Tibet	378	463	516	671	876	1069	1296
陕 西	Shanxi	6247	7964	9431	12045	14884	17192	18582
甘 肃	Gansu	2363	3158	3966	5145	6528	7884	8754
青 海	Qinghai	798	1017	1436	1883	2361	2861	3211
宁 夏	Ningxia	1076	1444	1645	2097	2651	3174	3505
新 疆	Xinjiang	2725	3423	4632	6159	7732	9448	10813
不分地区	Not Classified by Region	5780	6759	5651	6106	5655	6268	5552

21-9 各省(市、区)固定资产投资

Investment in Fixed Assets of Provinces, Autonomous Regions and Municipalities

单位：亿元 (100 million yuan)

地区	Region	2009	2010	2011	2012	2013	2014	2015
全国	**National Total**	**193920**	**241431**	**302396**	**364854**	**435747**	**501265**	**551590**
北京	Beijing	4150	4917	5520	6065	6798	6873	7446
天津	Tianjin	4447	5897	7041	7913	9103	10490	11815
河北	Hebei	10477	12923	15780	19105	22630	26147	28906
山西	Shanxi	4510	5527	6838	8585	10745	12035	13745
内蒙古	Inner Mongolia	7144	8688	10253	11750	14072	17438	13529
辽宁	Liaoning	11605	15106	17431	21535	24791	24427	17640
吉林	Jilin	5959	7395	7227	9262	9726	11108	12509
黑龙江	Heilongjiang	4696	6293	7158	9375	11121	9538	9884
上海	Shanghai	4619	4630	4960	5115	5644	6013	6349
江苏	Jiangsu	14267	17416	26313	30474	35983	41553	45905
浙江	Zhejiang	7454	8438	13652	17096	20194	23555	26665
安徽	Anhui	7945	10281	12008	14944	18091	21256	23804
福建	Fujian	5549	7386	9677	12183	15046	17870	20974
江西	**Jiangxi**	**6008**	**7857**	**8754**	**10378**	**12435**	**14646**	**16994**
山东	Shandong	15439	18844	25907	30320	35876	41599	47381
河南	Henan	11455	13935	16934	20559	25188	30012	34951
湖北	Hubei	7184	9406	12195	15149	18797	22442	26086
湖南	Hunan	6880	8618	11408	13966	17225	20549	24324
广东	Guangdong	10230	12599	16599	18250	21796	25843	29950
广西	Guangxi	4690	6383	7581	9345	11384	13288	15655
海南	Hainan	943	1257	1599	2064	2626	3039	3355
重庆	Chongqing	4855	6171	7367	8610	10291	12141	14208
四川	Sichuan	9090	11061	13688	16530	19755	22662	24966
贵州	Guizhou	2050	2609	4026	5505	7103	8778	10677
云南	Yunnan	4118	5053	5933	7554	9622	11074	13069
西藏	Tibet	328	405	516	671	876	1069	1296
陕西	Shanxi	5888	7570	9109	11706	14534	16840	18231
甘肃	Gansu	2076	2809	3870	5040	6407	7760	8627
青海	Qinghai	689	840	1366	1809	2285	2789	3144
宁夏	Ningxia	964	1293	1589	2033	2578	3094	3426
新疆	Xinjiang	2434	3065	4445	5858	7371	9068	10525
不分地区	Not Classified by Region	5780	6759	5651	6106	5655	6268	5552

注：2010年之前为城镇固定资产投资口径；从2011年起，固定资产投资(不含农户)项目统计起点由过去的计划投资50万元及以上提高到计划投资500万元及以上。

a)From 2011 onwards, the statistical starting point of the fixed assets investment projects from the previous plan to invest 500,000yuan and above to plans to invest 5,000,000 million and above.

21-10 各省(市、区)居民消费价格指数

Consumer Price Index of Provinces,Autonomous Regions and Municipalities

(上年=100) (preceding year=100)

地区	Region	2009	2010	2011	2012	2013	2014	2015
全国	**National Total**	**99.3**	**103.3**	**105.4**	**102.6**	**102.6**	**102.0**	**101.4**
北京	Beijing	98.5	102.4	105.6	103.3	103.3	101.6	101.8
天津	Tianjin	99.0	103.5	104.9	102.7	103.1	101.9	101.7
河北	Hebei	99.3	103.1	105.7	102.6	103.0	101.7	100.9
山西	Shanxi	99.6	103.0	105.2	102.5	103.1	101.7	100.6
内蒙古	Inner Mongolia	99.7	103.2	105.6	103.1	103.2	101.6	101.1
辽宁	Liaoning	100.0	103.0	105.2	102.8	102.4	101.7	101.4
吉林	Jilin	100.1	103.7	105.2	102.5	102.9	102.0	101.7
黑龙江	Heilongjiang	100.2	103.9	105.8	103.2	102.2	101.5	101.1
上海	Shanghai	99.6	103.1	105.2	102.8	102.3	102.7	102.4
江苏	Jiangsu	99.6	103.8	105.3	102.6	102.3	102.2	101.7
浙江	Zhejiang	98.5	103.8	105.4	102.2	102.3	102.1	101.4
安徽	Anhui	99.1	103.1	105.6	102.3	102.4	101.6	101.3
福建	Fujian	98.2	103.2	105.3	102.4	102.5	102.0	101.7
江西	**Jiangxi**	**99.3**	**103.0**	**105.2**	**102.7**	**102.5**	**102.3**	**101.5**
山东	Shandong	100.0	102.9	105.0	102.1	102.2	101.9	101.2
河南	Henan	99.4	103.5	105.6	102.5	102.9	101.9	101.3
湖北	Hubei	99.6	102.9	105.8	102.9	102.8	102.0	101.5
湖南	Hunan	99.6	103.1	105.5	102.0	102.5	101.9	101.4
广东	Guangdong	97.7	103.1	105.3	102.8	102.5	102.3	101.5
广西	Guangxi	97.9	103.0	105.9	103.2	102.2	102.1	101.5
海南	Hainan	99.3	104.8	106.1	103.2	102.8	102.4	101.0
重庆	Chongqing	98.4	103.2	105.3	102.6	102.7	101.8	101.3
四川	Sichuan	100.8	103.2	105.3	102.5	102.8	101.6	101.5
贵州	Guizhou	98.7	102.9	105.1	102.7	102.5	102.4	101.8
云南	Yunnan	100.4	103.7	104.9	102.7	103.1	102.4	101.9
西藏	Tibet	101.4	102.2	105.0	103.5	103.6	102.9	102.0
陕西	Shanxi	100.5	104.0	105.7	102.8	103.0	101.6	101.0
甘肃	Gansu	101.3	104.1	105.9	102.7	103.2	102.1	101.6
青海	Qinghai	102.6	105.4	106.1	103.1	103.9	102.8	102.6
宁夏	Ningxia	100.7	104.1	106.3	102.0	103.4	101.9	101.1
新疆	Xinjiang	100.7	104.3	105.9	103.8	103.9	102.1	100.6

21-11 各省(市、区)全体居民人均收入与支出

Per capita income and Expenditure of Provinces, Autonomous Regions and Municipalities

单位：元 (yuan)

地 区	Region	人均可支配收入 Per Capita Disposable Income			人均消费支出 Per Capita Consumption Expenditure		
		2013	2014	2015	2013	2014	2015
全国总计	**National Total**	**18311**	**20167**	**21966**	**13220**	**14491**	**15712**
北 京	Beijing	40830	44489	48458	29176	31103	33803
天 津	Tianjin	26359	28832	31291	20419	22343	24162
河 北	Hebei	15190	16647	18118	10872	11932	13031
山 西	Shanxi	15120	16538	17854	10118	10864	11729
内蒙古	Inner Mongolia	18693	20559	22310	14878	16258	17179
辽 宁	Liaoning	20818	22820	24576	14950	16068	17200
吉 林	Jilin	15998	17520	18684	12054	13026	13764
黑龙江	Heilongjiang	15903	17404	18593	12037	12769	13403
上 海	Shanghai	42174	45966	49867	30400	33065	34784
江 苏	Jiangsu	24776	27173	29539	17926	19164	20556
浙 江	Zhejiang	29775	32658	35537	20610	22552	24117
安 徽	Anhui	15154	16796	18363	10544	11727	12840
福 建	Fujian	21218	23331	25404	16177	17644	18850
江 西	**Jiangxi**	**15100**	**16734**	**18437**	**10053**	**11089**	**12403**
山 东	Shandong	19008	20864	22703	11897	13329	14578
河 南	Henan	14204	15695	17125	10002	11000	11835
湖 北	Hubei	16472	18283	20026	11761	12928	14316
湖 南	Hunan	16005	17622	19317	11946	13289	14267
广 东	Guangdong	23421	25685	27859	17421	19205	20976
广 西	Guangxi	14082	15557	16873	9596	10274	11401
海 南	Hainan	15733	17476	18979	11193	12471	13575
重 庆	Chongqing	16569	18352	20110	12600	13811	15140
四 川	Sichuan	14231	15749	17221	11055	12368	13632
贵 州	Guizhou	11083	12371	13697	8288	9303	10414
云 南	Yunnan	12578	13772	15223	8824	9870	11005
西 藏	Tibet	9740	10730	12254	6307	7317	8246
陕 西	Shanxi	14372	15837	17395	11217	12204	13087
甘 肃	Gansu	10954	12185	13467	8943	9875	10951
青 海	Qinghai	12948	14374	15813	11576	12605	13611
宁 夏	Ningxia	14566	15907	17329	11292	12485	13816
新 疆	Xinjiang	13670	15097	16859	11392	11904	12867

21-12 各省(市、区)城镇居民人均收入与支出

Per Capita Net Income of Urban Residents of Provinces, Autonomous Regions and Municipalities

单位：元 (yuan)

地 区	Region	人均可支配收入 Per Capita Disposable Income			人均消费支出 Per Capita Consumption Expenditure		
		2013	2014	2015	2013	2014	2015
全国总计	**National Total**	**26467**	**28844**	**31195**	**18488**	**19968**	**21392**
北 京	Beijing	44564	48532	52859	31632	33717	36642
天 津	Tianjin	28980	31506	34101	22306	24290	26230
河 北	Hebei	22227	24141	26152	14970	16204	17587
山 西	Shanxi	22258	24069	25828	13763	14637	15819
内蒙古	Inner Mongolia	26004	28350	30594	19244	20885	21876
辽 宁	Liaoning	26697	29082	31126	19318	20520	21557
吉 林	Jilin	21331	23218	24901	15941	17156	17973
黑龙江	Heilongjiang	20848	22609	24203	15704	16467	17152
上 海	Shanghai	44878	48841	52962	32447	35182	36946
江 苏	Jiangsu	31585	34346	37173	22262	23476	24966
浙 江	Zhejiang	37080	40393	43714	25254	27242	28661
安 徽	Anhui	22789	24839	26936	14594	16107	17234
福 建	Fujian	28174	30722	33275	20565	22204	23520
江 西	**Jiangxi**	**22120**	**24309**	**26500**	**13843**	**15142**	**16732**
山 东	Shandong	26882	29222	31545	16646	18323	19854
河 南	Henan	21741	23672	25576	15249	16184	17154
湖 北	Hubei	22668	24852	27051	15334	16681	18192
湖 南	Hunan	24352	26570	28838	16867	18335	19501
广 东	Guangdong	29537	32148	34757	21621	23612	25673
广 西	Guangxi	22689	24669	26416	14470	15045	16321
海 南	Hainan	22411	24487	26356	15833	17514	18448
重 庆	Chongqing	23058	25147	27239	17124	18279	19742
四 川	Sichuan	22228	24234	26205	16098	17760	19277
贵 州	Guizhou	20565	22548	24580	13768	15255	16914
云 南	Yunnan	22460	24299	26373	14862	16268	17675
西 藏	Tibet	20394	22016	25457	13679	15669	17022
陕 西	Shanxi	22346	24366	26420	16399	17546	18464
甘 肃	Gansu	19873	21804	23767	14411	15942	17451
青 海	Qinghai	20352	22307	24542	16223	17493	19201
宁 夏	Ningxia	21476	23285	25186	15807	17216	18984
新 疆	Xinjiang	21091	23214	26275	16858	17685	19415

21-13 各省(市、区)农村居民人均收入与支出

Per Capita Net Income of Rural Residents of Provinces, Autonomous Regions and Municipalities

单位：元 (yuan)

地区	Region	人均可支配收入 Per Capita Disposable Income			人均消费支出 Per Capita Consumption Expenditure		
		2013	2014	2015	2013	2014	2015
全国总计	**National Total**	**9430**	**10489**	**11422**	**7485**	**8383**	**9223**
北京	Beijing	17101	18867	20569	13564	14535	15811
天津	Tianjin	15353	17014	18482	12491	13739	14739
河北	Hebei	9188	10186	11051	7377	8248	9023
山西	Shanxi	7949	8809	9454	6458	6992	7421
内蒙古	Inner Mongolia	8985	9976	10776	9080	9972	10637
辽宁	Liaoning	10161	11191	12057	7032	7801	8873
吉林	Jilin	9781	10780	11326	7523	8140	8783
黑龙江	Heilongjiang	9369	10453	11095	7192	7830	8391
上海	Shanghai	19208	21192	23205	13016	14820	16152
江苏	Jiangsu	13521	14958	16257	10759	11820	12883
浙江	Zhejiang	17494	19373	21125	12803	14498	16108
安徽	Anhui	8850	9916	10821	7200	7981	8975
福建	Fujian	11405	12650	13793	9986	11056	11961
江西	**Jiangxi**	**9089**	**10117**	**11139**	**6807**	**7548**	**8486**
山东	Shandong	10687	11882	12930	6877	7962	8748
河南	Henan	8969	9966	10853	6359	7277	7887
湖北	Hubei	9692	10849	11844	7850	8681	9803
湖南	Hunan	9029	10060	10993	7833	9025	9691
广东	Guangdong	11068	12246	13360	8938	10043	11103
广西	Guangxi	7793	8683	9467	6035	6675	7582
海南	Hainan	8802	9913	10858	6376	7029	8210
重庆	Chongqing	8493	9490	10505	6971	7983	8938
四川	Sichuan	8381	9348	10247	7365	8301	9251
贵州	Guizhou	5898	6671	7387	5291	5970	6645
云南	Yunnan	6724	7456	8242	5247	6030	6830
西藏	Tibet	6553	7359	8244	4102	4822	5580
陕西	Shanxi	7092	7932	8689	6488	7252	7901
甘肃	Gansu	5589	6277	6936	5654	6148	6830
青海	Qinghai	6462	7283	7933	7506	8235	8566
宁夏	Ningxia	7599	8410	9119	6740	7676	8415
新疆	Xinjiang	7847	8724	9425	7103	7365	7698

21-14 各省(市、区)社会消费品零售总额

Total Retail Sales of Consumer Goods of Provinces, Autonomous Regions and Municipalities

单位：亿元 (100 million yuan)

地区	Region	2009	2010	2011	2012	2013	2014	2015
全国	**National Total**	**132678**	**156998**	**183919**	**210307**	**242843**	**271896**	**300931**
北京	Beijing	5310	6229	6900	7703	8872	9638	10338
天津	Tianjin	2431	2860	3395	3921	4470	4739	5257
河北	Hebei	5765	6822	8036	9254	10517	11820	12991
山西	Shanxi	2809	3318	3903	4507	5139	5718	6034
内蒙古	Inner Mongolia	2855	3384	3992	4573	5114	5658	6108
辽宁	Liaoning	5813	6888	8095	9304	10581	11857	12787
吉林	Jilin	2957	3505	4120	4773	5426	6081	6652
黑龙江	Heilongjiang	3402	4039	4750	5491	6251	7015	7640
上海	Shanghai	5173	6070	6815	7412	8557	9303	10132
江苏	Jiangsu	11484	13607	15988	18331	20878	23458	25877
浙江	Zhejiang	8622	10245	12028	13588	15971	17835	19785
安徽	Anhui	3528	4198	4955	5737	7045	7957	8908
福建	Fujian	4481	5310	6276	7257	8275	9347	10506
江西	**Jiangxi**	**2484**	**2956**	**3485**	**4027**	**4696**	**5293**	**5926**
山东	Shandong	12363	14620	17155	19652	22295	25112	27761
河南	Henan	6746	8004	9454	10916	12427	14005	15740
湖北	Hubei	5928	7014	8275	9563	11036	12449	14003
湖南	Hunan	4914	5839	6885	7922	9510	10723	12024
广东	Guangdong	14892	17458	20298	22677	25454	28471	31518
广西	Guangxi	2791	3312	3908	4517	5133	5773	6348
海南	Hainan	538	639	760	871	1091	1225	1325
重庆	Chongqing	2479	2939	3488	4034	5056	5711	6424
四川	Sichuan	5759	6810	8007	9269	11001	12393	13878
贵州	Guizhou	1247	1483	1752	2076	2601	2937	3283
云南	Yunnan	2051	2542	3038	3512	4113	4633	5103
西藏	Tibet	157	185	219	255	322	365	409
陕西	Shanxi	2700	3196	3790	4384	5245	5919	6578
甘肃	Gansu	1183	1395	1648	1907	2369	2668	2907
青海	Qinghai	301	351	410	476	550	621	691
宁夏	Ningxia	339	404	478	543	669	737	790
新疆	Xinjiang	1178	1375	1616	1859	2179	2436	2606

21-15 各省(市、区)进出口总值

Total Imports & Exports of Provinces,Autonomous Regions and Municipalities

单位：亿元 (100 million yuan)

地　区	Region	2013	2014	2015
全　国	**National Total**	**258169**	**264265**	**245849**
北　京	Beijing	26691	25518	19840
天　津	Tianjin	7976	8226	7097
河　北	Hebei	3409	3678	3192
山　西	Shanxi	980	998	914
内蒙古	Inner Mongolia	744	894	790
辽　宁	Liaoning	7108	7009	5959
吉　林	Jilin	1604	1625	1176
黑龙江	Heilongjiang	2415	2390	1300
上　海	Shanghai	27409	28654	27907
江　苏	Jiangsu	34185	34627	33871
浙　江	Zhejiang	20844	21812	21566
安　徽	Anhui	2827	3022	3037
福　建	Fujian	10512	10898	10513
江　西	**Jiangxi**	**2285**	**2624**	**2629**
山　东	Shandong	16559	17011	15018
河　南	Henan	3717	3991	4600
湖　北	Hubei	2257	2645	2839
湖　南	Hunan	1561	1895	1825
广　东	Guangdong	67805	66133	63560
广　西	Guangxi	2037	2491	3184
海　南	Hainan	934	974	869
重　庆	Chongqing	4260	5863	4644
四　川	Sichuan	4009	4312	3198
贵　州	Guizhou	514	662	766
云　南	Yunnan	1567	1819	1514
西　藏	Tibet	207	138	57
陕　西	Shanxi	1247	1681	1896
甘　肃	Gansu	638	530	498
青　海	Qinghai	87	106	120
宁　夏	Ningxia	200	334	234
新　疆	Xinjiang	1708	1700	1225

21-16 各省(市、区)进出口总值

Total Imports and Exports of Provinces, Autonomous Regions and Municipalities

单位：亿美元 (USD 100 million)

地 区	Region	2009	2010	2011	2012	2013	2014	2015
全 国	**National Total**	**22075.35**	**29739.98**	**36418.64**	**38671.20**	**41589.90**	**43015.27**	**39569.01**
北 京	Beijing	2147.33	3017.22	3895.56	4081.10	4290.00	4155.19	3196.19
天 津	Tianjin	638.31	821.00	1033.76	1156.30	1285.04	1338.86	1143.47
河 北	Hebei	296.27	420.60	536.01	505.60	549.07	598.77	514.82
山 西	Shanxi	85.69	125.76	147.43	150.43	157.92	162.33	147.15
内蒙古	Inner Mongolia	67.74	87.30	119.31	112.60	119.92	145.56	127.50
辽 宁	Liaoning	629.34	807.12	960.36	1040.90	1144.80	1139.98	959.59
吉 林	Jilin	117.42	168.45	220.61	245.60	258.32	263.81	189.38
黑龙江	Heilongjiang	162.30	255.15	385.23	375.90	388.79	389.01	209.86
上 海	Shanghai	2777.14	3689.51	4375.49	4365.90	4412.70	4664.00	4492.38
江 苏	Jiangsu	3387.40	4657.99	5395.81	5479.60	5508.00	5635.53	5456.12
浙 江	Zhejiang	1877.31	2535.35	3093.78	3124.00	3357.90	3550.40	3473.43
安 徽	Anhui	156.78	242.73	313.09	392.80	455.23	491.77	479.69
福 建	Fujian	796.50	1087.83	1435.22	1559.40	1693.20	1774.08	1693.60
江 西	**Jiangxi**	**127.79**	**216.00**	**314.69**	**334.09**	**367.50**	**427.31**	**424.00**
山 东	Shandong	1390.53	1891.56	2358.86	2455.45	2665.30	2769.29	2417.48
河 南	Henan	134.76	178.32	326.23	517.40	599.57	649.72	738.36
湖 北	Hubei	172.51	259.32	335.87	319.59	363.84	430.40	455.99
湖 南	Hunan	101.49	146.56	189.44	219.50	251.77	308.32	293.33
广 东	Guangdong	6110.94	7848.96	9134.67	9840.20	10915.80	10765.84	10228.71
广 西	Guangxi	142.55	177.39	233.56	294.80	328.29	405.49	512.62
海 南	Hainan	48.82	86.49	127.56	143.20	149.90	158.63	139.59
重 庆	Chongqing	77.13	124.27	292.08	532.04	686.92	954.32	744.77
四 川	Sichuan	241.69	326.94	477.24	591.40	645.70	702.03	514.71
贵 州	Guizhou	23.04	31.47	48.88	66.32	82.90	107.71	122.20
云 南	Yunnan	80.48	134.30	160.29	210.10	253.00	296.07	245.20
西 藏	Tibet	4.02	8.36	13.58	34.24	33.19	22.55	9.15
陕 西	Shanxi	84.05	121.02	146.47	147.99	201.29	273.64	305.04
甘 肃	Gansu	38.66	74.03	87.29	89.04	102.40	86.41	79.97
青 海	Qinghai	5.87	7.89	9.24	11.60	14.03	17.18	19.34
宁 夏	Ningxia	12.02	19.60	22.86	22.17	32.18	54.35	37.90
新 疆	Xinjiang	139.48	171.30	228.20	251.71	275.62	276.72	196.78

21-17 各省(市、区)入境旅游情况

Development of Overseas Visitor Arrivals of Provinces, Autonomous Regions and Municipalities

地区	Region	入境游客（万人次） Number of Overseas Visitor Arrivals (10000 Person-times)			外汇收入（万美元） Foreign Exchange Earnings from International Tourism (USD 10000)		
		2013	2014	2015	2013	2014	2015
北京	Beijing	450.13	427.45	419.96	479468	460800	460500
天津	Tianjin	75.86	76.63	78.48	259128	299210	329811
河北	Hebei	84.27	75.61	76.64	58578	53419	50191
山西	Shanxi	53.84	56.56	59.38	82268	28073	29710
内蒙古	Inner Mongolia	161.61	167.31	160.78	96229	100296	96249
辽宁	Liaoning	256.04	260.70	264.01	347714	161800	163650
吉林	Jilin	124.30	130.63	148.10	55237	58390	72414
黑龙江	Heilongjiang	152.86	141.72	83.47	60436	56356	39533
上海	Shanghai	614.09	639.62	653.59	524470	560185	586044
江苏	Jiangsu	288.03	297.10	305.01	237989	303271	352729
浙江	Zhejiang	337.57	370.88	459.02	539293	575348	678847
安徽	Anhui	271.95	280.18	291.12	166042	184026	226287
福建	Fujian	294.02	318.90	332.71	457338	491180	556140
江西	**Jiangxi**	**123.89**	**147.67**	**155.28**	**52508**	**55687**	**56700**
山东	Shandong	285.98	300.19	312.22	273120	233010	289648
河南	Henan	127.38	124.76	135.30	65998	53837	62360
湖北	Hubei	267.96	277.07	311.76	121892	123851	167190
湖南	Hunan	230.66	219.55	226.05	82269	79999	85772
广东	Guangdong	3397.90	3355.43	3450.35	1627808	1710636	1788466
广西	Guangxi	281.74	295.76	450.06	154730	157207	191686
海南	Hainan	75.64	66.14	60.84	33748	26863	24852
重庆	Chongqing	115.17	126.36	148.10	126831	135444	146857
四川	Sichuan	209.56	240.17	273.20	76467	85768	118087
贵州	Guizhou	62.40	65.31	68.59	20143	18880	23133
云南	Yunnan	287.88	286.56	570.08	241818	242065	287550
西藏	Tibet	22.32	24.44	29.26	12786	14469	17666
陕西	Shanxi	253.47	266.30	293.03	167619	176873	200022
甘肃	Gansu	9.78	4.88	5.45	2039	1017	1418
青海	Qinghai	4.65	5.15	6.53	1942	2474	3876
宁夏	Ningxia	2.54	3.37	3.73	1208	1848	2084
新疆	Xinjiang	68.88	54.01	53.14	58502	49704	55589

注：此表2013年始，入境旅客人数只包括入境过夜游客人数，不包括入境一日游游客人数。

a)Visitor arrivals in 2013 include only overnight-trippers, not day-trippers.

2015 年江西统计调查工作大事记

1 月

1 月 16 日 江西省第三次全国经济普查主要数据公报正式对外发布。

1 月 20 日 2015 年全省统计工作会议在南昌召开，省统计局王建农局长作题为《适应经济发展新常态，谱写统计改革新篇章》的工作报告。

1 月 21-22 日 江西调查总队在南昌召开全省调查统计工作会议，总队长邓盛平作题为《行路致远砥砺前行，奋力开启江西调查统计发展新征程》的工作报告。

1 月 22 日 副省长李贻煌对省统计局撰写的《2014 年江西工业生产圆满收官》作出批示。

1 月 26 日 江西省第三次全国经济普查总结表彰会在南昌召开，对南昌市第三次经济普查办公室等 345 个“第三次全国经济普查先进集体”，万亮等 1059 名“第三次全国经济普查先进个人”，汪智秀等 237 名“第三次全国经济普查‘最美普查员’”进行了表彰。

1 月 30 日 国家统计局局长马建堂对《国家统计局江西调查总队关于报送 2014 年度工作总结的报告》作出批示；副省长谢茹对省统计局撰写的《当前我省科技创新面临的突出问题》作出批示。

2 月

2 月 2 日 江西调查总队印发《关于规范全省调查队系统领导干部操办婚丧喜庆有关事项的规定》。

2 月 4 日 根据省政府《关于犹王莹等同志职务任免的通知》（赣府字〔2015〕6 号）和中共江西省委《关于彭道宾同志免职的通知》（赣委〔2014〕351 号），彭道宾同志任省统计局巡视员，免去其省统计局党组成员、副局长职务。

2 月 10 日 全省统计系统党风廉政建设工作会议在南昌召开。

2 月 13 日 副省长李炳军对省统计局撰写的《2014 年全省建筑业总产值超 4000 亿》作出批示。

3 月

3 月 13 日 江西调查总队成立机关青年工作委员会。

3 月 16 日 全省设区市统计局长会议在南昌召开,学习贯彻习近平总书记等中央领导同志对统计工作的批示精神。

3 月 18 日 副省长李贻煌对省统计局撰写的《江西工业保持平稳增长的思考》作出批示。

3 月 19-20 日 江西调查总队召开全省调查队系统党风廉政建设工作暨主体责任培训会议。

3 月 27 日 副省长李炳军对江西调查总队撰写的调研报告《江西服务业小微企业凸显盈利压力》作出批示。

4 月

4 月 3 日 省长鹿心社对省统计局撰写的《文化产业亮点纷呈，文化市场欣欣向荣》作出批示。

4 月 10 日 省长鹿心社对江西调查总队撰写的《等“鞋”穿的“赤脚”医生们——江西省乡村医生生存现状调查》、《江西网络购物消费调查与分析》和《江西小微商业经营状况分析》等三篇调查报告作出批示。

4 月 16 日 全省 2015 年 1%人口抽样调查工作会议在南昌召开。

4 月 27 日 江西调查总队制定《关于进一步完善和规范统计数据质量评估工作的规定》。

5 月

5 月 6 日 省长鹿心社对江西调查总队撰写的调查报告《春耕备耕形势良好，十大问题不容忽视》作出批示。

5 月 8 日 江西调查总队召开践行“三严三实”推进从严治队活动动员大会。

5 月 13 日 副省长郑为文对省统计局撰写的《全省“文明交通满意度”提高，城乡综合指数差距加大》作出批示。

5月16日 省长鹿心社对省统计局撰写的《"民生工程"稳步推进促和谐，各地发展不均引关注》、《"龙头昂起"态势良好，存在问题不容忽视》作出批示。

5月19日 江西调查总队召开全省劳动力调查工作会议。

5月20日 省长鹿心社、副省长朱虹分别对江西调查总队撰写的调查报告《江西城乡小学教育发展新常态问题及建议》作出批示。

5月22日 江西调查总队下发《关于开展2015年江西省双拥模范城（县）群众满意度民意调查的通知》，决定在全省11个设区市和50个县（市、区）开展双拥模范城（县）群众满意度民意调查。

5月26日 副省长李炳军对江西调查总队撰写的调查报告《谨防母猪存栏量连降引发市场价格暴涨》作出批示。

5月28日 副省长郑为文对江西调查总队撰写的调查报告《"330房产新政"给江西房地产业带来的变化》作出批示。

5月29日 总队召开"三严三实"专题教育动员部署暨专题党课会议。

6月

6月1日 江西调查总队印发《国家统计局江西调查总队党风廉政建设巡察工作办法》。

6月6日 省长鹿心社对江西调查总队撰写的《企业融资难在哪》作出批示。

6月8日 全省体育及相关产业专项调查评审会在省统计局召开。

6月12日 全省统计法治工作会议在井冈山召开。

6月13日 省长鹿心社对省统计局撰写的《交通运输、仓储和邮政业回落明显存在问题不容忽视》作出批示。

6月14日 省委书记强卫对江西调查总队撰写的《政策入人心 脱贫有信心——赣南农村贫困家庭对扶贫政策的期盼与建议》、《瑞昌、武宁园区非公企业发展状况调查分析》、《把棚区改造惠民工程做得更好》、《企业融资难在哪》等四篇调查报告作出批示。

6月16日 省长鹿心社对省统计局撰写的《量增提速，我省批发和零售业发展步入新阶段》作出批示；副省长李炳军对江西调查总队撰写的《企业融资难在哪》作出批示。

6月18日 省统计局印发《关于开展行政许可事项改革意向调查的通知》（赣统字〔2015〕64号），在全省开展行政许可事项改革意向调查。

6月19日 省统计局、省发改委联合向各设区市政府，省直有关部门和各省管企业下发《关于做好固定资产投资统计制度方法改革工作的通知》（赣统字[2015]65号），推动全省投资统计改革工作。

7月

7月1日 省长鹿心社对省统计局撰写的《当前江西固定资产投资面临的突出问题》作出批示；江西调查总队召开创先争优表彰暨机关纪律检查委员会选举大会。

7月2日 省长鹿心社对江西调查总队报送的《电子商务正在撬动江西农村市场》作出批示。

7月6日 江西调查总队、省统计局联合召开全省粮食产量抽样调查工作会议；江西调查总队印发《中共国家统计局江西调查总队党组关于加强市县调查队纪检监察干部管理的若干规定》。

7月7日 省委书记强卫对江西调查总队报送的《加快龙虎山旅游发展的思考》作出批示。

7月13日 副省长朱虹对江西调查总队报送的《旅游扶贫大有可为，五个问题还需解决》作出批示;省统计局印发《关于开展江西省部门数据比对核实试点工作的通知》（赣统字[2015]77号），在九江市星子县开展部门数据比对核实试点工作。

7月14日 全省统计系统党风廉政建设和反腐败工作座谈会在井冈山召开。

7月15日-22日 江西调查总队、省统计局联合组成五个督导工作组，分赴各调查县督导检查早稻产量实割实测工作。

7月17日 省长鹿心社对省统计局撰写的《江西区域生态文明建设进程监测与评价体系构建研究》作出批示。

7月20日 省政府新闻办、省统计局联合举行"2015年上半年江西经济运行情况"新闻发布会;副省长郑为文对江西调查总队报送的《江西小微建筑业企业运行向好》作出批示。

7月21日 省长鹿心社对省统计局撰写的《江西规模以上企业电子商务发展迅猛、潜力巨大》及《当前规模以上服务业发展中存在的主要问题》两篇统计分析作出批示。

7月27-29日 国家统计局党组副书记、副局长张为民一行莅赣调研指导"三严三实"专题教育、1%人口抽样调查、月度劳动力调查和第三次全国农业普查工作。

7月28日 副省长郑为文对省统计局撰写的《上半年江西省建筑业生产平稳较快增长》作出批示。

7月30日 副省长李贻煌对省统计局撰写的《上半年江西工业生产企稳向好》作出批示。

8月

8月3-5日 全省1%人口抽样调查综合试点现场会在鹰潭召开。

8月5日 省政府下发《关于王福平等同志职务任免的通知》(赣府字〔2015〕73号)，曹青云同志任省统计局副局长，免去其省统计局总统计师职务。

8月14日 省长鹿心社对省统计局撰写的《江西文化产业结构与效益研究》作出批示;江西调查总队、省统计局、省农业厅联合下发《关于实施全省主要畜禽监测调查样本调整工作的通知》。

8月15日 副省长郑为文对江西调查总队报送的《群众满意棚改政策 安置还需提质增速》作出批示。

8月17日 省委书记强卫对省统计局撰写的《运行稳中向好活力显现 出口增势回落还需给力》作出批示。

8月20日 省委书记强卫对江西调查总队报送的《种粮大户成长条件与政策分析》作出批示。

8月21日 上半年全省建设领域数据联审暨投资统计改革工作布置会在南昌召开，正式启动我省固定资产投资统计制度方法改革试点工作。

8月25日 副省长谢茹对省统计局撰写的《共同关爱幸福成长》、《巾帼建功和谐共进》两篇统计分析作出批示。

8月26日 省统计局印发《关于开展旅游及相关产业消费结构一次性调查的通知》(赣统字[2015]96号)，决定在南昌、景德镇、鹰潭等三个城市开展旅游及相关产业消费结构一次性调查。

8月28日 省长鹿心社、副省长谢茹、李贻煌对省统计局撰写的《新常态下江西工业企业创新特点及存在的问题》分别作出批示。

9月

9月1日 省委书记强卫对省统计局撰写的《新常态下江西工业企业创新特点及存在的问题》作出批示。

9月7日 省长鹿心社对省统计局撰写的《金融业发展与经济增长关系实证研究》、《透过三经普看我省建筑业发展成就》、《工业利润大幅下滑需引起高度关注》作出批示，副省长郑为文对《透过三经普看我省建筑业发展成就》作出批示，副省长李贻煌对《工业利润大幅下滑需引起高度关注》作出批示；省统计局下发《关于印发2015年江西省统计局统计巡查方案的通知》(赣统字〔2015〕104号)，决定在全省开展为期两个月的统计巡查工作。

9月18-30日 江西调查总队在抚州、吉安等地开展统计执法大检查。

9月22日 省长鹿心社对省统计局撰写的《从经普数据看江西服务业发展特点及制约因素》作出批示。

9月23日 江西省第六届“中国统计开放日”现场活动在宜春学院举行。

9月23-24日 省统计局、江西调查总队在宜春联合召开前三季度经济形势座谈会。

10月

10月 江西调查总队对抚州、临川等5个市县队开展党风廉政建设巡察工作。

10月9日 副省长李贻煌对省统计局撰写的《加快产业集群发展，推进工业强省建设》作出批示

10月12日 省长鹿心社对省统计局撰写的《江西生产性服务业发展分析与对策》作出批示。

10月22日 省统计局、省住建厅联合印发《关于开展全省商品房供应情况专项统计调查的通知》(赣统字〔2015〕118号)，部署全省商品房供应情况专项调查工作。

10月23日 省长鹿心社对江西调查总队报送的《精准扶贫重效更要重实》作出批示。

10月26-29日 全省县市区统计局长培训班在井冈山举办。

10月26日 省长鹿心社对江西调查总队报送的《桃李之师的期盼------江西部分乡村小学教师现状调查》作出批示。

10月28日 江西调查总队在景德镇市举办第二届“世界统计日”暨“一带一路”话瓷都座谈会。

10月29日 江西调查总队下发《关于开展统计执法检查的通知》(赣调办字〔2015〕69号)，决定在九江、萍乡市开展统计执法检查。

11 月

11 月 11-13 日　2015 年度全省经济形势分析会在九江召开。

11 月 12 日　副省长朱虹对江西调查总队报送的《<在茶产业集群中起舞 扬万里茶道第一镇雄风>------来自铅山县茶产业发展的调查报告》作出批示。

11 月 24 日　常务副省长毛伟明对省统计局撰写的《新常态下江西工业发展的支撑与制约》作出批示。

12 月

12 月 1-3 日　全省统计学会秘书长会议暨第十二次全省统计科学讨论会在赣县召开。

12 月 8-12 日　江西调查总队开展三农普遥感测量试点野外调查工作。

12 月 16 日　副省长李贻煌对省统计局撰写的《工业 4.0 时代下江西智造业的机遇和挑战》作出批示。

12 月 23 日　江西调查总队印发《中共国家统计局江西调查总队党组工作规则》。

中国统计出版社最新图书简目

(仅供参考,以实际出版为准)

统计资料

中国统计年鉴　中国统计摘要　中国发展报告
中国经济普查年鉴2013　国际统计年鉴　金砖国家联合统计手册
中国-东盟国家统计手册　中国农村统计年鉴　中国县域统计年鉴
中国城市统计年鉴　中国对外直接投资统计公报　中国地区经济监测报告
中国贸易外经统计年鉴　中国零售和餐饮连锁企业统计年鉴　中国商品交易市场统计年鉴
大中型批发零售和住宿餐饮企业统计年鉴　中国农产品价格调查年鉴　中国住户调查年鉴
中国价格统计年鉴　中国能源统计年鉴　全国农产品成本收益资料汇编
中国环境统计年鉴　中国建筑业统计年鉴　国外资源、能源和环境统计资料汇编
中国工业统计年鉴　中国城乡建设统计年鉴　中国房地产统计年鉴
中国城市建设统计年鉴　中国科技统计年鉴　中国第三产业统计年鉴
中国证券期货统计年鉴　中国劳动统计年鉴　中国高技术产业统计年鉴
工业企业科技活动资料　中国社会统计年鉴　中国人口和就业统计年鉴
中国人才资源统计报告　中国教育经费统计年鉴　中国文化及相关产业统计年鉴
文化及相关产业统计概览　中国民政统计年鉴　中国民族统计年鉴
中国残疾人事业统计年鉴　中国妇女儿童状况统计资料（英）　中国乡镇街道行政区域简册
中国基本单位统计年鉴

省级综合统计年鉴系列

北京 天津 河北 山西 内蒙古 辽宁 吉林 黑龙江 上海 江苏 浙江 安徽 福建 江西 山东 河南 湖北 湖南 广东 广西 海南 重庆 四川 贵州 云南 西藏 陕西 甘肃 青海 宁夏 新疆 新疆生产建设兵团

市(县)级综合统计年鉴系列

天津滨海新区 石家庄 唐山 邯郸 保定 沧州 邢台 廊坊 承德 衡水 秦皇岛 张家口 太原 大同 阳泉 长治 晋城 朔州 晋中 运城 忻州 临汾 呼和浩特 呼和浩特新城区 鄂尔多斯 包头 沈阳 大连 长春 延吉 四平 通化 哈尔滨 齐齐哈尔 黑龙江垦区 上海浦东新区 南京 无锡 徐州 常州 苏州 南通 连云港 淮安 盐城 扬州 镇江 泰州 宿迁 江阴 丹阳 杭州 宁波 温州 嘉兴 湖州 绍兴 金华 衢州 舟山 台州 丽水 合肥 安庆 马鞍山 福州 厦门 宁德 漳州 南昌 九江 上饶 新余 抚州 萍乡 赣州 吉安 景德镇 济南 青岛 潍坊 枣庄 日照 滕州 郑州 洛阳 平顶山 三门峡 商丘 信阳 济源 武汉 十堰 荆州 宜昌 荆门 咸宁 长沙 广州 深圳 惠州 东莞 南宁 柳州 桂林 来宾 海口 三亚 成都 贵阳 昆明 西安 安康 兰州 庆阳 银川 乌鲁木齐 兵团一师 兵团十师

调查年鉴系列

天津 山西 内蒙古 辽宁 吉林 上海 福建 江西 河南 湖北 湖南 广西 重庆 四川 云南 甘肃 宁夏 新疆

统计方法应用/实用手册

实用SAS统计分析教程　马克威统计分析与数据挖掘应用案例
乡镇统计人员岗位知识培训系列教材：辅助调查员岗位基础知识　乡镇统计人员岗位基础知识
县级统计人员岗位知识培训系列教材：Excel在统计工作中的应用　简明统计分析
EXCEL在基层统计工作中的应用　统计公文知识问答

统计通俗读物/统计科普图书

漫话诺贝尔经济学大师与数学情缘　魅力统计　漫话信息时代的统计学　统计使人更聪明
漫游数据王国　探访随机世界　新中国统计工作历史流变1949-1999　无处不在的统计

重点图书

新编英汉汉英统计大词典　中华医学统计百科全书
挑大学选专业2016—考研择校指南　挑大学选专业2016—高考志愿填报指南